用友ERP-U8（V8.72）模拟实战

——财务、供应链和生产制造

龚中华 何平 编著

人民邮电出版社
北京

图书在版编目（CIP）数据

用友ERP-U8(V8.72)模拟实战 : 财务、供应链和生产制造 / 龚中华，何平编著. -- 北京 : 人民邮电出版社，2012.6
ISBN 978-7-115-27992-7

Ⅰ. ①用… Ⅱ. ①龚… ②何… Ⅲ. ①企业管理：财务管理－计算机管理系统，用友ERP-U872－教材②企业管理：供销管理－计算机管理系统，用友ERP-U872－教材③企业管理：生产管理－计算机管理系统，用友ERP-U872－教材 Ⅳ. ①F275-39②F274-39③F273-39

中国版本图书馆CIP数据核字(2012)第065548号

内 容 提 要

本书以“深圳市成越实业有限公司”实例数据为基础，以完整的企业实际业务处理流程为学习导向，让读者能快速、轻松学会用友 ERP-U8（V8.72）软件中的财务管理、物流管理、生产制造管理等系统的应用。内容涉及建立企业账套、初始数据录入、物料清单（BOM）建立、接到销售合同（销售订单）、MRP 展算、采购业务、委外加工业务、生产加工业务、生产物料领用、生产完工入库、产成品发货出库，往来账处理（应收应付）、成本核算、财务核算、财务业务统计分析报表等。

本书可作为大中院校开设企业经营管理学科的配合学习用书；适合于想通过学习用友 U8 系统进一步提升自身知识并期望在企业有进一步发展的自学者，或者公司现在需要实施 ERP，或已经购买用友 U8 软件，但是不知道如何操作软件的读者阅读参考。

用友 ERP-U8（V8.72）模拟实战
——财务、供应链和生产制造

◆ 编　　著　龚中华　何　平
　责任编辑　张　涛
◆ 人民邮电出版社出版发行　　北京市丰台区成寿寺路 11 号
　邮编　100164　　电子邮件　315@ptpress.com.cn
　网址　http://www.ptpress.com.cn
　固安县铭成印刷有限公司印刷
◆ 开本：787×1092　1/16
　印张：23.25　　2012 年 6 月第 1 版
　字数：569 千字　　2024 年 7 月河北第 11 次印刷

ISBN 978-7-115-27992-7

定价：49.00 元（附光盘）

读者服务热线：(010)81055410　印装质量热线：(010)81055316
反盗版热线：(010)81055315

前　言

用友 U8 软件系统是用友软件公司开发的一套 ERP 产品，其功能包括财务管理、物流管理、生产制造管理和人力资源管理等几大系统功能。用友 U8 产品是目前 ERP 市场上的主流产品之一。

本书以“深圳市成越实业有限公司”实例数据为基础，以完整的企业实际业务处理流程为学习导向，让读者能快速、轻松学会用友 ERP-U8（V8.72）软件中的财务管理、物流管理、生产制造管理等系统的应用。内容涉及建立企业账套、初始数据录入、物料清单（BOM）建立、接到销售合同（销售订单）、MRP 展算、采购业务、委外加工业务、生产加工业务、生产物料领用、生产完工入库、产成品发货出库、往来账处理（应收应付）、成本核算、财务核算、财务业务统计分析报表等。将企业生产经营过程中原有的通过纸制单据或借助于 Office 软件处理企业业务转化为通过用友 U8 系统进行处理，实现了企业内部资源信息的互联互通（资源共享），利用有效时间为公司的经营提供各种分析支持。

本书适用范围：本书可作为大中院校开设企业经营管理学科的配合学习用书；适合于想通过学习用友 U8 系统进一步提升自身知识并期望在企业有进一步发展的自学者，或者公司现在需要实施 ERP，或已经购买用友 U8 软件，但是不知道如何操作软件的读者阅读参考。

由于用友 U8 系统功能强大，很多业务处理都可以通过不同的设置配合实现，受本书篇幅影响，不可能一一列示，只期望本书起到“抛砖引玉”的作用。读者在学习过程中，在对软件有了基本了解后，可以按照“多看、多想、多试”原则去学习，多看——多注意各个处理窗口上有些什么项目。多想——为什么会这样？能否那样操作？多试——根据自己所猜想的去练习。学习过程中，读者可将本账套当做一个练习的账套，既使做错做坏也不会影响工作，并且能提高自己的操作水平。

本书光盘中附赠用友 ERP-U8（V8.72）试用版，希望读者在使用本书时边学边练，以便真正掌握软件的操作方法，光盘安装方法请仔细阅读本书第 1 章。

配书光盘有用友 ERP-U8（V8.72）自带的演示账套和配合本书模拟企业（深圳市成越实业有限公司）的账套数据，读者可导入这两套账套，进行参照学习，账套导入和登录方法请参阅本书第 1 章。

参加本书编写的还有何亮、张芳威、龚解园、陈静等人。由于作者水平有限，书中难免存在不足，殷切希望读者批评指正，邮件可发至：zhangtao@ptpress.com.cn。

编者

前 言

用友U8软件系统是用友软件公司开发的一套ERP产品，其功能包括财务管理、物流管理、生产制造管理和人力资源管理等几大系统功能。用友U8产品是目前ERP市场上的主流产品之一。

本书以"深圳市成越实业有限公司"案例数据为基础，以完整的企业实际业务处理流程为学习导向，由浅入深、循序渐进，详细介绍用友ERP-U8（V8.72）软件中的财务管理、物流管理、生产制造管理等系统的应用。内容涉及建立企业账套、期初数据录入、物料清单（BOM）建立、接到销售合同（销售订单）、MRP运算、采购业务、委外加工业务、生产加工业务、生产材料领用、生产完工入库、产成品发货出库、往来账处理（应收应付）、成本核算、财务核算、财务业务统计分析报表等，将企业生产经营过程中原有的通过纸制单据或借助于Office软件处理企业业务转化为通过用友U8系统进行处理，实现了企业内部资源信息的有效互通（信息共享），利用有效时间为公司的经营提供各种分析支持。

本书适用范围：本书可作为大中院校开设企业管理类学科的配套学习用书；适合于想通过学习用友U8系统进一步提升自身技能并期望在企业中有进一步发展的自学者，或者公司现在需要实施ERP，或已经购买用友U8软件，但还不知道如何操作软件的读者阅读参考。

由于用友U8系统功能强大，很多业务处理都可以通过不同的设置配合实现，受本书篇幅影响，不可能一一列示，只期望本书起到"抛砖引玉"的作用。读者在学习过程中，在对软件有了基本了解后，可以按照"多看、多想、多试"原则去学习。多看——多注意各个操作窗口上有些什么项目。多想——为什么会这样？能否那样操作？多试——根据自己所猜想的去练习。学习过程中，读者可将本账套当做一个练习的账套，即使做错数据也不会影响工作，并且可提高自己的操作水平。

本书光盘中附赠用友ERP-U8（V8.72）试用版，希望读者在使用本书进行学习的同时，以更直观的了解软件的操作方法。光盘安装方法请详细阅读本书第1章。

配书光盘包含用友ERP-U8（V8.72）中带的数据库账套和配合本书模拟企业（深圳市成越实业有限公司）的账套数据，读者可导入进行操作练习，进行多次练习。账套导入和安装方法请参阅本书第1章。

参加本书编写的还有何鸣、张芳成、龚解闽、邱静等人。由于作者水平有限，书中难免存在不足，恳请广大读者批评指正。编辑联系邮箱：zhangtao@ptpress.com.cn

编者

目　录

第1章　用友ERP-U8（V8.72）介绍

本章学习重点

- 用友 ERP-U8（V8.72）概述
- 用友 ERP-U8（V8.72）应用流程
- 用友 ERP-U8（V8.72）安装
- 用友 ERP-U8（V8.72）系统注册和导入演示账套

用友 ERP-U8（版本号 V8.72，本书中简称用友 ERP-U8 为用友 V8.72）是用友公司总结 20 多年经验并分析全国 70 多万家客户反馈信息的基础上正式销售的新一代系统软件，该版本之前的资料都可以升级到本系统中。

1.1　用友 ERP-U8（V8.72）系统介绍

用友 ERP-U8（V8.72）工作中心界面如图 1-1 所示。

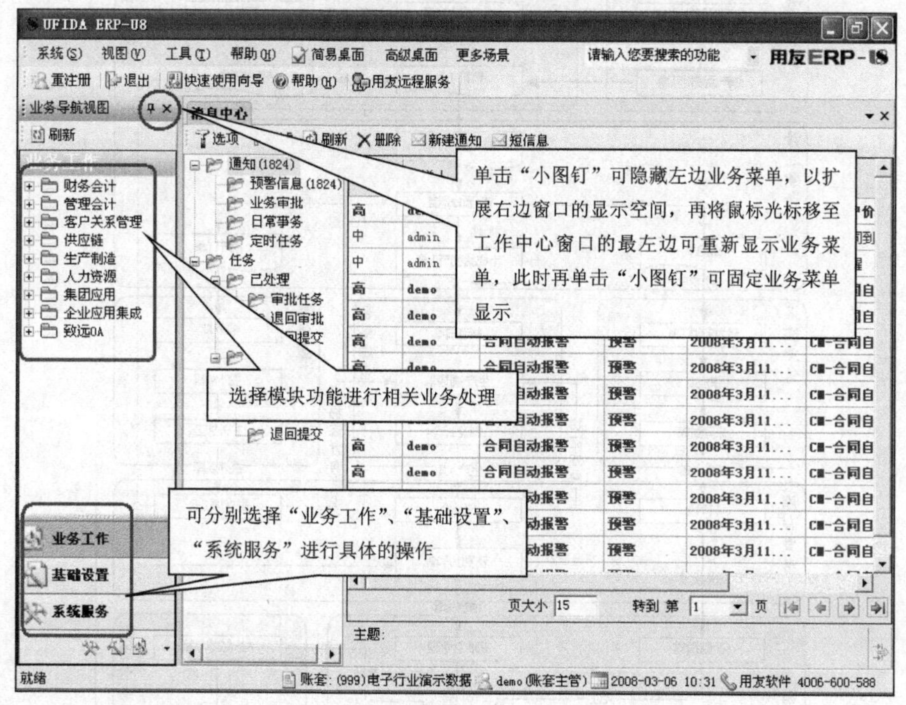

图 1-1

用友 ERP-U8（V8.72）包含的功能模块有：

- **财务会计**：总账、应收款管理、应付款管理、固定资产、网上报销、网上银行、UFO

报表、现金流量表、报账中心。

- **管理会计**：成本管理、项目管理、预算管理、资金管理。
- **客户关系管理**：客户关系管理、服务管理。
- **供应链**：合同管理、售前分析、销售管理、出口管理、进口管理、采购管理、委外管理、质量管理、库存管理、存货核算。
- **生产制造**：物料清单、主生产计划、产能管理、需求规划、生产订单、车间管理、工程变更、设备管理、工序委外。
- **人力资源**：HR 基础设置、人事管理、薪资管理、保险福利管理、考勤休假管理、人事合同管理、招聘管理、培训管理、经理自助、绩效管理、宿舍管理。
- **集团应用**：结算中心管理、行业报表、网上结算。
- **企业应用集成**：企业应用集成。

用友 V8.72 支持 Windows 98/NT/2000/XP/2003/Vista/2008 操作系统，支持 2007 年新会计科目制度。

用友 V8.72 后台使用的数据库为 SQL Server 2000 SP4/2005 SP2/2008。

用友 V8.72 支持简体中文、繁体中文、英文 3 种语言。

由于用友 ERP-U8（V8.72）功能众多，所以本书仅以用友 ERP2 为例介绍。不同的企业因为业务性质和自身需求不同，所以在使用 ERP 系统时，其数据流程会有所差异。图 1-2 所示是一个离散形生产企业（如生产小家电的企业）的数据流程图。

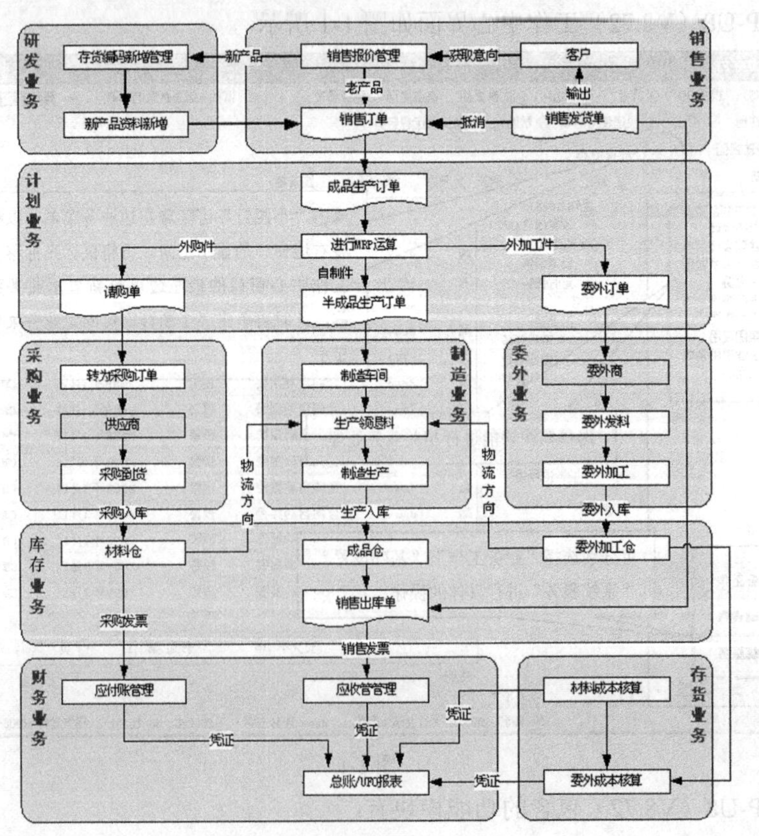

图 1-2

（1）**研发业务部**：有的企业也称工程部，在用友系统中主要使用物料清单系统。物料清单系统用来处理新产品的 BOM 建立、修改、查询、变更、复制、升级、比较差异、统计等业务，另外研发业部还需要建立新的材料编码档案资料。

（2）**销售业务**：主要使用用友系统中的销售管理系统。消售管理系统对销售业务的全部流程进行管理，提供包括销售报价、销售订单（经过售前分析系统确认可以受理的销售订单）、销售发货和退货、销售开票、销售收款、销售分析的完整销售流程管理。该系统还提供信用报警、控制，最低售价控制，交货期预警，客户档案资料的全线管理，客户价格维护资料管理，各种销售报表统计和销售分析，销售预警、销售报警（预警和报警主要是系统针销售订单到期尚未发货或未完全发货的单据自动进行预警和报警）等功能。

（3）**计划业务部**：主要使用用友系统中的需求规划（MRP）系统。需求规划系统是将销售订单和预测单根据设置好的 MRP 计算参数（如成品率、损耗率、工作日历、库存可用量、在途量、在检量等）和物料清单（BOM），生成相应的生产计划、采购计划、委外计划。

（4）**制造业务部**：主要使用用友系统中的生产订单管理系统。生产订单管理系统执行需求规划系统计算出来的生产计划，然后转成具体的生产订单，在生产订单管理系统中可以查询到各生产订单的领料、入库、完工等信息。

（5）**委外业务部**：主要使用用友系统中的委外订单管理系统。委外订单管理系统执行需求规划系统计算出来的外协加工计划，处理委外订单的执行，从仓库发送委外订单所需的原材料给外协加工商，外协加工商将生产完成的成品（或半成品）送交仓库入库，然后开具外协加工费发票给企业，形成企业的应付账款，最终进行付款。外协加工费用要计算进入外协加工成品（或半成品）成本中。在大多数的企业中，委外业务是由采购部承担的。

（6）**采购业务部**：主要使用用友系统中的采购管理系统。采购管理系统对采购业务的全部流程进行管理，提供包括请购、订货（可根据请购单生成，也可以根据 MRP 系统生成的采购计划生成）、到货、退货、入库、开票、采购结算的完整采购流程管理。该系统还提供比价生单（同一种原材料，不同的供货商的供货价格不同，系统可优先选择最低价而生成相应的采购订单），用户可根据实际情况进行采购流程的定制。采购订单的到货期提前预警，供货商价格对比分析等报表制作，应商档案管理、供应商价格管理、供应商供货成本分析、采购报表统计、采购分析，采购预警、采购报警（预警和报警主要是系统针对采购订单到期后尚未到货或未完全到货的单据自动进行预警和报警）等功能。

（7）**库存业务**：主要使用用友系统中的库存管理系统。库存管理系统可处理由采购部门传递过来的采购到货业务，经检验过关的货物执行采购入库业务，检验不过关的货物则执行退货；该系统还可处理销售部门传递过来的销售发货业务。该系统还提供生产车间材料领用，半成品、产成品入库，调拨，盘点，查询各种库存账表（如库存台账、出入库流水账、收发存汇总表等），查询最高库存和最低库存，安全库存报警，齐套领料，（针对生产订单订料），限额领料，组装拆卸业务，最高最低库存控制，呆滞料报警，再订货点自动生成采购计划等功能。

（8）**存货业务**：主要由企业的材料会计使用用友系统中的存货核算系统。存货核算系统用来处理存货的会计信息。该系统依据来自于库存管理系统的各种出入库单据进行审核记账，根据预先定义好的成本结转方式（如先进先出、后进先出、移动平均等）自动结转出库成本；该系统还可调整存货的出入库成本，生成凭证传递到总账系统中。

（9）**财务业务**：主要使用用友系统中的应收款管理、应付款管理、总账和 UFO 报表系统。

a）**应收款管理系统**用于处理客户应收账款。该系统依据来自于销售管理系统的销售发票信息，录入应收单，审核应收单；在回款时，填制收款单，审核收款单；核销应收账款；生成凭证传递到总账系统中。该系统还提供应收账龄分析、欠款分析、回款分析等统计分析和资金流入预测功能，还可根据客户信用度或信用天数的设置提供自动报警和预警功能。

b）**应付款管理系统**用于处理供应商应付账款。该系统依据来自于采购管理系统的采购发票信息，录入应付单，审核应付单；在付款时，填制付款单据并进行审核；核销应付账款；生成凭证传递到总账系统中。该系统还提供应付款的账龄分析、欠款分析等统计分析和资金流出预测功能。

c）**总账管理系统**用于处理由各模块传递过来的凭证，也可以在该系统中直接填制凭证。该系统还可完成生成财务报表和月底结转等工作。

d）**UFO 报表系统**提供资产负债表、损益表等报表模板，也可以从各功能模块中取数从而生成自定义报表。

注：

如果只使用总账管理系统，而没有开启其他系统，则企业的所有业务处理都在总账管理系统中以填制凭证的方式完成，这是用友管理系统最简单的使用方式，适合于企业会计信息核算简单的单位使用。

图 1-2 中的数据流程所表现的是工业企业的应用流程，所以包含了制造和委外加工业务。有的企业是完全自己生产，不需要外发加工；有的企业是完全外发加工，自己不做生产（有的生产型企业，为了便于管理控制，对外是完整的生产型企业，对内核算时，也将生产加工车间作为一个独立的核算考核主体，由企业向车间核算主体下达委外加工业务，并给予双方都认可的加工费用，以此来达到控制车间生产成本的目的）；如果是商业企业，则既无制造业务，也无委外加工业务。

1.2　用友 ERP-U8（V8.72）系统应用流程

用友 ERP-U8（V8.72）应用流程如下：

（1）安装 SQL 数据库；

（2）安装用友 ERP-U8（V8.72）系统；

（3）设置操作员；

（4）建立账套（用友 ERP-U8（V8.72）中可同时建立 999 套账）；

（5）为操作员赋予账套操作权限；

（6）进入账套，进行账套参数设置；

（7）进行账套基础档案资料设置；

（8）期初数据录入、业务参数设置；

（9）开始日常业务处理；

（10）月末处理；

（11）每年的 12 月份月末处理之后，进行年度账处理；

（12）开始下一年业务处理。

由于用友软件在安装时对系统环境要求比较高，所以常有读者反映在自己计算机上不能顺利安装的情况，用友公司建议读者在“干净的计算机”上进行安装，所谓“干净的计算机”是指除操作系统之外还没有安装任何应用程序的计算机。在“干净的计算机”上进行安装，就应该没有问题了。

1.3 安装用友 ERP-U8（V8.72）软件

如果用户从用友公司购买用友软件，用友公司将上门指导，为用户安装好该系统，用户也可以自行安装。

使用用友 V8.72 系统的网络拓扑图，如图 1-3 所示。

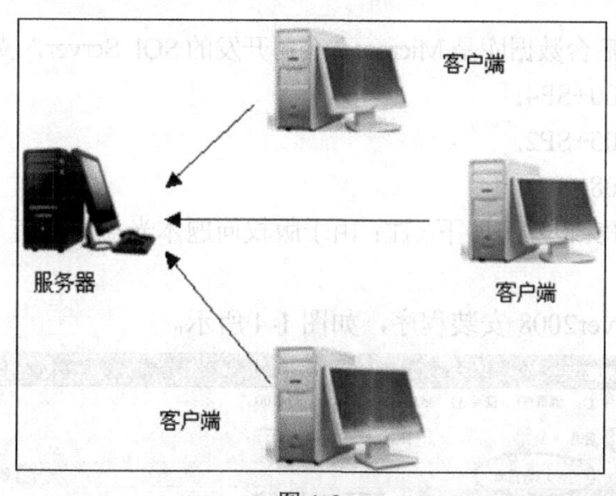

图 1-3

（1）在局域网环境下，如果有多台计算机都要使用用友软件，则需要指定一台计算机作为主机（服务器），其他计算机作为客户端。由于主机兼有计算、保存数据和响应客户端请求等功能，因此对其配置要求更高。在服务器上安装用友 V8.72 的服务器程序，在客户端上安装用友 V8.72 的应用客户端程序。

提示：一般的中小型企业在使用用友 U8 系统时，可使用一台服务器来进行数据处理，用友 U8 系统根据一些大型企业的需求也提供多台服务器部署功能，服务器可以分为数据服务器、应用服务器、加密服务器等。

（2）如果单机使用用友 V8.72，则该计算机既做服务器也做客户端，需要在该计算机上安装 SQL Server 数据库，还要同时安装用友系统的服务器和客户端程序。

提示：本书中所介绍就是在单机上如何安装用友 U8 系统的方法。

1.3.1 用友 V8.72 对硬件和软件环境的需求

1. 硬件环境

- 服务器：主频 700MHz 以上，内存 1GB 以上，硬盘剩余空间大于 20GB，分区的文件系统格式应为 NTFS。
- 客户端：主频 500MHz 以上，内存 512MB 以上，硬盘剩余空间大于 5GB 以上。

2. 软件环境

- 服务器：操作系统为 Windows 2000 Server 或 Windows 2003 Server（建议使用

Windows 2003 Server），后台数据库为 SQL Server 2000/2005/2008。

- 客户端：操作系统建议使用 Windows XP。
- 网络协议：TCP/IP。

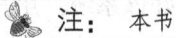

注：本书以下介绍在 Windows XP 操作系统下单机使用用友系统的安装方式。

1.3.2 安装数据库

用友 V8.72 使用的后台数据库是 Microsoft 公司开发的 SQL Server，支持 SQL 以下几个版本。

- SQL Server2000+SP4。
- SQL Server2005+SP2。
- SQL Server2008。

SQL Server2008 的安装方法如下（注：由于版权问题本光盘不配有 SQL Server2008 安装程序，请读者自行下载）。

（1）打开 SQL Server2008 安装程序，如图 1-4 所示。

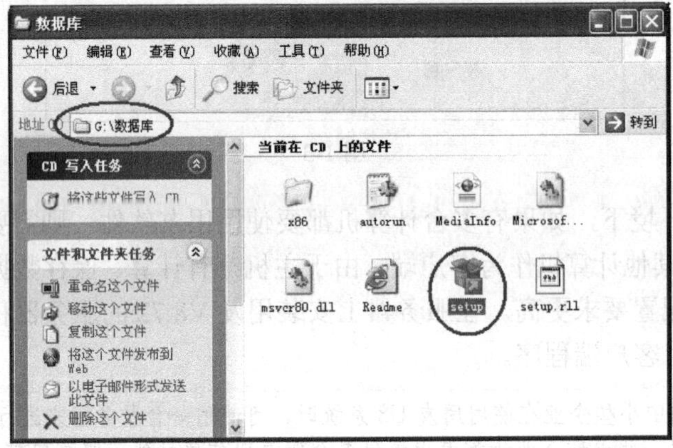

图 1-4

（2）双击“setup”安装命令，系统进入到 SQL2008 安装程序，系统首先提示安装 SQL Server 2008 要求安装“Microsoft.NET Framework 和更新 Windows Installer”，如图 1-5 所示。

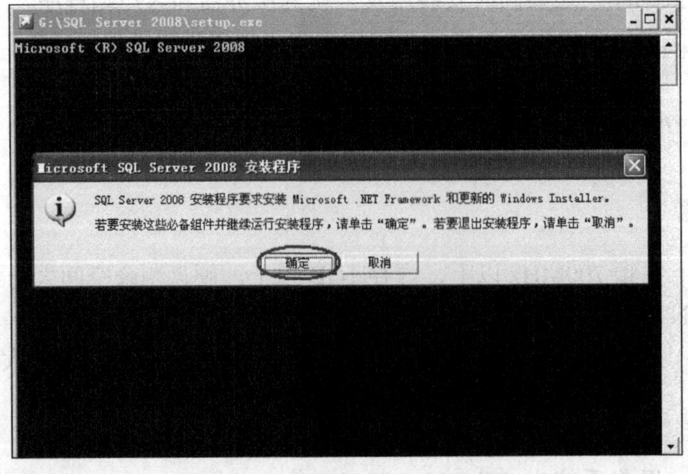

图 1-5

（3）单击“确定”按钮，系统首先安装 Microsoft.NET Framework，如图 1-6 所示。

（4）选择“我已经阅读并接受许可协议中的条款”项，然后单击“安装”按钮开始安装 Microsoft.NET Framework，如图 1-7 所示。

图 1-6

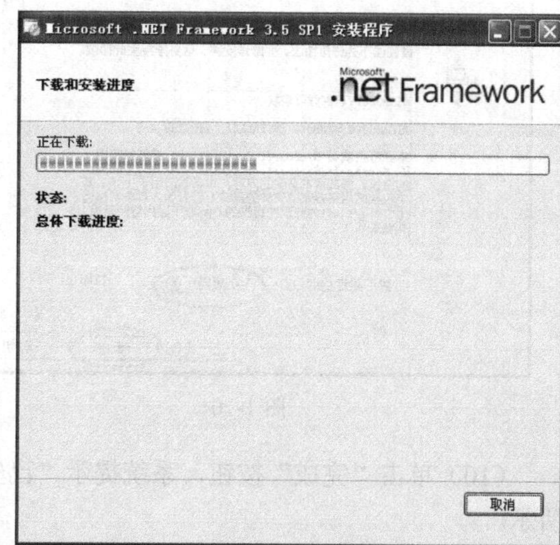

图 1-7

（5）系统提示安装完成 Microsoft.NET Framework，如图 1-8 所示，单击“退出”按钮。

（6）系统开始进行软件更新安装向导，如图 1-9 所示。

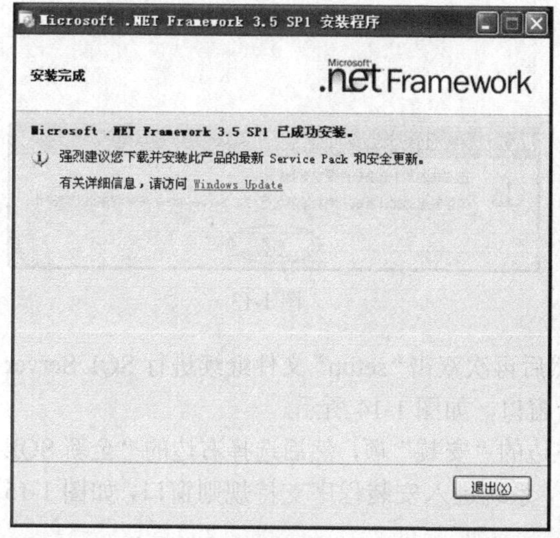

图 1-8

图 1-9

（7）单击“下一步”按钮，系统进入许可协议窗口，如图 1-10 所示。

（8）阅读完许可协议之后，选择“我同意”选项，然后单击“下一步”按钮，系统给出安装提示，如图 1-11 所示。

（9）选择“继续”按钮，系统开始进行系统更新程序安装，最终给出安装完成提示，如

图 1-12 所示。

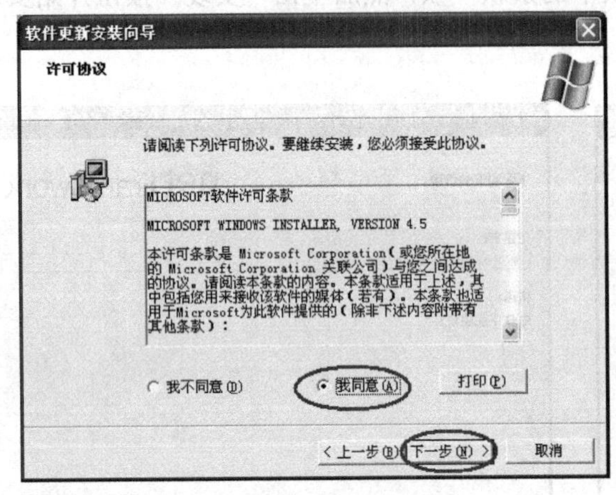

图 1-10

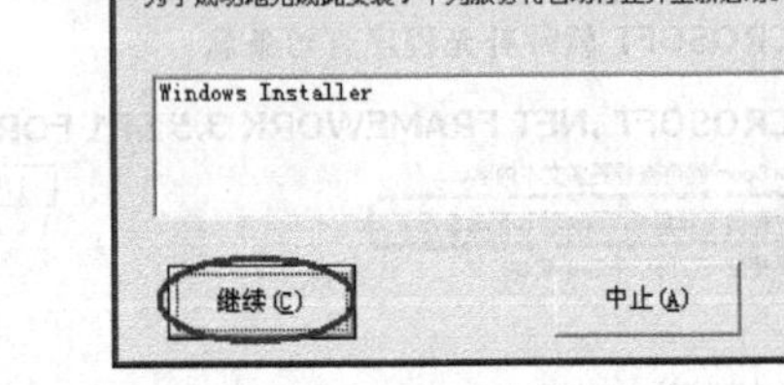

图 1-11

（10）单击“完成”按钮，系统提示“已安装的某个必备组件要求重新启动”，如图 1-13 所示。

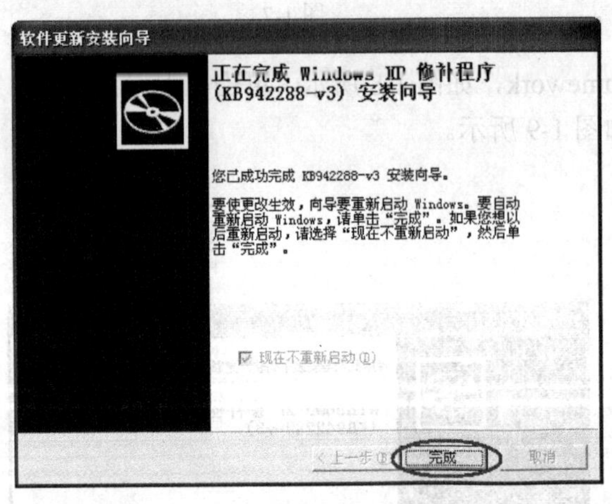

图 1-12

图 1-13

（11）单击“确定”按钮重新启动计算机，然后再次双击“setup”文件继续进行 SQL Server 2008 安装，系统进入“SQL Server 安装中心”窗口，如图 1-14 所示。

（12）选择“SQL Server 安装中心”窗口左边的“安装”项，然后选择右边的“全新 SQL Server 独立安装或向现有安装添加功能”命令，系统进入安装程序支持规则窗口，如图 1-15 所示。

（13）单击“确定”按钮，系统要求录入产品密钥，如图 1-16 所示，当然也可以选择“指定可用版本”项，以选择“Enterprise Evaluation”项，如果使用该项，则该实例在激活后将具有 180 天的有效期，如果读者只是为了学习用友软件，则选择该项进行安装。

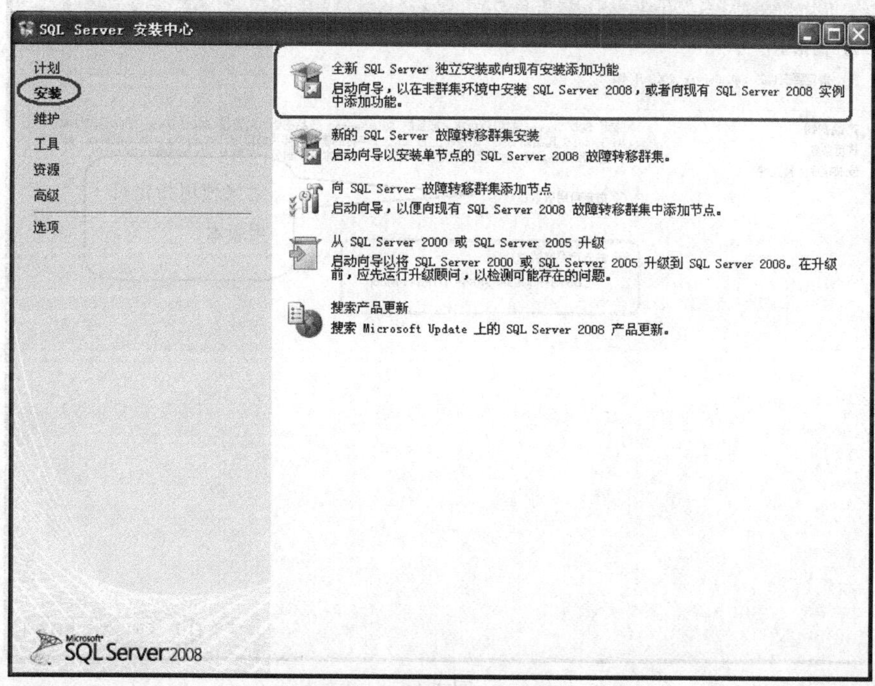

图 1-14

图 1-15

（14）单击“下一步”按钮，系统给出许可条款提示，如图 1-17 所示。

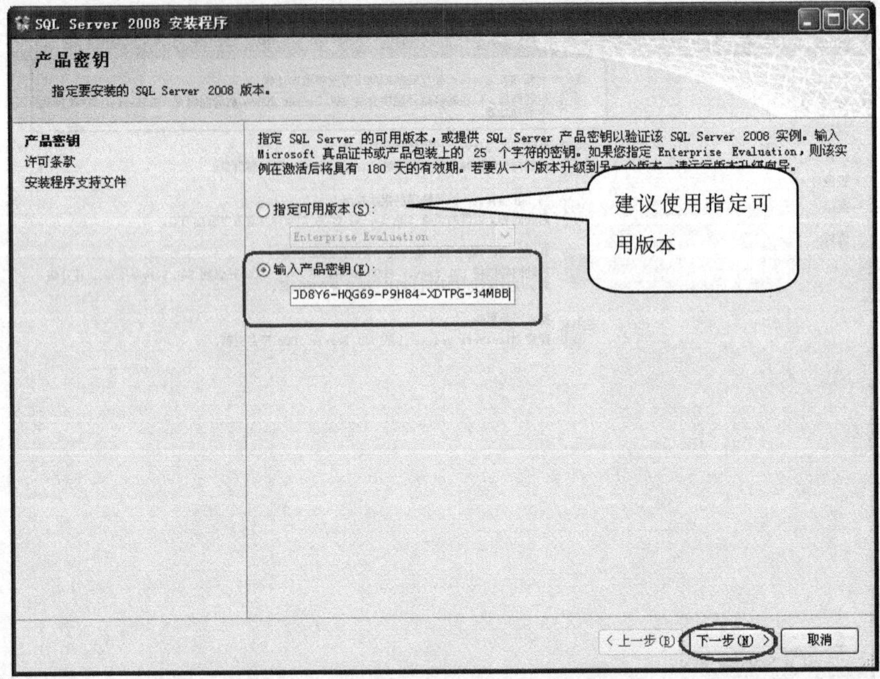

图 1-16

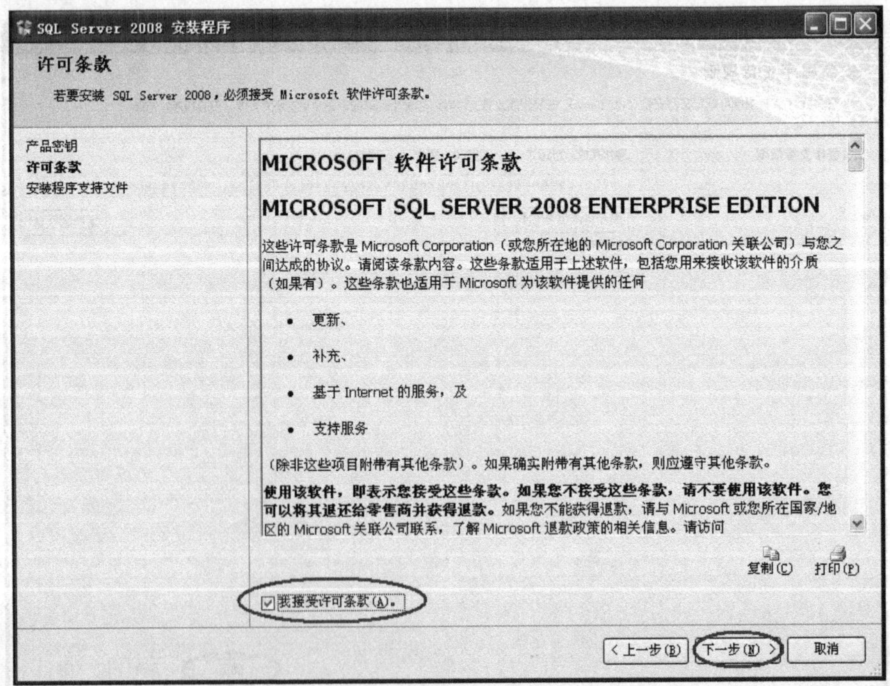

图 1-17

（15）勾选“我接受许可条款”项，然后单击“下一步”按钮，系统提示安装“安装程序支持文件”，如图 1-18 所示。

SQL Server 2008 安装程序
安装程序支持文件
单击“安装”以安装安装程序支持文件。若要安装或更新 SQL Server 2008，这些文件是必需的。
产品密钥
许可条款
安装程序支持文件
SQL Server 安装程序需要下列组件(I):
功能名称
状态
安装程序支持文件
< 上一步(B)
安装(I)
取消

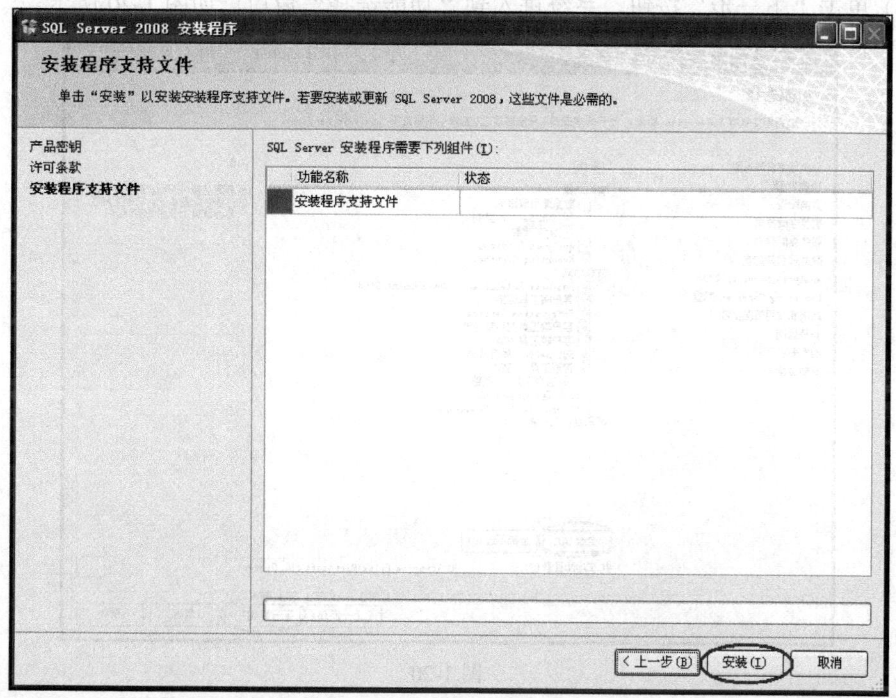

图 1-18

（16）单击“安装”按钮，系统进行“安装程序支持文件”安装，之后系统给出“安装程序支持规则”提示，如图 1-19 所示。

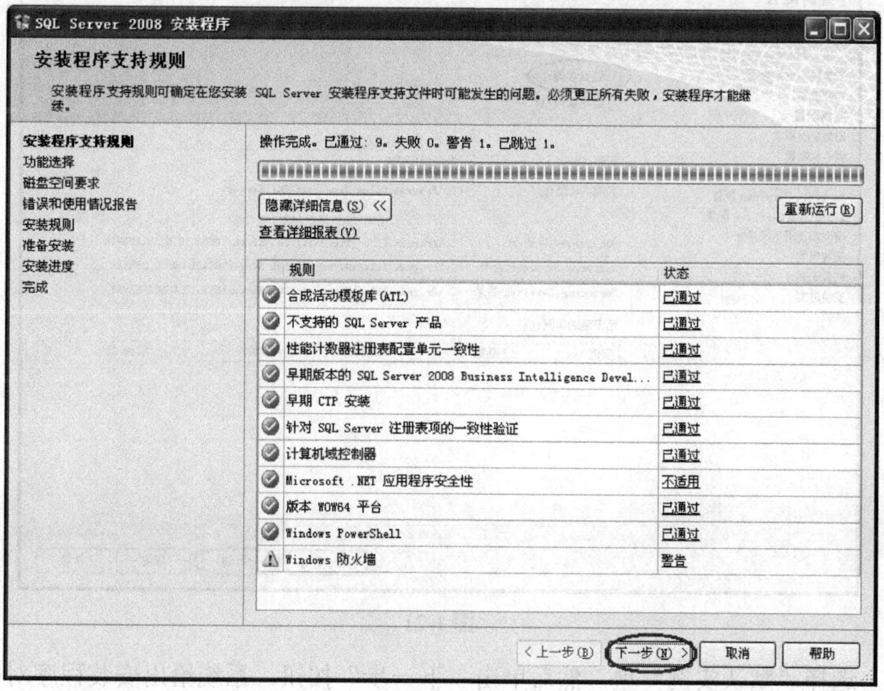

SQL Server 2008 安装程序
安装程序支持规则
安装程序支持规则可确定在您安装 SQL Server 安装程序支持文件时可能发生的问题。必须更正所有失败，安装程序才能继续。
安装程序支持规则
功能选择
磁盘空间要求
错误和使用情况报告
安装规则
准备安装
安装进度
完成
操作完成。已通过: 9。失败 0。警告 1。已跳过 1。
隐藏详细信息(S) <<
重新运行(R)
查看详细报表(V)
规则
状态
合成活动模板库(ATL)
已通过
不支持的 SQL Server 产品
已通过
性能计数器注册表配置单元一致性
已通过
早期版本的 SQL Server 2008 Business Intelligence Devel...
已通过
早期 CTP 安装
已通过
针对 SQL Server 注册表项的一致性验证
已通过
计算机域控制器
已通过
Microsoft .NET 应用程序安全性
不适用
版本 WOW64 平台
已通过
Windows PowerShell
已通过
Windows 防火墙
警告
< 上一步(B)
下一步(N) >
取消
帮助

图 1-19

（17）单击“下一步”按钮，系统进入到“功能选择”窗口，如图 1-20 所示。

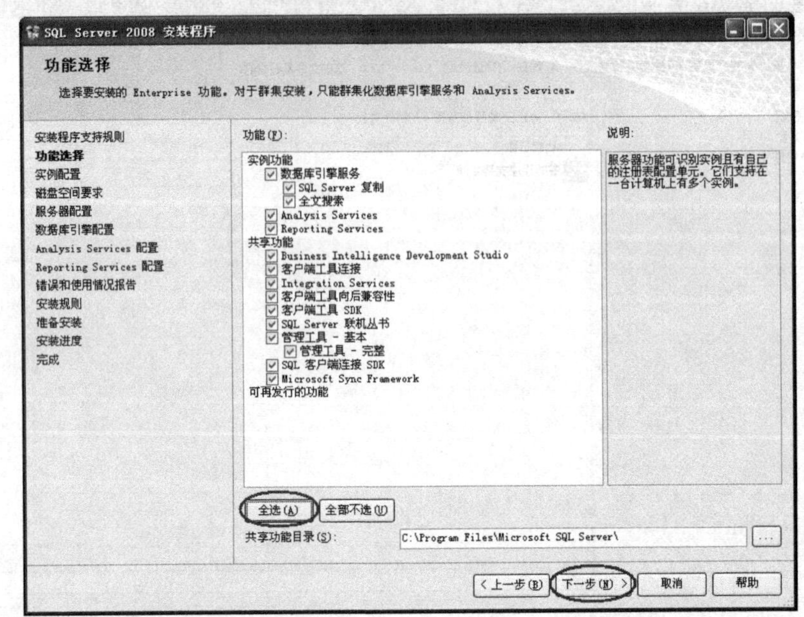

图 1-20

（18）单击“全选”命令，然后单击“下一步”按钮，系统进入到“实例配置”窗口，如图 1-21 所示。

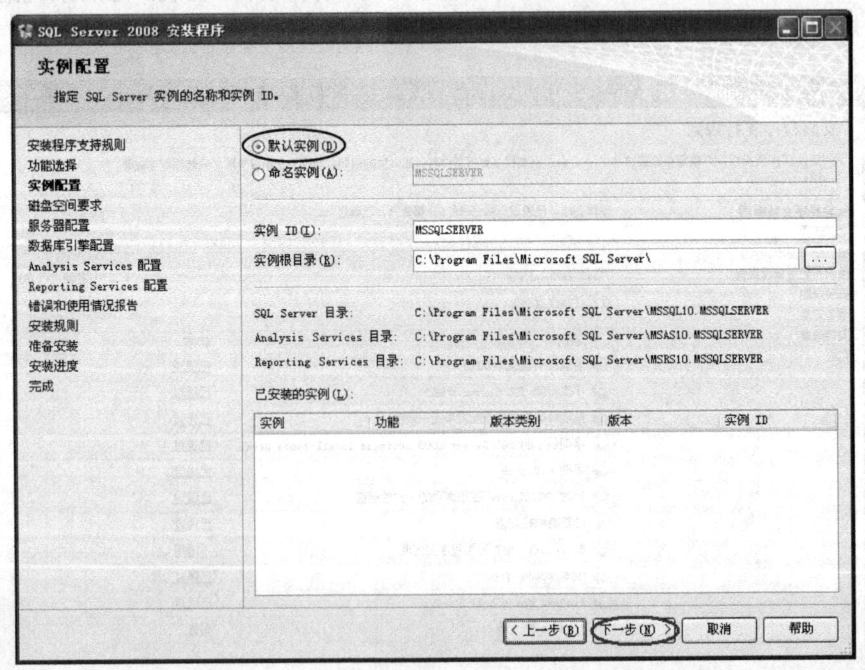

图 1-21

（19）选择“默认实例”项，然后单击“下一步”按钮，系统给出安装程序对磁盘空间要求，如图 1-22 所示。

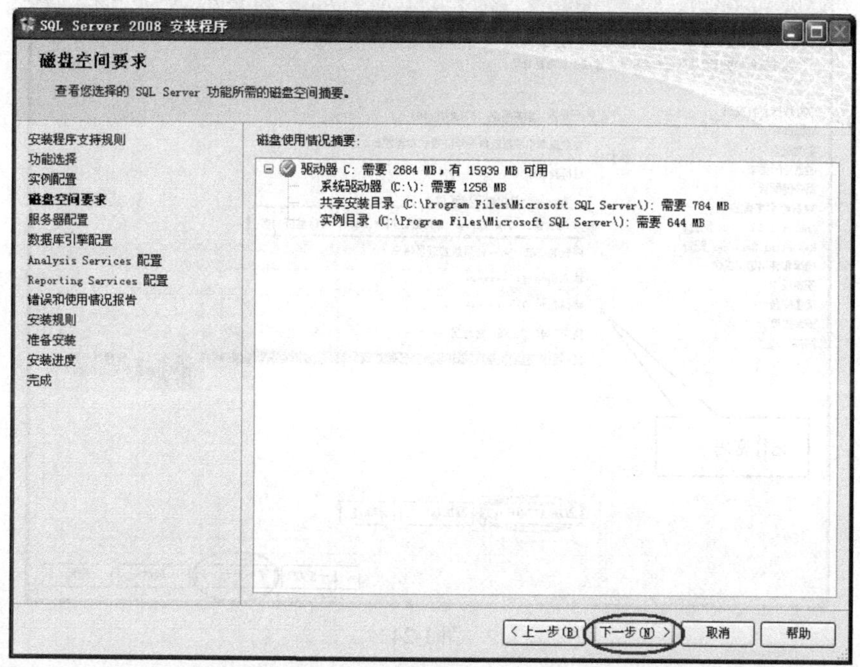

图 1-22

（20）确认磁盘空间足够后，单击“下一步”按钮，系统要求进行服务器配置，如图 1-23 所示。

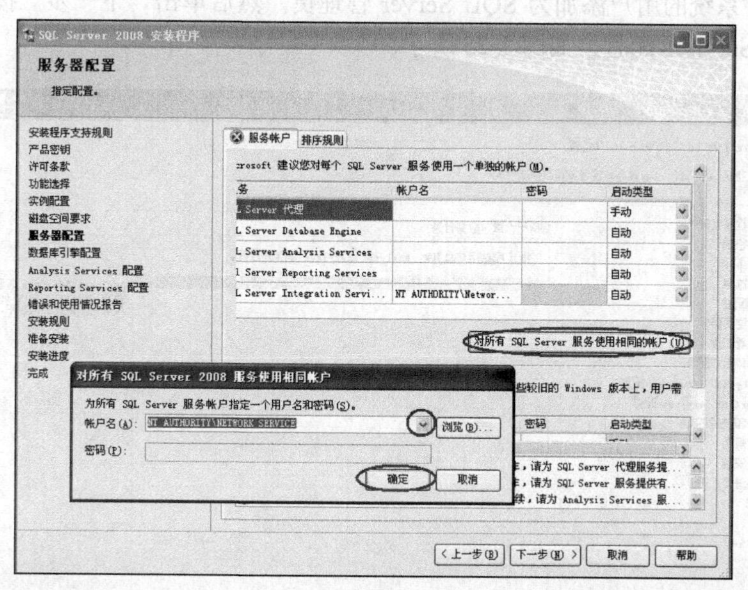

图 1-23

（21）单击“对所有“SQL Server 服务器使用相同的账户”按钮，系统提示选择账户名，单击下拉选择按钮，选择一个账户名，然后单击“确定”按钮，然后返回到服务器配置设置窗口，单击“下一步”按钮，系统提示进行数据库引擎配置，如图 1-24 所示。

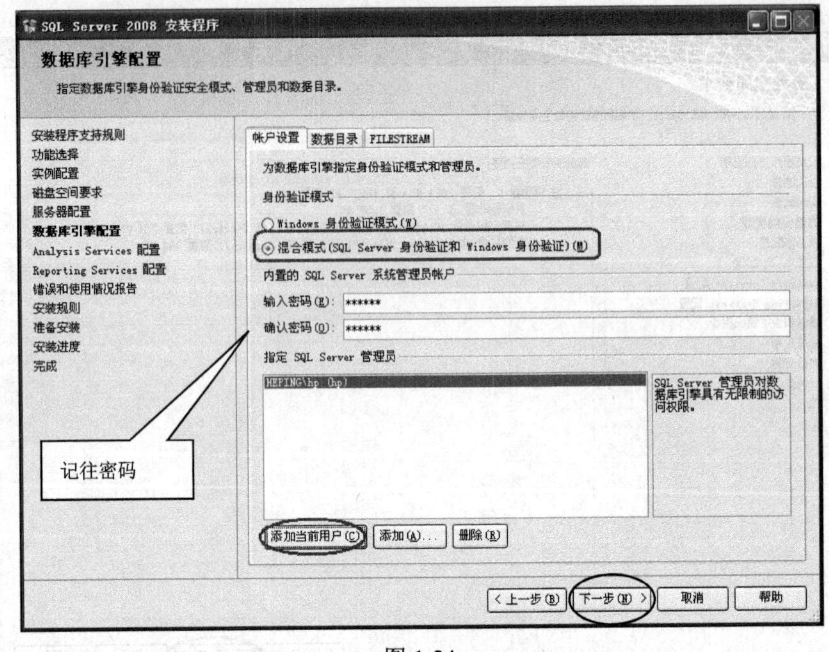

图 1-24

（22）在“账户设置”页中的身份验证模式中勾选“混合模式（SQL Server 身份验证和 Windows 身份验证）”选项，录入内置的 SQL Server 系统管理员账户密码，要记住该密码，因为该密码会在进行用友软件安装后使用到，然后单击“添加当前用户”按钮，系统将当前进入 Windows 系统的用户添加为 SQL Server 管理员，然后单击“下一步”按钮，系统要求进行 Analysis Services 配置，如图 1-25 所示。

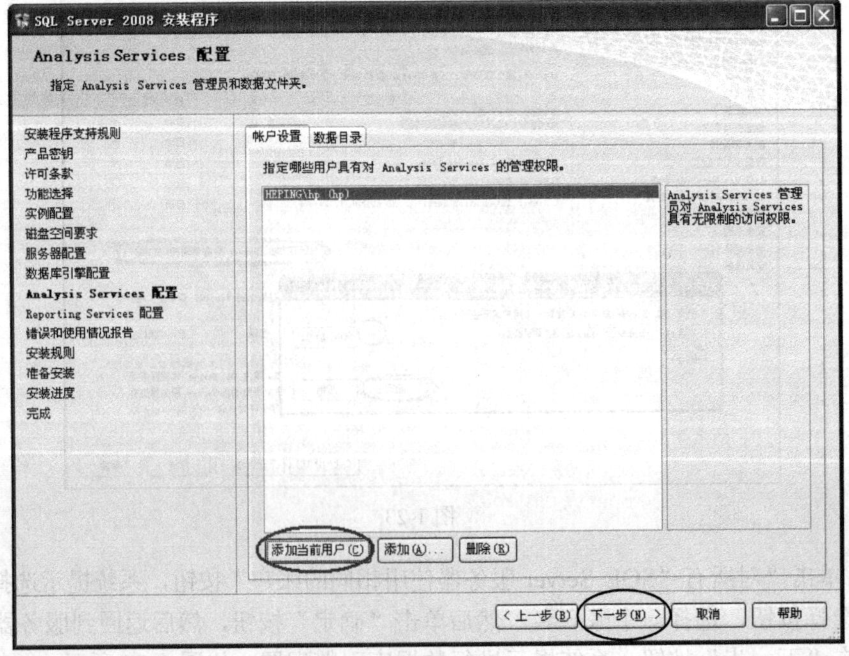

图 1-25

（23）在“账户设置”页中，单击“添加当前用户”作为指定的 Analysis Services 管理权限，然后单击“下一步”按钮，系统要求指定 Reporting Services 配置模式，如图 1-26 所示。

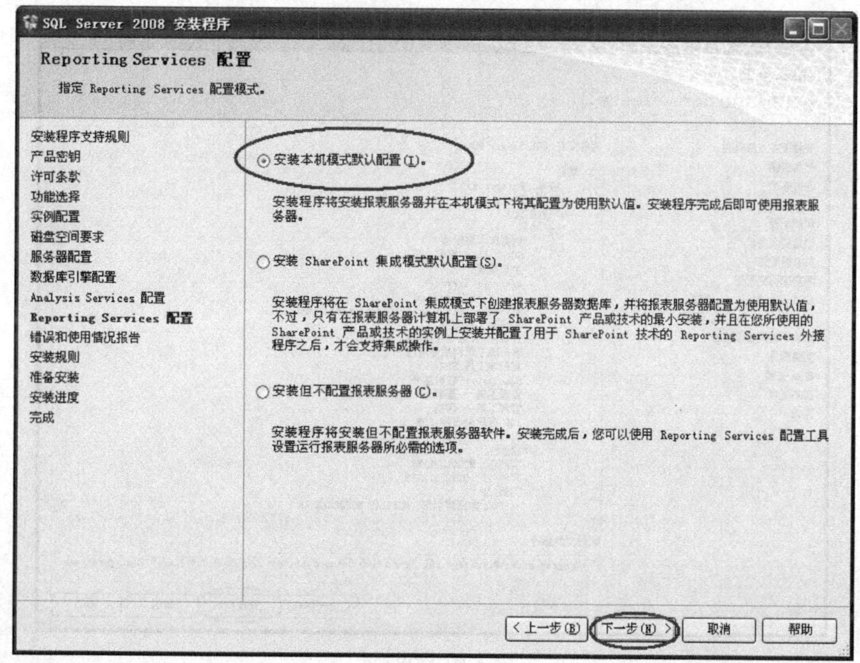

图 1-26

（24）勾选“安装本机模式默认配置”项，然后单击“下一步”按钮，系统要求安装“安装规则”，如图 1-27 所示。

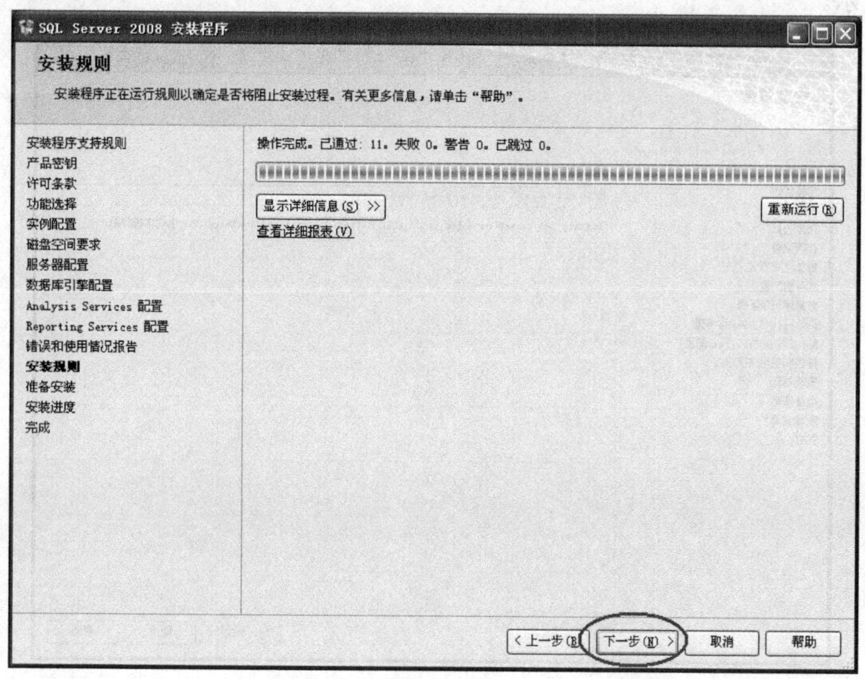

图 1-27

（25）单击“安装”按钮，系统安装“安装规则”，安装完成之后，单击“下一步”按钮，系统给出准备安装提示，如图 1-28 所示。

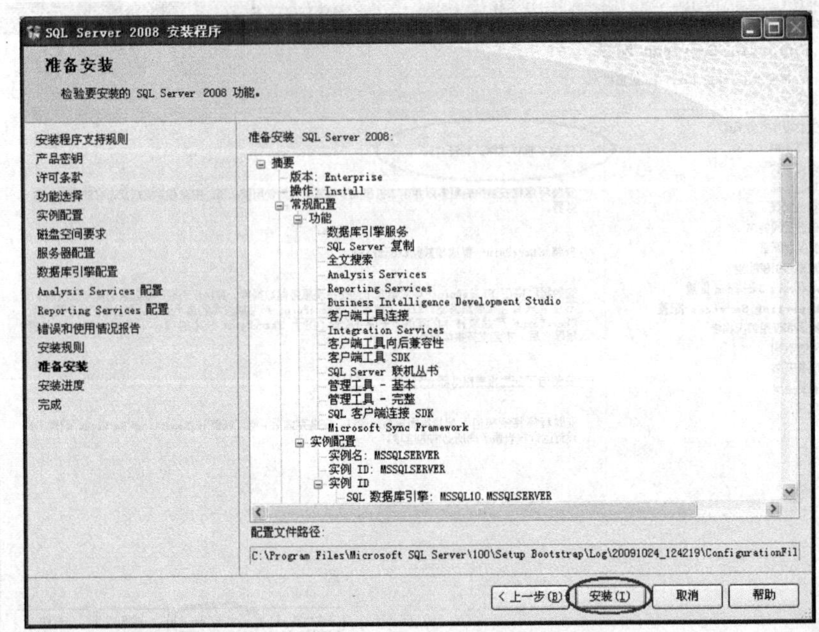

图 1-28

（26）此时如果需要重新更新之前的安装设置，则可以单击“上一步”按钮逐级返回安装设置进行修改，如果确认没有问题单击“安装”按钮正式进行 SQL Server 2008 的安装，如图 1-29 所示。

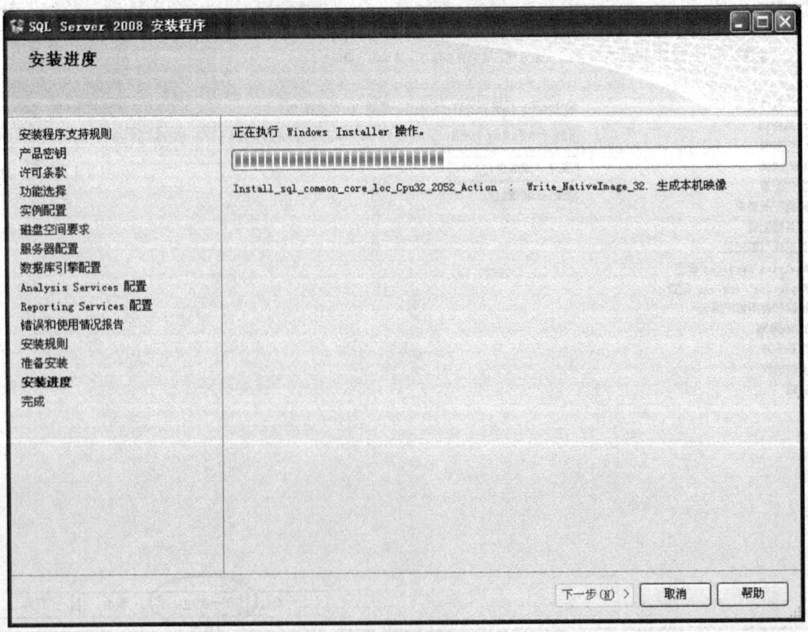

图 1-29

（27）系统给出安装进度提示（安装过程时间稍长，请耐心等待），最后系统给出“安装过程完成”提示，如图 1-30 所示。

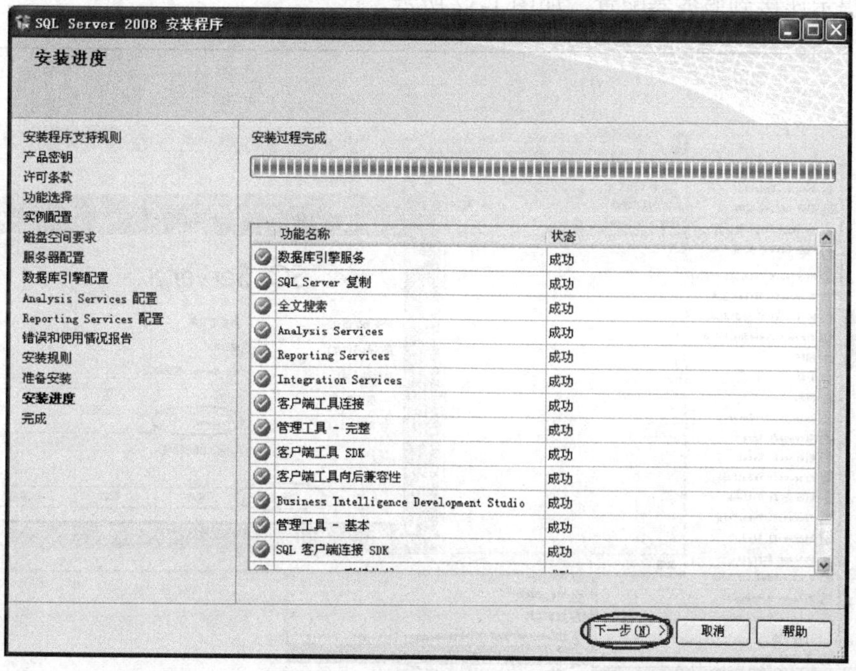

图 1-30

（28）单击“下一步”按钮，系统最终提示安装完成，如图 1-31 所示。

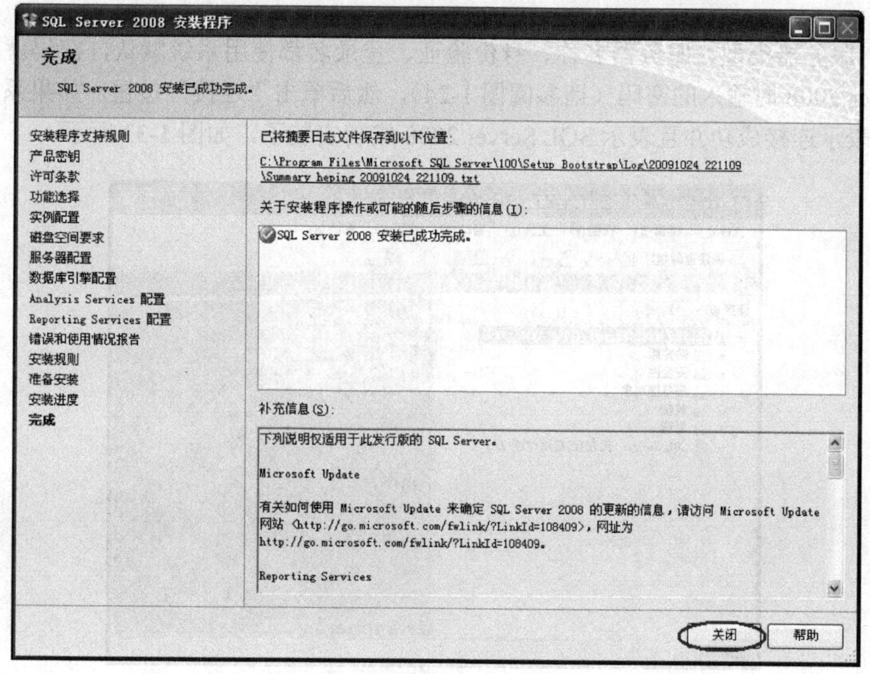

图 1-31

（29）单击“关闭”按钮，然后重新启用计算机系统，选择“开始\所有程序\Microsoft SQL Server 2008\SQL Server Managenent Studio”命令，系统打开“SQL Server Managenent Studio”窗口，并提示连接到服务器配置，如图 1-32 所示。

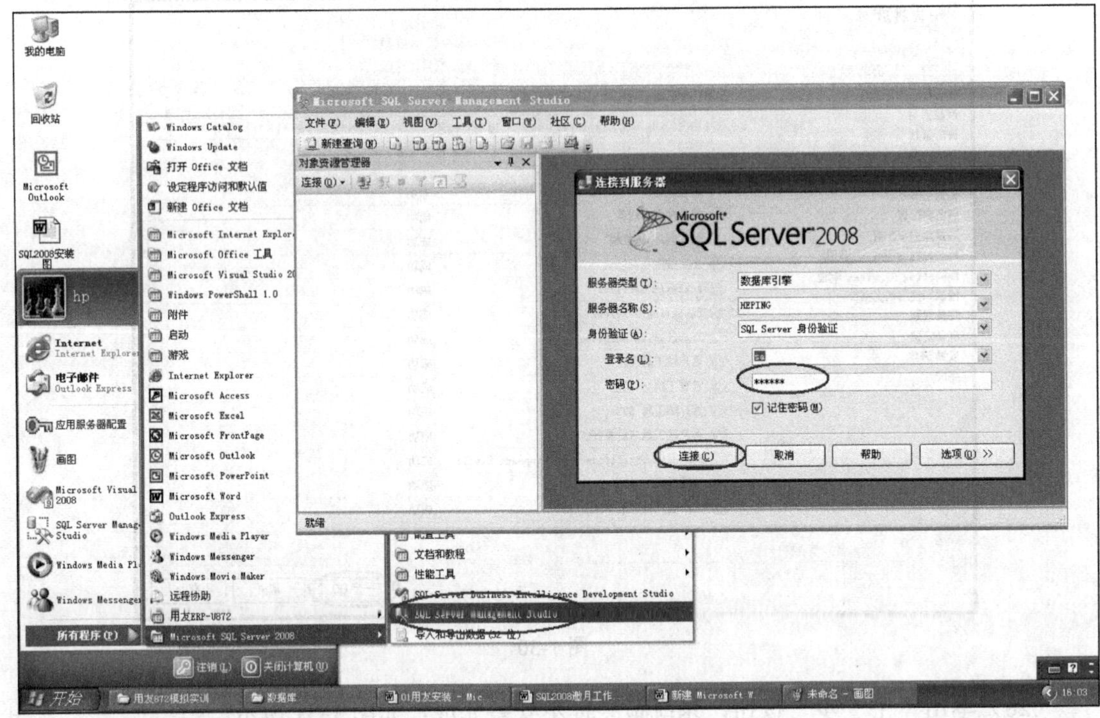

图 1-32

（30）服务器类型、服务器名称、身份验证、登录名都使用系统默认，密码就是在安装 SQL Server 2008 时输入的密码（请参阅图 1-24），然后单击“连接”按钮，如果系统无错误提示，则表示连接成功并且表示 SQL Server 2008 成功安装了，如图 1-33 所示。

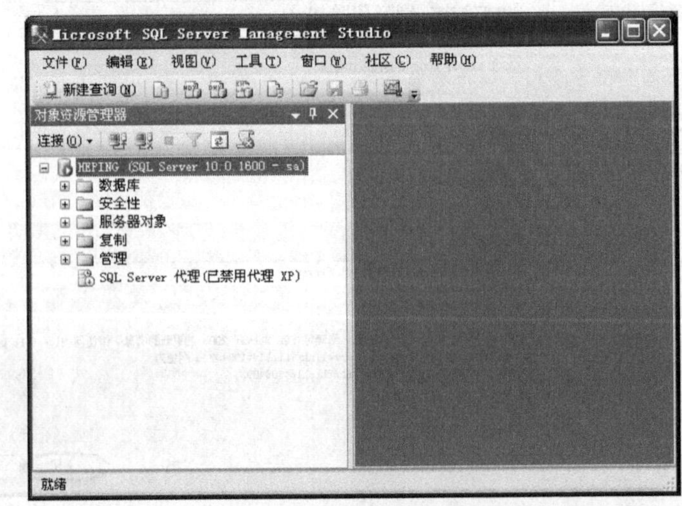

图 1-33

1.3.3　安装用友 ERP-U8（V8.72）

由于用友 V8.72 对软件系统的配置要求比较完善，因此读者在服务器安装用友 V8.72 时，要尽量先安装服务器操作系统的补丁，否则有可能无法成功安装用友 V8.72。

安装应用服务器的操作系统一定要安装 Internet 信息服务（IIS）组件，安装 IIS 的方法是从“控制面板”的“添加/删除程序”中选择“添加/删除 Windows 组件”，安装 IIS，如图 1-34 所示。

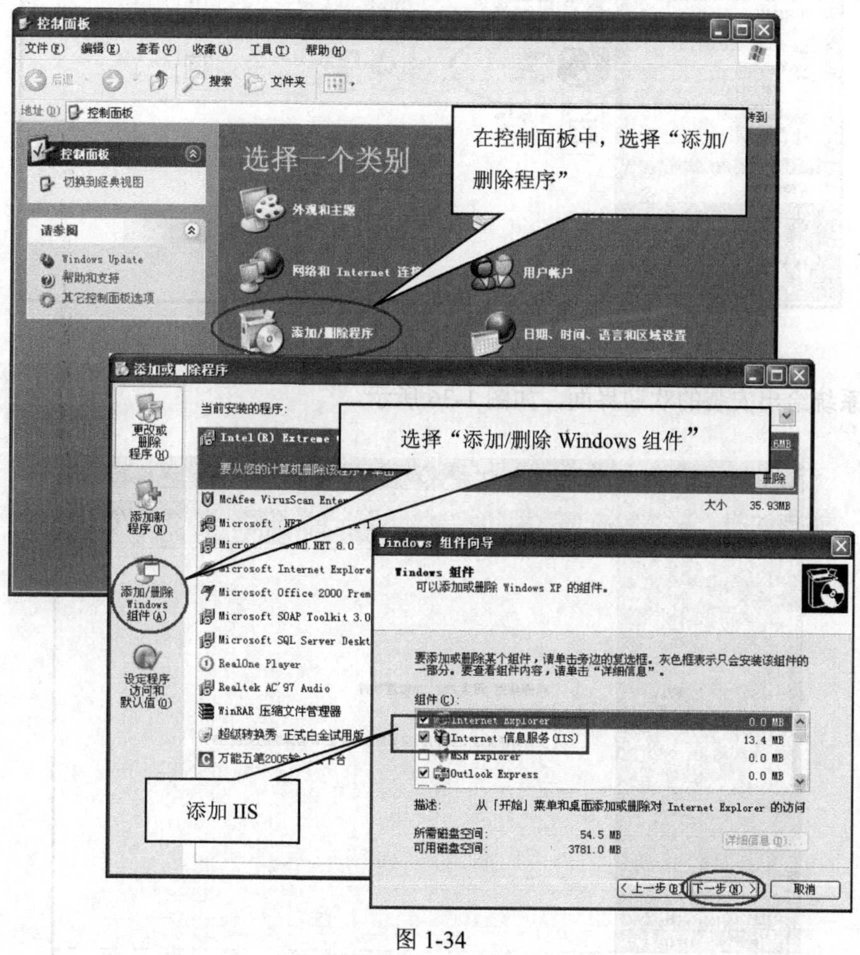

图 1-34

如果“Internet 信息服务（IIS）”选项没有被勾选，则勾选该项，然后单击“下一步”按钮，进行 IIS 安装。

注意： 安装 IIS 时，需要准备好操作系统盘。

接下来开始安装用友 V8.72 系统。

（1）以系统管理员或具有同等权限的人员登录（用户 ID 属于 Administrators 组，或在域模式中属于 Domain Admins 组）操作系统，然后将用友 V8.72 光盘放入光驱中在“用友软件”文件夹下双击“Setup”文件，系统进入安装界面，如图 1-35 所示。

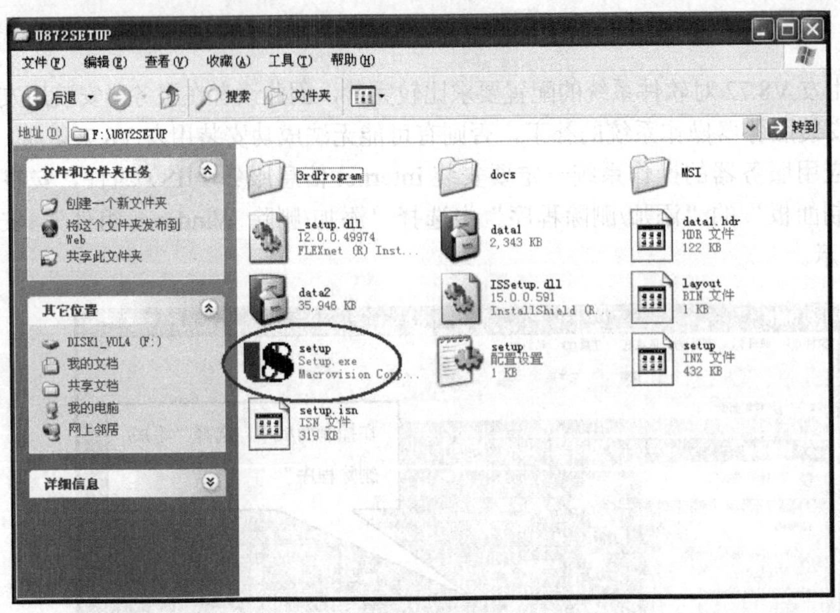

图 1-35

（2）系统给出安装的欢迎界面，如图 1-36 所示。

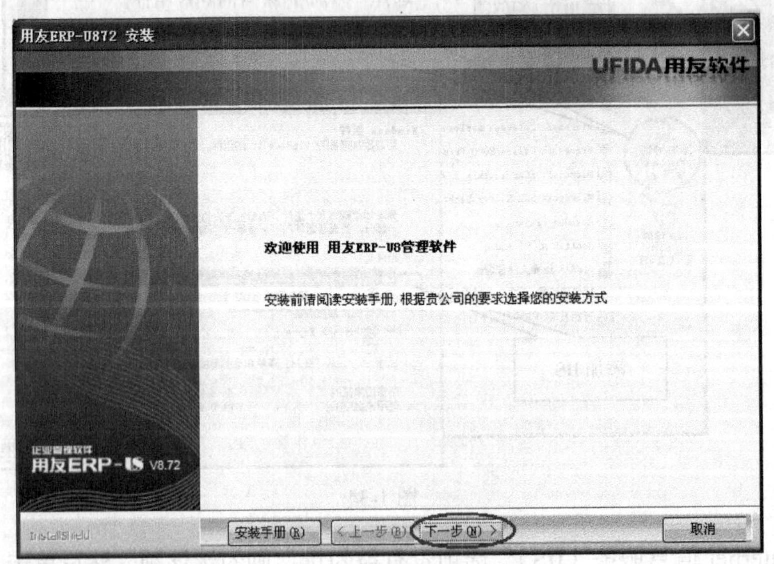

图 1-36

（3）单击“下一步”按钮，系统列出许可证协议信息，如图 1-37 所示。

（4）选择“我接受许可证协议中的条款”项，然后单击“下一步”按钮，系统提示输入客户信息，如图 1-38 所示。

（5）在此窗口输入用户名、公司名称，然后单击“下一步”按钮，系统提示选择安装的目标文件夹，如图 1-39 所示。

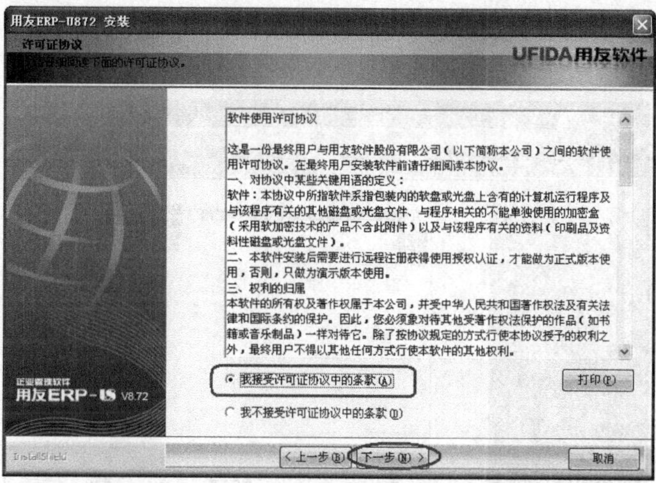

图 1-37

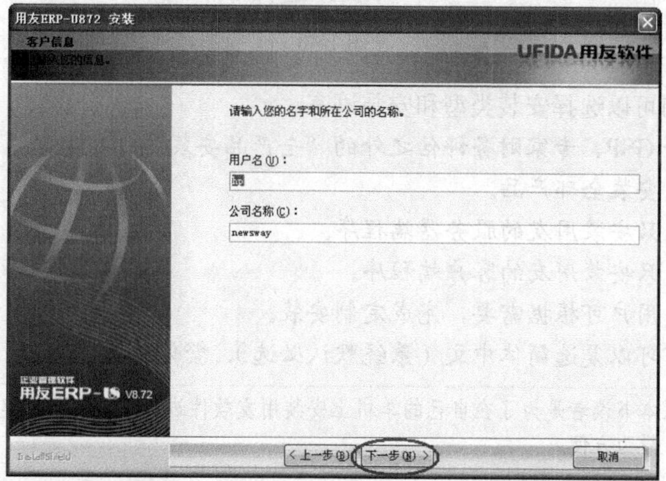

图 1-38

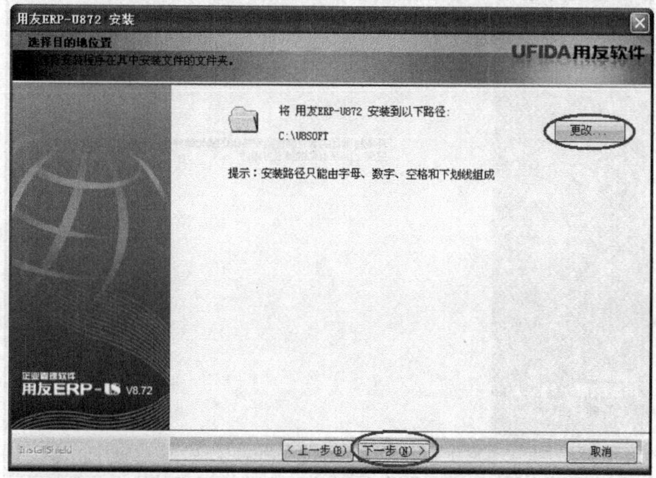

图 1-39

（6）单击“更改”按钮可以修改安装的目标文件夹，单击“下一步”按钮进入到安装类型选择窗口，如图 1-40 所示。

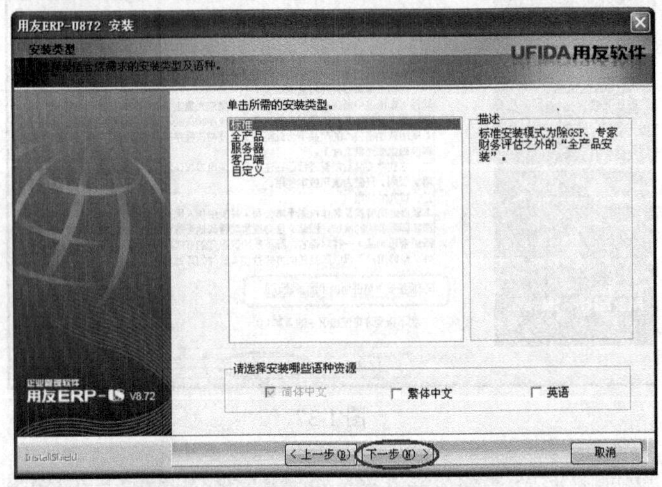

图 1-40

（7）在此窗口可以选择安装类型和安装语言。

- 标准：除 GSP、专家财务评估之外的“全产品安装”。
- 全产品：安装全部产品。
- 服务器：只安装用友的服务器端程序。
- 客户端：只安装用友的客户端程序。
- 自定义：用户可根据需要，完成定制安装。
- 安装语言可以复选简体中文（系统默认必选）、繁体中文、英语。

提示：如果本书读者是为了在自己的单机上安装用友软件进行学习使用，建议安装类型选择“标准”最为方便。

最后单击“下一步”按钮，系统进入到环境检测提示窗口，如图 1-41 所示。

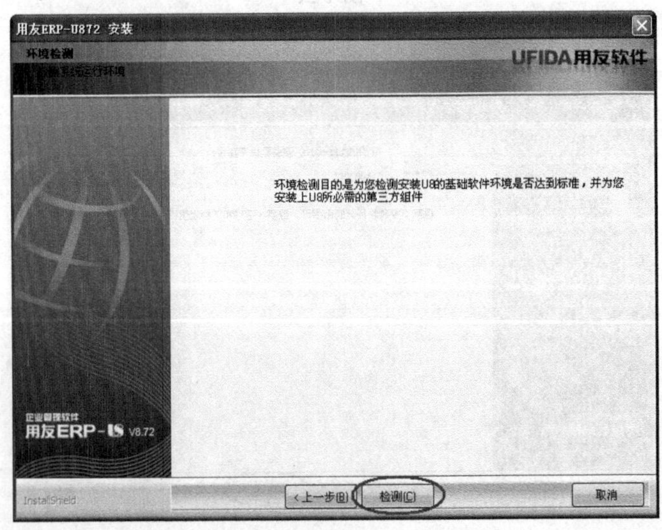

图 1-41

（8）由于在安装用友 V8.72 时，需要适合的系统的环境，因此如果环境检测不过关，则无法完成用友 V8.72 的正确安装。单击“检测”按钮，系统给出系统环境检查结果，如图 1-42 所示。

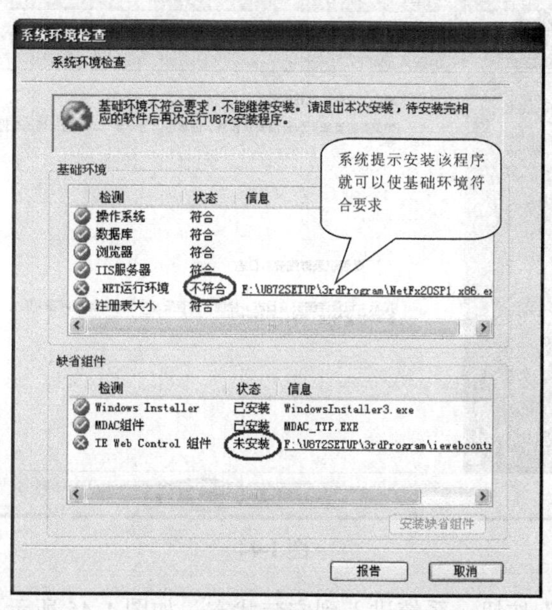

图 1-42

（9）系统列出“基础环境”中符合和不符合项，“缺省组件”中已安装和未安装项，并且系统在“信息”资料中给出了要使基础环境和默认组件完全符合安装条件的安装程序地址，其实就在“U872SETUP”文件夹下的“3rdProgram”目录下，如图 1-43 所示。

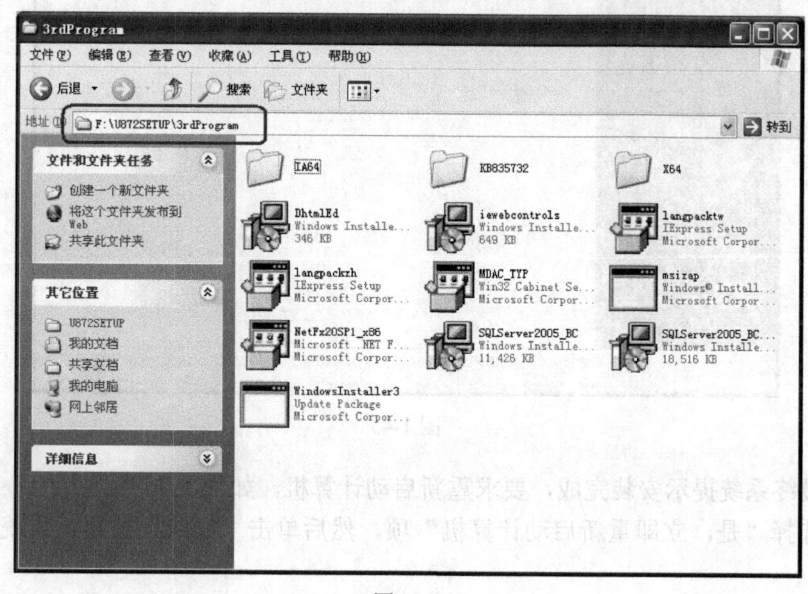

图 1-43

（10）根据系统环境检测结果的提示，分别选择“3rdProgram”目录中的相关程序进行安装，最终使系统环境能够完全满足用友软件的安装要求。

（11）系统环境检测合格之后，就可以继续安装用友软件了，如图 1-44 所示。

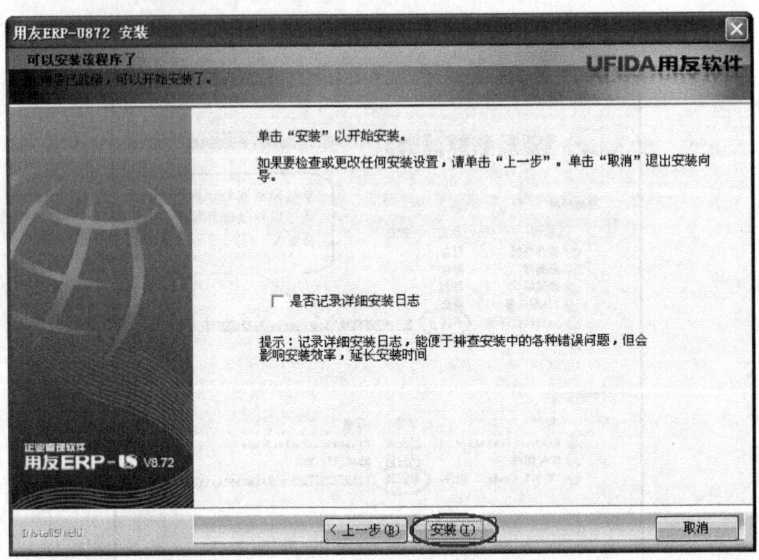

图 1-44

（12）单击“安装”按钮，系统进入到安装状态，如图 1-45 所示。

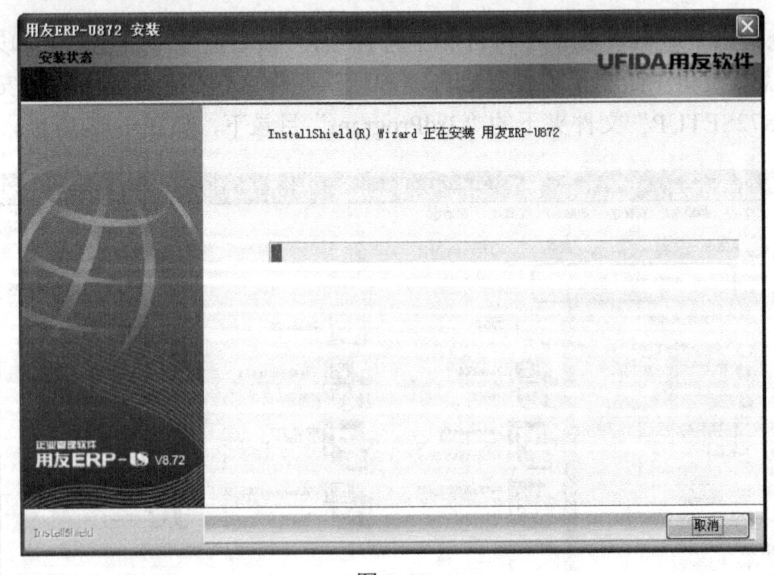

图 1-45

（13）最终系统提示安装完成，要求重新启动计算机，如图 1-46 所示。

（14）选择“是，立即重新启动计算机”项，然后单击“完成”按钮，系统重新启动计算机。

（15）计算机重新启动之后，系统自动进入到数据源配置窗口，如图 1-47 所示。

（16）在数据库处录入安装 SQL Server2008 时的数据库名称，如果安装 SQL Server 2008

时数据库名称是使用的系统默认的名称，则是指本台计算机的计算机名称，录入 SA 口令（提示：SA 口令就是安装 SQL Server2008 时的口令，请参阅图 1-24），然后单击“测试连接”按钮，系统显示连接成功，则表示用友软件已经安装成功了。

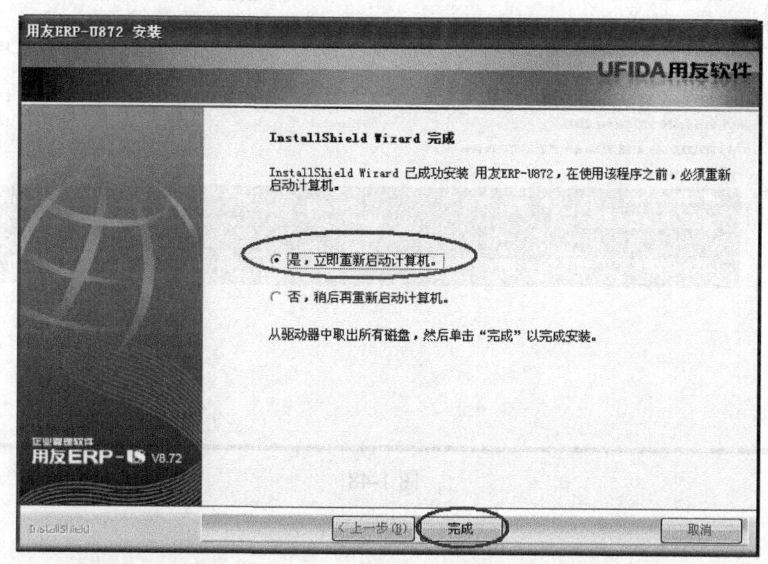

图 1-46

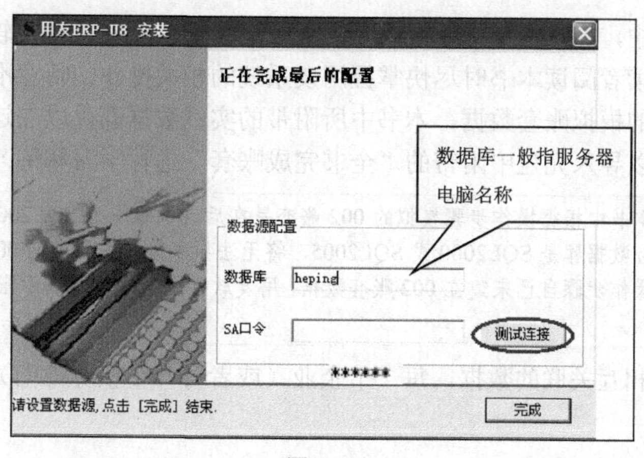

图 1-47

（17）单击“完成”按钮，系统提示是否进行系统初始化，单击“是”按钮，用友系统开始系统初始化处理。

每一次打开用友软件，用友系统会提示是否需要建账（建账操作请参阅本书第 3 章建立新账套），如果暂不建账，则可以单击“取消”按钮暂不建账。

1.3.4　删除用友软件

如果用友软件安装有误，可以将其删除，之后再重新安装。

双击“控制面板”中的“添加/删除程序”图标，选中“用友 ERP-U8”选项，单击“更改/删除”按钮，之后按照系统提示对用友软件进行更改或删除，如图 1-48 所示。

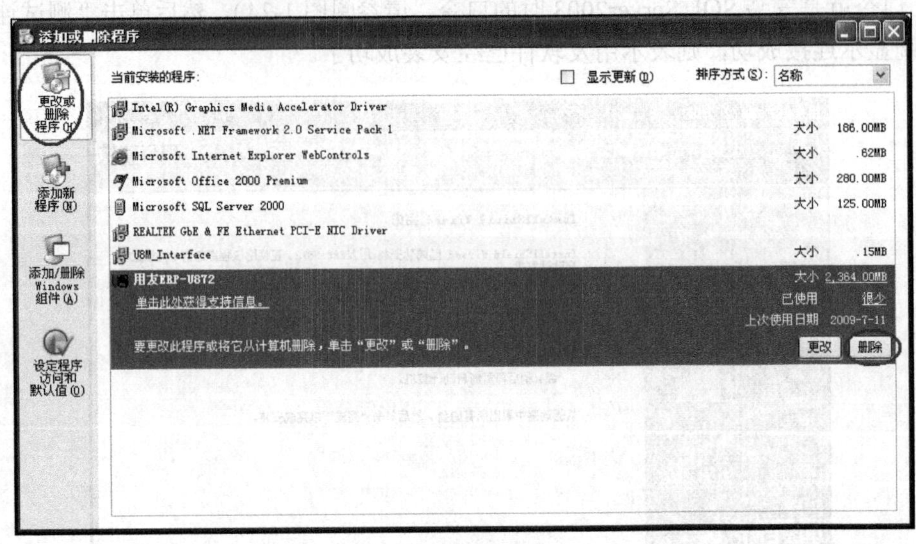

图 1-48

1.4 系统管理注册和导入演示账套

本书附赠光盘中，提供了 2 套演示账套数据，999 演示账套是用友软件自带的一套账套数据，另外为方便读者阅读本书时尽快掌握用友系统的相关操作，特意准备了依据本书全部操作步骤完成之后的模拟账套数据，本书中所附带的实例数据都可以在这套账中找到，在阅读完全书之后，可以导入光盘中附带的“全书完成账套”进行学习和练习使用。

 提示：由于本书中根据操作步骤模拟的 002 账套是在后台数据库为 SQL2008 建立的，如果读者您的后台数据库是 SQL2000 或 SQL2005，将无法导入光盘中附带的 002 账套数据，只能依照书中操作步骤自己来建立 002 账套数据，用友软件自带的 999 演示账套不受此影响，可以正常导入。

账套是指一组相互关联的数据，每一个企业（或者每一个核算部门）的数据在系统内都体现为一个账套。

1.4.1 系统管理注册

系统管理模块是用友软件用来完成账套的建立、修改、删除和备份，操作员的建立、角色划分和权限分配等操作的一个集中管理平台。

软件安装完成后，首先要做的就是注册进入系统管理，因为此时系统内尚未有任何账套数据，所以只能使用“admin”名称进行注册进入系统管理（“admin”是用友 V8.72 指定的系统管理员名称，不能更改），该用户的密码为空。如果以后有了账套数据，则可以用账套主管的身份进行注册进入系统管理。具体登录方法如下。

单击“开始”菜单，选择“程序\用友 EPR-U8\系统服务\系统管理”选项，如图 1-49 所示。

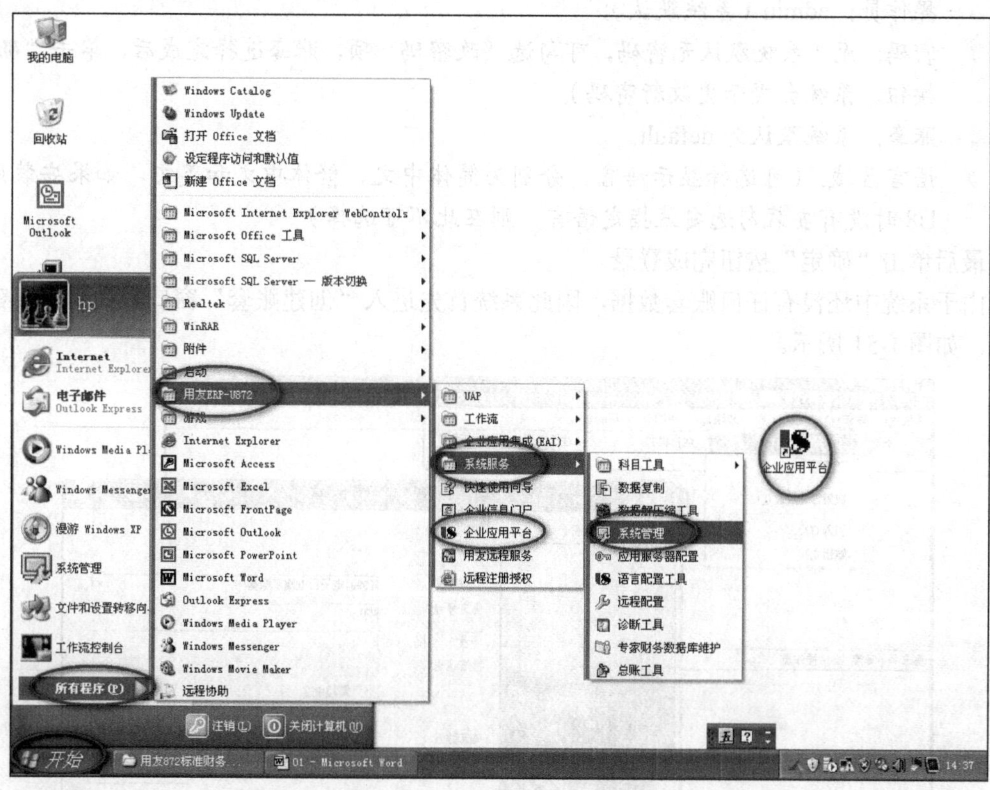

图 1-49

提示："U8 企业应用平台"以后会长期使用，可以考虑在桌面上建立快捷方式，以便于使用。

系统弹出"登录"窗口，如图 1-50 所示。

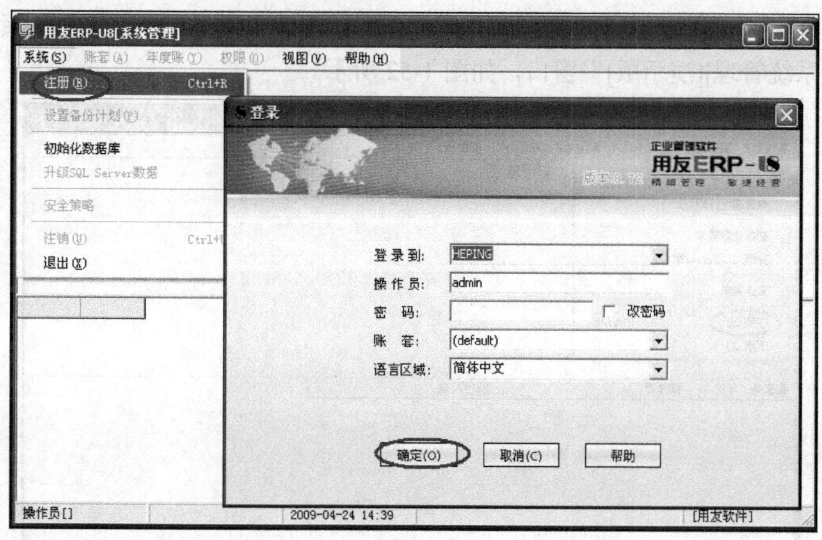

图 1-50

- 登录到：服务器计算机名（单机使用时，系统默认为本机计算机名）。

- 操作员：admin（系统默认）。
- 密码：无（系统默认无密码，可勾选“改密码”项，账套选择完成后，单击“确定”按钮，系统会提示更改新密码）。
- 账套：系统默认为 default。
- 语言区域：（可选择显示语言，分别为简体中文、繁体中文和英文，如果安装用友 U8 时没有安装勾选安装指定语言，则在此不可选择）。

最后单击“确定”按钮完成登录。

由于系统中还没有任何账套数据，因此系统首先进入“创建账套”窗口，在此可以建立账套，如图 1-51 所示。

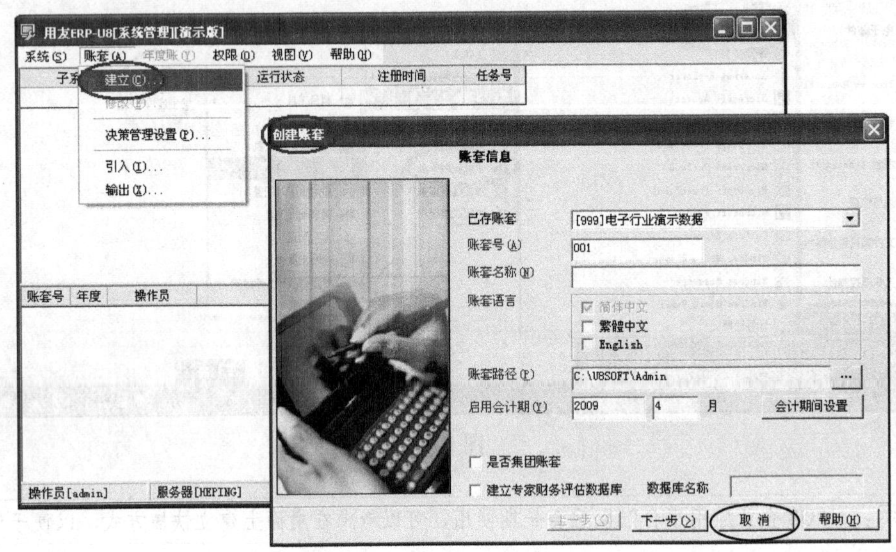

图 1-51

建立账套方式将在本书第 3 章进行讲解，所以在此我们单击“取消”按钮，系统进入“用友 ERP-U8[系统管理][演示版]”窗口，如图 1-52 所示。

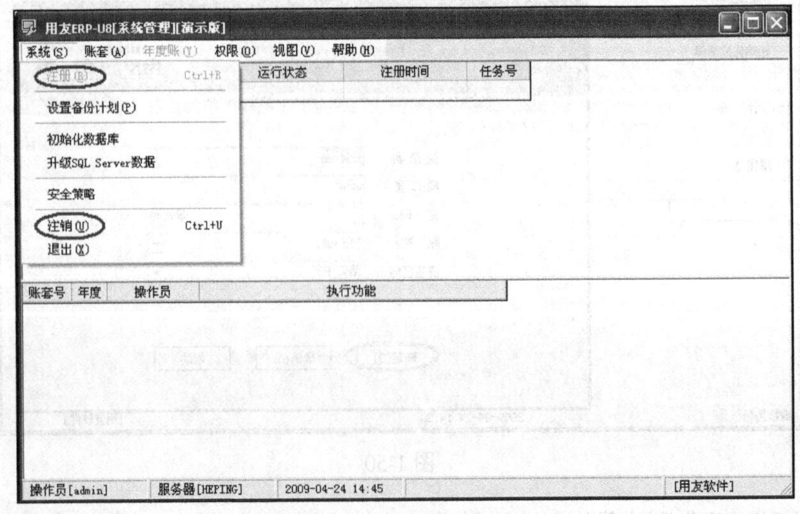

图 1-52

1.4.2　引入账套

以“admin”的身份注册进入到用友系统管理之后，需要将企业数据导入系统（即建账），然后进行日常操作。但是对于刚学习使用用友软件的读者来讲，他可能并不知道该如何建立一套新账套，为此用友 V8.72 提供了一套演示账套（999 电子行业演示账套）供使用者学习。

注意： 账套只能在应用服务器导入。

999 电子行业演示账套是生产、销售手机和计算机的企业模拟账套，该套账基础数据都已经设置完毕，并且模拟了该企业从 2008 年 1 月建账到 2008 年 3 月的财务、供应链、生产、人力资源等方面的运行数据。初学者在正式使用用友软件做账之前，最好先引入这套账中的数据来进行学习。

导入 999 电子行业演示账套的步骤如下。

（1）首先将本书附赠光盘中的“872 演示账套”文件拷贝复制到计算机硬盘上。然后在系统管理窗口中，以“admin”的身份注册，单击“账套”菜单下的“引入”项，弹出“引入账套数据”窗口，选择硬盘上的“872 演示账套”，然后选定其文件夹的“UfErpAct.Lst”文件，如图 1-53 所示。

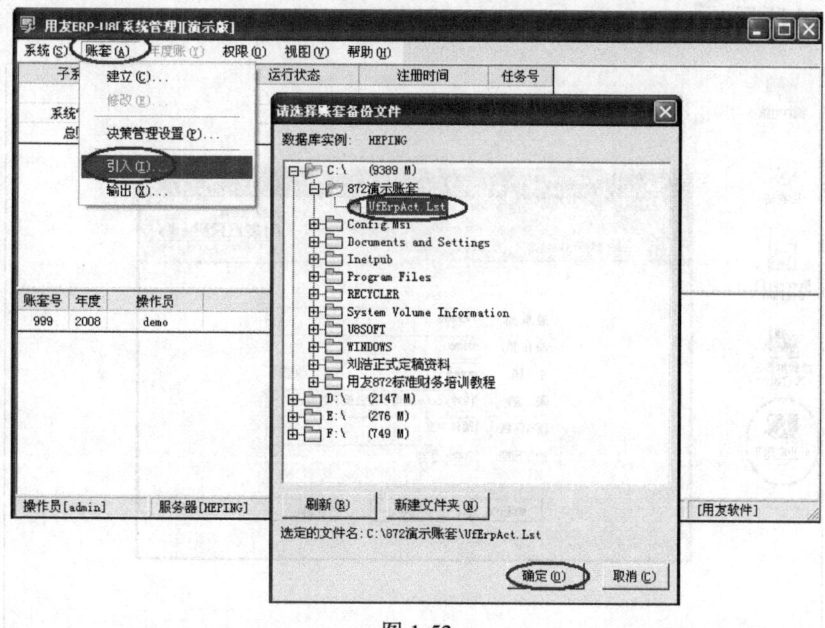

图 1-53

（2）然后单击“确定”按钮，系统给出一个默认的引入目录提示，单击“确定”之后，系统提示“未配置文件服务器，继续还原将丢失备份文件中的文件服务器数据，继续吗？”，如图 1-54 所示。

（3）单击“是”按钮，系统提示可以重新选择引入的目录，如图 1-55 所示，最后单击“确定”按钮，系统提示正在引入 999 账套，最后系统提示“账套[999]引入成功！”。

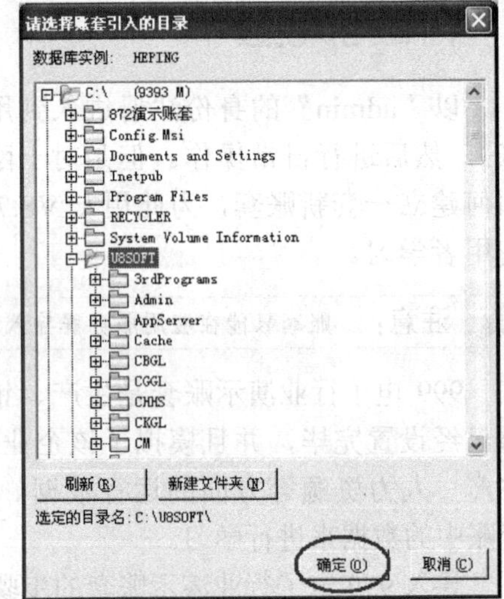

图 1-54

图 1-55

（4）此时可以注册进入到 999 账套中，进行相关操作。单击“开始”菜单，选择“程序\用友 ERP-U8\企业门户”，或者双击桌面图标“企业应用平台”（可以在用友软件安装完成后将“企业应用平台”以快捷方式发送到桌面上，以方便使用），系统弹出“企业门户注册”界面，如图 1-56 所示。

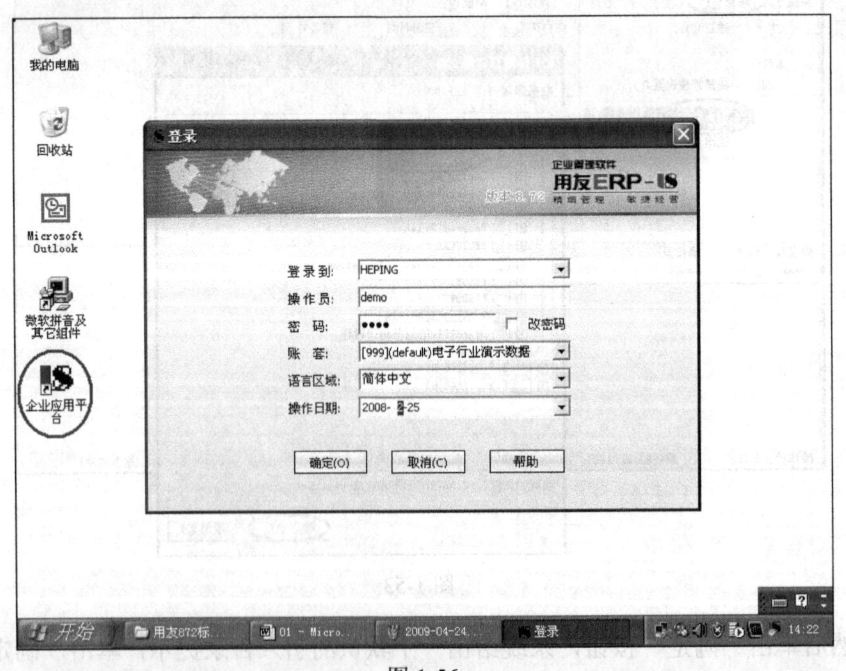

图 1-56

注册进入 999 演示数据账套的方法如下。

- 登录到：如果本机是服务器端（网络中的服务器或单机），系统会自动出现本机计算机名，如果本机是客户端，则应录入服务器计算机名。

- 操作员：demo（demo 是 999 演示账套的账套主管）。
- 密码：DEMO（注意，是大写的英文字母，可勾选"改密码"项，登录信息录入完成，单击"确定"按钮，系统会提示录入新密码）。
- 账套：999 电子行业演示数据（需单击下拉键进行选择）。
- 语言区域：可选择显示的语言种类（提供简体中文、繁体中文和英文供选择）。
- 操作日期：2008-2（注意年度与月份之间用短横线隔开）。

提示：读者只有将操作员和密码录入正确，才能选择该操作员有权限操作的账套，对于该操作员没有权限操作的账套，系统不会显示出来供选择，这一点很好地起到了账套的保密功能。如果读者录入的操作员权限下没有账套可供选择，系统将提示"读取数据源出错：口令不正确！"。

（5）单击"确定"按钮就可以注册进入用友 ERP-U8 操作界面，如图 1-57 所示。此时，可以对 999 演示账套内的数据进行操作。

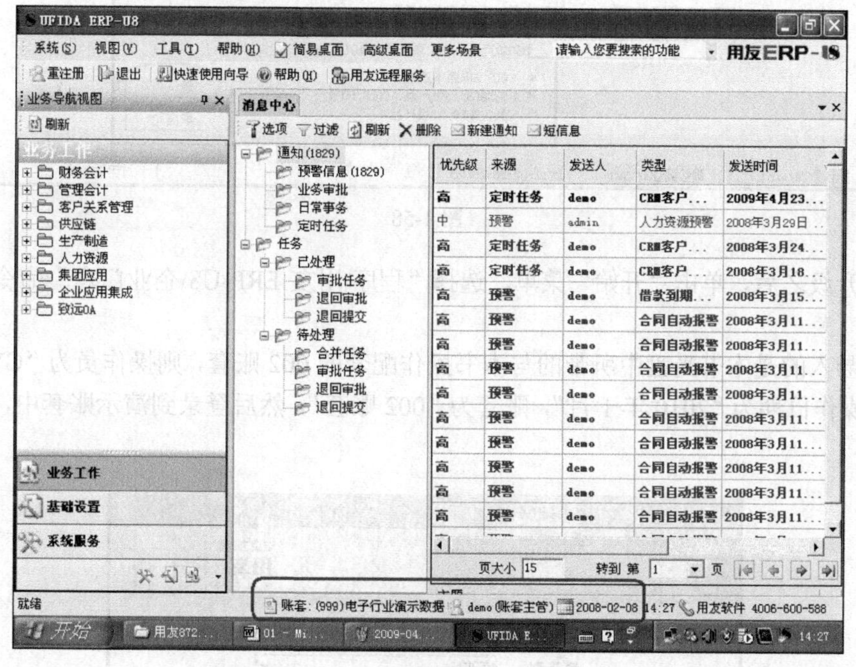

图 1-57

注：本书所附带的光盘为用友软件公司提供的演示版光盘，系统会显示"演示教学版"字样，里面所涉及的每一套单独的账套数据时间跨度不能超过 3 个月，也不能进行年终结转等操作，所以不能跨年度操作数据。比如建立"555 何氏企业"账套，初始的建账时间为 2009 年 1 月 1 日，对该账套进行操作时，所有的数据时间只能在 2009 年 1 月 1 日至 2009 年 3 月 31 日之间。如不小心录入了 2009 年 4 月份的数据，一旦保存退出用友软件，再次打开此账套时，系统就会提示"账套过期"而无法使用，此时只能重新建账或者购买用友公司的正式版软件。

每套账的有效时间都是 3 个月，所以在使用时要根据所使用的账套选择进入用友系统的操作日期。

用友的正版软件会为用户配置一个加密卡（俗称加密狗），将加密卡插在服务器 USB 接口之后上述限制就会消失，读者在演示版中所处理的数据在插上加密卡之后仍然可以像正式版一样正常使用，而不需要做任何转换工作。

如果导入的账套数据是在用友 ERP-U8（V8.72）之前的版本账套数据，则在导入账套之后，在系统管理中执行 SQL 升级账套数据既可，如图 1-58 所示。

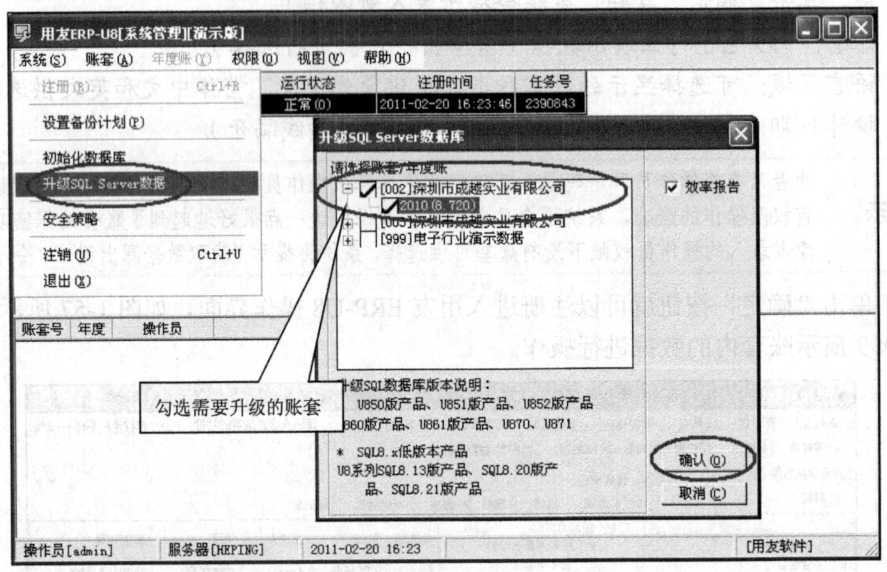

图 1-58

账套升级之后，单击“开始”菜单，选择“程序\用友 ERP-U8\企业门户”命令进行账套操作。

如果导入的是本书光盘中所带的与本书操作配套的 002 账套，则操作员为“CY002”，密码为空，操作日期为“2010 年 1 月”，账套为“002 账套”，然后登录到演示账套中，如图 1-59 所示。

图 1-59

在本书附赠的光盘中包含用友 ERP-U8（V8.72）试用版安装程序、数据库（SQL SERVER2008 中文版试用版）安装程序、999 演示账套和 002 演示账套数据。

第2章 模拟实例资料

本章学习重点

- 准备初始资料
- 准备日常业务资料

深圳市成越实业有限公司是一家专业生产、销售办公文具用品的公司，它成立于 2005 年 8 月份，企业性质为工业企业。随着公司业务的发展，财务工作用手工核算已经很难满足工作需要，计划于 2010 年 1 月开始使用用友 U8（V8.72）中的销售管理系统、生产数据系统、物料需求计划系统、采购管理系统、委外管理系统、生产任务系统、仓存管理系统、应付款管理系统、应收款管理系统、存货核算系统、总账系统和报表系统。

注：在使用本书进行实例练习时，请确认你的计算机已安装好用友 U8（V8.72）系统并能正常使用，安装方法请参考第一章。

2.1 企业介绍

本节介绍深圳市成越实业有限公司的基本情况，这是建立账套和初始化设置的基础数据。

- 企业名称：深圳市成越实业有限公司。
- 电话：0755-12345678。
- 单位地址：深圳市宝安区文汇路 19 号。
- 传真：0755-12345678。
- 法人代表：仁渴。
- 税号：12345678901234X。
- 邮政编码：518000。
- 本位币：人民币。

表 2-1 所示为用户表。

表 2-1 用户表

编　号	用 户 名	权　限
CY001	陈静	所有权限，主要负责单据审核和账套管理
CY002	何陈钰	基础资料、总账、应收账款、应付账款、采购管理、销售管理、库存管理系统和存货核算系统
CY003	严秀兰	基础资料查询、销售管理系统
CY004	何采购	基础资料查询、采购管理和委外管理系统
CY005	管仓库	基础资料、仓存管理系统、采购管理系统、销售管理、生产管理系统的查询
CY006	龚生产	基础资料查询、生产管理系统

续表

编　号	用户名	权　限
CY007	王工程	基础资料查询、物料档案管理和 BOM 资料管理
CY008	游计划	基础资料查询、生产管理所有权限。或单独生产数据管理中日历管理和物料需求计划模块、委外订单的新增、采购请购单的新增
CY009	何玉琪	出纳

2.2 基础数据（一）

表 2-2 至表 2-21 为深圳市成越实业有限公司初始化设置的基础数据。

表 2-2 部门与职员

部门		职员					
代码	名称	代码	名称	部门	备　注	是否业务员	人员类别
1	总经办	001	仁渴	总经办	总经理兼销售总监	是	在职人员
2	财务部	002	陈静	财务部	财务主管会计		在职人员
3	销售部	003	何陈钰	财务部	财务会计		在职人员
4	采购部	004	严秀兰	销售部	销售文员	是	在职人员
5	工程开发部	005	何采购	采购部	采购部经理	是	在职人员
6	PMC 部（计划部）	006	王工程	工程开发部	技术高工		在职人员
7	货仓	007	游计划	PMC 部	计划部主管		在职人员
8	生产部	008	管仓库	货仓	货仓主管	是	在职人员
9	行政人事部	009	龚生产	生产部	生产主管	是	在职人员
		010	李子明	行政部	行政部主管		在职人员
		011	郑质量	生产部	QC	是	在职人员
		012	何玉琪	财务部	出纳	是	在职人员

表 2-3 供应商分类

分类编码	分类名称
01	材料供应商
02	委外加工商

表 2-4 供应商档案

代　码	供应商名称	所属分类	供应商属性
01	笔帽供应商	材料供应商	货物
02	笔芯供应商	材料供应商	货物
03	笔壳供应商	材料供应商	货物
04	笔身委外加工商	委外加工商	委外
05	纸箱供应商	材料供应商	货物

表 2-5　　客户分类

代　　码	分类名称
01	国内公司
02	国外公司

表 2-6　　客户档案

代　　码	名　　称	所属分类
101	北京远东公司	国内公司

表 2-7　　存货分类

存货分类编码	存货分类名称	存货分类编码	存货分类名称
01	原材料	04	包装物
02	半成品	05	应税劳务
03	产成品	06	其他

表 2-8　　计量单位

组　　别	代　　码	名　　称
数量组（注：组内计量单位之间无换算关系）	11	PCS
	12	块
	13	条
	14	台
	15	辆

表 2-9　　物料档案

物料大类	1 原材料					2 半成品		3 产成品		4 包装物
代码	101	102	103	104	105	201	202	301	302	401
名称	笔芯	笔壳	笔帽	笔芯	笔帽	笔身	笔身	圆珠笔	圆珠笔	纸箱
规格型号	蓝色		蓝色	红色	红色	蓝色	红色	蓝色	红色	500PCS 装
存货属性	外购、生产耗用	外购、生产耗用	外购、生产耗用	外购、生产耗用	外购、生产耗用	生产耗用、委外	生产耗用、委外	内销、自制	内销、自制	外购
计量单位组	数量组	数量组	数量组	数量组	数量组	数量组	数量组	数量组	数量组	
基本计量单位	PCS	PCS	PCS	PCS	PCS	PCS	PCS	PCS	PCS	PCS
计价方法	移动平均法									
计划方法	R									
供需政策	PE									
固定提前期	3	1	2	3	2	3	3	3	3	2

表 2-10　　凭证类别

类 别 字	类 别 名 称	限 制 类 型	限 制 科 目
记	记账凭证	无限制	
自	成越公司记账凭证	无限制	

表 2-11　　外币设置

币　　名	港　　币
币符	HKD
汇率小数位	5
最大误差	0.00001
汇率方式	固定汇率
折算方式	外币×汇率=本位币
1月份记账汇率	0.86

表 2-12　　现金和银行存款科目

科 目 代 码	科 目 名 称	币 别 核 算
100101	人民币	否
100102	港币	单一外币（港币）
100201	工行东桥支行 125	否
100202	人行东桥支行 128	单一外币（港币）

表 2-13　　往来科目

科 目 代 码	科 目 名 称	核 算 项 目	应 控 系 统
1122	应收账款	客户	应收应付
1123	预付账款	供应商	应收应付
2202	应付账款	供应商	应收应付
2203	预收账款	客户	应收应付

表 2-14　　其他科目

科 目 代 码	科 目 名 称	科 目 代 码	科 目 名 称	科 目 代 码	科 目 名 称
1601	固定资产	400102	龚冰冰	510105	工资
160101	办公设备	500101	直接材料	6601	销售费用
160102	生产设备	500102	直接人工	660101	差旅费
160103	运输设备	500103	制造费用转入	660102	业务招待费
2221	应交税费	5101	制造费用	660103	折旧费
222101	应交增值税	510101	房租	660104	工资
22210101	进项税额	510102	水电费	660105	房租
22210105	销项税额	510103	折旧费	660106	水电费
400101	仁渴	510104	福利费	6602	管理费用

续表

科目代码	科目名称	科目代码	科目名称	科目代码	科目名称
660201	房租	660205	工资	6603	财务费用
660202	水电费	660206	折旧费	660301	利息
660203	差旅费	660207	其他	660302	银行手续费
660204	办公费	660208	坏账损失	660303	调汇

表 2-15　　结算方式

代　　码	名　　称
1	现金
2	支票

表 2-16　　仓库档案

编　　码	名　　称	成本计价方式	属　　性	是否参予 MRP 运算	说　　明
01	原材仓	移动平均法	普通仓	是	存放原材料
02	半成品库	移动平均法	普通仓	是	存放半成品
03	成品库	移动平均法	普通仓	是	存放成品
04	包装物仓	移动平均法	普通仓	是	存放包装物
05	待处理仓	移动平均法	普通仓	否	可能退货或质检后再使用，不参与 MRP 运算

表 2-17　　收发类别

1：入库类别		2：出库类别	
11：原材料采购入库	收发标志：收	21：原材料领用出库	收发标志：发
12：半成品入库		22：半成品出库	
13：产成品入库		23：产成品销售出库	
14：退料入库		24：样品出库	
15：调拨入库		25：调拨出库	
16：盘盈入库		26：盘亏出库	
17：委外加工入库		27：委外材料领用出库	
18：其他入库		28：其他出库	

表 2-18　　采购类型

编　　码	名　　称	入 库 类 别
1	原材料采购入库	原材料采购入库
2	委外采购入库	委外加工入库

表 2-19　　销售类型

编　码	名　称	入库类别
1	普通销售	产成品销售出库

表 2-20　　时栅代号及说明

行　号	日　数	需求来源
1	15	客户订单
2	30	客户订单
3	60	客户订单

表 2-21　　仓库期初数据

仓库代码	仓库名称	物料代码	物料名称	规格型号	单位	期初数量	期初金额
01	原材仓	101	笔芯	蓝色	PCS	300	300.00
		102	笔壳		PCS	500	1500.00
03	成品仓	301	圆珠笔	蓝色	PCS	500	2250.00

2.3　实例数据（一）

2.3.1　生产数据管理实例

本节列出“生产数据管理”模块中实例数据的处理，如 BOM（物料清单）的建立、修改和工厂日历的处理等业务。通过本小节的练习，读者可以学习到 BOM 概念、BOM 档案在系统中的处理方法、BOM 档案的查询和工厂日历的修改等操作。

例 2-1　新增“301 蓝色圆珠笔”的 BOM 档案，BOM 结构如图 2-1 所示。

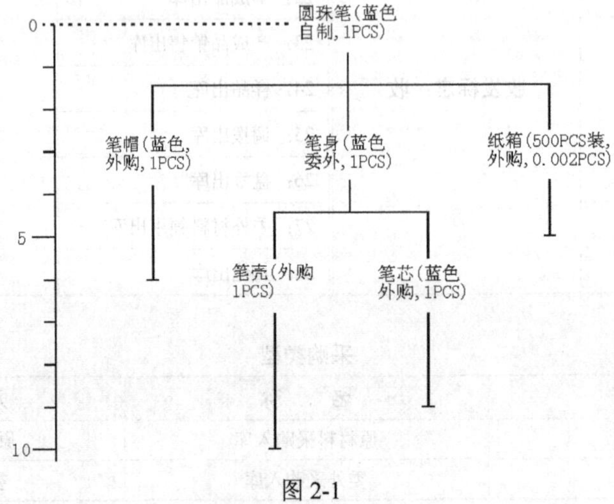

图 2-1

例 2-2　新增“302 红色圆珠笔”的 BOM 档案，BOM 结构如图 2-2 所示。

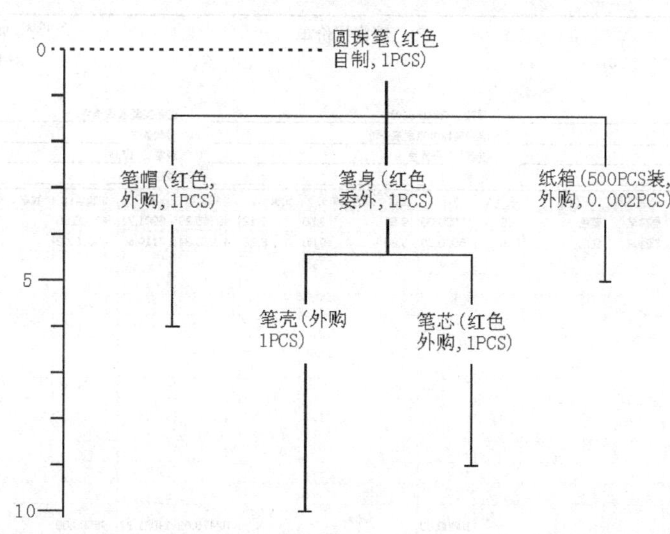

图 2-2

2.3.2　业务数据实例

本节列出所有业务模块的实例单据。通过本节的学习，读者可以了解各业务模块和计划模块的操作方法，以及各日常业务单据的录入方法，如销售订单下达、MRP 计划如何才能计算、MRP 计算出来的计划单据如何下达到对应的部门、采购订单如何下达、采购订单的执行情况如何查询以及各种材料出入库单据的处理方法。同时通过本小节的实例练习，能使读者对制造型企业的业务流程有一个基本的了解。

例 2-3　成越公司 2010 年 1 月 8 日接到北京远东公司的来电，询问公司产品的价格情况，经销售部模拟报价，并核算产品利润后，传真的报价单如图 2-3 所示。

CY 深圳市成越实业有限公司

地址:深圳市宝安区文汇路
电话: 0755-12345678
传真: 0755-12345678

销售报价单

客　户: 北京远东公司　　单　号: AQ000001
收件人: 李星　　日　期: 2010-1-8
传　真: 010-12345690　　联系人: 仁渦
币　别: 人民币　　付款方式: 货到付款

项次	物料编号	物料名称	单位	数量	单价	交货日期
1	3.01	圆珠笔—蓝色	PCS	5000	9.50	15天
3	3.02	圆珠笔—红色	PCS	5000	9.80	15天
以下内容空白						

客户确认签回　　成越公司签核

深圳市成越实业有限公司

销售部　仁渦

图 2-3

在用友U8（V8.72）系统中录入成功的“销售报价单”如图2-4所示。

销售报价单

打印模版 销售报价单打印模版

表体排序　　　　合并显示 □

单据号 AQ0000001　　日期 2010-01-01　　业务类型 普通销售
销售类型 普通销售　　客户简称 北京远东公司　　付款条件
销售部门 销售部　　业务员 严秀兰　　税率 17.00
币种 人民币　　汇率 1　　备注

	存货编码	存货名称	规格型号	主计量	数量	报价	含税单价	无税单价	无税金额	税额	价税合计	税率（%）	折扣
1	301	圆珠笔	蓝色	PCS	5000.00	9.50	9.50	8.12	40598.29	6901.71	47500.00	17.00	
2	302	圆珠笔	红色	PCS	5000.00	9.80	9.80	8.38	41880.34	7119.66	49000.00	17.00	
3													
4													
5													
6													
7													
8													
9													
10													
11													
12													
13													
14													
合计					10000.00				82478.63	14021.37	96500.00		

制单人 严秀兰　　审核人 严秀兰　　关闭人

图2-4

例2-4　远东公司收到成越公司的产品报价后，当即决定购买“301圆珠笔蓝色”8000PCS，并传真订购单，如图2-5所示。

YD北京远东文具用品有限公司

地址：北京市中关村
电话：010-12345678
传真：010-12345679（采购部）

订购单

供应商:
(Supplier)　深圳市成越实业有限公司
深圳市宝安区文汇路
ATTN 仁渦
TEL 0755-1234567 FAX: 0755-12345678

订单号码: YDPO2010010001
日　期: 2010-1-8
页　次: 1
联系人: 李星

客户订单号NU02P07080375
交货地点：北京市中关村
付款方式：货到付款
币　别：人民币

文件需求:
1.随货需附出货品质检验报告;
2.包装箱上需注明数量,重量,尺寸明细;
3.每月5日前提供月结单到本公司财务部,以便按时请款.

项次 (Item)	物料编号 (Part number)	物料名称 (Description)	单位 Unit	数量 (Quantity)	单价 (Unit price)	金额 (Amount)	交货日期 (Delivery)
1	3.01	圆珠笔—蓝色	PCS	8000	9.50	76,000.00	2010-1-29
	以下内容空白						

MRP（物料申购单）号码:
供应商确认签回（方可作收款依据）

北京远东文具用品有限公司
远东公司签核:
采购部
李星

图2-5

成越公司审核远东公司的订购单后，成功录入系统的“销售订单”如图2-6所示。

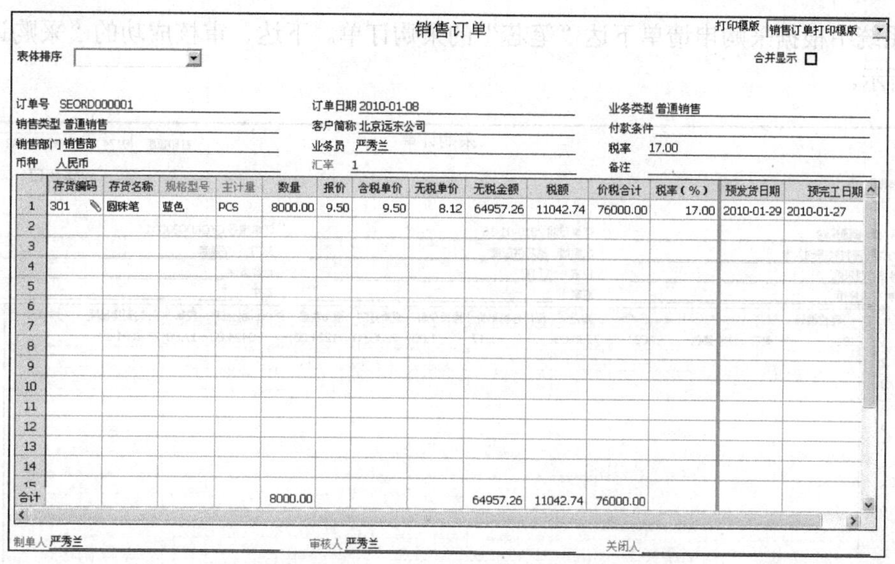

销售订单

打印模版 销售订单打印模版

表体排序

合并显示 □

订单号 SEORD000001　订单日期 2010-01-08　业务类型 普通销售

销售类型 普通销售　客户简称 北京远东公司　付款条件

销售部门 销售部　业务员 严秀兰　税率 17.00

币种 人民币　汇率 1　备注

	存货编码	存货名称	规格型号	主计量	数量	报价	含税单价	无税单价	无税金额	税额	价税合计	税率（%）	预发货日期	预完工日期
1	301	圆珠笔	蓝色	PCS	8000.00	9.50	9.50	8.12	64957.26	11042.74	76000.00	17.00	2010-01-29	2010-01-27
2														
3														
4														
5														
6														
7														
8														
9														
10														
11														
12														
13														
14														
合计					8000.00				64957.26	11042.74	76000.00			

制单人 严秀兰　审核人 严秀兰　关闭人

图 2-6

例2-5　“MRP 计划参数维护”，需求时栅为“1”，计划期间起始日期为“2010-1-1”，截止日期只需大于“2010-1-31”既可。

例2-6　根据系统设置，进行 MRP 计算。

例2-7　查询并审核投放 MRP 计算结果。

例2-8　采购业务员在“采购申请单”中查询到由 PMC 投放而来的采购申请单后，在“采购订单”中可以参照此采购申请单生成采购订单。2010 年 1 月 15 日给“笔芯供应商”发送的“订购单”传真件如图 2-7 所示。

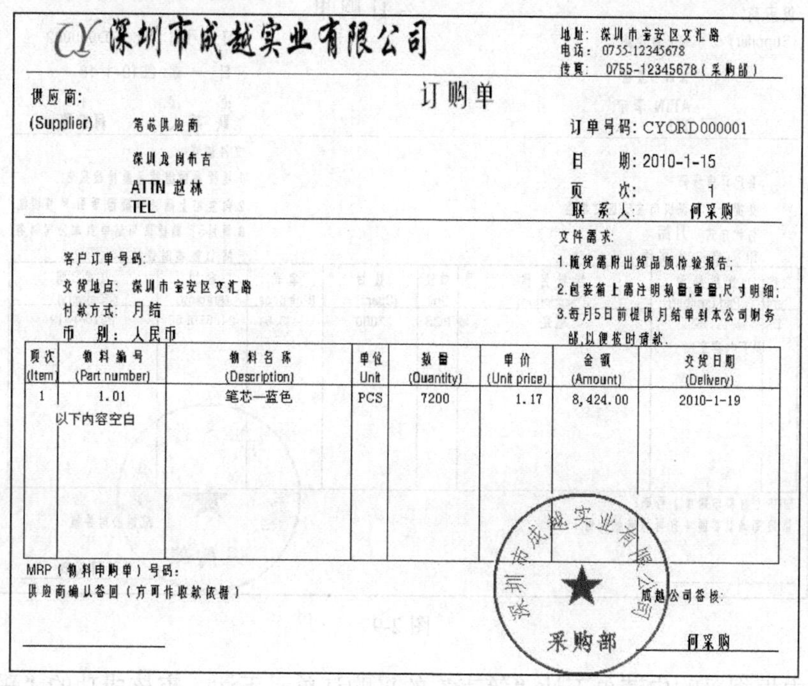

CY 深圳市成越实业有限公司

地址：深圳市宝安区文汇路
电话：0755-12345678
传真：0755-12345678（采购部）

订购单

供应商：
(Supplier)　笔芯供应商
深圳龙岗布吉
ATTN 赵林
TEL

订单号码：CYORD000001
日　期：2010-1-15
页　次：1
联系人：何采购

客户订单号码：
交货地点：深圳市宝安区文汇路
付款方式：月结
币　别：人民币

文件需求：
1.随货需附出货品质检验报告；
2.包装箱上需注明数量,重量,尺寸明细；
3.每月5日前提供月结单到本公司财务部,以便按时请款.

项次 (Item)	物料编号 (Part number)	物料名称 (Description)	单位 Unit	数量 (Quantity)	单价 (Unit price)	金额 (Amount)	交货日期 (Delivery)
1	1.01	笔芯—蓝色	PCS	7200	1.17	8,424.00	2010-1-19
以下内容空白							

MRP（物料申购单）号码：
供应商确认签回（方可作收款依据）

成越公司签核：
深圳市成越实业有限公司 采购部
何采购

图 2-7

在系统中根据采购申请单下达“笔芯”的采购订单。下达、审核成功的“采购订单”如图 2-8 所示。

采购订单

打印模版 8174 采购订单打印模版

表体排序　　　　合并显示 □

业务类型 普通采购　　订单日期 2010-01-16　　订单编号 CYORD000001
采购类型 原材料采购入库　　供应商 笔芯供应商　　部门 采购部
业务员 何采购　　税率 17.00　　付款条件
币种 人民币　　汇率 1　　备注

	存货编码	存货名称	规格型号	主计量	数量	原币含税单价	原币单价	原币金额	原币税额	原币价税合计	税率	计划到货日期	行关闭人
1	101	笔芯	蓝色	PCS	7200.00	1.17	1.00	7200.00	1224.00	8424.00	17.00	2010-01-19	
2													
3													
4													
5													
6													
7													
8													
9													
10													
11													
12													
13													
14													
合计					7200.00			7200.00	1224.00	8424.00			

制单人 何采购　　审核人 何采购　　变更人
现存量

图 2-8

例 2-9　2010 年 1 月 18 日给“笔壳供应商”发送的“订购单”传真件如图 2-9 所示。

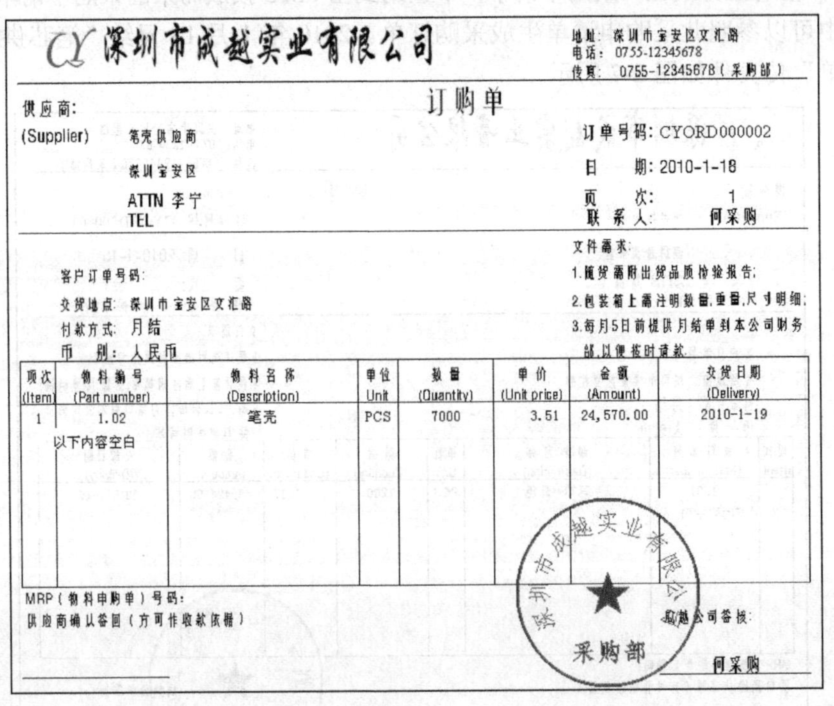

CY 深圳市成越实业有限公司

地址：深圳市宝安区文汇路
电话：0755-12345678
传真：0755-12345678（采购部）

订购单

供应商：
(Supplier)　笔壳供应商
深圳宝安区
ATTN 李宁
TEL

订单号码：CYORD000002
日　　期：2010-1-18
页　　次：1
联 系 人：何采购

客户订单号码：
交货地点：深圳市宝安区文汇路
付款方式：月结
币　　别：人民币

文件需求：
1.随货需附出货品质检验报告；
2.包装箱上需注明数量，重量，尺寸明细；
3.每月5日前提供月结单到本公司财务部，以便核对请款

项次 (Item)	物料编号 (Part number)	物料名称 (Description)	单位 Unit	数量 (Quantity)	单价 (Unit price)	金额 (Amount)	交货日期 (Delivery)
1	1.02	笔壳	PCS	7000	3.51	24,570.00	2010-1-19
	以下内容空白						

MRP（物料申购单）号码：
供应商确认签回（方可作收款依据）

深圳市成越实业有限公司 采购部

成越公司签核：
何采购

图 2-9

在系统中根据采购申请单下达“笔壳”的采购订单。下达、审核成功的“采购订单”如

图 2-10 所示。

采购订单

打印模版 8174 采购订单打印模版

表体排序

合并显示 □

业务类型 普通采购　　订单日期 2010-01-18　　订单编号 CYORD000002

采购类型 原材料采购入库　　供应商 笔壳供应商　　部门 采购部

业务员 何采购　　税率 17.00　　付款条件

币种 人民币　　汇率 1　　备注

	存货编码	存货名称	规格型号	主计量	数量	原币含税单价	原币单价	原币金额	原币税额	原币价税合计	税率	计划到货日期	行关闭人
1	102	笔壳		PCS	7000.00	3.51	3.00	21000.00	3570.00	24570.00	17.00	2010-01-19	
2													
3													
4													
5													
6													
7													
8													
9													
10													
11													
12													
13													
14													
合计					7000.00			21000.00	3570.00	24570.00			

制单人 何采购　　审核人 何采购　　变更人

现存量

图 2-10

2-10 2010 年 1 月 19 日上午收到“笔芯供应商”送来的 7200PCS 蓝色笔芯，仓库管理员参照“采购订单”做“采购到货单”，经检验确认所到物料无问题之后，再参照“采购到货单”进行入库登账。录入、审核成功的“采购入库单”如图 2-11 所示。

采购入库单

采购入库单打印模版

表体排序

◉ 蓝字

○ 红字

入库单号 WIN000001　　入库日期 2010-01-19　　仓库 原材仓

订单号 CYORD000001　　到货单号 WIN000001　　业务号

供货单位 笔芯供应商　　部门 采购部　　业务员 何采购

到货日期 2010-01-19　　业务类型 普通采购　　采购类型 原材料采购入库

入库类别 原材料采购入库　　审核日期 2010-01-19　　备注

	存货编码	存货名称	规格型号	主计量单位	数量	本币单价	本币金额
1	101	笔芯	蓝色	PCS	7200.00	1.03	7384.62
2							
3							
4							
5							
6							
7							
8							
9							
10							
11							
12							
13							
合计					7200.00		7384.62

制单人 管仓库　　审核人 管仓库

现存量

图 2-11

2-11 2010 年 1 月 19 日上午收到“笔壳供应商”送来的 7000PCS 蓝色笔壳，仓库管理员参照“采购订单”做“采购到货单”，经检验所到货物无问题之后，参照“采购到货单”生成“采购入库单”。录入、审核成功的“外购入库单”如图 2-12 所示。

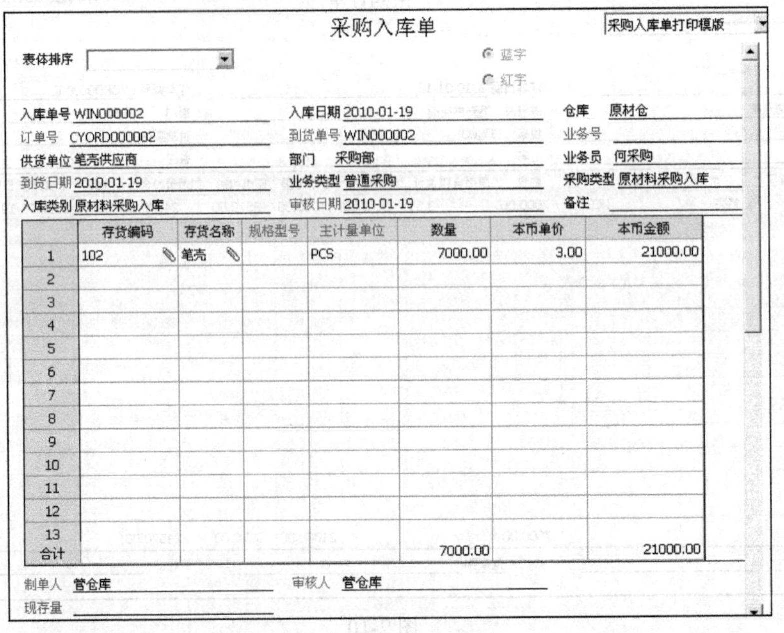

采购入库单

采购入库单打印模版

表体排序

蓝字
红字

入库单号 WIN000002　入库日期 2010-01-19　仓库 原材仓
订单号 CYORD000002　到货单号 WIN000002　业务号
供货单位 笔壳供应商　部门 采购部　业务员 何采购
到货日期 2010-01-19　业务类型 普通采购　采购类型 原材料采购入库
入库类别 原材料采购入库　审核日期 2010-01-19　备注

	存货编码	存货名称	规格型号	主计量单位	数量	本币单价	本币金额
1	102	笔壳		PCS	7000.00	3.00	21000.00
2							
3							
4							
5							
6							
7							
8							
9							
10							
11							
12							
13							
合计					7000.00		21000.00

制单人 管仓库　审核人 管仓库
现存量

图 2-12

例2-12　2010 年 1 月 19 日委外加工部门（本实例中即为采购部）下达 PMC 投放过来的“委外加工任务”。给“笔身委外加工商”发送的“订购单”传真件如图 2-13 所示。

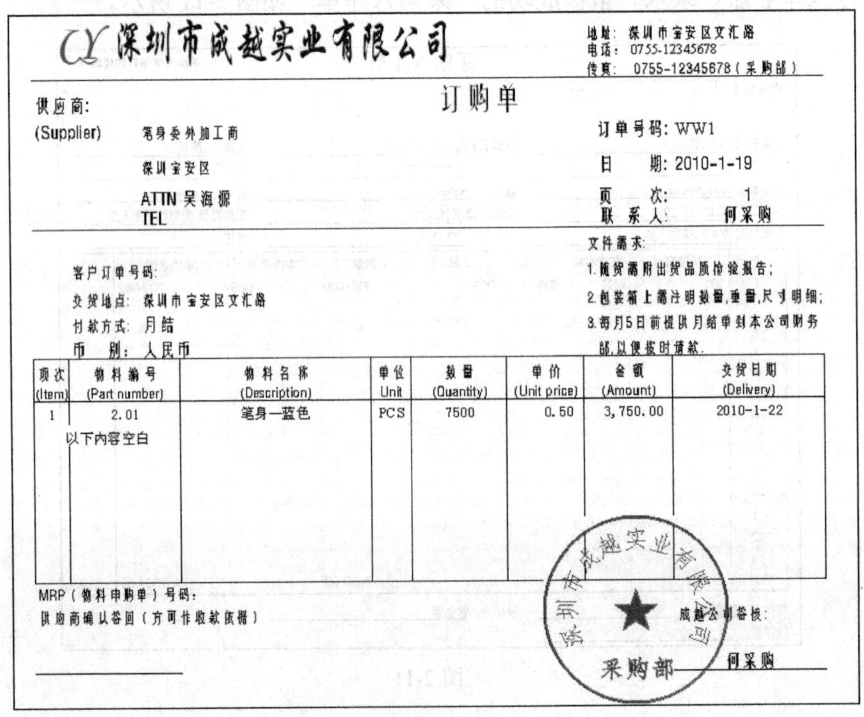

CY 深圳市成越实业有限公司

地址：深圳市宝安区文汇路
电话：0755-12345678
传真：0755-12345678（采购部）

订购单

供应商：
(Supplier)　笔身委外加工商
深圳宝安区
ATTN 吴海源
TEL

订单号码：WW1
日　期：2010-1-19
页　次：1
联系人：何采购

客户订单号码：
交货地点：深圳市宝安区文汇路
付款方式：月结
币　别：人民币

文件需求：
1.随货需附出货品质检验报告；
2.包装箱上需注明数量,重量,尺寸明细；
3.每月5日前提供月结单到本公司财务部,以便按时请款.

项次 (Item)	物料编号 (Part number)	物料名称 (Description)	单位 Unit	数量 (Quantity)	单价 (Unit price)	金额 (Amount)	交货日期 (Delivery)
1	2.01	笔身一蓝色	PCS	7500	0.50	3,750.00	2010-1-22
	以下内容空白						

MRP（物料申购单）号码：
供应商确认签回（方可作收款依据）

成越公司签核：
采购部　何采购

深圳市成越实业有限公司

图 2-13

例2-13　2010 年 1 月 19 日仓库收到采购部的“委外加工生产任务单”通知，做好备料准备，并将材料外发到委外加工商处，该单据由“委外加工出库单”处理。录入并审核成功的“材料出库单”如图 2-14 所示。

材料出库单　　材料出库单打印模版

表体排序　　◉ 蓝字　○ 红字

出库单号 JOUT000001　出库日期 2010-01-19　仓库 原材仓

订单号 WW1　产品编码 201　产量 7500.00

生产批号　业务类型 委外发料　业务号

出库类别 委外材料加工出库　部门　委外商 笔身委外加工商

审核日期 2010-01-19　备注

	材料编码	材料名称	规格型号	主计量单位	数量
1	102	笔壳		PCS	7500.00
2	101	笔芯	蓝色	PCS	7500.00
3					
4					
5					
6					
7					
8					
9					
10					
11					
12					
合计					15000.00

制单人 管仓库　审核人 管仓库

图 2-14

例2-14　2010 年 1 月 20 日给“笔帽供应商”发送的“订购单”传真件如图 2-15 所示。

CY 深圳市成越实业有限公司

地址：深圳市宝安区文汇路
电话：0755-12345678
传真：0755-12345678（采购部）

订购单

供应商：
(Supplier)　笔帽供应商
深圳宝安区
ATTN 向好
TEL

订单号码：CYORD000003
日　期：2010-1-20
页　次：1
联系人：何采购

客户订单号码：
交货地点：深圳市宝安区文汇路
付款方式：月结
币　别：人民币

文件需求：
1.随货需附出货品质检验报告；
2.包装箱上需注明数量，重量，尺寸明细；
3.每月5日前according供月结单到本公司财务部，以便按时请款。

项次 (Item)	物料编号 (Part number)	物料名称 (Description)	单位 Unit	数量 (Quantity)	单价 (Unit price)	金额 (Amount)	交货日期 (Delivery)
1	1.03	笔帽—蓝色	PCS	7500	0.59	4,425.00	2010-1-22
	以下内容空白						

MRP（物料申购单）号码：
供应商确认签回（方可作收款依据）

成越公司签核：
深圳市成越实业有限公司
采购部　何采购

图 2-15

在系统中根据采购申请单下达“笔帽”的采购订单。下达、审核成功的“采购订单”如图 2-16 所示。

采购订单

打印模版 8174 采购订单打印模版

表体排序

合并显示 □

业务类型 普通采购　　订单日期 2010-01-19　　订单编号 CYORD000003

采购类型 原材料采购入库　　供应商 笔帽供应商　　部门

业务员　　税率 17.00　　付款条件

币种 人民币　　汇率 1　　备注

	存货编码	存货名称	规格型号	主计量	数量	原币含税单价	原币单价	原币金额	原币税额	原币价税合计	税率	计划到货日期
1	103	笔帽	蓝色	PCS	7500.00	0.59	0.50	3782.05	642.95	4425.00	17.00	2010-01-22
2												
3												
4												
5												
6												
7												
8												
9												
10												
11												
12												
13												
合计					7500.00			3782.05	642.95	4425.00		

图 2-16

例 2-15 2010 年 1 月 20 日给“纸箱供应商”发送的“订购单”传真件如图 2-17 所示。

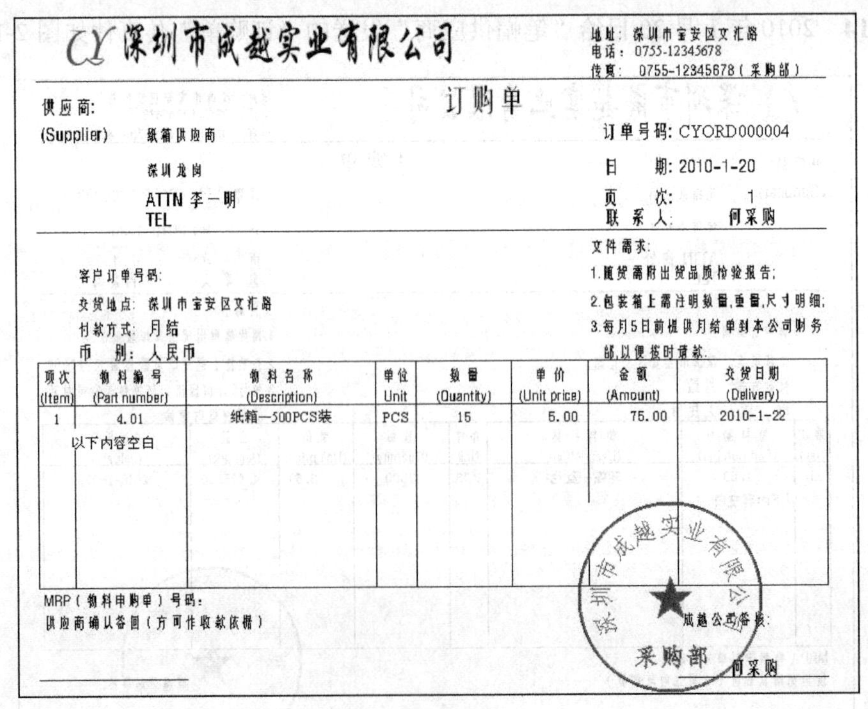

CY 深圳市成越实业有限公司

地址：深圳市宝安区文汇路
电话：0755-12345678
传真：0755-12345678（采购部）

订购单

供应商:
(Supplier)　纸箱供应商
深圳龙岗
ATTN 李一明
TEL

订单号码: CYORD000004
日　期: 2010-1-20
页　次: 1
联系人: 何采购

客户订单号码:
交货地点: 深圳市宝安区文汇路
付款方式: 月结
币　别: 人民币

文件需求:
1.随货需附出货品质检验报告;
2.包装箱上需注明数量,重量,尺寸明细;
3.每月5日前提供月结单到本公司财务部,以便按时请款.

项次 (Item)	物料编号 (Part number)	物料名称 (Description)	单位 Unit	数量 (Quantity)	单价 (Unit price)	金额 (Amount)	交货日期 (Delivery)
1	4.01	纸箱—500PCS装	PCS	15	5.00	75.00	2010-1-22
以下内容空白							

MRP（物料申购单）号码:
供应商确认签回（方可作收款依据）

成越公司签核:
深圳市成越实业有限公司 采购部
何采购

图 2-17

在系统中根据采购申请单下达“纸箱”的采购订单。下达、审核成功的“采购订单”如

图 2-18 所示。

采购订单

打印模版 8174 采购订单打印模版

表体排序　　　　合并显示 □

业务类型 普通采购　　订单日期 2010-01-19　　订单编号 CYORD00004
采购类型 原材料采购入库　　供应商 纸箱供应商　　部门
业务员　　税率 17.00　　付款条件
币种 人民币　　汇率 1　　备注

	存货编码	存货名称	规格型号	主计量	数量	原币含税单价	原币单价	原币金额	原币税额	原币价税合计	税率	计划到货日期
1	401	纸箱	500PCS装	PCS	15.00	5.00	4.27	64.10	10.90	75.00	17.00	2010-01-22
2												
3												
4												
5												
6												
7												
8												
9												
10												
11												
12												
13												
合计					15.00			64.10	10.90	75.00		

图 2-18

例 2-16　2010 年 1 月 22 日上午收到“笔帽供应商”送来的 7500PCS 蓝色笔帽，仓库管理员参照“采购订单”做“采购入库单”。录入、审核成功的“采购入库单”如图 2-19 所示。

采购入库单

采购入库单打印模版

表体排序　　　　◉ 蓝字　○ 红字

入库单号 WIN000003　　入库日期 2010-01-22　　仓库 原材仓
订单号 CYORD000003　　到货单号 WIN00003　　业务号
供货单位 笔帽供应商　　部门 采购部　　业务员 何采购
到货日期 2010-01-22　　业务类型 普通采购　　采购类型 原材料采购入库
入库类别 原材料采购入库　　审核日期 2010-01-22　　备注

	存货编码	存货名称	规格型号	主计量单位	数量	本币单价	本币金额
1	103	笔帽	蓝色	PCS	7500.00	0.50	3782.05
2							
3							
4							
5							
6							
7							
8							
9							
10							
11							
12							
13							
合计					7500.00		3782.05

制单人 管仓库　　审核人 管仓库
现存量

图 2-19

例 2-17　2010 年 1 月 22 日上午收到“纸箱供应商”送来的 15PCS 纸箱，仓库管理员参照"采购订单"做"采购入库单"。录入、审核成功的"采购入库单"如图 2-20 所示。

采购入库单　　采购入库单打印模版

表体排序　　◉ 蓝字　○ 红字

入库单号 WIN00004　入库日期 2010-01-22　仓库 包装物仓
订单号 CYORD00004　到货单号 WIN00004　业务号
供货单位 纸箱供应商　部门 采购部　业务员 何采购
到货日期 2010-01-22　业务类型 普通采购　采购类型 原材料采购入库
入库类别 原材料采购入库　审核日期 2010-01-22　备注

	存货编码	存货名称	规格型号	主计量单位	数量	本币单价	本币金额
1	401	纸箱	500PCS装	PCS	15.00	4.27	64.10
2							
3							
4							
5							
6							
7							
8							
9							
10							
11							
12							
13							
合计					15.00		64.10

制单人 管仓库　审核人 管仓库
现存量

图 2-20

2 18　2010 年 1 月 22 日上午收到"笔身委外加工商"送来的 7500PCS 笔身，仓库管理员参照"委外加工生产任务单"做"委外加工入库"处理，进行入库登账，录入、审核成功的"委外加工入库单"如图 2-21 所示。

采购入库单　　采购入库单打印模版

表体排序　　◉ 蓝字　○ 红字

入库单号 JIN000001　入库日期 2010-01-22　仓库 半成品仓
订单号 WW1　到货单号 JIN000001　业务号
供货单位 笔身委外加工商　部门 采购部　业务员 何采购
到货日期 2010-01-22　业务类型 委外加工　采购类型 委外采购入库
入库类别 委外加工入库　审核日期 2010-01-22　备注

	存货编码	存货名称	规格型号	主计量单位	数量	本币单价	本币金额
1	201	笔身	蓝色	PCS	7500.00	4.52	33900.00
2							
3							
4							
5							
6							
7							
8							
9							
10							
11							
12							
13							
合计					7500.00		33900.00

制单人 管仓库　审核人 管仓库
现存量 0.00

图 2-21

2-19　2010 年 1 月 22 日生产加工部门下达 PMC 投放过来的"生产任务单"。

2-20　2010 年 1 月 22 日仓库收到生产部的“生产任务单”通知，做好备料准备，并将材料外发到生产部。该单据在“材料出库单”处理，录入并审核成功的“材料出库单”如图 2-22、图 2-23、图 2-24 所示。

2-21　2010 年 1 月 27 日，生产部经过几天的加工，组装好圆珠笔交由仓库入库。该产品入库单据在“库存管理”中处理，录入并审核成功的“产成品入库单”如图 2-25 所示。

材料出库单

材料出库单打印模版

表体排序

蓝字
红字

出库单号 SOUT000001　出库日期 2010-01-22　仓库 原材仓
订单号 CYSC00001　产品编码 301　产量 7500.00
生产批号　业务类型 领料　业务号
出库类别 原材料生产领用出库　部门 货仓　委外商
审核日期 2010-01-22　备注

	材料编码	材料名称	规格型号	主计量单位	数量	单价	金额
1	103	笔帽	蓝色	PCS	7500.00		
2							
3							
4							
5							
6							
7							
8							
9							
10							
11							
12							
13							
合计					7500.00		3750.00

制单人 管仓库　审核人 管仓库
现存量 0.00

图 2-22

材料出库单

材料出库单打印模版

表体排序

蓝字
红字

出库单号 SOUT000002　出库日期 2010-01-22　仓库 半成品仓
订单号 CYSC00001　产品编码 301　产量 7500.00
生产批号　业务类型 领料　业务号
出库类别 半成品生产领用出库　部门 货仓　委外商
审核日期 2010-01-22　备注

	材料编码	材料名称	规格型号	主计量单位	数量	单价	金额
1	201	笔身	蓝色	PCS	7500.00		
2							
3							
4							
5							
6							
7							
8							
9							
10							
11							
12							
13							
合计					7500.00		33900.00

制单人 管仓库　审核人 管仓库
现存量 0.00

图 2-23

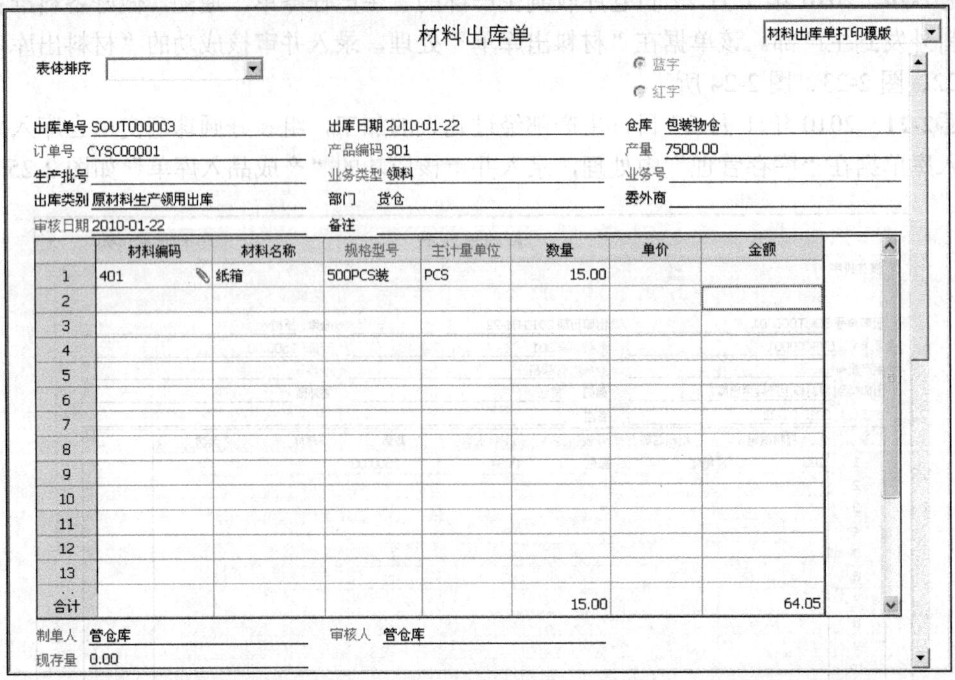

材料出库单 材料出库单打印模版

表体排序

蓝字
红字

出库单号 SOUT000003　出库日期 2010-01-22　仓库 包装物仓
订单号 CYSC00001　产品编码 301　产量 7500.00
生产批号　业务类型 领料　业务号
出库类别 原材料生产领用出库　部门 货仓　委外商
审核日期 2010-01-22　备注

	材料编码	材料名称	规格型号	主计量单位	数量	单价	金额
1	401	纸箱	500PCS装	PCS	15.00		
2							
3							
4							
5							
6							
7							
8							
9							
10							
11							
12							
13							
合计					15.00		64.05

制单人 管仓库　审核人 管仓库
现存量 0.00

图 2-24

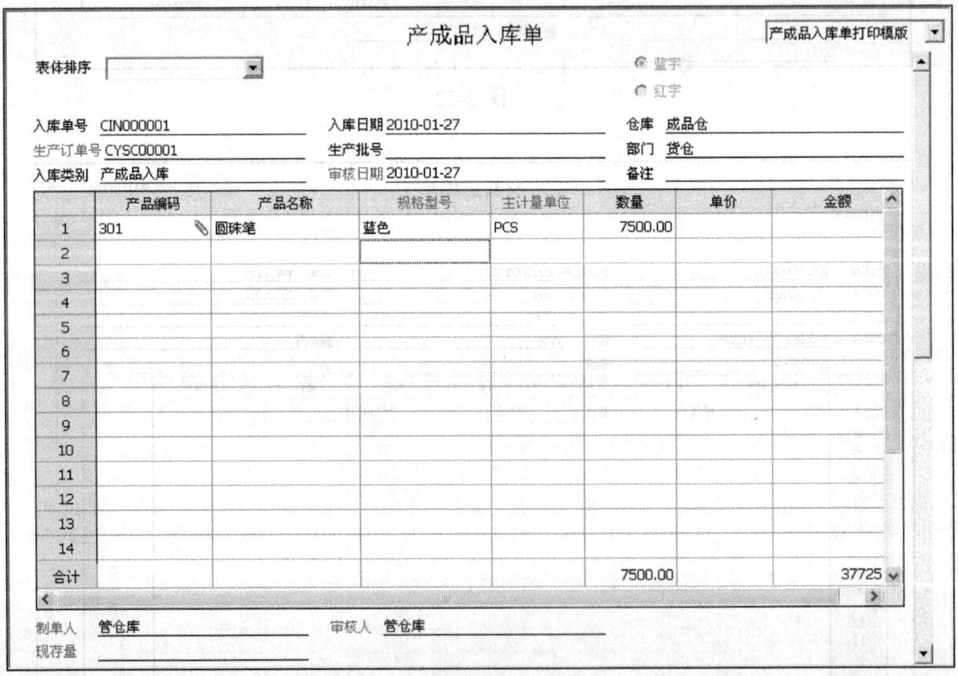

产成品入库单 产成品入库单打印模版

表体排序

蓝字
红字

入库单号 CIN000001　入库日期 2010-01-27　仓库 成品仓
生产订单号 CYSC00001　生产批号　部门 货仓
入库类别 产成品入库　审核日期 2010-01-27　备注

	产品编码	产品名称	规格型号	主计量单位	数量	单价	金额
1	301	圆珠笔	蓝色	PCS	7500.00		
2							
3							
4							
5							
6							
7							
8							
9							
10							
11							
12							
13							
14							
合计					7500.00		37725

制单人 管仓库　审核人 管仓库
现存量

图 2-25

例 2-22　2010 年 1 月 27 日销售部在跟踪销售进度时，发现“北京远东公司”的 8000PCS 蓝色圆珠笔临近发货时间，查询后发现仓库已收到生产部加工好的产品，因此要求仓库将

8000PCS 蓝色圆珠笔出库发往“北京远东公司”，发货通知单在销售管理系统中处理，参照“销售订单”生成并审核成功的“销售发货单”，如图 2-26 所示。

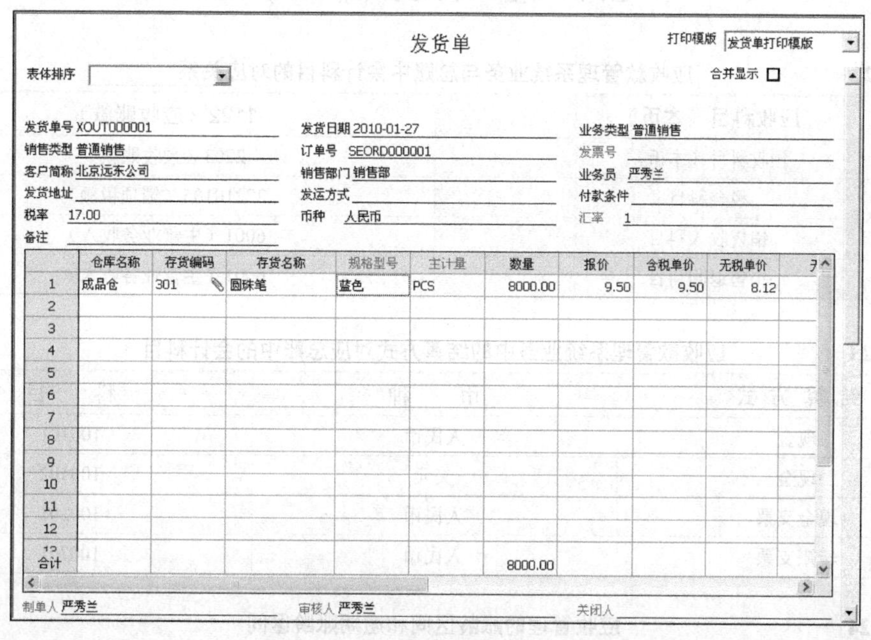

发货单　　打印模版 发货单打印模版

表体排序　　合并显示 □

发货单号 XOUT000001　发货日期 2010-01-27　业务类型 普通销售
销售类型 普通销售　订单号 SEORD000001　发票号
客户简称 北京远东公司　销售部门 销售部　业务员 严秀兰
发货地址　发运方式　付款条件
税率 17.00　币种 人民币　汇率 1
备注

	仓库名称	存货编码	存货名称	规格型号	主计量	数量	报价	含税单价	无税单价
1	成品仓	301	圆珠笔	蓝色	PCS	8000.00	9.50	9.50	8.12
2									
3									
4									
5									
6									
7									
8									
9									
10									
11									
12									
合计						8000.00			

制单人 严秀兰　审核人 严秀兰　关闭人

图 2-26

例 2-23　销售管理系统中的销发货单（也称为发货通知单）经过保存并审核之后就会被传递到库存管理系统中，库存管理人员根据发货通知单进行备货，最终将货从仓库发出，此时可以参照“销售发货单”生成库存管理系统中的“销售出库单”，如图 2-27 所示，表明货物已经出库。

销售出库单　　销售出库单打印模版

表体排序　　◉ 蓝字　○ 红字

出库单号 00000002　出库日期 2010-01-27　仓库 成品仓
出库类别 产成品销售出库　业务类型 普通销售　业务号 XOUT000001
销售部门 销售部　业务员 严秀兰　客户 北京远东公司
审核日期 2010-01-27　备注

	存货编码	存货名称	规格型号	主计量单位	数量	单价	金额
1	301	圆珠笔	蓝色	PCS	8000.00		
2							
3							
4							
5							
6							
7							
8							
9							
10							
11							
12							
13							
合计					8000.00		

制单人 严秀兰　审核人 管仓库
现存量

图 2-27

2.4 基础数据（二）

表 2-22 应收款管理系统业务与总账中会计科目的对应关系

应收科目（本币）	1122（应收账款）
预收科目（本币）	2203（预收账款）
税金科目	22210105（销项税额）
销售收入科目	6001（主营业务收入）
销售退回科目	6001（主营业务收入）

表 2-23 应收款管理系统业务中的结算方式对应总账中的会计科目

结算方式	币种	科目
现金	人民币	100101
现金	美元	100102
现金支票	人民币	100201
转账支票	人民币	100201

表 2-24 应收管理的账龄区间和逾期账龄区间

序号	起止天数	总天数
01	1～30	30
02	31～60	60
03	61 以上	

表 2-25 应收管理系统中报警级别

序号	起止比率	总比率（）	级别名称
01	0～10%	10	A
02	10%～20%	20	B
03	20%～30%	30	C
04	30%以上		D

表 2-26 应收账款期初数据

客户	单据号码	单据日期	部门	业务员	摘要	发生额	应收日期	收款金额
北京远东公司	初始销售增值税发票 OXZP000002	2009-12-31	销售部	仁渴	2009 年应收款余额	10000	2010-01-31	10000

表 2-27 应付款业务处理时，各业务对应总账中的基本会计科目

应付科目（本币）	2202（应付账款）
预付科目（本币）	1123（预付账款）
采购科目	1401（材料采购）
应交增值税科目	22210101（进项税额）

表 2-28　应付款业务处理时，对应总账中会计科目的结算方式

结算方式	币　种	科　目
现金	人民币	100101
现金	美元	100102
现金支票	人民币	100201
转账支票	人民币	100202

表 2-29　应付管理的账龄区间和逾期账龄区间

序　号	起止天数	总天数
01	1～30	30
02	31～60	60
03	61 以上	

表 2-30　应付管理的报警级别设置

序　号	起止比率	总比率（）	级别名称
01	0～10%	10	A
02	10%～20%	20	B
03	20%～30%	30	C
04	30%以上		D

表 2-31　应付账款期初数据（采购增值税发票）

供应商	单据号码	单据日期	部门	业务员	发生额	付款金额	产品代码	数量	含税单价
笔壳供应商	初始采购增值税发票 OCZP000002	2009-12-31	采购部	何采购	3510	3510	1.02	1000	3.51

表 2-32　存货分类对应的会计科目

存货分类编码	存货分类名称	存货科目编码	存货科目名称
01	原材料	1403	原材料
02	半成品	1403	原材料
03	产成品	1405	库存商品
04	包装物	1403	原材料
05	应税劳务	660207	其他

表 2-33　存货业务对应的会计科目

收发类别编码	收发类别名称	对方科目编码	对方科目名称
11	原材料采购入	1401	材料采购
12	半成品入库	50010104	转出完工产品
13	产成品入库	50010104	转出完工产品
16	盘盈入库	1901	待处理财产损益

续表

收发类别编码	收发类别名称	对方科目编码	对方科目名称
21	生产领料出库	50010101	直接材料
22	半成品出库	50010101	直接材料
23	销售出库	6401	主营业务成本
26	盘亏出库	1901	待处理财务损益

表 2-34 总账一般科目初始数据

科 目 代 码	科 目 名 称	方 向	期 初 余 额
100101	人民币	借	5000
100201	工行东桥支行 125	借	311460
1122	应收账款	借	10000
1403	原材料	借	1800
1405	库存商品	借	2250
160101	办公设备	借	20000
160102	生产设备	借	50000
160103	运输设备	借	30000
1602	累计折旧	贷	13000
2202	应付账款	贷	3510
400101	仁渴	贷	250000
400102	龚冰冰	贷	250000

表 2-35 外币科目初始数据

科 目 代 码	科 目 名 称	方 向	原 币	本 位 币
100202	人行东桥支行 128	借	100000.00	86000.00

2.5 实例数据（二）

例 2-24 2010 年 1 月 31 日收到笔芯供应商开的增值税发票，如图 2-28 所示。

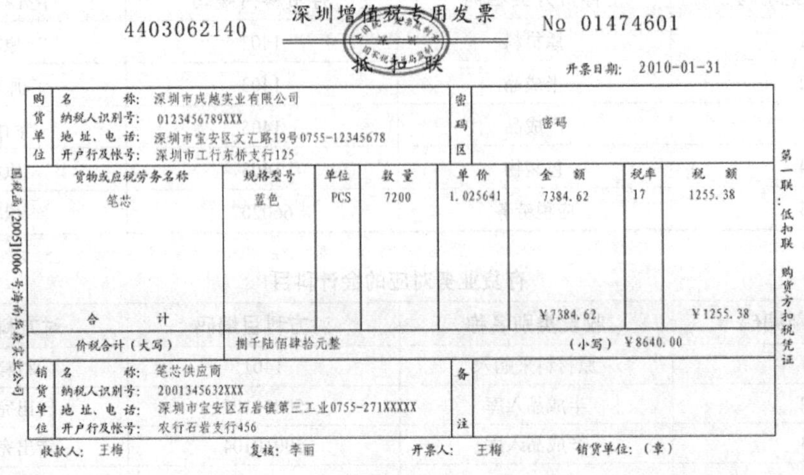

4403062140 深圳增值税专用发票 No 01474601

抵 扣 联

开票日期：2010-01-31

购货单位　名　　称：深圳市成越实业有限公司
纳税人识别号：0123456789XXX
地 址、电 话：深圳市宝安区文汇路19号0755-12345678
开户行及帐号：深圳市工行东桥支行125

密码区　密码

货物或应税劳务名称	规格型号	单位	数量	单价	金额	税率	税额
笔芯	蓝色	PCS	7200	1.025641	7384.62	17	1255.38
合　计					¥7384.62		¥1255.38
价税合计（大写）	捌千陆佰肆拾元整				（小写）¥8640.00		

销货单位　名　　称：笔芯供应商
纳税人识别号：2001345632XXX
地 址、电 话：深圳市宝安区石岩镇第三工业0755-271XXXXX
开户行及帐号：农行石岩支行456

备注

收款人：王梅　复核：李丽　开票人：王梅　销货单位：（章）

第一联：抵扣联　购货方扣税凭证

国税函[2005]1006号海南华森实业公司

图 2-28

同时参照“WIN000001”号外购入库单生成采购专用发票，含税单价修改为“1.20”并审核。审核成功的采购专用发票如图 2-29 所示。

购货发票（专用）

供货单位：笔芯供应商　　纳税登记号：

地址电话：　　户银行及账号　　备　注：

源单类型：外购入库　　日　期：2010-1-31　　发票号码：ZPOFP000001

物料代码	物料名称	规格型号	单位	数量	单价	税率	含税单价	金额	税额	价税合计	源单单号
1.01	笔芯	蓝色	PCS	7,200.00	1.03	17.00	1.20	7,384.62	1,255.38	8,640.00	WIN000001
合计：								7,384.62	1,255.38	8,640.00	

审核：何陈钰　　记账：何陈钰　　部门：采购部　　业务员：何采购　　开票人：

图 2-29

例 2-25　将刚才录入的采购发票与采购入库单进行采购结算，以确认材料的采购入库成本。

例 2-26　2010 年 1 月 31 日收到笔壳供应商开的增值税发票，如图 2-30 所示。

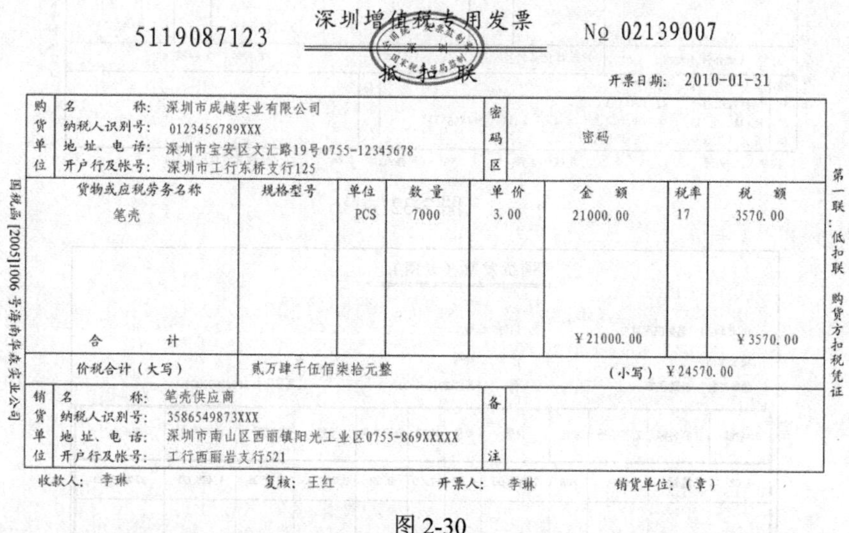

5119087123　　深圳增值税专用发票　　№ 02139007

抵扣联

开票日期：2010-01-31

购货单位	名　　称：深圳市成越实业有限公司 纳税人识别号：0123456789XXX 地 址、电 话：深圳市宝安区文汇路19号0755-12345678 开户行及帐号：深圳市工行东桥支行125			密码区	密码		
货物或应税劳务名称	规格型号	单位	数量	单价	金额	税率	税额
笔壳		PCS	7000	3.00	21000.00	17	3570.00
合　计					￥21000.00		￥3570.00
价税合计（大写）	贰万肆千伍佰柒拾元整				（小写）￥24570.00		
销货单位	名　　称：笔壳供应商 纳税人识别号：3586549873XXX 地 址、电 话：深圳市南山区西丽镇阳光工业区0755-869XXXXX 开户行及帐号：工行西丽岩支行521			备注			

收款人：李琳　　复核：王红　　开票人：李琳　　销货单位：（章）

国税函[2005]1006 号海南华森实业公司

第一联：抵扣联　购货方扣税凭证

图 2-30

同时，参照 WIN000002 号外购入库单生成采购专用发票并审核。审核成功的采购专用发票如图 2-31 所示。

例 2-27　2010 年 1 月 31 日收到笔帽供应商开的增值税发票，如图 2-32 所示。

同时，参照 WIN000003 号外购入库单生成采购专用发票并审核。审核成功的采购专用发票如图 2-33 所示。

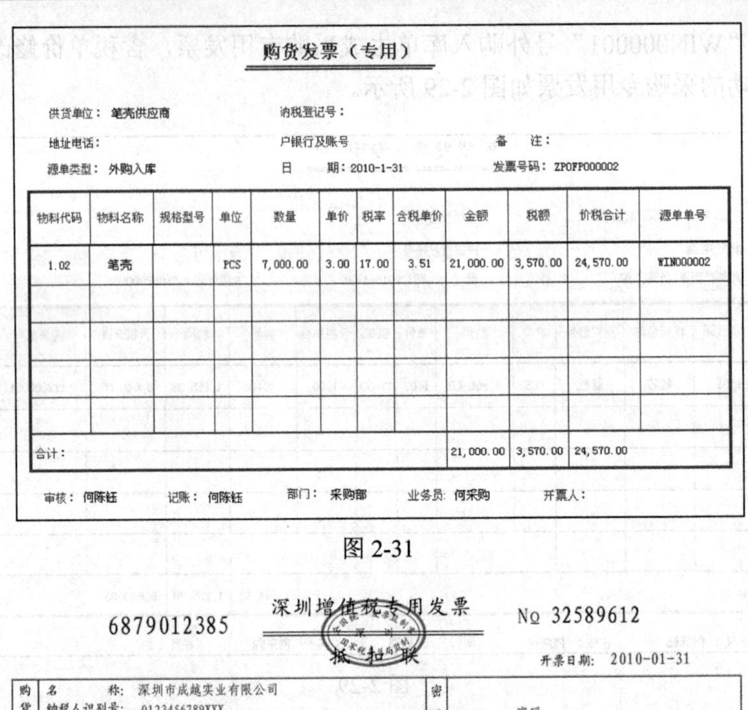

购货发票（专用）

供货单位：笔壳供应商　　纳税登记号：

地址电话：　　户银行及账号　　备　注：

源单类型：外购入库　　日　　期：2010-1-31　　发票号码：ZPOFP000002

物料代码	物料名称	规格型号	单位	数量	单价	税率	含税单价	金额	税额	价税合计	源单单号
1.02	笔壳		PCS	7,000.00	3.00	17.00	3.51	21,000.00	3,570.00	24,570.00	WIN000002
合计：								21,000.00	3,570.00	24,570.00	

审核：何陈钰　　记账：何陈钰　　部门：采购部　　业务员：何采购　　开票人：

图 2-31

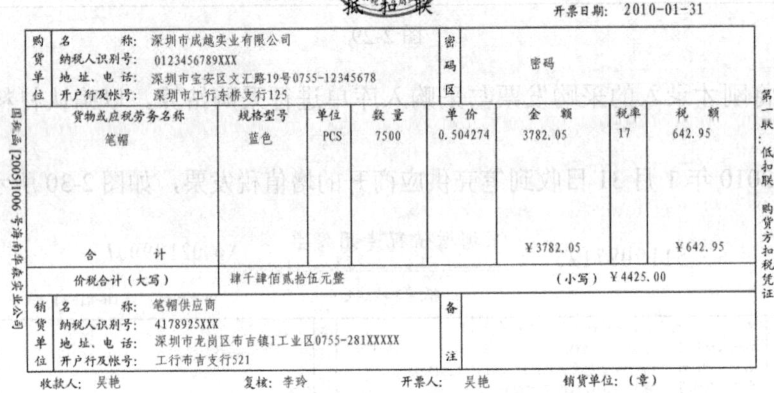

深圳增值税专用发票

6879012385　　№ 32589612

抵扣联

开票日期：2010-01-31

购货单位	名　称：深圳市成越实业有限公司 纳税人识别号：0123456789XXX 地址、电话：深圳市宝安区文汇路19号0755-12345678 开户行及帐号：深圳市工行东桥支行125	密码区	密码

货物或应税劳务名称	规格型号	单位	数量	单价	金额	税率	税额
笔帽	蓝色	PCS	7500	0.504274	3782.05	17	642.95
合　计					¥3782.05		¥642.95
价税合计（大写）	肆千肆佰贰拾伍元整				（小写）¥4425.00		

销货单位	名　称：笔帽供应商 纳税人识别号：4178925XXX 地址、电话：深圳市龙岗区布吉镇1工业区0755-281XXXXX 开户行及帐号：工行布吉支行521	备注	

收款人：吴艳　　复核：李玲　　开票人：吴艳　　销货单位：（章）

国税函[2005]1006号海南华森实业公司

第一联：抵扣联　购货方扣税凭证

图 2-32

购货发票（专用）

供货单位：笔帽供应商　　纳税登记号：

地址电话：　　户银行及账号　　备　注：

源单类型：外购入库　　日　　期：2010-1-31　　发票号码：ZPOFP000003

物料代码	物料名称	规格型号	单位	数量	单价	税率	含税单价	金额	税额	价税合计	源单单号
1.03	笔帽	蓝色	PCS	7,500.00	0.50	17.00	0.59	3,782.05	642.95	4,425.00	WIN000003
合计：								3,782.05	642.95	4,425.00	

审核：何陈钰　　记账：何陈钰　　部门：采购部　　业务员：何采购　　开票人：

图 2-33

例2-28 2010 年 1 月 31 日收到纸箱供应商开的增值税发票，如图 2-34 所示。

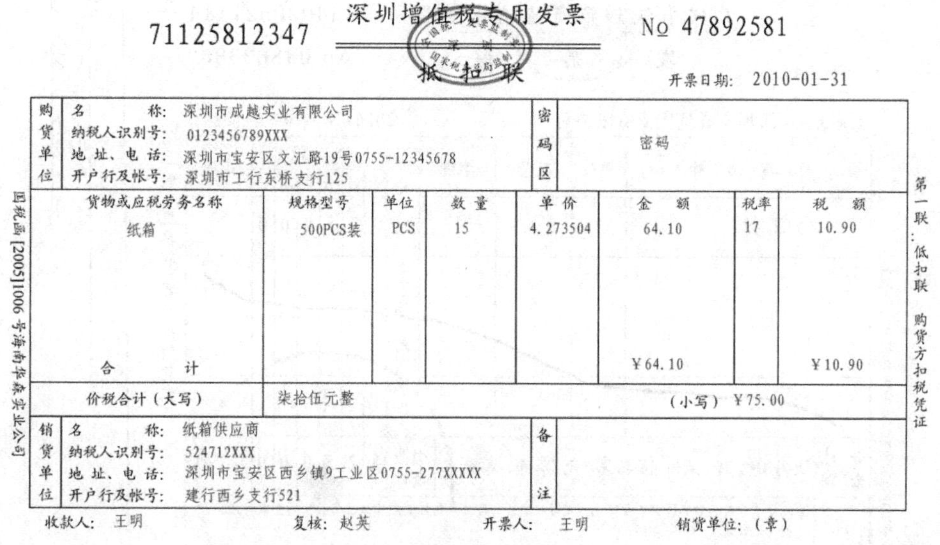

71125812347 深圳增值税专用发票 No 47892581

抵扣联

开票日期: 2010-01-31

购货单位	名称: 深圳市成越实业有限公司 纳税人识别号: 0123456789XXX 地址、电话: 深圳市宝安区文汇路19号0755-12345678 开户行及帐号: 深圳市工行东桥支行125	密码区	密码

货物或应税劳务名称	规格型号	单位	数量	单价	金额	税率	税额
纸箱	500PCS装	PCS	15	4.273504	64.10	17	10.90
合计					¥64.10		¥10.90
价税合计（大写）	柒拾伍元整				（小写）¥75.00		

销货单位	名称: 纸箱供应商 纳税人识别号: 524712XXX 地址、电话: 深圳市宝安区西乡镇9工业区0755-277XXXXX 开户行及帐号: 建行西乡支行521	备注	

收款人: 王明 复核: 赵英 开票人: 王明 销货单位:（章）

国税函[2005]1006号海南华森实业公司

第一联：抵扣联 购货方扣税凭证

图 2-34

同时，参照 WIN000004 号外购入库单生成采购专用发票并审核。审核成功的采购专用发票如图 2-35 所示。

购货发票（专用）

供货单位：纸箱供应商　　纳税登记号：

地址电话：　　户银行及账号　　备　注：

源单类型：外购入库　　日　期：2010-1-31　　发票号码：ZPOFP000004

物料代码	物料名称	规格型号	单位	数量	单价	税率	含税单价	金额	税额	价税合计	源单单号
4.01	纸箱	500PCS装	PCS	15.00	4.27	17.00	5.00	64.10	10.90	75.00	WIN000004
合计：								64.10	10.90	75.00	

审核：何陈钰　　记账：何陈钰　　部门：采购部　　业务员：何采购　　开票人：

图 2-35

例2-29 将刚才录入的 3 张发票与各自的采购入库单进行结算，用于确认各材料的采购入库成本。

例2-30 2010 年 1 月 31 日收到笔身委外加工商开的发票，如图 2-36 所示。

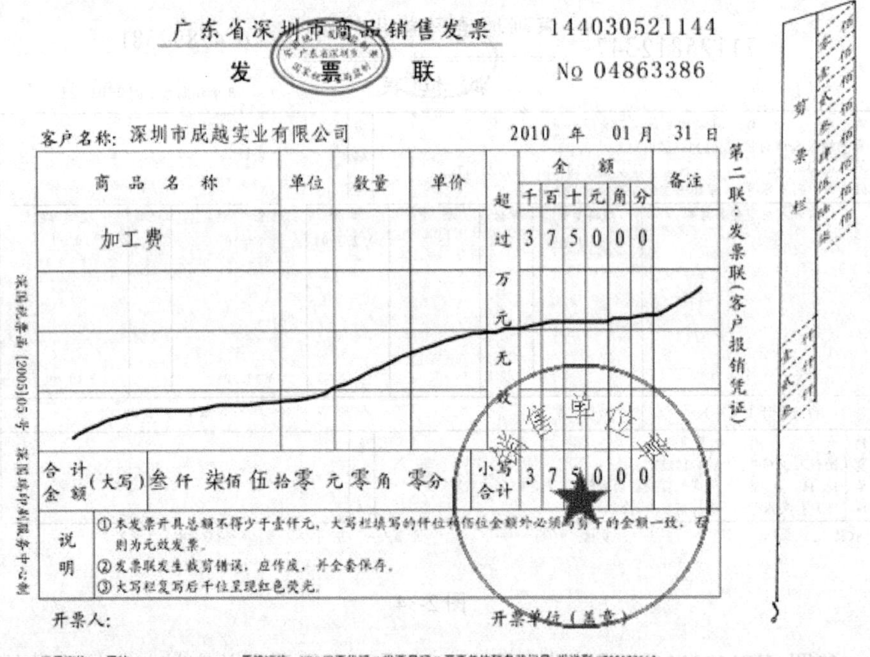

广东省深圳市商品销售发票　144030521144

发　票　联　№ 04863386

客户名称：深圳市成越实业有限公司　2010 年 01 月 31 日

商品名称	单位	数量	单价	超过万元无效	千	百	十	元	角	分	备注
加工费					3	7	5	0	0	0	
合计金额（大写）叁仟柒佰伍拾零元零角零分				小写合计	3	7	5	0	0	0	

说明：①本发票开具总额不得少于壹仟元，大写栏填写的仟位和佰位金额外必须与剪下的金额一致，否则为无效发票。②发票联发生裁剪错误，应作废，并全套保存。③大写栏复写后千位呈现红色荧光。

开票人：　开票单位（盖章）

第二联：发票联（客户报销凭证）

发示查询：网站：www.szgs.gov.cn；手机短信：FP#发票代码#发票号码#开票单位税务登记号 发送到 0755123661

图 2-36

根据委外订单生成“采购普通发票”并审核。审核成功的采购发票如图 2-37 所示。

购货发票（普通）

供货单位：笔身委外加工商　备注：

源单类型：委外加工入库单　日期：2010-1-31　发票号码：PPOFP000001

物料代码	物料名称	规格型号	单位	数量	单价	金额	应记费用	源单单号
2.01	笔身	蓝色	PCS	7,500.00	0.50	¥3750.00	0.00	JIN000001
合计：						¥3750.00		

审核：何陈钰　记账：　部门：采购部　业务员：何采购　开票人：

图 2-37

例2-31 委外核销处理。

例2-32 委外结算处理。

例2-33 2010年1月31日给北京远东公司开出销售增值税发票，如图2-38所示。

深圳增值税专用发票

8235647891　　抵扣联　　№ 51287911

开票日期：2010-01-31

购货单位	名　　称：北京远东文具用品有限公司 纳税人识别号：010245XXX 地 址、电 话：北京市中关村010-12345678 开户行及帐号：建行西乡支行521					密码区	密码		
货物或应税劳务名称		规格型号	单位	数量	单价	金　额		税率	税　额
圆珠笔		蓝色	PCS	8000	8.119658	64957.26		17	11042.74
合　　计						¥64957.26			¥11042.74
价税合计（大写）		柒万陆千元整				（小写）¥76000.00			
销货单位	名　　称：深圳市成越实业有限公司 纳税人识别号：0123456789XXX 地 址、电 话：深圳市宝安区文汇路19号0755-12345678 开户行及帐号：深圳市工行东桥支行125					备注			

收款人：龚冰冰　　复核：陈静　　开票人：龚冰冰　　销货单位：（章）

国税函[2005]1006号海南华森实业公司

第一联：抵扣联　购货方扣税凭证

图2-38

同时，参照XOUT000001号销售出库单生成销售专用发票并审核。审核成功的销售专用发票如图2-39所示。

销售发票(专用)

购货单位：北京远东公司　　销售方式：赊销　　币别：人民币

源单类型：销售出库　　结算方式：　　日　期：2010-1-31　　汇率：1

行号	产品代码	产品名称	规格型号	单位	数量	单价	折扣率(%)	金额	税率	税额	价税合计	源单单号
1	3.01	圆珠笔	蓝色	PCS	8000	8.119658	0	64957.26	17	11042.74	76,000.00	XOUT000001

合计：　汇总金额：64,957.26　汇总税额：11,042.74　汇总价税合计：76,000.00

审核：何陈钰　记账：何陈钰　部门：销售部　业务员：仁揭　开票人：何陈钰

图2-39

例2-34 财务对采购发票进行审核形成应付账款。

例2-35 何陈钰2010年1月31日付笔帽供应商3000元，对应的源单据为“采购增值税发票”，发票号为“ZPOFP000003”；从“工行东桥支行125”账号开出支票，该支票已由“笔帽供应商”签收，支票存根如图2-40所示。

根据该支票录入的“付款单据”，由“陈静”审核。审核成功的单据如图2-41所示。

中国工商银行支票存根（粤）

$\frac{C\ G}{0\ 2}$03908838

附加信息

付货款

出票日期 2010 年 01 月 31 日

收款人：笔帽供应商

金 额：RMB3000.00

用 途：付货款

单位主管 陈静 会计 何陈钰

深圳龙华印制有限公司·2006年印制

图 2-40

付款单

核算项目类别：供应商 单据日期：2010-1-31 单据号码：CFKD000002

核算项目：笔帽供应商 付款类型：购货款 结算方式：

币别：人民币 汇率：1 摘要：

源单类型	源单单号	合同号	订单单号	结算实付金额	结算折扣
购增值税发	ZPOFP000003		CYORD000003	3,000.00	0.00
			单据金额合计	3,000.00	

部门：采购部 业务员：何采购 审核：陈静 制单：何陈钰

图 2-41

例 2-36 何陈钰 2010 年 1 月 31 日付笔芯供应商 5000 元，对应的源单据为“采购增值税发票”，发票号为“ZPOFP000001”；从“工行东桥支行 125”账号开出支票，该支票已由“笔芯供应商”签收，支票存根如图 2-42 所示。

根据该支票录入的“付款单据”，由“陈静”审核。审核成功的单据如图 2-43 所示。

中国工商银行支票存根（粤）

$\frac{C\ G}{0\ 2}$03908839

附加信息

付货款

出票日期 2010 年 01 月 31 日

收款人：笔芯供应商

金 额：RMB5000.00

用 途：付货款

单位主管 陈静 会计 何陈钰

深圳龙华印制有限公司·2006年印制

图 2-42

付款单

核算项目类别：供应商 单据日期：2010-1-31 单据号码：CFKD000003

核算项目：笔芯供应商 付款类型：购货款 结算方式：

币别：人民币 汇率：1 摘要：

源单类型	源单单号	合同号	订单单号	结算实付金额	结算折扣
购增值税发	ZPOFP000001		CYORD000001	5,000.00	0.00
			单据金额合计	5,000.00	

部门：采购部 业务员：何采购 审核：陈静 制单：何陈钰

图 2-43

例 2-37 何陈钰 2010 年 1 月 31 日付笔壳供应商 20000 元，对应的源单据为“期初采购增值税发票”，发票号为“OCZP000002”的 3510 元，以及“采购增值税发票”，发票号为“ZPOFP000002”的 16490 元；从“工行东桥支行 125”账号开出支票，该支票已由“笔壳供应商”签收，支票存根如图 2-44 所示。

根据该支票录入的“付款单据”，由“陈静”审核。审核成功的单据如图 2-45 所示。

例 2-38 财务对应收业务单据进行审核。

中国工商银行支票存根（粤）

$\frac{CG}{02}$03908837

附加信息

付货款

出票日期 2010 年 01 月 31 日

收款人：笔壳供应商

金 额：RMB20000.00

用 途：付货款

单位主管 陈静 会计 何陈钰

深圳先华印制有限公司·2006年印制

图 2-44

付款单

核算项目类别： 供应商 单据日期： 2010-1-31 单据号码： CFKD000004

核算项目： 笔壳供应商 付款类型： 购货款 结算方式：

币别： 人民币 汇率： 1 摘要：

源单类型	源单单号	合同号	订单单号	结算实付金额	结算折扣
购增值税发	ZPOFP000002		CYORD000002	16,490.00	0.00
采购增值	OCZP000002			3,510.00	0.00
		单据金额合计		20,000.00	

部门： 采购部 业务员： 何采购 审核： 陈静 制单： 何陈钰

图 2-45

例2-39 何陈钰2010年1月31日收到北京远东公司货款50 000元，对应的源单据为“期初销售增值税发票”，发票号为“OXZP000001”的10000元，以及“销售增值税发票”，发票号为“ZSEFP000001”的40000元，并且已经汇入到“工行东桥支行125”账号。银行进账单如图2-46所示，根据该进账单录入的“收款单据”，由“陈静”审核。审核成功的单据如图2-47所示。

银行进账单

2010年 01 月 31 日

出票人	全称	北京远东文具用品有限公司
	账号	955XXXX31
	开户银行	工行北京中关村支行
金额	人民币（小写）	￥5000000
收款人	全称	深圳市成功飞越实业有限公司
	账号	955XXXX125
	开户银行	工行深圳东桥支行
票据种类	支票	票据张数 1
票据号码	2009011125	
备注：		

复核 陈静 记账 何陈钰

图 2-46

收款单

核算项目类别： 客户 单据日期： 2010-1-31 单据号码： XSKD000002

核算项目： 北京远东公司 收款类型： 销售回款 结算方式：

币别： 人民币 汇率： 1 摘要： 2009年应收款余额

源单类型	源单单号	合同号	订单单号	结算实收金额	结算折扣
售增值税发	ZSEFP000001		SEORD000001	40,000.00	0.00
销售增值	OXZP000002			10,000.00	0.00
		单据金额合计		50,000.00	

部门： 销售部 业务员： 仁渴 审核： 陈静 制单： 何陈钰

图 2-47

例2-40 何陈钰核算采购入库成本。

例2-41 何陈钰核算委外材料出库成本。

例2-42 何陈钰核算委外加工入库成本。

例2-43　何陈钰核算生产领料出库成本。

例2-44　工程部查询 BOM 档案，何陈钰进行自制入库成本核算。

例2-45　何陈钰核算所有产成品出库成本。

例2-46　2010 年 1 月 31 日参照销售发票“ZSEFP000001”生成凭证，如图 2-48 所示。

例2-47　2010 年 1 月 31 日参照收款单“XSKD000002”生成凭证，如图 2-49 所示。

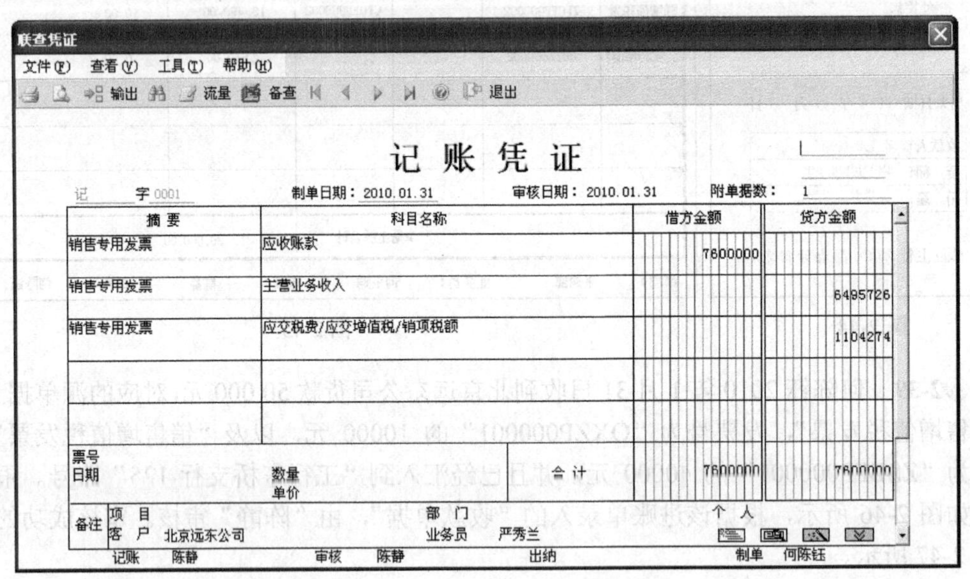

记账凭证

记 字 0001　制单日期：2010.01.31　审核日期：2010.01.31　附单据数：1

摘要	科目名称	借方金额	贷方金额
销售专用发票	应收账款	7600000	
销售专用发票	主营业务收入		6495726
销售专用发票	应交税费/应交增值税/销项税额		1104274
票号 日期　数量 单价	合计	7600000	7600000

备注　项目　客户 北京远东公司　部门　业务员 严秀兰　个人

记账 陈静　审核 陈静　出纳　制单 何陈钰

图 2-48

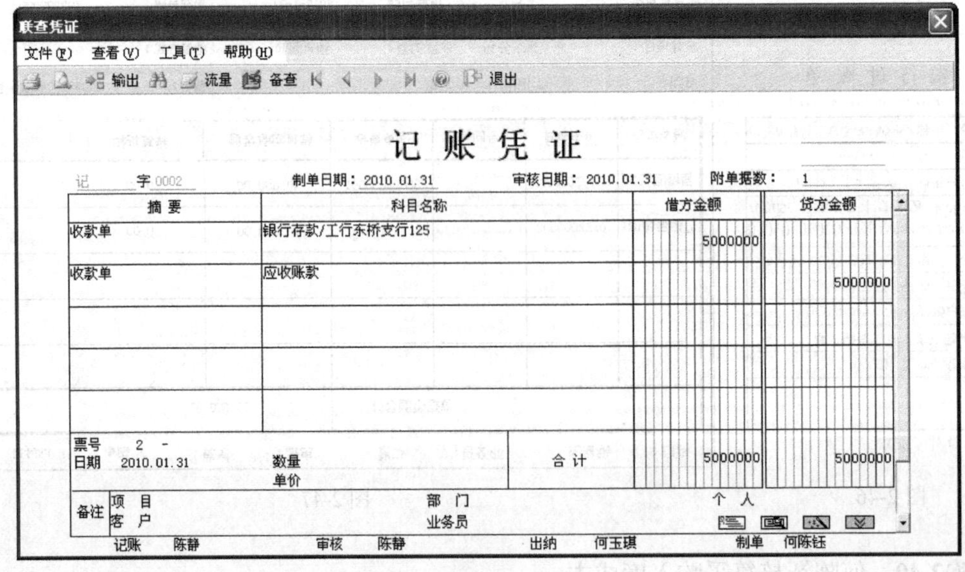

记账凭证

记 字 0002　制单日期：2010.01.31　审核日期：2010.01.31　附单据数：1

摘要	科目名称	借方金额	贷方金额
收款单	银行存款/工行东桥支行125	5000000	
收款单	应收账款		5000000
票号 2 - 日期 2010.01.31　数量 单价	合计	5000000	5000000

备注　项目　客户　部门　业务员　个人

记账 陈静　审核 陈静　出纳 何玉琪　制单 何陈钰

图 2-49

例2-48　2010 年 1 月 31 日参照采购发票“PPOFP000001”生成凭证，如图 2-50 所示。

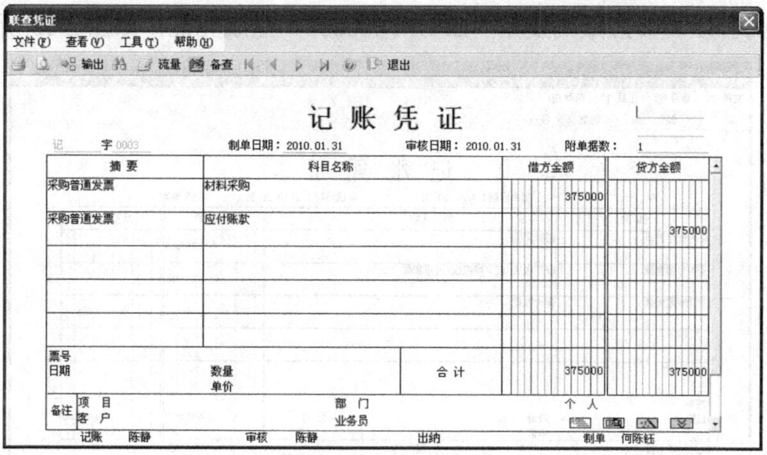

联查凭证

文件(F)　查看(V)　工具(T)　帮助(H)

输出　流量　备查　退出

记 账 凭 证

记　字 0003　制单日期：2010.01.31　审核日期：2010.01.31　附单据数：1

摘 要	科目名称	借方金额	贷方金额
采购普通发票	材料采购	375000	
采购普通发票	应付账款		375000
票号 日期	数量 单价	合 计　375000	375000

备注　项 目　　部 门　　个 人
客 户　　业务员

记账　陈静　审核　陈静　出纳　制单　何陈钰

图 2-50

2010 年 1 月 31 日参照采购发票“ZPOFP000001”生成凭证，如图 2-51 所示。

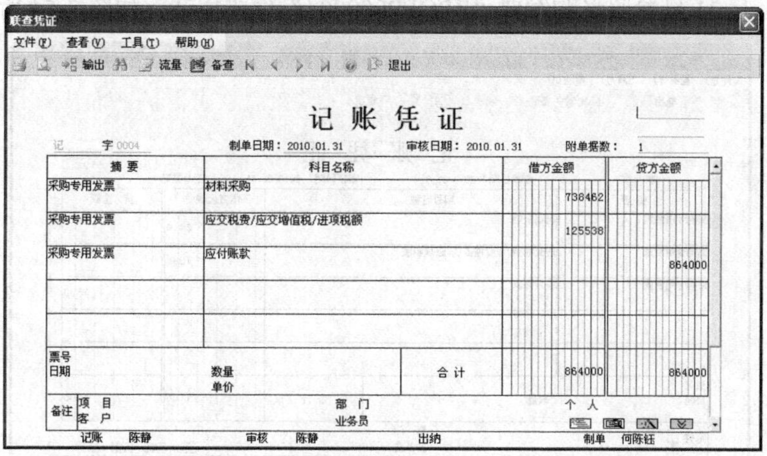

联查凭证

文件(F)　查看(V)　工具(T)　帮助(H)

输出　流量　备查　退出

记 账 凭 证

记　字 0004　制单日期：2010.01.31　审核日期：2010.01.31　附单据数：1

摘 要	科目名称	借方金额	贷方金额
采购专用发票	材料采购	738462	
采购专用发票	应交税费/应交增值税/进项税额	125538	
采购专用发票	应付账款		864000
票号 日期	数量 单价	合 计　864000	864000

备注　项 目　　部 门　　个 人
客 户　　业务员

记账　陈静　审核　陈静　出纳　制单　何陈钰

图 2-51

2010 年 1 月 31 日参照采购发票“ZPOFP000002”生成凭证，如图 2-52 所示。

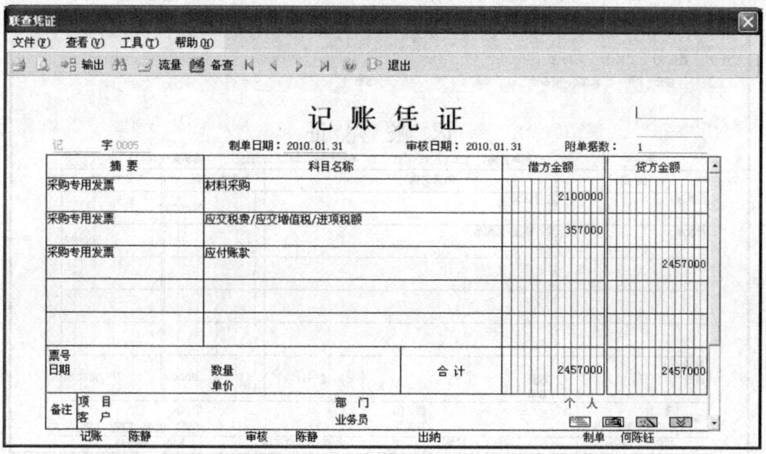

联查凭证

文件(F)　查看(V)　工具(T)　帮助(H)

输出　流量　备查　退出

记 账 凭 证

记　字 0005　制单日期：2010.01.31　审核日期：2010.01.31　附单据数：1

摘 要	科目名称	借方金额	贷方金额
采购专用发票	材料采购	2100000	
采购专用发票	应交税费/应交增值税/进项税额	357000	
采购专用发票	应付账款		2457000
票号 日期	数量 单价	合 计　2457000	2457000

备注　项 目　　部 门　　个 人
客 户　　业务员

记账　陈静　审核　陈静　出纳　制单　何陈钰

图 2-52

2010 年 1 月 31 日参照采购发票“ZPOFP000003”生成凭证，如图 2-53 所示。

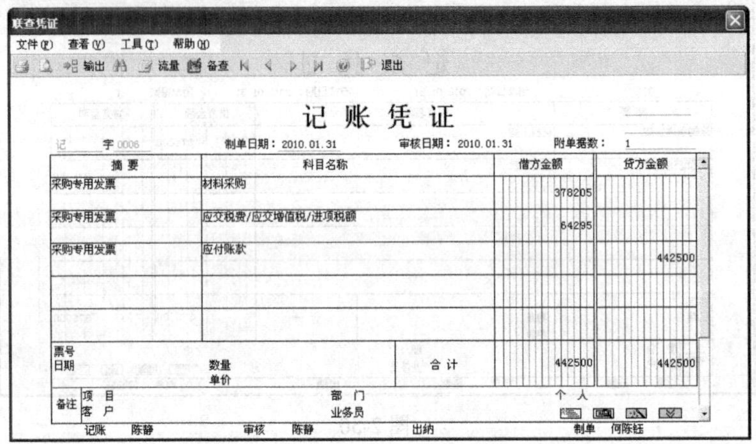

联查凭证

文件(F) 查看(V) 工具(T) 帮助(H)

输出 流量 备查 退出

记 账 凭 证

记 字 0006 制单日期：2010.01.31 审核日期：2010.01.31 附单据数：1

摘要	科目名称	借方金额	贷方金额
采购专用发票	材料采购	378205	
采购专用发票	应交税费/应交增值税/进项税额	64295	
采购专用发票	应付账款		442500
票号 日期	数量 单价 合计	442500	442500

备注 项目 部门 个人 客户 业务员

记账 陈静 审核 陈静 出纳 制单 何陈钰

图 2-53

2010 年 1 月 31 日参照采购发票“ZPOFP000004”生成凭证，如图 2-54 所示。

联查凭证

文件(F) 查看(V) 工具(T) 帮助(H)

输出 流量 备查 退出

记 账 凭 证

记 字 0007 制单日期：2010.01.31 审核日期：2010.01.31 附单据数：1

摘要	科目名称	借方金额	贷方金额
采购专用发票	材料采购	6410	
采购专用发票	应交税费/应交增值税/进项税额	1090	
采购专用发票	应付账款		7500
票号 日期	数量 单价 合计	7500	7500

备注 项目 部门 个人 客户 业务员

记账 陈静 审核 陈静 出纳 制单 何陈钰

图 2-54

例 2-49　2010 年 1 月 31 日参照付款单“0000000001”生成凭证，如图 2-55 所示。

联查凭证

文件(F) 查看(V) 工具(T) 帮助(H)

输出 流量 备查 退出

记 账 凭 证

记 字 0008 制单日期：2010.01.31 审核日期：2010.01.31 附单据数：1

摘要	科目名称	借方金额	贷方金额
付款单	应付账款	300000	
付款单	库存现金/人民币		300000
票号 日期	数量 单价 合计	300000	300000

备注 项目 部门 个人 供应商 笔帽供应商 业务员 -

记账 陈静 审核 陈静 出纳 何玉琪 制单 何陈钰

图 2-55

2010 年 1 月 31 日参照付款单“0000000002”生成凭证，如图 2-56 所示。

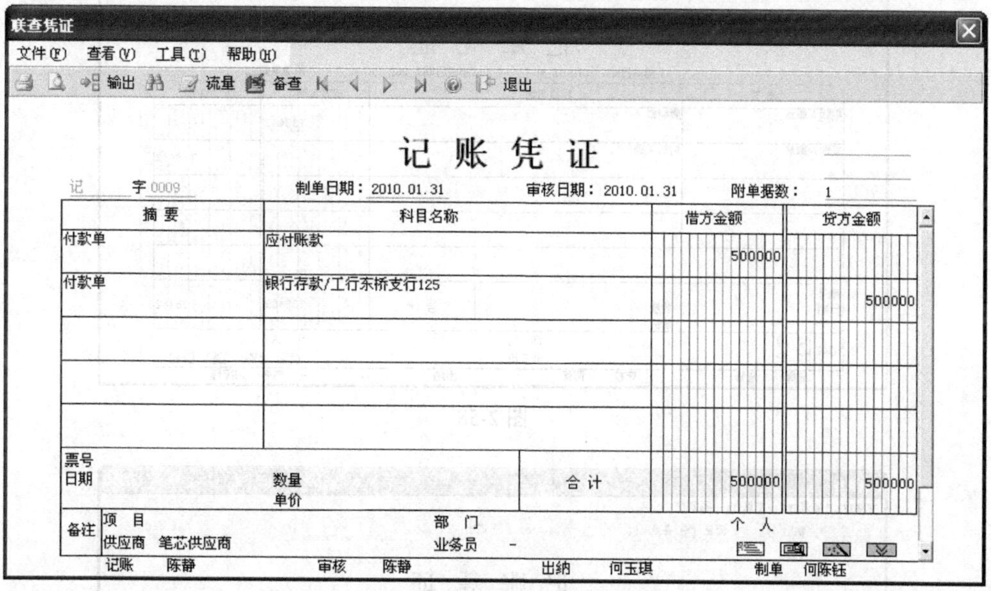

联查凭证

文件(F)　查看(V)　工具(T)　帮助(H)

输出　流量　备查　退出

记账凭证

记　字 0009　制单日期：2010.01.31　审核日期：2010.01.31　附单据数：1

摘要	科目名称	借方金额	贷方金额
付款单	应付账款	500000	
付款单	银行存款/工行东桥支行125		500000
票号 日期	数量 单价 合计	500000	500000

备注　项目　部门　个人

供应商　笔芯供应商　业务员　-

记账　陈静　审核　陈静　出纳　何玉琪　制单　何陈钰

图 2-56

2010 年 1 月 31 日参照付款单“0000000003”生成凭证，如图 2-57 所示。

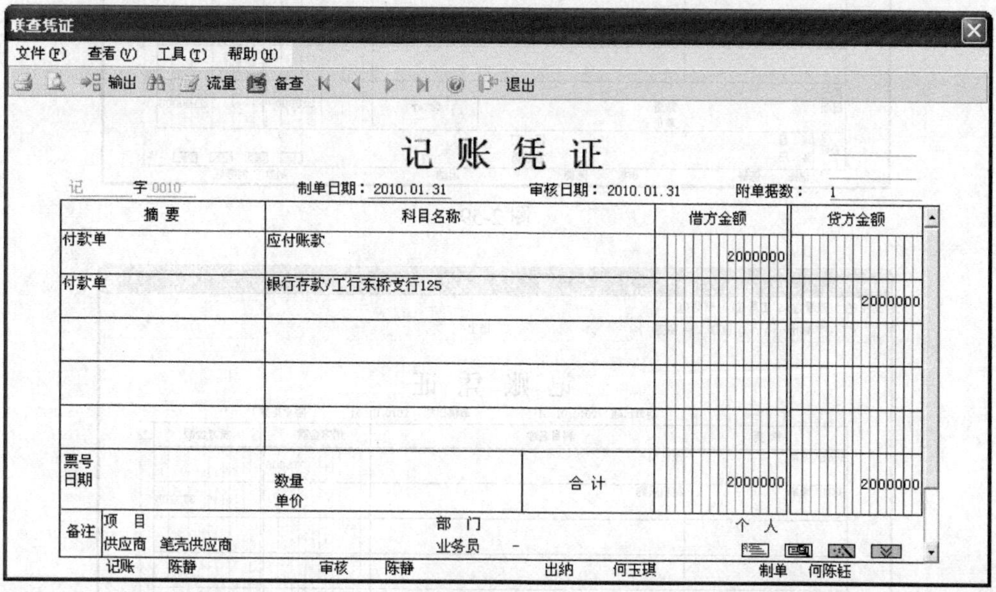

联查凭证

文件(F)　查看(V)　工具(T)　帮助(H)

输出　流量　备查　退出

记账凭证

记　字 0010　制单日期：2010.01.31　审核日期：2010.01.31　附单据数：1

摘要	科目名称	借方金额	贷方金额
付款单	应付账款	2000000	
付款单	银行存款/工行东桥支行125		2000000
票号 日期	数量 单价 合计	2000000	2000000

备注　项目　部门　个人

供应商　笔壳供应商　业务员　-

记账　陈静　审核　陈静　出纳　何玉琪　制单　何陈钰

图 2-57

例 2-50　2010 年 1 月 31 日，在存货核算系统中，2010 年 1 月份所有采购入库单生成的凭证分别如图 2-58、图 2-59、图 2-60、图 2-61 所示。

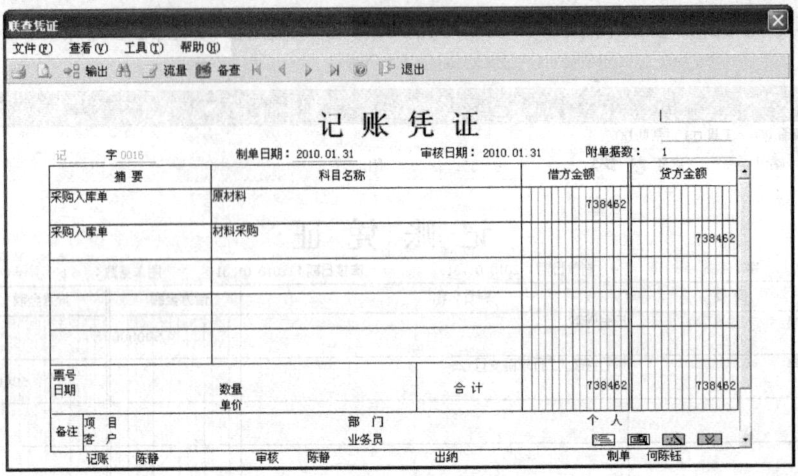

联查凭证

文件(F) 查看(V) 工具(T) 帮助(H)

输出 流量 备查 退出

记 账 凭 证

记 字 0016 制单日期：2010.01.31 审核日期：2010.01.31 附单据数：1

摘要	科目名称	借方金额	贷方金额
采购入库单	原材料	738462	
采购入库单	材料采购		738462
票号 日期	数量 单价 合计	738462	738462

备注 项目 部门 个人 客户 业务员

记账 陈静 审核 陈静 出纳 制单 何陈钰

图 2-58

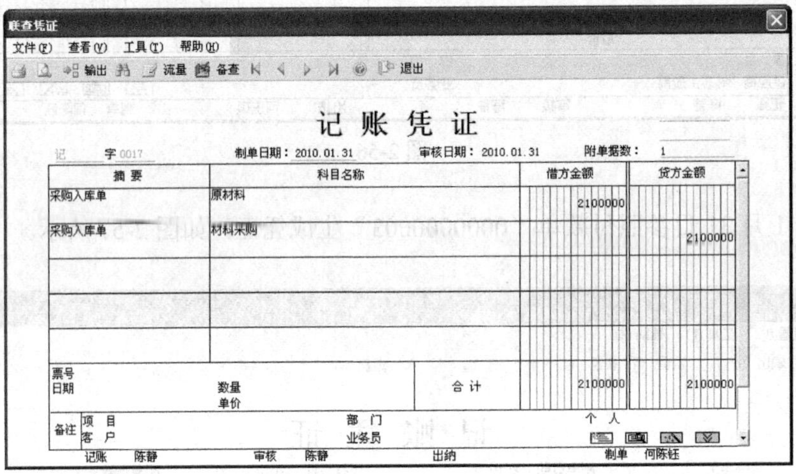

联查凭证

文件(F) 查看(V) 工具(T) 帮助(H)

输出 流量 备查 退出

记 账 凭 证

记 字 0017 制单日期：2010.01.31 审核日期：2010.01.31 附单据数：1

摘要	科目名称	借方金额	贷方金额
采购入库单	原材料	2100000	
采购入库单	材料采购		2100000
票号 日期	数量 单价 合计	2100000	2100000

备注 项目 部门 个人 客户 业务员

记账 陈静 审核 陈静 出纳 制单 何陈钰

图 2-59

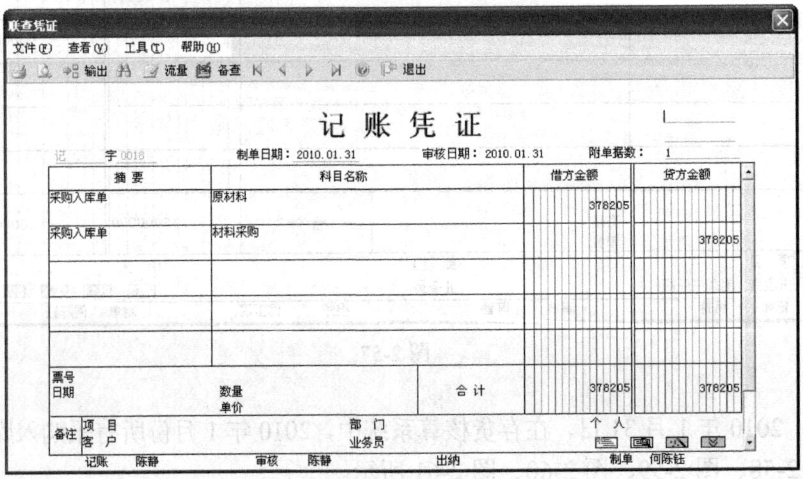

联查凭证

文件(F) 查看(V) 工具(T) 帮助(H)

输出 流量 备查 退出

记 账 凭 证

记 字 0018 制单日期：2010.01.31 审核日期：2010.01.31 附单据数：1

摘要	科目名称	借方金额	贷方金额
采购入库单	原材料	378205	
采购入库单	材料采购		378205
票号 日期	数量 单价 合计	378205	378205

备注 项目 部门 个人 客户 业务员

记账 陈静 审核 陈静 出纳 制单 何陈钰

图 2-60

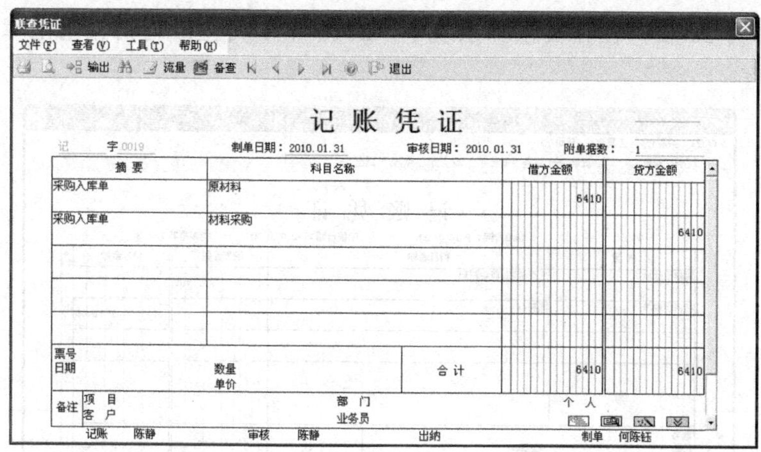

记账凭证

记 字 0019　制单日期：2010.01.31　审核日期：2010.01.31　附单据数：1

摘要	科目名称	借方金额	贷方金额
采购入库单	原材料	6410	
采购入库单	材料采购		6410
票号 日期	数量 单价　合计	6410	6410

备注　项目　客户　部门　业务员　个人

记账 陈静　审核 陈静　出纳　制单 何陈钰

图 2-61

2010年1月31日，在存货核算系统中，2010年1月委托加工物资出库生成的凭证如图2-62所示。

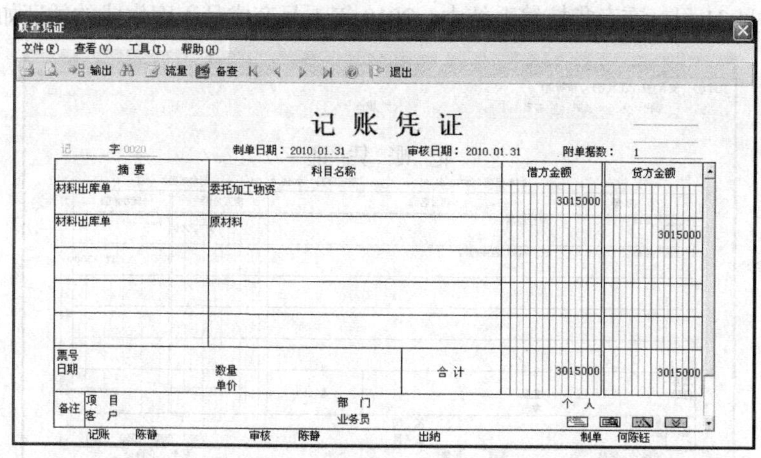

记账凭证

记 字 0020　制单日期：2010.01.31　审核日期：2010.01.31　附单据数：1

摘要	科目名称	借方金额	贷方金额
材料出库单	委托加工物资	3015000	
材料出库单	原材料		3015000
票号 日期	数量 单价　合计	3015000	3015000

备注　项目　客户　部门　业务员　个人

记账 陈静　审核 陈静　出纳　制单 何陈钰

图 2-62

2010年1月31日，在存货核算系统中，2010年1月委托加工入库生成的凭证如图2-63所示。

记账凭证

记 字 0021　制单日期：2010.01.31　审核日期：2010.01.31　附单据数：1

摘要	科目名称	借方金额	贷方金额
采购入库单	原材料	3390000	
采购入库单	材料采购		375000
采购入库单	委托加工物资		3015000
票号 日期	数量 单价　合计	3390000	3390000

备注　项目　客户　部门　业务员　个人

记账 陈静　审核 陈静　出纳　制单 何陈钰

图 2-63

2010 年 1 月 31 日，在存货核算系统中，2010 年 1 月生产材料领用出库生成的凭证如图 2-64 所示。

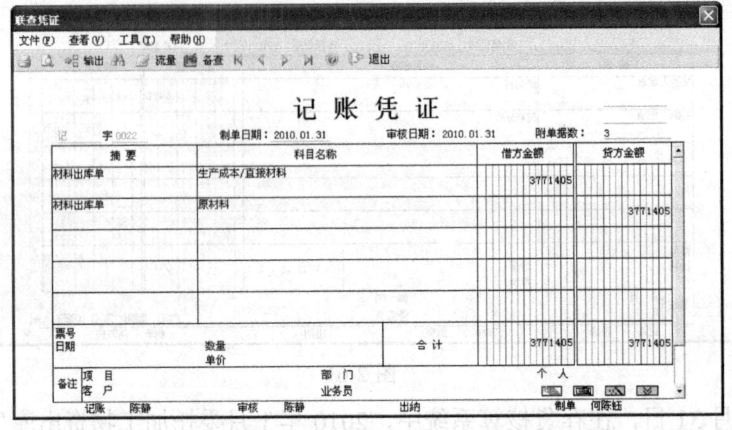

联查凭证

文件(F) 查看(V) 工具(T) 帮助(H)

输出 流量 备查 退出

记账凭证

记 字 0022 制单日期：2010.01.31 审核日期：2010.01.31 附单据数：3

摘要	科目名称	借方金额	贷方金额
材料出库单	生产成本/直接材料	3771405	
材料出库单	原材料		3771405
票号 日期	数量 单价 合计	3771405	3771405

备注 项目 部门 个人 客户 业务员

记账 陈静 审核 陈静 出纳 制单 何陈钰

图 2-64

2010 年 1 月 31 日，在存货核算系统中，2010 年 1 月产成品入库生成的凭证如图 2-65 所示。

联查凭证

文件(F) 查看(V) 工具(T) 帮助(H)

输出 流量 备查 退出

记账凭证

记 字 0023 制单日期：2010.01.31 审核日期：2010.01.31 附单据数：1

摘要	科目名称	借方金额	贷方金额
产成品入库单	库存商品	3772500	
产成品入库单	生产成本/直接材料		3772500
票号 日期	数量 单价 合计	3772500	3772500

备注 项目 部门 个人 客户 业务员

记账 陈静 审核 陈静 出纳 制单 何陈钰

图 2-65

2010 年 1 月 31 日，在存货核算系统中，2010 年 1 月销售出库生成的凭证如图 2-66 所示。

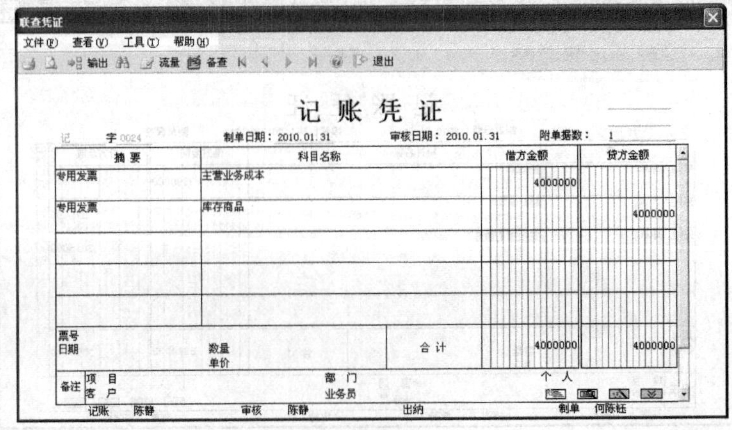

联查凭证

文件(F) 查看(V) 工具(T) 帮助(H)

输出 流量 备查 退出

记账凭证

记 字 0024 制单日期：2010.01.31 审核日期：2010.01.31 附单据数：1

摘要	科目名称	借方金额	贷方金额
专用发票	主营业务成本	4000000	
专用发票	库存商品		4000000
票号 日期	数量 单价 合计	4000000	4000000

备注 项目 部门 个人 客户 业务员

记账 陈静 审核 陈静 出纳 制单 何陈钰

图 2-66

例2-51　2010 年 1 月 31 日付员工工资。类别汇总数据生产部员工为 9 761 元，市场部为 5 723 元，管理人员为 13 000 元，直接从“工行东桥支行 125”账号中转账。录入并保存成功的凭证如图 2-67 所示。

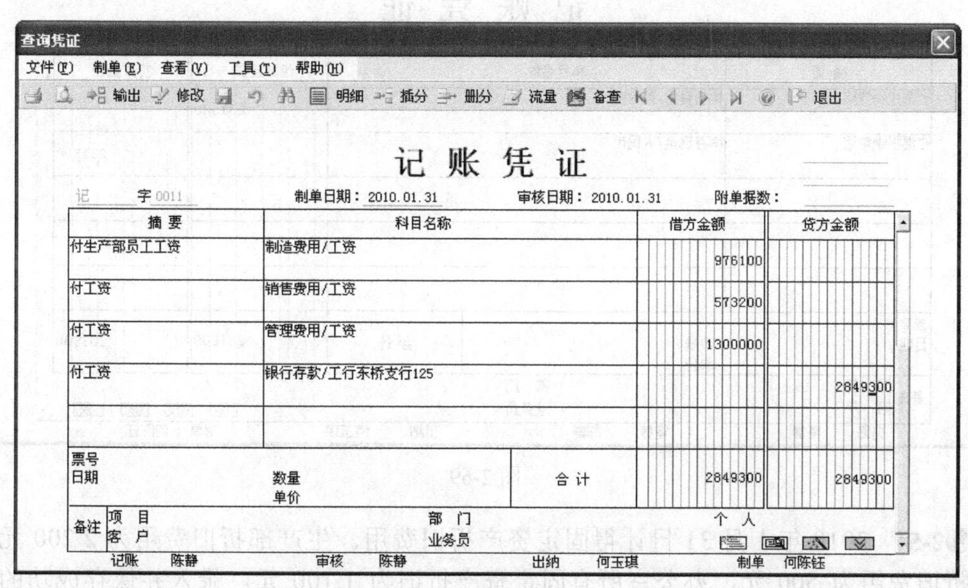

记账凭证

记　字 0011　制单日期：2010.01.31　审核日期：2010.01.31　附单据数：

摘要	科目名称	借方金额	贷方金额
付生产部员工工资	制造费用/工资	976100	
付工资	销售费用/工资	573200	
付工资	管理费用/工资	1300000	
付工资	银行存款/工行东桥支行125		2849300
票号 日期	数量 单价	合计 2849300	2849300
备注 项目 客户	部门 业务员	个人	

记账　陈静　审核　陈静　出纳　何玉琪　制单　何陈钰

图 2-67

例2-52　2010 年 1 月 31 日收到仁渴投资款 10 000 元港币，处理汇率为 0.86，已经汇入“人行东桥支行 128”账户。录入并保存成功的凭证如图 2-68 所示。

例2-53　2010 年 1 月 31 日仁渴因市场业务出差报销出差费 2 315 元，以现金支付。录入并保存成功的凭证如图 2-69 所示。

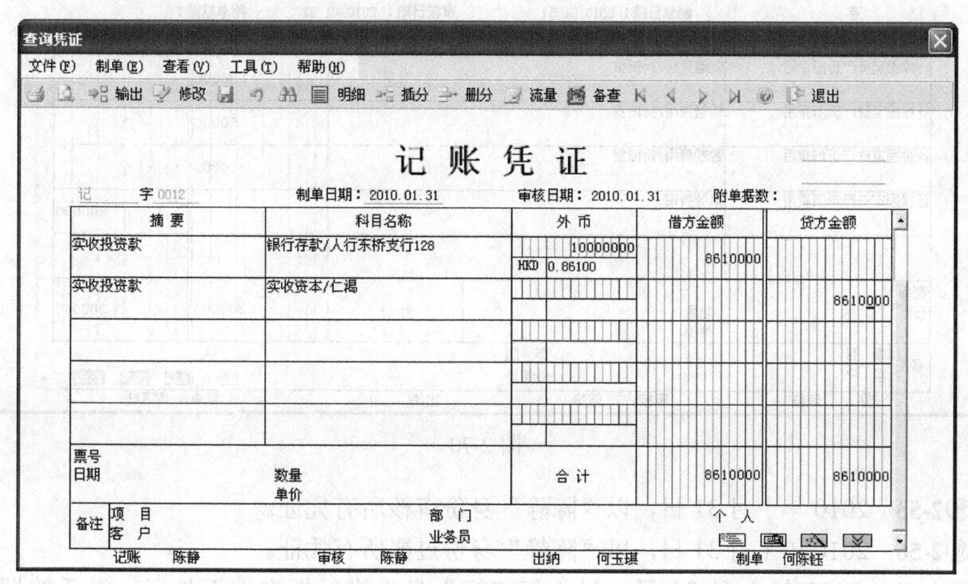

记账凭证

记　字 0012　制单日期：2010.01.31　审核日期：2010.01.31　附单据数：

摘要	科目名称	外币	借方金额	贷方金额
实收投资款	银行存款/人行东桥支行128	10000000 HKD 0.86100	8610000	
实收投资款	实收资本/仁渴			8610000
票号 日期	数量 单价	合计	8610000	8610000
备注 项目 客户	部门 业务员	个人		

记账　陈静　审核　陈静　出纳　何玉琪　制单　何陈钰

图 2-68

查询凭证

文件(F) 制单(E) 查看(V) 工具(T) 帮助(H)

输出 修改 明细 插分 删分 流量 备查 退出

记账凭证

记 字 0013 制单日期：2010.01.31 审核日期：2010.01.31 附单据数：

摘要	科目名称	借方金额	贷方金额
仁渴报销费用	销售费用/差旅费	231500	
仁渴报销费用	库存现金/人民币		231500
票号 日期	数量 单价 合计	231500	231500
备注 项目 客户	部门 业务员 个人		

记账 陈静 审核 陈静 出纳 何玉琪 制单 何陈钰

图 2-69

2-54 2010 年 1 月 31 日计得固定资产折旧费用。生产部折旧费用为 2 200 元，市场部折旧费用为 500 元，办公室所有固定资产折旧为 1 100 元。录入并保存成功的凭证如图 2-70 所示。

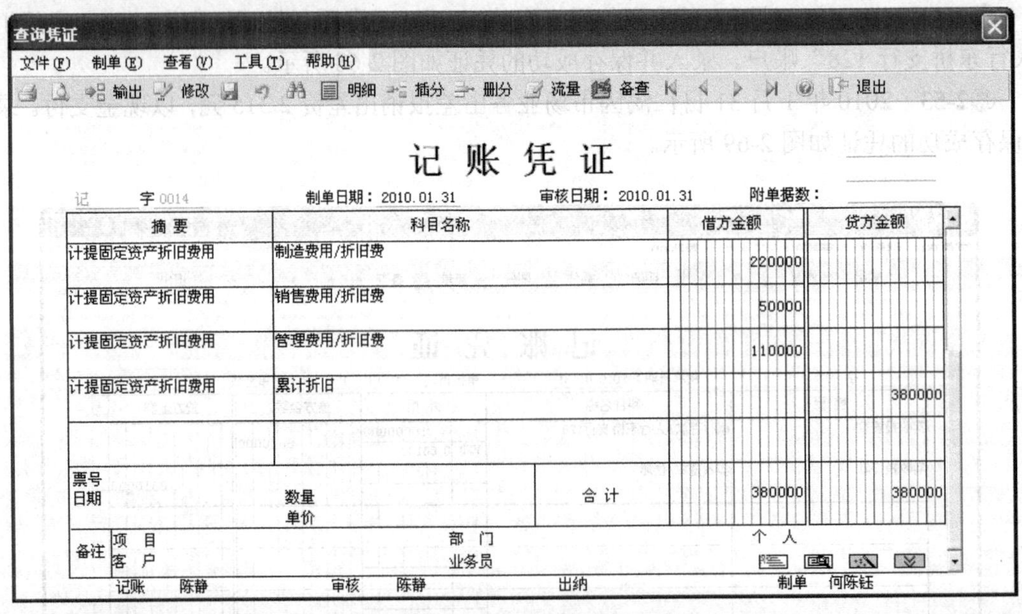
查询凭证

文件(F) 制单(E) 查看(V) 工具(T) 帮助(H)

输出 修改 明细 插分 删分 流量 备查 退出

记账凭证

记 字 0014 制单日期：2010.01.31 审核日期：2010.01.31 附单据数：

摘要	科目名称	借方金额	贷方金额
计提固定资产折旧费用	制造费用/折旧费	220000	
计提固定资产折旧费用	销售费用/折旧费	50000	
计提固定资产折旧费用	管理费用/折旧费	110000	
计提固定资产折旧费用	累计折旧		380000
票号 日期	数量 单价 合计	380000	380000
备注 项目 客户	部门 业务员 个人		

记账 陈静 审核 陈静 出纳 制单 何陈钰

图 2-70

2-55 2010 年 1 月 31 日，以“陈静”身份审核所有凭证。

2-56 2010 年 1 月 31 日，以“陈静”身份过账所有凭证。

2-57 2010 年 1 月 31 日，以“何陈钰”身份进行期末调汇处理。港币的期末汇率为 0.863，调汇后生成的凭证如图 2-71 所示；然后，再以“陈静”身份审核和过账该凭证。

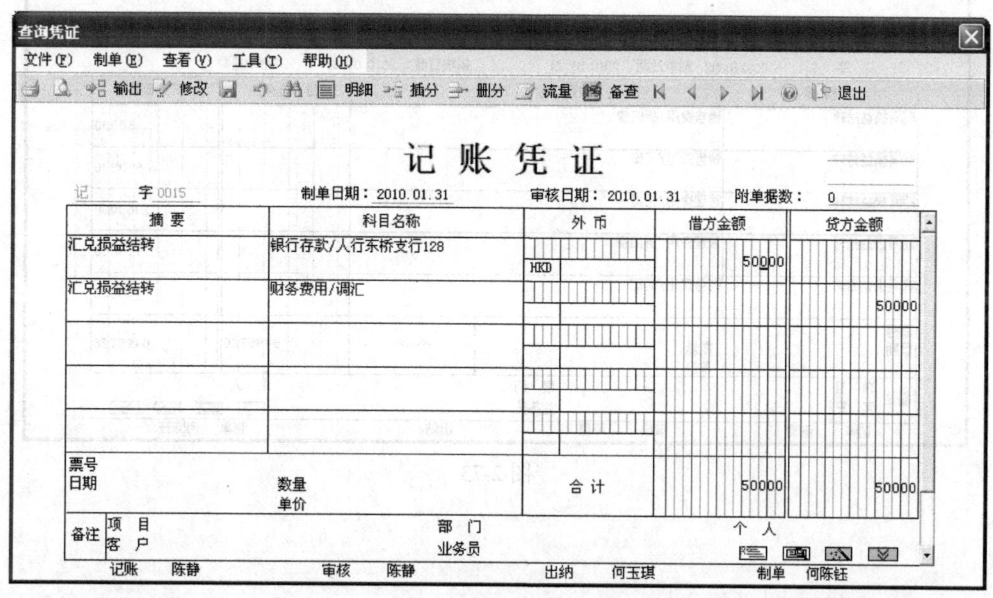

查询凭证

文件(F) 制单(E) 查看(V) 工具(T) 帮助(H)

记账凭证

记 字 0015 制单日期：2010.01.31 审核日期：2010.01.31 附单据数：0

摘要	科目名称	外币	借方金额	贷方金额
汇兑损益结转	银行存款/人行东桥支行128	HKD	50000	
汇兑损益结转	财务费用/调汇			50000
票号 日期	数量 单价	合计	50000	50000

备注 项目 客户 部门 业务员 个人

记账 陈静 审核 陈静 出纳 何玉琪 制单 何陈钰

图 2-71

2-58 2010 年 1 月 31 日，以“何陈钰”身份进行期末“期间损益结转”操作，生成的凭证如图 2-72 和图 2-73 所示。再以“陈静”身份审核和过账该凭证。

查询凭证

文件(F) 制单(E) 查看(V) 工具(T) 帮助(H)

记账凭证

记 字 0025 - 0001/0002 制单日期：2010.01.31 审核日期：2010.01.31 附单据数：0

摘要	科目名称	借方金额	贷方金额
期间损益结转	本年利润		281026
期间损益结转	主营业务收入	6495726	
期间损益结转	主营业务成本		4000000
期间损益结转	销售费用/差旅费		231500
期间损益结转	销售费用/折旧费		50000
票号 日期	数量 单价 合计	6495726	6495726

备注 项目 客户 部门 业务员 个人

记账 陈静 审核 陈静 出纳 制单 何陈钰

图 2-72

2-70 2010 年 1 月 31 日，以“陈静”身份处理资产负债表和利润表。

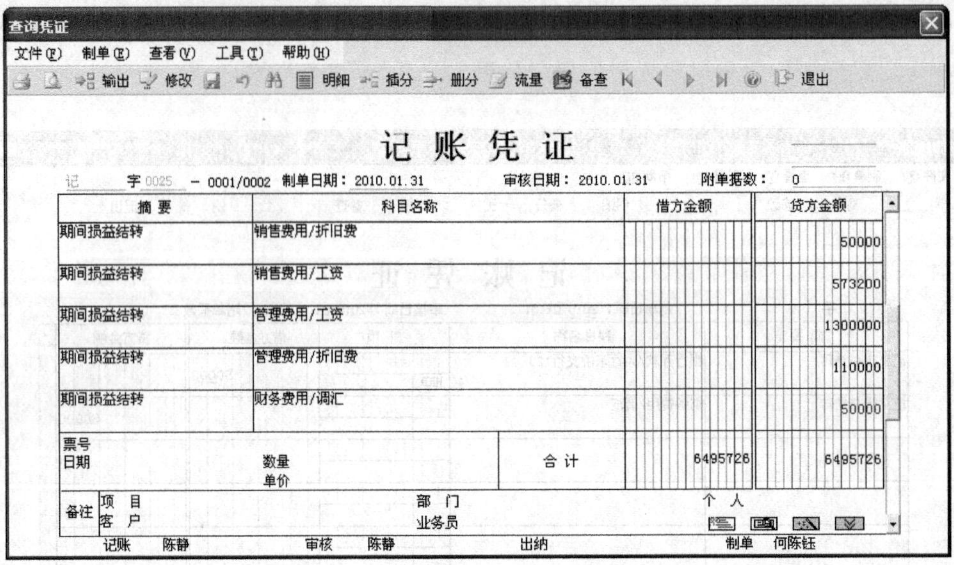

查询凭证

文件(F) 制单(E) 查看(V) 工具(T) 帮助(H)

输出 修改 明细 插分 删分 流量 备查 退出

记账凭证

记 字 0025 - 0001/0002 制单日期：2010.01.31 审核日期：2010.01.31 附单据数：0

摘要	科目名称	借方金额	贷方金额
期间损益结转	销售费用/折旧费		50000
期间损益结转	销售费用/工资		573200
期间损益结转	管理费用/工资		1300000
期间损益结转	管理费用/折旧费		110000
期间损益结转	财务费用/调汇		50000
票号 日期	数量 单价 合计	6495726	6495726

备注 项目 部门 个人

客户 业务员

记账 陈静 审核 陈静 出纳 制单 何陈钰

图 2-73

第3章 建 账

本章学习重点

- 建立角色、操作员
- 建立账套
- 为操作员设置权限
- 账套的备份、恢复和删除

用友 U8（V8.72）由财务、业务、生产管理等系统组成，各个系统之间数据相互联系、资料共享。

系统管理是用友 U8（V8.72）的管理平台，可以完成账套的建立、修改、删除和备份，建立操作员、划分角色、分配权限、备份账套等操作。系统管理的使用对象为企业的信息管理人员（即系统管理软件中的操作员 admin）和账套主管。

系统管理对各个模块和资料进行统一管理和维护，其主要功能如下：

（1）对账套进行统一管理，主要包括建立账套、修改账套、引入和输出账套。

（2）对操作员及其功能权限实行统一管理，设立统一的安全机制，包括用户和角色的权限设置。

（3）设置自动备份计划，系统根据这些设置定期自动备份。

（4）对年度账进行统一管理，包括建立、引入、输出年度账，结转上年资料和清空年度资料。

（5）记录工作日志。

（6）实时监控各客户端计算机的用友使用。

第一次使用系统管理，要以系统管理员（admin）身份注册进入系统管理，设置角色（如销售总监、采购文员等）和用户（如张三、李四等），然后建立新账套，之后再为角色和用户设置权限（如为张三设置出纳权限）。

在需要时，为了数据安全，需要对账套进行备份（设置自动备份方式或手工备份方式）。

可以以账套主管（一个具有指定账套主管权限的操作员）的身份注册，进行账套信息修改和年度账的结转等操作。

3.1 注 册

打开“开始”菜单，选择“所有程序\用友 EPR-U872\系统服务\系统管理”命令，弹出“系统管理”窗口，如图 3-1 所示。

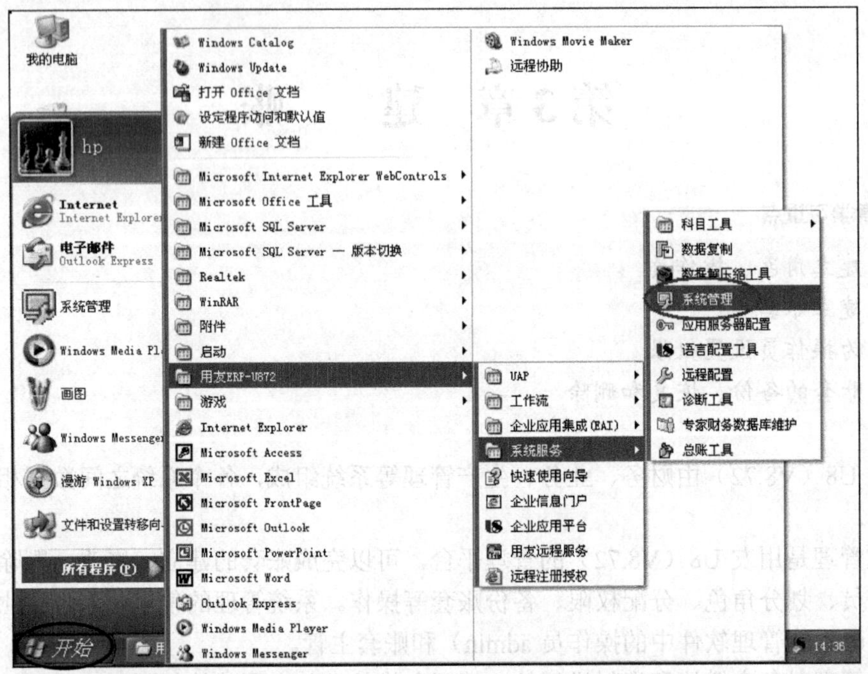

图 3-1

在“系统管理”窗口中，单击“系统”菜单，选择“注册”功能，系统会弹出“登录”窗口，如图 3-2 所示。

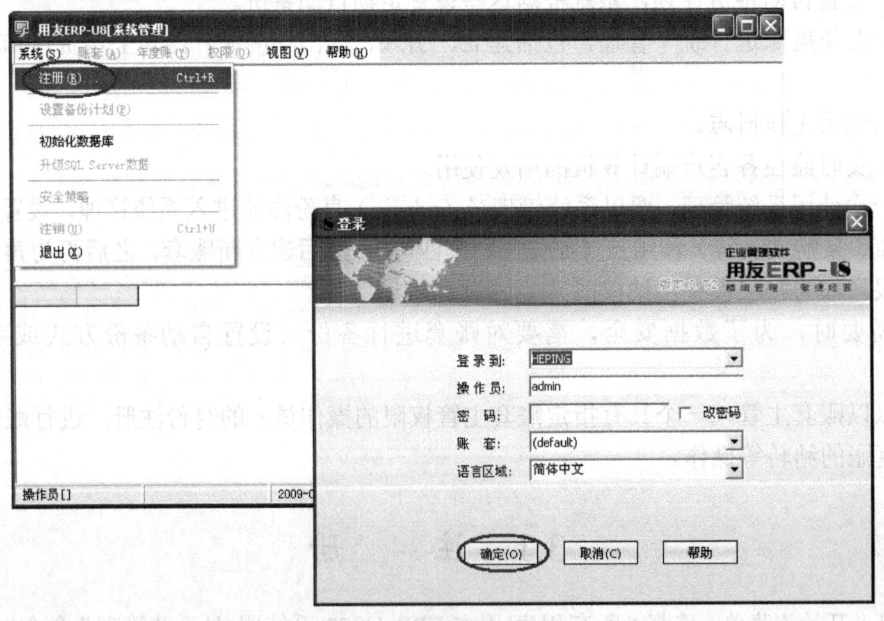

图 3-2

此时可以根据需要选择不同的注册方式，以系统管理员（admin）身份或账套主管（在已经存在账套的情况下）身份进行注册。系统管理员和账套主管的功能是有区别的，如表 3-1 所示。

表 3-1　系统管理员和账套主管的区别

	系统管理员（admin）	账 套 主 管
系统	（1）设置 SQL Server 口令 （2）设置备份计划（可进行年度账或账套备份） （3）升级 SQL Server 数据库 （4）注销功能 （5）设置安全策略	（1）注销功能 （2）设置年度账备份计划
账套	建立、引入和输出账套，但无法修改账套信息	修改所管的账套信息
年度账	无	可清空、引入、输出年度账
操作员及其权限	设置账套主管，增加或注销角色和操作员，修改角色或操作员权限	改变角色或操作员权限
视图	（1）能刷新，阅读系统和上机日志 （2）清除异常任务，清除选定任务、清除所有任务、清退站点、清除单据锁定、刷新阅读上机日志	

系统管理员（admin）负责整个用友系统的总体控制和维护，管理该系统中的所有账套。系统管理员可以建立、引入和输出账套，设置用户、角色及其权限，进行备份计划设置，监控系统运行过程以及清除异常任务等。系统管理员的名称是用友系统默认并固定的（用户名为 admin，初始密码默认为空，可修改）。

账套主管是系统管理员在建立账套过程中指定的管理该套账的主管。账套主管负责账套的维护，主要包括对账套进行修改，对所选年度内的账套进行管理（包括账套的创建、清空、引入、输出以及各子系统的年末结转），以及设置该账套操作员权限。

账套主管可以登录企业应用平台对有权限的账套进行业务操作，但系统管理员不能对账套业务进行操作。

3.2　角色和用户（操作员）

用户（操作员）是指有权限登录用友系统，并进行操作的人员，类似 Windows 的登录用户。每次注册登录用友系统时，用友系统要对操作员身份的合法性进行检查，只有合法的用户才能登录用友系统。

角色可以理解为岗位（或职位）的名称（如财务总监、销售总监、仓库主管等）。

职员（用户）的岗位（职位）变动时，重新给他分配操作权限会很繁琐，可以在系统中设置不同岗位角色，然后为该角色设置相应的权限。设置用户时，为用户赋予相应角色，用户就自动继承了该角色的权限，当用户岗位发生变化时，只需更改该用户所属的角色即可。当然，也可以独立给该用户赋予权限。用户可以不归属于任何角色。

建立新账时，需要整理统计使用用友软件的人员和岗位角色，以便随时调整，角色和用户一旦在作账过程中被引用，就不能删除。

提示：

- 用户和角色设置不分先后顺序，用户可以根据自己的需要先后设置。但对于自动传递权限来说，应该首先设定角色，然后分配权限，最后进行用户的设置。这样在设置用户的时候，如果选择其归属哪一个角色，则用户将自动具有该角色的权限。
- 一个角色可以拥有多个用户，一个用户也可以分属于多个不同的角色 。
- 若角色已经设置过，系统则会将所有的角色名称自动显示在角色设置中的所属角色名称的列表中。用户自动拥有所属角色所拥有的所有权限，同时可以额外增加角色中没有包含的权限。
- 若修改了用户的所属角色，则该用户对应的权限也跟着角色的改变而相应的改变。
- 所有新增用户默认都属于“普通用户”角色。
- 只有系统管理员有权限进行本功能的设置。

提示：用户和角色设置不分先后顺序，可以根据需要设置。如果需要使用自动传递权限功能，则应该首先设定角色，然后为该角色分配权限，最后再设置用户（操作员），这样在设置用户的时候，指定其归属某角色，用户就会自动具有该角色的权限。

提示：一个角色可以赋予多个用户，一个用户也可以拥有多个不同的角色，只有系统管理员才可以增加、删除、修改用户和角色。

（1）在“系统管理”窗口中单击“系统”菜单下的“注册”项，弹出系统管理注册窗口，在操作员处输入 admin（首次登录时密码为空），在账套选择处，单击下拉箭头，选择“(default)”，单击“确定”按钮注册进入系统管理，如图 3-3 所示。

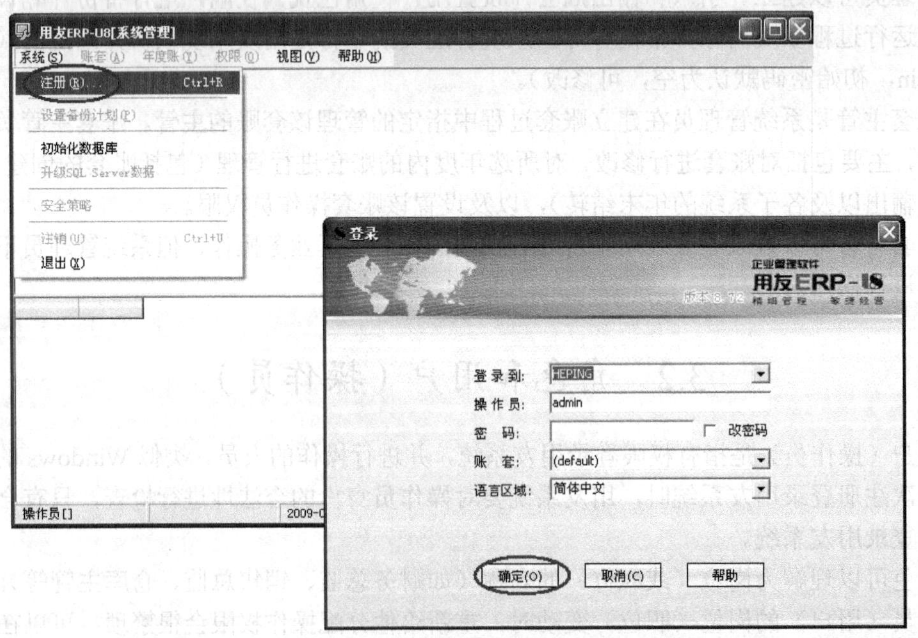

图 3-3

注：如果进行角色、用户、新建账套、备份或导入账套的操作，则需要以用友系统的系统管理员身份进行注册，默认的系统管理员名称为“admin”，初始密码为空。为了保证系统安全，系统管理员应及时修改并牢记密码。勾选“改密码”选项，单击确认之后，系统会提示系统管理员录入新的密码。

（2）在系统弹出的窗口中单击“权限”菜单下的“角色”项，系统弹出“角色管理”窗口，如图3-4所示。单击“增加”按钮，系统弹出“增加角色”窗口，在角色编号中输入“yskj”，在角色名称中输入“应收款会计”，单击“增加”按钮保存设置并新增角色。

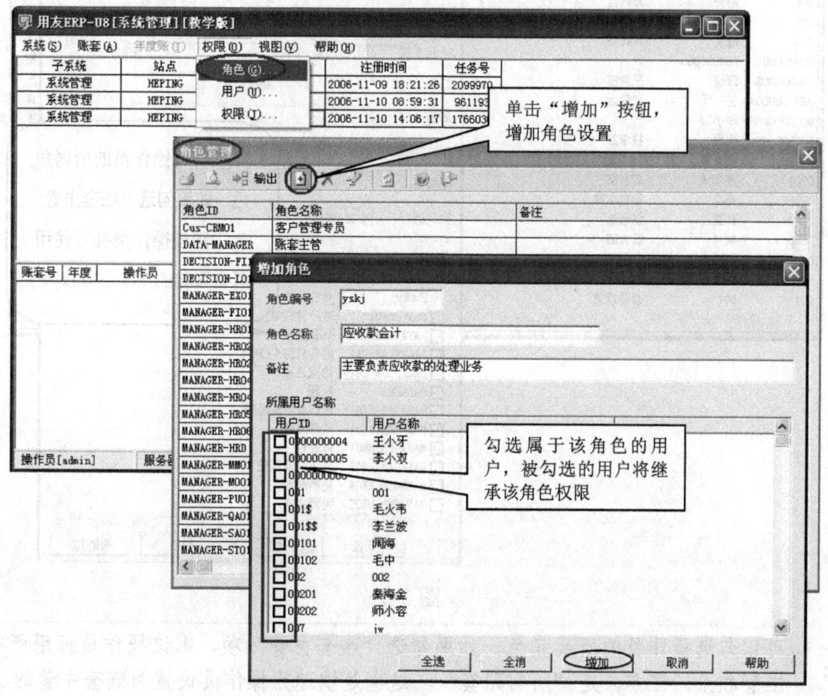

图 3-4

（3）在“所属用户名称”选项中，系统列出了当前系统中存在的用户名称，可勾选属于该角色的用户，为此用户赋予该角色权限。

（4）单击“增加”按钮保存新增的角色设置，此时会重新弹出“增加角色”窗口以再增加角色。单击“退出”按钮可以退出新增角色窗口。

以第2章实例资料中的“表2-1”为例增加操作员。

（1）单击“权限”菜单下的“用户”项，系统弹出“用户管理”窗口，单击“增加”按钮，系统弹出“增加用户”窗口，在编号中输入“CY001”，在姓名中输入“陈静”，单击“增加”按钮保存并增加新用户。

（2）接着录入其他操作员资料，如图3-5所示。

提示：

- 此时可以不设置用户口令，而由各用户在登录进入用友系统时再自行设置。如果用户忘记了口令，则可以让系统管理员注册进入系统管理之后，在此直接删除该用户口令中的内容，即将口令置为空，然后重新设置口令。用友系统为了安全起见，口令字符均以“*”显示。
- 认证方式：用友U8软件提供多种的用户身份认证方式，“用户+口令”方式为最普通方式，用友系统还可以通过第三方系统来进行认证，以提高安全性。（为了练习方便，建议大家都选择“用户+口令”方式）。
- 默认语言：指该用户在登录用友时，系统默认的语言（简体中文、繁体中文、英文）。

（3）在“用户管理”窗口中，可以查看到已经存在的用户信息，单击鼠标左键选择需要修改的用户，然后单击“修改”按钮可以修改用户信息。

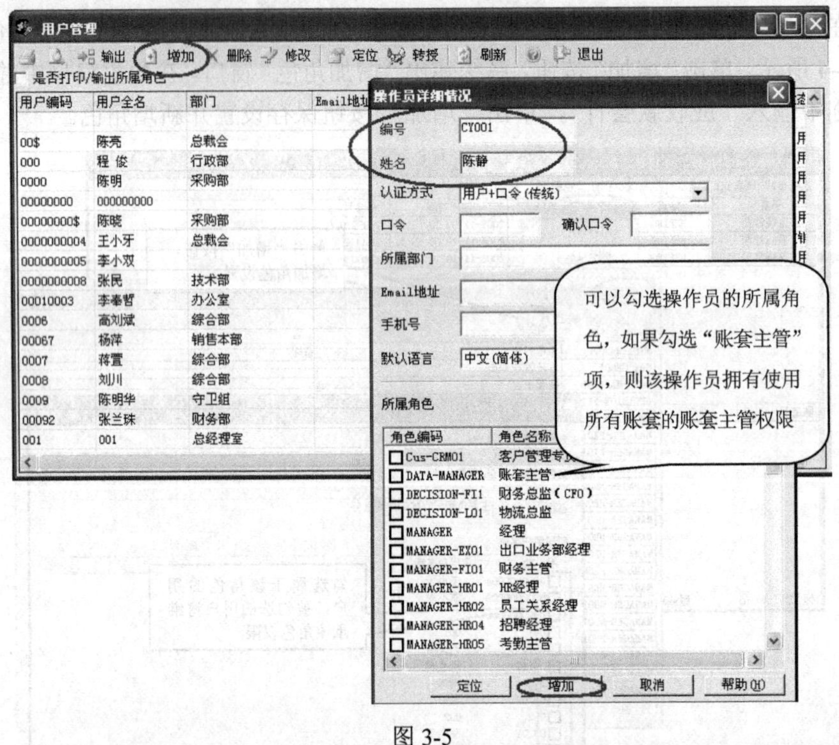

图 3-5

提示：可以勾选操作员的所属角色，如果勾选“账套主管”项，则该操作员拥用所有账套的账套主管权限。注意，是“所有账套”，这也是快速为操作员设置为账套主管的功能之一。

（4）如果要停止该用户使用用友软件（比如该职员辞职），则可以在修改用户信息对话框中，单击“注销当前用户”按钮。被注销的用户，在需要使用用友时，仍然可以在修改操作员对话框中单击“启用当前用户”按钮启用该操作员，如图 3-6 所示。

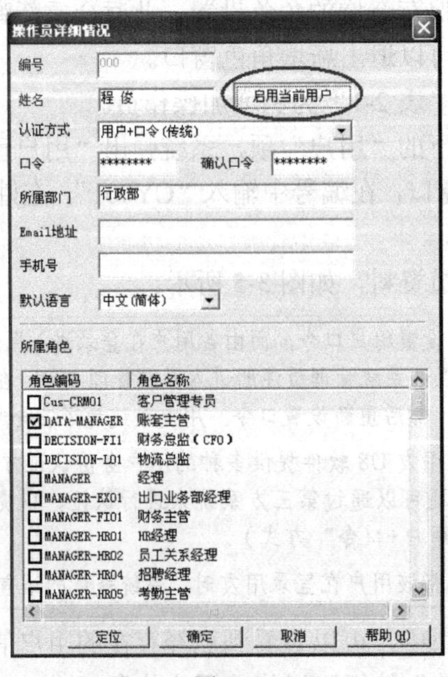

图 3-6

（5）在“用户管理”窗口中，单击“转授”按钮可以将指定操作员的权限转授给其他操作员，如图 3-7 所示，将“陈亮”的权限转授给操作员“仁渴”。

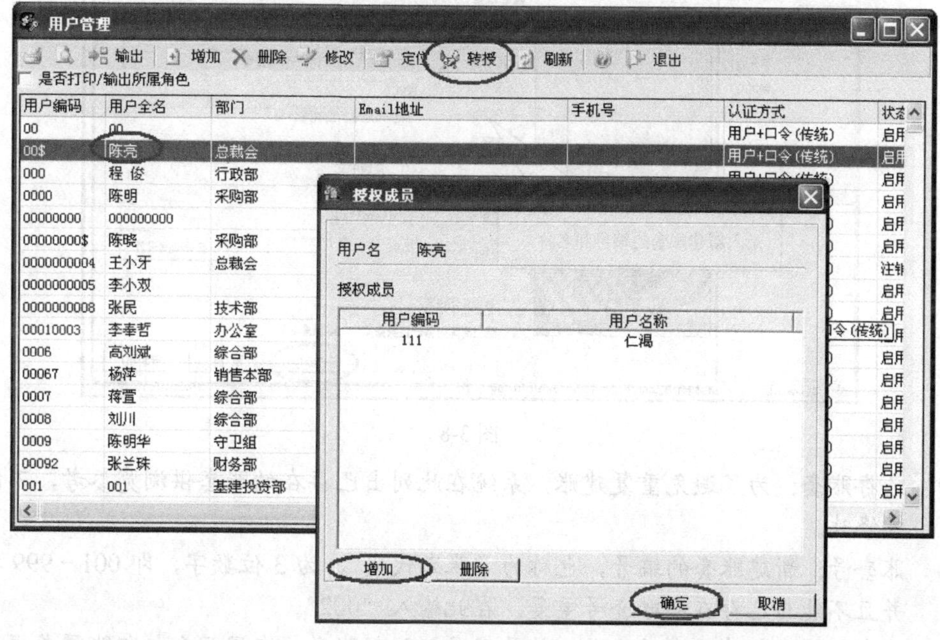

图 3-7

3.3 建立新账套

会计知识：会计主体

会计主体（Economic Entity）也被称为会计实体、会计个体或经济主体，是指会计核算、监督的特定单位或组织。每一个会计主体在社会上应具有独立性，成为一个有独立资金、能独立地进行生产经营活动和业务活动的独立会计核算单位。所有的会计业务工作都是在这个会计主体内进行的，而相应的会计报表也是只能反映这个主体的报表。会计主体有以下几种情况。

（1）一个企业、一个公司、某个政府部门、某个事业单位和某个社会团体等，都可以是一个会计主体。

（2）对于集团企业，母公司下面有多个子公司，企业集团是一个会计主体，而核算时将每一个子公司看作一个会计主体进行核算，然后编制合并会计报表来反映整体的企业集团实际业务。

（3）企业根据管理需要，也可以将企业内部各部门单独看成是一个会计主体进行核算。

建立新账套，即将会计的核算主体的名称、所属行业、启用时间和编码规则等信息设置到系统中，称为建账，建账完成之后，才可以启用各个子系统，进行相关的业务处理。

用友 V8.72 中一共可以建立 999 套账套（账套编号从 001 到 999，账套编号不能重复），这就好似在 WORD 系统中可以同时建立 999 篇文章一样。

以第 2 章实例资料中的“2.1 企业介绍”为例建立账套。

（1）在“系统管理”窗口中，以系统管理员（admin）身份注册，然后单击“账套”菜单下的“建立”选项，系统弹出“创建账套”窗口，如图 3-8 所示。

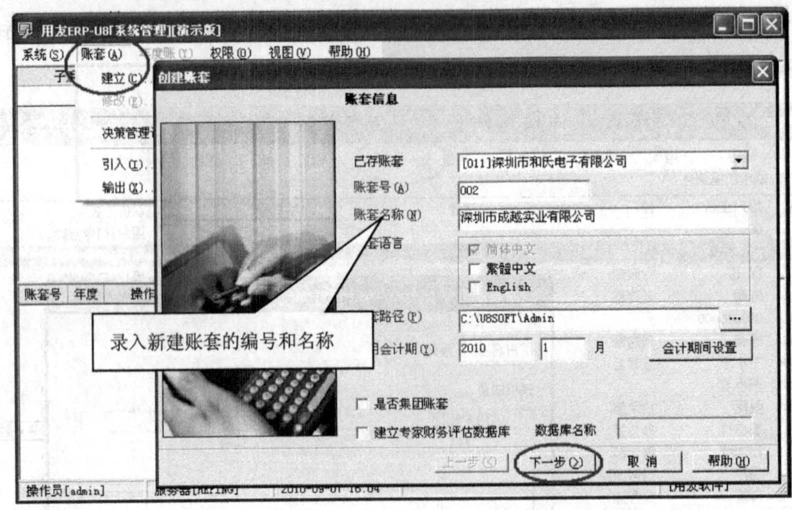

图 3-8

- 已存账套：为了避免重复建账，系统在此列出已存在的账套供浏览参考，不能输入或修改。
- 账套号：新建账套的编号，也称为“账套代码”，为 3 位数字，即 001～999 之间，并且不能与已存在的账套号重复。在此输入“002”。
- 账套名称：新建账套的名称。其作用是标识新账套，在显示和打印账簿或报表时都会使用，输入“深圳市成越实业有限公司”。
- 账套路径：新建账套的保存路径（最好用系统默认路径，以便日后资料出错时维护）。系统不支持网络路径，在此选择“C:\U8SOFT\Admin。
- 启用会计期：套账的启用时间，便于确定应用系统的起点，确保证、账、表资料的连续性。启用会计期一旦设定，就不能更改（建议年初启用），在此设置为“2010 年 1 月”。

会计知识：会计期间

会计期间（Accounting Periodicity）是将会计主体的持续经营活动，按特定的时间量度分为均等的时间段落，这些时间段落就是会计期间。新《企业会计准则—基本准则》第七条规定：“企业应当划分会计期间，分期结算账目和编制财务会计报告。会计期间分为年度和中期。中期是指短于一个完整的会计年度的报告期间。”这就是对“会计分期前提”的规定和要求。

会计期间的划分是正确计算收入、费用和损益的前提，只有进行会计期间划分，才会产生上期、本期、下期等不同会计期间的区别，才能分别计算各会计期间的收入、费用和损益等。

会计期间分为以下 4 种。

（1）年度会计期间：又称为会计年度。按年度编制的财务会计报表也称为年报。我国的《会计法》规定，年度会计期间是从公历的 1 月 1 日到 12 月 31 日。

（2）半年度会计期间：我国的《会计法》规定，半年度会计期间是从公历的 1 月 1 日到 6 月 30 日，按半年度会计期间编制的财务会计报告称为中期报告，或称为中报。

（3）季度会计期间：即按一年中的四个季度划分的会计期间，按季度会计期间编制的财务会计报告称为季报。

（4）月度会计期间：即按公历每个月份都为一个月度会计期间，也是最常见的会计期间，按月度会计期间编制的财务会计报告称为月报。

说明：企业的实际核算期间可能和正常的自然日期不一致，会计期间设置就用来解决此问题。系统根据“启用会计期”的设置，自动将启用月份以前的日期标识为不可修改；而将启用月份以后的日期（仅限于各月的截止日期，至于各月的初始日期则随上月截止日期的变动而变动）标识为可以修改。用户可以任意设置。例如本企业由于需要，每月 25 日结账，那么可以在“会计日历-建账”界面双击可修改日期部分（灰色部分），在显示的会计日历上输入每月结账日期，系统自动将下月的开始日期设置为上月截止日期+1（26 日），每个月都以此类推，年末 12 月份仍然以 12 月 31 日为截止日期。设置完成后，企业每月 25 日为结账日，25 日以后的业务记入下个月。每月的结账日期可以单独设置，但其开始日期为上一个截止日期的下一天。

（2）单击“下一步”按钮，结果如图 3-9 所示。输入单位信息，单位信息用于记录本次新建账套的单位基本信息，在此输入“深圳市成越实业有限公司”，单位简称处输入“成越实业”。

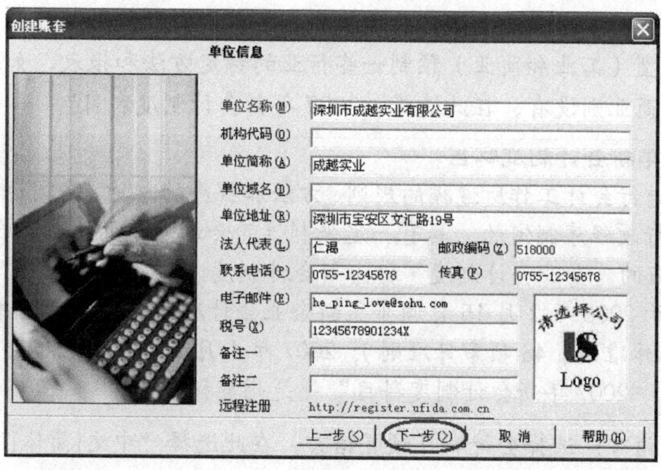

图 3-9

提示：双击可修改公司 Logo，公司 Logo 可以用于在进行业务单据打印格式设置时，设置到单据的页眉或页脚中（请参阅本书第 4 章中的单据格式设置）。

（3）单击“下一步”按钮，弹出“核算类型”设置界面，如图 3-10 所示。

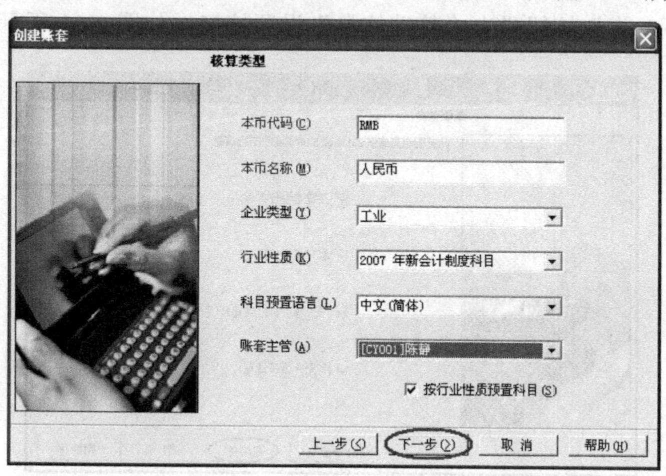

图 3-10

- 本币代码：如 RMB、HKD 等，输入“RMB”。
- 本币名称：如人民币、港币、美元等，输入“人民币”。

会计知识：本位币

货币计量（Monetary Unit）是指会计主体在会计核算过程中采用货币作为计量单位，记录、反映会计主体的经营情况。我国的《会计法》和《企业会计准则》都规定，会计核算以人民币为记账本位币，如果业务收支以人民币以外（如美元）的货币为主的单位，可以选定其中一种货币作为记账本位币，但是编制的财务会计报告应当折算为人民币。

- 企业类型：分为工业和商业两种类型在此选择“工业”。选择“工业”，则系统可以处理材料领用、产成品入库等业务，而选择“商业”则不可以处理这些业务（在库存管理系统中都不会显示这些业务命令的菜单）。
- 行业性质：为以后“是否按行业预置科目”确定科目范围，并且系统会根据企业所选企业类型（工业和商业）预制一些行业的特定方法和报表，如工业有“原材料”科目，而商业则没有。在此选择“2007 年新会计制度科目”。

会计知识：2007 年新会计制度科目

会计制度是进行会计工作所遵循的规则、方法和程序的总称。我国会计制度是国家财政部门通过一定的行政程序制定的，具有一定强制性的会计规范的总称。我国财政部于 2000 年 12 月 29 日颁布的《企业会计制度》称为新会计制度。

我国财政部于 2006 年 2 月 15 日颁布了新企业会计准则和审计准则体系 （包括 1 项基本准则和 38 项具体准则、48 项审计准则），2007 年 1 月 1 日起在上市公司中率先执行，其他企业鼓励执行，“2007 年新会计制度科目”就是此类科目。

- 科目预置语言：选择会计科目预置语言，在此选择“中文[简体]”。
- 账套主管：从下拉列表中选择账套主管，也就是本章中 3.2 节中建立的用户——“[CY001]陈静”。
- 按行业性质预置科目：勾选该项，由系统会根据所选行业性质自动设置标准的会计科目，在此基础上，企业可以根据需求再进行增加或修改会计科目；如果不勾选此项，则所有会计科目都需要用户自己设置。

（4）单击“下一步”按钮弹出“基础信息”设置接口，如图 3-11 所示。

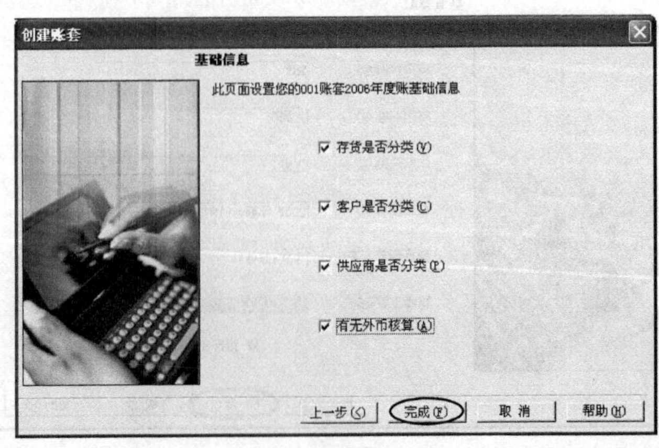

图 3-11

- 存货是否分类：如果核算单位的存货较多，且类别繁多，则可以勾选此项，表明要对存货进行分类管理。如果存货要分类管理，那么在进行基础信息设置时，必须先设置存货分类，然后才能设置存货档案。在此勾选该项。
- 客户是否分类：如果核算单位的客户较多，且希望进行分类管理，则可以勾选此项，表明要对客户进行分类管理。如果客户要分类管理，那么在进行基础信息设置时，必须先设置客户分类，然后才能设置客户档案。在此勾选该项。
- 供货商是否分类：如果核算单位的供货商较多，且希望进行分类管理，则可以勾选此项，表明要对供货商进行分类管理。如果供货商要分类管理，那么在进行基础信息设置时，必须先设置供货商分类，然后才能设置供货商档案。在此勾选该项。
- 有无外币核算：勾选此项表示核算单位有外币业务。

会计知识：相对于本位币的其他币种，都称为外币。

（5）单击“完成”按钮，系统提示“是否可以建账了？”单击“是”开始建账。建账完成后，系统弹出“分类编码方案”窗口，如图3-12所示，这是本套账由系统预设置的编码方案。按要求进行修改，之后单击“确认”按钮即可。编码方案一旦使用就不能更改。若要更改，必须将相应的档案资料删除之后才能进行。

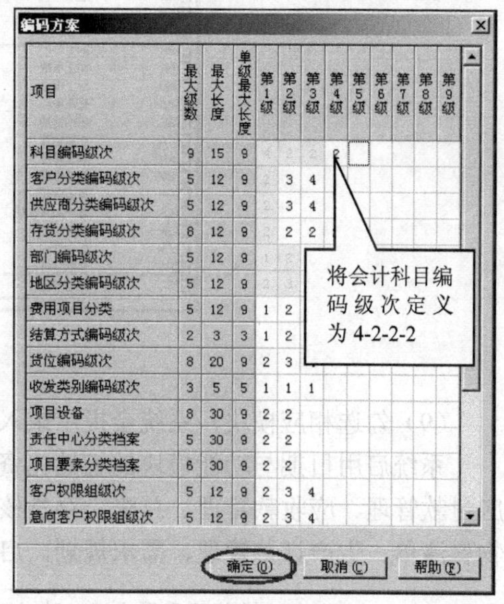

图3-12

分类编码方案对系统将要用到的一些编码级次及每级位数进行定义，以便录入各类信息目录。编码级次和各级编码长度的设置，将决定核算单位如何对经济业务资料进行分级核算、统计和管理。它通常采用群码方案，这是一种段组合编码，每一段有固定的位数。任何一个系统都必须设置编码。

比如，某企业会计科目编码规则为4-3-2，则科目级次为三级，一级科目编码为4位长（编码“1001”代表现金科目），二、三级科目编码均为2位长（编码“100101”代表现金下面的人民币科目）。

注意： 在此将会计科目编码级次定义为4-2-2-2，以便于后期进行会计科目设置（请参阅本书第4章中的会计科目设置）。

（6）在此使用系统默认编码方案，单击“确定”按钮，系统弹出“资料精度定义”窗口，资料精度表示系统处理资料的小数位数，超过该精度的资料，系统会以四舍五入的方式进行取舍，如图3-13所示。

（7）使用系统默认设置则单击“确定”按钮，账套建立完毕。此时系统提示是否启用模块，如图3-14所示，启用时系统记录启用日期和启用人。模块只有启用之后，才能在用友软件中使用。

（8）单击“是”按钮直接进入“系统启用”设置窗口，如图3-15所示。

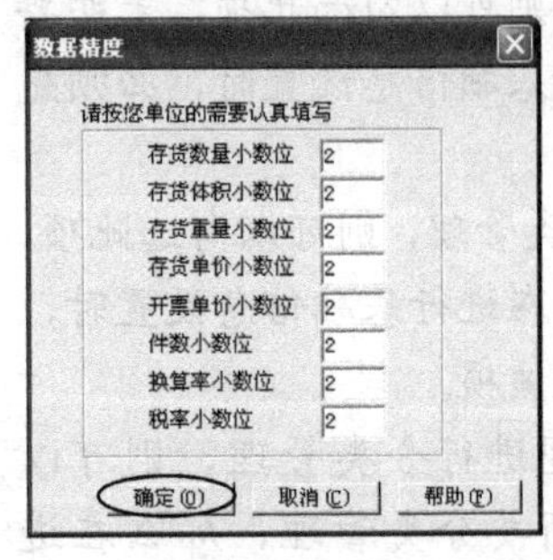

图 3-13

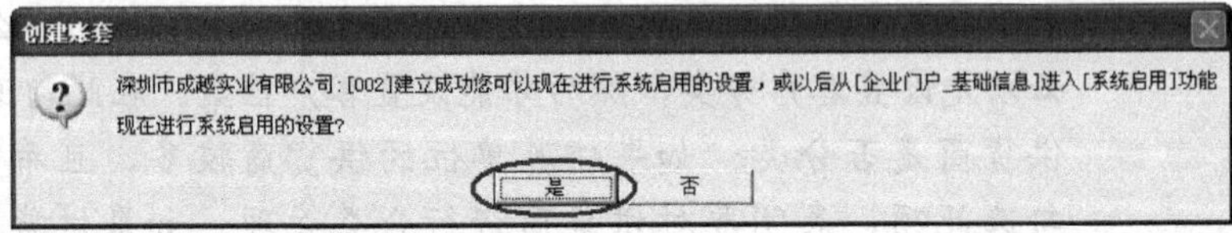

图 3-14

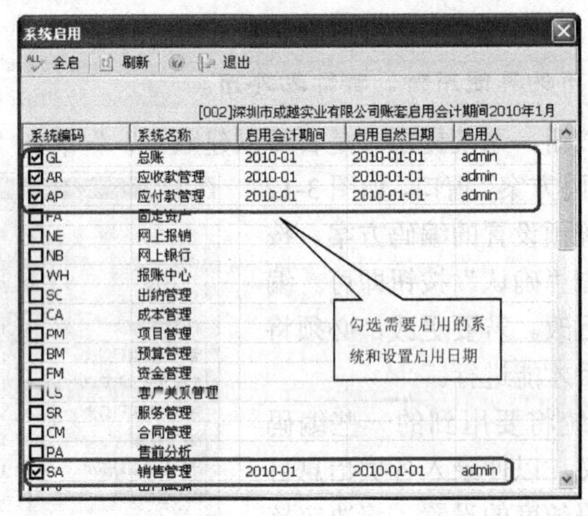

图 3-15

（9）勾选相应模块，系统会提示录入启用会计日期。

系统启用日期与功能模块的初始化资料相关，没有启用过的模块，不能使用。在此勾选应付款管理、应收款管理、总账、存货核算、销售管理、采购管理、库存管理、委外管理、物料清单、生产订单管理、需求规划，启用日期均设为“2010 年 1 月 1 日”。

注：

UFO 报表系统不需要启用，随时可以使用。

只能启用已经安装的模块。

在进入系统时，系统会判断该系统是否已经启用，如果没有启用，则不能登录。

各系统的启用日期必须大于等于账套的启用日期。

各系统的启用日期可以不一致，如果需要启用网上银行模块则必须先启用总账模块。

下面进行登录操作。

（1）单击“程序\用友 ERP-U8\企业应用平台”进行登录，如图 3-16 所示（为了以后使用方便，最好将“企业应用平台”以快捷方式放到桌面上）。

（2）在操作员框中输入“CY001”（“CY001”是账套主管陈静的编号），输入密码（如果没有密码，则密码为空。注意，既使密码为空，也要用鼠标左键单击一下密码录入项，然后再选择账套），选择 002 账套，语言区域选择“简体中文”，操作日期处输入“2010-1-1”，单击“确定”按钮，系统打开“用友ERP-U8门户”窗口，如图3-17所示。在此所做的任何操作都是以用户“CY001”陈静对002账套进行的。

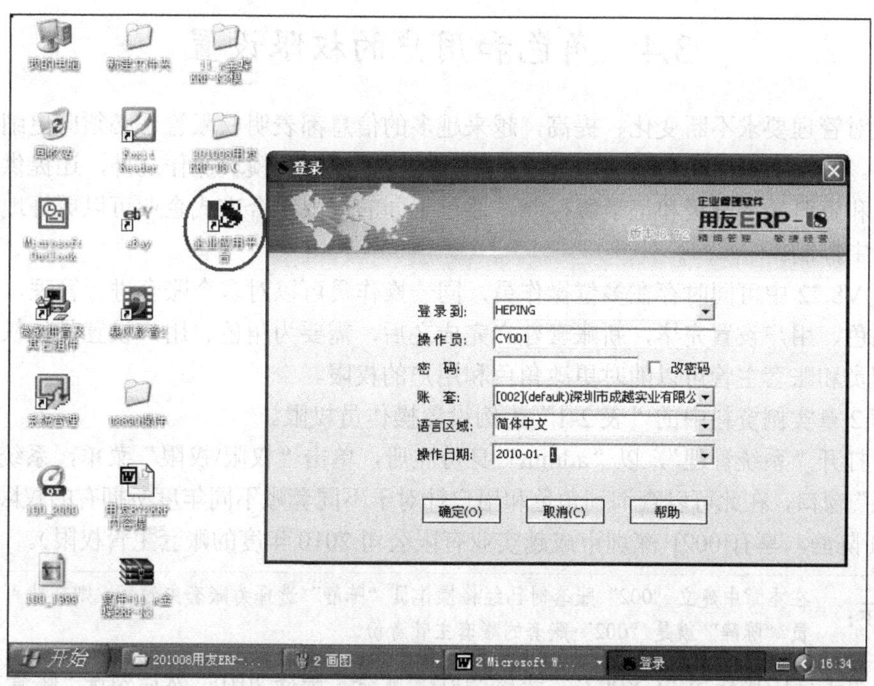

图3-16

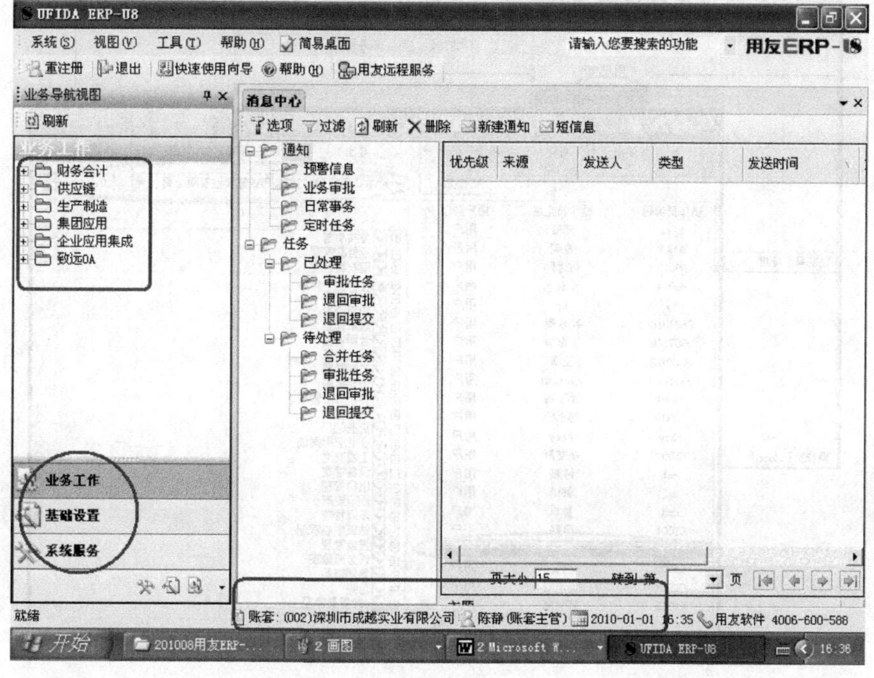

图3-17

提示：只有在操作员编号和密码完全正确的情况下，系统才会显示该操作员有权限操作的账套，而不会显示系统里面的所有账套，从而起到账套保密的作用。

3.4 角色和用户的权限设置

企业对管理要求不断变化、提高，越来越多的信息都表明权限管理必须向更细、更深的方向发展。用友 ERP-U8 提供集中权限管理，除了可以对各模块操作之外，还提供了金额的权限管理和资料的字段级和记录级控制，通过不同的权限组合方式企业可以更好地对财务业务进行集中控制。

用友 V8.72 中可同时存在多位操作员，同一操作员可以对多个账套进行管理。

在角色、用户设置完毕，新账套建立完成之后，需要为角色、用户设置具体权限。

管理员和账套主管可以随时更改角色和用户的权限。

以第 2 章实例资料中的“表 2-1”为例设置操作员权限。

（1）打开“系统管理”，以“admin”身份注册，单击“权限\权限”菜单，系统弹出“操作员权限”窗口，在此可以查询到角色和用户针对于不同套账不同年度所拥有的权限（如操作员 CY001 陈静，享有[002] 深圳市成越实业有限公司 2010 年度的账套主管权限）。

提示：在本章中建立“002”账套时已经将操作员“陈静”选择为账套主管了，则在此可以看到操作员“陈静”就是“002”账套的账套主管身份。

（2）单击选中操作员“CY002”，选择“002”账套，选择 2010，然后勾选“账套主管”项，则将编号为“CY002”的操作员设置成为了“002”账套 2010 年账套主管，如图 3-18 所示。

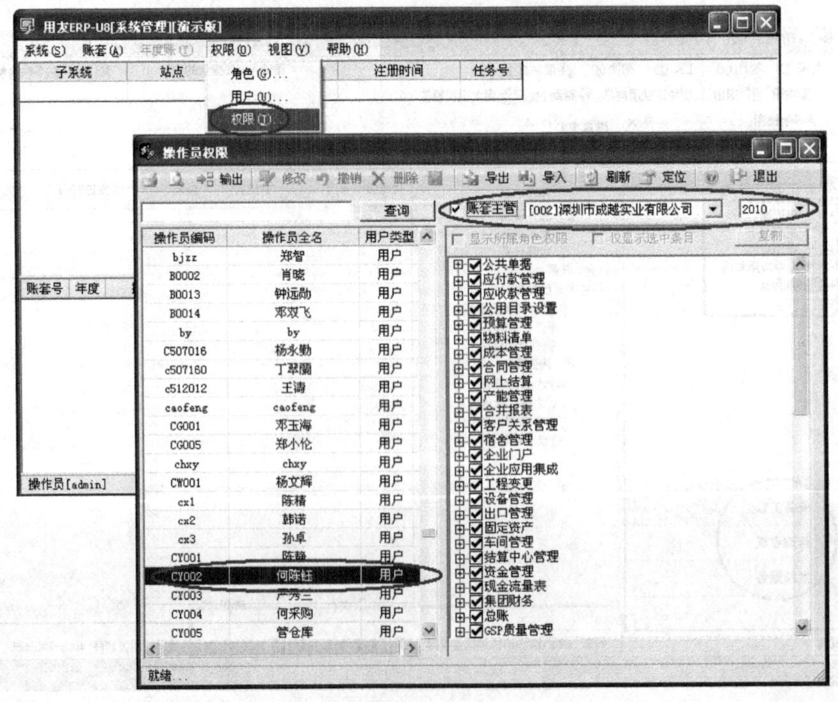

图 3-18

（3）取消勾选“账套主管”项，则取消了该操作员账套主管权限，单击“修改”按钮，系统弹出“增加和调整权限”窗口，则可以为该操作员设置指定权限，选择好账套和年度，然后单击“修改”按钮，勾选总账系统中的出纳和凭证出纳签字等相应权限，然后单击“保存”按钮保存设置，如图 3-19 所示。

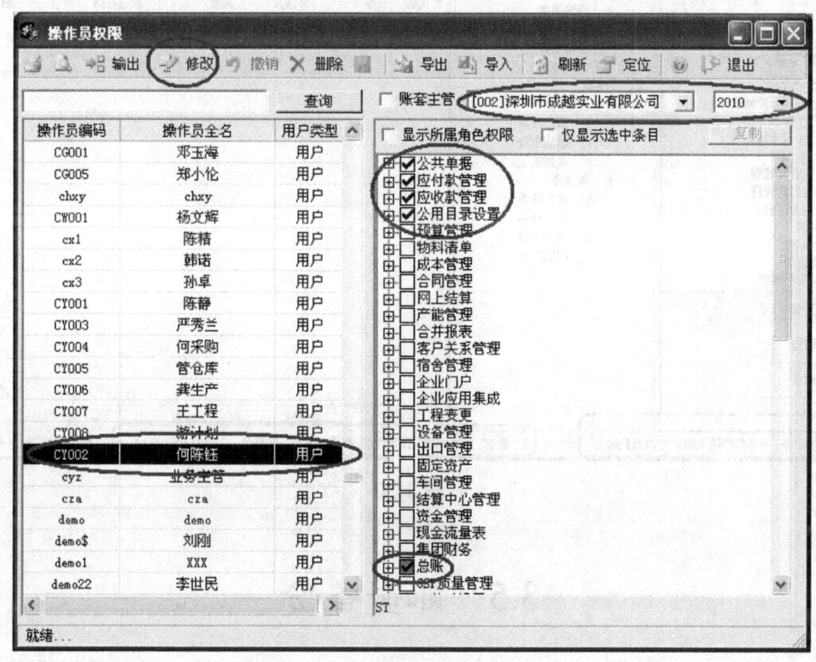

图 3-19

（4）然后再为其他操作员设置权限。

（5）权限设置完毕，单击“确定”按钮，可以在“操作员权限”窗口中看到该操作员对指定年限的账套拥有的权限。

会计知识：凭证制单和审核不能为同一个人。

新账中至少有一位账套主管，他管理整套账务，拥有账套的全部权限。此外，还应有另一个用户进行一些日常的账务处理工作，如填制凭证等。系统中必须至少有两个用户，因为用友系统中凭证的制单人与审核人不能为同一个人。

如果企业规模较小，只有一名财务人员，也必须创建两个用户。在进行凭证制单与审核工作时，需要用不同的用户身份登录系统（制单操作员和审核操作员不能为同一人）。

操作员登录到用友系统时，系统只给其使用该操作员拥用的权限，当单击该操作员没有权限的命令菜单时，系统会提示“网络无法访问或该操作员权限受限不能访问此结点”，如图 3-20 所示。

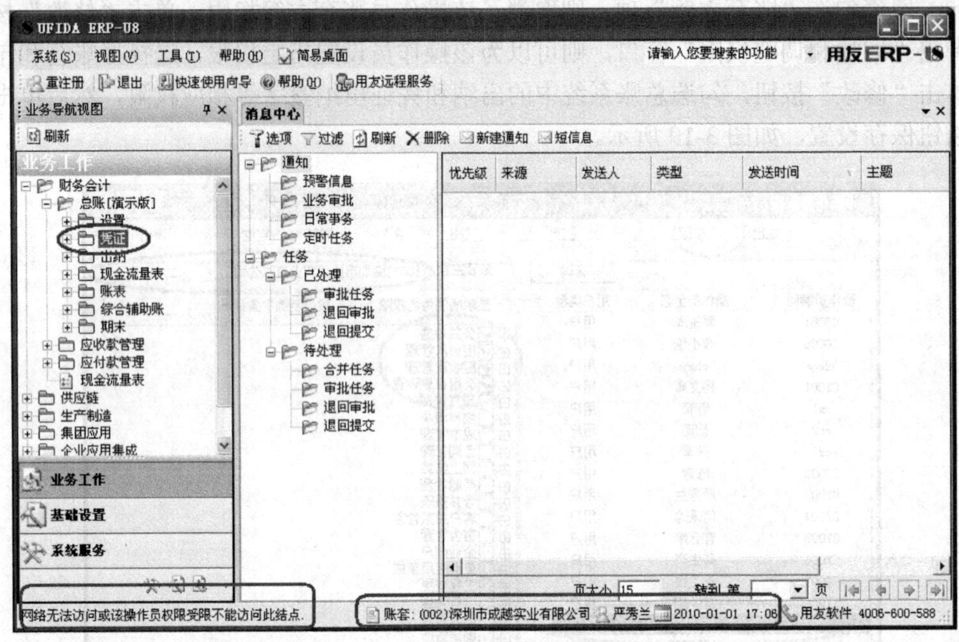

图 3-20

3.5 账套备份

将企业资料备份保存到不同的介质上（如光盘、网络磁盘等）是非常重要的，如果因为外界的原因（如地震、火灾、计算机病毒或人为的误操作等）使软件失效，备份资料可以将企业的损失降到最小。

企业不仅应作好备份工作，还要处理好信息化系统的安全问题，如安装杀毒软件，使用UPS（不间断电源）等，加强资料的安全性；将备份的资料复制到不同的机器上进行保存；年度资料刻录为光盘进行保存等。

下面介绍如何在系统管理中对账套数据进行备份。

3.5.1 手工备份

手工备份就是人为的根据需要进行资料备份。

（1）打开“系统管理”窗口，用“admin”身份进行注册，单击“账套”菜单下的“输出”选项，系统弹出“账套输出”窗口，选择需要备份的账套，如果希望备份完成之后删除账套数据，则需勾选“删除当前输出账套”项（注意：是删除用友系统内的账套数据，而不是删除经过备份好的账套数据），如图 3-21 所示。

（2）单击“确认”按钮，系统开始账套备份处理，然后系统提示选择备份的路径，如图 3-22 所示。

（3）单击下拉菜单，选择目标文件夹，单击“确定”按钮，系统将指定账套备份在指定的文件夹中。如果事先勾选了“删除当前输出账套”项，则此时系统会提示“真要删除该套账吗？”，单击“是”按钮删除用友系统内的该账套数据，单击“否”按钮则不删除。

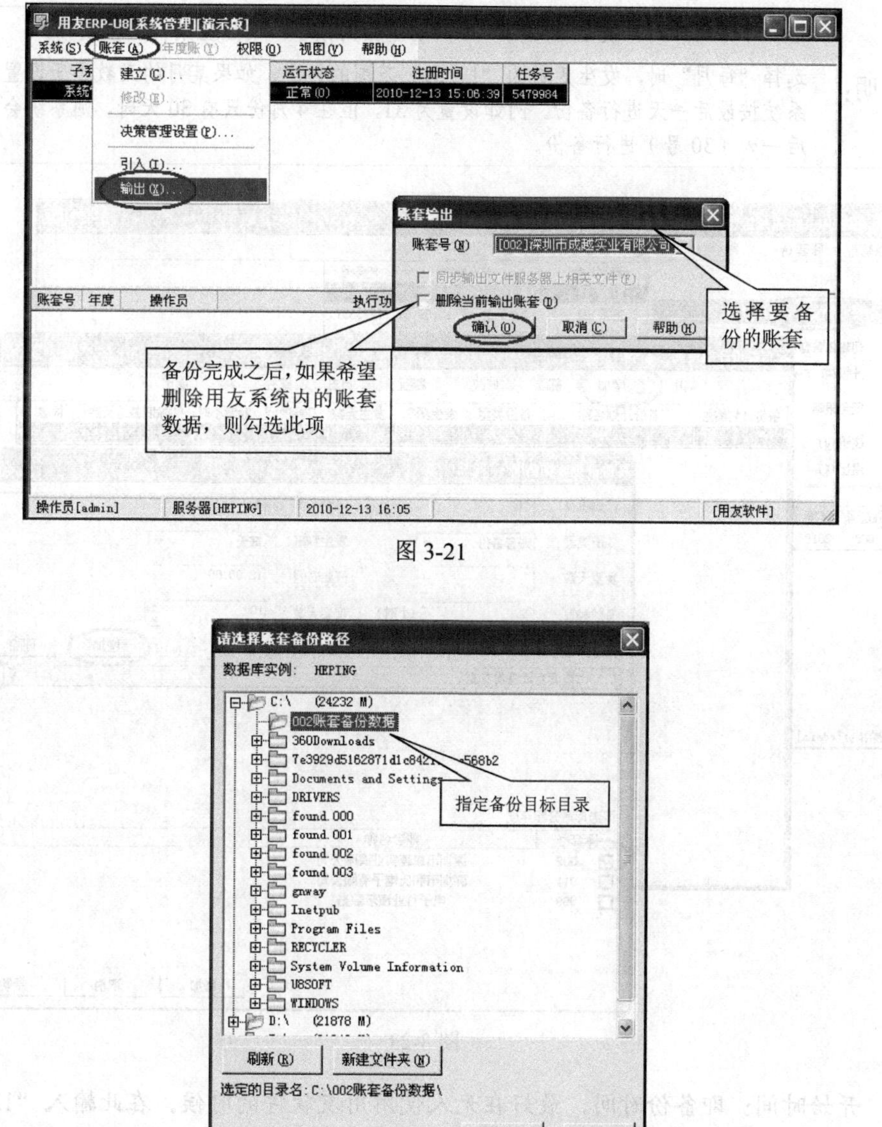

图 3-21

图 3-22

3.5.2 自动备份

用友 V8.72 具有自动备份功能，能够自动对账套进行备份。系统可以定时备份账套，也可以同时备份多个账套，在很大程度上减轻了系统管理员的工作量。

（1）打开“系统管理”，以“admin”身份登录。

（2）在“系统”菜单下选择“设置备份计划”项，系统弹出“备份计划设置”窗口，如图 3-23 所示。

（3）单击“增加”按钮，系统弹出“增加备份计划”窗口，输入计划编号为“002”，计划名称“002”，备份类型选择“账套备份”，发生频率选择“每天”。

说明：

选择“每周”时，发生天数为“1～7”范围的数字，对应星期一～星期日。

选择“每月”时，发生天数为“1～31”范围的数字，如果某月的天数小于设置的天数，则系统按最后一天进行备份。例如设置为31，但在4月份只有30天时，则系统会在4月的最后一天（30号）进行备份。

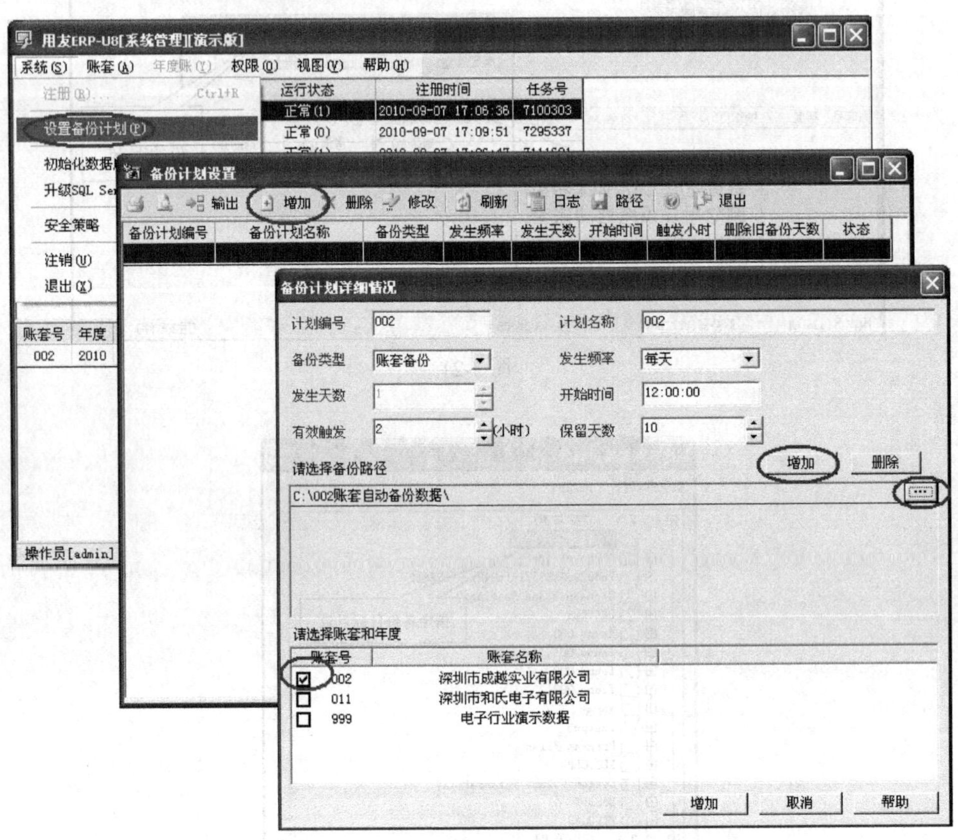

图 3-23

- 开始时间：即备份时间，最好在无人使用用友软件的时候。在此输入“12:00:00”。
- 有效触发：选择“2小时”。
- 保留天数：选择“10天”。

说明：

有效触发是指在备份开始后，每隔一定时间进行一次触发检查，如果备份不成功，则重新备份。

备份资料在硬盘中保存的时间如果超过保留天数，会被系统自动删除，如果设置为10天，则系统以机器时间为准，10天前的备份资料自动删除。当数值为0时系统认为永不删除备份（最好不要设置为0，否则重复备份的数据会不断增加）。

- 备份路径：可以选择备份的目的地，但只能选择本地硬盘。在此选择“c:\002 账套自动备份数据”。

在“选择账套和年度”中，勾选“002 深圳市成越实业有限公司”。

（4）单击“增加”按钮保存设置，单击“退出”按钮退出设置。

系统会根据备份计划的设置将账套数据备份到指定的文件夹中，并且以日期作为备份文件夹的名称，系统将 002 账套的备份数据自动备份在“c:\ 002 账套自动备份数据\zt002”文件夹中，并且以备份的日期作为自动备份的文件夹名。

提示：账套自动备份在服务器开机的情况下才能进行。

3.5.3 账套引入

引入账套功能是指将系统外某账套数据引入本系统中。有时账套数据损坏，也要将原来备份好的资料重新引入进来。

（1）打开“系统管理”窗口，用“admin”身份进行注册。

（2）单击“账套”菜单下的“引入”选项，系统弹出“引入账套数据”窗口，如图 3-24 所示。

（3）选择需引入的账套数据，然后单击“确定”按钮，系统提示是否更改引入的目标账套路径，单击“否”按钮，默认系统路径，即可把资料引入进来。

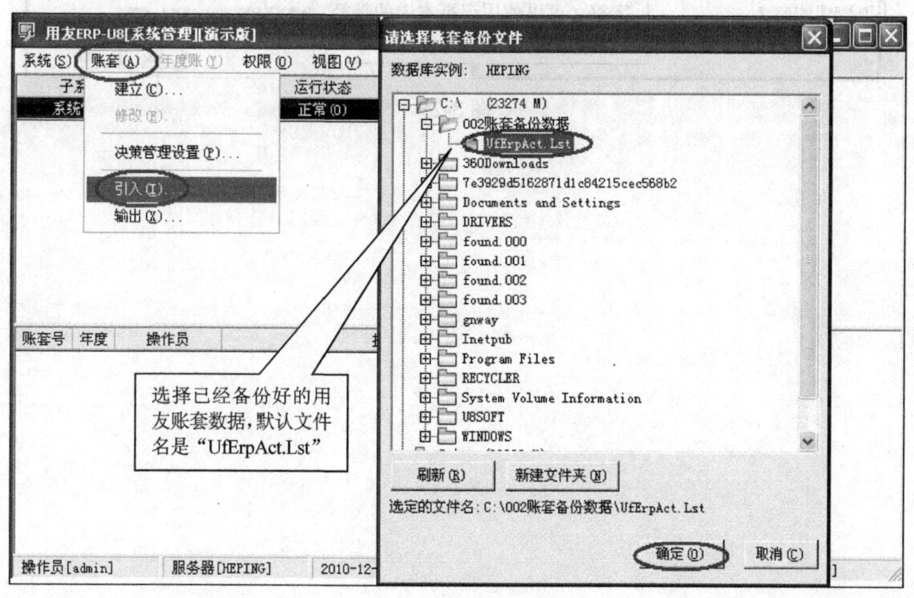

图 3-24

用友 V8.72 引入用友账套备份数据文件，默认文件名是“UfErpAct.Lst”（读者也可以参阅本书第 1 章中引入账套）。文件“UfErpAct.Lst”包含有该备份账套的基本信息，所引入账套的账套编号不能与用友 V8.72 中已存在的账套重复(例如用友 V8.72 系统中已存在一个 002 账套，而现在又引入一个 002 账套)，否则系统会提示是否覆盖或取消引入，有效的方法是更改需引入账套（即备份账套）的基础信息，操作方式如下。

（1）找到账套备份数据中的“UfErpAct.Lst”文件，然后用“记事本”方式将其打开，将文件内容中代表账套号的数字更改为另一个编号(比如 002 账套的备份数据，则可以将“002”字符全部更改为“005”字符)，然后保存该文件。如图 3-25 所示。

（2）将该备份数据引入到用友系统中，就可以生成另一个与备份账套数据一模一样的账套。该功能常常用于数据测试，为了防止将原有账套数据破坏，所以复制一套账来进行处理。

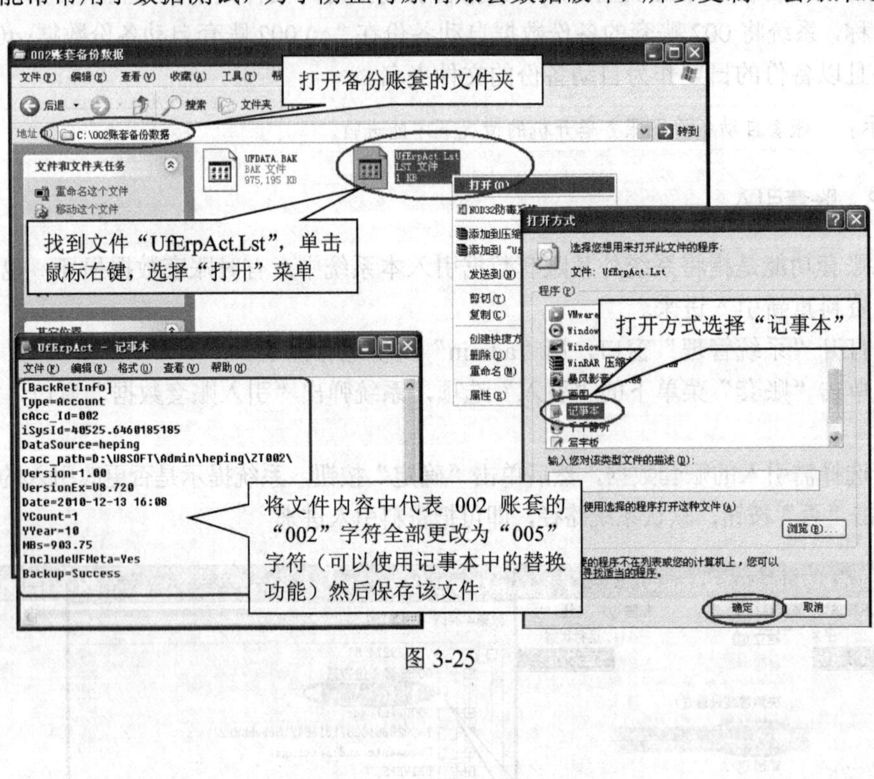

图 3-25

第4章 基础设置

本章学习重点

- 企业部门、人员信息设置
- 供应商、客户信息设置
- 财务、业务信息设置
- 存货信息设置
- 生产资料信息设置
- 各模块业务参数信息设置
- 业务单据相关信息设置

本书第3章中介绍了如何为模拟企业建立账套（002账套），本章将介绍如何为该账套设计和设置基础信息。

基础信息是企业中各部门公用的共享信息，是整个系统的基础。如果一种材料在仓库部门和技术部门中的编码不一致，那么系统将会认定为这是两种不同的材料，必然无法有效地对企业的业务进行真实的处理。建立信息的标准（如编码规则、名称等），必须得到各部门的认可，各部门集合在一起开会讨论，制订出公认的数据规范，然后下发执行。

基础信息设置包括上一章介绍的编码方案和精度设置，还有基础档案信息设置、各模块业务参数设置、单据设置，下面将会分别进行介绍。

提示：笔者在企业实施用友ERP时常比喻：用友U8系统在企业中应用之初，它就像是一个半成品。企业需要在建账、账套基础设置、各业务模块参数设置等基础上建立好一套适合企业自身业务需求的账套数据，最终使得用友U8系统成为企业自己的ERP系统。这是因为不同的基础设置，不同的业务参数设置都会使得用友U8系统可显示的功能菜单、业务控制点和业务控制方向不同，这也就是为什么在进行ERP实施之前，双方的实施项目组（用友实施项目组和企业实施项目组）都会花上一段时间（有的是一两周，有的是一两个月）来仔细调研了解企业的具体业务，不仅要着眼于当前企业的业务需要，也要考虑到未来一段时间企业的业务发展需要，最终出具一份双方都认同的实施方案（基础档案编码方案、数据流程方案等，类似于建筑中的设计和施工图纸），在此方案基础上才进行实施，并在实施的过程中进行部分的修正和更改。

2010年1月1日以“陈静”身份注册登录002账套，打开“UFIDA-ERP”操作平台。

4.1 基本信息

在“UFIDA-ERP”操作平台中可以设置基本信息，包括：系统启用、编码方案及数据精度。

（1）打开“UFIDA-ERP”操作平台中的“基础设置”选项卡，单击展开“基本信息”命令，如图4-1所示。

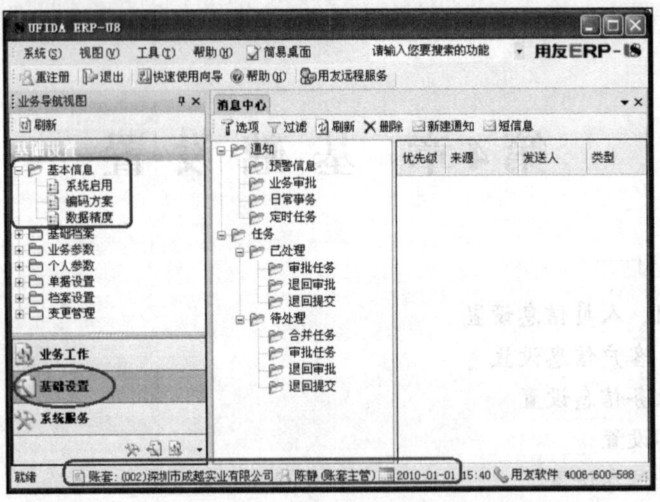

图 4-1

（2）选择“系统启用”命令，可以查询或修改系统启用信息；选择“编码方案”命令，可以查询或修改系统编码方案；选择“数据精度”命令，可以查询或设置数据精度。

注： 系统启用、编码方案、数据精度的设置和功能说明请参阅本书第 3 章中的建立账套内容，在此不再作讲解。

4.2 基础档案

在“UFIDA-ERP”操作平台的“基础设置”选项卡中，展开“基础档案”菜单，在此可以分别设置机构人员信息、客商信息、存货信息、财务信息、收付结算信息、业务信息、对照表及其他信息，如图 4-2 所示。

提示： 基础档案设置在后期业务处理时引用。

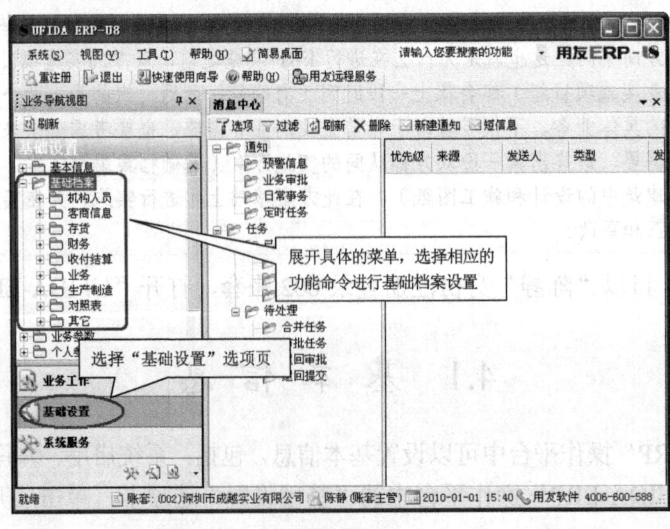

图 4-2

4.2.1　机构人员设置

机构人员设置包括本单位信息设置、部门档案设置、人员档案设置、人员类别设置、职务档案设置及岗位档案设置。

1．本单位信息设置

本单位信息主要具有维护企业本身一些基本信息的功能，包括企业的名称、英文名称、法人代表和联系电话等。本单位信息可以在系统建账时输入，这样能够方便用户修改维护，在系统管理中只有系统管理员可以修改此信息，在企业应用平台中，有此功能权限的操作员都可使用此功能，本单位信息在进行业务单据格式设置时可以被引用。

（1）展开图 4-2 中的“机构人员”菜单，选择“本单位信息”命令，系统弹出“单位信息”设置窗口，如图 4-3 所示。

（2）在“单位信息”设置窗口中单击“下一步”或“上一步”按钮可详细设置本单位信息。

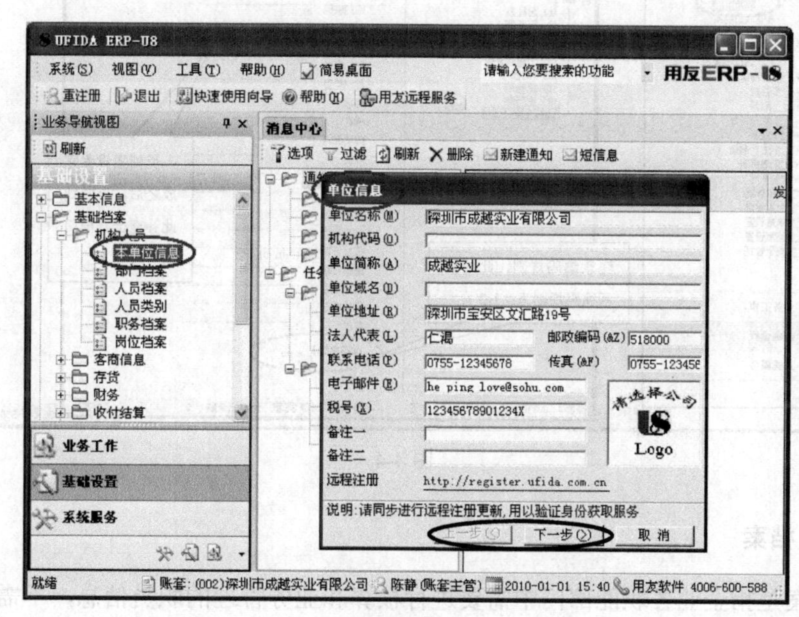

图 4-3

2．部门档案

部门指在核算单位管辖下的具有财务核算或业务管理要求的单元体，它不一定是实际中的部门机构（即如果该部门不进行财务核算或业务管理，可以不在系统中设置该部门档案）。部门档案信息包含部门编码、名称、负责人和部门属性等信息。

参照本书第 2 章中的“表 2-2”录入部门档案信息。

（1）打开图 4-2 中的“机构人员”目录，选择“部门档案”命令，系统弹出“部门档案”设置窗口。部门档案的编码规则为“* **”，表示编码方案为 1-2，即一级部门编号由一位数字（1 至 9）组成，其下属部门编号由两位数字组成（01 至 99）。

（2）选择“部门档案”项，然后单击工具栏上的“增加”按钮，在窗口的右边输入部门编码“1”，部门名称“总经办”，单击“保存”按钮保存设置。

（3）录入其他部门信息，最终结果如图 4-4 所示。

提示： 设置部门档案时，部门负责人暂时不用设置，等职员数据设置完成后再返回到此补充即可。

如果在此发现编码方案不适合，可以在部门档案数据为空时（如果已添加档案，可将档案删除）修改部门编码方案。

信用信息指该部门对所负责的客户的信用额度和最大信用天数，包括信用额度、信用等级和信用天数等，可以为空。

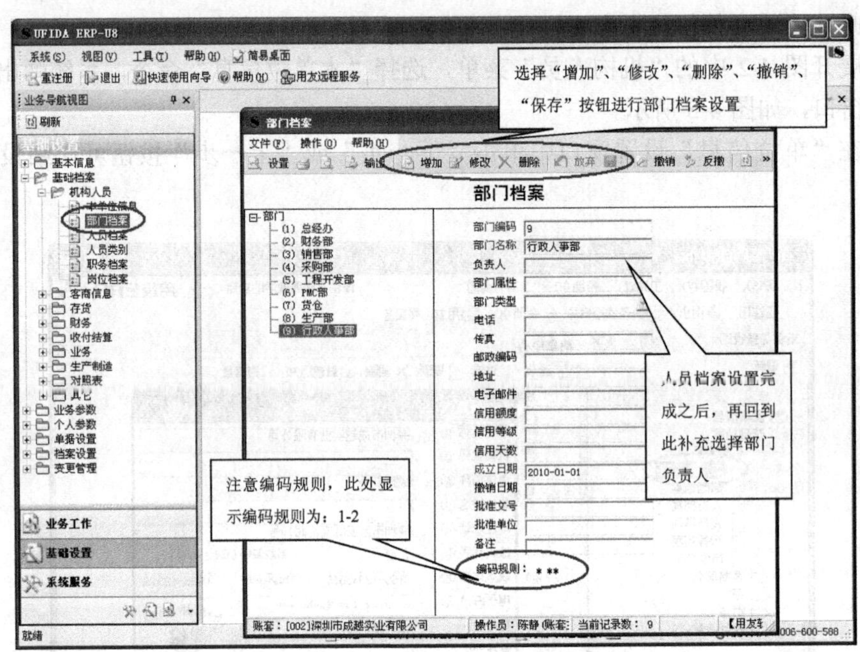

图 4-4

3．人员档案

人员档案是指企业各职能部门中需要进行核算和业务管理的职员信息，不需要将公司所有的职员信息都设置进来，如生产部门只需设置生产部负责人和各生产部文员即可，而生产线员工可以不设置。设置职员档案之前必须先设置部门档案。

参照本书第 2 章中的“表 2-2”录入人员档案信息。

（1）打开图 4-2 中的“机构人员”目录，选择“人员档案”命令，系统弹出“人员列表”窗口。

（2）单击“增加”按钮，系统弹出“人员档案”设置窗口，蓝色项目为必录项，人员编码输入“001”，人员姓名输入“仁渴”，人员类别选择“在职人员”，行政部门选择“总经理室”，性别“男”，可选择预先保存好的该人员的照片，选择与操作员“111 仁渴”对应，单击“保存”按钮保存设置，如图 4-5 所示。

- 人员编码具有唯一性，人员姓名可以重复。

- 是否业务员：指此人员是否可操作 U8 其他的业务产品，如总账、库存等，只有勾选了此项，才能在做各种出入库单据、收付款处理等业务时作为业务员被选入。当该人员为业务员时，系统提示设置该业务员的“生效日期”、“失效日期”、“业务或费用部门”、“信用天数”、“信用额度”、“信用等级”。

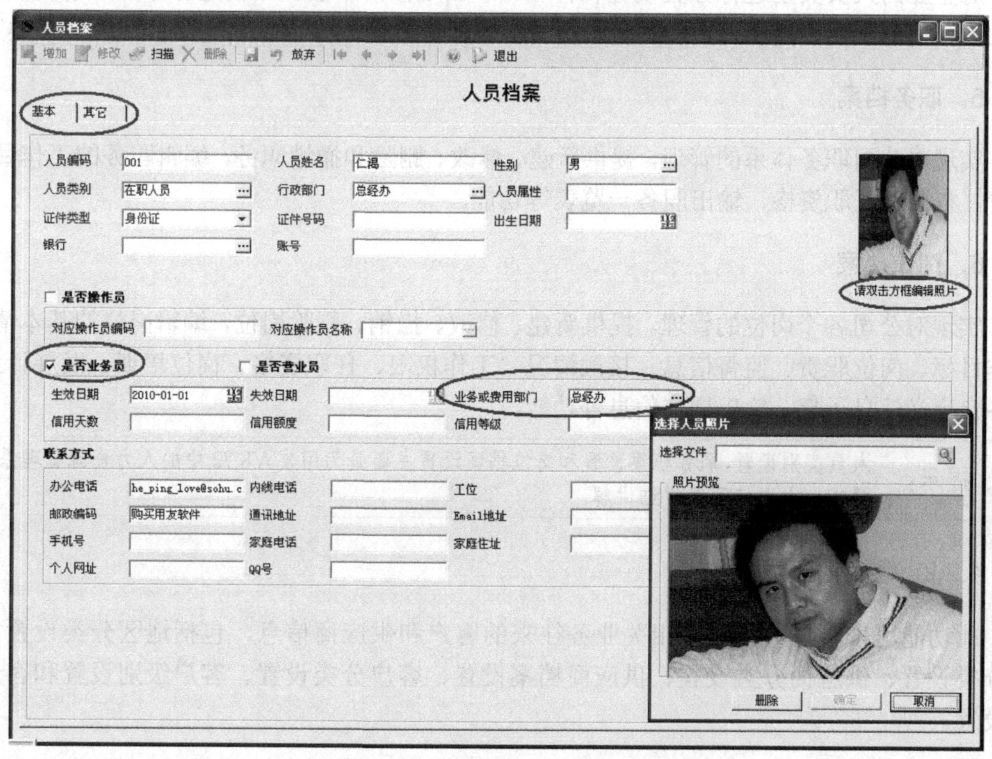

图 4-5

（3）录入完成人员档案，结果如图 4-6 所示。

人员列表

选择	人员编码	姓名	行政部门编码	人员类别	性别	出生日期	业务或费用部门编码
	001	仁渴	1	在职人员	男		1
	002	陈静	2	在职人员	女		2
	003	何陈钰	2	在职人员	女		
	004	严秀兰	3	在职人员	女		3
	005	何采购	4	在职人员	男		4
	006	王工程	5	在职人员	男		
	007	游计划	6	在职人员	男		
	008	管仓库	7	在职人员	男		7
	009	龚生产	8	在职人员	男		8
	010	李子明	9	在职人员	男		
	011	郑质量	8	在职人员	男		8
	012	何玉琪	2	在职人员	女		

图 4-6

提示：只有人员类别是“在职人员”时才能在业务处理中被引用。

4. 人员类别设置

对企业的人员类别进行分类设置和管理。一般是按树形层次结构进行分类，系统预置在职人员、离退人员、离职人员和其他人员 4 类顶级类别，用户可以自定义扩充人员子类别。

5. 职务档案

实现对公司职务体系的管理，提供新建、修改、删除和撤销职务，编辑职务的工作目标、职责、权限和任职资格，输出职务一览表等功能。

6. 岗位档案

实现对公司各个岗位的管理。提供新建、修改、撤销、删除岗位，编辑岗位的基本情况、工作目标、岗位职责、监督信息、接触情况、工作权限、任职资格、岗位培训、发展计划以及各自定义信息子集，输出岗位信息等功能。

提示：人员类别设置、职务档案设置和岗位档案设置主要是为用友 V8.72 中的人力资源管理系统设置的，本书将不做详细讲解。

4.2.2 客商信息设置

此功能用来管理与企业有相关业务往来的客户和供应商信息，包括地区分类设置、行业分类设置、供应商分类设置、供应商档案设置、客户分类设置、客户级别设置和客户档案设置。

1. 地区分类、行业分类

为了更有效地管理客户和供应商，便利地统计分析业务数据，企业可以根据需要建立地区分类体系和行业分类体系。系统中采购管理、销售管理、库存管理和应收应付款管理都要使用地区分类。在建立客户档案和供应商档案时可以在“基本”选项卡中选择客户或供应商所属的地区代码。

地区分类最多有 5 级，企业可以根据实际需要进行分类。例如，可以按区、省、市进行分类，也可以按省、市、县进行分类。

企业也可以依据自身管理要求对客户的所属行业进行相应的分类，建立行业分类体系，以便对业务数据可以按行业来进行统计分析。行业分类最多可以设置五级。

2. 供应商分类

供应商分类与供应商档案是分开设置的。

企业对供应商进行分类管理，建立供应商分类体系。可将供应商按行业、地区等进行划分之后，根据不同的分类建立供应商档案（供应商分类设置与客户分类设置原理一样）。

参照本书第 2 章中的“表 2-3”录入供应商分类信息。

（1）打开图 4-2 中的“客商信息”目录，选择“供应商分类”命令，系统弹出“供应商分类”窗口。

（2）单击“增加”按钮，分类编码处录入“01”、分类名称处录入“材料代应商”，单击“保存”按钮保存设置，如图4-7所示。

（3）重复步骤（2），录入其他数据。

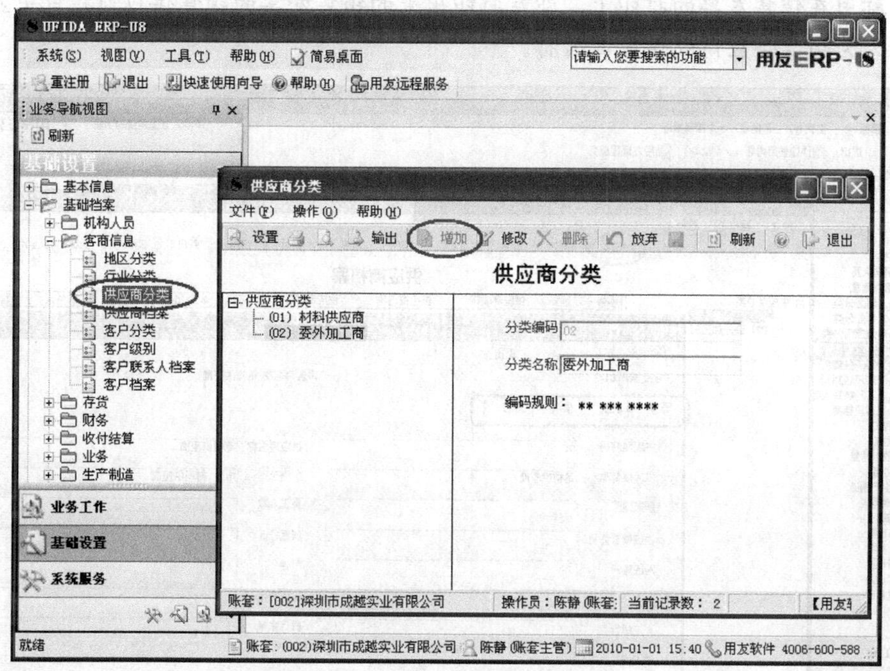

图4-7

注：如果在建账时，没有勾选“供应商分类”项，则在此不能进行供应商分类设置

由于在设置供应商档案时，可以选择该供应商的所属地区和所属行业，所以不必再从所属地区或所属行业分类，因为这样可以多一个角度对供应商进行分析。

3. 供应商档案

设置往来供应商的档案信息，便于管理供应商资料，录入、统计和分析业务数据。如果在建立账套时勾选了供应商分类，则必须先设置供应商分类，然后才能编辑供应商档案。

建立供应商档案主要是为企业的采购管理、库存管理和应付账管理服务。填制采购入库单、采购发票，进行采购结算、应付款结算和有关供货单位统计时都会用到供货单位档案，因此要正确设立供应商档案，以便减少工作差错。在输入单据时，如果单据上的供货单位不在供应商档案中，则需要在此建立该供应商的档案。

参照本书第2章中的“表2-4”录入供应商档案信息。

（1）打开图4-2中的“客商信息”目录，选择“供应商档案”命令，系统弹出“供应商档案”窗口。

（2）单击“增加”按钮，系统弹出“增加供应商档案”设置窗口，如图4-8所示。

① "基本"选项页

- 供应商编码：供应商编码必须唯一：可以用数字或字符表示，最多可输入20位数字或字符。
- 供应商名称：可以是汉字或英文字母，最多可写49个汉字或98个字符。供应商名称用在销售发票的打印上，即在打印出来的销售发票的销售供应商栏目中显示的内容为销售供应商的供应商名称。

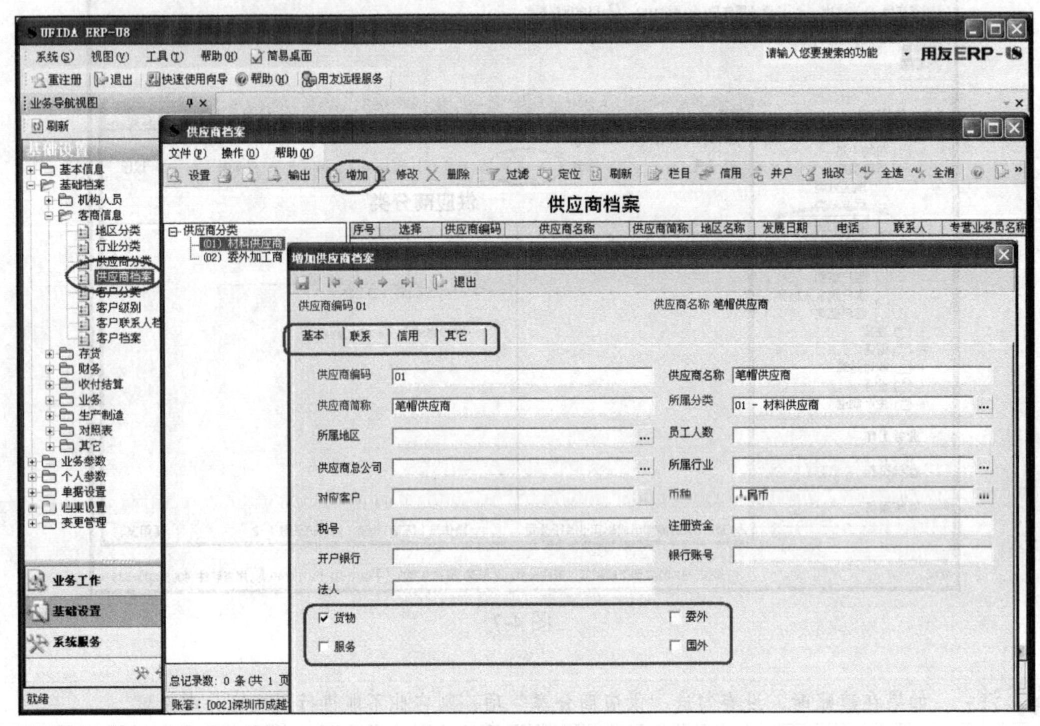

图 4-8

- 供应商简称：可以是汉字或英文字母，最多可写30个汉字或60个字符。用于业务单据和账表的屏幕显示。
- 供应商属性：可以勾选"货物"、"委外"、"服务"、"国外"4种属性中一种或多种，货物属性的供应商用于采购货物时可选的供应商，委外属性的供应商用于委外业务时可选的供应商，服务属性的供应商用于费用或服务业务时可选的供应商，国外属性的供应商用于进口业务时供应商的选择使用。如果此供应商已被使用，供应商属性则不能被删除修改，可增选其他项。
- 对应客户编码、简称：在供应商档案中输入对应客户名称时不允许记录重复，即不允许有多个供应商对应一个客户的情况出现。如001供应商中输入了对应客户编码为888，则在保存该供应商信息时同时需要将888客户档案中的对应供应商编码记录存为001（请参阅本章中的客户档案设置）。此功能的作用是在做应收或应付处理时，可即时联查该客户或供应商所对应的应付账款或应收账款，并进行相关的业务处理。
- 员工人数：输入该供应商企业的员工人数，只能输入数值，不能有小数。此信息为企业辅助信息可以不填，可以随时修改。

- 所属分类码：选择已设置好了的供应商分类编码。
- 所属地区码：可输入供应商所属地区的代码，输入系统中已存在代码时，自动转换成地区名称，显示在该栏目的右编辑框内。
- 总公司编码：选择供应商总公司编码，同时带出显示供应商简称。供应商总公司指当前供应商所隶属的最高一级的公司，该公司必须是已经通过“供应商档案设置”设置好了的另一个供应商。在供应商开票结算处理时，具有同一个供应商总公司的不同供应商的发货业务，可以汇总在一张发票中统一开票结算。在执行信用额度控制时，也可以执行控制总公司信用额度。
- 所属行业：选择该供应商所归属的行业。
- 税号：输入供应商的工商登记税号，用于销售发票的税号栏内容的屏幕显示和打印输出。
- 注册资金：输入企业注册资金总额，必须输入数值，可以有 2 位小数。此信息为企业辅助信息可以不填，可以随时修改。
- 注册币种：必须输入，可参照选择项输入，所输入的内容应为币种档案中的记录。默认为本位币。
- 法人：供应商的企业法人代表的姓名，长度 40 个字符，20 个字。
- 开户银行：输入供应商的开户银行的名称，如果供应商的开户银行有多个，在此处输入该企业同用户之间发生业务往来最常用的开户银行。
- 银行账号：指供应商在其开户银行中的账号，可输入 50 位数字或字符。银行账号应对应于开户银行栏目所填写的内容。如果供应商在某开户银行中银行账号有多个，在此处输入该企业同用户之间发生业务往来最常用的银行账号。

② “联系”选项页

- 分管部门：选择该供应商归属分管的采购部门。
- 专营业务员：指该供应商由哪个业务员负责联系业务。只有在人员档案设置时，勾选了“是否业务员”项的人员，在此才能被选择。
- 地址：可用于采购到货单的供应商地址栏内容的屏幕显示和打印输出，最多可输入 127 个汉字和 255 个字符。如果供应商的地址有多个，在此处输入该企业同用户之间发生业务往来最常用的地址。
- 电话、手机号码：可用于采购到货单的供应商电话栏内容的屏幕显示和打印输出。
- 到货地址：可用于采购到货单中到货地址栏的默认取值，它可以与供应商地址相同，也可以不同。在很多情况下，到货地址是供应商主要仓库的地址。
- E-mail 地址：最多可输入 127 个汉字和 255 个字符，手工输入，可为空。
- 到货方式：可用于采购到货单中发运方式栏的默认取值，输入系统中已存在代码时，自动转换成发运方式名称。
- 到货仓库：可用于采购单据中仓库的默认取值，输入系统中已存在代码时，自动转换成仓库名称（可设置完成仓库档案之后，回到此补充完成本设置）。

③ “信用”选项页

- 应付余额：由系统自动计算并显示该供应商当前的应付账款的余额，不能手动修改该栏目的内容。

- ABC 等级：可根据该供应商的表现选择 A、B、C 三个信用等级符号表示该供应商的信用等级，可随时根据实际发展情况予以调整。
- 单价是否含税：显示的单价是含税价格还是不含税价格。
- 折扣率：显示供应商在一般情况下给予的购货折扣率，可用于采购单据中折扣的默认取值。
- 信用等级：按照用户自行设定的信用等级分级方法，依据供应商在应付款项方面的表现，输入供应商的信用等级。
- 信用额度：内容必须是数字，可输入两位小数，可以为空。
- 信用期限：可作为计算供应商超期应付款项的计算依据，其度量单位为“天”。
- 付款条件：可用于采购单据中付款条件的默认取值，输入系统中已存在代码时，自动转换成付款条件表示。
- 最后交易日期：由系统自动显示供应商的最后一笔业务的交易日期。
- 最后交易金额：由系统自动显示供应商的最后一笔业务的交易金额。
- 最后付款日期：由系统自动显示供应商的最后一笔付款业务的付款日期。
- 最后付款金额：由系统自动显示供应商的最后一笔付款业务的付款金额。金额单位为发生实际付款业务的币种。

提示：应付余额、最后交易日期、最后交易金额、最后付款日期和最后付款金额这五个条件项，是由系统在应付款管理系统中计算相关数据并显示的。如果没有启用应付款管理系统，这五个条件项不可使用。这五项在基础档案中只可查看，不允许修改。

④ “其他”档案页

- 发展日期：该供应商与用户建立供货关系的日期。
- 停用日期：可能因为信用等原因，用户决定停止与该供应商的业务往来，则在此输入该供应商被停止使用的日期。

注：只要是停用日期栏内容不为空的供应商，在任何业务单据开具时都不能使用，但可进行查询。如果要使被停用的供应商放弃停用，将停用日期栏的内容清空即可。

- 使用频度：指供应商在业务单据中被使用的次数。
- 对应条形码中的编码：最多可输入 30 个字符，可以随时修改，可以为空，不能重复。
- 备注：如果还有有关该供应商的其他信息要录入说明的，可以在备注栏录入长度为 120 个汉字的内容，可输可不输，可随时修改备注内容。
- 所属银行：指付款账号默认时所属的银行，可以为空。
- 建档人：在增加供应商记录时，系统自动将该操作员编码存入该记录中作为建档人，以后不管是谁修改这条记录均不能修改这一栏目，且系统也不能自动进行修改。
- 所属的权限组：该项目不允许编辑，只能查看；该项目在数据分配权限中进行定义。
- 变更人：新增供应商记录时变更人栏目存放的操作员与建档人内容相同，以后修改该条记录时系统自动将该记录的变更人修改为当前操作员编码，该栏目不允许手工修改。
- 变更日期：新增供应商记录时变更日期存放当时的系统日期，以后修改该记录时系统自动将修改时的系统日期替换原来的信息，该栏目不允许手工修改。

提示： 建档人、所属的权限组、变更人、变更日期这4项只能查看，不能修改。

4. 客户分类

企业可根据业务需要对客户进行分类，以便于管理，例如可将客户按行业、地区等标准进行划分。之后，根据不同的分类建立客户档案。如果建账时未勾选“客户是否分类”项，则不能使用本功能。

参照本书第2章中的“表2-5”录入客户分类信息。

客户分类与供应商分类设置方式一样，在此不再详细介绍，如图4-9所示。

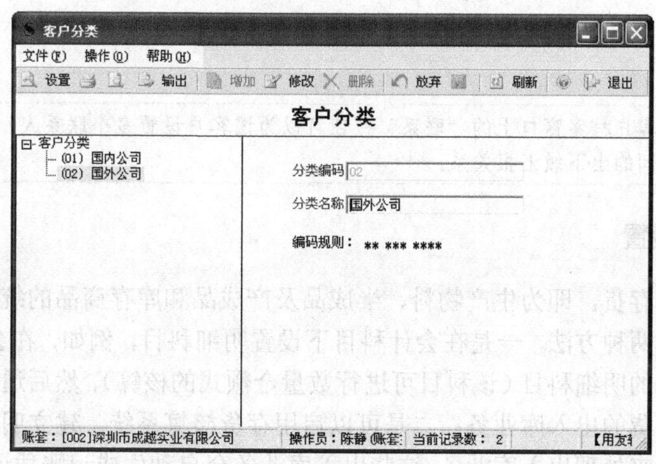

图4-9

5. 客户级别设置

客户级别是客户细分的一种方法，企业可以根据自身管理需要，进行客户级别的分类。客户级别设置以后，将在客户档案和统计分析结点中使用。在客户档案录入过程中，指定客户所属的客户级别；在统计分析结点中，可以进行客户级别的分布统计或者分析某一级别客户的行为和特征。

6. 客户档案设置

客户档案用于设置往来客户的档案信息，以便于管理客户资料以及资料的录入和统计分析。如果在建立账套时选择了客户分类，则必须设置完成客户分类档案后再编辑客户档案。

建立客户档案主要是为企业的销售管理、库存管理和应收账管理服务。在填制销售出库单、销售发票，进行销售结算、应收款结算和有关客户单位统计时都会用到客户单位档案，因此必须正确设立客户档案，以便减少工作差错。在输入单据时，如果单据上的客户单位不在客户档案中，需要在此建立该客户的档案。

参照本书第2章中的“表2-6”录入客户档案信息。

客户档案的设置方式与供应商档案设置方式类似，在此不再详细讲解，如图4-10所示。

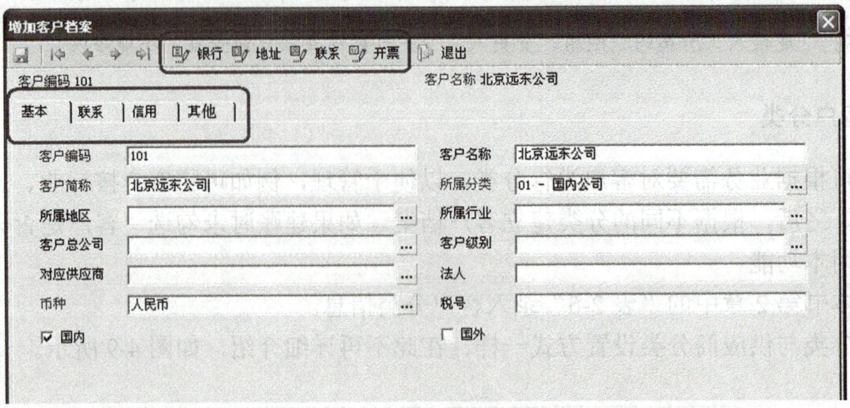

图 4-10

提示：选择客户档案窗口上的“联系”按钮可以为该客户设置多个联系人，并且可以建立各联系人之间的上下级汇报关系。

4.2.3 存货设置

用友系统中的存货，即为生产物料、半成品及产成品和库存商品的统称。用友 V8.72 中存货的业务处理有两种方法，一是在会计科目下设置明细科目，例如，在会计科目“原材料”下面再设置原材料的明细科目（该科目可进行数量金额式的核算），然后通过直接填制记账凭证的方式来处理存货的出入库业务；二是可以启用存货核算系统，建立明细的存货档案，然后通过出入库单据来处理出入库业务，这些出入库业务会自动生成记账凭证传至总账系统中。在 ERP 系统中，存货设置相当重要，因为它的设置直接影响到 ERP 的运算结果。

存货设置包括存货分类设置、计量单位设置和存货档案设置等。

1. 存货分类

对存货进行分类管理，可便于企业统计和分析业务数据。存货分类最多可分为 8 级，编码总长不能超过 30 位，用户可自由定义每级级长。每个分类可以设置的项有分类编码、名称及所属经济分类。

参照本书第 2 章中的“表 2-7”录入存货分类信息。

（1）打开如图 4-2 所示的“存货”目录，选择“存货分类”命令，系统弹出“存货分类”设置窗口。

（2）单击“增加”按钮，进行存货分类设置，如图 4-11 所示。

注：只有在建账时，勾选了“存货分类”项，才能在此设置存货分类（请参阅本书第 3 章中的 3.3 节建立新账套）。

工业企业与商业企业在设置存货分类时有所不同，工业企业的存货分类中一般分为：材料、产成品、应税劳务等；而商业企业的存货分类的一般可以分为：库存商品和应税劳务，然后再在这些分类下面设置明细分类。

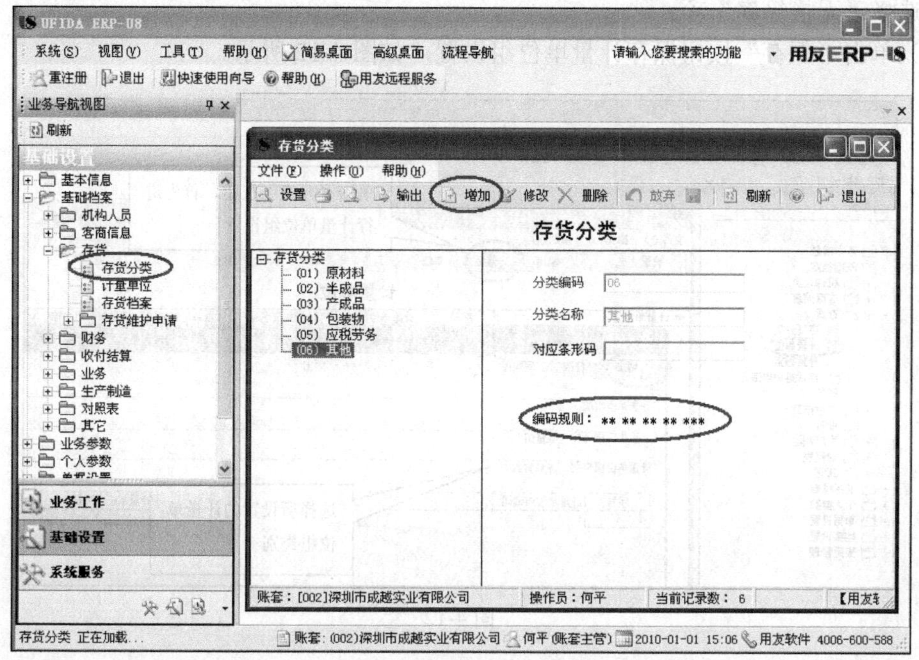

图 4-11

2. 计量单位

计量单位是系统在进行存货核算时，为不同存货设置的计量标准。存货的计量单位可以是单计量单位，也可以是多计量单位（如 1 支笔为 1 支，12 支笔为 1 打，10 打为 1 盒）。因为出入库业务处理时，系统会自动换算，所以在设置存货档案之前要先设置计量单位。

设置计量单位前，应先对计量单位进行分组。用友软件提供的计量单位组分为无换算、浮动换算和固定换算 3 种类型，每个计量单位组中有一个主计量单位和多个辅助计量单位，可以设置主、辅两种计量单位之间的换算率，还可以设置采购、销售、库存和成本系统所默认的计量单位。

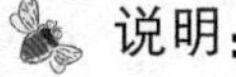 说明：

无换算计量单位组：该组下的所有计量单位都以单独形式存在，各计量单位之间不需要输入换算率，系统默认为主计量单位。

浮动换算计量单位组：设置为浮动换算率时，可以选择的计量单位组中只能包含两个计量单位。此时需要将该计量单位组中的主计量单位、辅计量单位显示在存货卡片上。

固定换算计量单位组：设置为固定换算率时，可以选择的计量单位组中可以包含两个以上（不包括两个）的计量单位，且每一个辅计量单位对主计量单位的换算率不为空。此时需要将该计量单位组中的主计量单位显示在存货卡片上。

参照本书第 2 章中的“表 2-8”进行存货计量单位设置。

（1）展开图 4-2 所示中的“存货”目录，选择“计量单位”命令，系统弹出“计量单位”设置窗口。

（2）单击“分组”按钮，在系统弹出的“计量单位分组”窗口中单击“增加”按钮，填写新的计量单位组，计量单位组组码输入“01”，计量单位组名称输入“数量组”，计量单位组类别选择“无换算率”项。

（3）单击“保存”按钮保存计量单位组设置，如图 4-12 所示。

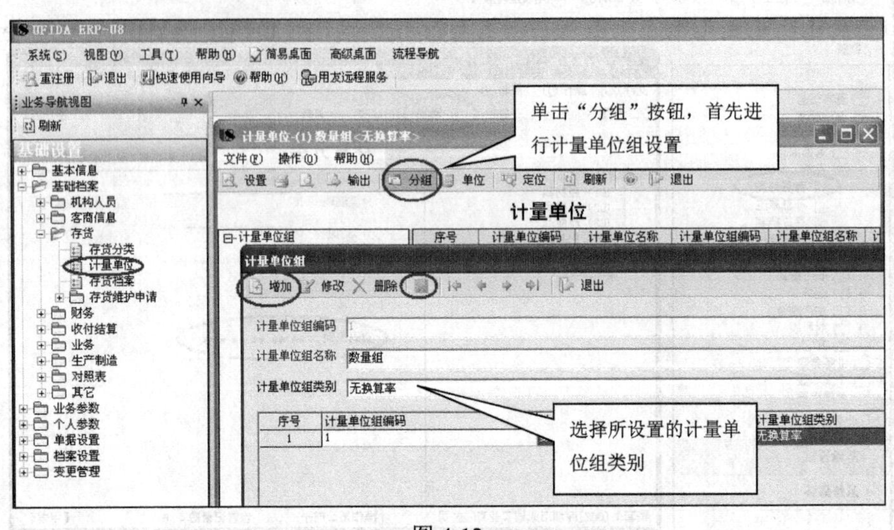

图 4-12

（4）单击“退出”按钮，退出计量单位分组设置对话框。

（5）然后选定已经设置好的计量单位组（即“无换算单位组”），然后单击“单位”菜单命令，系统弹出“计量单位设置”对话框。

（6）单击“增加”按钮，则陆继在该计量单位组下增加新的计量单位。输入新增的计量单位编码“11”、计量单位名称“PCS”，单击“保存”按钮保存设置。

（7）录入其他计量单位资料，如图 4-13 所示。

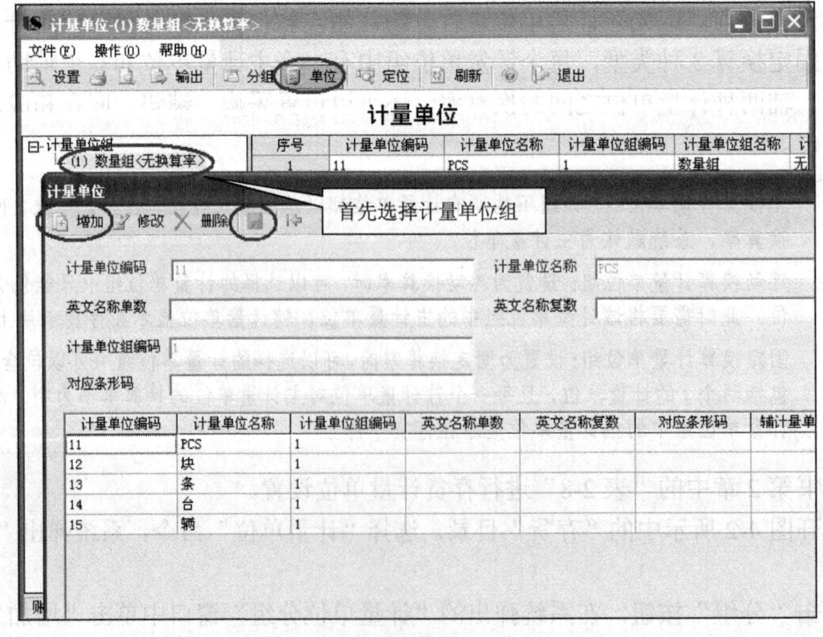

图 4-13

3. 存货档案

存货档案用于保存企业生产经营中的存货信息，以便于企业管理这些数据并进行统计分析。存货档案包括存货基本信息、成本和控制等内容。

参照本书第 2 章中表“表 2-9”进行存货档案设置。

（1）展开图 4-2 所示的“存货”目录，选择“存货档案”命令，系统弹出“存货档案”设置窗口。

（2）选中“(01) 原材料”项，然后单击“增加”按钮，系统弹出“增加存货档案”窗口。存货档案设置窗口有 8 个选项卡：基本、成本、控制、其他、计划、MPS/MRP、图片和附件档案卡。

（3）在“基本”选项卡中，存货编码录入“101”，存货名称录入“笔芯”，规格型号录入“蓝色”，所属分类为“01 原材料”，计量单位组选择“数量组”项，主计量单位选择“PCS”，存货属性中分别勾选“外购”项、“生产耗用”项，如图 4-14 所示。

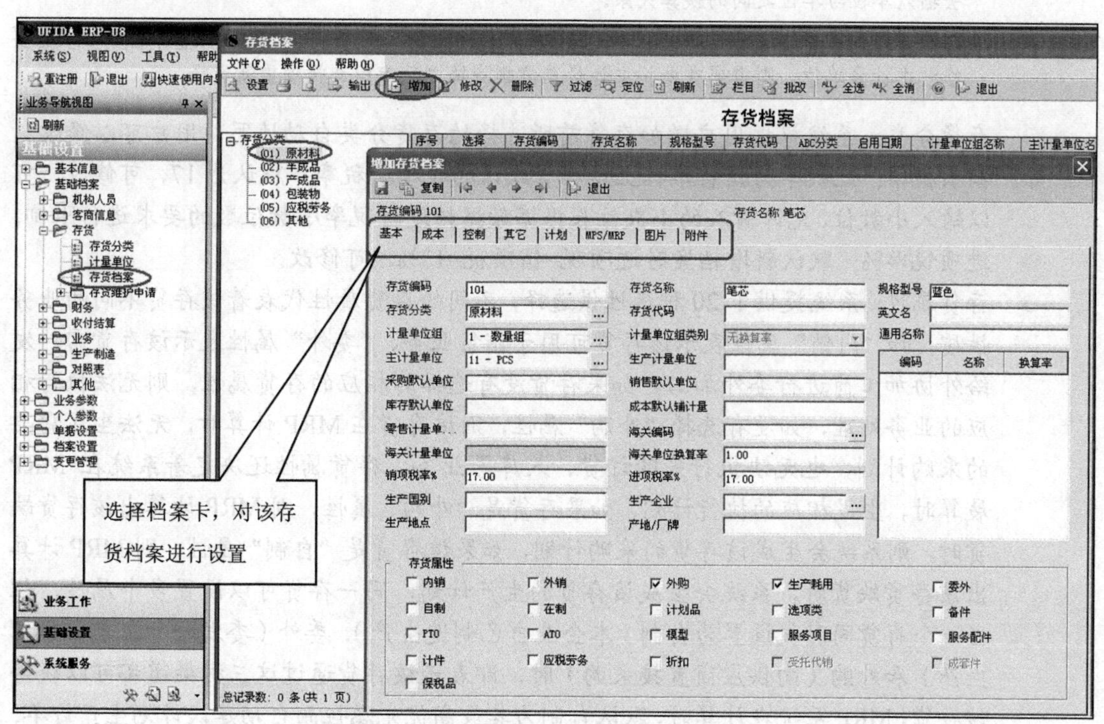

图 4-14

①“基本”选项卡中带蓝色项目为必填项，“基本”选项卡中需设置以下信息。

- 存货编码：存货编码必须输入，可输入最多 20 位数字或字符，每个存货的存货编码唯一，不能与其他存货编码重复，存货编码是用友 ERP 系统后台计算时唯一识别该存货的标识。
- 存货代码：存货代码可输可不输，可以重复。
- 存货名称：存货名称必须输入，最多可输入 20 个汉字或 40 个字符。
- 规格型号：输入产品的规格编号，30 个汉字或 60 个字符。

- 计量单位组：可参照选择录入，最多可输入20位数字或字符。
- 主计量单位：根据已选的计量单位组，显示或选择不同的计量单位。
- 计量单位组类别：根据已选的计量单位组系统自动带入。
- 库存（成本、销售、采购）系统默认单位：对应每个计量单位组均可以设置一个且最多设置一个库存（成本、销售、采购）系统默认使用的辅计量单位。其中成本默认辅计量单位，不可输入主计量单位。
- 生产计量单位：设置生产制造系统默认时使用的辅计量单位。对应每个计量单位组均可以设置一个生产订单系统默认使用的辅计量单位。

注：

在不同的业务处理中，可以使用不同的计量单位，例如汽油，在采购时，以吨来计，但在领用到车间生产时，可以升来计算，系统会根据该两种不同的计量单位（吨和升）之间在单位组内的换算关系不同，来计算相互之间的换算率，如果是该单位组是固定换算，则系统自动计算采购进来多少吨，则相当于是入库多少升，而领用出去多少升，则相当于是领用出去多少吨，从而自动增加或减少仓库的数量；如果该单位组是浮动换算，则需要在每次入库或出库时，人工去输入单位与单位之间的换算关系。

在选择好计算单位组时，系统自动将该计算单位组中的第一个单位作为主计量单位，如果需要修改主计量单位，则需要在此将主计量单位删除掉之后参照选择项重新选择。

- 存货分类：系统根据用户增加存货前所选择的存货分类自动填写，用户可以修改。
- 销项税率：此税率为销售单据上该存货默认的销项税税率，默认为17，可修改，可以输入小数位，允许输入的小数位长根据数据精度对税率小数位数的要求进行限制。
- 进项税率%：默认新增档案时进项税=销项税=17%，可修改。
- 存货属性：系统提供了20种属性供选择，不同的存货属性代表着该存货不同的业务性质，如“内销”属性表示该存货可用于销售业务、“委外”属性表示该存货需外发给外协加工商进行委外加工，如果存货没有选择其相应的存货属性，则无法执行相应的业务处理，如没有选择“外购”属性，则该存货在MRP计算时，无法生成需要的采购计划，也无法执行采购订货、入库等业务。存货属性还决定着系统在MRP展算时，生成相应的执行计划，如果存货是“外购”属性，则MRP计算出该存货缺货时，则系统会生成该存货的采购计划，如果该存货是“自制”属性，则MRP计算出该存货缺货时，系统会生成该存货的生产计划，同一存货可以设置多个属性，但当一个存货同时被设置为自制（本企业自己制造生产）、委外（委发给加工单位加工生产）和外购（向供应商直接采购）时，即表示该存货通过这三种渠道都可以获得该存货，MRP系统在计算时，默认自制为其最高优先属性而自动建议计划生产订单；而当一个存货同时被设置为委外和外购时，MRP系统默认委外为其最高优先属性而自动建议计划委外订单，当然在MRP计算出来的最终结果后，可以手工修改该存货到底从哪一个渠道中获得。

（1）内销：具有该属性的存货可用于销售。发货单、发票、销售出库单等与销售有关的单据参照存货时，参照的都是具有销售属性的存货。开在发货单或发票上的应税劳务，也应设置为销售属性，否则开发货单或发票时无法参照。升级的数据默认为内销属性，新增存货档案内销默认为不选择。

（2）外销：具有该属性的存货可用于销售。发货单、发票、销售出库单等与销售有关的单据参照存货时，参照的都是具有销售属性的存货。开在发货单或发票上的应税劳务，也应设置为销售属性，否则开发货单或发票时无法参照。新增存货档案外销默认为不选择。

用友 V8.72 版本之前的老用户升级时要注意：

如果销售系统启用、出口系统未启用，原来的销售属性升级为内销属性；

如果出口系统启用、销售系统未启用，原来的销售属性升级为外销属性；

如果销售系统启用、出口系统也启用，原来的销售属性升级为内销和外销属性。

（3）外购：具有该属性的存货可用于采购。到货单、采购发票、采购入库单等与采购有关的单据参照存货时，参照的都是具有外购属性的存货。开在采购专用发票、普通发票、运费发票等票据上的采购费用，也应设置为外购属性，否则开具采购发票时无法参照。

（4）生产耗用：具有该属性的存货可用于生产耗用。如生产产品耗用的原材料、辅助材料等。具有该属性的存货可用于材料的领用，材料出库单参照存货时，参照的都是具有生产耗用属性的存货。

（5）委外：具有该属性的存货主要用于委外管理。委外订单、委外到货单、委外发票、委外入库单等与委外有关的单据参照存货时，参照的都是具有委外属性的存货。

（6）自制：具有该属性的存货可由企业生产自制。如工业企业生产的产成品、半成品等存货。具有该属性的存货可用于产成品或半成品的入库，产成品入库单参照存货时，参照的都是具有自制属性的存货。

（7）在制：具有该属性的存货可在车间系统启用时，在工序之前转移。

（8）计划品：具有该属性的存货主要用于生产制造中的业务单据，以及对存货的参照过滤。计划品代表一个产品系列的物料类型，其物料清单中包含子件物料和子件计划百分比。可以使用计划物料清单来帮助执行主生产计划和需求规划。与“存货”所有属性互斥。

例：汽车厂生产汽车，共有三款不同类别的汽车型号，计划每一款汽车生产一定的量，则可以考虑使用计划品来定义他们之间的计划百分比。

（9）选项类：是 ATO 模型或 PTO 模型物料清单上，对可选子件的一个分类。选项类作为一个物料，成为模型物料清单中的一层。

例：某款笔记本计算机，其内存条有 256M、512M、1G 可选配（将这几款内存条设置成 ATO 或 PTO），在销售时，可以根据客户要求选择进行选配，在建该笔记本的 BOM 时，需要建一个子件，叫做“内存条”（“内存条”的存货档案属性为“选项类”），然后在“内存条”下面再分别建立 256M、512M、1G 三款内存为“内存条”的子件，并且在建立“内存条”BOM 时可以设置这三款内存在进行 ATO 或 PTO 时，是可以多选还是只能选一款进行 ATO 或 PTO 业务处理。

（10）备件：具有该属性的存货主要用于设备管理的业务单据和处理，以及对存货的参照过滤。与“应税劳务”，“计划品”，“PTO”选项类属性互斥（既不可以同时设置或存在）。

（11）PTO：指面向订单挑选出库。本系统中，PTO 一定同时为模型属性，是指在客户订购该物料时，其物料清单可列出其可选用的子件物料，即在销售管理或出口贸易系统中可以按客户要求订购不同的产品配置。ATO 模型与 PTO 模型的区别在于，ATO 模型需选配后下达生产订单组装完成再出货，PTO 模型则按选配子件直接出货。

（12）ATO：指面向订单装配，即接受客户订单后方可下达生产装配。ATO 在接受客户订单之前虽可预测，但目的在于事先提前准备其子件供应，ATO 件本身则需按客户订单下达生产。本系统中，ATO 一定同时为自制属性。若 ATO 与模型属性共存，则是指在客户订购该物料时，其物料清单可列出其可选用的子件物料，即在销售管理或出口贸易系统中可以按客户要求订购不同的产品配置。ATO 模型与 PTO 模型的区别在于，ATO 模型需选配后下达生产订单组装完成再出货，PTO 模型则按选配子件直接出货。

（13）模型：在其物料清单中可列出其可选配的子件物料，只要选择了“ATO”或者“PTO”属性，则“模型”属性自动被勾选。

（14）服务项目：默认为“不选择”，既服务当成一个存货产品进行销售。

（15）服务配件：默认为“不选择”，同“服务项目”选择互斥，与备件属性的控制规则相同。

（16）计件：选中则表示该产品或加工件需要核算计件工资，可批量修改。

（17）应税劳务：指开具在采购发票上的运费费用、包装费等采购费用或开具在销售发票或发货单上的应税劳务。应税劳务属性应与“自制”、“在制”、“生产耗用”属性互斥。

（18）受托代销：选中则该存货（已设置为外购属性）可以进行受托代销业务（需在销售管理选项中设置有受托代销业务，请参阅本章中的 4.3.4 小节销售管理系统业务参数设置）。

（19）是否成套件：选中则该存货可以进行成套业务。成套件就是指该存货可以与其他存货一起成套进行业务处理，例如一套餐具中，碗可以单独出入库，也可以与碟子、筷子等组成一套餐具进行业务处理（需在库存管理系统选项中设置有成套件业务，请参阅本章中的 4.3.7 小节库存管理系统业务参数设置）。

（20）保税品：进口的被免除关税的产品被称为保税品。

提示：

“互斥”的含义为：不可以同时设置或存在。

关于 ATO 和 PTO 的应用，举一例说明：生产型企业中，在生产某个成品时，如果组成该成品的原材料经常变化，正常情况下，当原材料发生一次变化时，则产成品需要取一个新的编码，但这样一来势必会造成产成品型号过多，管理起来非常复杂的情况。以生产组装计算机为例，某一款计算机的存货编码为 001，正常情况是配置 40G 的硬盘一个，256M 的内存条 2 根，无线鼠标，但客户张三的要求是配置 40G 的硬盘两个，256M 的内存条 2 根，无线鼠标，其他配置不变，而客户李四的要求是配置 40G 的硬盘一个，256M 的内存条 1 根，不需要无线鼠标，其他配置不变，如果我们为每一种配置都设置一个新的计算机型号，则会产生像排列组合一样多的计算机型号，势必不利于管理。所以用友 ERP 系统中为可以进行选配的子件（如 40G 硬盘、256M 内存条、无线鼠标）提供了 ATO 或 PTO 的属性，既计算机型号还是不变，仍然为 001，但是在下销售订单时，系统提供可供选择的组成该 001 计算机的 ATO 或 PTO 子件进行选择配置（在选择时，可选择是否需要该子件，和选择该子件时的使用数量），系统从而根据所选择的配置进行相应的业务处理。

例如电路板行业，也经常遇到类似的问题，客户要求该电路板中的 IC 或使用的其他零件都是随时变化的，所以电路板行业中也经常是将某一款型号中必选的子件作为标准配置，而变化的子件作为 ATO 或 PTO 进行处理。

---

②“成本”选项卡中包含控制存货成本方面的选项，如计价方式、最高采购价、最低销售价等内容。

- 计价方式：设置存货出库时的成本计价方式，行业类型为工业时，计价方式可为计划价、全月平均、移动平均、先进先出、后进先出和个别计价；行业类型为商业时，计价方式可为售价、全月平均、移动平均、先进先出、后进先出和个别计价。如图

4-15 所示。为存货“笔芯”选择的计价方式为“移动平均”。

财务知识：计价方式

2007 年 1 月 1 日起所实行的新会计准则中，已放弃了“后进先出”的计价方式，用友软件为了满足部分企业的需求，仍然保留该功能。

计价方式使用举一例说明，如公司先以 10 元一支的价格购买了 10 只鼠标，然后又以 12 元一支的价格购买了 6 只鼠标，现在以 15 元一支的价格销售了 11 支鼠标，则销售这 11 支鼠标的成本价，就会因计价方式的不同而有所区别。

（1）先进先出法：则成本价为先进来的 10 支鼠标的成本 100 元再加上后进来的 11 支鼠标中的 1 支成本 12 元，在不考虑其他费用的情况下，本次销售利润为 15×11−（100+12）=53 元。

（2）后进先出法：则成本价为后进来的 6 支鼠标的成本 72 元再加上先进来的 10 支鼠标中的 5 支成本 50 元，在不考虑其他费用的情况下，本次销售利润为 15×11−（72+50）=43 元。

（3）移动平均法：则取当前所有鼠标的平均成本单价，当明鼠标的平均成本单价是（10×10+12×6）/（10+6）=10.75 元，而本次销售成本则为 11×10.75=118.25 元，在不考虑其他费用的情况下，本次销售利润为 15×11−118.25=46.75 元。

（4）全月平均法则需要到计算整个月的鼠标平均成本，必须要进行期末处理操作之后（请参阅本书第 12 章存货核算中的期末处理）才能计算出来，在未做期末处理之前，都还有可能有新的鼠标入库等操作。

（5）个别计价法则是指单独手工去指定该存货的出库成本。

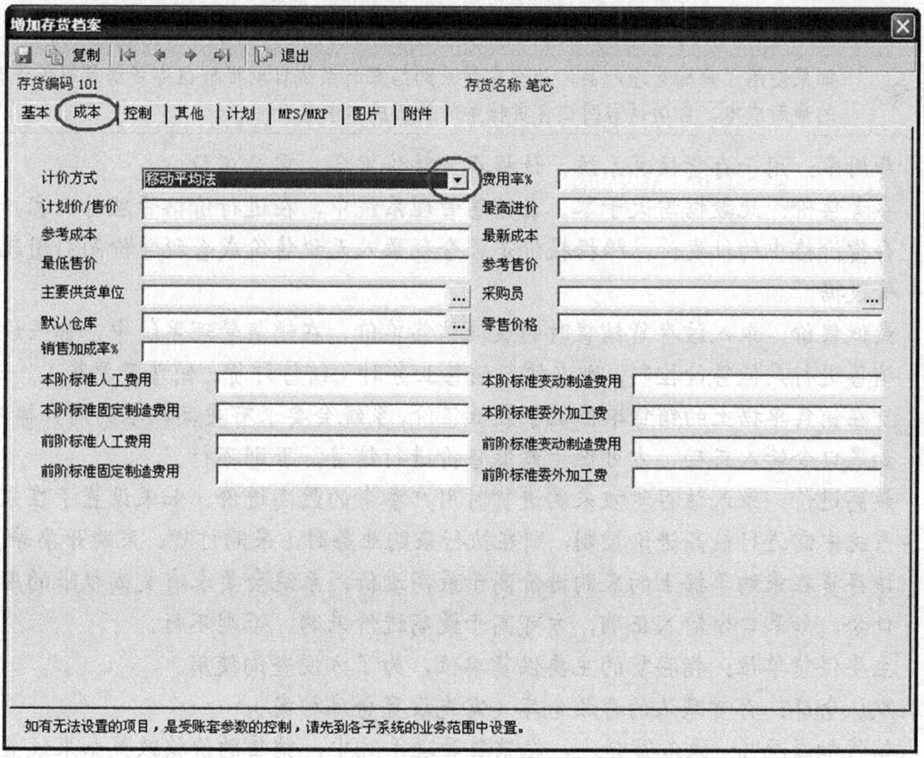

图 4-15

注意：如果在存货核算系统的选项设置中（请参阅本章中的 4.3.8 小节存货核算系统业务参数设置），设置核算方式是“按存货核算”，则必须对每一个存货记录设置一个计价方式，默认选择全月平均，若前面已经有新增记录，则计价方式与前面新增记录相同，如果存货核算系统的选项设置中选择的是“按仓库核算”，则不需要对每一个存货进行计价方式计算，而是要在仓库档案设置时，对每个仓库进行计价方式设置（请参阅本章中的仓库档案设置）。当存货核算系统中使用该计价方式则不能对其修改。

- 计划单价/售价：该属性对于计划价法核算的账套必须设置，因为在单据记账等处理中必须使用该单价；计算差异和差异率也以该价格为基础，工业企业使用计划价对存货进行核算，商业企业使用售价对存货进行核算，根据核算方式的不同，分别通过按照仓库、部门、存货设置计划价/售价核算。设置方式请参阅本章中的 4.3.8 小节存货核算系统业务参数设置。
- 参考成本：该成本指非计划价或售价核算的存货填制出入库成本时的参考成本。采购商品或材料暂估时，参考成本可作为暂估成本。存负出库时，参考成本可作为出库成本。该属性比较重要，建议都进行填写。在存货核算系统该值可以和“零成本出库单价确认”\“入库成本确认方式”\“红字回冲单成本确认方式”\“最大最小单价控制方式”等选项配合使用，如果各种选项设置为参考成本，则在各种成本确认的过程中都会自动取该值作为成本。参考成本设置也可以为售前分析系统接到一张销售订单时，计算该张订单的销售价格是否有利润作参考（利润=销售单价-组成该销售成品的所有材料的参考成本-人工费用-其他费用等）。
- 最新成本：指存货的最新入库成本，用户可修改。存货成本的参考值，不进行严格的控制。

注意：如果使用了采购管理产品，那么在做采购结算时系统自动提取该存货结算单价作为该存货的最新成本，自动返写回该存货档案的最新成本中来。

- 费用率：用于存货核算系统，计提存货跌价准备，需为正数。
- 参考售价：此数据需大于零。在销售管理系统中，在进行价格管理时，客户价格、存货价格中的批发价，根据报价是否含税录入无税售价或含税售价而引用此参考售价数据。
- 最低售价：录入该存货销售时的最低销售单价，在销售管理系统中，如果设置了对销售进行最低售价控制，则在执行销售业务时（销售订货、销售开票等），一旦该存货在销售单据上的销售单价低于最低售价，系统会要求有更高权限的用户输入口令，如果口令输入正确，方可低于最低售价进行销售，否则不行。
- 最高进价：录入该存货被采购进货时用户参考的最高进价，如果设置了在采购管理系统中需进行最高进价控制，则在执行采购业务时（采购订货、采购开票等），一旦该存货在采购单据上的采购进价高于最高进价，系统会要求有更高权限的用户输入口令，如果口令输入正确，方可高于最高进价采购，否则不行。
- 主要供货单位：指存货的主要供货单位，为了方便查询使用。
- 默认仓库：存货默认的存放仓库（需先设置仓库档案）。
- 销售加成率%：录入百分比，在销售管理系统中，销售的价格政策如果设置取价方式为最新成本加成，则销售报价 = 存货最新成本×（1+销售加成率%）。

- 退税率：录入百分比，用于退税时默认带入。
- 零售价格：用于零售系统录入单据时默认带入的销售价格。
- 采购员：指存货默认的采购员，用于录入采购单据时，默认带入的业务员。
- 本阶标准人工费用、本阶标准变动制造费用、本阶标准固定制造费用、本阶标准委外加工费：用于存货在物料清单子件产出类型为“联产品或副产品”时，计算单位标准成本及标准成本时引用此数据作为计算本阶主、副、联产品的权重。
- 前阶标准人工费用、前阶标准变动制造费用、前阶标准固定制造费用、前阶标准委外加工费：用于存货在物料清单子件产出类型为“联产品或副产品”时，计算单位标准成本及标准成本时引用此数据作为计算前阶主、副、联产品的权重。

③ “控制”选项卡中包含对正在设置的存货在仓库管理时进行的物流控制，如最低库存、盘点周期、定额上限、积压标准等。如图4-16所示。

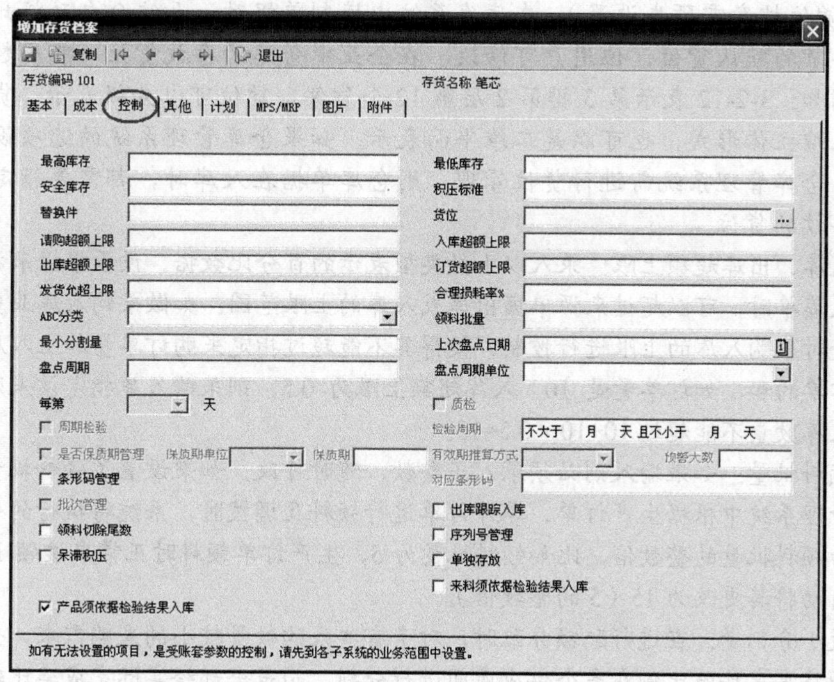

图 4-16

- ABC分类：在存货核算系统中用户可自定义ABC分类的方法，并且系统根据用户设置的ABC分类方法自动计算A、B、C三类都有哪些存货。
- 最高库存：存货在仓库中所能储存的最大数量，超过此数量就有可能形成存货的积压。最高库存不能小于最低库存。用户在填制出入库单时，如果某存货的目前结存量高于最高库存，系统将予以报警。只有在库存管理系统的选项中设置了需进行最高最低库存控制，系统才能报警。
- 最低库存：存货在仓库中应保存的最小数量，低于此数量就有可能形成短缺，影响正常生产。如果某存货当前可用量小于此值，在库存管理系统填制出入库单及登录产品时系统将予以报警。只有在库存管理系统的选项中设置了需进行最高最低库存控制，系统才能报警。

- 安全库存：在库存中保存的此货物数量，为了预防需求或供应方面不可预料的波动。在库存管理中，根据此来进行安全预警。如果补货政策选择按再订货点（ROP）方法，库存管理 ROP 运算、再订货点维护以及查询安全库存预警报表时以此处的设置为基准。
- 积压标准：输入存货的周转率。呆滞积压存货分析根据积压标准进行统计，即周转率小于积压标准的存货，在库存管理中要进行统计分析（确定该存货处于呆滞、积压或非呆滞积压状态）。
- 替换件：录入可替换当前存货（被替换品）的存货（替换品）。录入库存单据时如果发现被替换品存量不足，可以用替换品代替原存货出库。
- 货位：企业在实际业务工作中，除了将仓库进行分类外（如原料仓、半成品仓、成品仓），往往还将仓库再具体分为不同的货位，此设置指存货的默认存放货位（货位档案需预先设置）。在库存系统中填制单据时，系统会自动将此货位作为存货的默认货位，但用户可修改。在企业中仓库的存放货位一般用数字描述。例如：3-2-12 表示第 3 排第 2 层第 12 个货架。货位可以分级表示。货位可以是三维立体形式，也可以是二维平面表示。如果仓库管理系统的选项设置中勾选了仓库管理系统需进行货位管理，则仓库单据在入库时，都需要指定该存货所存放的货位。
- 入库、出库超额上限：录入以小数类型表示的百分比数据。设置根据来源单据做出入库单时，可以超过来源单据出库或入库的上限范围。如做采购入库业务时，系统会对采购入库的上限进行控制，使得其不能超过指定采购订单量加上入库上限乘以订单的和，如订单量是 10，入库超额上限为 0.5，则采购入库指定该采购订单时，入库数量不能超过 10+10 × 0.5=15。
- 领料批量：如果输入则必须录入正整数，随时可改。如果设置了领料批量，在库存管理系统中根据生产订单、委外订单进行领料及调拨时，系统将执行的领料量调整为领料批量的整数倍，比如领料批量为 5，生产订单领料时正常应该领 13，则系统自动将其更改为 15（5 的整数倍）。
- 最小分割量：在进行配额分配时，对于有些采购数量较小的采购需求，企业并不希望将需求按照比例在多个供应商间进行分割，而是全部给实际完成率比较低的那个供应商。因此，这个参数对于存货设置是指在进行配额前，系统可根据用户的设置和这个参数自动判断需不需要分给多个供应商。具体控制规则参见供应商管理设置中的配额选项中的“考虑最小分割量”。
- 合理损耗率：可以手工输入小数位数最大可为 6 位的正数，可以为空，可以随时修改。在盘点时会用到。库存管理进行存货盘点时用户可以根据实际损耗率与此值进行比较，确定盘亏存货的处理方式。
- 上次盘点日期：第一次设置本存货档案时，可以手工输入上次盘点日期，以后就由系统自动根据该存货盘点时的盘点日期返写回此，不允许修改。当设置盘点周期为天时必须输入该项内容，如果不填系统默认为当前注册日期。库存盘点有一个周期盘点，确定哪些应该盘点，还有哪些该做预警。如果该存货盘点方式为周期盘点则需要录入上次盘点日期。当前日期≥上次盘点日期+盘点周期时表示该存货为到期盘点存货。

- 盘点周期：系统根据选择的盘点周期单位来确定实际输入的内容。当设置周期盘点时必须输入该项内容，可以输入大于0的整数，默认为“1”。
- 盘点周期单位：可选择的内容有：天、周、月，必须选择其中一种。
- 盘点日设置：当没有设置周期盘点或设置盘点周期为天时，无须输入该项内容；当设置盘点周期为周时，该项内容可以设置星期一到星期日七项内容，必须选择其中一项，注意：1表示周日，2表示周一，3表示周二，依次类推7表示周六；当设置盘点周期为月时，该项内容可以设置1～31日作为选择项，每次只能且必须选择其中一项。
- 是否保质期管理：指存货是否要进行保质期管理。如果某存货是保质期管理，可勾选此项，且录入入库单据时，系统将要求用户输入该批存货的失效日期。本功能常用于食品、医药等行业。在勾选该项时，则必须勾选该存货也进行批次管理。
- 保质期预警天数：指保质期预警提前天数。只能手工输入大于等于0的4位整数，系统默认为0，可以随时修改。实际工作中，不可能等到该存货到了保质期后，系统才提供预警，往往需要提前预警，提前多少天，则在此设置。
- 保质期单位：设置保质期对应的单位，可设为年、月、天，默认为天，可随时修改。只有保质期管理的存货才能选择保质期单位；保质期单位和保质期必须同时输入或同时不输入，不能一个为空另一个不为空；用户输入保质期之前必须先选择保质期单位。
- 保质期：只能手工输入大于0的4位整数，可以为空，可以随时修改。

提示：保质期是否过期的计算是根据存货的批次、生产日期（如果需进行保质期管理，则在填制入库单据时必填生产日期）、保质期来共同计算得来的。

- 保质期存货是否检验：设置保质期管理的存货是否需要检验，用于库存系统在库品待检表查询保质期管理并且需要检验的存货。只有设置为需要保质期检验的存货才可以在库存管理的在库品待检表中执行检验类型为“保质期存货检验”的报检。
- 是否条形码管理：可以随时修改该选项。只有设置为条形码管理的存货才可以在库存系统中分配条形码规则。条形码常用于大批出入库货物的使用上，如商场、服装厂等。
- 对应条形码：如果该存货勾选了进行条形码管理，则在此录入该存货所对应的条形码，最多可输入30位数字或字符，可以随时修改，可以为空。但不允许有重复的条形码存在。库存生成条形码时，作为存货对应条形码的组成部分。
- 是否周期检验：指存货是否要进行定时检验。只有设置为需要周期检验的存货才可以在库存管理的在库品待检表中执行检验类型为“周期检验”的报检。
- 检验周期：设置进行定时检验的存货检验周期为多少天。当前日期-最后检验日期的结果落在检验周期范围内的存货可以进行报检。选择“周期检验”时，才能输入此项，否则不能输入。

- 订货超额上限：控制订货时不能超所需量的上限数量。参照 MPR/MPS 建议订货量生成采购订单的时候，订购量可起过建议订货量的上限值，采购管理的选项中勾选“是否允许超计划订货”，此参数才会有效。
- 是否单独存放：用于设置该存货是否需要单独存放，可以随时修改，在货位跟别的存货可放在一个货位上。存货单独存放一般是指该存货价值非常高（如 IC）或者该存货有一定的危险性等。
- 是否批次管理：指存货是否需要批次管理。只有在库存选项设置为“有批次管理”时，此项才可选择。如果存货是批次管理，录入出、入库单据时，系统将要求用户输入出、入库批号。批次管理常用于食品、药品等行业，同样的药品，但因为生产的批号不同，都可能会有差异，所以必须进行批次管理。
- 是否出库跟踪入库：此项可以修改，但是若需要将该选项从不选择状态改成选择状态，则需要检查该存货有无期初数据或者出入库数据，有数据的情况下不允许修改。在录入出库单时需要指定对应的入库单，只有设置此项才可以跟踪供应商对应存货收发存情况。因为同一种存货可能分别从不同的供应商中都有进货，如果勾选此项，则在该存货出库时，系统要求指定此次出库的存货的供应商，从而也可以在库存管理系统中跟踪到每一个供应商对应存货的收发存情况。
- 是否呆滞积压：用于设置该存货是否为呆滞积压存货。只在设置成此项才可以在库存管理的“呆滞积压备查簿”里查询。
- 领料切除尾数：如果勾选此项，则是指在执行材料领用单时，系统会根据所计算出来应该领取的物料数量自动取整进行领用。
- 是否来料须依据检验结果入库：用于来料检验合格方可入库的控制，如果设置为来料须依据检验结果入库，则根据来料检验单生成采购入库单时系统控制累计入库量不得大于“检验合格量+让步接受量”。
- 产品须依据检验结果入库：库管部门做入库时，有些企业或同一企业的某些品种，能够严格按照质量部门确定的检验合格量入库，而对有些企业或者有些品种来说，入库量与检验合格量之间允许有一定的容差。可以通过勾选进行操作。

④ “其他”选项卡中包含设置存货重量、体积、长、宽、高、启用日期或停用日期等信息。

⑤ “计划”档案卡用于设置存货的计划内容，如日耗用量、采购提前期等，如图 4-17 所示。

ROP（Re-Order Point ）：当可用库存降至再订货点时，按照批量规则进行订购，也称为再订货点法。主要用于在 BOM 结构中未体现的物料如低值易耗品、劳保用品等的采购计划编制。在存货档案设置时，存货属性为“外购”和存货档案“计划页签”设置中勾选了“ROP 件”的存货参与 ROP 运算，生成 ROP 采购计划。如电子加工厂，生产线上使用的电烙铁工具，则可以定义为 ROP 件。

- ROP 件：存货如果价值比较低，并且可以随时购买得到，则为了使 MRP 计算更为简单，将其设置为 ROP 件（再订货点材料），既该存货虽然被定义到 BOM 中，但是在进行 MRP 计算时，该存货并不参予运算。而该存货的采购计划由库存管理系统根据该存货的日均耗用量或者低于设置好的再订货点，自动生成采购计划，前提是该存货属性为“外购”和在此勾选择“ROP 件”。

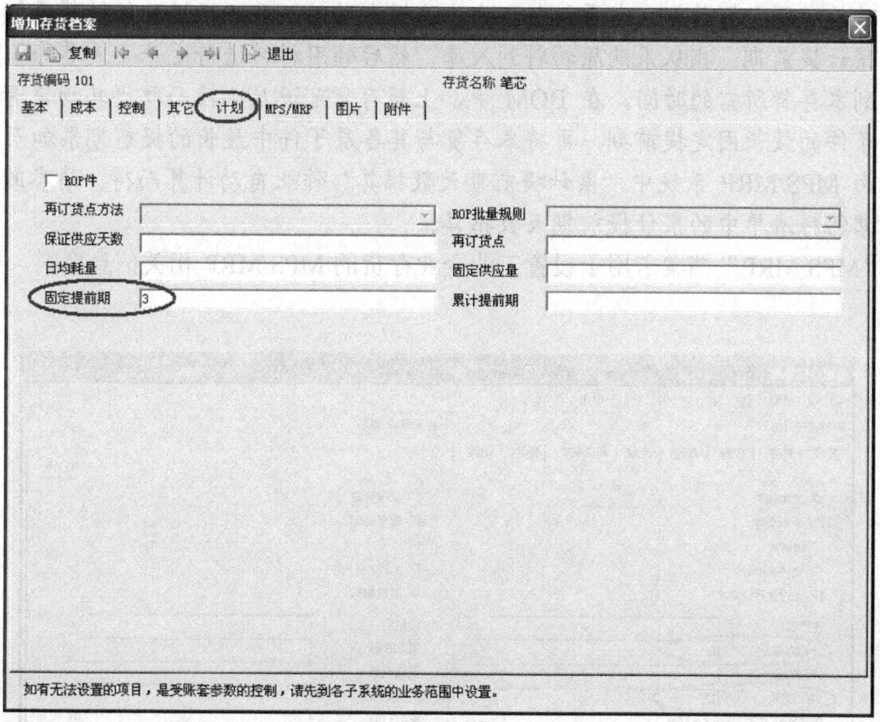

图 4-17

- 再订货点方法：设置存货为 ROP 件时，ROP 计划生成是低于该存货的再订货点就生成还是由系统自动计算再订货点生成。如果由系统自动生成再订货点，不可手工修改，并且录入该存货的日均耗量，此时，再订货点=日均耗量×固定提前期+安全库存。
- ROP 批量规则：选择当在 ROP 采购计划生成时的采购量是多少，共三种方式：补充至最高库存、固定批量、历史消耗量。
- 保证供应天数：录入不小于零的数字，默认为“1”。ROP 批量规则选择历史消耗量时，根据此值计算计划订货量。计划订货量 = 日均耗量×保证供应天数。保证供应天数越长（即供应周期越长），则每次的计划订货量就应该越大，否则会造成缺料的情况。
- 日均耗量：在库存系统进行日均耗量与再订货点维护时，系统自动填写该项，日均耗量 = 历史耗量/计算日均耗量的历史天数，可修改（既可手工设置日均耗量）。
- 固定供应量：录入数据不能小于 0，即经济批量，有些存货价值非常小，在采购时不可能缺一点就采购一点，例如计算出来差 1 盒螺丝钉，不可能就只去采购 1 盒螺丝钉，因为还要考虑到相关的采购费用（如采购交通费、量小之后单价更高等因素），所以企业在采购或生产时按照经济、方便的批量订货或组织生产，避免出现拆箱或量小不经济的情况，多余库存可作为意外消耗的补充、瓶颈工序的缓解、需求变动的调节等。ROP 批量规则选择固定批量时，根据此值计算计划订货量。计划订货量=固定供应量。
- 固定提前期：从发出需求信息，到接获存货为止所需的固定提前期。以采购件为例，即不论需求量多少，从发出采购订单到可收到存货为止的最少需求时间，称此为采购件的固定提前期。当再订货点方法选择自动时，系统根据此值计算再订货点。

- 累计提前期：指从采购原物料到入库，然后领用材料进行生产（或委外）到最后得到本存货所需的时间，在 BOM 中，上层存货可逐层比较而取得其物料清单下各层子件的最长固定提前期，再将本存货与其各层子件中最长的提前期累加而得。该值由 MPS/MRP 系统中“累计提前期天数推算”作业自动计算而得。请参阅本书第 6 章物料清单中的累计提前期天数推算。

⑥ “MPS/MRP”档案卡用于设置工业企业存货的 MPS/MRP 相关信息资料。如图 4-18 所示。

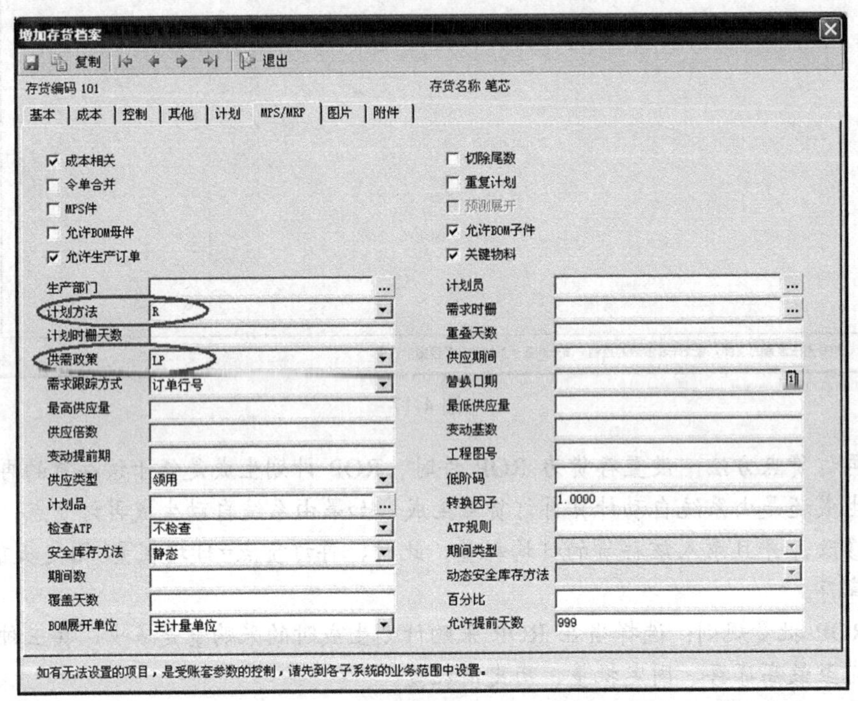

图 4-18

在建账时，如果选择的是建立工业账套，则系统将显示存货档案“MPS/MRP”页的相关信息资料，如果是商业账套则本设置页将会被屏蔽。

- 成本累计否：表示该物料是否包含在物料清单（BOM）中其母件的成本累计中。在存货档案中该栏为值，成为物料清单维护中子件设定为是否成本累计的默认值。
- 是否切除尾数：一种计划修正手段，由 MRP/MPS 系统计算物料需求时，是否需要对计划订单数量进行取整。选择“是”时，系统会对数量进行向上进位取整，（切除尾数的例子：计算出的数量为 3.4，选择切除尾数后，MPS/MRP 会把此数量修正为 4，注意：不是 4 舍 5 入，而是向上取整），例如：MRP 计算出，生产时，需向仓库领用生产原料（如油漆）5.9 公斤，系统会自动向上取整为 6 公斤。
- 是否重复计划：表示此存货按重复计划方式还是按离散的任务方式进行计划与生产管理：选择“是”时，MPS/MRP 将重复的日产量方式编制计划和管理生产订单。

若不选择此选项，系统则以传统的离散计划方式来管理。只有自制件才可以设置为重复计划。

- MPS件：本栏位用于区分此物料是MPS件还是MRP件，供主生产计划系统和需求规划之用。列入MPS件范围的，通常为销售品、关键零组件、供应提前期较长或占用产能负荷多或作为预测对象的存货等。MPS件的选择可按各阶段需要而调整，以求适量。若不选择，则不列为主生产计划对象，即为MRP展开对象，也称为非MPS件。未启用主生产计划系统之前，可将全部存货定为非MPS件，即将全部存货列为MRP计算对象。在启用主生产计划或需求规划系统之前，本栏位可不理会。
- 生产部门：该自制存货通常负责的生产部门，为建立该存货生产订单时的默认值。
- 计划员：说明该存货的计划资料由谁负责，须首先在职员档案建档。
- 计划方法：可选择R/N。R表示此存货要列入MRP/MPS计算的对象，编制MPS/MRP计划；N表示该存货及其以下子件都不计算需求，不列入MRP/MPS展开。如量少价低、可随时取得的物料，可采用再订货点或其他方式计划其供应，如电子行业普通的电阻电容等，虽然建了产成品的BOM档案，为了简化MRP/MPS的计算，则可以在此选择"N"。
- 时栅代号：企业的生产、采购需求来源于两个方面，一个是销售订单（既以销订产），另一个是预测单（既未接到销售订单的情况下，根据以市场情况先做生产，即预测），MPS/MRP计算时，在某一时段对某物料而言，其独立需求来源可能是按订单或按预测或两者都有，系统是按各物料所对应的时栅（如10天为一个段，即一个时栅）内容而运作的。系统读取时栅代号的顺序为：先以物料在存货主档中的时栅代号为准，若无则按MPS/MRP计划参数中设定的时栅代号。"时栅资料维护"作业说明请参阅本章生产制造基础档案设置中的时栅资料维护。
- 供需政策：各存货的供应方式，可以选择PE或LP。

（1）PE（Period）：表示期间供应法。MPS/MRP计算时，按设定期间汇总净需求一次性供应，即合并生成一张计划订单。此方式可增加供应批量，减少供应次数，但需求来源（如销售订单）变化太大时，将造成库存太多、情况不明的现象。若供需政策采用PE，则可在"供应期间"栏位输入供应期间天数。

（2）LP（Lot Pegging）：表示批量供应法，按各时间的净需求分别各自供应。所有净需求都不合并，按销售订单不同各自生成计划订单。此方式可使供需对应关系明朗化，库存较低，但供应批量可能偏低，未达经济规模。若供需政策选用LP，则可选择"是否令单合并"栏位。

举例说明：

如存货A，当MPS或MRP展开时的净需求有三笔，4/01需求100、4/10需求200、4/20需求150。若该存货为自制件、提前期为固定40天，则（假设不考虑工作日历，既假设每天都正常工作，事实上应依工作日历推算订单的到期日）：

供需政策为PE，供应期间为30天，MPS或MRP展开后，计划生产订单后，只有一张生产订单，即4/01应完成450件。

供需政策为LP，供应期间为"无"，MPS或MRP展开后，计划生产订单后，会生成三张生产订单，即4/01应完成 100件、4/10应完成200件、4/20应完成150件。

提示： 在本书的模拟账套中，将所有物料的供需政策都设置为 LP 方式。

- 供应期间：若供需政策采用 PE，则可在本栏位输入天数。如果净需求的日期落在设定的供应期间内，则合并为一张计划订单。
- 是否令单合并：当供需政策为 LP 时，可选择同一销售订单（不同行号，即同一张销售订单上分别销售的不同产成品），经过 MRP/MPS 展算后，会用到同一种子件的净需求是否予以合并。
- 固定供应量：一种计划修正手段，在 MPS/MRP 编制时使用。此处输入存货的固定供应量，若该存货有结构性自由项，则新增存货时为各结构自由项默认的固定供应量，如果要按各结构自由项分别设置其不同的固定供应量，请按结构自由项个别修改。MPS/MRP 计算时，按各存货（或存货加结构自由项）的固定供应量，将净需求数量调整为固定的计划订单数量，即在净需求不能达到固定供应量时，系统将建议固定供应量；而在净需求超过固定供应量时，系统将建议多个计划数量等于固定供应量的计划订单。
- 最低供应量：一种计划修正手段，在 MPS/MRP 编制时使用。输入存货的固定供应量，若该存货有结构性自由项，则新增存货时为各结构自由项默认的最低供应量，如果要按各结构自由项分别设置其不同的最低供应量，请按结构自由项个别修改。MPS/MRP 计算时，如果净需求数量小于最低供应量，将净需求数量修正为最低固定量；否则，保持原净需求数量不变。
- 供应倍数：一种计划修正手段，在 MPS/MRP 编制时使用。输入存货的供应倍数，若该存货有结构性自由项，则新增存货时为各结构自由项默认的供应倍数，如果要按各结构自由项分别设置其不同的供应倍数，请按结构自由项个别修改。MPS/MRP 计算时，按各存货（或存货加结构自由项）的供应倍数，将净需求数量修正供应倍数的整数倍，即各计划订单数量一定为供应倍数的整数倍。如购买原材料“乒乓球”，供应倍数为 12（乒乓球不按单个买，一买就是 1 打，1 打为 12 个），则在计算出来的需求上，系统会检测是否为 12 的倍数，如计算出来的需求为 103 个，则系统自动会将其更正为需为 120 个（既 12 的倍数），注：此供应倍数可以为小数。
- 固定提前期：请参阅“计划”页中对固定提前期的解释。
- 变动提前期：如果在执行生产或采购或委外时，会因数量造成生产或采购或委外时间不一时，此段时间称为变动提前期。
- 变动基数：如果有变动提前期考虑时，每日产量即为变动基数。

总提前期的计算公式为：（总需求量/变动基数）×变动提前期 + 固定提前期

- 累计提前期：请参阅“计划”页中对累计提前期的解释。
- 供应类型：用以控制如何将子件物料供应给生产订单和委外订单，如何计划物料需求以及在如何计算物料成本。此处定义的供应类型将带入物料清单（BOM），成为子件供应类型的默认值。

（1）领用：可按需要直接领料而供应给相应的生产订单和委外订单，即差多少，就领用多少。

（2）入库倒冲：在生产订单和委外订单母件完成入库时，系统自动产生领料单，将子件物料发放给相应的生产订单和委外订单，即发料时不控制应该发多少，而根据最后入库的成品量，倒算耗用的原材料数量。

提示：这种入库倒冲方式，材料在领料到生产车间（或委外供应商）时，不是使用的库存管理系统中的材料领用单，而是使用调拨单，将物料先调拨到现场仓（请参阅本章中仓库档案设置，将生产车间当作一个仓库处理），然后在产成品入库时，系统自动会生成一张子件的材料出库单，此时的材料出库单上的出库仓库就是现场仓，从而达到从现场仓自动扣减耗用物料的作用。倒冲方式常用于对车间现场（或委外供应商）要严格管理其物料的情况，也就是说最后可以将现场中的物料与生产现场物料进行对应盘点。另外，倒冲方式不常用于有些物料在领料时不易分割的情况，比如有一种材料是电线，采购入库时是按卷（如 1 卷=1000 米），在生产领料需要 32 米，此时我们可以调拨 1 卷电线给生产车间，然后等产成品入库之后，系统自动计算出生产车间还应该剩下 968 米，此时可以不用退回到原材料库，因为下一张生产订单还需要电线。

（3）倒冲：在生产订单母件工序完工时，系统自动产生领料单，将子件物料发放给相应的生产订单。即发料时不控制应该发多少，而根据每个工序完工时，倒算耗用的原材料数量。

（4）虚拟件：虚拟件是一个无库存的装配件，它可以将其母件所需物料组合在一起，产生一个子装配件。MPS/MRP 系统可以通过虚拟件直接展开到该虚拟件的子件，就好似这些子件直接连在该虚拟件的母件上。成本管理系统中计算产品成本时，这些虚拟件的母件的装配成本将会包括虚拟件的物料成本，但不包含其人工及制造费用等成本要素。

- 工程图号：输入工程图号，备注用。
- 预测展开：可选择是/否。选项类、PTO 模型属性的存货默认为否不可改，ATO 模型、计划品属性的存货默认为是可改，其他属性的存货默认为否不可改。设置为是的存货，在产品预测订单按计划、模型或选项类物料清单执行预测展开时，将视为被展开对象。
- 计划品编码：可输入一个计划品的存货编码，目的在于建立存货与某一计划品的对应关系，与“转换因子”栏位值配合，用于存货的销售订单与该计划品的需求预测进行预测消抵。只有销售属性的存货才可输入；输入的计划品其“预测展开”设置为否；输入计划品的 MPS/MRP 属性与原存货相同。
- 转换因子：输入计划品编码时必须输入，默认为“1”可改，须大于 0。
- 替换日期：因某些原因（如技术、经济上原因等），而确定存货将在该日期被另一存货所替代，但在该存货被另一存货替代之前，该存货的现有库存将被使用完毕。MRP 展开时，一旦该存货库存在替换日期之后被完全使用完毕，系统自动将该存货的相关需求分配给另一存货（替换料）。该存货的替换料资料在物料清单中维护。
- 低阶码：又称为低层代码，表示该存货在所有物料清单中所处的最低层次，由“物料清单”系统中“物料低阶码自动计算”功能计算得到。MPS/MRP 计算使用低阶码来确保在计算出此子件的所有的毛需求之前不会对此存货进行净需求。

⑦ “图片”档案卡用于设置该存货的图片信息，便于查询和显示。

⑧“附件”档案卡用于有些与存货相关的其他信息，如产品设计图纸等，可以在此处以文件的形式附加。

（5）单击“保存”按钮保存数据，之后再录入其他存货档案。

4.2.4 财务

财务方面的设置包括会计科目、凭证类别、外币设置和项目目录。

1. 凭证类别

参照本书第2章中的"表2-10"设置凭证类别。

（1）展开图4-2中的"财务"目录，选择"凭证类别"目录，系统弹出"凭证类别预置"窗口，如图4-19所示。

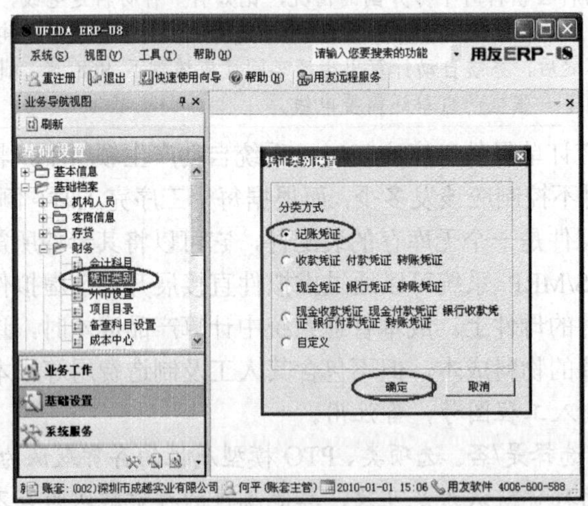

图 4-19

（2）选择"凭证类别"选项，勾选"记账凭证"项，单击"确定"按钮。

> 说明：第一次设置凭证类别时，系统会提供几种常用分类方式，如"记账凭证"、"收款凭证"等。在此处还可以选择"自定义"分类方式，以满足不同单位的需求。

（3）再次打开"凭证类别"设置窗口，单击"增加"按钮，系统弹出一空白凭证类别窗口，双击"类别字"项，填入自定义凭证的类别字"自"，双击"类别名称"项，填入自定义凭证的类别名称"成越公司记账凭证"，如图4-20所示。

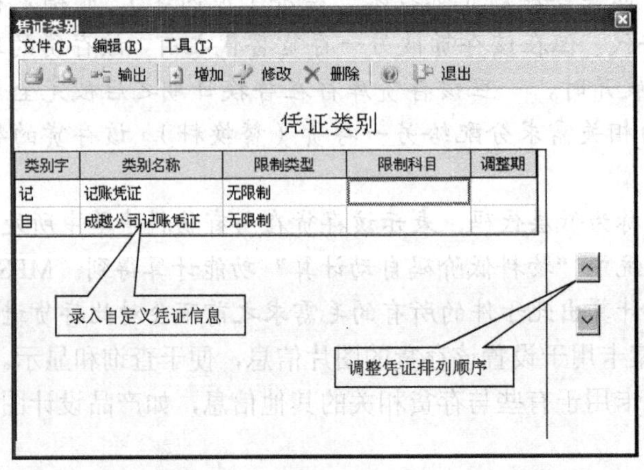

图 4-20

（4）单击“退出”按钮，系统会自动保存自定义凭证类别。

（5）双击“限制类型”可为该凭证类别设置限制科目。如使用该凭证类别时借方必有那些科目，否则系统视该张凭证为不合法。

注：凭证类别的排列顺序将会影响到账簿查询中凭证类别的排列顺序，可以通过旁边的顺序按钮来调节凭证类别的顺序。现在很多企业都没有刻意地划分凭证类别，一般都只有一种凭证类别，即“记账凭证”，凭证类别一旦在制单时被引用，就不能被删除。

2. 外币设置

核算单位涉及外币业务，需要进行汇率管理时，可在此进行外币设置。既可以减少录入汇率的次数和差错，又可以避免在汇率发生变化时出现错误。

使用固定汇率（即使用月初或年初汇率）作为记账汇率时，在填制每月的凭证前，应预先在此录入该月的记账汇率，否则在填制该月外币凭证时，将会出现汇率为 0 的错误。

使用变动汇率（即使用当日汇率）作为记账汇率时，在填制某天的凭证前，应预先在此录入该天的记账汇率。

参照本书第 2 章中的“表 2-11”进行外币设置。

（1）展开图 4-2 中的“财务”目录，选择“外币设置”命令，系统弹出“外币设置”窗口，如图 4-21 所示。

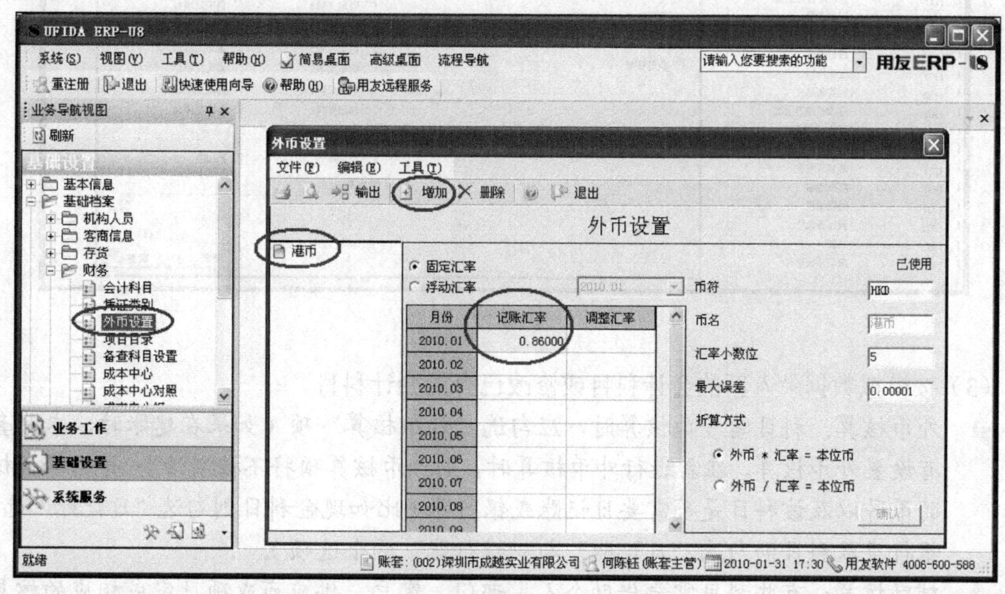

图 4-21

（2）单击“增加”按钮输入外币设置信息。

（3）设置完毕后，单击“确认”按钮保存。在设置会计科目时可以引用外币。只有在建账时勾选“外币核算”项，方能使用本功能。

3. 会计科目

一级科目设置必须符合会计制度的规定，而明细科目则可以根据实际情况，在满足核算、管理及报表的要求下进行设置。在进行建账时，如果选择了按行业预设科目，则系统会按新建账套的行业类型预设一级会计科目。

参照本书第 2 章中的“表 2-12”、“表 2-13”、“表 2-14”进行会计科目设置。

（1）展开图 4-2 中的“财务”目录，选择“会计科目”命令，系统弹出“会计科目”设置窗口。如果在建账时勾选“按行业预设科目”项，则在进行会计科目时，系统自动生成相应行业的会计科目，在此基础上，再根据企业需要，设置明细科目即可。

（2）在“会计科目”窗口中，单击“增加”按钮，系统弹出“会计科目-新增”窗口，如图 4-22 所示。

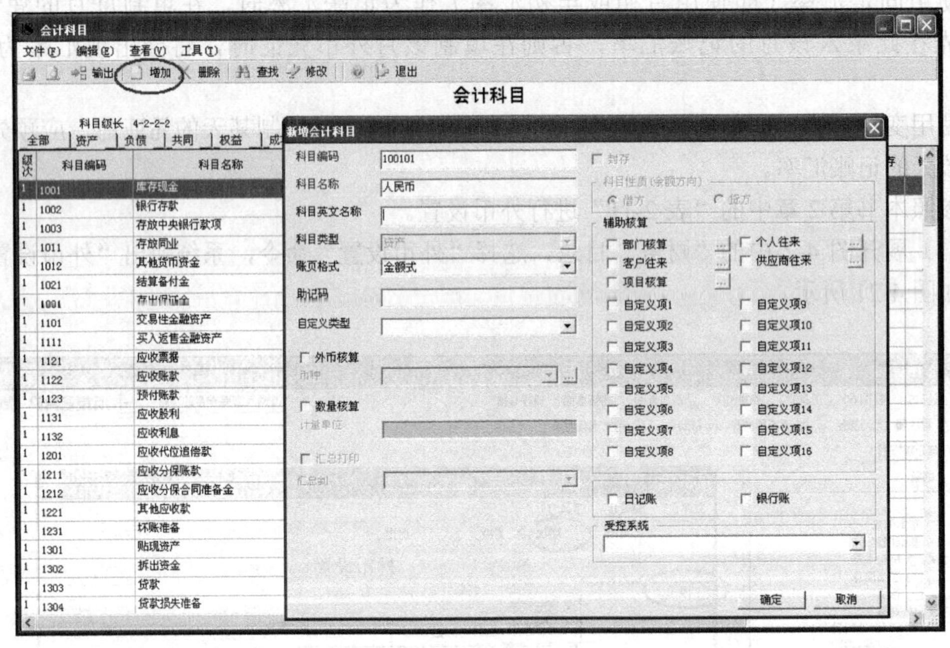

图 4-22

（3）按模拟数据录入新的会计科目或修改已有的会计科目。

- 外币核算：科目需外币核算时，应勾选“外币核算”项（如果在建账时，本账套没有设置外币核算，在需进行外币核算时，则外币核算项将不被激活），并选择其核算的币种以及该科目是否需要日记账或银行账（比如现金科目则勾选“日记账”选项，银行存款科目则勾选“日记账”与“银行账”两个选项）。
- 辅助核算：有些科目需要借助个人、部门、客户、供应商或项目完成相应的核算，在进行科目设置时，应勾选“进行辅助核算”项。

> **提示：** 比如会计科目“1122 应收账款”，在设置该科目时，其辅助核算就需要勾选“客户往来”（而非在这个科目下设置明细科目来表示具体的某个客户名称），这样这个科目就与“客户档案”连接起来了，在填制记账凭证时，如果使用到 1122 这个会计科目时，系统会提示要求选择发生这笔业务的客户名称。

- 受控系统：如果科目只能由特定系统（应收系统、应付系统和存货核算）使用，则可以在此指定系统。
- 数量核算：如果勾选该项，在填制凭证操作引用该科目时，系统会要求输入相应的数量和单价，相乘的结果为该科目的值。勾选“数量核算”项，则要设置计量单位。该功能常常在没有启用存货核算系统，而在总账系统中核算库存商品会计科目时使用。

（4）科目设置完毕，单击“确定”按钮保存设置并退出。

（5）在“会计科目”窗口中，打开“编辑”菜单下的“指定科目”菜单，系统弹出“指定科目”窗口，如图4-23所示。此处指定的现金总账科目和银行总账科目供出纳管理使用（在查询现金、银行存款日记账前，必须指定现金、银行存款总账科目）；指定现金流量科目为在总账中填制该科目凭证时，系统强制要求将该科目的发生业务记入到各现金流量项目中。

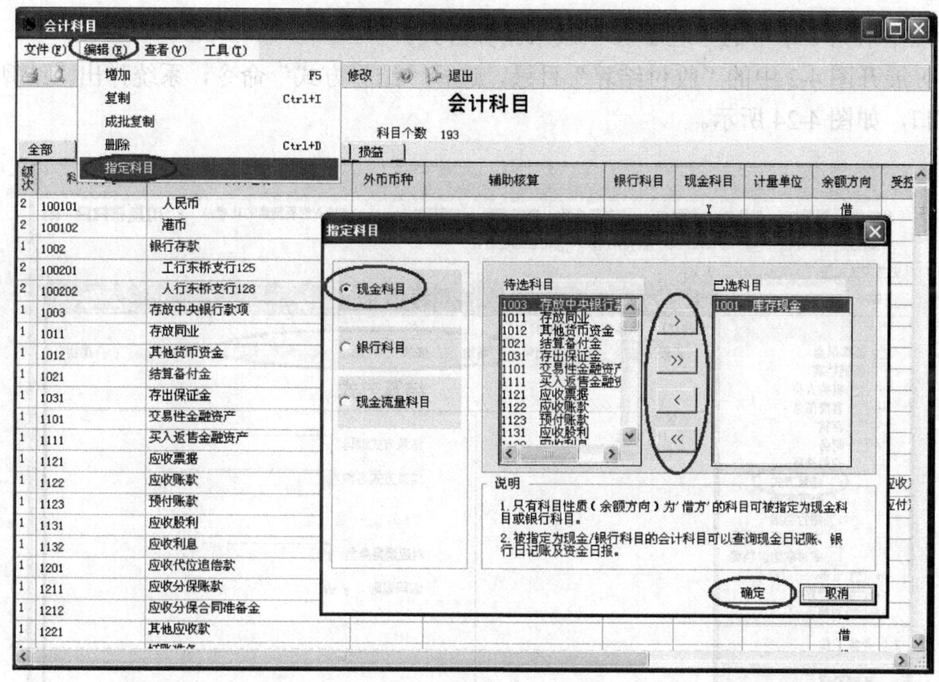

图4-23

注：

只有科目性质（余额方向）为“借方”的科目方可被指定为现金科目或银行科目。

指定的现金流量科目供UFO报表出现金流量表时取数函数使用，在录入凭证时，对指定的现金流量科目系统自动弹出窗口要求指定录入当前分录的现金流量项目。

如果不希望在填制凭证时，系统强制要求将该科目的发生额记入到现金流量项目中，则不要指定现金流量科目。

（6）若要修改科目信息，可以在“会计科目”窗口中，选择科目，再单击“修改”按钮进行修改，单击“删除”按钮可删除科目。

注：

不能删除已经制单或者录入了期初余额的科目；不能删除指定为“现金银行科目”的科目，只有取消“现金银行科目”的设置后方可删除。

在设置会计科目时要考虑到与其他子系统的衔接。因为，在总账系统中，只有末级会计科目才允许有发生额，才能接收各子系统转入的数据。

说明：如果已经制单或者有了期初余额的科目，再增加新的下级科目时，它会将该科目有关的数据自动转至所增加的下级科目中的第一级。如原来只用1001现金科目来做人民币业务，如果制单后要在现金科目下面增加两个下级科目，如100101人民币科目和100102美元科目，这时系统会将原来1001库存资金科目的数据自动转至100101人民币科目业务中。

4.2.5 收付结算

收付结算设置包括结算方式、付款条件、银行档案和本单位开户银行设置。

本功能用来建立和管理用户在经营活动中所涉及的结算方式，它与财务结算方式一致，如现金结算、支票结算等。结算方式最多可以分为两级。结算方式一旦被引用，便不能修改和删除。

参照本书第2章中的“表2-15”录入结算方式。

（1）展开图4-2中的“收付结算”目录，选择“结算方式”命令，系统弹出“结算方式”设置窗口，如图4-24所示。

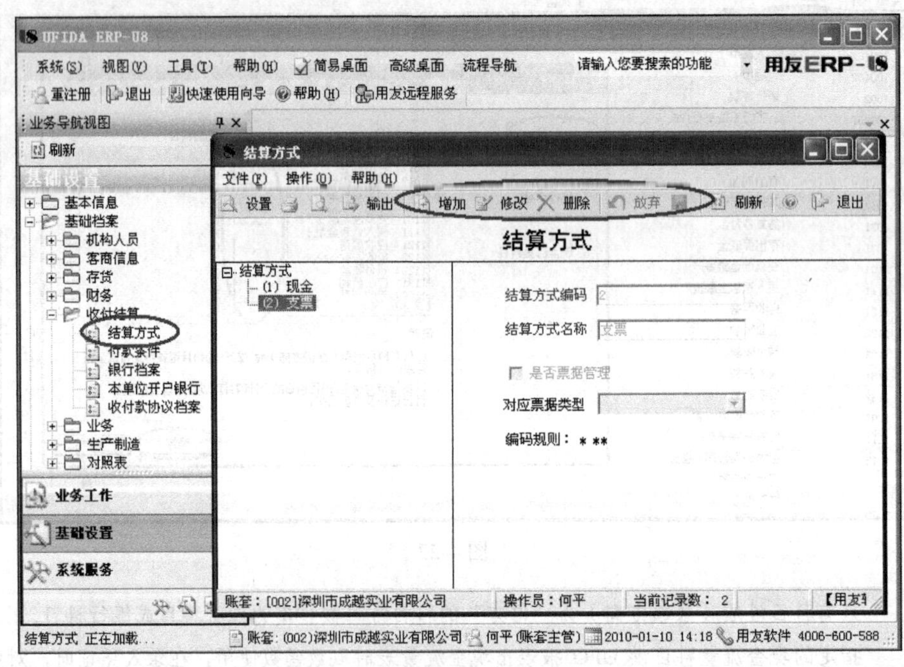

图4-24

（2）结算方式的设置与客户分类设置类似，设置时应注意结算方式的编码规则。

注：如果勾选“是否票据管理”项，则在执行该种结算方式时，系统会提示记录发生该笔业务的票据信息，否则不会提示。

4.2.6 业务信息

业务信息设置内容包括仓库档案、收发类别、采购类型、销售类型、产品结构、成套件、费用项目、发运方式、货位档案和非合理损耗类型等设置。

1. 仓库档案

仓库设置是应用供销链管理系统的前提。

参照本书第 2 章中的“表 2-16”进行仓库档案设置。

（1）展开图 4-2 中的“业务”目录，选择“仓库档案”命令，系统弹出“仓库档案”设置窗口。

（2）单击“增加”按钮，系统弹出“增加仓库档案”对话框，带红色“*”的选项为必须填写项。

- 仓库编码必须唯一，最多 10 位，仓库名称最多 20 个字符，在此录入“01”。
- 仓库名称输入“原材仓”。
- 当存货核算系统选择“按部门核算”时，必须输入所属部门。
- 系统提供 6 种计价方式。工业有计划价法、全月平均法、移动平均法、先进先出法、后进先出法和个别计价法；商业有售价法、全月平均法、移动平均法、先进先出法、后进先出法和个别计价法。每个仓库都必须选择一种计价方式。只有在存货核算系统的选项设置中选择了核算方式“按仓库计算”项，则在此设置的仓库计算方式才能使用。
- 是否货位管理：如果该仓库需进行货位管理，则勾选此项。如果该仓库已使用，此时再由货位管理改为非货位管理，系统将货位结存表中该仓库的所有信息删除；由非货位管理改为货位管理后，要在货位期初数中输入该仓库各存货各货位的结存情况。
- 是否参与 MRP 运算：新建仓库默认为“是”，可修改。该功能与用友 V8.72 中的物料需求计划有关，本书不涉及。
- 是否参与 ROP 计算：新建仓库默认为“是”，以后根据“库存管理”ROP 选项默认 ROP 采购计划方案的设置显示，可修改。该功能与用友 V8.72 中的物料需求计划有关，本书不涉及。
- 资金定额、备注：可以为空。
- 对应条形码：该编码输入的位长为 30 位，不允许有重复的记录存在。新增记录时系统默认将仓库编码带入，可以随时修改，可以为空。
- 仓库属性：下拉框选择，选项：普通仓、现场仓、委外仓，默认为“普通仓”；“普通仓”用于正常的材料、产品、商品的出入库和盘点的管理；“现场仓”用于生产过程的材料、半成品、成品的管理，即指将生产车间当作一个仓库管理；“委外仓”用于发给委外商的材料的管理，即指将委外供应商的生产现场当作一个仓库管理。
- 控制序列号：默认为“是”，如没有选择，库存管理收发记录表中存在此仓库时不可修改，如果已选择，随时可改。老用户升级默认为“是”。
- 记入成本：默认选中。如果库存管理收发记录表中存在此仓库，即已录入单据的仓库不允许修改“记入成本”的属性，非“记入成本”的仓库不允许指定其对应的部门。老用户升级默认为“是”。
- 纳入可用量计算：默认“是”。随时可改。老用户升级默认为“是”。
- 代管仓：默认为“否”，如果仓库被引用过（只要被参照过），则不能再修改此选项，而且此选项与现场仓、委外仓互斥。

● 保税库：存放保税品的仓库。

（3）单击“保存”按钮保存设置，然后再录入其他仓库档案数据，如图4-25所示，最后单击“退出”按钮退出设置。

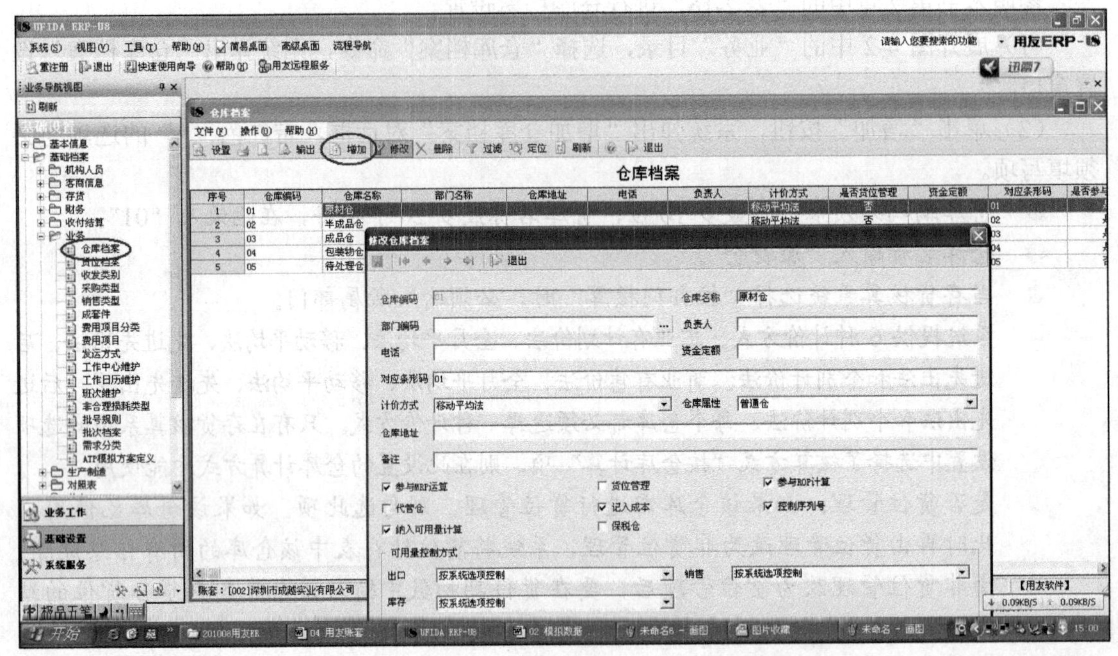

图 4-25

2．收发类别

收发类别不仅包括材料，还包括商品出入库类型，用户可以根据实际的需要自行设置，根据不同的业务类型进行统计和分析。比如，公司为客户临时提供样品供其测试使用时，为了统计最终样品的出库情况，可以在出库类别中单独设置一个“样品出库”类别，这样，在填制出库单时，在出库类别项中选择“样品出库”，则可以随时统计所有属于“样品出库”这种出库业务的数据。收发类别的设置可在同一种业务单据（如其他出库单）上处理不同的业务类型（比如赠品出库、盘亏出库等），并且后期可以根据不同的收发类别进行查询和统计，另外，在存货核算系统中，业务单据在生成记账凭证时，系统根据收发类别来识别对方会计科目。

参照本书第2章中的“表2-17”进行收发类别设置。

（1）展开图4-2中的“业务”目录，选择“收发类别”命令，系统弹出“收发类别”设置窗口，如图4-26所示。

（2）单击“增加”按钮录入收发类别档案，要选择收发标志，保存后再增加其他数据。

提示： 收发标志代表该收发类别相对于仓库是收还是发。

3．采购类型

采购类型是由用户根据企业需要自行设定的项目，用户在使用用友采购管理系统，填制采购入库单等单据时，会涉及采购类型栏目，便于企业进行分类统计。如果企业需要按采购类型进行统计，那就应该建立采购类型项目。

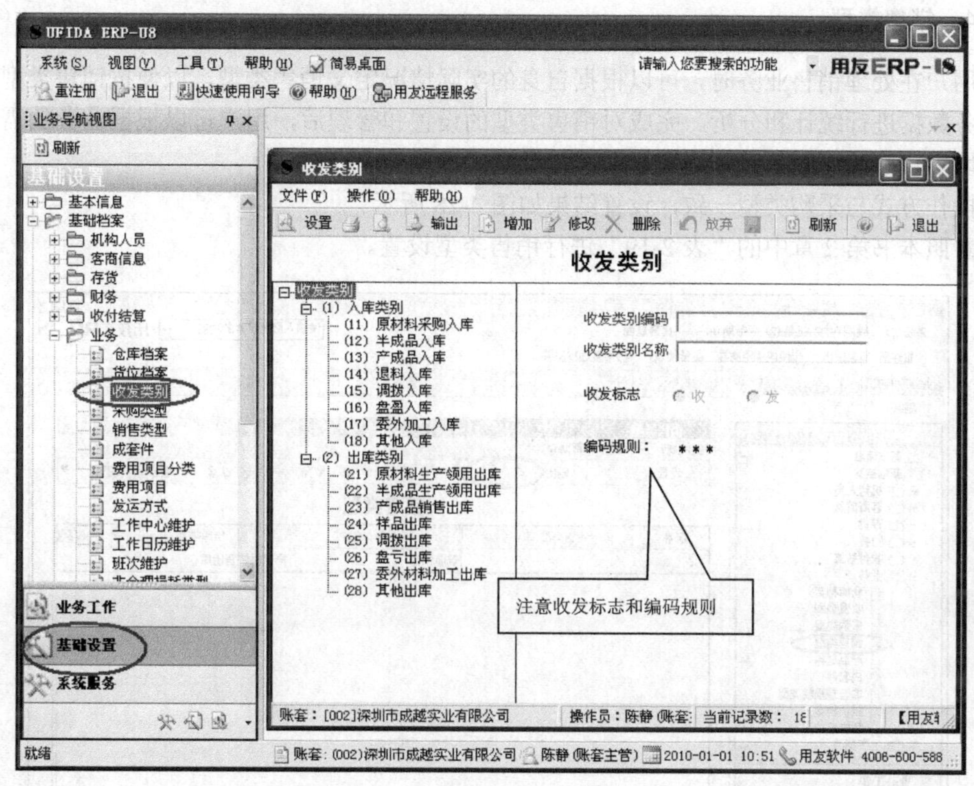

图 4-26

参照本书第 2 章中的“表 2-18”进行采购类型设置。

（1）展开图 4-2 中的“业务”目录，选择“采购类型”命令，系统弹出“采购类型”设置窗口，如图 4-27 所示。

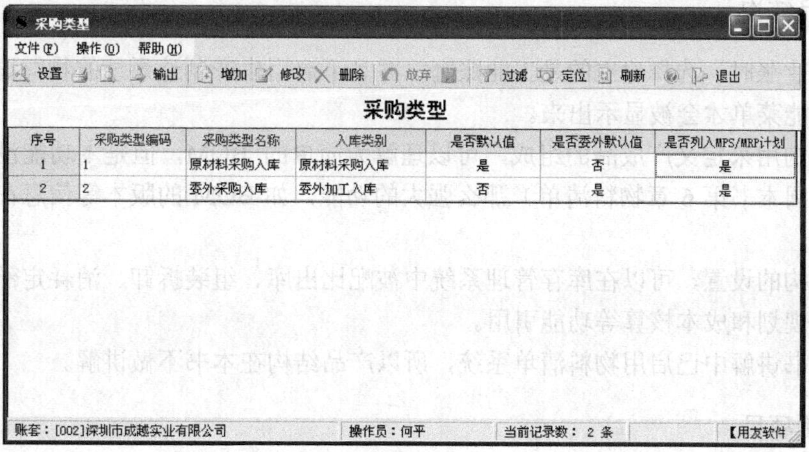

采购类型

序号	采购类型编码	采购类型名称	入库类别	是否默认值	是否委外默认值	是否列入MPS/MRP计划
1	1	原材料采购入库	原材料采购入库	是	否	是
2	2	委外采购入库	委外加工入库	否	是	是

账套：[002]深圳市成越实业有限公司　操作员：何平　当前记录数：2 条　【用友软件

图 4-27

（2）单击“增加”按钮，增加一采购类型，如原材料采购入库，对应的入库类别为“原材料采购入库”，单击“保存”按钮保存设置。

4．销售类型

用户在处理销售业务时，可以根据自身的实际情况定义销售类型，以便按销售类型对销售业务数据进行统计和分析。完成对销售类型的设置和管理后，用户可以根据业务的需要方便地增加、修改、删除、查询和打印销售类型。

操作方式与采购类型一致，设置结果如图 4-28 所示。

参照本书第 2 章中的“表 2-19”进行销售类型设置。

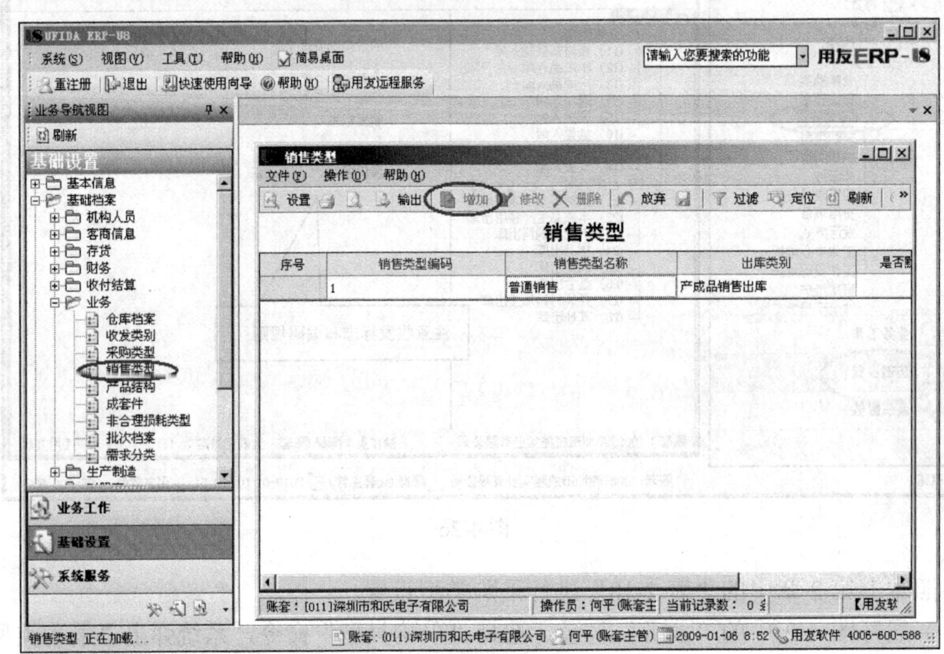

图 4-28

5．产品结构

如要在建账时，选择建立的是工业账套，并且不启用生产制造系统的物料清单（BOM）系统，本功能菜单才会被显示出来。

产品结构用来定义产成品的组成，可以理解为简单的 BOM，但是本功能没有物料清单系统（请参阅本书第 6 章物料清单）那么强大的功能，如 BOM 的版本等信息在产品结构中都无法处理。

产品结构的设置，可以在库存管理系统中被配比出库、组装拆卸、消耗定额、产品材料成本、需求规划和成本核算等功能引用。

由于本书讲解中已启用物料清单系统，所以产品结构在本书不做讲解。

6．费用项目

用户在处理销售业务中的代垫费用和销售支出费用时，应先行在本功能中设定这些费用项目。本功能完成对费用项目的设置和管理后，用户可以根据业务的需要方便地增加、修改、删除、查询和打印费用项目。

7．发运方式

用户在处理采购业务或销售业务中的运输方式时，应先在本功能中设定这些运输方式。本功能完成对运输方式的设置和管理后，用户可以根据业务的需要方便地增加、修改、删除、查询和打印运输方式。

8．货位档案

本功能用于设置企业各仓库所使用的货位，有的企业也将货位称为货架。如果启用了货位管理，则在录入存货期初结存或进行日常业务处理之前，首先应对本企业各仓库所使用的货位进行定义，以便在实物出入库时确定存货的货位。在进行存货出入库业务处理时，如入库业务时，系统要求录入该存货的入库仓库，并要求指定入到该仓库的哪个货位上。

货位是指在一个仓库中（如原材料仓库）再细分多个指定位置用来存放物料，以便于物料的有效管理、查询、统计、分析。如果启用了货位管理，则在物料出入库时不仅要指定仓库，而且还要指定货位。

9．工作日历

工作日历用来定义企业在生产经营活动哪一天是休息时间？哪一天是工作时间？该天为工作日时，该天的工作时间是多少小时？工作日历供物料需求展算（请参阅本书第 7 章中的 MRP 计算）、车间工序计划、产能计算进行日期推算时，系统按实际工作日安排各工作日期。可按公司实际的休假日和工作日维护工作日历资料。

例如，有一产品从开工到完工需要 7 天的周期，如果要求 2010 年 2 月 10 日完工，理论上应该从 2010 年 2 月 4 日开工即可，但当系统考虑“工作日历”时（假设有二个休息日，2010 年 2 月 6 日和 7 日休息），则系统计算出来的建议开工日期是 2010 年 2 月 2 日。

（1）展开如图 4-2 所示的“业务”目录，选择“工作日历维护”命令，系统弹出“工作日历维护”窗口，如图 4-29 所示。

（2）单击“修改”按钮可重新设置工作日历，在此设置每个周六和周日均为休息日。

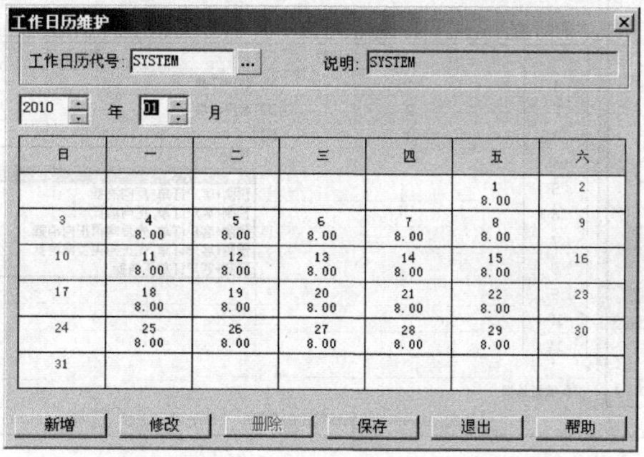

工作日历维护

工作日历代号: SYSTEM　　说明: SYSTEM

2010 年 01 月

日	一	二	三	四	五	六
					1 8.00	2
3	4 8.00	5 8.00	6 8.00	7 8.00	8 8.00	9
10	11 8.00	12 8.00	13 8.00	14 8.00	15 8.00	16
17	18 8.00	19 8.00	20 8.00	21 8.00	22 8.00	23
24	25 8.00	26 8.00	27 8.00	28 8.00	29 8.00	30
31						

新增　修改　删除　保存　退出　帮助

图 4-29

- 工作日历代号：必须输入工作日历代号。SYSTEM 代号是系统预设日历，作为 MPS/MRP 自动规划的依据，其资料可修改，但不可删除。输入工作日历代号必须说明。
- 工作时数：新增日历时，工作小时数为 8，可修改。若工作小时数为 0，则表示本日为非工作日。工作小时数供资源产能计算时使用，MPS/MRP 只考虑是否工作日，不考虑工作小时数。
- 起始/结束设定日期：新增或修改时，供按时间范围批次设定是否工作日和工作时数。若要个别修改某天的工作时数，在本作业初始屏幕日期栏位上双击，直接修改后保存即可。
- 是否覆盖：修改工作日历时，确定是否以修改后的资料覆盖原已存在的资料。

4.2.7 生产制造

1. 需求时栅维护

在进行 MPS/MRP 展开计算时，某一时间段内对某种物料而言，其独立需求来源可能是销售订单（根据销售订单来计算所需要的材料）或预测（企业预测市场情况，在没有销售订单的情况下，先做预测，根据预测来计算所需要的材料）或两者都有，系统是按各物料所对应的时栅（时间段）内容而运作的，在各时栅中设置本时栅的需求来源。在 MPS/MRP 计算时，系统先以物料在存货主档中的时栅代号为准，若无则按 MPS/MRP 计划参数中设定的时栅代号。

参照本书第 2 章中“表 2-20”进行需求时栅设置。

（1）展开如图 4-2 所示的“生产制造”目录，选择“时栅资料维护”命令，系统弹出“时栅资料维护”设置窗口，如图 4-30 所示。

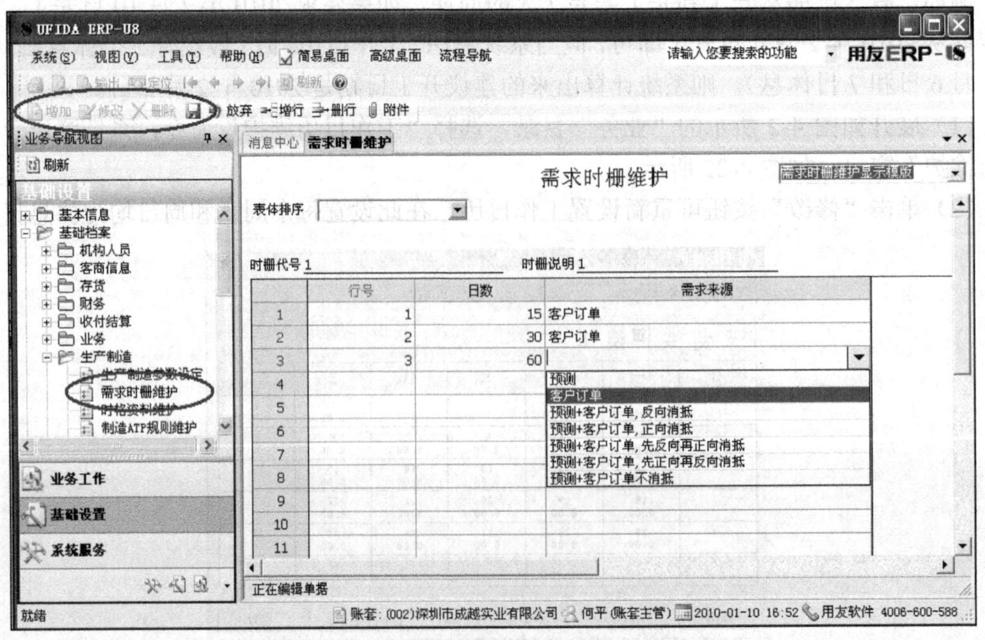

图 4-30

（2）单击“增加”按钮增加时栅资料。

时栅代号：输入时栅代号，必输。

时栅说明：输入时栅代号的名称说明，必输。

表体栏目如下。

行号：系统自动编号，不可修改。最多可设三笔行号资料。

日数：时栅共分为三个时间段，每一区段的天数由使用者自行决定，例如：若三个区段天数分别为 15、30、60，MPS/MRP 展开时系统日期为 2004/03/01，则此时栅三个区段的起止日期分别为：第一个区段 04/03/01-04/03/15，第二个区段 04/03/16-04/04/14，第三个区段 04/04/15-04/06/13。三个行号中，至少必输其一。

需求来源：选择在该时段内，物料计划的独立需求来源。若时间栏位不为空则必输。可选择“预测订单”、“客户订单”、“预测订单+客户订单，反向消抵”、“预测订单+客户订单，正向消抵”、“预测订单+客户订单，先反向再正向消抵”、“预测订单+客户订单，先正向再反向消抵”、“预测订单+客户订单，不消抵”之一。

如果选择“预测订单”，则表示在该时栅内，只以预测订单进行计算，不考虑客户订单，如果选择“客户订单”，则表示在该时栅内，只考虑客户订单，不考虑预测订单。

在使用“预测资料+客户订单”时，既两个都考虑时，如果选择不消抵，则表示在该时栅时，两种单都要参予运算，也可选择执行消抵，消抵逻辑举例如下：

日期：　06/01　06/10　06/20　07/01　07/10　07/20

预测单：　200　300　200　300　200　300

时栅：　=======区段一=====++========区段二=============

若一客户订单，其“预计完工日”为 06/15，数量为 600

选择反向消抵：则区段一的需求量为需求预测 06/20（200），客户订单（600），此时 06/01 的预测单 200 和 06/10 的预测单 300，已经被客户订单消抵，则于客户订单（600）大于消抵的数（200+300），所以在该时栅的区段一中，计算时以 06/15 客户订单（600）和 06/20 预测单（200）进行；

选择正向消抵：则区段一的需求量为需求预测 06/01（200），06/10（300），客户订单（600）；

选择先反向再正向消抵：则区段一的需求量为需求预测 06/20（100），客户订单（600）；

选择先正向再反向消抵：则区段一的需求量为需求预测 06/01（100），客户订单（600）；

注意：　消抵的计算逻辑是依各区段而执行的，不跨区段进行消抵。

2．计划代号维护

维护 MPS/MRP 计划代号、说明及其类别，供 MPS/MRP 计划生成时使用。

用友 MRP 运算时可以同时进行多种不同考虑因素（如是否考虑已下达的请购单量）的计算结果，最后可以进行多种不同版本的结果的对比分析，然后选择一个可执行的计划版本最终来执行，请参阅本书第 7 章中的 MRP 计划维护。

（1）展开如图 4-2 所示的“生产制造”目录，选择“计划代号维护”命令，系统弹出“计划代号维护”设置窗口，如图 4-31 所示。

（2）单击“增加”按钮增加一个计划代号“1”，计划类别选择“MRP”（本书中只讲解

MRP），最后单击“保存”按钮保存新增的计划代号。

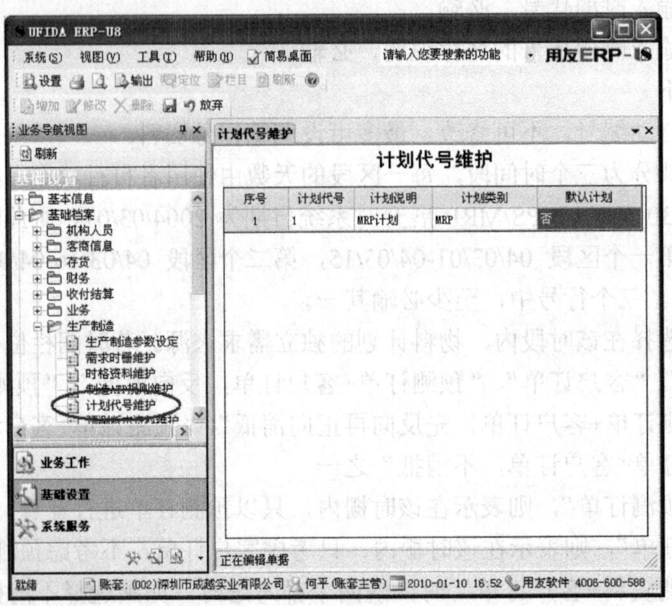

图 4-31

3．预测版本资料维护

维护需求预测订单的版本号及其类别，以说明 MPS/MRP 展开所用的产品预测资料来源。

提示：如果企业是接到销售订单才组织生产，而不是提前做一些预测计划生产，则不需进行预测版本设置。

（1）展开如图 4-2 所示的“生产制造”目录，选择“预测版本资料维护”命令，系统弹出“预测版本资料维护”设置窗口，如图 4-32 所示。

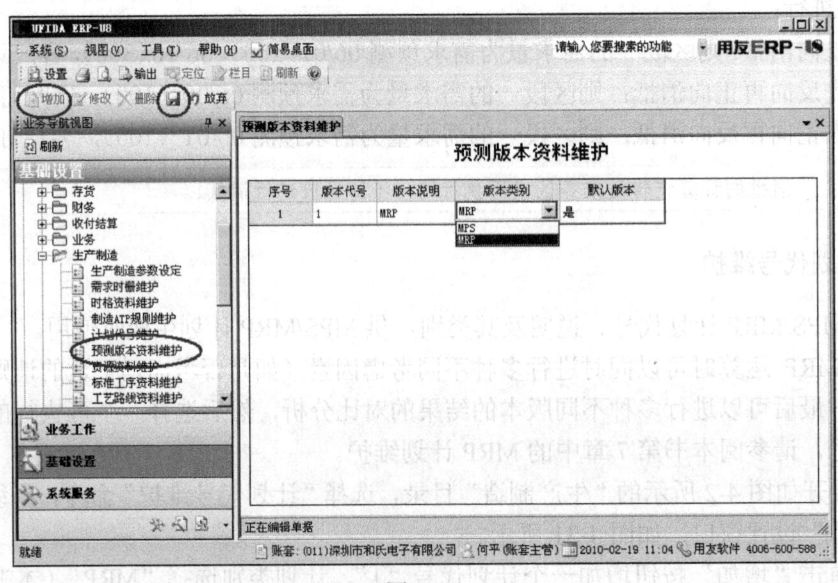

图 4-32

（2）单击“增加”按钮增加预测版本。

4.2.8　对照表

对照表可分别设置仓库存货对照表、存货货位对照表、供应商存货对照表、客户存货对照表、单据类型与收发类别对照表、存货自由项对照表。如图 4-33 所示。

提示：　本书中为了读者操作方便，均不设置对照表信息。

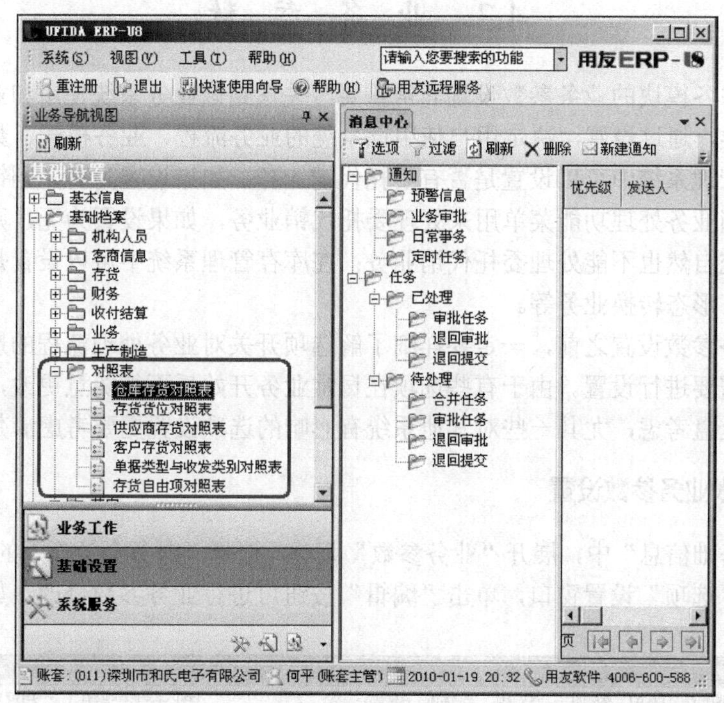

图 4-33

- 仓库存货对照表：设置企业各仓库所能存放的存货或存货所能存放的仓库。
- 存货货位对照表：设置存货的固定货位或常用货位，可设置优先级。
- 供应商存货对照表：本设置用于反映某一供应商可以提供哪些存货或某一存货由哪些供应商提供，以及该存货在各供应商间的配额分配和价格水平。在物料需求计划系统中用该对照表进行计划的配额分配，在采购管理系统中用于采购凭证的价格确定。必须先设置供应商档案和存货档案后，再设置供应商存货对照表。物料需求计划、采购管理系统使用该表，无此要求的用户可不使用。
- 客户存货对照表：用于反映客户和存货的对应关系，设置客户对应的存货的检验属性，以及存货在客户处所使用的名称等。必须先设置客户档案和存货档案后，再设置客户存货对照表。无此要求的用户可不设置。
- 单据类型与收发类别对照表：设置不同的单据与收类别或发类别的对应关系，在进行业务处理时，可自动带入默认的收发类别，以提高操作的方便性，用户可进行修改。

- 存货自由项对照表：设置各个存货档案启用的自由项的取值范围。

提示：如果设置了仓库存货对照表，并且在库存管理系统的选项中勾选了“检验仓库存货对照关系”项（请参阅本章中4.3.7小节库存管理系统业务参数设置），则在进行存货录入时，系统将强制检查该存货与仓库之间的对应关系，如果该存货不是放在指定的仓库中（即没有建立该存货与指定仓库的对照关系），则系统不能保存这张入库单据。同理，存货货位对照、供应商存货对照、客户存货对照都可以在系统中设置，在业务处理时是否强制检验其对照关系。

4.3 业务参数

用友系统中各模块的业务参数设置非常重要，关系到该业务系统使用和业务点控制，就像功能开关一样，通过设置，决定用户使用该系统的业务流程、业务模式、数据流向。

如在销售管理系统中可以设置是否有委托代销业务，如果设置为有，则销售管理系统中则出现委托代销业务处理功能菜单用来处理委托代销业务，如果设置为无，则委托代销业务将被屏弊，系统自然也不能处理委托代销业务；在库存管理系统中可以设置是否进行安全库存报警、是否有形态转换业务等。

在进行业务参数设置之前，一定要详细了解选项开关对业务处理流程的影响，并结合企业的实际业务需要进行设置。由于有些选项在日常业务开始后不能随意更改，用户最好在业务开始前进行全盘考虑，尤其一些对其他系统有影响的选项设置更要考虑清楚。

4.3.1 总账业务参数设置

（1）在“基础信息”中，展开“业务参数”菜单，选择“财务会计”下的“总账”命令，系统打开总账“选项”设置窗口，单击“编辑”按钮可进行业务参数修改，如图4-34所示。

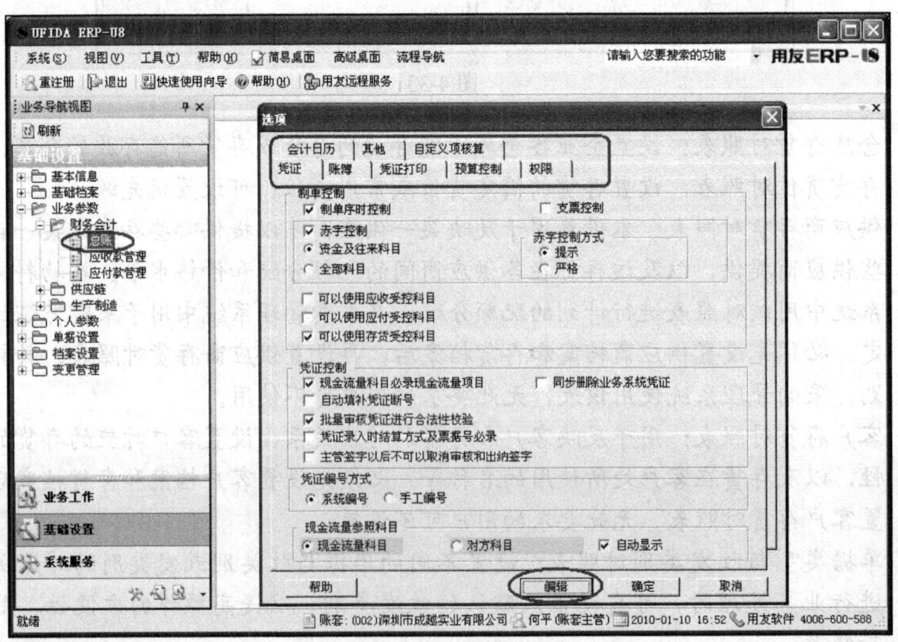

图4-34

（2）在“选项”窗口中包含“凭证”、“账簿”、“凭证打印”、“权限”、“预算控制”、“会计日历”和“其他”等选项卡。

① “凭证”选项卡，用于设置与凭证相关的控制参数。

- “制单序时控制”表示填制凭证时，凭证日期只能由前往后填。例如，填制了 2010 年 1 月 5 日的凭证就不能填制 2010 年 1 月 4 日的凭证。
- “支票控制”表示在制单时录入了未在支票登记簿中登记的支票号，系统将提供登记支票登记簿的功能。
- “赤字控制”表示在科目制单时如果最新余额出现负数，系统将予以提示，如果勾选该项，则可以选择是对“资金及往来科目”进行控制或对“全部科目”都进行控制；控制时只是显示提示信息，严格控制时如出现负数则不能再制单。
- “可以使用应收、应付、存货受控科目”是指某科目为其他系统的受控科目（如客户往来科目为应收、应付系统的受控科目），为了防止重复制单，应只允许其受控系统使用该科目制单，总账系统不能使用此科目制单。

注：如果允许使用了受控科目，则有可能引起其他系统与总账对账不平。例如：在应收款管理系统中，A 客户的应收账款为 20 万元，但是在总账系统中除了接收来自于应收款管理系统的 A 客户 20 万元的应收账款信息之外，又单独在总账中新增了 A 客户的应收账款 5 万元，这样就会造成应收款管理系统中的 A 客户的应收账款（20 万元）与总账系统中的 A 客户的应收账款（25 万元）对账不平。所以建议不要勾选这几项，将应收款、应付款、存货的业务处理完全交由应收款管理系统、应付款管理系统、存货核算系统进行，在总账系统中，这些科目都不能被用来填制凭证，当然，这是指这几个系统都已经启用的情况下才这样设置。

- “现金流量科目必录现金流量项目”表示在录入凭证时如果使用现金流量科目（现金流量科目设置请参阅本章中的会计科目设置），那么必须输入现金流量项目及金额。
- 同步删除外部系统凭证：勾选此项，表示外部系统删除凭证（如在应收系统中删除应收系统中的凭证时）时相应的将总账的凭证同步删除。否则，将总账凭证作废，不予删除。
- “自动填补凭证断号”表示凭证编号方式为系统编号而非手工编号时，在新增凭证时，系统按凭证类别自动查询本月的第一个断号，并将其作为本次新增凭证的凭证号。如无断号则使用新号，编码规则不变。
- 批量审核凭证进行合法性校验：批量审核凭证时针对凭证进行二次审核，提高凭证输入的正确率，合法性校验与保存凭证时的合法性校验相同。
- 凭证录入时结算方式及票据号是否必须录入，如果勾选该项，则必须录入。
- 主管签字以后不可以取消审核和出纳签字：勾选该项，表示如果用友系统中对凭证执行了主管签字功能，则不能取消凭证审核和出纳签字功能，如果需要取消，则需要首先取消主管签字。
- 凭证编号方式：可自选，建议勾选“系统编号”。
- 现金流量参照科目：选择现金流量录入界面的参照内容和方式，选择“现金流量科目”项时，系统只参照凭证中的现金流量科目；选择“对方科目”项时，系统只显示凭证中的非现金流量科目；选择“自动显示”项时，系统依据前两个选项将现金流量科目或对方科目自动显示在指定现金流量项目界面中，否则需要手工参照选择。

②“凭证打印”选项卡，用于设置与凭证打印相关的控制参数。

- 合并凭证显示、打印：勾选此项可以再次选择是“按科目、摘要相同方式合并”或“按科目相同方式合并”。在填制凭证、查询凭证、出纳签字和凭证审核时，以系统选项中的设置显示；在科目明细账显示或打印时，在明细账显示界面提供是否“合并显示”的选项。
- 打印凭证页脚姓名：在打印凭证时，是否自动打印制单人、出纳、审核人、记账人的姓名；不勾选则不打印。
- 打印包含科目编码：在打印凭证时，系统除了打印科目名称之外，是否要自动打印科目编码。
- 打印转账通知书：启用了此项，才能够在科目编辑时指定可打印的科目，在凭证中可打印转账通知单。
- 凭证、正式账每页打印行数：设置凭证、正式账的每页打印行数。

③“账簿”选项卡，用于设置账簿打印相关的控制参数。

- 打印位数宽度（包括小数点及小数位）：定义正式账簿打印时各栏目的宽度，包括摘要、金额、外币、数量、汇率及单价。
- 凭证、账簿套打：选择凭证、账簿是否套打，套打是用友公司专门为用友软件用户设计的，适合于用各种打印机输出管理用表单与账簿，这些表单与账簿是带格式线的空表，套打时，系统只打印出具体的数据，而不打印这些格式线。
- 明细账（日记账、多栏账）打印输出方式：按月排页，即打印时从所选月份范围的起始月份开始将明细账顺序排页，再从第一页开始将其打印输出，打印起始页号为“1页”，这样，若所选月份范围不是第一个月，则打印结果的页号必然从“1页”开始排；按年排页，即打印时从本会计年度的第一个会计月开始将明细账顺序排页，再将打印月份范围所在的页打印输出，打印起始页号为所打月份在全年总排页中的页号，这样，若所选月份范围不是第一个月，打印结果的页号有可能就不是从“1页”开始排。
- 打印设置按客户端保存：如果有多台计算机使用用友软件，不同的计算机上配置有多台不同型号的打印机时，选择此项则可以按照每台计算机上单独的打印机类型和打印选项设置，打印凭证和账簿。

④“权限”选项卡，在此可以设置总账系统的权限。

- 制单权限控制到科目：若勾选此项，则在制单时，操作员只能使用具有相应制单权限的科目制单，这个功能要与在系统管理的“功能权限”中设置科目权限共同使用才有效。
- 制单权限控制到凭证类别：若勾选此项，则在制单时，只显示此操作员有权限的凭证类别，同时在凭证类别参照中按人员的权限过滤出有权限的凭证类别，此功能与系统管理的“功能权限”中设置凭证类别权限共同使用才有效。
- 操作员进行金额权限控制：选择此项可以对不同级别的人员进行金额大小的控制，例如，财务主管可以对10万元以上的经济业务制单，一般财务人员只能对5万元以下的经济业务制单，严格的金额权限设置可以防止经济损失。如果为外部凭证或常用凭证调用生成，则处理与预算处理相同，不做金额控制。

提示：结转凭证不受金额权限控制；在调用常用凭证时，如果不修改直接保存凭证，此时由被调用的常用凭证生成的凭证不受任何权限的控制，例如包括金额权限控制、辅助核算及辅助项内容的限制等；外部系统凭证是由外部系统已生成而传递进入总账系统的凭证，得到系统的认可，所以除非进行更改，否则不做金额等权限控制。

- 凭证审核控制到操作员：如只允许某操作员审核其本部门操作员填制的凭证，则应选择此选项。
- 出纳凭证必须经由出纳签字：若要求现金、银行科目凭证必须由出纳人员核对签字后才能记账，则选择“出纳凭证必须经由出纳签字”。
- 凭证必须经由主管会计签字：如要求所有凭证必须由主管签字后才能记账，则选择“凭证必须经主管签字”。
- 允许修改、作废他人填制的凭证：若选择了此项，在制单时可修改或作废别人填制的凭证，否则不能修改。
- 可查询他人凭证：如允许操作员查询他人凭证，则选择“可查询他人凭证”。
- 制单、辅助账查询控制到辅助核算：设置此项权限，制单时才能使用有辅助核算属性的科目录入分录，辅助账查询时只能查询有权限的辅助项内容。
- 明细账查询权限控制到科目：这里是权限控制的开关，在系统管理中设置明细账查询权限，必须在总账系统选项中打开，才能起到控制作用。
- 是否可以查询客户、供应商辅助账。

⑤“会计日历”选项卡，可以查看各会计期间的开始日期与结束日期、启用会计年度和启用日期。如果要修改设置需要在系统管理中进行操作（会计期间可以是任意位置，如可以是本月的 25 日到下个月的 24 日）。总账系统的启用日期不能在系统的启用日期之前，录入汇率后不能修改总账启用日期，总账中若已录入期初余额（包括辅助期初）则不能修改总账启用日期；总账的启用日期不能修改为总账中已制单的月份，总账的启用日期不能修改为其他系统中已制单的月份，第二年进入系统，不能修改总账的启用日期。

注：要修改账套设置，需在系统管理中以账套主管的身份注册，而不是以“Admin”的身份注册。

⑥“其他”选项卡，用于设置部门、个人、项目的排序方式以及数量、单价、本位币的小数位。

⑦“预算控制”选项卡，此功能与用友 V8.72 中的预算控制系统有关，本书中不涉及该内容，在此不做详细说明。

4.3.2　应收款管理系统业务参数设置

在“基础信息”中，展开“业务参数”菜单，选择“财务会计”下的“应收款管理”命令，系统打开应收款管理系统“账套参数设置”窗口，单击“编辑”按钮可进行业务参数修改，如图 4-35 所示。

其中包含“常规”、“凭证”、“权限与预警”和“核销设置”四个选项卡，单击“编辑”按钮可修改其设置（设置修改之后，需要退出用友，然后重新登录才有效）。

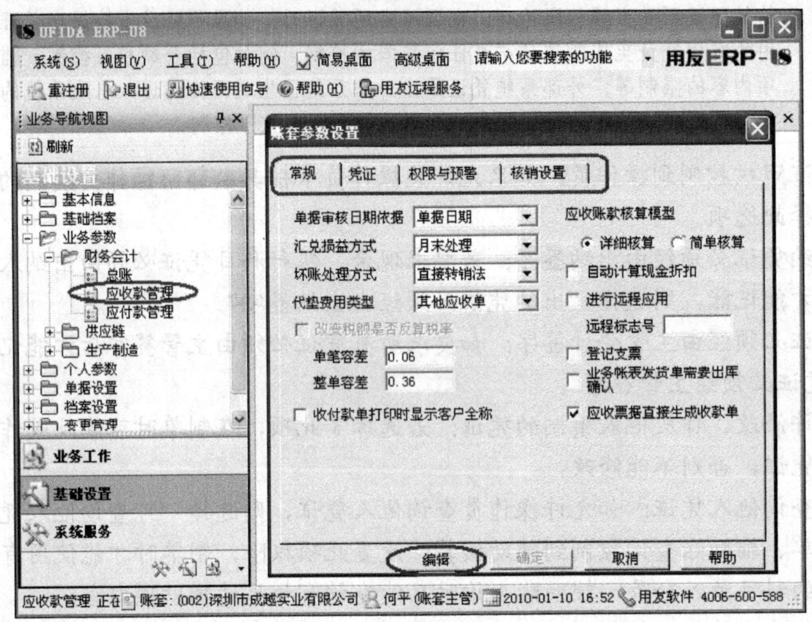

图 4-35

1. "常规"选项卡

- 单据审核日期依据：包括单据日期和业务日期。选择"单据日期"，则单据审核时自动将审核日期（即入账日期）记为单据日期。选择"业务日期"，则在单据审核时，自动将审核日期（即入账日期）记为当前业务日期（即登录日期）。

说明：单据审核日期依据单据日期还是业务日期，可以决定业务总账、业务明细账、余额表等的查询期间取值。如果使用单据日期为审核日期，月末结账时单据必须全部审核，因为下月无法以单据日期为审核日期。业务日期无此要求。在账套使用过程中，可以随时将选项从按单据日期改成按业务日期。在账套使用过程中，若需要将选项从按业务日期改成按单据日期，则需要判断当前未审核单据中有无单据日期在已结账月份的单据。若有，则不允许修改。

- 汇兑损益方式：包括外币余额结清时计算和月末计算。"外币余额结清时计算"表示仅当某种外币余额结清时才计算汇兑损益，在计算汇兑损益时，界面中仅显示外币余额为 0 且本币余额不为 0 的外币单据；"月末计算"表示每个月末计算汇兑损益，在计算汇兑损益时，界面中显示所有外币余额不为 0 或者本币余额不为 0 的外币单据。
- 坏账处理方式：包括"备抵法"和"直接转销法"，如果选择"直接转销法"，则不进行坏账计提准备处理。如果选择备抵法，您还应该选择具体的方法，系统为您提供了三种备抵的方法，即：应收余额百分比法，销售收入百分比法，账龄分析法三种方法。这三种方法需要在初始设置中录入坏账准备期初和计提比例或输入账龄区间等。并在坏账处理中进行后续处理。如果选择了直接转销法，您可以直接在下拉框中选择该方法即可。当坏账发生时，直接在坏账发生处将应收账款转为费用即可。

- 代垫费用类型：从销售管理系统传递的代垫费用单在应收系统用何种单据类型进行接收。系统默认为“其他应收单”，用户也可在单据类型设置中自行定义单据类型。该选项随时可以更改（这个功能要与销售管理系统一起使用，因为本书中未有涉及销售系统，所以在此不做介绍）。
- 应收款管理系统核算模型：包括简单核算和详细核算。系统默认选择“详细核算”方式。简单核算是指将销售传递过来的发票生成凭证并将其传递给总账系统（在总账中以凭证为依据进行往来业务的查询），如果销售业务以及应收账款业务不复杂，或者现销业务很多，那么最好选择此方案。详细核算是指可以对往来账进行详细的核算、控制、查询和分析。如果销售业务以及应收款核算与管理业务比较复杂，或者需要追踪每一笔业务的应收款、收款等，或者是需要将应收款核算到产品一级，那么最好选择详细核算。

提示：在系统启用或者还没有进行任何业务（包括录入期初数据）时才允许从简单核算改为详细核算；而从详细核算改为简单核算随时都可以进行。用户要慎重，一旦有数据，简单核算就不能改为详细核算。

- 自动计算现金折扣：选择现金折扣的目的是为了鼓励客户在信用期限内尽快还款，需要与现金折扣条件一起使用。
- 进行远程应用：可以在不同局域网内的用友系统之间传递数据（如分公司在上海，总公司在深圳，则在此可以设置远程的数据传递）。
- 登记支票：若勾选此项，系统自动将具有票据管理结算方式的付款单登记到支票登记簿（支票登记簿在总账系统的出纳管理中）。若不选择登记支票登记簿，用户也可以通过收款单上的“登记”按钮，手工填制支票登记簿。用户可随时查看支票记录簿上的信息。
- 改变税额是否反算税率：税额一般不用修改，在特定情况下，如系统和手工计算的税额相差几分钱，用户可以对税额进行调整。在调整税额尾差（单笔）、保存（整单）时，系统将检查是否超过容差，容差是可以接受的误差范围，超过则不允许修改。未超过则允许修改，请用户设置这两项容差。该项在实际工作中经常遇到，如果勾选，则可以再次设置单笔业务和整单业务的容差。

提示：税额变动时，系统将变动差额与容差进行比较，如果变动差额大于设置的容差数值，系统提示“输入的税额变化超过容差”，恢复原税额。变动差额 = 无税金额×税率 − 税额。单笔容差根据表体无税金额、税额、税率计算；整单容差根据无税金额合计、税额合计、表头税率计算。若单据表体存在多种税率，则系统不进行合计容差控制。本参数只能在销售系统没有启用时方可设置，如销售系统已启用，则只能查看，不能编辑。

- 应收票据直接生成收款单：勾选此项表示表示应收票据保存时，则同时生成收款单；不勾选此项则表示应收票据保存后，不生成收款单，需在票据界面手工点“生成”按钮才可生成收款单。
- 收款单打印显示客户全称：不勾选此项表示收付款单打印是显示客户简称；勾选此项则表示收付款打印时显示客户的全称。

2."凭证"选项卡

选择"账套参数设置"中的"凭证"选项卡，单击"编辑"按钮可更改设置。

- 受控科目制单方式：可选择明细到客户或明细到单据。明细到客户是指将一个客户的多笔业务合并生成一张凭证时，如果核算的这多笔业务的控制科目相同，系统将自动将其合并成一条分录。这样在总账系统中就能够根据客户来查询其详细信息。明细到单据是指将一个客户的多笔业务合并生成一张凭证时，系统会将每一笔业务形成一条分录。这样在总账系统中就能查看到客户的每笔业务的详细情况(建议设置成为"明细到单据")。
- 非控科目制单方式：可以选择明细到客户、明细到单据和汇总制单。明细到客户和明细到单据的设置方式同受控科目制单方式一样，汇总制单是指将多个客户的多笔业务合并生成一张凭证时，如果核算的这多笔业务的非控制科目相同、且其所带辅助核算项目也相同，系统会自动将其合并成一条分录。这种方式的目的是精简总账中的数据，在总账系统中只能查看到该科目的总的发生额，而查不到明细的业务发生情况。
- 控制科目依据：包括按客户分类、按客户和按地区。"按客户分类"指根据一定的客户属性将客户分为几个大类，在不同的方式下，针对不同的客户分类设置不同的应收科目和预收科目；"按客户"指根据不同的客户设置不同的应收科目和预收科目；"按地区"指针对地区分类的不同设置不同的应收科目和预收科目。
- 销售科目依据：根据每个单一的存货或存货分类设置不同的产品销售收入科目、应交增值税科目（一般情况会设置成为"存货分类"）。

提示： 控制科目依据设置和销售科目依据设置都与本章中应收账款初始设置中的科目设置有关。

- 月结前全部生成凭证：如果勾选此项，月末结账时将检查截止到结账月是否还有未制单的单据和业务。若有，系统将提示不能进行本次月结处理，用户可以详细查看这些记录；若没有，则可以继续进行本次月结处理。如果不勾选此项，则在月结时只允许查询截止到结账月的未制单单据和业务，不进行强制限制。
- 方向相反的分录合并：勾选此项，则在制单时若遇到满足分录合并的要求，则系统自动将这些分录合并成一条，根据在哪边显示为正数的原则来显示合并后分录的显示方向。不勾选此项，即使在制单时满足分录合并的要求，也不能合并方向相反的分录，它们会原样显示在凭证中。
- 核销生成凭证：若不勾选此项，不管核销双方单据的入账科目是否相同均不对这些记录进行制单。若勾选此项，则需要判断核销双方单据的入账科目是否相同，不相同时需要生成一张调整凭证。建议勾选此项。
- 预收冲应收生成凭证：若勾选此项，当预收冲应收业务的预收、应收科目不相同时，需要生成一张转账凭证。若不勾选此项，预收冲应收业务不管预收、应收科目是否相同均不生成凭证。
- 红票对冲生成凭证：若勾选此项，红票对冲时如果对冲单据所对应的受控科目不相同，则要生成一张转账凭证，月末结账时应在红票对冲处理中检查有无需要制单的记录。若不勾选此项，红票对冲处理中不管对冲单据所对应的受控科目是否相同均不生成凭证，月末结账时不需要检查红票对冲处理制单情况。

- 凭证可编辑：若勾选此项，表示生成的凭证可以修改；若不勾选此项，表示生成的凭证不可修改，不可修改是指凭证上的各个项目均不可修改，包括科目、金额、辅助项（项目、部门）、日期等。
- 收付款单制单表体科目不合并：不勾选此项，表示收付款单制单时要依据制单的业务规则进行合并；勾选此项，表示收付款单制单时表体科目无论是否科目相同辅助项相同，制单时均不合并。
- 应收单制单表体科目不合并：不勾选此项，表示应收单制单时要依据制单的业务规则进行合并；勾选此项，表示应收单制单时表体科目无论是否科目相同辅助项相同，制单时均不合并。

3．"权限与预警"选项卡

选择"账套参数设置"中的"权限与预警"选项卡，单击"编辑"按钮可以修改设置。

- 启用客户权限：该选项只有在企业门户设置中对"数据权限控制设置"中客户进行记录集数据权限控制时才可设置，账套参数中对客户的记录集权限不进行控制时，应收系统中不对客户进行数据权限控制。勾选该项，则在所有的处理、查询中均需要根据该用户的相关客户数据权限进行限制；不勾选该项，则在所有的处理、查询中均不需要根据该用户的相关客户数据权限进行限制。系统默认不需要进行数据权限控制，该选项可以随时修改。

> **提示：** 有的核算单位对于权限的设置非常明细，比如当 A 操作员登录用友应收款管理系统时，就只让其看到 A 操作员有权限的客户的相关业务数据，B 操作员登录用友应收款管理系统时，就只让其看到 B 操作员有权限的客户的相关业务数据，而主管 C 登录用友应收款管理系统时，则可以看到全部客户的相关业务数据，如果遇到这种情况，就需要使用该设置。

- 启用部门权限：启用部门权限的设置方式与启用客户权限的方式设置一样，只不过是对该操作员的所属部门权限进行明细控制。
- 单据报警：勾选此项，则需要设置报警的提前天数。每次登录本系统时，系统自动显示单据到期日减去提前天数的结果小于或等于当前注册日期的已经审核的单据，以此为依据通知客户哪些业务应该回款了。如果选择了根据折扣期自动报警，还需要设置报警的提前天数。每次登录本系统时，系统自动显示单据最大折扣日期减去提前天数的结果小于或等于当前注册日期的已经审核单据，以此为依据通知客户哪些业务将不能享受现金折扣待遇。不勾选此项，每次登录本系统时不会出现报警信息。
- 信用额度报警：勾选此项，系统根据设置的预警标准显示满足条件的客户记录，即只要该客户的信用比率小于等于设置的提前比率就对该客户进行报警处理。若选择信用额度等于 0 的客户也预警，则当该客户的应收账款大于 0 时即进行预警。不勾选此项，则不进行信用预警。
- 录入发票显示提示信息：勾选此项，则在录入发票时，系统会显示该客户的信用额度余额以及最后的交易情况。
- 信用额度控制：勾选此项，则在应收款管理系统保存录入的发票和应收单时，如果票面金额加上应收借方余额，然后再减去应收贷方余额的结果大于信用额度，系统会提示本张单据不予保存。不勾选此项，则在保存发票和应收单时不会出现控制信息。信用额度控制值选自客户档案的信用额度。

4. “核销设置”选项卡

选择“账套参数设置”中的“核销设置”选项卡，单击“编辑”按钮可以修改设置。

- 应收款核销方式：系统提供两种应收款的核销方式，即按单据、按产品两种方式。按单据核销，则系统将满足条件的未结算单据全部列出，由用户选择要结算的单据，根据选择的单据进行核销；按产品核销，则系统将满足条件的未结算单据按存货列出，由用户选择要结算的存货，根据选择的存货进行核销。

提示：如果企业收款时，没有指定具体收取的是某个存货的款项，则可以采用按单据核销。对于单位价值较高的存货，企业可以采用按产品核销，即收款指定到具体存货上。一般企业，按单据核销即可。

- 规则控制方式：如果选择严格的控制方式，则核销时严格按照选择的核销规则进行核销，如不符合，则不能完成核销；选择为提示，则核销时不符合核销规则，提示后，由用户选择是否完成核销。
- 核销规则：默认为“按客户”，可按客户+其他项进行组合选择。如选择客户+部门，则表示核销时，需客户相同，且部门相同。其他以此类推。
- 收付款单审核后核销：默认为“不选择”，表示收付款单审核后不进行立即核销操作。如勾选该项，并默认为自动核销，表示收付款单审核后进行立即自动的核销操作；选择为手工核销，则表示收付款单审核后，立即自动进入手工核销界面，由用户手工完成核销。

4.3.3 应付款管理系统业务参数设置

在“基础信息”中，展开“业务参数”菜单，选择“财务会计”下的“应付款管理”命令，系统打开应付款管理系统“账套参数设置”窗口，单击“编辑”按钮可进行业务参数修改，如图 4-36 所示。

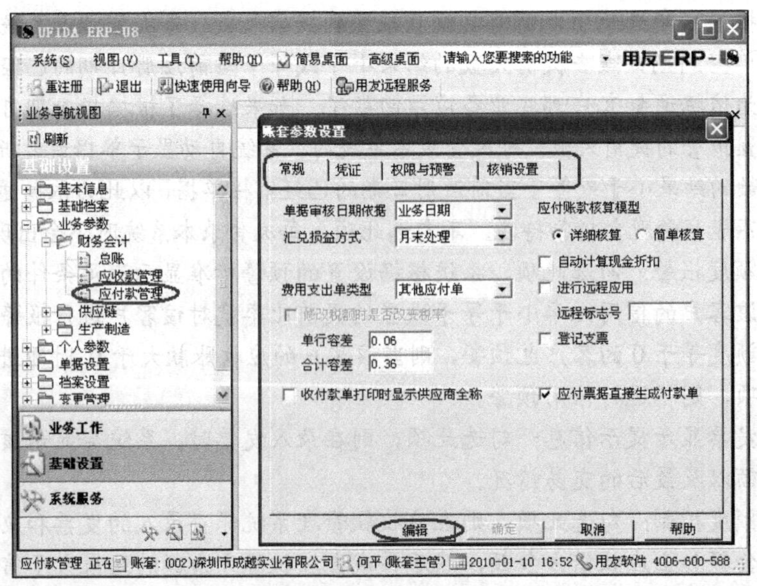

图 4-36

应付款管理系统的业务参数设置与应收款管理系统业务参数设置类似，读者可参阅应收款管理系统业务参数设置，在此就不详述了。

4.3.4 销售管理系统业务参数设置

（1）在“基础信息”中，展开“业务参数”菜单，选择“供应链”下的“销售管理”命令，系统打开“销售选项”设置窗口，如图 4-37 所示。

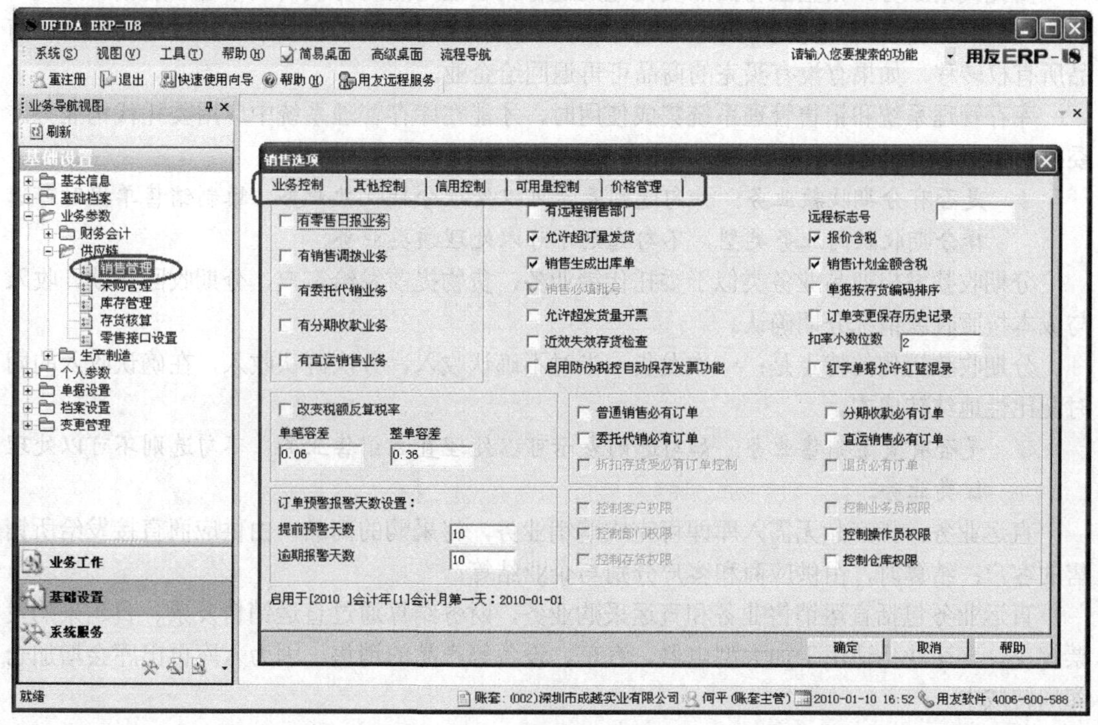

图 4-37

（2）在“选项”窗口中包含“业务控制”、“其他控制”、“信用控制”、“可用量控制”和“价格管理”选项卡。

①“业务控制”选项卡

- 是否有零售日报业务：勾选则表示有零售日报业务，销售系统将增加“零售”菜单项、零售相关报表查询。不勾选则表示销售系统不处理零售日报业务，“零售”菜单项和零售相关报表查询将被屏蔽。

零售业务：指商业企业将商品销售给零售客户的销售方式，如商场、超市等，本功能通过零售日报的方式接收企业的零售业务原始数据。当发生零售业务时，应将相应的销售票据作为销售零售日报输入到销售管理系统中。零售日报不是指每一笔原始的销售单据，是零售业务数据的日汇总，如商场收银台的销售日报数据汇总。该功能常用作与商场销售收款系统（如商场收银系统）的接口。

- 是否有销售调拨业务：勾选则表示有销售调拨业务，销售系统将增加“销售调拨”菜单项和相关销售调拨账表查询。不勾选，则表示系统不能处理内部销售调拨业务，相关菜单项和相关账表查询将被屏蔽。

销售调拨：一般是用来处理集团内部有销售结算关系的销售部门或分公司（既兄弟部门或兄弟公司）之间的销售业务。与销售开票相比，销售调拨业务不涉及销售税金。销售调拨业务必须在当地税务机关许可的前提下方可使用，否则处理内部销售调拨业务必须开具发票。

- 是否有委托代销业务：如勾选则表示有委托代销业务，系统将增加“委托代销”菜单项和委托代销明细账等账表，不勾选，则系统不能处理委托代销业务。

委托代销业务：指企业将商品委托他人进行销售但商品所有权仍归本企业的销售方式，委托代销商品销售后，受托方与企业进行结算，并开具正式的销售发票，形成销售收入，商品所有权转移，如果有没有买完的商品可再退回给企业。

库存管理系统和销售管理系统集成使用时，才能在库存管理系统中应用委托代销业务。委托代销业务只能先发货后开票，不能开票直接发货。

- 是否有分期收款业务：如勾选则表示可以处理分期收款业务，填制销售单据时可选择分期收款的业务类型，不勾选则不可以处理该类业务。

分期收款发出商品业务类似于委托代销业务，货物提前发给客户，分期收回货款，收入与成本按照收款情况分期确认。

分期收款销售的特点是：一次发货，当时不确认收入，分次确认收入，在确认收入的同时配比性地结转成本。

- 是否有直运销售业务：如勾选则表示可以处理直运销售业务，不勾选则不可以处理该类业务。

直运业务：指产品无需入库即可完成购销业务，将采购的商品，由供应商直接发给所销售的客户；结算时，由供应商和客户分别与企业结算。

直运业务包括直运销售业务和直运采购业务，财务结算通过直运销售发票、直运采购发票解决。直运业务适用于如大型电器、汽车、设备等产品的销售，因为入库再出库会增加仓库周转成本。

- 远程应用：该选项为库存管理系统、采购管理系统、销售管理系统共用，即在一个系统中改变设置，在其他两个系统中也同时更改（请参阅本章中的采购管理系统业务参数设置和库存管理系统业务参数设置）。默认为“否”，可随时修改。有远程应用时，可设置远程标识号，可执行远程应用功能。远程标识号可设定为两位，最大为 99，可随时修改。指总部及各分支机构之间分配的唯一标识号，此编号必须唯一，以保证数据传递接收时不重号。

远程应用一般情况是处理业务机构没有在一起的情况而设置的（如一个在北京、一个在上海），将各销售处远程销售数据传递到总部进行处理。但随着现在网络技术的发展，已经很少有公司使用该种方式进行处理了，而直接使用 VPN 或其他技术进行远程处理，有兴趣的读者可以参考一下其他的书籍，本书中对于远程应用将不再做讲解。

- 是否有超订量发货控制：勾选则表示控制，即在参照销售订单而生成销售发货单、销售发票时，不能超过订单的数量进行发货，如一张销售订单分为多次发货或开票的时，系统会自动计算当前可发货或开票的最高数据，通过该设置可严格根据销售订单控制销售发货数量、开票数据，限制业务人员的权限，降低出货回款的风险。建议勾选。

应用举例：某订单上所订的 A 货物数量是 100，而该张订单已发 A 货的数量为 30，已开出 A 的发票数量为 20，如果再次参照该张订单，则生成的 A 发货数量不能超过 100-30=70，生成 A 的销售发票上的数量则不能超过 100−20=80。

- 是否销售生成出库单：如勾选则销售管理系统的发货单、销售发票、零售日报、销售调拨单在审核/复核时，自动生成销售出库单，并传递到库存管理系统和存货核算系统，库存管理系统不可修改出库数量，即一次发货全部出库。如不勾选，库存中的销售出库单由库存管理系统参照上述单据生成，不可手工填制，可以修改本次出库数量，即可以一次发货多次出库；生成销售出库单后不可修改出库数量。

注意：在由库存管理系统生单向销售管理系统生单切换时（即更改该项设置时），如果有已审核/复核的发货单、发票未在库存管理系统生成销售出库单的，将无法生成销售出库单，因此应检查已审/复核的销售单据是否均已全部生成销售出库单后再切换。

提示：销售发货单与销售出库单是两个不同的概念，销售发货单是销售管理系统中生成以确认可以发货的单据，而销售出库单则是库存管理系统依据销售管理系统传过来的单据（销售发货单、销售发票、零售日报、销售调拨单），经过库存管理人员确认，然后将商品出库的单据。

- 销售是否必填批号：勾选则表示必填批号，这是指销售进行了批次管理的存货时，当开据发货单、销售发票、零售日报、销售调拨单时，批号为必填项。否则，批号在销售管理可指定可不指定。这个功能常用于在进行销售时，客户已经明确指定了所要购买的商品和批号（医药行业尤其如此）。

注意：在销售管理系统指定批号后，库存管理系统不能修改，销售时如果未指定批号则由库存管理系统指定批号。如果勾选了“是否销售生成出库单”，则批号只能在销售管理系统中指定，库存管理系统不可修改。

- 报价是否含税：如勾选则表示含税，不可随时更改。

报价：单据上的报价栏目的价格。报价可根据取价方式规则进行取价，用户可修改，也可手工录入（报价的取价规则请参阅本章中销售管理系统业务参数设置中的“价格管理”选项页）。报价含税时，含税单价＝报价×扣率×扣率；报价不含税时，无税单价＝报价×扣率×扣率。货物的最低售价、委托代销的结算单价、委托调整单金额是否含税也取决于这个选项。

- 销售计划金额是否含税：如勾选则含税，销售计划中的计划销售金额、销售定额、实际销售额均为含税金额，即价税合计，不勾选则指无税金额。

销售计划是销售管理工作的首要环节，是指导销售部门和销售人员进行货物销售的目标，在期末可将实际销售收入与计划销售额、销售定额进行比较，分析各项销售计划的具体执行情况。

- 单据按存货编码排序：如勾选则表示排序，则单据保存时，系统会按单据上的存货编码升序排列，而不是按录入的顺序保存。

提示：建议不要勾选该项，因为在一张单据上所销售的存货记录很多时，录入的顺序与保存后的数据顺序不一致，对于以后的查询或修改都很麻烦，特别是那些还保存着手工填写单据习惯的企业，在进行手工单据与系统单据对账时更是如此。

- 允许超发货量开票：不勾选此项，则表示在参照销售发货单生成销售发票，保存时发货单的累计开票数不能大于发货数量，勾选此项则可以。

- 订单变更保存历史记录：勾选此项，则销售订单在变更时，系统会自动记录订单的变更历史，并可以查询，不勾选此项则系统不记录订单的变更历史，只记录最后一次的变更结果。
- 近效失效存货检查：勾选此项，则在发货单、发票中，对于保质期管理的存货，如果有存货达到近效期或失效时，系统给予提示。检查时，用单据日期－存货的失效日期/有效期至进行判断，天数＝单据日期－失效日期/有效期至，如果天数≤保质期预警天数（存货档案），则给认为当前存货属于近效失效存货。不勾选此项，则在保存时，对于保质期管理的存货不进行近效、失效检查。
- 扣率小数位数：录入销售订单、发货单、销售发票上的扣率栏的小数位，默认为 2 位，可修改。
- 是否启用防伪税控自动保存发票功能：本系统提供销售发票与国税局的防伪税控开票系统的接口。如勾选则启用，系统新增销售发票保存时，可调用防伪税控接口，在防伪税控开票系统实时生成一张相同的发票；系统销售发票作废时，可调用防伪税控接口，在防伪税控开票系统作废原来对应生成的发票。
- 红字单据允许红蓝混录：勾选此项，则销售中的退货单、红字发票等红字单据在录入时，可以录入红字记录，也可以录入蓝字记录（即数量大于 0）；不勾选此项，则销售中的退货单、红字发票等红字单据在录入时，不允许录入蓝字记录，只能录入红字记录。
- 普通销售必有订单、委托代销必有订单、分期收款必有订单、直运销售必有订单：如勾选其选项，则表示要完成该业务则必须参照销售订单而生成，不勾选则可自行增加该业务单据。对于严格控制业务流程的企业，建议勾选，则所有的业务都以销售订单为业务起点，没有订单就不能执行后期的业务操作。
- 权限控制：对销售管理系统中是否进行客户、业务员、部门、用户、存货、仓库的数据权限控制进行设置，这几个权限设置如果没有在用友系统的数据权限控制设置中进行设置，则相应的选项被置为不活动状态。

以上这几个控制需与第三章权限设置中的记录和字段设置相呼应才能起到应用的效果。

- 改变税额是否反算税率：勾选则反算。税额一般不用修改，在特定情况下，如系统和手工计算的税额相差几分钱，用户可以调整税额尾差。若选择是，则税额变动反算税率，不进行容差控制。若选择否，则税额变动不反算税率，在调整税额尾差（单笔）、保存（整单）时，系统检查是否超过容差，超过则不允许修改，未超过则允许修改。

当修改税额不改变税率时，要进行税额的容差控制，必填以下两项。

单笔容差：默认为 0.06，可更改。修改税额超过容差时，系统提示超出容差范围，取消修改，恢复原税额。

整单容差：默认为 0.36，可更改。

提示：

税额变动时，根据（无税金额×税率－税额）是否大于设置的容差数值进行判断。大于时，提示“输入的税额变化超过容差”；小于时，不需要提示。

单笔容差根据表体无税金额、税额、税率计算；整单容差根据无税金额合计、税额合计、表头税率计算。

如果单据表体存在多种税率，此时整单容差的控制意义是不大的，建议取消容差控制，或将整单容差值改为较大值。

- 订单自动预警和报警：在销售订单中，有一个项为交货日期（请参阅本书第 7 章销售管理系统中的销售订单），在此可以设置提前预警和逾期报警天数，就可以查看"销售订单预警和报警"报表，包括符合条件的未关闭的销售订单记录。提前预警就是指销售订单中的交货日期在提前预警天数内尚未交完货的销售，设置提前预警是为了提前通知相关人员及时掌握即将要销售交货的单据，否则就来不及了。逾期预警是指在销售订单中已经过了订单的交货日期，该日期在逾期天数内的单据。
- 本系统启用的会计月、启用日期：根据销售管理系统的启用会计月和会计月的第一日带入，不可修改，此日期前的数据为期初数据。

②"其他控制"选项卡。

- 打印控制

是否在分页打印时将合计打印在备注栏：如勾选，则在分页打印时（一张单据因行次较多在一个页面打不下）将整单的合计金额（大写）作为备注说明打印在备注栏。不勾选则不打印在备注栏。

打印退补标志：录入左右标志，默认为"（"和"）"。选择不同的退补标志。如数量为 60，退补标志可设为（60）或[60]或{60}等不同格式。

- 自动指定批号（Ctrl+B）：批次管理存货发货时，设置批号参照时的排列规则、自动指定批号时的规则。

批号顺序发货：按批号顺序从小到大进行分配。

近效期先出：当批次管理存货同时为保质期管理存货时，按失效日期顺序从小到大进行分配，适用于对保质期管理较严格的存货，如食品、医药等；非保质期管理的存货，按批号顺序进行分配。

- 自动匹配入库单（Ctrl+Q）：出库跟踪入库的存货发货时，设置发货参照入库单时的排列规则、自动指定入库单时的规则。

先进先出：先入库的先出库，按入库日期从小到大进行分配。先入库的先出库，适用于医药、食品等需要对存货的保质期进行管理的企业。

后进先出：按入库日期从大到小进行分配。适用于存货体积重量比较大的存货，搬运不很方便，先入库的放在里面，后入库的放在外面，这样出库时只能先出库放在最外面的存货。

出库跟踪入库，即在发货时出库跟踪入库的存货，用户可输入相应的入库单号，以实现对存货的出入库跟踪，同时也是计算存货库龄的依据。

- 新增发货单默认：设置新增发货单时，系统是否自动弹出销售订单的参照界面，如果设置为不自动弹出，在新增发货单时，单击发货单工具栏上的"订单"按钮也可以弹出销售订单的参照界面。
- 新增退货单默认：与新增发货单默认设置一样。
- 新增发票默认：与新增发货单默认设置一样。
- 追踪型存货参照对应入库单是否显示单价：勾选，则出库跟踪入库存货，在参照入库单记录时，显示单价栏目。否则不显示单价栏目。如果不希望库存管理人员看到入库金额，则不要选择。

- 订单批量生成发货单时表体记录可生成的发货单数量：如选择全部，则一张订单生成一张发货单；如选择一条，则一条记录生成一张发货单。
- 单据进入方式：选择“空白单据”项，进入单据时，显示一张空白的单据卡片界面；选择“最后一张单据”项，进入单据卡片时，系统默认最后一张单据界面。

③“信用控制”选项卡。

进行客户、部门、业务员的信用控制范围的设置，即在处理销售业务时，如果应收账款超出所设置的信用度，系统会报警，信用审批人必须输入密码才可以进行处理该销售业务（信用审批人设置请参阅本章中销售管理系统业务参数设置中信用审批人设置）。客户、部门、业务员信用额度、信用期限设置请参阅本章中的客户档案、部门档案、职员档案设置。

- 是否有客户信用控制、是否有部门信用控制、是否有业务员信用控制：勾选则表示需要进行控制，否则不控制。

提示：客户、部门、业务员可复选，都选表示既控制客户信用，也控制业务员信用和部门信用；不选表示不控制。在信用额度的检查中，若信用对象复选，则取其中额度最小的。在信用期限的检查中，若信用对象复选，则取其中期限最早的。控制业务员、部门信用时，业务员、部门为必输项，否则系统提示警告信息。

- 是否需要信用审批：选择“是”，则超信用时需要信用审批人进行审批，在该审批人的权限内，当前单据可保存或审核。否则超信用时系统只是提示。

在超信用需要审批时，可输入信用审批人的姓名和密码，在该审批人的权限之内，可以批准当前的超信用单据，当前单据可保存或审核，并记录信用审批人名称于当前单据上。

- 信用控制范围：信用额度+信用期限、只控制信用额度、只控制信用期限，三者选其一。
- 信用检查点：单选，单据保存时还是单据审核时检查。

选择单据保存时，信用额度和信用期限计算时包括未审核和已审核的单据。

选择单据审核时，信用额度和信用期间计算时只包括已审核的单据。只统计已审核单据；参照单据生成下游单据时，统计时要包括未审核下游单据的金额。

参照单据生成下游单据时，为保证信用控制的完备性，在已审单据被下游单据参照之后，只要该下游单据未审核，在进行信用控制时也要包括。

- 控制信用的单据：选择需要进行控制的单据。
- 额度检查公式：选择额度检查所包括的单据。
- 期间检查单据：复选。

未执行完毕的订单：最早收款未完的订单日期-当前单据日期-信用期限小于等于0时通过检查；大于0时报警。

未执行完毕的发货单：最早收款未完的发货单日期-当前单据日期-信用期限。

应收未审核的发票：最早收款未完的发票日期-当前单据日期-信用期限。

应收账款余额：最早未完的应收款。

应收未审核的代垫费用单：最早收款未完的代垫费用单日期-当前单据日期-信用期限。

- 立账单据检查公式：复选。信用期间检查时不考虑红字单据。

未执行完毕的订单：当前单据日期−最早未执行完毕的订单日期−信用期限≤0时通过检查；>0时报警。

未执行完毕的发货单：当前单据日期−最早未执行完毕的发货单日期−信用期限。

应收未审核的发票：当前单据日期−最早应收未审核的发票日期−信用期限。

应收账款余额：最早未执行完毕的应收款。

销售未审核的代垫费用单：当前单据日期−最早销售未审核的代垫费用单日期−信用期限。

④“可用量控制”选项卡。

可用量控制页包括可用量检查公式、可用量控制公式、超可用量控制，即在处理销售业务时，如果超出可用量，则系统会提供报警。

- 是否允许非批次存货超可用量发货：打勾选择，即零（负）发货控制，是否允许大于可用量发货。

若不允许，在增加、修改发货单、销售发票、委托代销发货单、销售调拨单、零售日报时，货物的发货/开票数量必须小于等于该货物的可用量，否则单据不可保存。这时，需要选择“发货未出库”，否则发货已占用量不考虑会影响可用量控制。若允许，在进行以上操作时系统不与存货可用量作比较。

- 是否允许批次存货超可用量发货：批次管理的存货，需要检查的是存货的批次可用量。如不控制，可以零出库，即出库数量可大于批次的可用量；否则不可零出库。
- 发货单\发票非追踪型存货可用量控制公式：现存量+预计入库−预计出库

预计入库和预计出库：可多选。

提示：追踪型存货不可零发货，可用量公式同非追踪型存货。

- 发货单\发票非追踪型存货可用量检查公式

是否做可用量检查：勾选则表示要做可用量检查。

现存量+预计入库−预计出库。追踪型存货不可零出库，可用量公式同非追踪型存货。

预计入库、预计出库：可多选。

提示：若设置不允许超可用量发货，则系统进行严格控制，按“仓库+存货+自由项+批号”进行控制，当超可用量时，单据不能保存。用户可以分别设置批次存货、非批次存货是否允许超可用量发货，出库跟踪入库存货不可超可用量发货。

- 订单非追踪型存货可用量检查公式：现存量+预计入库−预计出库

是否做可用量检查：勾选则表示检查，然后再选时保存时检查还是审核时检查。

预计入库、预计出库：可多选。

并选择检验点，单据是保存时检查还是审核时检查。

⑤“价格管理”选项卡。

价格管理选项设置取价方式、报价参照、价格政策、最低售价控制。

取价方式：用户在进行销售价格管理时，销售报价可以根据参数设置方式进行取值，称为取价方式。当录入期初单据或日常单据时，系统根据取价方式带入存货的报价，用户可修改。取价方式的设置减少了单据制作的工作量，避免了人工误差，为业务人员提供了可靠的参考价格。在切换取价方式时，原设置所产生的单价不变。

最新售价：系统自动取最近一次的设置单据上的报价，可修改。

最新成本加成：从存货档案带入最新成本、销售加成率，报价＝存货最新成本×（1+销售加成率%），可修改。

价格政策：按照价格政策的设置取报价和扣率，可修改。

- 报价参照设置

参照报价可以进行设置，在销售单据（如销售订单、销售发货单、销售发票）中输入存货后，在报价表体按参照按钮或“F2”可以参照该存货的历史报价或存货价格。

选择“各种报价”，则参照显示相应的存货价格。也可以选择“历次售价”，则需要选择历次售价的单据来源，选择内容为销售报价单、订单、销售发货单、销售发票。在报价栏参照设置单据的历次报价，最新售价取设置单据的最新报价。提示：有外币业务时，只取当前币种的销售记录。

- 价格参照过滤设置：

是否按客户过滤：打勾选择，默认为考虑客户，选中则按照当前单据的客户带入参照报价。按照客户取价能够更加精确地反映交易价，因为同一种存货，对不同客户的价格可能有所差异。

- 价格政策：选择取价方式为价格政策、报价参照设置为各类报价时，进行价格政策的设置。

是否使用促销价：勾选则表示选择，可以使用存货价格、客户价格中的促销价格。

也可以选择存货价格或客户价格。

按数量阶梯取价：勾选此项，单据在取价时，录入数量后才进行取价，根据客户+币种+存货+自由项+数量到价格列表中找相应的价格。不勾选此项，单据在取价格时，不根据数量取价，按客户＋存货＋自由项＋币种进行取价，输入存货后即带出价格，修改数量时，价格不变。取价时，如果当前存货按数量阶梯设置了几个价格，则取价时，只取数量下限为 0 的当前行的价格，如果没有对应价格，则取空。

- 是否有最低售价控制：勾选则表示进行控制。根据报价是含税选项确定最低售价是无税单价还是含税单价。最低售价在存货档案中设置。

若选择了最低售价控制，在保存销售订单、发货单、销售发票、委托代销发货单、委托代销结算单时，若货物的实际销售价格小于存货档案中设定的最低售价，需要输入口令。如果口令输入正确，方可确认操作，否则不可保存。如果没有设置最低价控制，在进行以上操作时系统不做存货最低售价的检查。

口令：选择有最低售价控制时，需要输入控制口令，当业务过程中，一旦销售价格小于最低售价，则需要录入该口令方可操作。

4.3.5 采购管理系统业务参数设置

（1）在“基础信息”中，展开“业务参数”菜单，选择“供应链”下的“采购管理”命令，系统打开“采购选项设置”窗口，如图 4-38 所示。

（2）首先选择“业务及权限控制”选项卡页。

- 普通业务是否必有订单、直运业务必有订单、受托代销业务必有订单：勾选表示必有订单。

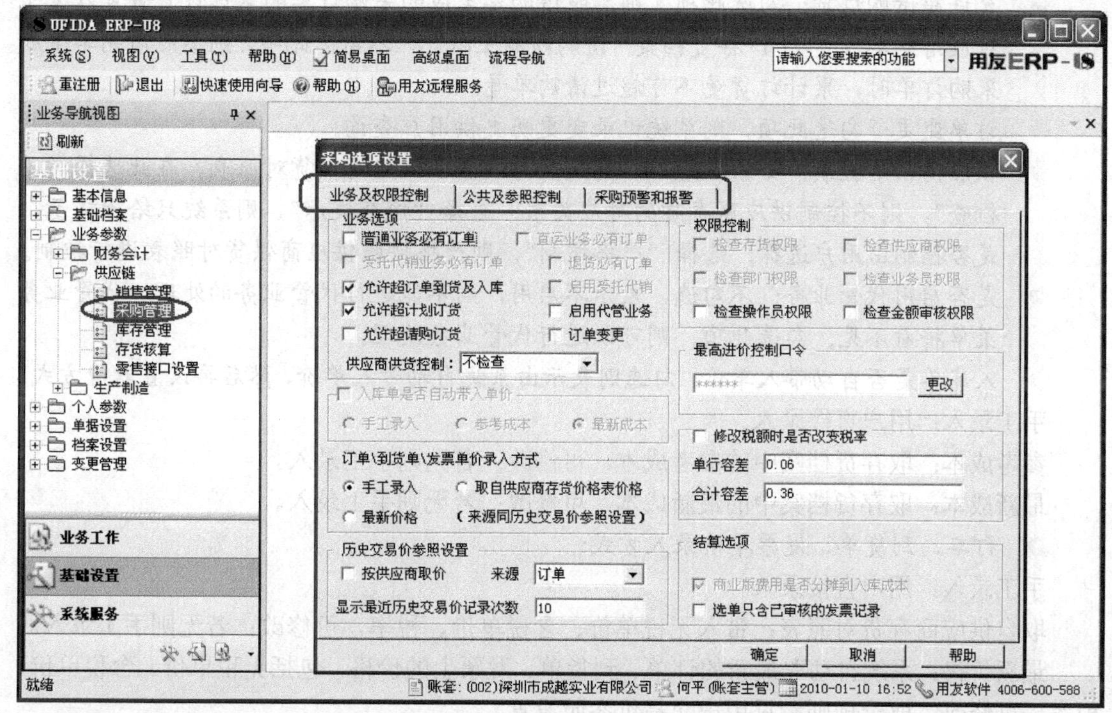

图 4-38

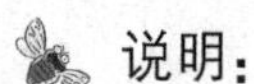

说明： 以订单为中心的采购管理是标准、规范的采购管理模式，订单是整个采购业务的核心，整个业务流程的执行都回写到采购订单，通过采购订单可以跟踪采购的整个业务流程。即所有的业务都参照订单而生成，这样才能建立起采购订单与后期业务（如到货、入库、开票）之间的链接，便于跟踪整个业务流程，查询分析采购订单的执行情况。建议勾选这三项。

直运业务说明请参阅本章中的销售管理系统业务参数设置。

受托代销：一种先销售后结算的采购模式，指其他企业委托本企业代销其商品，代销商品的所有权仍归委托方；代销商品销售后，本企业与委托方进行结算，开具正式的销售发票，商品所有权转移。受托代销的业务模式是与委托代销相对应的一种业务模式，可以节省商家的库存资金，降低经营风险。适用于有受托代销业务的商业企业，如连锁超市、大型仓储超市等。

只有在建立账套时选择企业类型为“商业”（请参阅本书第 3 章中的“3.3 建立新账套”）时，并且采购选项的“业务及权限控制”页中勾选了启用受托代销，才能使用受托代销业务，采购系统菜单中会出现有关受托代销的单据、受托代销结算功能、受托代销统计功能。

- 是否允许超订单到货及入库：勾选则表示允许超订单数量，但不能超过订单数量入库上限，即订单数量×（1+入库上限），入库上限本书第 3 章存货档案设置。如不勾选，则参照订单生成到货单、入库单时，不可超订单数量，对于那种一次订货，多次到货、入库的业务，则每次到货、入库之后，系统会自动递减还可以到货、入库的数量。

- 允许超请购订货：勾选此项，则参照请购单生成的采购订单的累计订货量可以大于对应请购单数量×（1+存货档案“请购超额上限”），不勾选此项，则参照请购单生成采购订单时，累计订货量不可超过请购单量。
- 订单变更：勾选此项，则系统记录变更历史供用户查询。
- 供应商供货控制：如果在基础档案设置时设置了供应商供货对照表，在此选择“不检查”，则不控制供应商存货的对应关系；选择“检查提示”，则系统只给出提示，是否控制由用户选择；选择“严格控制”，则严格按照供应商供货对照表进行控制。
- 是否启用代管业务：不勾选，表示不启用，则不能进行代管业务的处理，代管业务菜单将看不见；勾选此项，则可以进行代管业务处理。
- 入库单是否自动带入单价：勾选则表示由系统自动带入单价，然后再设置取价方式。

手工录入：用户直接录入。

参考成本：取存货档案中的参考成本，可修改；若无则手工录入。

最新成本：取存货档案中的最新成本，可修改；若无则手工录入。

- 订单、到货单、发票单价录入方式：

手工录入：用户直接录入。

取自供应商存货对照表：带入无税单价、含税单价、税率，可修改；若无则手工录入。

最新价格：系统自动取最新的订单、到货单、发票上的价格，包括无税单价、含税单价、税率，可修改。取价规则参见历史交易价参照设置。

- 历史交易价参照设置：填制单据时可参照的存货价格，最新价格的来源规则也在此设置，可随时更改。

来源：用户可选择在业务中作为价格基准的单据，在参照历史交易价和取最新价格时取该单据的价格。选择内容为订单、到货单、发票。

是否按供应商取价：打勾选择。选中则按照当前单据的供应商带入历史交易价。按照供应商取价能够更加精确地反映交易价，因为同一种存货，从不同供应商取得的进价可能有所差异。

显示最近（N）次历史交易价记录，在此录入参照时所显示的记录数，默认为最近的 10 次。

- 最高进价控制口令：系统默认为“system”，可修改，可为空。

不设置口令表示在填制采购单据时，如货物本币无税单价高于最高进价（存货档案），系统提示，不需输口令，确定后即可保存。

设置口令表示在填制采购单据时，如货物本币无税单价高于最高进价，系统提示，并要求输入控制口令，口令不正确不能保存采购单据。

- 修改税额时是否改变税率：打勾选择，默认为“不选中”。参见价税管理。

税额一般不用修改，在特定情况下，如系统和手工计算的税额相差几分钱，用户可以调整税额尾差。若选择是，则税额变动反算税率，不进行容差控制。若选择否，则税额变动不反算税率，在调整税额尾差（单行）、保存单据（合计）时，系统检查是否超过容差：

超过则不允许修改，未超过则允许修改。

当修改税额不改变税率时，要进行税额的容差控制，必填以下两项。

单行容差：录入，默认为 0.06。修改税额超过容差时，系统提示，取消修改，恢复原税额。

合计容差：录入，默认为 0.36。保存单据超过合计容差时，系统提示，返回单据。

税额变动时，根据（无税金额×税率－税额）是否大于设置的容差数值进行判断。大于时，提示“输入的税额变化超过容差”；小于时，不需要提示。

提示：单行容差根据表体无税金额、税额、税率计算；合计容差根据无税金额合计、税额合计、表头税率计算。

如果单据表体存在多种税率，此时合计容差的控制意义是不大的，建议取消容差控制，或将合计容差值改为较大值。

- 结算选项

商业版费用是否分摊到入库成本：勾选表示要。根据商业企业的特殊需求，由用户来决定采购费用是否要分摊到存货成本中。参见费用折扣分摊与费用结算。只有商业版可选，工业版置灰。

选单只含已审核的发票记录：勾选此项，则自动结算和手工结算时只包含已审核的发票记录。

- 权限控制：对采购管理是否进行存货、部门操作员、供应商、业务员、金额审核的数据权限控制进行设置。

（3）打开“公共及参照控制”选项卡。

- 本系统启用的会计月、启用日期：根据采购管理的启用月和会计月的第一日带入，不可修改。
- 公共选项

供应商是否分类：勾选表示分类。显示建立账套时的设置，不可修改。

存货是否分类：勾选表示分类。显示建立账套时的设置，不可修改。

远程应用设置请参阅本章中的销售管理系统业务参数设置。

专用发票默认税率：必填，默认为“17”，可修改。用户采购制单时自动带入采购单据（订单、到货单、专用发票）的表头税率，可修改。普通发票的表头税率默认为“0”；运费发票的表头税率默认为“7”。

- 单据进入方式：选择“空白单据”，则进入单据卡片时，不显示任何信息；选择“最后一张单据”，则进入单据卡片时，显示最后一次操作的单据。

（4）打开“采购预警和报警”页。

在采购订单中，需指定订单到货日期，在此设置采购预警和报警。默认为“0”，即不报警。

提前预警所显示的订单记录：订单数量大于该订单的累计到货数量（即该订单没有完全到货），而且计划到货日期减去当前日期大于0（即尚未到到货日期）并且小于或等于所设置的提前预警天数。

逾期报警所显示的订单记录：订单数量大于该主订单累计到货数量（即该订单没有完全到货），而且计划到货日期减去当前日期小于0（即已经过了到货日期了）并且当前日期减去计划到货日期大于或等于所设置的逾期报警天数。

（5）最后单击“确认”按钮以保存设置。

4.3.6 委外管理系统业务参数设置

（1）在“基础信息”中，展开“业务参数”菜单，选择“供应链”下的“委外管理”命令，系统打开“委外选项设置”窗口，如图4-39所示。

（2）在“业务及权限控制”选项卡中可以进行以下设置。

- 业务选项

允许超订单到货及入库：设置是否允许超过委外订单到货及入库，如果勾选则表示可以超，但不能超过委外订单数量的入库上限，即委外订单数量×（1+入库超额上限），入库超额上限在存货档案中设置。

图 4-39

允许超计划订货：设置委外订单在参照 MPS/MRP 生成时，累计委外订单量是否可以超过 MPS/MRP 计划的核定订货量。勾选则表示可以超，但不能超过计划数量订货上限，即订单数量×（1+订货超额上限），订货超额上限在存货档案中设置。

允许超订单发料：设置仓库管理系统中，在进行材料出库单时，如果是参照委外订单进行发料，是否可以超过委外订单进行发料。如果勾选，则可超过委外订单的核定应领数量发料，但不能超过应领数量出库上限，即订单应领数量×(1+出库超额上限)，出库超额上限在存货档案中设置。

供应商供货控制：在此选择"不检查"，则不控制供应商存货的对应关系；选择"检查提示"，则只给出提示，是否控制由用户选择；选择"严格控制"，则严格按照供应商存货对照表进行控制。

默认 ATP 方案：方案来源于生产制造的"制造 ATP 规则维护"。该默认方案作为委外用料单子件 ATP 分析的备选方案。

到货/入库必先材料出库：用于检查委外到货（订货-到货）或者委外入库（订货-入库）时对应的委外订单的子件材料是否发料充足。选择"不检查"，则到货或者入库时，不检查子件是否发料充足；选择"检查提示"，则到货或者入库时，如果发现有子件没有完全发料，系统给出提示，由用户选择是否可以进行到货/入库；选择"严格控制"，则到货或者入库时，如果发现有子件没有完全发料，系统不允许到货/入库，到货单/入库单不能保存（选择"严格控制"，简单一点描述就是委外材料没有发完，则不允许成品入库这种情况发生，这是因为在现实业务中，常发生料还没有发出去，产成品却已经生产出来的情况，这是因为在生产过程中挪用了其他生产订单的物料，这将会造成成本核算不准确等情况发生，所以要严格控制）。

发料不足的判断逻辑如下：

按照“委外订单+行号”进行判断：即到货单（入库单）中将来源于相同“委外订单+行号”的母件进行汇总得到累计到货数量（累计入库数量）。比较该母件下的每一个子件的已领数量是否大于等于（累计到货数量/委外订货数量）× 子件的应领数量，如果满足，则表示发料充足；如果有一个不满足，则表示发料不足。

- 订单\费用发票单价录入方式：

手工录入：用户直接录入单价。

取自供应商存货价格表价格：如供应商存货价格表有符合条件的对应记录，则由系统自动带出价格信息，可修改；若无则手工录入。

- 修改税额时是否改变税率：打勾选择，默认为不选中。

税额一般不用修改，在特定情况下，如系统和手工计算的税额相差几分钱，用户可以调整税额尾差。

若选择是，则税额变动反算税率，不进行容差控制。

若选择否，则税额变动不反算税率，在调整税额尾差（单行）、保存单据（合计）时，系统检查是否超过容差：

超过则不允许修改，未超过则允许修改。

当不选中以上选项时，要进行税额的容差控制，必填以下两项。

单行容差：录入，默认为0.06。修改税额超过容差时，系统提示，取消修改，恢复原税额。

合计容差：录入，默认为0.36。保存单据超过合计容差时，系统提示，返回单据。

提示：税额变动时，根据（无税金额×税率－税额）是否大于设置的容差数值进行判断。大于时，提示“输入的税额变化超过容差”；小于时，不需要提示。单行容差根据表体无税金额、税额、税率计算；合计容差根据无税金额合计、税额合计、表头税率计算。若单据表体存在多种税率，则系统不进行合计容差控制。若启用应付管理系统，该选项与应付选项无关，应付管理系统可单独为发票设置该选项。但建议用户在设置该选项时各模块保持一致。

- 权限控制：对委外管理是否进行以下档案的数据权限控制进行设置。

（3）在“公共及参数控制”选项卡中，可以设置以下内容：

- 系统启用：本系统启用的会计月、启用日期，根据委外管理的启用月和会计月的第一日带入，在此只能查看，不可修改。
- 公共选项

供应商是否分类：打勾选择。显示建立账套时的设置，不可修改。

存货是否分类：打勾选择。显示建立账套时的设置，不可修改。

订单变更：勾选此项，则委外订货菜单结点下会出现“委外订单变更历史查询”报表，用于查询委外订单变更情况。

单据默认税率：默认为“17”，可修改。用户填制委外单据（订单、到货单、专用发票）时自动带入的表头税率，可修改。运费发票的表头税率默认为“7”。

浮动换算率的计算规则：供应链所有模块的公共选项，任何一个模块该选项发生变化，其他模块该选项将会同步发生变化。单选，选择内容为以数量为主或以件数为主。公式：件数＝数量×换算率。

以数量为主：浮动换算率存货，数量、件数、换算率三项都有值时，用户修改件数，数量不变，反算换算率；用户修改换算率，数量不变，反算件数；用户修改数量，换算率不变，反算件数。

以件数为主：浮动换算率存货，数量、件数、换算率三项都有值时，用户修改件数，换算率不变，反算数量；用户修改换算率，件数不变，反算数量；用户修改数量，件数不变，反算换算率。

单据进入方式：选择“空白单据”，则进入单据卡片时，不显示任何信息；选择“最后一张单据”，则进入单据卡片时，显示最后一次操作的单据。

（4）在“委外预警和报警”选项页中，可以设置以下内容：

提前预警天数：录入天数，默认值为“0”；为空时，表示不对临近记录进行预警。

提前预警的订单记录：订单数量＞累计到货数量且 0≤计划到货日期－当前日期≤提前预警天数。

逾期报警天数：录入天数，默认值为“1”。

逾期报警的订单记录：订单数量＞累计到货数量且计划到货日期－当前日期＜0 且当前日期－计划到货日期≥逾期报警天数。

● 参照控制

选择不同的模糊参照方式，可以在录入、查询单据时快速地过滤出您想要的供应商、存货等方面的档案资料。

单据录入过程中参照存货时允许选择多条存货：打勾选择。选中此项，则可以在参照存货档案时选择多条存货档案。

4.3.7 库存管理系统业务参数设置

（1）在“基础信息”中，展开“业务参数”菜单，选择“供应链”下的“库存管理”命令，系统打开“库存选项设置”窗口，如图 4-40 所示。

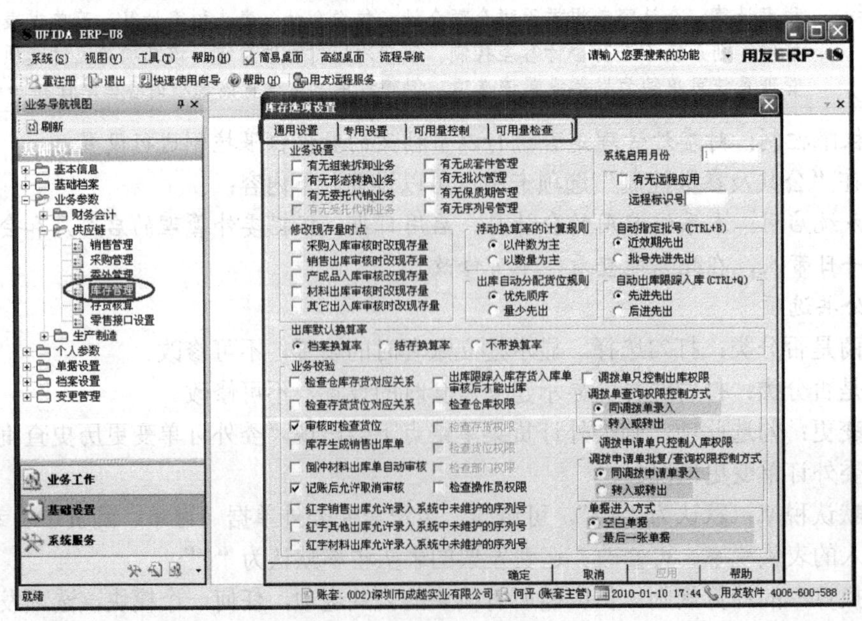

图 4-40

（2）首先选择“通用设置”选项卡。

- 业务设置

在此设置企业仓库管理中是否有的业务类型，如果有此类型，则勾选具体的项目，只有这样该业务才会在库存管理系统中进行处理。

比如只有勾选了“是否有组装拆卸业务”，用户才可在库存管理系统中处理该业务。

- 修改现存量时点

企业根据实际业务的需要，有些单据在单据保存时进行实物出入库，而有些单据在单据审核时才进行实物出入库。为了解决单据和实物出入库的时间差问题，用户可以根据不同的单据制定不同的现存量更新时点。该选项会影响现存量、可用量、预计入库量、预计出库量。

在此勾选库存的现存量更改时点，在采购、销售业务处理时会随时联查存货的现存量。

- 业务校验

如勾选“检查仓库存货对应关系”项，当录入仓库存货对照表以外的存货时，系统提示“存货××在仓库存货对照表中不存在，是否继续？”如果继续，则保存录入的存货。否则返回让用户重新选择。

如检查，则填制出入库单据时可以参照仓库存货对照表中该仓库的存货，也可手工录入其他存货；否则参照存货档案中的存货。

- 自动指定批号

单选，可随时修改，自动指定批号的分配规则。库存管理、销售管理分别设置。

批号先进先出：按批号顺序从小到大进行分配。

近效期先出：当批次管理存货同时为保质期管理存货时，按失效日期顺序从小到大进行分配，适用于对保质期管理较严格的存货，如食品、医药等；非保质期管理的存货，按批号先进先出进行分配。

- 自动出库跟踪入库

单选，可随时修改。自动指定入库单号时，系统分配入库单号的规则。库存管理、销售管理分别设置。

先进先出：先入库的先出库，按入库日期从后到大进行分配。先入库的先出库，适用于医药、食品等需要对存货的保质期进行管理的企业。

后进先出：按入库日期从大到小进行分配。适用于存货体积重量比较大的存货，搬运不很方便，先入库的放在里面，后入库的放在外面，这样出库时只能先出库放在外面的存货。

- 出库默认换算率

设置出库默认的换算率，单选，默认值为档案换算率，可随时更改。

档案换算率：取计量单位档案里的换算率，可修改。

结存换算率为该存货最新的现存数量和现存件数之间的换算率，可修改。结存换算率＝结存件数/结存数量。

批次管理的存货取该批次的结存换算率。

出库跟踪入库的存货取出库对应入库单记录的结存换算率。

不带换算率：手工直接输入。

- 系统启用月份：根据库存管理的启用会计月带入，不可修改。
- 远程应用：远程应用请参阅本章中的销售管理系统业务参数设置。

(3) 打开“专项设置”选项卡。

● 业务开关

允许货位零出库：勾选表示允许。货位零出库指该货位在出库后，结存小于零，即负库存。如不允许，则指定货位时，如果有零出库，货位不能保存。如允许，则系统不控制。

● 超单据出入库设置

如允许超单据出入库，当出入库数量没有超过来源单据数量的超额上限，即来源单据数量×(1+出入库上限)，可以出入库；超过上限时不可出入库。

如不允许超单据出入库，则出入库数量不可超过来源单据的数量。

允许超限额领料：勾选表示允许，则分单时本次出库数量不可超过订单数量的超额上限；单据审核后再次领料时，“本次出库数量+累计出库数量”不可超过订单数量的超额上限；不允许，分单时本次出库数量不可超过生产订单数量；单据审核后再次领料时，“本次出库数量+累计出库数量”不可超过订单数量。

允许超领料申请出库：勾选此项，则参照领料申请单时，材料出库单的出库数量是可以超领料申请单的数量。

允许未领料的产成品入库：勾选此项，则表示针对一张生产订单上的物料尚未领取（或未领完），也允许其产成品入库（这种情况肯定是在生产过程中有挪料业务产生了）；如果不勾选“允许未领料的产成品入库”项（即不允许未领料的产成品入库），而勾选“按领料比例控制”项时，此时系统将按生产订单入库及材料领用时是否需要检查材料领用是否充足，控制逻辑参见参照生产订单入库（请参阅本书第7章中的产成品入库）。

允许修改调拨单生成的其他出入库单据：勾选此项，则调拨生成的其他出入库单可以修改；否则不可以修改。

● 预警设置

勾选相应的项目表示执行相应的预警设置。

● 出入库单成本、自动带出单价的单据设置参见取价方式

自动带出单价的单据：可以设置自动带出单价的单据，并设置入库单成本、出库单成本的来源。

● 入库单成本

默认值为最新成本，可随时修改。

● 出库单成本

默认为按计价方式取单价，但只有存货核算启用时才能选择按计价方式取单价。填制出库单据时，按照当前设置带入单价，用户可修改。

提示： 最新成本、参照成本、计划单价/售价取自存货档案，按计价方式取单价取自存货核算。

(4) 打开“可用量控制”选项卡。

可用量控制：严格控制，按仓库+存货+自由项+批号进行控制。

● 普通存货可用量控制

可用量＝现存量-冻结量+预计入库量-预计出库量。

是否允许超可用量出库：勾选表示允许，则可以超可用量出库。选择否，则不能超可用量出库。

预计入库量：复选，选择内容为到货在检量、调拨在途量。除可选的两种量外，预计入库量还包括已请购量、采购在途量、生产订单量。

预计出库量：复选，选择内容为待发货量、调拨待发量。除可选的两种量外，预计出库量还包括已订购量、备料计划量。

- 批次存货可用量控制

选择否，则不能批次零出库；选择是，则可以批次零出库。

其他同上。

- 出入库追踪可用量控制

不允许超可用量出库：不可零出库。可用量＝入库数量－累计出库数量。

（5）打开“可用量检查”页。

可用量检查时提示用户，但不强制控制。检查时，只按存货进行检查，不考虑仓库、自由项和批号。可用量检查在库存管理、销售管理分别设置。

- 可用量检查公式

出入库是否检查可用量：打勾选择，默认为不选。

可用量＝现存量-冻结量+预计入库量-预计出库量。

预计入库量：复选，选择内容为已请购量、采购在途量、到货在检量、生产订单量、调拨在途量。

预计出库量：复选，选择内容为已订购量、待发货量、调拨待发量、备料计划量。

可用量公式：默认为现存量-冻结量，即不考虑预计入库量、预计出库量，可随时修改。

- 库存展望可用量公式

企业常常希望查询，在未来的一个时间段内的库存情况，称之为库存展望，在此设置库存展望时需要考虑的因素。

预计入库量：复选，选择内容为已请购量、采购在途量、到货在检量、生产订单量、调拨在途量。

预计出库量：复选，选择内容为已订购量、待发货量、调拨待发量、备料计划量。

可用量公式：默认为现存量-冻结量，即不考虑预计入库量、预计出库量，可随时修改。

注意：

在相关业务已开始后，最好不要随意修改业务控制参数。

在进行库存选项修改前，应确定系统相关功能没有使用，否则系统提示警告信息。

4.3.8　存货核算系统业务参数设置

（1）在“基础信息”中，展开“业务参数”菜单，选择“供应链”下的“存货核算”命令，系统打开“选项录入”窗口，如图 4-41 所示。

① 核算方式选项卡

- 核算方式：包括按仓库核算、按部门核算和按存货核算。选择“按仓库核算”项，则在仓库档案设置中设置每个仓库的成本计价方式，并且每个仓库单独核算出库成本；选择“按部门核算”项，则在仓库档案设置中按部门设置计价方式，并且所属部门相同的仓库统一核算出库成本；选择“按存货核算”项，则按在存货档案设置中设置的计价方式进行核算。系统默认按仓库核算。

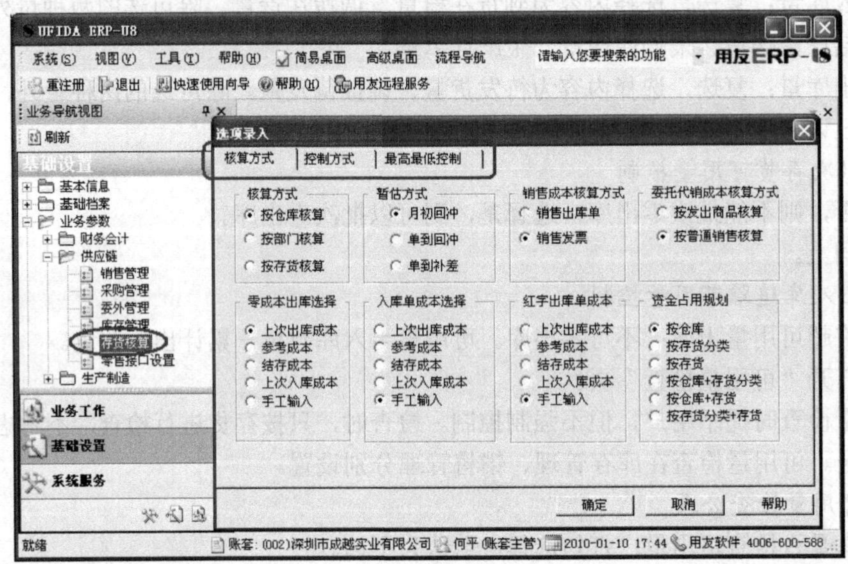

图 4-41

- 暂估方式：暂估是指货到票（采购发票）未到时，暂时估计该到货的入库成本，暂估方式设置需与用友的采购管理系统一起才能使用，不属于本书讲述范围。
- 零出库成本选择：零出库成本选择是指核算出库成本时，如果出现账中为零成本或负成本，造成出库成本不可计算时，出库成本的取值方式。选择“上次出库成本”，则系统取明细账中此存货的上一次出库单价，作为本出库单据的出库单价，计算出库成本；选择“参考成本”，则系统取存货档案设置中此存货的参考成本，即参考单价，作为本出库单据的出库单价，计算出库成本；选择“结存成本”，则系统取明细账中的此存货的结存单价，作为本出库单据的出库单价，计算出库成本；选择“上次入库成本”，则系统取明细账中此存货的上一次入库单价，作为本出库单据的出库单价，计算出库成本；选择“手工输入”，则系统提示用户输入单价，作为本出库单据的出库单价，计算出库成本。该设置可以随时进行重新选择。
- 入库单成本选择：入库单成本选择是指对入库单据记明细账时，如果没有填写入库成本即入库成本为空时，入库成本的取值方式。该设置与零出库成本设置原理一样。
- 红字出库单成本：指对先进先出或后进先出方式核算的红字出库单据记明细账时，出库成本的取值方式。该设置与零出库成本设置原理一样。

② 控制方式选项卡。

- 受托代销业务:账套建立时，只有选择商业属性（非工业属性）才能勾选该项，勾选该项后，则可设置受托代销商品，查询受托代销商品明细账。
- 成套件管理：成套件是指一种存货由其他几种存货组合而成（如编号为 001 的一套餐具，可以由 10 只碗和 10 双筷子组成），勾选该项时，既可以统计单件的数量金额，也可以统计成套件的数量金额；无成套件管理时，只统计组合件的数量金额。
- 仓库是否检查权限：勾选该项，则操作员在录入单据或查询账表时，系统将判断操作员是否有该单据、该账表的仓库的录入、查询权限，若操作员没有该仓库数据权限，则不允许录入或查询该仓库数据。如张三负责材料库管理，李四负责成品库管理，王五则所有仓库都可以管理。

- 操作员是否检查权限：设置原理与仓库是否检查权限一样。
- 单据审核后才能记账：勾选此项，则正常单据记账的过滤条件中“包含未审核单据”选项就只能选择不包含，在显示要记账的单据列表时，未审核的单据不显示；勾选此项，系统应自动将库存的选项记账后允许取消审核，改为不选择。此选项只针对采购入库单、产成品入库单、其他入库单、销售出库单、材料出库单、其他出库单六种库存单据有效，入库调整单、出库调整单和假退料单不受此选项的约束。
- 进项税转出科目：可以手工输入或参照输入进项税转出科目。在采购结算制单时，如果在结算时发生非合理损耗及进项税转出，在根据结算单制单时，系统可以自动带出该科目。
- 组装费用科目：可以手工输入或参照输入组装费用科目。组装单制单时，将组装单的组装费作为贷方的一条分录，其对应科目为组装费科目。制单时自动带出。
- 拆卸费用科目：可以手工输入或参照输入拆卸费用科目。拆卸单制单时，要将拆卸单的拆卸费作为贷方的一条分录，其对应科目为拆卸费科目。制单时自动带出。
- 浮动换算率设置：在进行存货录入时，如果计量单位有浮动换算的情况，则可以设置以数量为主或以件数为主进行反算。
- 账面为负结存时入库单记账自动生成出库调整：勾选该项，当入库单记账时，如果账面为负结存，按入库的数量比例调整结存成本，并自动生成出库调整单。
- 差异率计算包括本期暂估入库：勾选该项，即本期暂估入库的存货也参与计算差异率。
- 期末处理登记差异账：期末生成差异结转单时，选取此项则登记差异账；不选则不登记差异账，期末无差异结转。
- 入库差异按超支（借方）、节约（贷方）登记：勾选该项，则按超支入库差异记借方，节约入库差异记贷方；否则所有入库差异全部记借方。
- 先进先出计价时红蓝回冲单是否记入计价库：不勾选该项，则红蓝回冲单不参与成本计算。只有在当月期末处理后，月末结账之前可以切换选项；如果计价库中有红蓝回冲单不全的业务时，不能修改选项；如果选项为红蓝回冲单不记入计价库，如果当月明细账中有红字回冲单，而计价库中有红字回冲单，则不允许恢复期末处理。如果勾选该项，则红蓝回冲单记入计价库，参与成本计算。选项为红蓝回冲单记入计价库，如果当月明细账中有红字回冲单，而计价库中没有红字回冲单，则不允许恢复期末处理。
- 后进先出计价时红蓝回冲单是否记入计价库：不勾选该项，即红蓝回冲单不参与成本计算。只有在当月期末处理后，月末结账之前可以切换选项。如果计价库中有红蓝回冲单不全的业务时，不能修改选项；如果选项为红蓝回冲单不记入计价库，如果当月明细账中有红字回冲单，而计价库中有红字回冲单，则不允许恢复期末处理。勾选该项，则红蓝回冲单记入计价库，参与成本计算。如果当月明细账中有红字回冲单，而计价库中没有红字回冲单，则不允许恢复期末处理。
- 暂估单价与结算单价不一致暂估处理时是否调整出库成本：若勾选该项时，在结算成本处理时系统将自动生成出库调整单来调整差异，此方法只针对先进先出、后进先出和个别计价三种方法，因为只有这三种计价方式可通过出库单跟踪到入库单。此选项与红蓝回冲单记入计价库互斥，必须在红蓝回冲单不记入计价库的情况下才能选择此选项。

- 控制科目是否分类：指结算单制单所用的应付科目对应的供应商是否按分类设置科目，如果不选，则按明细供应商设置应付科目。应付系统启用后，此项在应付系统设置，此处不可见。
- 产品科目是否分类：指结算单制单所用的运费科目和税金科目对应的存货是否按分类设置科目，如果不选，则按明细存货设置运费科目和税金科目。应付系统启用后，此项在应付系统设置，此处不可见。
- 先进先出假退料单是否记入计价库：勾选该项，如果上月明细账中有假退料单，而上月计价库中没有假退料单，则不允许取消月末结账。不勾选该项，如果上月明细账中有假退料单，而上月计价库中有假退料单，则不允许取消月末结账。如果计价库中有红蓝假退单不全的业务时，不能修改选项。
- 后进先出假退料单是否记入计价库：勾选该项，如果上月明细账中有假退料单，而上月计价库中没有假退料单，则不允许取消月末结账。不勾选该项，如果选项为假退料单不记入计价库，如果上月明细账中有假退料单，而上月计价库中有假退料单，则不允许取消月末结账。如果计价库中有红蓝假退单不全的业务时，不能修改选项。
- 凭证允许修改存货科目的金额/数量：勾选该项，则存货核算系统生成的凭证，用户可修改存货类科目的金额、数量和外币金额，不勾选该项则不可以修改。
- 退货成本按原单成本取价：勾选此项，则当参照原发货单进行退货，能够溯源到对应的销售出库单，取原销售出库成本作为本次退货成本。如果退货单对应多张销售出库单，取已销售出库的平均成本作为本次退货成本。

③ 最高最低控制选项卡。

- 全月平均/移动平均单价最高最低控制：如果设置了全月平均/移动平均核算方式进行最高最低控制，则计算出的全月平均单价或移动平均单价如果不在最高最低单价的范围内，系统自动取最高或最低单价进行成本计算。最高最低单价由系统根据入库单的单价进行维护，用户也可手工输入最高最低单价。移动平均计价仓库（/部门/存货）：如果用户选择“全月平均/移动平均单价最高最低控制”而且出库单记账时，如果系统自动计算的出库单价高于该仓库（/部门/存货）该存货最高单价或低于该仓库（/部门/存货）该存货最低单价，则系统按用户在选项中选择的“出库单价超过最高最低单价时的取值”方法进行处理。全月平均计价仓库（/部门/存货）：如果用户选择“全月平均/移动平均单价最高最低控制”而且期末处理时，如果系统自动计算的当月出库单价高于该仓库（/部门/存货）该存货最高单价或低于该仓库（/部门/存货）该存货最低单价，则系统按用户在选项中选择的“出库单价超过最高最低单价时的取值”方法进行处理。
- 最大最小单价：此选项只有在用户选择了“全月平均/移动平均单价最高最低控制”时，才能选择此选项，否则此选项不可选择。此选项系统的默认值为“上次出库成本”。该选项反映全月平均/移动平均单价最高最低控制出库单价超过最高最低单价时的取值。

- 差异率（/差价率）最高最低控制：针对计划价（/售价）核算，用户可自由选择，没有限制。系统默认值为不选择。如果选择差异率/差价率最高最低控制，则设置一个标准的差异率及差异率允许的上下幅度，如果系统计算出的差异率超过此范围，用户可选择按标准差异率、当月入库差异率、上月出库差异率、最大、最小单价几种方法计算进行成本计算。最高最低差价率/差异率由系统根据入库单的单价进行维护，用户也可手工输入最高最低差价率/差异率。
- 最大最小差异率/差价率：此选项只有在用户选择了"最高最低差异率（/差价率）控制"时，才能选择此选项，否则此选项不可选择。此选项系统的默认值为"标准差异率（/差价率）"。该选项反映了计划价中出库差异率/差价率超过最高最低差异率时的取值。
- 全月平均/移动平均最高最低单价是否自动更新：在选项中选择"全月平均、移动平均最高最低单价是否自动更新"为"是"，则全月平均、移动平均记账时系统在最大、最小单价/差异率设置中进行更新最高最低单价。
- 差异/差价率最高最低是否自动更新：在选项中选择"差异/差价率最高最低是否自动更新"为"是"，则计划价（/售价）核算时，入库单记账时在最大最小单价/差异率设置中进行更新最大、最小差异率/差价率。

（2）最后单击"确认"按钮。

4.3.9　生产制造业务参数设置

（1）在"基础信息"中，展开"业务参数"菜单，选择"生产制造"下的"生产制造业务参数设定"命令，系统打开"生产制造业务参数设定"窗口，如图4-42所示。

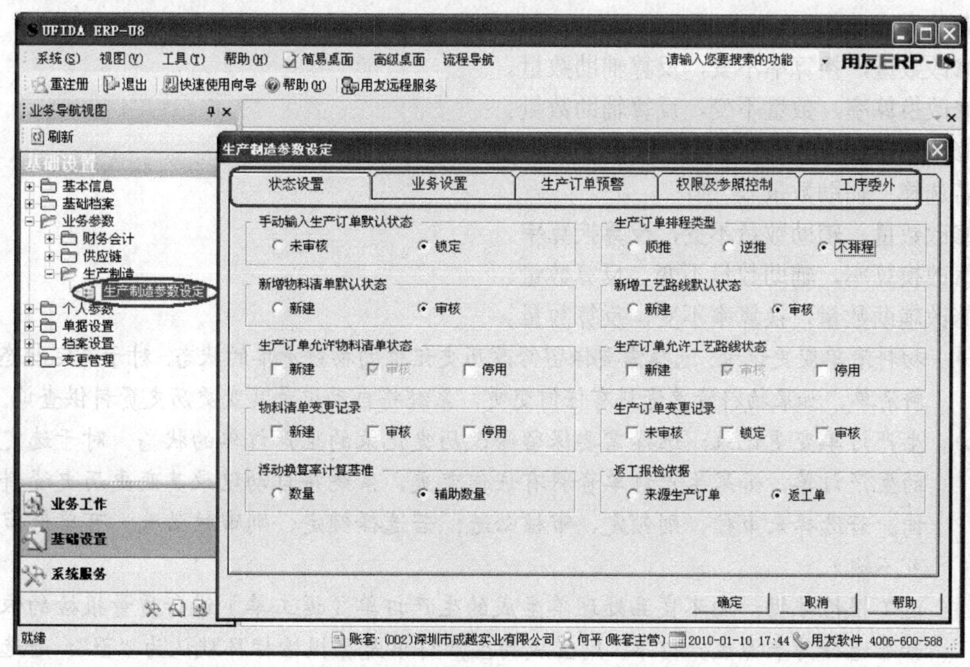

图4-42

(2)打开“状态设置”选项卡。

- 手动输入生产订单默认状态：当手动输入标准/非标准/重复制造生产订单，然后单击“保存”时，系统可将该张生产订单置于“未审核”或“锁定”状态（请参阅本书第7章生产订单录入）。
- 生产订单排程类型：作为建立生产订单时的默认值，表示生产订单转车间管理时工序计划的生成方式。默认为不排程，可改。若选择顺推或逆推，则按照指定的工艺路线，标准/非标准生产订单按各工序工作中心资源需求和产能比较，重复制造生产订单则按各工序的制造提前期百分比，计划生产订单工序的开工/完工日期；若选择为不排程，则系统默认各工序日期分别等于生产订单的开工/完工日期（本书中不涉及车间管理内容，所以此选项设置只作为参考）。
- 新增物料清单默认状态：建立物料清单（BOM）时，系统默认的物料清单的状态（请参阅本书第6章中的物料清单录入）。
- 新增工艺路线默认状态：建立工艺路线时，系统默认的工艺路线的状态（本书中不涉及工艺路线内容）。
- 生产订单允许物料清单状态：建立或修改生产订单时，允许选择的物料清单的状态。默认为审核，可另选择新建和停用。
- 生产订单允许工艺路线状态：建立或修改生产订单时，允许选择的工艺路线的状态。默认为审核，可另选择新建和停用。
- 浮动换算率计算基准：默认为辅助数量，可改为数量/辅助数量之一。在相关单据或基础资料中，新增输入浮动换算率计量单位组物料时，系统自动带入主计量单位、辅助单位、换算率。数量、辅助数量、换算率可以修改。按照该参数设定的浮动换算率计算基准选择：

若选择“数量”，则：
修改数量，换算率不变，反算辅助数量。
修改换算率，数量不变，反算辅助数量。
修改辅助数量，数量不变，反算换算率。
若选择“辅助数量”，则：
修改数量，辅助数量不变，反算换算率。
修改换算率，辅助数量不变，反算数量。
修改辅助数量，换算率不变，反算数量。

- 物料清单变更记录：选择需要保留修改历史记录的物料清单的状态。对于选定状态的物料清单，如果物料清单资料有任何变更，系统将自动记录其变更历史资料供查询。
- 生产订单变更记录：选择需要保留修改历史记录的生产订单的状态。对于选定状态的生产订单，如果生产订单资料有任何变更，系统将自动记录其变更历史资料供查询。若选择未审核，则锁定、审核必选；若选择锁定，则审核必选；可单选审核；可不输入。
- 返工报检依据：由不良品处理单生成的生产订单（返工单）进行质量报检的依据。如果选择为来源生产订单，则生成的生产订单是否报检栏目默认为“否”；若选择为返工单，则生成的生产订单是否报检栏目默认为“是”。

（3）打开“业务设置”选项卡。

- ATP 规则代号：可参照输入自定义的 ATP 规则，资料来源于 ATP 规则档案，可不输入。ATP 规则可以定义供应和需求来源、时间栏参数等。执行生产订单子件 ATP 数量查询时，如果子件在存货档案中“检查 ATP”设置为“检查物料”，则读该存货中的“ATP 规则”，若未输入则以该 ATP 规则为准。
- 是否检查参照数据：选择在输入资料时若有引用其他基础档案或单据，该资料保存时，是否检查引用的基础档案或单据是否存在。如果选择为不检查，可提高资料保存效率。
- 生产订单工序日期修改时更新生产订单：生产订单工序日期不同于生产订单计划日期时，系统是否自动以生产订单工序日期来更新其母件的开工/完工日和子件的需求日期。默认为“是”，可改。
- 超量完工控制：默认为“否”，可改。表示在车间管理系统中工序转移单执行工序转移时，当从工序加工状态移入同一工序检验、合格、拒绝、报废之任一状态，或从当前工序的加工、检验、合格、拒绝状态移入到本工序之后续工序的任何状态时，是否允许移入数量之和大于移出工序状态可用数量。
- 工序转移跨报告点控制：默认为“否”，可改。表示在车间管理系统中工序转移单执行工序正向转移时，是否允许移入工序跨越生产订单工艺路线中的报告点工序。
- 生产订单自动关闭：默认为“是”，可改。控制当生产订单累积入库数量达到生产订单计划生产数量时，生产订单是否自动关闭。若设置为否，则生产订单完成后须在生产订单系统执行手动关闭处理。
- 现存量考虑在库检验量：如果勾选此项，则物料的在库检验数量应加入到制造系统的现存量之中；不勾选此项，则物料的在库检验数量不包含在制造的现存量中。
- 工序转移领料控制：默认为“否”，可改。录入生产订单工序转移单时，需要根据是否领料来控制工序转移单的录入。选择该选项，当录入生产订单工序转移单时如果生产订单子件资料中该工序需要领料则检查该工序是否已领料，如已领料，则允许工序转移单保存；如没有领料，则不允许工序转移单保存。
- 子件/工序行号增加值：默认为“10”，可改，输入范围为整数 1～100。在物料清单和工艺路线维护，新增子件或工序行号时，系统自动以当前最大行号加该增加值作为其默认行号。
- 清单/工艺路线版本增加值：默认为“10”，可改，输入范围为整数 1～100。在物料清单和工艺路线维护，新增版本时，系统自动以当前最大版本号加该增加值作为其默认版本号。
- 清单/工艺路线版本日期默认值：默认为“2000/01/01”，可改为空。物料清单和工艺路线维护，新增版本时，系统自动以该日期作为版本日期的默认值，若未设置则默认系统日期。
- 物料清单展开层数：默认为“10”可改，输入范围为整数 1～50。系统查验物料清单逻辑错误（请参阅本书第 6 章中的物料清单逻辑查验），即物料清单中所有物料是否有成为自我子件的错误逻辑时，以此为参照基准，因此输入时应注意大于系统中所有物料清单的最大阶层数。

（4）打开“生产订单预警”选项卡。

- 生产订单状态：选择需要对哪些状态的生产订单进行预警和报警处理，可不选择，可同时选择“未审核、锁定、审核”。
- 开工提前天数：若未选择生产订单状态，则不可输入。若为空，则生产订单不对开工日作预警处理。当生产订单开工日大于或等于当前日期，且生产订单临近开工天数小于或等于开工提前天数时，系统将产生生产订单预警资料。
- 完工提前天数：若未选择生产订单状态，则不可输入。若为空，则生产订单不对完工日作预警处理。当生产订单完工日大于等于当前日期，且生产订单临近完工天数小于或等于完工提前天数时，系统将产生生产订单预警资料。
- 逾期天数：若未选择生产订单状态，则不可输入。若为空，则生产订单不对完工日作报警处理。当生产订单完工日小于当前日期，且生产订单完工日超过逾期天数时，系统将产生生产订单报警资料。
- 允超百分比：若未选择生产订单状态之“审核”，则不可输入，且不可与允超数量同时输入。若为空，则生产订单不对完成数量作报警处理。当生产订单完成数量超过允超百分比时，系统将产生生产订单报警资料。
- 允超数量：若未选择生产订单状态之“审核”，则不可输入，且不可与允超百分比同时输入。若为空，则生产订单不对完成数量作报警处理。当生产订单完成数量超过允超数量时，系统将产生生产订单报警资料。

（5）打开“权限及参照控制”选项卡。

- 操作员权限：对各模块皆默认为“不控制”，可按模块修改，但必须首先在“企业应用平台-设置-数据权限-数据权限控制设置”中进行用户权限控制设置，否则不可修改。若设为控制，则操作者只能对单据制单人有权限的单据进行查询、修改、删除、审核、弃审、关闭、还原等操作。
- 部门权限：对各模块（生产订单、车间管理、工程变更）皆默认为“不控制”，可按模块修改，但必须首先在“企业应用平台—设置—数据权限—数据权限控制设置”中进行部门权限控制设置，否则不可修改。若设为控制，则操作者只能对其有查询权限的部门及其记录进行查询；输入资料时，只能参照录入有录入权限的部门资料。
- 参照控制：选择不同的模糊参照方式。例如，在供货单位栏目录入参照内容，单击参照按钮，系统根据参照控制选项，显示符合条件的供应商档案。假设供应商名称为“北京市北天公司”，则：

基于基串精确匹配：必须录入全称。

基于基串向后匹配：必须与字串的左侧部分内容相符，如“北京市”。

基于基串向前匹配：必须与字串的右侧部分内容相符，如“公司”。

基于基串前后模糊匹配：可以录入字串的任一内容，如“北”。

查询全部不做模糊匹配：输入的参照内容无效，可以参照所有供应商档案。

- 参照物料批次录入：对各模块（产能管理、车间管理除外）皆默认为“可批次录入”，可按模块修改。表示在参照物料主档录入物料时，是否可以同时选择多条物料档案。

（6）打开“工序委外”选项卡。

- 根据加工单发料：如果选择为“是”，则工序委外必须按委外加工单发料；反之，可按委外加工单发料，也可直接参照生产订单工序计划发料。

- 控制业务员权限：如选择“控制”，则查询时只能显示有查询权限的业务员及其记录；填制单据时只能参照录入有录入权限的业务员。
- 控制供应商权限：如选择“控制”，则查询时只能显示有查询权限的供应商及其记录；制单时只能参照录入有录入权限的供应商。
- 控制存货权限：如选择“控制”，查询时只能显示有查询权限的存货及其记录；填制单据时只能参照录入有录入权限的存货。
- 控制部门权限：如选择“控制”，查询时只能显示有查询权限的部门及其记录；填制单据时只能参照录入有录入权限的部门。
- 控制操作员权限：如选择“控制”，则查询、修改、删除、审核、弃审、关闭、打开单据时，只能对单据制单人有权限的单据进行操作；对单据审核人有权限的单据进行操作；对单据关闭人有权限的单据进行操作；变更不控制操作员数据权限，仅判断当前操作员是否有变更功能权限和其他几项数据的录入权限。
- 修改税额时是否改变税率：若选择“是”，则税额变动时系统反算税率，不进行容差控制；若选择“否”，则税额变动不反算税率，在调整税额尾差（单行）、保存单据（合计）时，系统检查是否超过容差：超过时不允许修改，未超过则允许修改。
- 单行容差：默认为“0.06”，可改。当用户修改税额时，系统根据当前行修改前的税额与用户修改后的税额进行比较，如果修改后的税额与修改后的税额的差值的绝对值大于设置的容差数值，则提示“输入的税额变化超过容差”，取消修改，恢复原税额。
- 合计容差：默认为“0.36”，可改。当用户修改单据中表体行的税额时，系统将修改后的税额合计与修改前的税额合计进行比较，如果修改后的税额与修改后的税额的差值的绝对值大于设置的合计容差数值，则提示超过容差，返回单据。

（7）单击“确定”按钮保存设置。

4.4 单 据 设 置

实际工作中，核算单位会根据业务的需要，对所需的单据格式、单据编码进行设置，用友 V8.72 中的各种单据（如收款单、付款单等）格式可以由核算单位自行设置，并且同一张单据可以根据需要设置多种不同显示格式和打印格式。

4.4.1 单据格式设置

在此可以设置单据显示格式和打印格式。

（1）在“基础信息”中，展开“单据设置”菜单，选择“单据格式设置”目录，系统打开“单据格式设计”窗口，如图 4-43 所示。

（2）选择需要进行单据格式设计的具体单据（如“销售管理”下的“销售订单”显示格式，该张单据分为显示格式和打印格式，即该张单据的显示格式和打印格式可以分别设置成不同格式）。

（3）选中单据头，然后单击鼠标右键，在弹出的快捷菜单中选择“属性”命令，系统弹出“属性”设置窗口，如图 4-43 所示。

（4）在此对该单据头进行修改和设置。

（5）右键单击单据头空白处，在弹出的快捷菜单中选择“表头项目”命令，系统弹出“表头项目”设置窗口，勾选需要显示到本单据表头中的项目名称，项目的显示名称可更改。对于本单据中已有的表头项目，可将其勾选取消，如图4-44所示。

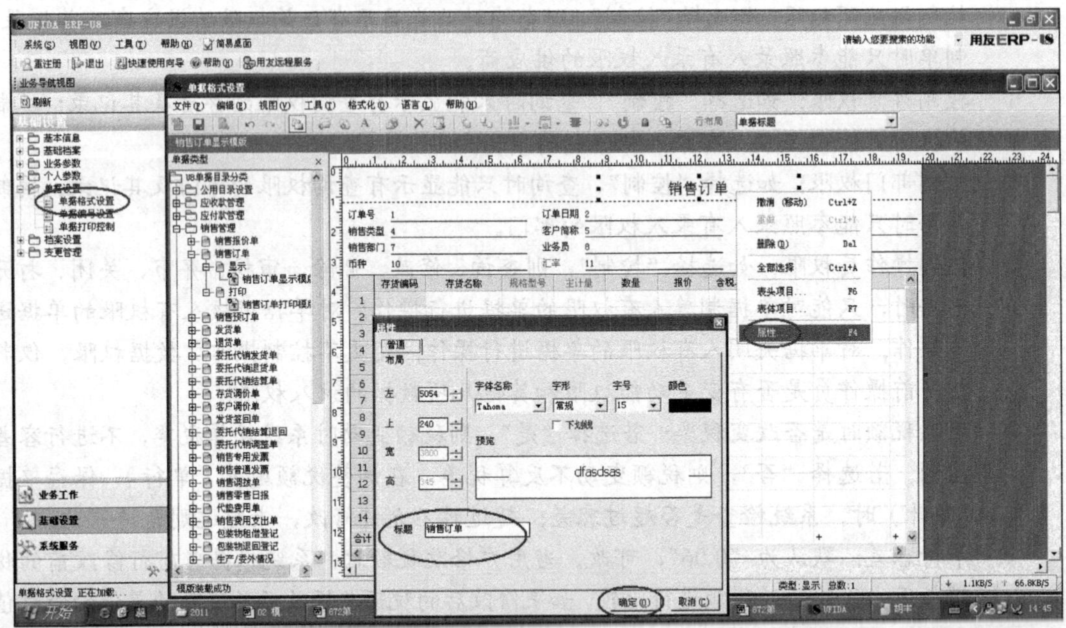

图4-43

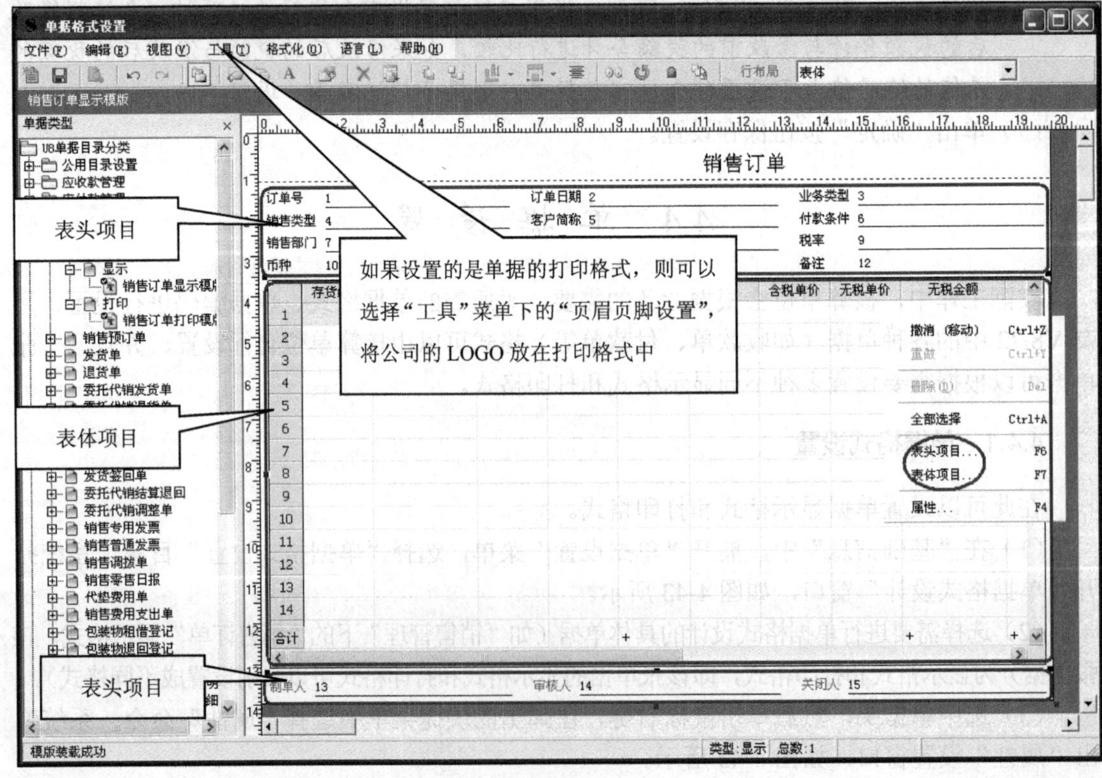

图4-44

（6）在销售订单中，选择“表体项目”命令，勾选“预完工日期”项（在销售订单填制时，预完工日期会作为 MRP 的计算依据，请参阅本书第 7 章中的 MRP 计算），如图 4-45 所示。设置完成，展开“文件”菜单，选择“另存为”命令，系统弹出“另存为”对话框，在此给新设置的单据格式取名，选择保存的模板类型（显示模板或打印模板），单击“保存”按钮保存设置好的单据格式。在填制销售订单时，销售订单的格式将启用新格式。

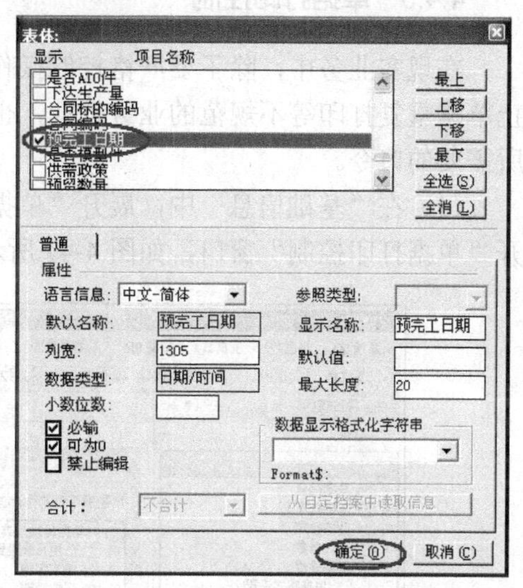

图 4-45

4.4.2　单据编号设置

单据编号设置用于设置核算单位使用的编码规则。填制单据时，一般情况下，单据编号是按流水号由系统自动产生的，但也可以由人工取号。另外，企业时常希望单据在取号时，在流水号前加上前缀，如“部门+业务员+流水号”。

（1）在“基础信息”中，展开“单据设置”菜单，选择“单据编码设置”目录，系统打开“单据编码设置”窗口，如图 4-46 所示。

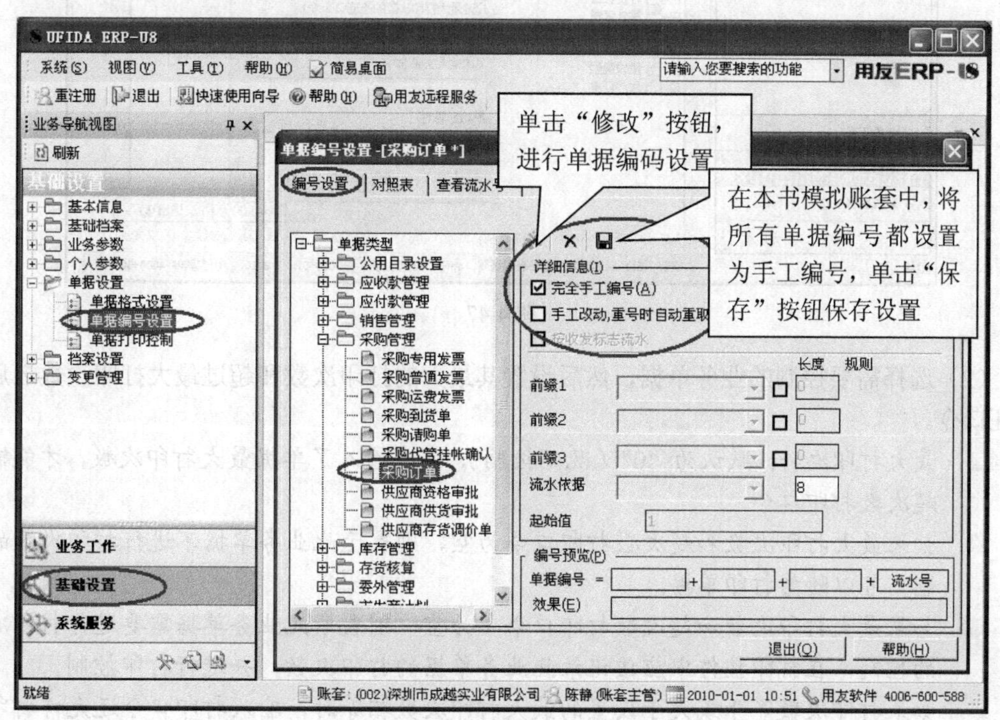

图 4-46

（2）选择需要设置编码的单据，然后单击“修改”按钮，修改该单据的编码产生方式。修改完成之后，单击“保存”按钮保存设置既可。

4.4.3 单据打印控制

在现实业务中，除了要严格控制操作员是否有打印指定单据的权限之外，另外，为了防止单据重复打印等不规范的业务行业，也需要设置业务单据的最大打印次数和超次数打印时所需要的口令。

（1）在“基础信息”中，展开“单据设置”菜单，选择“单据打印控制”目录，系统打开“单据打印控制”窗口，如图 4-47 所示。

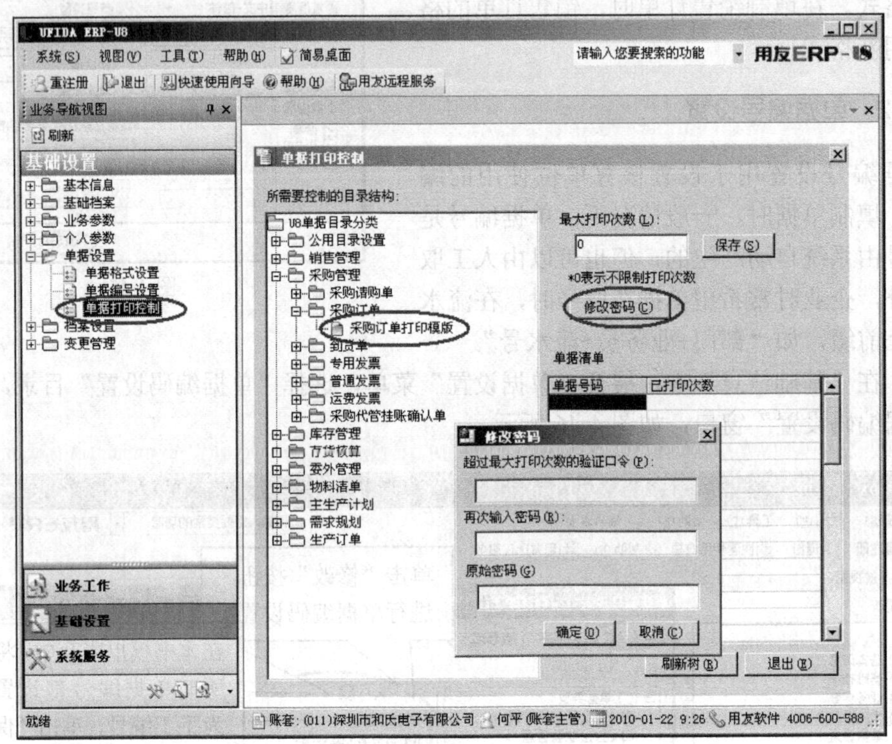

图 4-47

（2）选择需要控制的业务单据，然后设置其最大的打印次数和超过最大打印次数之后的验证口令。

- 最大打印次料：默认为“0”（既不控制），只有输入了单据最大打印次数，才能输入超次数打印口令。
- 如果最大打印次数和超次数打印口令为空，则表示此业务单据不进行打印次数的控制，可以随意打印单据。
- 如果最大打印次数和超次数打印口令不为空，则表示此业务单据需要进行打印次数的控制，在打印控件中应该记录此业务单据的打印次数，并进行打印控制。
- 如果打印次数等于或大于设置的最大打印次数相等时，输入打印口令还允许打印，同时记录打印次数。
- 如果最大打印次数不为空，超次数打印口令为空，则表示此业务单据需要进行打印次数的控制，当打印次数等于或大于设置的最大打印次数相等时，则不允许再进行打印。

- 使用此功能时，需要按功能权限进行控制。

4.5　档案编码

新增客户档案、人员档案、存货档案和供应商档案资料时，其档案编码可以手工录入，也可以根据不同需求，由用户自己设置各种档案类型的编码生成原则。

在“基础信息”中，展开“档案设置”菜单，选择“档案编码设置”目录，系统打开“档案编码设置”窗口，如图 4-48 所示。

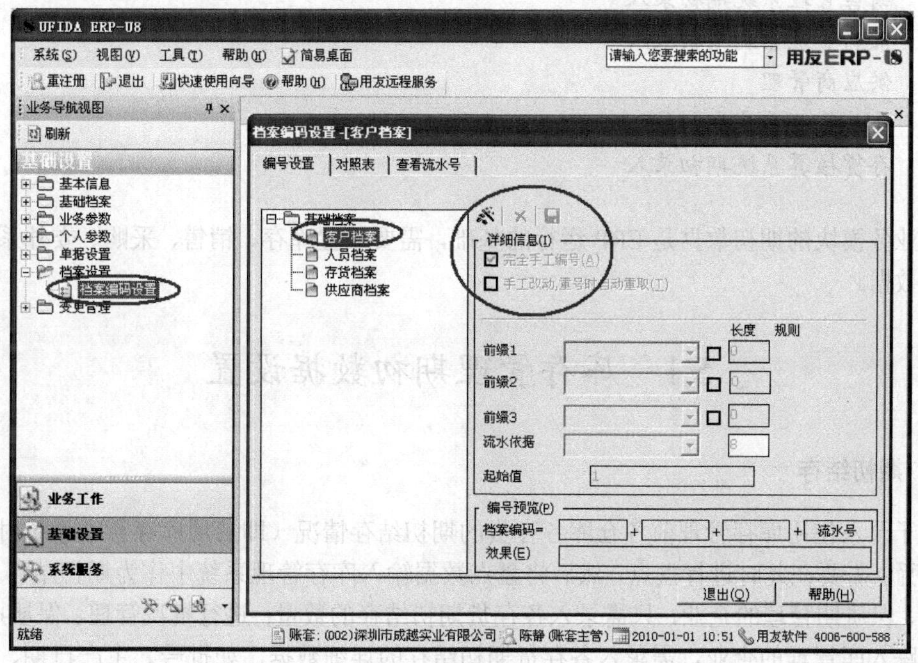

图 4-48

> 注：档案编码设置方式与单据编号设置类似，读者可参阅单据编号设置，在此就不再详述了。

本章介绍如何进行基础信息设置，在后期的业务处理工作中，如果有新增加的基础信息，可以返回这里来进行设置。

第5章　业务初始化（一）

本章学习重点

- 库存系统期初录入
- 销售管理系统期初录入
- 采购管理系统期初录入
- 供应商管理
- 委外管理系统期初录入
- 存货核算系统期初录入

各业务模块的期初数据是ERP运行的基础，需要设置库存、销售、采购、委外系统的期初业务数据。

5.1　库存管理期初数据设置

1．期初结存

用于录入使用库存管理前各仓库各存货的期初结存情况（即启用库存管理系统时的库存现状，所以需要在此时进行盘点，然后将盘点数据输入库存管理系统中作为期初结存）。不进行批次、保质期管理的企业，只需录入各存货期初结存的数量；进行批次管理、保质期管理、出库跟踪入库管理的企业，需录入各存货期初结存的详细数据，如批号、生产日期、失效日期、入库单号等；进行货位管理的企业，还需录入货位。

参照本书第2章中的“表2-21”录入库存期初数据。

（1）在“库存管理”窗口中，展开“初始设置”下的“期初数据”菜单，单击“期初结存”命令，系统打开“库存期初数据录入”窗口，如图5-1所示。

（2）首先选择需要录入期初结存的仓库。

（3）单击“修改”按钮，开始录入该仓库中的期初结存。

（4）填写完毕，如果发现单据有错，可以直接将光标移到相关栏目进行修改。

（5）在单据保存前，可以放弃当前单据，返回单据查询界面；如未保存退出，系统提示“此单据尚未保存，确定退出吗？”如选择是，则不保存单据退出；否则返回录入界面。

保存单据，单据状态为未审核。未审核的单据可以修改、删除。

（6）然后再选择其他仓库，分别录入期初结存。单击“批审”审核当前单据仓库中的所有结存数据。未审核的单据审核后，单据状态为已审核，不能修改、删除。有日常业务发生（如已填制了其他的出入库单据），则期初结存不能弃审。

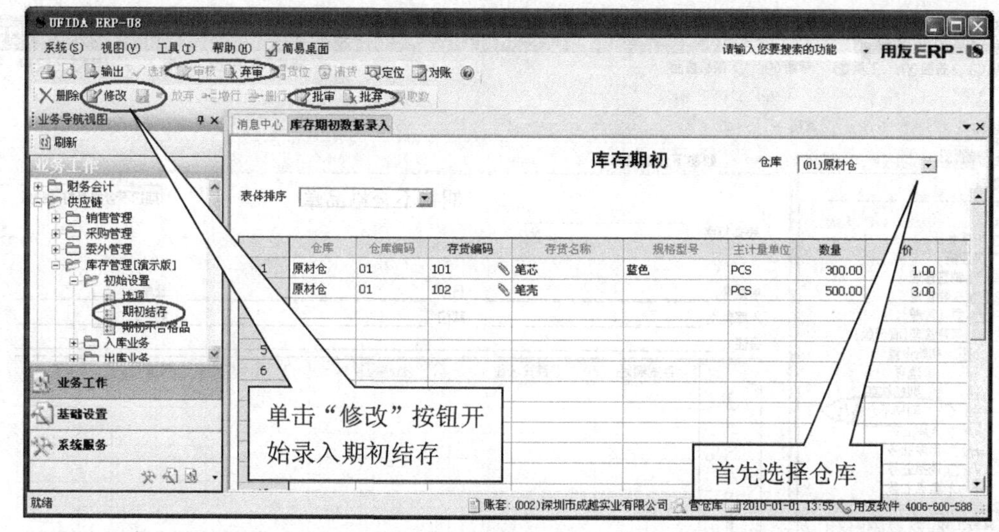

图 5-1

说明：单击"取数"按钮，库存管理系统中的期初结存可以从"存货核算"系统的期初数时行取数，这是因为存货核算系统与库存管理系统中一期初数应为一致，所以不必录入两次。只有第一年启用时，才能使用取数功能；以后年度结转上年后，取数功能不能使用，系统自动结转期初数据。当然，取数的前提是指存货核算系统中已有存货期初数据了。

注意：单击"审核"按钮只能审核仓库中当前指定的一个存货的初始数据，单击"批审"按钮才能审核当前仓库中所有的初始数据。

单击"对账"按钮，将库存管理的期初数据与存货核算相同月份的期初数据核对，并显示核对不上的数据。

2．期初不合格品

用于录入使用库存管理前发生的未处理的不合格品结存量，以不合格品记录单的形式录入。期初不合格品记录单可进行不合格品处理。

不合格品：企业外购或生产完工对产品进行检验后，如果发现不合格品，对于严重不合格不能再使用的不合格品可当时销毁；对于可再作为不合格品继续使用或等待以后处理的不合格品可先办理入库，记入不合格品备查簿，和合格品分开进行专门保管。

对于在存货保管过程中，由于保管不善或其他原因产生的不合格品，也要登记不合格品备查簿，以便进行相应的处理。

企业对不合格品的处理方法三种：返回车间进行加工维修等处理后，作为合格品再入库；将不合格品出售给不合格品收购公司；将不合格品直接销毁，医药行业对不合格的药品一般都要进行销毁。

（1）在"库存管理"窗口中，展开"初始设置"下的"期初数据"菜单，单击"期初不合格品"命令，系统打开"期初不合格品单"处理窗口，如图 5-2 所示。

（2）单击"增加"按钮增加一张期初不合格品单。

（3）单击"保存"按钮保存该张单据，单击"审核"按钮审核该张单据。

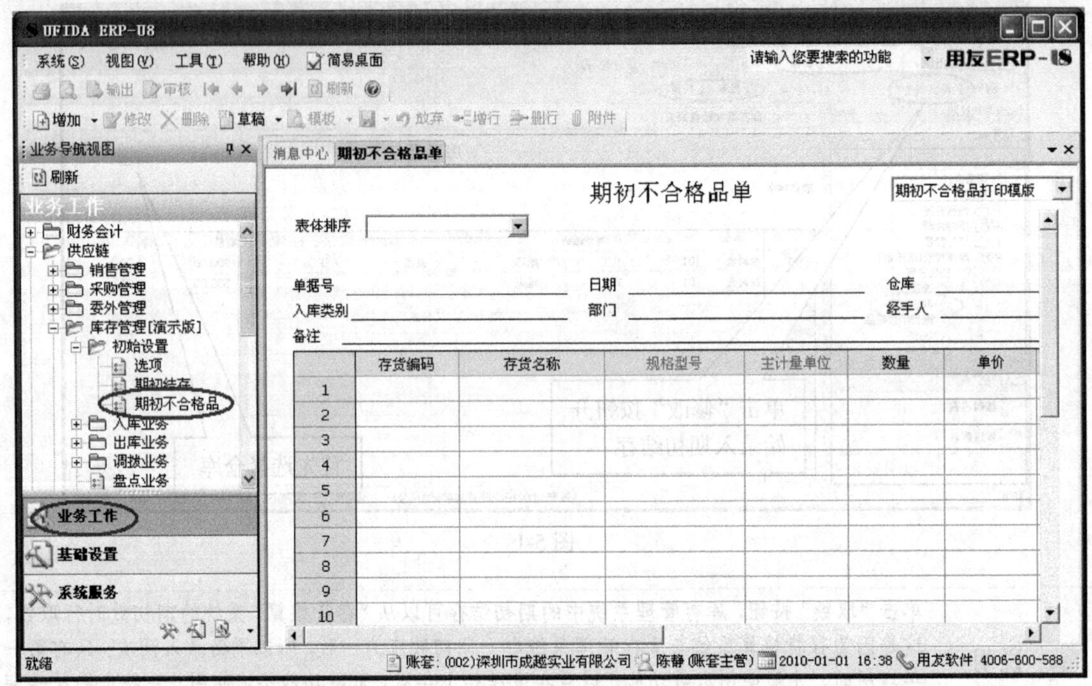

图 5-2

提示：如果要进行不合格品的管理，最好设置一个不合格品仓库用于储存不合格品。

5.2 销售管理系统期初录入

销售系统的期初数据是指在启用销售管理系统之前尚未处理完成的数据。

期初发货单可处理建账日之前已经发货、出库，尚未开发票的业务，包括普通销售、分期收款发货单。

用户可以录入启用日之前已经发生但未完全结算的委托代销发货单。如果在销售选项设置时没有勾选有委托代销业务，则本功能将被关闭。

（1）在“销售管理”窗口中，展开的“设置”下的“期初录入”菜单，单击“期初发货单”命令，系统弹出“期初发货单”录入窗口，如图5-3所示。

（2）单击“增加”按钮，可新增一张期初发货单，在此录入期初发货数据，录入完毕，单击“审核”按钮，以确认新增数据。

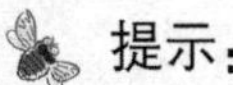

提示：

（1）期初发货单按照正常发货单录入，发货日期小于系统启用日期。

（2）期初发货单不影响现存量、可用量、待出库数等数据。

（3）期初发货单在销售管理系统的开票处理同正常发货单，但加期初标记。

（4）期初分期收款发货单被存货核算系统取数后就不允许再弃审。

（3）在“销售管理”窗口中，展开的“设置”下的“期初录入”菜单，单击“期初委托代销发货单”命令，系统弹出“期初委托代销发货单”录入窗口。

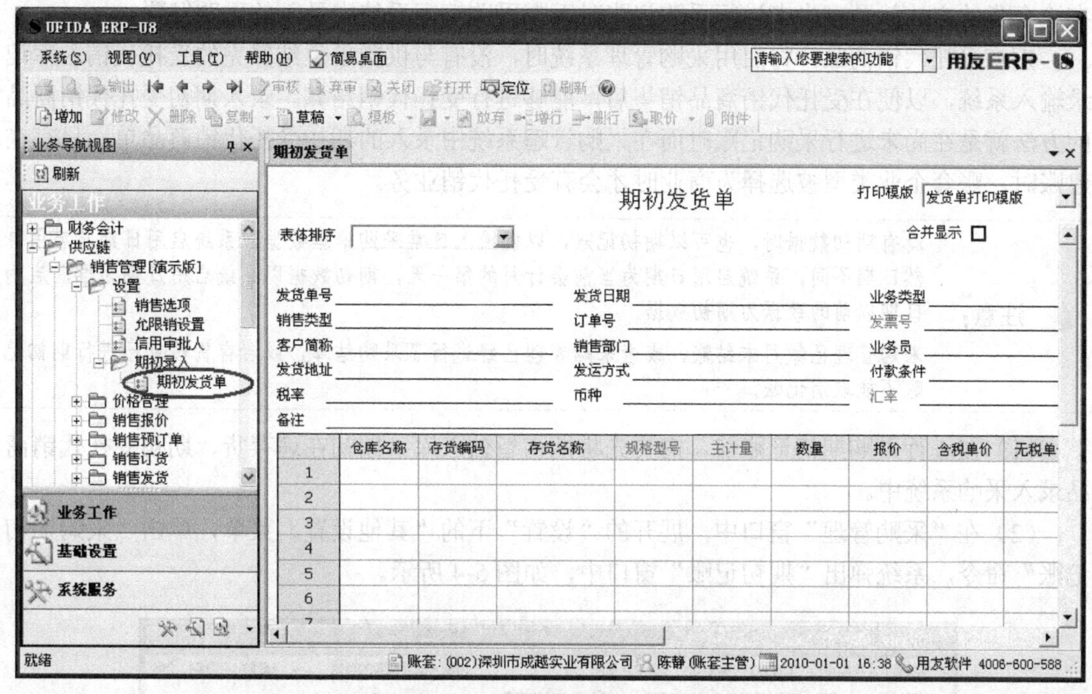

图 5-3

（4）单击“增加”按钮，新增一张期初委托代销发货单。然后单击“审核”按钮，以确认新增数据。

提示：期初委托代销发货单被存货核算系统取数后就不允许再弃审。期初委托代销发货单只需录入未完全结算的数据，已结算完成的数据不再录入。如某商品期初委托发货为“10”，但已结算“7”，则只需录入委找代销期初发货“3”即可。

5.3　采购管理系统初始化设置

5.3.1　采购期初记账

期初记账是将采购期初数据记入有关采购账、受托代销商品采购账中。期初记账后，期初数据不能增加、修改，除非取消期初记账。

期初记账后输入的入库单、发票都是启用月份及以后月份的单据，在“月末结账”功能中记入有关采购账。

期初数据包括期初暂估入库、期初在途存货。

期初暂估入库：将启用采购管理系统时，没有取得供货单位的采购发票，而不能进行采购结算的入库单输入系统，以便取得发票后进行采购结算，录入期初暂估入库单的方法就是在尚未进行采购记账时而在采购管理系统中录入的采购入库单。

期初在途存货：将启用采购管理系统时，已取得供货单位的采购发票，但货物没有入库，而不能进行采购结算的发票输入系统，以便货物入库填制入库单后进行采购结算。录入期初在途存货的方法就是在尚未进行采购记账时而在采购管理系统中录入的采购发票。

期初受托代销商品：将启用采购管理系统时，没有与供货单位结算完的受托代销入库记录输入系统，以便在受托代销商品销售后，能够进行受托代销结算。录入期初受托代销商品的方法就是在尚未进行采购记账时而在采购管理系统中录入的期初受托代销商品单。只有在建账时，账套企业类型被选择为商业时才会有受托代销业务。

注意：没有期初数据时，也可以期初记账，以便输入日常采购单据数据。系统启用日期与启用自然日期不同，系统启用日期为当前会计月的第一天，期初数据以系统启用日期为准，启用日期以前的数据为期初数据。

采购管理已做月末结账，或者采购管理已经进行了采购结算，或者存货核算已进行期初记账不能取消记账。

（1）在进行采购期初记账前，需要先将期初暂估入库、期初在途存货、期初受托代销商品录入采购系统中。

（2）在“采购管理”窗口中，展开的“设置”下的“其他设置”菜单，单击“采购期初记账”命令，系统弹出“期初记账”窗口中，如图 5-4 所示。

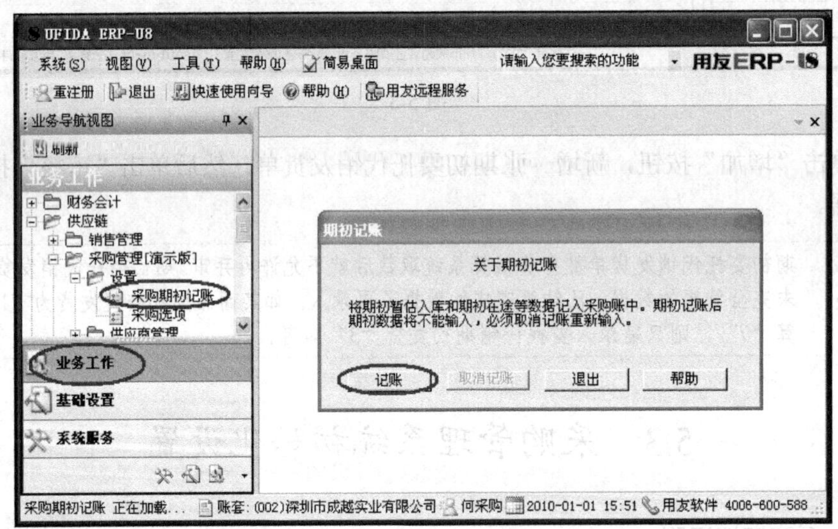

图 5-4

（3）单击“记账”按钮，系统提示记账成功。记账后如果需要取消记账，则在“期初记账”窗口中单击“取消记账”按钮即可。

说明：在进行采购期初记账前，录入的采购入库单、采购发票、受托代销单系统都会自动显示其为期初采购入库单、期初采购发票、期初受托代销单，一旦期初记账执行后，所录入的采购入库单、采购发票、受托代销单都可以在后期执行正常的业务操作。

注意：如果读者是以“demo”操作员进入了 999 演示账套进行操作的，系统会提示“已有其他会计月份结账或者存货核算系统已经期初记账，或者本系统有结算单，不能取消期初记账！”，这是因为 999 演示账套数据中采购管理系统已经执行了结算等操作了，如果读者有兴趣需要详细了解期初记账操作方式，则需要建立一套新账进行操作。

5.3.2　供应商管理

对供应商进行管理，包括：供应商资格审批、供应商供货审批、供应商存货对照表、供应商存货价格表以及相关的按照供应商业务的查询和分析。供应商管理既包括对采购系统的供应商管理，还包括对委外系统的供应商管理，如图 5-5 所示。

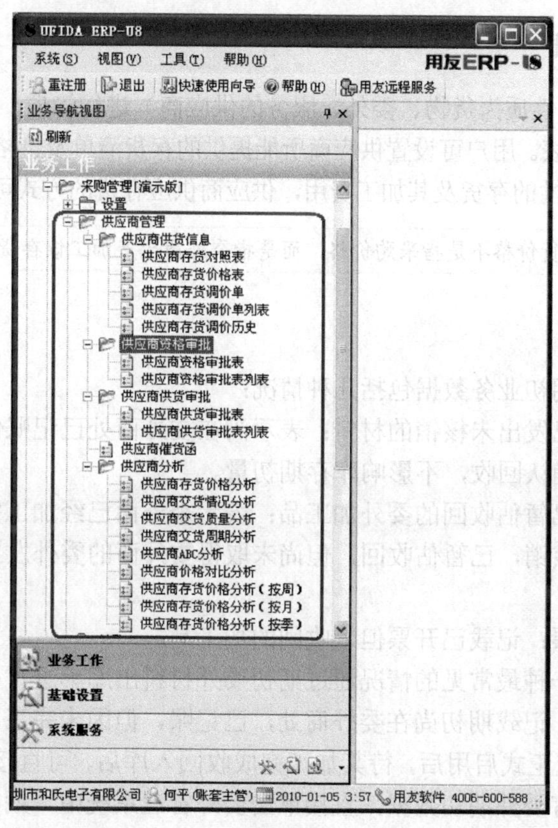

图 5-5

- 供应商资格审批：企业在接受一个供应商之前，一般会对其进行考察，只有通过有关部门的审批之后才能成为其合格供应商，进入企业的供应商档案。用友系统提供对潜在供应商的信息记录、考察以及升级为合格供应商（转入供应商档案）的功能。
- 供应商供货审批：对已经成为企业的供应商是否可以供货以及供哪些货进行控制。只有通过了供货审批的供应商及其存货，才可以转入供应商存货对照表中。
- 供应商存货对照表：可设置供应商所能提供的存货清单，包括外购属性的存货或委外属性的存货，供应商供应存货的方式可能为采购或者委外。一个存货可以由若干个供应商提供，并可设置每个供应商的配额（同一种货物多个供应商都可以供应，可以设置不同供应商供应该种货物时的百分比配额）、提前期、质检等内容。
- 供应商存货价格表用于供应商存货价格的查询、调价。
- 供应商催货函：根据采购订单的计划到货日期，在规定的到货日期货物还未完全入库时，可以向供货单位发出催货函。企业在实际操作时，可以根据货物的在途运输时间提前发出催货函。

- 供应商分析：在采购业务执行之后，后期可对供应商进行分析，如供应商存货价格分析、供应商交货质量分析等。

5.4 委外管理初始化设置

5.4.1 委外商管理

用户对供应商（含性质为货物、委外、服务的供应商）进行管理，可以设置供应商存货对照表、供应商存货价格表。用户可设置供应商所能提供的存货清单及价格，包括外购属性的存货及其采购价格或委外属性的存货及其加工费用，供应商供应存货的方式可能为采购或者委外。

提示： 委外商存货价格不是指采购价格，而是指委外商生产加工该存货的加工单价。

5.4.2 委外期初

委外业务涉及的期初业务数据包括几种情况：

（1）期初已记账已发出未核销的材料：表示尚在委外商处已记账但未核销的材料，将直接用于材料的核销，确认回收，不影响库存期初量。

（2）期初已核销已暂估收回的委外加工品：表示委外商已经加工完成并返还的加工品，该加工品已进行材料核销，已暂估收回，但尚未取得委外商的委外发票，而不能进行委外品加工费用的结算。

（3）期初委外发票：记载已开票但未收回的加工品。

委外管理针对第一种最常见的情况通过期初委外材料出库单进行处理。

期初材料出库单：记载期初尚在委外商处，已记账，但因未完工，尚未收回，无法核销的委外发出材料。系统正式启用后，待其加工完成收回入库后，可直接参与材料的核销处理。

本书模拟账中没有委外期初数据，直接单击委外管理系统中“期初记账”功能执行委外期初记账即可，如图 5-6 所示。

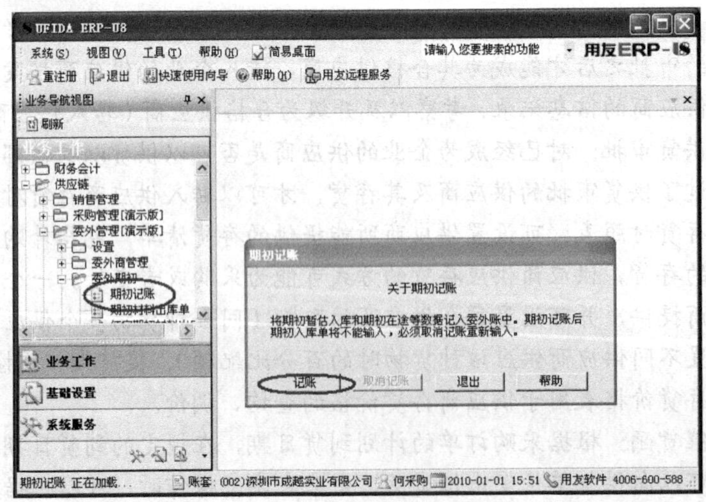

图 5-6

第6章 物料清单（BOM）

本章学习重点

- 建立 BOM
- 查询 BOM 相关报表

用友 ERP-U8（V8.72）中的物料清单系统用于定义组成各生产成品的所有零配件及原材料组成，即建立物料清单（称为 BOM：Bill of material）。

BOM 的建立非常重要，BOM 建立之后，可以完成下列任务。

- 标准成本卷叠计算，包括物料、人工、制造费用等。
- 新产品的成本模拟，作为拟定售价的参考。
- 物料需求计划（MRP）计算用料的基础。
- 计划品、模型及选项类物料需求预测展开的依据。
- 支持按订单配置产品的组件选配。
- 领料、发料（仓库管理系统中使用）的依据。

物料清单（BOM）分为以下几种类型。

1．标准物料清单（Standard bill of material）

标准物料（Standard item）的物料清单。标准物料是指包含在物料清单上除计划物料、选项类或模型之外的任何物料，如采购件、自制件、委外件等。标准物料清单是最常用的清单类型，其列有法定的子件、每个子件的需求数量、在制品控制信息、物料计划等功能。

2．模型物料清单（Model bill of material）

模型物料是指在订购该物料时，其物料清单会列出可选用的选项和选项类的物料。模型物料清单列出了模型所具有的选项类、选项和标准物料，可以在销售系统中按客户要求订购不同的产品配置。模型清单可以是按订单装配（ATO：Assemble-to-order）或按订单拣库（PTO：Pick-to-order）类型的，ATO 与 PTO 模型的区别在于，ATO 需选配后下达生产订单组装完成再出货，PTO 则按选配子件直接出货。

3．选项类物料清单（Option class bill of material）

包含一系列相关选项的选项类物料（Option class item）的物料清单。选项类就是物料清单上对可选子件的一个分类。选项类作为一个物料，成为模型物料清单中的一层。例如，如客户订购一台计算机，那么 CPU 即是一个选项类，订购的特定规格的 CPU 就是在此选项类中的一个选项。

4. 计划物料清单（Planning bill of material）

计划物料（Planning item）的物料清单。计划物料代表一个产品系列的物料类型，其物料清单中包含子件物料和子件计划百分比。可以使用计划清单来帮助执行主计划和（或）物料需求计划。

虚拟件：虚拟件可以将所需物料组合在一起产生一个子装配件。如果建立母件的物料清单，则可以指定子件是否为虚拟件。

如产品 C，其下阶原材料较多，可以将下阶中的一些原材料合称为一个虚拟件，并为该虚拟件建立好一个 BOM，这样在建立 C 的 BOM 时，其下阶就是该虚拟件（事实上该虚拟件并不存在，而存在的只是该虚拟件下面的原材料）和其他原材料。MPS/MRP 在计算时，也是不计算虚拟件的，而是虚拟件直接展开到该虚拟件的子件，就好似这些子件直接连在该虚拟件的母件上。

虚拟件的使用，可以协助：

- 作为共用件，让物料清单较容易维护，减少资料量或计算机运作时间。
- 作为规划用料号，供预测、规划之用。

主要和替代物料清单：主要清单是建立产品最常用的子件清单；替代清单则是另一相同母件的子件清单。主要清单默认用来卷叠成本、参与 MPS/MRP 计划。

公用物料清单：任何具有同一清单类型的两个物料均可以共享公用物料清单。如果两个不同的物料共享同一清单，那么只需定义好一个物料的清单，可供另一物料公用，但这两个物料应该具有相同的 BOM 类型。既母件是两个不同的存货名称，但组成这两个母件的子件都一样。

在定义新的母件的物料清单时，可以将另一母件作为公用物料清单来引用，而不需要在物料清单中输入任何信息，节省输入时间并方便维护。

物料清单版本：每一主要物料清单都必须至少定义一个版本。在建立一个新的版本时，应该确保输入的版本日期不与其他现有版本日期重叠，即同一物料的物料清单，其不同版本不允许具有相同的版本日期（生效日期）。系统默认新版本的编号大于当前有效版本的版本编号。

版本号在企业的实际应用中经常用到，如某一产品，经过研发人员的努力，其中某一个子件需要更换成更具稳定性的另一子件，而该产品名称不变，我们称之为升级，就需要去更改该产品的 BOM，我们就可以为以前的 BOM 和现在的 BOM 分别定义其版本号和该版本号的生效日期，当新版本的生效日期一到，则 MPS/MRP 的计算都会以在新版本 BOM 作为计算的依据。

6.1 物料清单维护

6.1.1 物料清单资料维护

物料清单资料维护可以新增、修改、删除、查询某物料（模型、选项类、委外件、计划品、自制件）的组成子件资料；可以复制现有清单或引用公用清单，节省维护时间；可以建立母件的替代物料清单；可建立物料清单中子件可替代的物料资料，供修改生产订单、委外订单子件用料时参考。

注意： 如果您使用的是用友演示版软件，则物料清单中最多只能建立 5 个 BOM 清单数据，一旦超过 5 个，则系统认为物料清单系统已过期被锁定，不能被打开，需要购买用友正版软件方可继续使用。

参照本书第 2 章中的“例 2-1”和“例 2-2”新增 BOM 档案。

（1）以操作员“王工程”身份登录用友系统，如图 6-1 所示。

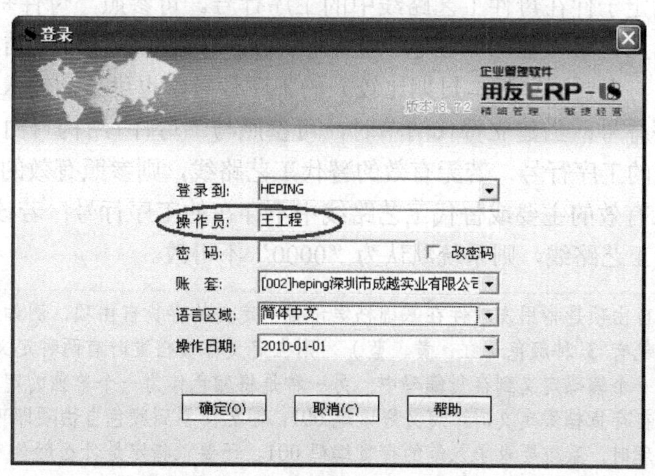

图 6-1

（2）在物料清单系统中，展开“物料清单维护”菜单，单击“物料清单资料维护”命令，系统弹出“物料清单资料维护”窗口，如图 6-2 所示。

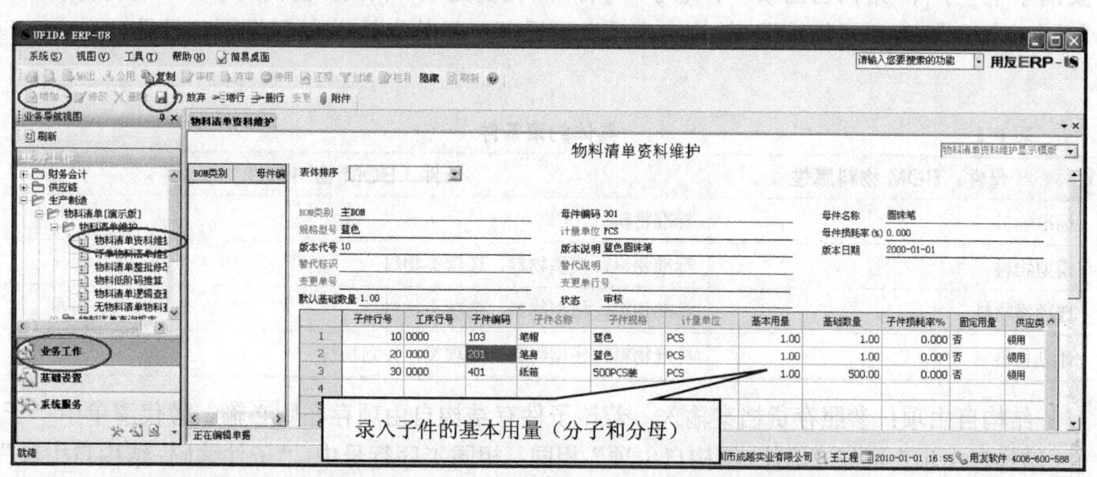

图 6-2

（3）单击“增加”按钮，在表头中增加新的物料清单，选择增加物料清单的母件编码、名称、母件损耗率（%）、版本代号、版本说明、版本日期（既该版本的生效日期）。

提示：母件耗损率，预设值为零，输入值不可大于 100，如果生产出来的母件产品按比例会有一定的损耗，则在此设置损耗率，系统在进行 MRP 计算和仓库向车间（或委外商）发料时，会考虑损耗率，从而放大其子件的需求，适用于过程型制造业，如化工行业。

（4）在表体中设置该母件的下阶子件。

子件行号：表示该子件在清单中的顺序号。新增时默认当前最大行号加生产制造参数中设定的“子件/工序行号增加值”（请参阅本书第 4 章中的生产制造参数设置），可改但不可重号，必须输入。新增保存后再刷新时，系统按该行号由小至大排列显示子件资料。

工序行号：指定子件在母件工艺路线中的工序行号。可参照“母件+结构自由项”的工艺路线工序行号输入，必须输入。在建立主要清单时，可参照“母件+结构自由项”当前有效的主工艺路线（与主要清单版本日期比较）的工序行号，也可手动输入当前有效主工艺路线中不存在的工序行号；当建立替代清单时，可参照与“母件+结构自由项”有相同替代标识的替代工艺路线的工序行号，若无有效的替代工艺路线，则参照有效的主工艺路线的工序行号，或手动输入有效的主要或替代工艺路线中不存在的工序行号；若该“母件+结构自由项”无当前有效的工艺路线，则系统默认为“0000”不可改。

提示：结构自由项是指用友软件在基础档案设置中定义的存货自由项，例如笔的存货编码是 001，但是笔有 3 种颜色（红、黄、蓝），则在定义存货档案时有两种定义方式，一种是将颜色作为一个编码定义到存货编码中；另一种是将颜色作为一个单独的定义（既存货自由项），然后在存货档案定义时，定义好该笔 001，需要使用到颜色自由项即可，则在进行该笔的业务处理时，系统要求录入笔的存货编码 001，还要求指定是什么颜色（既自由项），本书中没有详细讲解自由项的使用，有兴趣的读者可以自行学习。

子件编码：参照存货档案输入且必输，输入子件编码后可自动带出该子件名称、规格型号及主计量单位。输入子件的存货属性与母件属性有所限定，具体约束条件参照表 6-1。主要清单中“子件+结构自由项”不可与“母件+结构自由项”相同，替代清单中可与母件相同；相同工序行号中，“子件编码+结构自由项”可重复，但其生效/失效日期不可重叠。

表 6-1　具体约束条件

母件：BOM 物料属性	子件：BOM 物料属性
标准物料	标准物料
模型物料	标准物料，模型物料，选项类物料
选项类物料	标准物料，模型物料，选项类物料
计划物料	标准物料，模型物料，选项类，计划物料

结构自由项：参照存货档案输入，若该子件有结构自由项存在则必输。替代清单中“子件+结构自由项”可与“母件+结构自由项”相同；相同工序行号中，“子件编码+结构自由项”可重复，但其生效/失效日期不可重叠。

基本用量（分子）和基础用量（分母）：这两个设置是相互依存的，基础用量（分母）默认为 1，基本用量（分子）/基础用量（分母）的结果是该子件在该母件下的用量，这两项都必输。

提示：将基本用量（分子）和基础用量（分母）分开设置这也是用友 ERP 的亮点之一，而一些其他公司的 ERP 大多数只设置了基本用量，没有分子分母之说，但在实际应用中，很多时候子件的用量是无法确定的，例如，家具厂做大型办公桌（母件），需要用到油漆（子件），每做 9 张该类型的办公桌，需要用到 1 公斤油漆，则一张办公桌所需要的油漆是 1/9 公斤（如果换算成小数，则除不尽，如果加工办公桌的量非常大，则计算出来的油漆需求与实际需求误差会相当大），所以在用友 ERP 中，就可以将该油漆的基本用量（分子）设置为 1，基础用量（分母）设置为 9。

提示：本例中的纸箱的规格型号为 500PCS，意思就是 500 个小的纸盒包装在一起作为一个纸箱单位进行采购的，而一支圆珠笔需要用到 1/500=0.002 个纸箱单位，也就是指一支圆珠笔用到一个小纸盒，所以在此设置子件时，是将纸箱的基本用量设置为 1，基础用量设置为 500。

子件损耗率：输入子件的耗损率，预设值为零。离散型制造业适用，如机械业、电子组装业。

固定/变动：表示在母件制造过程中，该子件的使用数量是否随母件的制造数量而改变（既母件制造得越多，则子件使用数量也越多）。若为“固定”，则在生产订单或委外订单中该子件的使用数量与物料清单中的母件损耗率及生产/委外订单上母件的生产数量无关，其使用数量是固定的，例如有些加工制造行业，因为生产机器刚开始启动时需要试机，在试机时可能会固定消耗掉某种子件以达到该机器稳定的运作状态，消耗掉的该子件与该机器在启动之后生产多少母件无关，最简单的比喻就好像用一根火柴点燃一堆木头开始做饭一样，火柴点燃木头与您不管要炒多少菜都没有关系，该火柴则设置成“固定”。

供应类型：设置该子件的供应类型，系统自动根据该子件在存货档案中的设置带出，但可以更改，分为“入库倒冲”、“工序倒冲”、“领用”、“虚拟件”之一。当“工序行号”为“0000”时，不可为“工序倒冲”；当子件为“产出品”时，必须为“领用”；当子件为“计划品、模型、选项类”时，必须为“虚拟件”；若子件在存货档案设为“追踪型存货”，则不可设为“入库倒冲”或“工序倒冲”；当 BOM 类别为替代 BOM 时，可以为“虚拟件”；当子件为固定用量时，不可为“虚拟件”。

提示：供应类型为“领用”时，则在执行生产发料（仓库向车间发料）时，系统可以严格控制需要领用该子件的数量（如生产 100 台计算机，则需领用 100 只键盘），这称为配套领料或限额领料（请参阅本书第 7 章中的材料出库业务）；“入库倒冲”是在生产订单和委外订单母件完成入库时，系统根据母件 BOM 自动产生领料单（如入库 100 台计算机，系统自动计算出应该耗用的键盘数量为 100），将子件物料发放给相应的生产订单和委外订单，既根据最终的母件入库数量来返算耗用的子件数量；“工序倒冲”是指在生产订单母件工序完工时，系统自动产生领料单，将子件物料发放给相应的生产订单。使用“入库倒冲”物料发放到生产车间（委外商）的方式是将生产车间（委外商）定义成虚拟仓库（请参阅本书第 4 章中的库存管理系统业务参数设置），发料时将物料从仓库调拨到生产仓（委外仓），产成品入库时，系统倒冲产生的物料领料是指从生产仓（委外仓）领用出去的。

使用数量：考虑母件和子件耗损率后，子件所需的数量，系统自动计算。当子件“固定/变动”设为“变动”时，等于“基本用量（分子）/ 基本用量（分母）/（1−母件损耗率）×（1+子件损耗率）”；当子件“固定/变动”设为“固定”时，等于“基本用量（分子）/基本用量（分母）×（1+子件损耗率）”。

生效日期：子件开始生效的日期。生产订单或委外订单的开工日期，如果落于生效日和失效日间，则该物料列入应领用物料，MPS/MRP 也考虑该生效日。新增时系统默认母件的“版本日期”，若是替代清单则默认 2000/01/01 可改，对于主要清单生效日期必须大于或等于母件“版本日期”且不可大于“失效日期”，同一“子件+结构自由项”在同一工序行号，其生效日期/失效日期不可重叠。

失效日期：子件开始失效的日期。生产订单或委外订单的开工日期，如果落于生效日和失效日间，则该物料列入应领用物料，MPS/MRP也考虑该失效日。新增时系统默认2099/12/31可改，不可小于“生效日期”，同一“子件+结构自由项”在同一工序行号，其生效日期/失效日期不可重叠。

应用举例：产品C在生产中，需要用到一种原材料，A或B都可以使用，按照国际公约2007年1月1日起，在生产C时，A被停用，而改为使用B，于是建立C的BOM时，可以将A和B都设置成为子件，将A的失效日期设置成为“2006-12-31”，而将B的生效日期设置成为“2007-1-1”既可。

偏置期：在单阶物料清单中，子件的偏置期表示该子件比其母件计划开工日应提前或延后提供的天数。

应用举例：偏置期很容易与存货档案设置中的提前期混淆，两者其实是不一样的，实际应用中，在生产某成品时，有些子件需要提前或延后几天（如为了子件更稳定，放置几天让其自然稳定）提供，则可以设置偏置期。

计划比例：MPS/MRP 系统对计划品、模型和选项类物料清单进行预测展开时的子件的计划百分比。系统默认为100，若母件属性为“计划品、模型、选项类”则可更改。

产出品：若为产出品，则在清单中代表计划供应而非耗用，在计算物料供应和需求净值时，MPS/MRP 展开包括生产订单及物料清单上的产出品物料，并将此类型的子件需求作为有效的可供应量。系统默认为“否”，若母件为“计划品、PTO模型、选项类”或子件为“计划品、模型、选项类”时不可为产出品。

成本累计否：该子件是否包含在母件标准成本计算之中（如生产计算机整机时，可以选择键盘的成本是否累计计入到计算机整机的成本中）。当子件为产出品时，其值为“否”。

可选否：指明该子件在模型或选项类清单中是法定的还是可选的。当母件为选项类时，默认为“是”，其他默认为“否”。当母件为模型或选项类时可改默认值，其他属性的母件则不可修改；当子件为产出品时，不可修改默认值。

选择规则：对于可选子件如选项类，设定其下阶子件的选择规则。系统默认为“任选”，可修改为“一个/全部/任选/至少一个”之一。

替代标志：若该行子件有维护替代料资料，则显示“*”。

替换日期：显示该子件在存货档案中维护的替换日期，供维护子件替代料参考。

仓库代号：该子件通常的领用仓库。按存货档案带出可修改，可不输入。如果指定仓库代号为非MRP仓，则MPS/MRP/BRP展开时将该子件不纳入需求量计算。

领料部门：该子件的领用部门，专供库存管理生成限额领料单使用。可不输入。

定位符：指定子件的装配位置，备注用，如电子元件的插件位置。

备注：可输入备注性文字说明资料。

（5）单击“保存”按钮保存BOM资料。

注：如果一个BOM是分多阶的，则需要每一阶单独设置其母件与该母件下阶的BOM资料。图6-3是设置的“201笔身”与其下阶的BOM关系。

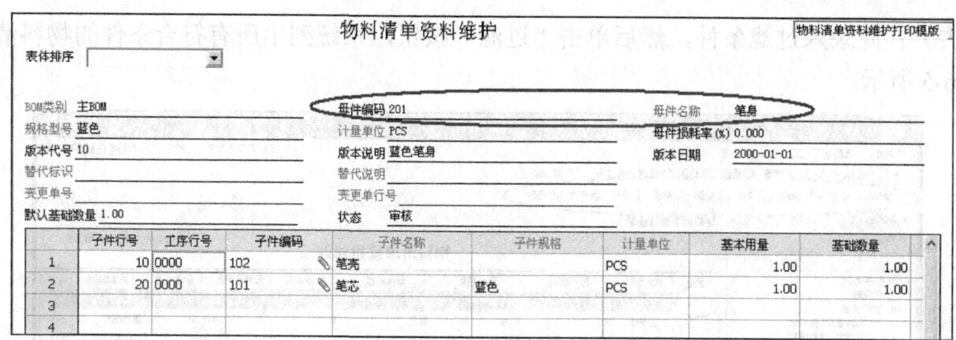

图 6-3

继续录入“圆珠笔（红色）”的 BOM 资料。

提示：BOM 录入完成保存时，需要单击“审核”按钮进行审核，只有经过审核之后的 BOM 才为有效 BOM，如果在“生产制造业务参数设置”中的“新增物料清单默认状态”为“审核”项（请参阅本书第 4 章中的生产业务参数设置），则新增加的 BOM 单击保存后系统自动将该 BOM 视为已审核状态。

6.1.2 物料清单整批修改

整批修改物料清单状态、整批删除物料清单，整批新增、取代、修改或删除物料清单的子件资料。

（1）在物料清单系统中，展开“物料清单维护”菜单，单击“物料清单整批修改”命令，系统弹出“物料清单整批修改”条件过滤窗口，如图 6-4 所示。

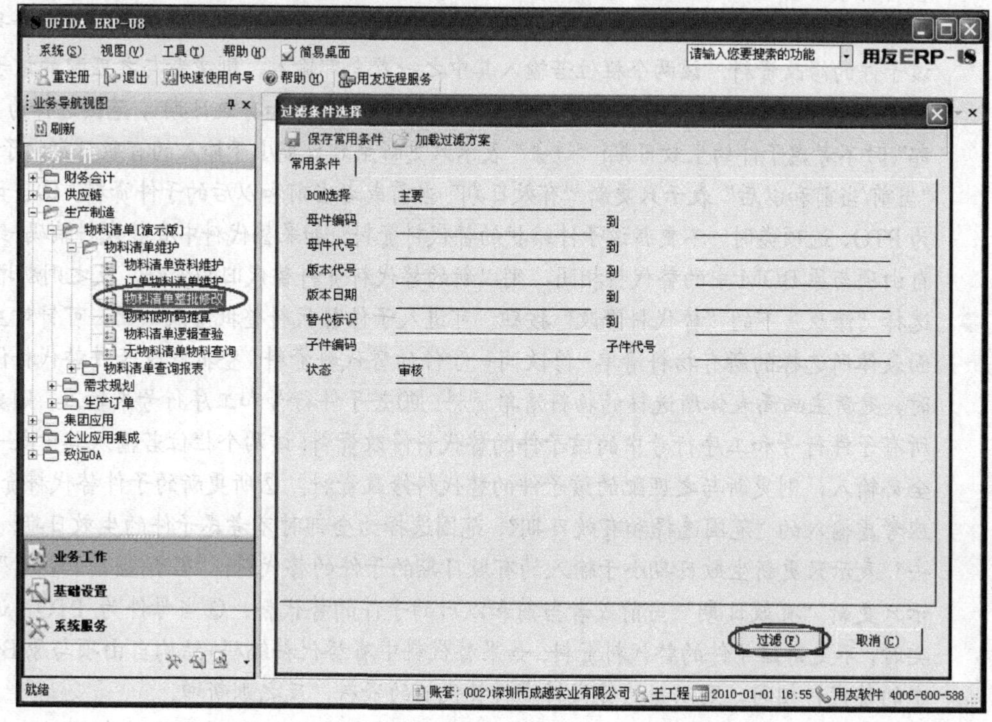

图 6-4

（2）在此录入过滤条件，然后单击“过滤”按钮，系统列出所有符合条件的物料清单。如图 6-5 所示。

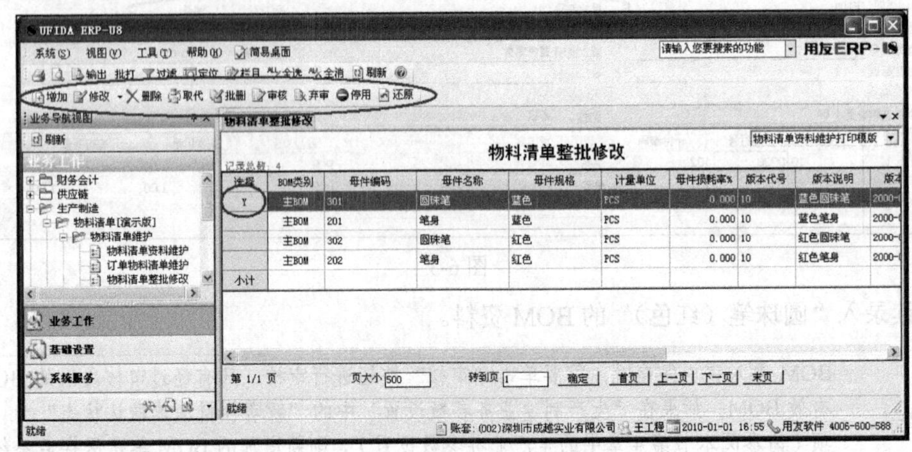

图 6-5

（3）在此选择需要整批修改的物料清单，然后选择修改命令进行整批修改。

- 单击工具栏“新增”按钮，可进入子件整批新增画面，可针对主画面表体所选择的所有物料清单，新增同一子件及其替代料资料。整批新增子件保存时，更新主画面表体所选择的物料清单资料。批次更新物料清单时，系统进行与单笔物料清单子件新增同样的逻辑校验和内部处理。
- 单击工具栏“修改”按钮，可进入子件整批修改画面，可针对主画面表体所选择的所有物料清单，修改同一子件及其替代料资料。整批修改保存时，更新主画面表体所选择的物料清单资料：①如果子件行号和工序行号未输入，则更新所有子件行号和工序行号中该子件的修改资料；该两个栏位若输入其中之一或全部输入，则更新与之匹配的该子件的修改资料。②所更新的子件资料，考虑输入的“范围选择和有效日期”，范围选择为“全部”时不考虑子件的生效日期；“过去”表示只更新生效日期小于输入的有效日期的子件；“当前/当前和以后”表示只更新“有效日期”当前或者当前和以后的子件资料。③当母件为 PTO、选项类时，不更新该子件维护的替代料资料；如果替代料中有替代料编码+结构自由项与原 BOM 中的替代料相同，则以新的替代料资料替代旧的资料，反之则新增。
- 选择“修改”下的“替代料修改”按钮，可进入子件替代料整批修改画面，可针对主画面表体所选择的所有物料清单，修改同一子件的替代料资料。整批修改子件替代料保存时，更新主画面表体所选择的物料清单资料：①若子件行号和工序行号未输入，则更新所有子件行号和工序行号中的该子件的替代料修改资料；该两个栏位若输入其中之一或全部输入，则更新与之匹配的该子件的替代料修改资料。②所更新的子件替代料资料，应考虑输入的“范围选择和有效日期”，范围选择为全部时不考虑子件的生效日期；“过去”表示只更新生效日期小于输入的有效日期的子件的替代料；“当前/当前和以后”表示只更新“有效日期”当前或者当前和以后的子件的替代料。③当母件为 PTO、选项类时，不更新该子件的替代料资料；如果替代料中有替代料编码+结构自由项与原 BOM 中的替代料相同，则以新的替代料资料替代旧的资料，反之则新增。
- 单击工具栏“取代”按钮，可进入子件整批取代画面，可针对主画面表体所选择的所有物料清单，以新的物料整批取代旧子件物料。整批取代子件保存时，更新主画面表体所选择的物料清单资料：①若子件行号和工序行号未输入，则以新子件取代所有子件行号和工序行号中的原子件资料；该两个栏位若输入其中之一或全部输入，则取代与之匹配的原来的子件资料。②取代子件时，考虑输入的“范围选择和有效日期”，“全部”是用新子件替代所有原子件；“过去”表示只用新子件替代生效日期小于输入的“有效日期”的旧子件；“当前/当前和以后”表示用新子件替代所输入的“有效日期”当前或者当前和以后的原子件资料。

- 单击工具栏“删除”按钮，可进入子件整批删除画面，可针对主画面表体所选择的所有物料清单，整批删除子件物料。整批删除子件保存时，更新主画面表体所选择的物料清单资料：①若被删除的子件在某一物料清单中是唯一的一条子件资料，则该物料清单不可被更新；②若子件行号和工序行号未输入，则删除所有子件行号和工序行号中的该子件资料；该两个栏位若输入其中之一或全部输入，则只删除与之匹配的该子件资料。③删除子件时，应考虑输入的“范围选择和有效日期”，“全部”是不考虑被删除子件的生效日期；“过去”表示只删除生效日期小于输入的“有效日期”的子件；“当前/当前和以后”表示删除输入的“有效日期”当前或者当前和以后的子件资料。
- 单击工具栏“审核、弃审、停用、还原”按钮，用以修改物料清单状态。
- 单击工具栏“批删”按钮，将表体所有选择的物料清单整批删除。执行整批物料清单删除，系统进行与单笔清单资料删除同样的逻辑校验和内部处理。

6.1.3　物料低阶码推算

计算物料的低阶码（Low Level Code），作为成本管理系统物料成本计算的依据。进行物料低阶码推算时，系统只考虑主要清单（包括公用清单、BOM 子件的替换料）及主要清单各版本，不考虑替代清单。

低阶码推算完毕后，系统自动将推算结果写回各物料的存货档案中。

（1）在物料清单系统中，展开“物料清单维护”菜单，单击“物料低阶码推算”命令，系统弹出“物料低阶码推算”执行提示，如图 6-6 所示。

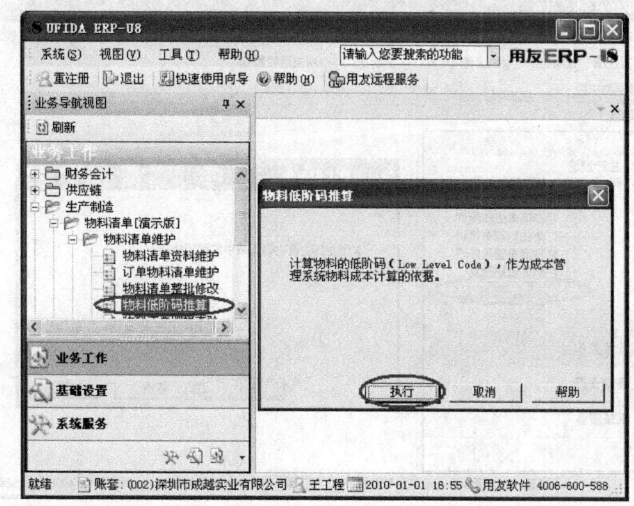

图 6-6

（2）单击“执行”按钮，系统开始执行低阶码推算，然后将推算结果返写回各物料的存货档案中，如图6-7所示。

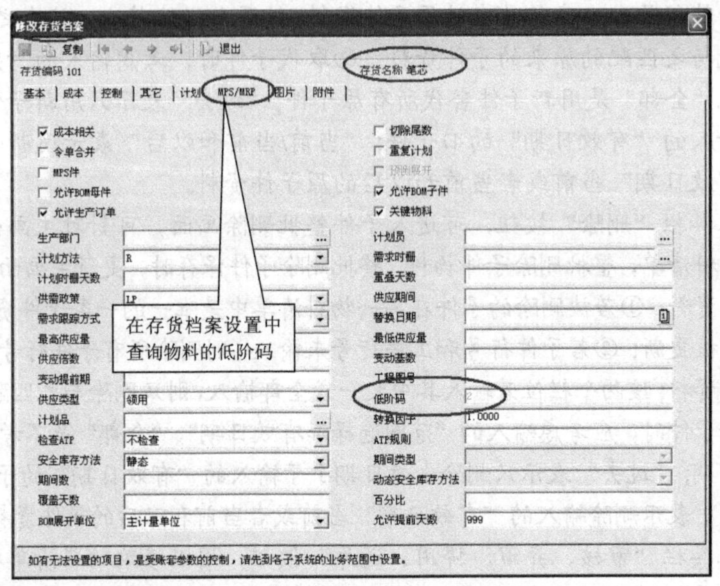

图6-7

6.1.4 物料清单逻辑查验

查验物料清单中物料是否有逻辑错误，即主要物料清单中所有物料包括替换料是否有成为自我子件的错误逻辑（比如在BOM设置中，设置“笔身”是“圆珠笔”的子件，但在设置“笔身”物料清单时，不小心将“圆珠笔”又设置成了“笔身”的子件，则系统在进行业务处理时，会出现逻辑错误，陷入死循环运算之中）。

（1）在物料清单系统中，展开“物料清单维护”菜单，单击“物料清单逻辑查验”命令，系统弹出“物料清单逻辑查验”执行窗口，如6-8图所示。

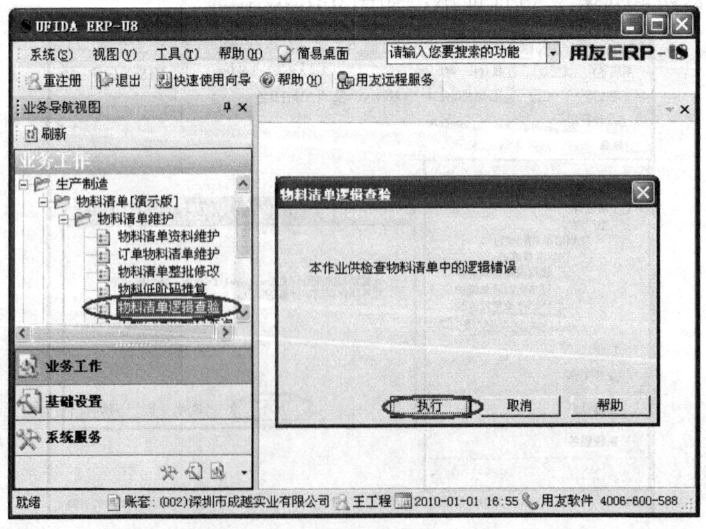

图6-8

（2）输入物料清单展开的层数，然后单击“执行”按钮开始执行物料清单逻辑查验。如无逻辑问题，则系统将不会提示逻辑错误，如有问题，系统将会给出逻辑错误提示。

6.1.5　无物料清单物料查询

无物料清单物料查询用于查询未建立主要物料清单（和公用清单）的属性为自制、委外、计划品、PTO、选项类的物料资料，供 MPS/MRP 展开前查核，以免因物料清单建立不完整而无法完成 MPS/MRP 计算。

6.2　物料清单查询报表

- 母件结构查询-多阶：查询母件之下各阶的子件资料，并绘出各物料上下隶属物料清单结构图。
- 子件用途查询-多阶：查询子件之上各阶的母件资料，并绘出各物料上下隶属物料清单结构图。
- 母件结构表-单阶：录入查询指定母件代号范围，查询该母件其下一阶的子件资料。
- 母件结构表-多阶：录入查询指定母件编码范围，查询该母件其下各阶的子件资料。
- 订单 BOM 表结构表：依指定销售订单和母件编码范围，打印订单 BOM 母件下各阶的子件资料。
- 子件用途表-单阶：录入指定子件编码范围，查询该子件其直接上阶的母件资料。
- 子件用途表-多阶：录入指定子件编码范围，查询其上各阶的母件资料。
- 母件结构表-汇总式：查询指定母件以下所有各子件的汇总用量，即同一子件在各阶层的用量皆予加总。
- 公用清单明细表：按物料编码范围，查询公用物料清单明细表，供核对用。
- 物料清单替代料明细表：查询母件物料清单中，各子件可被替代的物料编码及数量关系等，供核对用。
- 物料清单差异比较表：查询比较同一母件主要清单和替代清单，或同一母件主要清单不同版本的比较表。

在此以“母件结构查询-多阶”为例。

（1）在物料清单系统中，展开“物料查询报表”菜单，单击“母件结构查询-多阶”命令，系统弹出“母件结构查询-多阶”条件过滤窗口，如图 6-9 所示。

（2）单击“过滤”按钮，系统弹出条件过滤窗口，录入需要查询的母件编码等过滤条件，最后单击“确定”按钮，系统列出符合条件的记录，并列出各物料上下隶属物料清单结构图。如图 6-10 所示。

提示：展开方式将影响各阶子件使用数量的计算逻辑。阶列式展开，系统将按上阶子件使用数量，逐阶累算以下各阶各子件的实际应备料数量；全阶式展开，则只是显示对于其上一阶母件所需的使用数量，并不按母件之上各阶的使用数量进行累算，所以显示的使用数量，会比阶列式展开的应备料数量少。

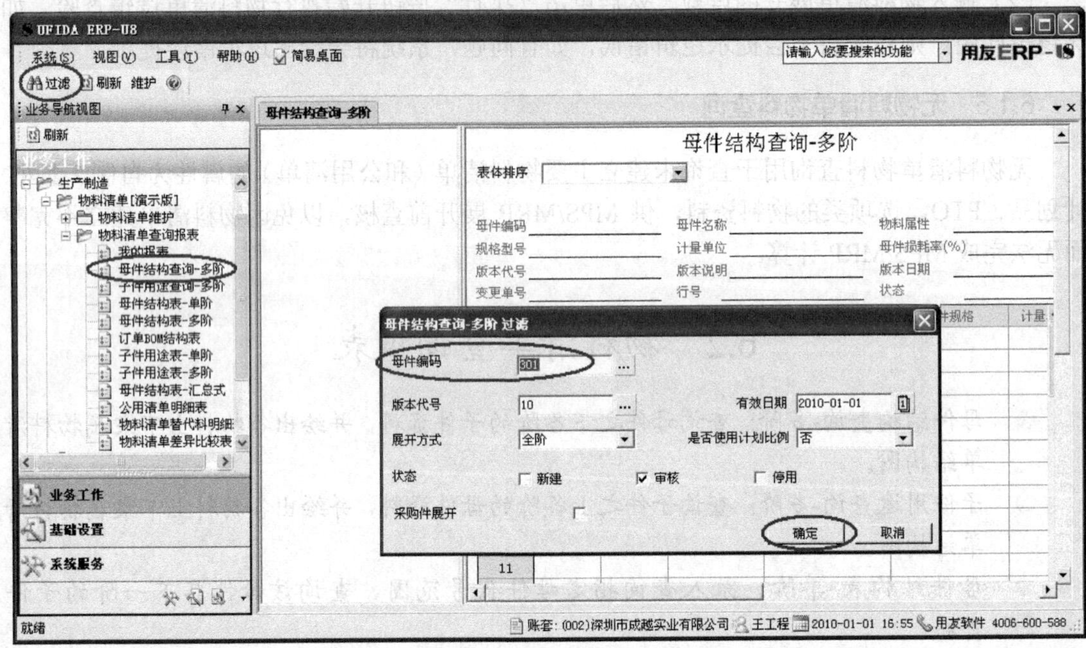
UFIDA ERP-U8
系统(S) 视图(V) 工具(T) 帮助(H) 简易桌面
请输入您要搜索的功能
用友ERP-U8
过滤 刷新 维护
业务导航视图
刷新
生产制造
物料清单[演示版]
物料清单维护
物料清单查询报表
我的报表
母件结构查询-多阶
子件用途查询-多阶
母件结构表-单阶
母件结构表-多阶
订单BOM结构表
子件用途表-单阶
子件用途表-多阶
母件结构表-汇总式
公用清单明细表
物料清单替代料明细
物料清单差异比较表
业务工作
基础设置
系统服务
母件结构查询-多阶
表体排序
母件编码
母件名称
物料属性
规格型号
计量单位
母件损耗率(%)
版本代号
版本说明
版本日期
变更单号
行号
状态
母件结构查询-多阶 过滤
母件编码 301
版本代号 10
有效日期 2010-01-01
展开方式 全阶
是否使用计划比例 否
状态
新建
审核
停用
采购件展开
确定
取消
就绪
账套:(002)深圳市成越实业有限公司
王工程
2010-01-01 16:55
用友软件 4006-600-588

图 6-9

母件结构查询-多阶
301 圆珠笔
103 笔帽
201 笔身
102 笔壳
101 笔芯
401 纸箱
母件结构查询-多阶
表体排序
母件编码 301
母件名称 圆珠笔
物料属性 自制件
规格型号 蓝色
计量单位 PCS
母件损耗率(%) 0.000
版本代号 10
版本说明 蓝色圆珠笔
版本日期 2000-01-01
变更单号
行号
状态 审核
子件行号 工序行号 子件编码 子件名称 子件规格 计量单位
1 10 0000 103 笔帽 蓝色 PCS
2 20 0000 201 笔身 蓝色 PCS
3 30 0000 401 纸箱 500PCS装 PCS

图 6-10

第 7 章　业务模块实战

本章学习重点

- 销售报价、销售订单、销售发货
- MRP 计算方案设置、MRP 计算、MRP 计划单据下达
- 采购订单、采购到货
- 委外订单、委外加工到货
- 生产发料、生产成品入库

本章实例与第 2 章的实例一一对应，在本章中讲解了如何从接到一张销售订单到组织物料采购、委外加工、生产、完工入库，到最后销售发货的全过程。

7.1　销 售 接 单

7.1.1　销售报价

销售报价单审核后可以被销售订单引用。销售报价单可以按不同数量段进行报价，在被销售订单引用时，系统根据录入的销售数量获取销售报价的价格资料。

销售报价单录入账套中，主要是为在以后时间里查询到某个客户在某个时间段购买某个产品的价格情况，这样方便在即时材料成本下重新核算最新的、适当的报价方案。

以操作员“严秀兰”的身份登录进入用友系统进行销售系统的相关操作，如图 7-1 所示。

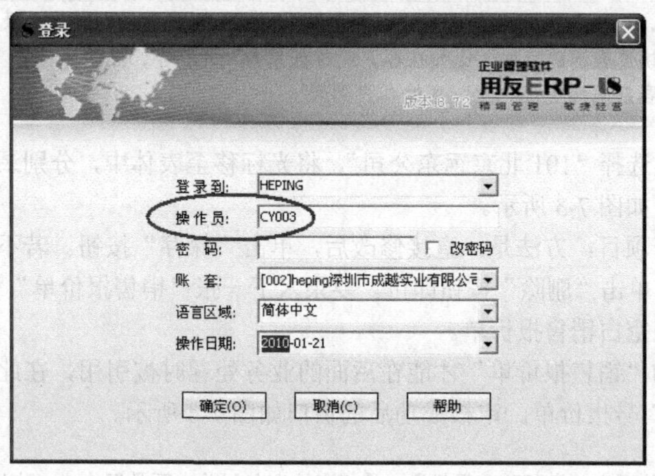

图 7-1

以本书第 2 章中的“实例 2-3”为例，练习销售报价单的处理方法，操作方法如下。

（1）打开“业务工作”→“供应链”→“销售管理”→“销售报价”→“销售报价单”命令，系统打开“销售报价单”窗口，单击“增加”按钮增加一张新的销售报价单，如图 7-2 所示。

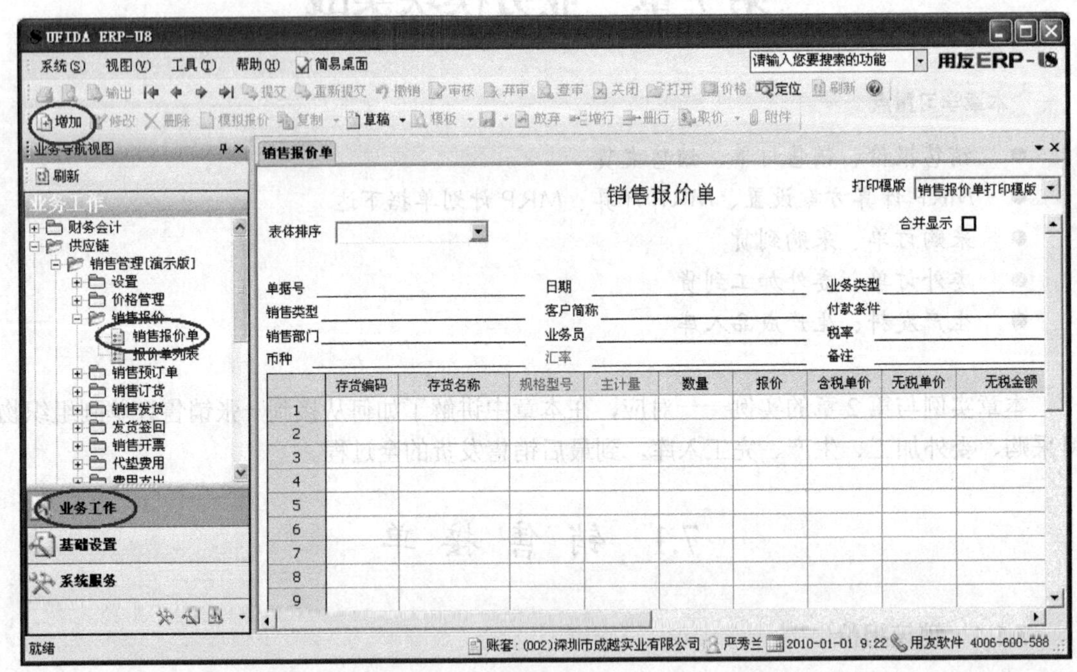

图 7-2

（2）币种为“人民币”，手工录入销售报价单号号“AQ0000001”（这是因为在单据编码方案设置时将销售报价单编码方案设置为手工录入了，请参阅本书第 4 章中的单据编码设置），将光标移至“客户简称”处，单击“...”（浏览）按钮，系统弹出客户档列表，

注：在有“...”按钮的项目处，即可以单击弹出列表，同时可以在项目处录入代码进行模糊查询，以达到快速查询的目的，比如在客户简称处录入“北”字，然后再单击“...”按钮，则系统只会列出客户简称中含“北”字的客户列表。

（3）客户档案选择“101 北京远东公司”，将光标移至表体中，分别录入要报价的存货名称、数量、报价，如图 7-3 所示。

若要修改某个项目，方法是：直接修改后，单击“保存”按钮。若不需要某行记录，将光标移至该行后，单击“删除”按钮即可。要录入下一张“销售报价单”，则单击“增加”按钮，系统弹出一张空白销售报价单。

只有审核后的“销售报价单”才能在后面的业务处理时被引用，在此单击“审核”按钮审核“AQ000001”号报价单。审核成功后的窗口如图 7-4 所示。

注：在企业管理中，为预防单据错误，最好审核人与制单人不是同一人，这样能达到审核人再次确认单据是否正确的目的。在本账套为演示方便，制单人和审核人均为“严秀兰”。

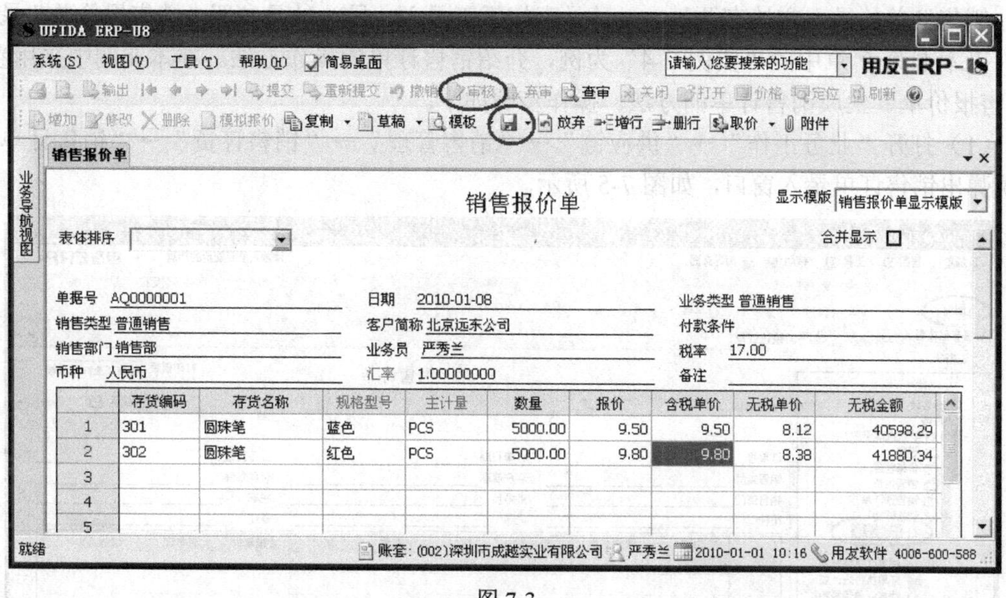

图 7-3

销售报价单

打印模版 销售报价单打印模版

表体排序　　　　合并显示 □

单据号 AQ0000001　　日期 2010-01-08　　业务类型 普通销售
销售类型 普通销售　　客户简称 北京远东公司　　付款条件
销售部门 销售部　　业务员 严秀兰　　税率 17.00
币种 人民币　　汇率 1　　备注

	存货编码	存货名称	规格型号	主计量	数量	报价	含税单价	无税单价
1	301	圆珠笔	蓝色	PCS	5000.00	9.50	9.50	8.12
2	302	圆珠笔	红色	PCS	5000.00	9.80	9.80	8.38
3								
4								
5								
6								
7								
8								
9								
10								
11								
12								
13								
14								
合计					10000.00			

制单人 严秀兰　　审核人 严秀兰　　关闭人

图 7-4

7.1.2 销售订单

销售订单通常是指客户已经确定我公司产品报价后，向我司下达采购订单，然后我司将客户方采购订单转为销售订单录入 ERP 系统中，作为计划、生产、发货和收款等依据。

销售订单的录入方法有两种：一种是直接手工录入，另一种是参照“销售报价单”录入。

以本书第 2 章中的“实例 2-4”为例，介绍销售订单的操作方法。在本实例中采用参照“销售报价单”生成销售订单的方法。操作步骤如下。

（1）打开“业务工作”→“供应链”→“销售管理”→“销售订货”→“销售订单”，系统弹出销售订单录入窗口，如图 7-5 所示。

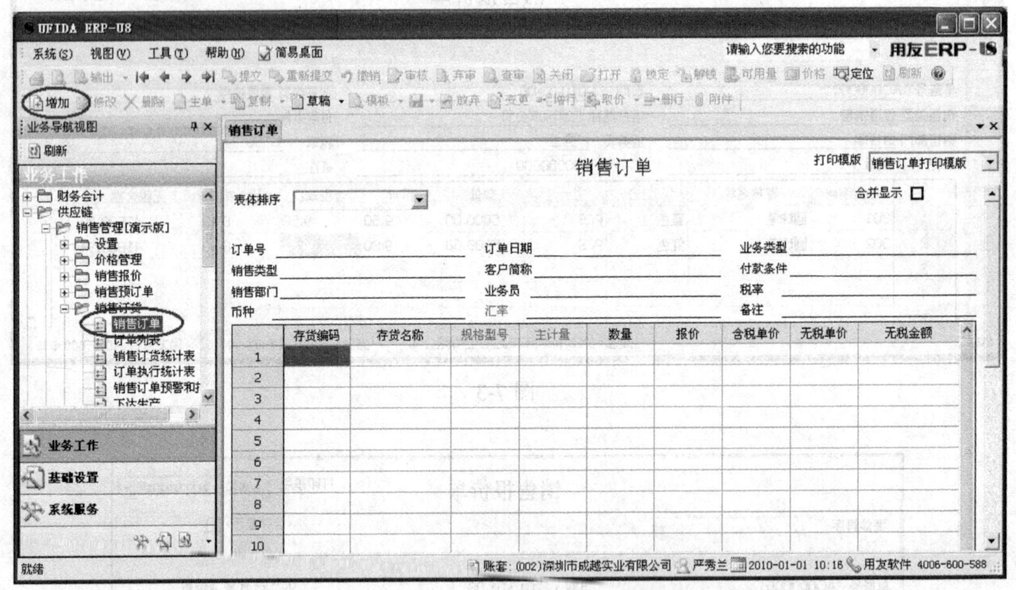

图 7-5

（2）单击“增加”按钮新增销售订单，单击“生单”下的“报价”命令，销售订单可以参照销售报价单生成，如图 7-6 所示。

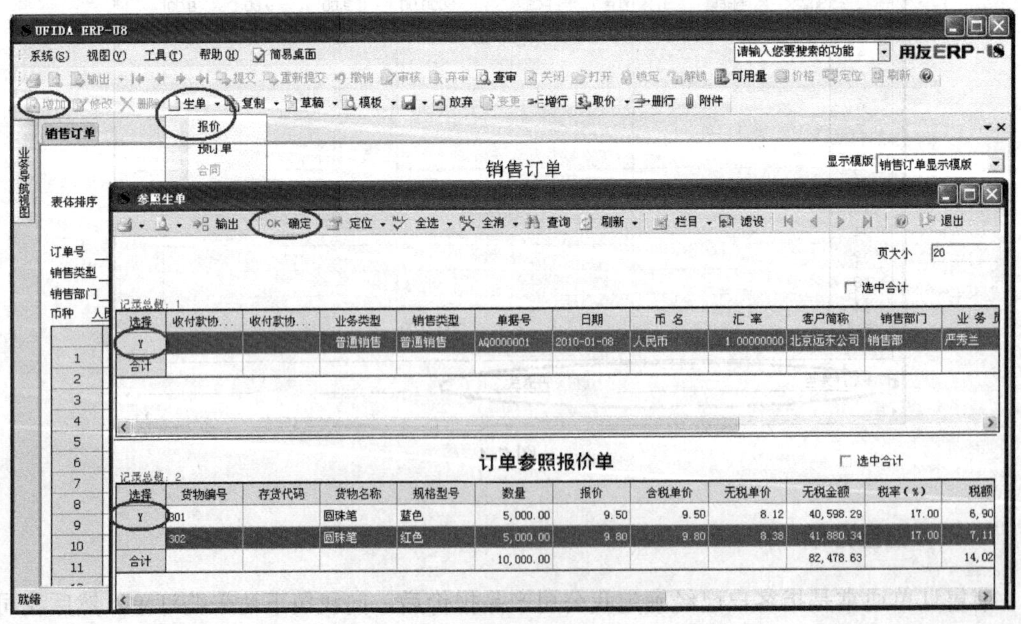

图 7-6

（3）在销售订单中将销售的产品"301 圆珠笔蓝色"数量更改为"8 000"，预发货日期录入为"2010-01-29"，预完工日期录入为"2010-01-27"，如图 7-7 所示。

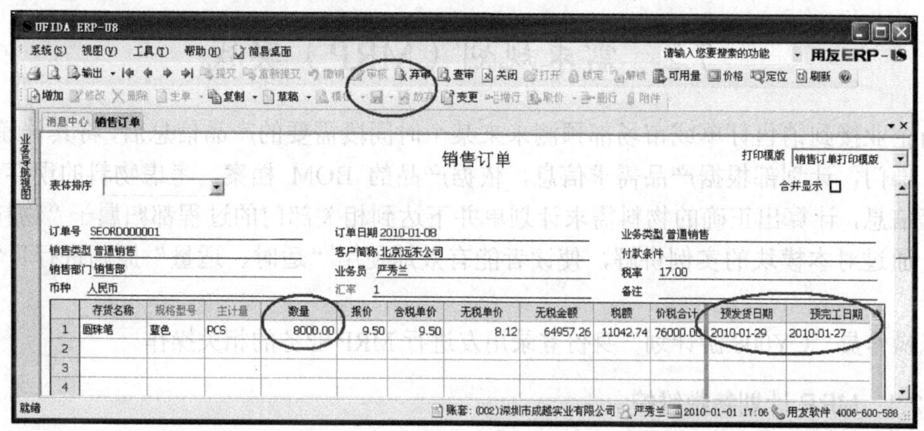

图 7-7

（4）单击"保存"按钮，保存当前单据。单击"审核"按钮审核当前单据。

提示：预发货日期会作为销售发货报警的依据（到期未发货，系统会报警），预完工日期会作为 MRP 计算时生产、采购、委外业务执行日期的计算依据（请参阅本章中的 MRP 运算）。

提示：企业实际业务中，下达销售订单时会查询一下仓库是否有货（有货就直接发货，没货则转计划部门安排生产、采购、委外等工作），以此来作为向客户承诺是否可以交货的数量和时间，企业销售订单的审核一般会经过销售部门、财务部门（主要是确认销售价格和应收款风险）、计划部门（生产、采购、仓库）共同审核确认该张销售订单的交货期。在销售订单表体上也可以直接单击鼠标右键选择"查询现存量"命令查询现存量物料情况，如图 7-8 所示。

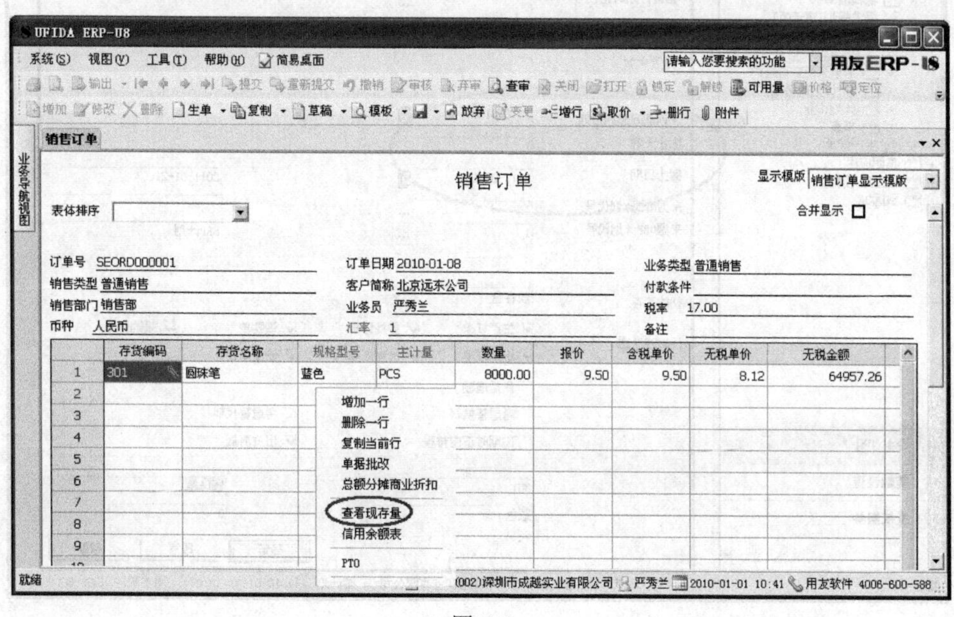

图 7-8

在本书实例中，库存中有“301 蓝色圆珠笔”500PCS（请参阅本书第 5 章中的库存期初录入），此次销售订单数量为 8 000PCS，所以需要安排相关的生产、采购、委外工作。

7.2 需求规划（MRP）实战

当企业接到销售订单或市场部预测未来某个时间段需要的产品信息后，将其传递到“计划部”部门，计划部根据产品需求信息，依据产品的 BOM 档案，考虑物料的现存量和在途量等信息，计算出正确的物料需求计划单并下达到相关部门的过程都归属于“物料规划”模块。通过对本模块的实例讲解，使读者能有效地使用“适时、适量”原则进行日常的计划安排。

以操作员“CY008 游计划”身份登录用友进行 MRP 业务的相关操作。

7.2.1 MRP 计划参数维护

在此维护 MRP 计划用相关参数，作为 MRP 展开计算时所依据的条件。

参照本书第 2 章中的“例 2-5”进行计划参数设置。

（1）打开“业务工作”→“生产制造”→“需求规划”→“基本资料维护”→“MRP 计划参数维护”，系统弹出“MRP 计划参数维护”窗口，如图 7-9 所示。

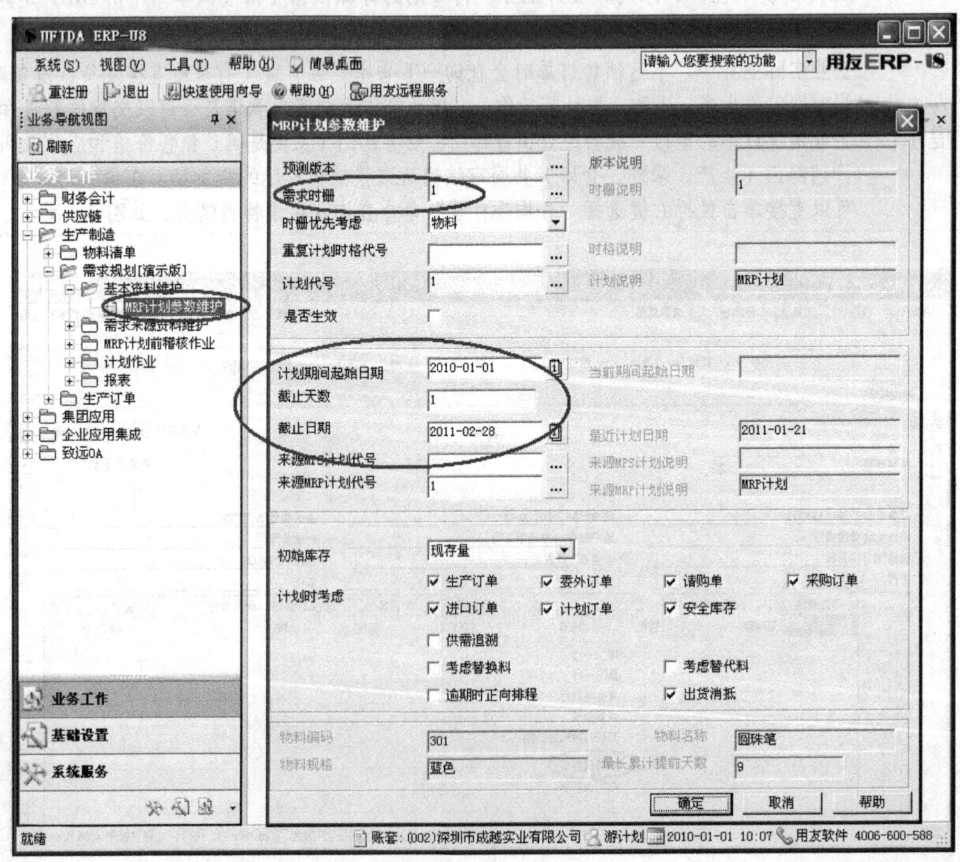

图 7-9

- 预测版本：输入要参与 MRP 计算的需求预测订单的版本号。可参照预测版本资料输入，输入的版本号其类别须为“MRP”，可不输入。
- 需求时栅：输入 MRP 展开所用的需求时栅代号（时栅设置请参阅本书第 4 章中的需求时栅维护），未在存货主档指定时栅代号的物料，MRP 以此作为该物料的需求时栅，可参照时栅代号档案输入，必须输入。
- 时栅优先考虑：选择在 MRP 计算时，优先考虑的需求时栅。如果选择“物料”，则优先考虑物料档案中维护的需求时栅；若选择“计划参数”，则优先考虑MRP 计划参数中维护的需求时栅，可于本作业选择不同的需求时栅，即不同的需求来源以执行不同的 MRP 计划代号（如长期计划）。
- 重复计划时格代号：输入划分重复制造计划期间所用的时格代号，可参照时格资料档案输入，可不输入。
- 计划代号：指 MRP 展开而建立的 MRP 的计划代号。可参照计划代号资料输入，其计划类别须为 MRP。
- 是否生效：执行 MRP 计算时，生成的 MRP 计划代号是否立即生效，如果不立即生效，则后期可以手工指定生效。用友软件中可能同时存在多个不同的 MRP 计划代号，每个计划可能考虑的因素不一样，所以用友系统是可以同时提供多个计划版本，由相关人员最终去指定需要执行的 MRP 计划版本。
- 计划期间起始日期：以时格代号划分重复制造计划期间的起始日期。默认“当前期间起始日期”可改，可不输入。输入日期不可大于系统日期及当前期间起始日期。MRP 展开时，系统以该日期为起点，并按重复计划时格代号所对应的时段和顺序，将该日期至 MRP 展开工作日历限度（当年往后两年、往前一年）截止日期，正向和反向分别划分为若干重复计划期间。
- 当前期间起始日期：系统自动显示审核及锁定状态 MRP 件的重复计划中，最小的“首件完工日期”。
- 截止日期：设定参与 MRP 计划的客户订单和产品预测订单资料预计完工日期的截止日期。有关截止日期的认定，客户订单是以预定完工日期为准，预测资料则是以均化后各期间的起始日期为准（关于“均化”的含义请参阅本章中的“产品预测订单输入”作业说明）。在截止日期之后的客户订单或预测订单，不视为本次计划的对象；均化后预测订单的需求日期若小于系统日期，也不视为计划对象。本栏位为显示栏位，由系统日和截止天数计算而得。
- 来源 MPS 计划代号：指定以哪一 MPS 计划作为 MRP 计划的需求来源。输入 MPS 计划代号，可不输入。
- 来源 MRP 计划代号：表示本次 MRP 计算要考虑哪一 MRP 计划中锁定的计划订单。输入 MRP 计划代号，可不输入。
- 最近计划日期：显示上次 MRP 展开时的日期。
- 初始库存：MRP 计算时各物料的期初库存量。如果设置为“无”，则 MRP 不考虑物料的现存量；如果设置为“现存量”，则考虑物料现存量；若设置为“安全库存”，则取物料主档中的安全库存量视同现存量处理。该设置主要用于长/短期规划时进行不同选择。
- MRP 计划时考虑：选择 MRP 计算时是否考虑锁定、审核状态的“生产订单、委外订单、请购订单、采购订单、进口订单、计划订单”，以及是否考虑存货的安全库存量。

- 供需追溯：若选择为“否”，则MRP计算时不记录供需追溯资料，提高运算效率。
- 逾期时正向排程：用于设置计划订单的排程方式。如果选择为“否”，系统总以物料的需求日反向推算计划订单的开始日，而不论计划订单是否逾期；若选择为“是”，则当计划订单开工日期逾期时，系统自动将该计划订单以系统日作为开始日进行正向排程，而不论是否满足需求日期。
- 出货消抵：销售出货表示对需求计划（销售订单与预测消抵后的结果）的执行，本栏位供设置MRP计算时是否使用出货资料进行预测消抵。如果选择为“否”，则不执行出货消抵（主要用于长期计划）。
- 是否考虑替换料：选择在MRP自动规划时，是否进行替换料处理，详细参照“MRP计划生成”作业说明。
- 是否考虑替代料：选择在MRP自动规划时，是否进行替代料处理，详细参照“MRP计划生成”作业说明。
- 截止天数：默认为“1”，可改，可输入正整数。
- MRP件最长累计提前天数：显示存货主档MRP物料中，最长的累计提前期天数（由本系统“累计提前天数推算”作业自动算出）。通常，截止天数应不小于最长累计提前天数，否则物料需求计划中某些物料的供应计划将会逾期（来不及供应）。
- 物料编码：显示存货主档中，累计提前期最长的MRP物料的编码及名称规格。

（2）单击“确定”按钮保存设置。

7.2.2 累计提前天数推算

物料的固定提前期或主要物料清单更改时，执行本作业，以计算各物料的累计提前天数，并更新存货主档及MPS/MRP系统参数的最长累计提前天数。

（1）在需求规划系统中，展开“MRP计划前稽核作业”菜单，单击“累计提前天数推算”命令，系统弹出“累计提前天数推算”窗口，如图7-10所示。

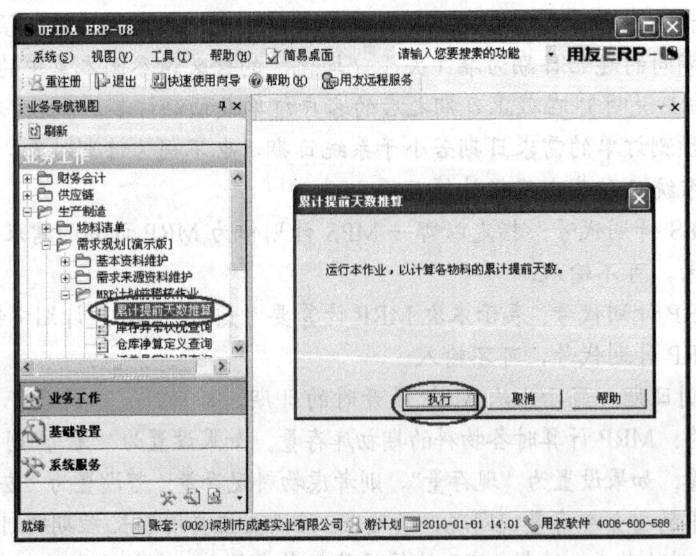

图7-10

（2）单击“执行”按钮，系统开始执行累计提前天数推算，最后提示推算完毕。

（3）累计提前期推算完毕，则可以打开存货档案设置，可以看到存货的累计提前期已经被记入到存货档案中了（注：存货核案中的累计提前期只能查看不能修改），如图 7-11 所示。

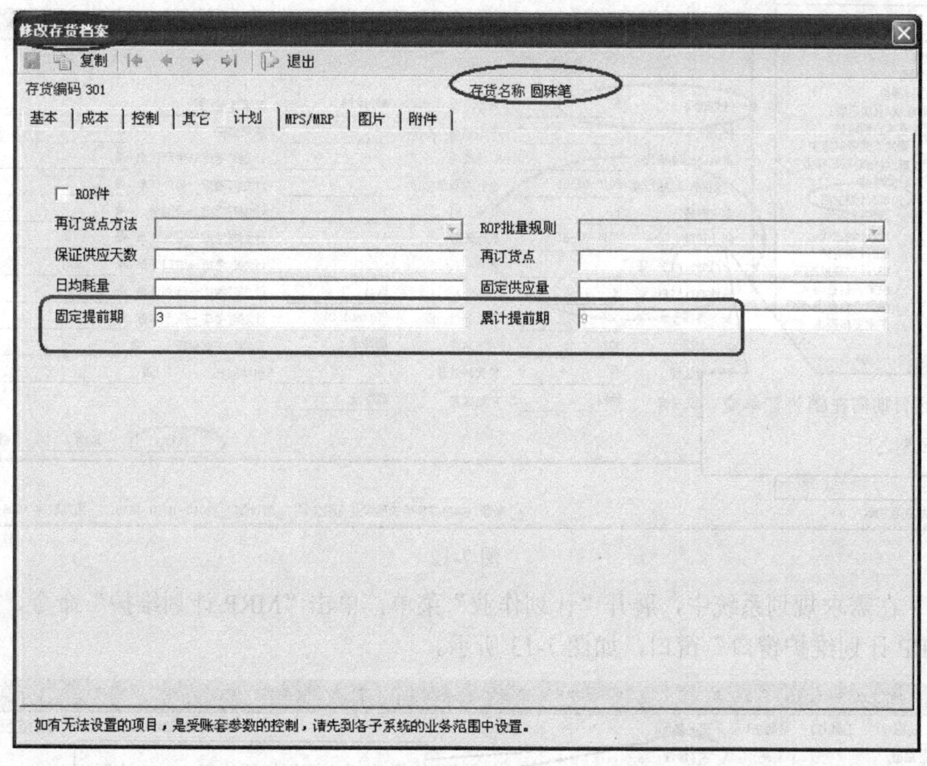

图 7-11

7.2.3　计划作业

- MRP 计划生成

依据物料的需求来源（MPS、需求预测及客户订单），按物料清单（BOM），考虑现有物料存量和锁定（如安全库存）、已审核订单（采购请购单、采购订单、生产订单、委外订单）余量及物料提前期、数量供需政策（供需政策请参阅本书第 4 章中存货档案设置）等，自动产生 MRP 件的供应计划。

（1）在需求规划系统中，展开“计划作业”菜单，单击“MRP 计划生成”命令，系统弹出“MRP 计划生成”窗口，如图 7-12 所示。

（2）系统显示 MRP 计划的各选项（只能查询，不能修改，要修改需要到需求规划的“MRP 计划参数维护”中进行修改），单击“执行”按钮，系统开始 MRP 展算，最后提示“处理成功”。

提示：MRP 计算之后的结果查询，请参阅本章中的需求规划报表中进行查询。

- MRP 计划维护（审核并投放 MRP 计算结果）

MRP 计划运算完成之后，在此查询、修改、删除 MRP 自动生成的计划供应，或手动新增 MRP 计划资料。

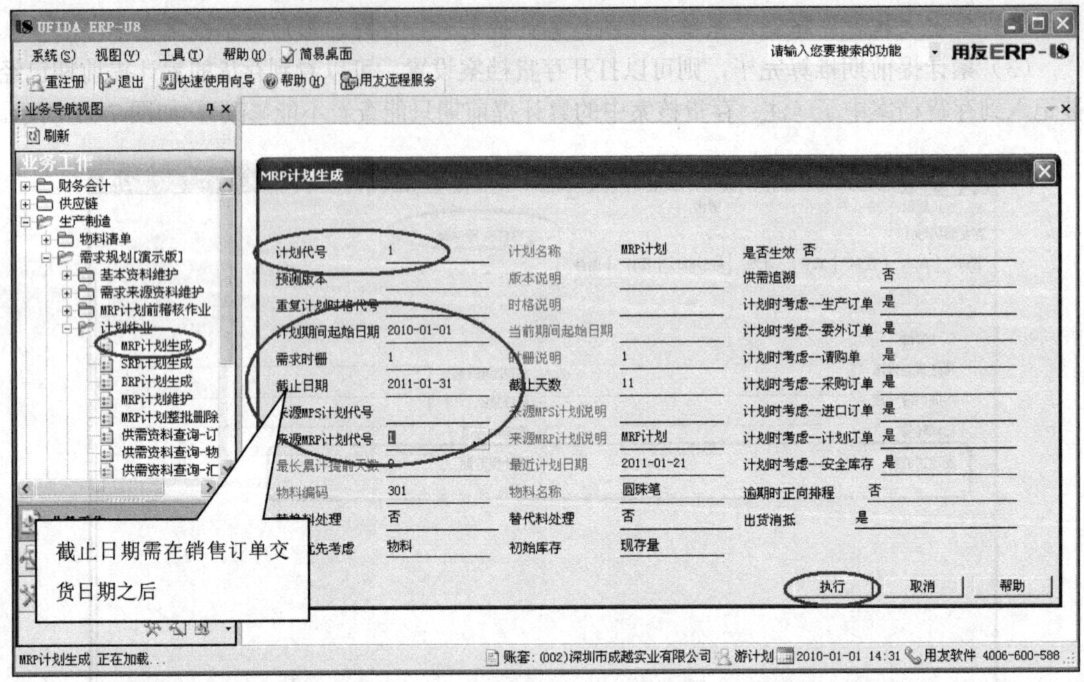

图 7-12

（1）在需求规划系统中，展开“计划作业”菜单，单击“MRP 计划维护”命令，系统弹出“MRP 计划维护窗口”窗口，如图 7-13 所示。

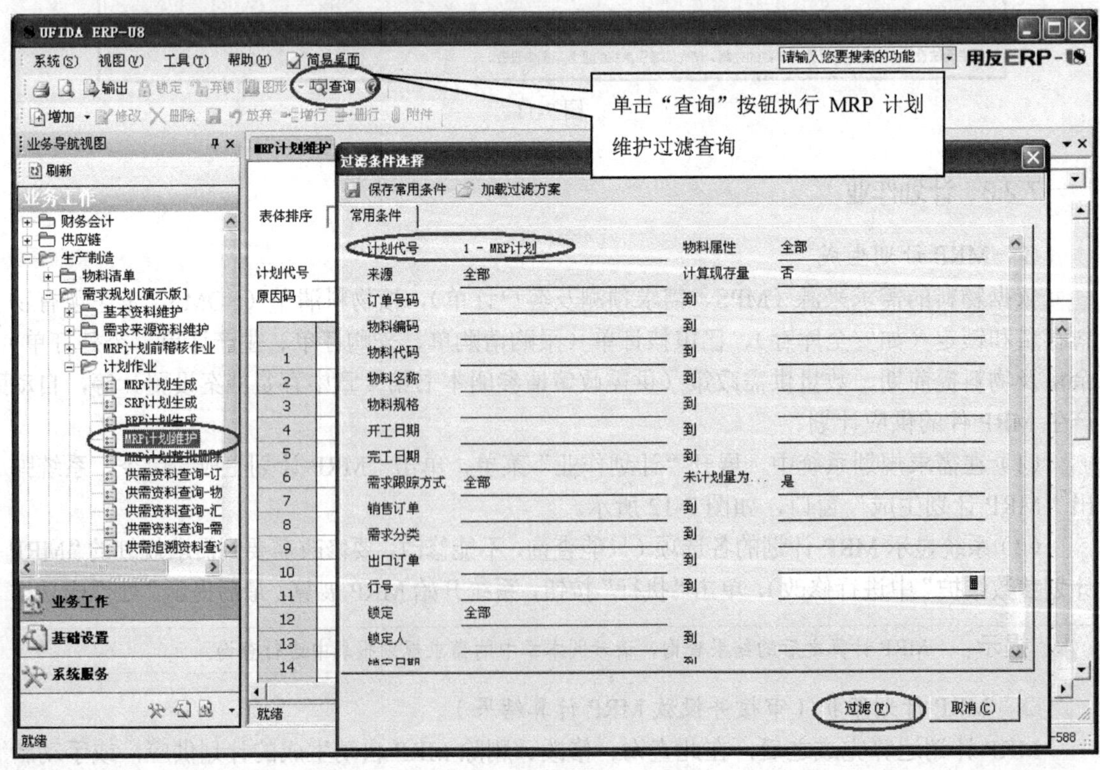

图 7-13

（2）单击“过滤”按钮，系统要求录入过滤条件，过滤条件录入完成之后，然后单击“过滤”按钮，系统列出符件条件的记录，如图 7-14 所示。

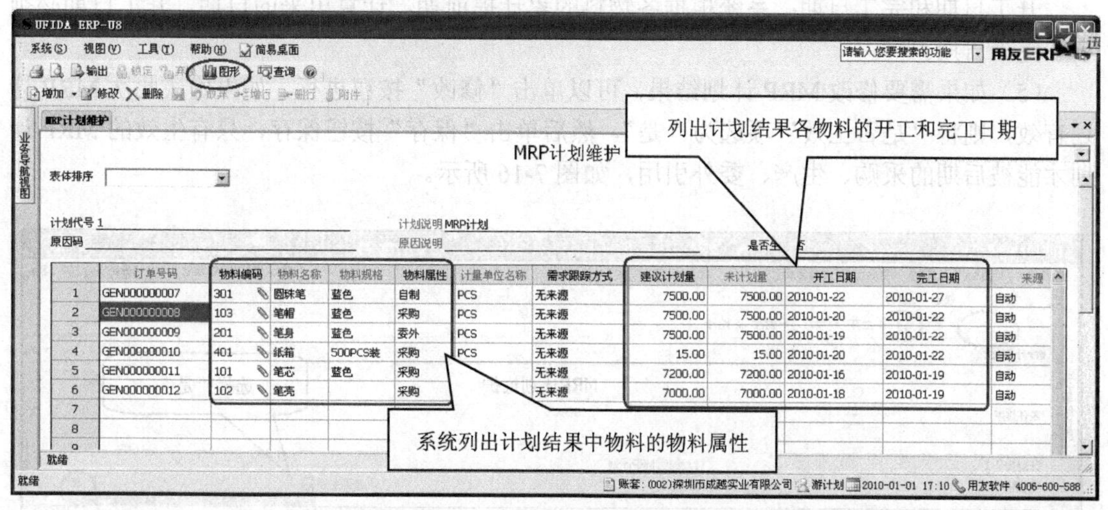

图 7-14

（3）在列出来的记录中，物料属性为“自制”的表示该物料的需求可以通过企业自行生产得到（即生产订单可参照该物料需求生成）；物料属性为“采购”的表示该物料的需求可以通过企业外购得到（即采购订单可参照该物料需求生成）；物料属性为“委外”的表示该物的需求可以通过企业委外得到（即委外订单可参照该物料需求生成）。销售订单项表示该物料的需求来源于哪一张销售订单。

提示： 如果存货在建档时被设置成为 ROP 件，或者“MRP/MPS”的计划方式设置为“N”（请参阅本书第 4 章中的存货档案设置），则即使该物料被设置在 BOM 中，但也不会在此通过 MRP 计算出需求来。

（4）单击“图形”按钮可以按开工日期或完工日期通过图形的方式查看到各物料的需求日期和完工日期的甘特图，如图 7-15 所示。

甘特图

物料编码	物料名称	订单号码	物料属性	计量单位名称	开工日期	完工日期	建议计划量
无来源//							
GEN000000011							
101	笔芯	GEN000000011	采购	PCS	2010-01-16	2010-01-19	7,200.00
GEN000000012							
102	笔壳	GEN000000012	采购	PCS	2010-01-18	2010-01-19	7,000.00
GEN000000009							
201	笔身	GEN000000009	委外	PCS	2010-01-19	2010-01-22	7,500.00
GEN000000008							
103	笔帽	GEN000000008	采购	PCS	2010-01-20	2010-01-22	7,500.00
GEN000000010							
401	纸箱	GEN000000010	采购	PCS	2010-01-20	2010-01-22	15.00
GEN000000007							
301	圆珠笔	GEN000000007	自制	PCS	2010-01-22	2010-01-27	7,500.00

图 7-15

建议计划量：系统在经过 MRP 计算之后的建议计划量，该计划量除了考虑仓库可用量等因素之外，还考虑到了该物料的最低采购、最小包装量等（请参阅本书第4章中的存货档案设置）。

开工日期和完工日期：系统根据各物料的累计提前期，计算出来的日期，开工日期必须小于完工日期。

（5）如果需要修改MRP计划结果，可以单击“修改”按钮进行，如果确认此次MRP计划有效，则将“是否生效”项选为“是”，然后单击“保存”按钮保存，只有生效的MRP计划才能被后期的采购、生产、委外引用，如图7-16所示。

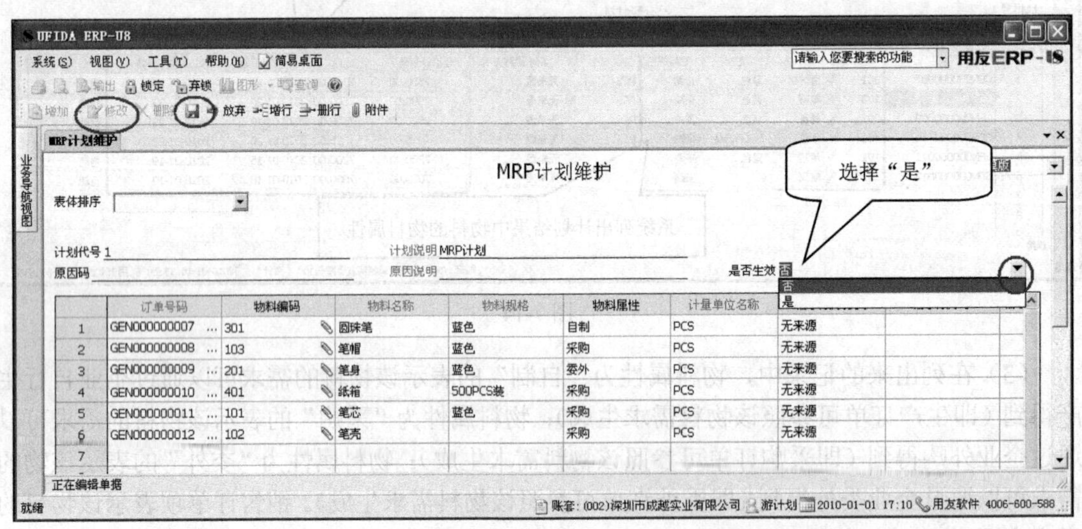

图7-16

如果在此无任何MRP计划维护资料，即MRP没有计算出任何结果来，则可以通过以下几方面去查询原因：

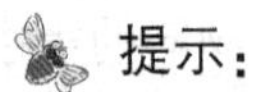
提示：

- 查询一下时栅设置中的来源（是销售订单？预测单？还是其他形式的两者组合）和需求规划中MRP计划参数维护。
- 查询一下是否仓库中的可用量大于需求量，所以系统经过计算之后，没有任何采购、生产、委外建议数据。
- 查询一下在存货档案中是否设置了该物料需进行MRP计算。

7.3 采购业务（一）

采购订货是指企业根据采购需求，与供货单位之间签订采购合同、购销协议。

7.3.1 采购订单（一）

采购订单是企业与供应商之间签订的采购合同、购销协议等，主要内容包括采购什么货物、采购多少、由谁供货，什么时间到货、到货地点、运输方式、价格、运费等。它可以是企业采购合同中关于货物的明细内容，也可以是一种订货的口头协议。

通过采购订单的管理，可以帮助企业进行采购业务的事前预测、事中控制与监督。

 提示：如果设置了必有订单业务模式（请参阅本书第 4 章中的采购管理系统业务参数设置），则以订单为中心的采购管理是标准、规范的采购管理模式，订单是整个采购业务的核心，整个业务流程的执行都回写到采购订单，通过采购订单可以跟踪采购的整个业务流程，后期的到货、退货、入库、开票等业务都需要参照采购订单生成。

以操作员"何采购"的身份登录用友系统进行采购业务的相关操作。

以本书第 2 章中的例 2-8 练习采购订单录入。

（1）以操作员"何采购"的身份登录用友系统，然后打开采购管理系统，展开"采购订货"菜单，单击"采购订单"命令，系统弹出"采购订单"处理窗口中。

（2）在采购订单中，单击"增加"按钮新增一张采购订单，选择"生单"按钮，采购订单可以参照其他业务单据生成采购订单，如图 7-17 所示。

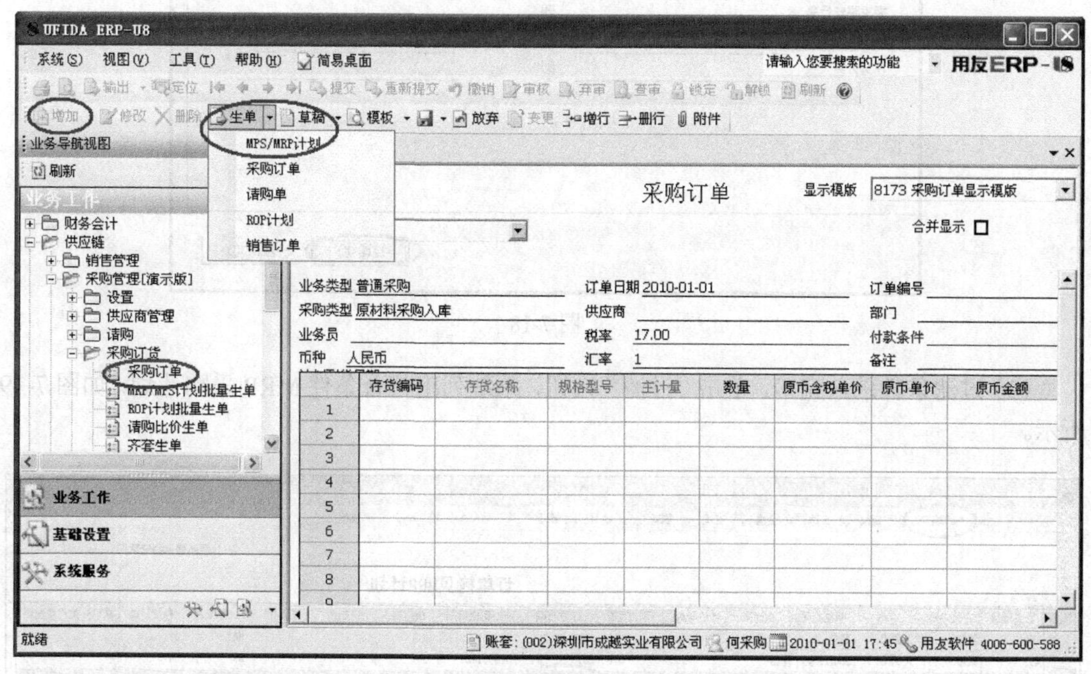

图 7-17

- 拷贝 MPS/MRP 计划：采购订单可以参照 MPS/MRP 计划生成。
- 拷贝 ROP 计划：采购订单可以参照存货档案设置中的 ROP（再订货点）生成，ROP 请参阅库存管理系统中的 ROP 业务处理。
- 拷贝采购请购单：采购订单可以参照经过审核之后的采购请购单生成。
- 拷贝采购订单：采购订单可以参照其他采购订单生成。
- 拷贝销售订单：采购订单可以参照销售订单生成（此功能常用于商贸企业，即卖什么，则买什么）。

提示：如果 MPS/MRP 计划生成之后，需要经过采购请购流程，然后再转向采购订单下达，则可以选择采购订单拷贝采购请购单生成，而该采购请购单又是参照 MPS/MRP 计划生成的。

（1）选择采购订单根据“MPS/MRP 计划”生单，系统要求录入“MRP 采购计划”过滤条件，如图 7-18 所示。

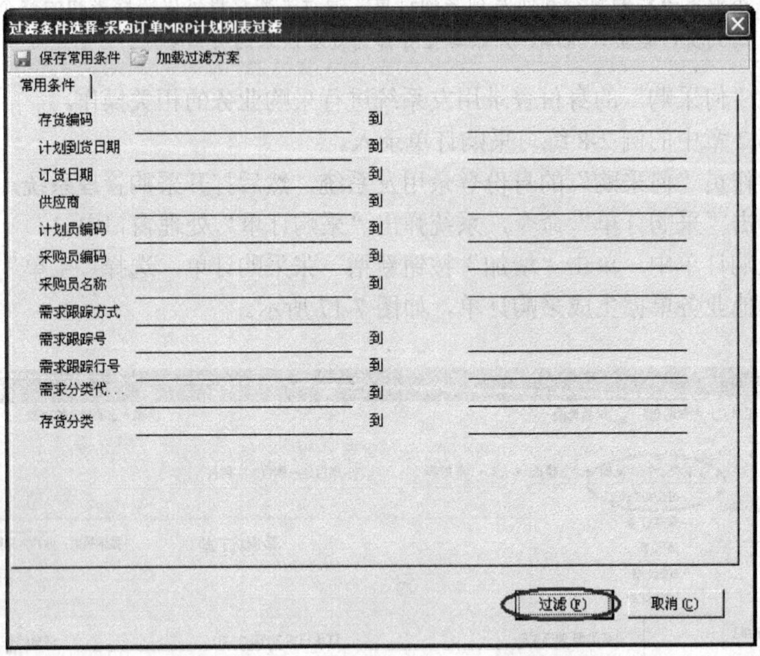

图 7-18

（2）过滤条件录入完毕，单击“过滤”按钮，系统列出符合条件 MRP 采购计划，如图 7-19 所示。

订单拷贝MRP计划

记录总数：4

选择	存货编码	存货名称	币种	规格型号	主计量	计划数量	已下达量	订货日期	计划到货日期	供应商	计划员	采购员	计划来源	存货分类	需求分类代号说明
	103	笔帽	人民币	蓝色	PCS	7,500.00	0.00	2010-01-20	2010-01-22				MRP	01	
	401	纸箱	人民币	500PCS装	PCS	15.00	0.00	2010-01-20	2010-01-22				MRP	04	
Y	101	笔芯	人民币	蓝色	PCS	7,200.00	0.00	2010-01-16	2010-01-19				MRP	01	
	102	笔壳	人民币		PCS	7,000.00	0.00	2010-01-18	2010-01-19				MRP	01	
合计															

图 7-19

（3）对需要复制的记录中，双击“选择”栏使其变成“Y”字样，如果需要全部拷贝，则单击“全选”，最后单击“OK”按钮将所选内容拷贝进入采购订单中，因为本书模拟账套中，笔帽、纸箱、笔芯、笔壳供应商都不相同，所以一次只能选择一条记录生成采购订单，由于蓝色笔芯要求的下达采购订单日期最早（2010-1-16），所以在此我们先选择蓝色笔芯记录，然后单击“OK 确定”按钮，系统将所选定的记录复制到采购订单表体中，如图 7-20 所示。

（4）生成的采购订单，需要指定供应商、采购单价。最后单击“保存”按钮保存该采购订单，单击“审核”按钮审核该采购订单。

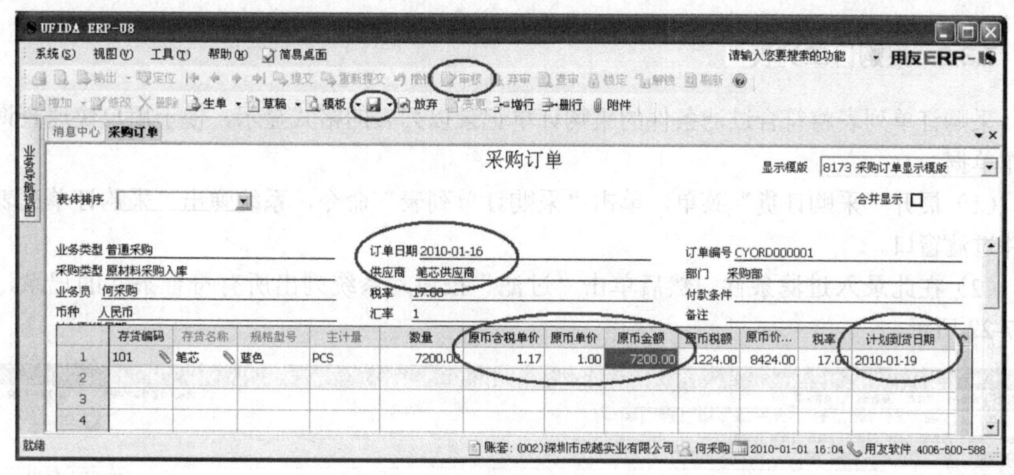

图 7-20

提示：采购订单的表体中，有一项是“计划到货日期”，如果采购订单是参照 MPS/MRP 计划生成，则计划到货日期则根据采购请购单或 MPS/MRP 计划带入，也可以手工修改。计划到货日期也是进行采购预警的参考。

提示：如果在保存时，系统提示要求录入订单编号，如果在单据编号设置（请参阅本书第 4 章中的单据编号设置）是手工编号，则需要手工录入订单编号，如果设置是由系统编号（如部门+业务员+注水号），则需要补充完成相关单据信息（如必须填制采购部门、业务员），信息补充完成后系统会自动编号。

（5）采购订单经过审核之后，可以打印出来，然后通过传真（邮件、采购合同）等方式向笔芯供应商发送，要求笔芯供应商按采购订单上的要求进行供货。

参照本书第 2 章中的例 2-9 练习采购订单录入。

到了 2010 年 1 月 18 日，再根据 MRP 计划要求，需要向笔壳供应商下达采购笔壳订单，具体操作方式同本节中采购蓝色笔芯方式一样，在此不再详细描述，所生成的采购订单如图 7-21 所示，保存并审核这张采购订单，然后打印出来向笔壳供应商发送，要求笔壳供应商按采购订单上的要求供货。

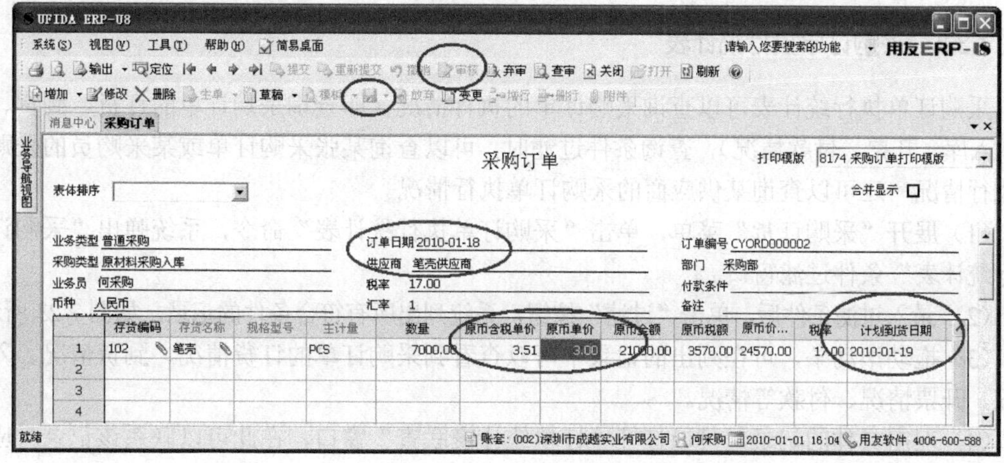

图 7-21

7.3.2 采购订单列表

采购订单列表将符合过滤条件的采购订单记录以列表的格式显示，便于用户快速查询和操作单据。

(1) 展开"采购订货"菜单，单击"采购订单列表"命令，系统弹出"采购订单列表"条件过滤窗口。

(2) 在此录入过滤条件，然后单击"过滤"按钮，系统列出所有符合条件的记录，如图 7-22 所示。

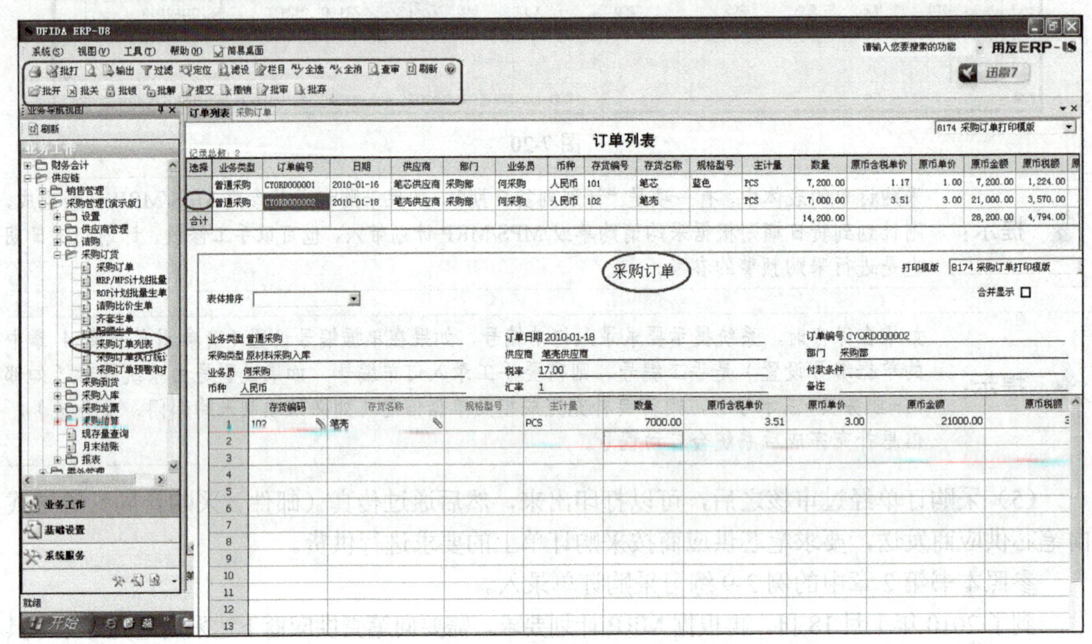

图 7-22

(3) 可对所列出的记录进行批量打印、批量关闭、批量审核、批量弃审。

(4) 也可以双击具体的记录，打开采购订单进行操作。

7.3.3 采购订单执行统计表

采购订单执行统计表可以查询采购订单的执行情况（即查询采购订单的订货、到货、退货、入库、开票、付款情况），查询条件过滤时，可以查询某张采购订单或某采购员的采购订单执行情况，还可以查询某供应商的采购订单执行情况。

(1) 展开"采购订货"菜单，单击"采购订单执行统计表"命令，系统弹出"采购订单执行统计表"条件过滤窗口。

(2) 录入过滤条件后，单击"过滤"按钮，系统列出所有符合条件的记录，如图 7-23 所示。

(3) 拖动滚动条，可在列出的记录中可以查看到采购订单的订货情况、到货情况、入库情况、开票情况、付款等情况。

(4) 双击具体的记录，可以打开"订单统计表联查"窗口，在此可以联系该记录对应的到货明细、入库明细、开票明细。

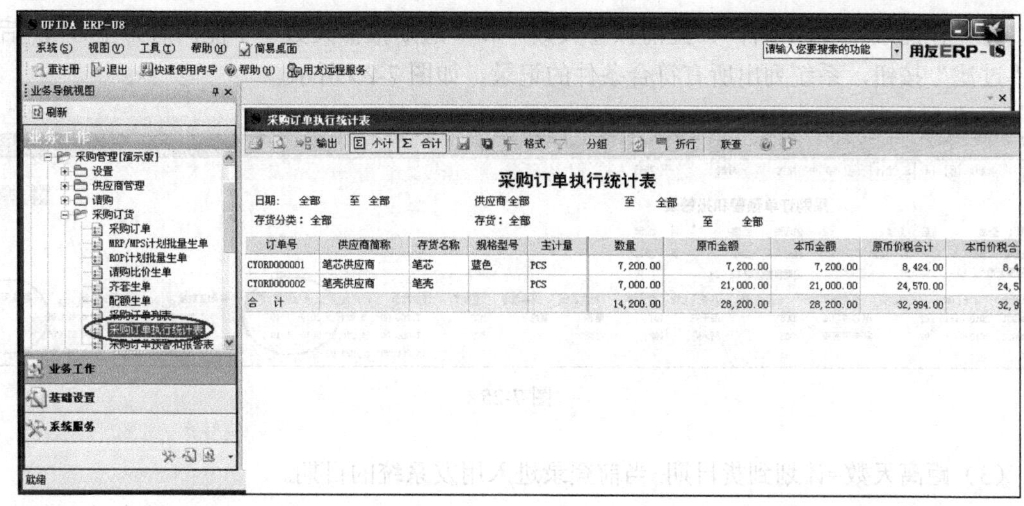

图 7-23

说明：采购订单执行统计表中的到货、入库、开票查询是在进行采购到货、入库、开票时参照该张采购订单而生成的情况下，才能建立起这此单据之间的链接并进行该采购订单的联查结果。

7.3.4　采购订单预警和报警表

系统根据采购订单表体中各采购物料的的计划到货日期和采购预警设置（请参阅本书第 4 章中的采购管理系统业务参数设置），在进入“采购管理”时系统进行预警信息显示；在此也可以手工进行查询。

（1）展开“采购订货”菜单，单击“采购订单预警和报警表”命令，系统弹出“采购订单预警和报警表”条件过滤窗口，如图 7-24 所示。

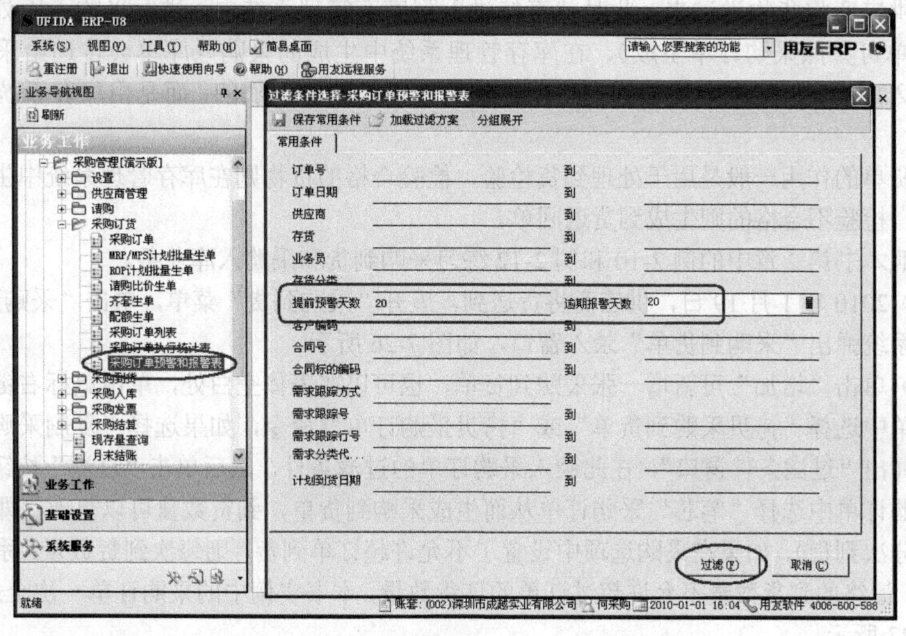

图 7-24

（2）在此录入过滤条件（“提前预警天数”和“逾期报警天数”不能同时为空），然后单击“过滤”按钮，系统列出所有符合条件的记录，如图 7-25 所示。

订单号	订单日期	供应商编码	供应商简称	业务员编码	业务员名称	存货编码	存货名称	规格型号	主计量	订货数量	订货金额	计划到货日期	未到货数量	未到货金额	距离天数
CYORD000001	2010-01-16	02	笔芯供应商	005	何采购	101	笔芯	蓝色	PCS	7,200.00	8,424.00	2010-01-19	7,200.00	8,424.00	18
CYORD000002	2010-01-18	03	笔壳供应商	005	何采购	102	笔壳		PCS	7,000.00	24,570.00	2010-01-19	7,000.00	24,570.00	18
合　计										14,200.00	32,994.00		14,200.00	32,994.00	

图 7-25

（3）距离天数=计划到货日期-当前登录进入用友系统的日期。

7.3.5 采购到货业务（一）

采购订单下达给供应商（可以将采购订单打印出来传真给供应商）之后，经过一段时间，供应商根据订单上的要求（货物、数量、交货期）将货物送过来，则需处理到货业务，采购到货是采购订货和采购入库的中间环节，一般由采购业务员根据供应商通知或供应商交过来的送货单填写，确认对方所送货物、数量、价格等信息，以入库通知单的形式传递到仓库作为保管员收货的依据。采购到货单是可选单据，用户可以根据业务需要选用。

采购到货单可以被库存管理系统参照生成采购入库单。请参阅本章库存管理系统中的入库业务。

如果在采购管理系统中不处理到货业务，则当采购订单下达给供应商之后，经过一段时间，供应商将货物送过来，此时就直接进入到库存管理系统中，进行采购入库处理（采购入库单可参照采购订单生成），在库存管理系统中生成的采购入库单会传递给采购系统的采购入库中，所以采购管理系统中的采购入库单是不能增加的，而是由库存系统传递过来的。

到货单的作用一般是用于处理到货检验，检验合格的货物则在库存管理系统中生成采购入库单，检验不合格的则生成到货退回单。

参照本书第 2 章中的例 2-10 和例 2-12 练习采购到货和采购入库业务。

（1）2010 年 1 月 19 日，供应商将货送到，展开“采购到货”菜单，单击“采购到货单”命令，系统弹出“采购到货单”录入窗口，如图 7-26 所示。

（2）单击“增加”可新增一张采购到货单，也可以在表体空白处，单击鼠标右键，在弹出式菜单中选择“拷贝采购到货单”或“拷贝采购订单”命令，如果选择“复制采购订单”，则系统弹出“过滤条件窗口”，在此录入采购订单的过滤条件，然后单击“过滤”按钮，在列出的采购订单中选择“笔芯”采购订单从而生成采购到货单，到货数量可以更改（即一张订单可以分次到货），如果在采购选项中设置了不允许超订单到货，则每次到货数量，系统会自动累加，最终的到货数量不允许超过订单的订货数量，本书实例中的采购订单一次全部到货，如图 7-27 所示。

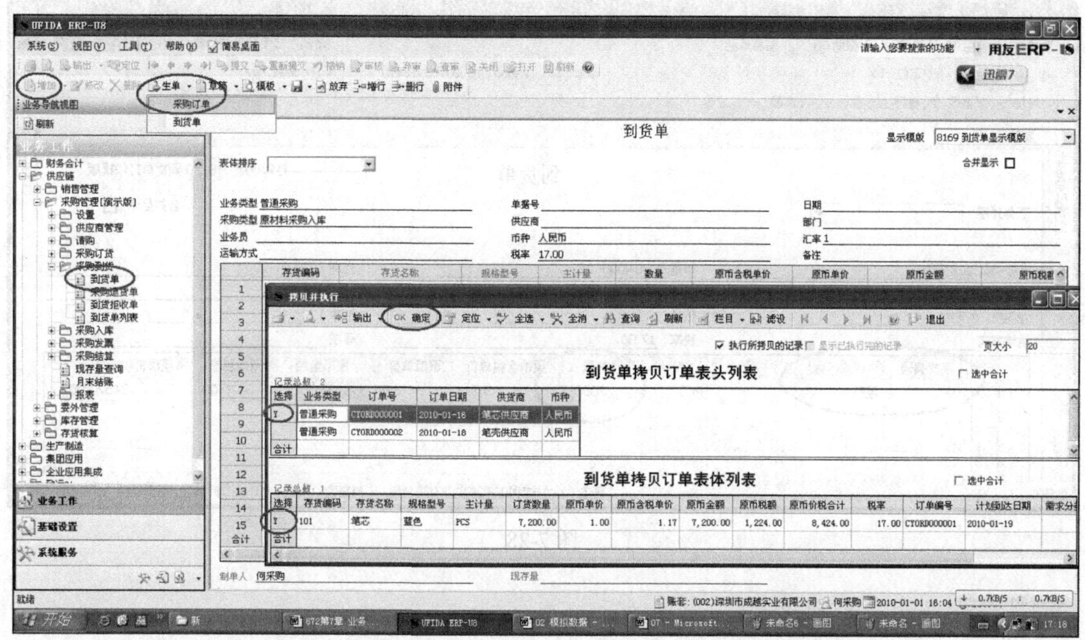

图 7-26

（3）在采购到货单中单击“保存”按钮保存采购到货单，单击“审核”按钮审核该张到货单。

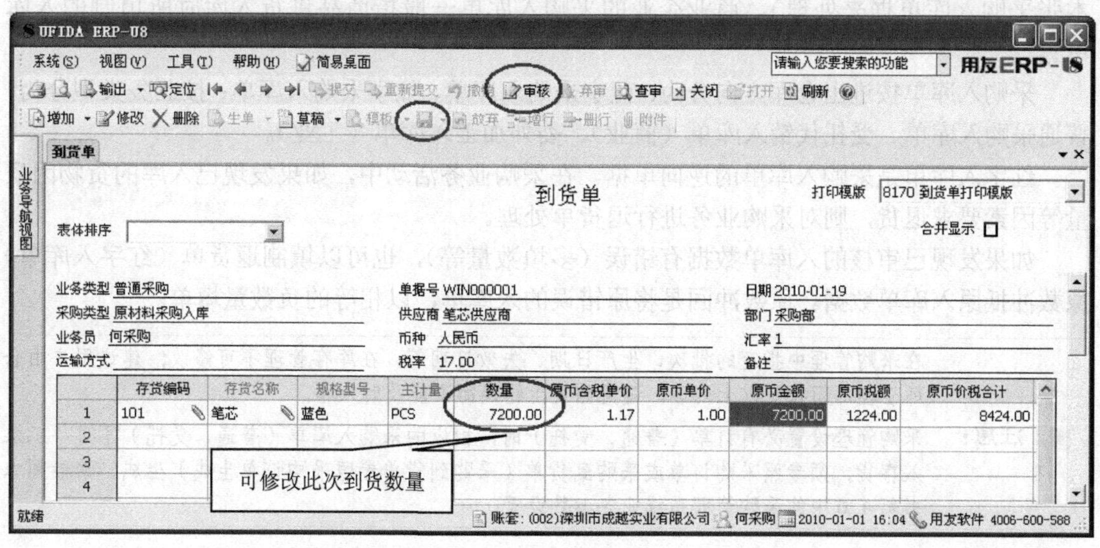

图 7-27

提示：采购到货单参照采购订单生成，则建立起了本次到货与采购订单之间的业务链接，才能查询整个采购业务执行情况。

（4）新增一张采购到货单，笔壳供应商将笔壳送到，采购到货单参照采购订单生成，生成的采购到货单如图 7-28 所示，在采购到货单中单击“保存”按钮保存采购到货单，单击“审核”按钮审核该张到货单。

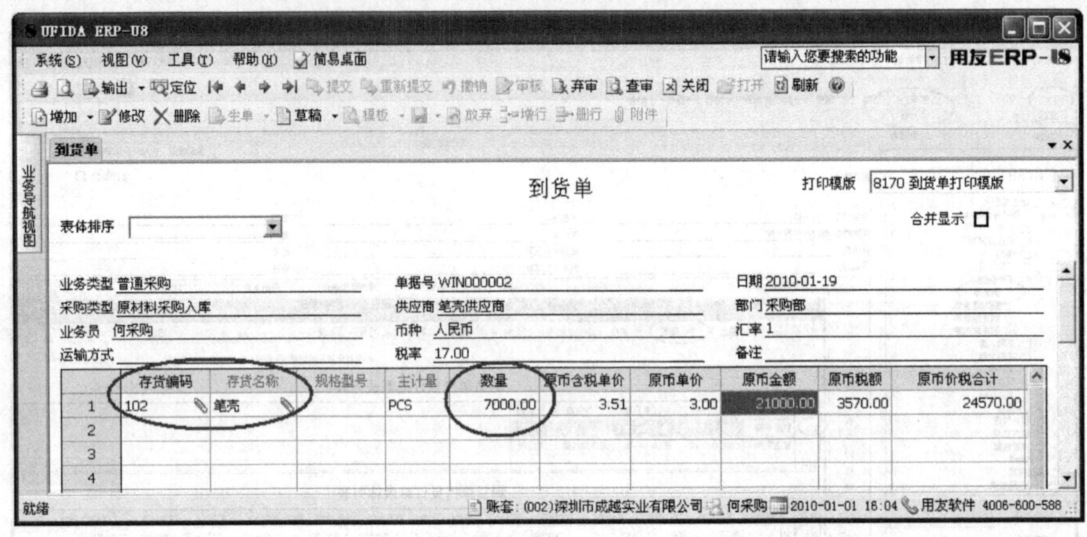

图 7-28

7.3.6 采购入库业务（一）

采购入库单是根据采购到货签收的实收数量填制的单据。工业企业的采购入库单一般指采购原材料验收入库时所填制的入库单据（如果启用了委外管理系统，则委外入库也以本张采购入库单据来处理），商业企业的采购入库单一般指商品进货入库时所填制的入库单据。

采购入库单按进出仓库方向分为：蓝字采购入库单、红字采购入库单；按业务类型分为：普通采购入库单、受托代销入库单（商业）、委外加工入库单（工业）。

红字入库单是采购入库单的逆向单据。在采购业务活动中，如果发现已入库的货物因质量等因素要求退货，则对采购业务进行退货单处理。

如果发现已审核的入库单数据有错误（多填数量等），也可以填制退货单（红字入库单）原数冲抵原入库单数据。原数冲回是将原错误的入库单，以相等的负数量填单。

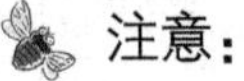注意：

在采购管理中指定的批次、生产日期、失效日期等，在库存管理不可修改；建议用户由仓库管理部门指定以上内容，避免因发生错误而不能及时入库。

采购管理设置必有订单（普通、受托）时，相应的采购入库单（普通、受托）不可手工录入存货，须参照采购订单或采购到货单（采购到货单参照采购订单生成）生成。请参阅本书第 4 章中的采购管理系统业务参数设置。

以操作员“管仓库”的身份登录用友系统进行采购入库业务的相关操作。

（1）展开“入库业务”菜单，单击“采购入库单”命令，系统打开“采购入库单”窗口，如图 7-29 所示。

（2）单击“增加”按钮可新增一张采购入库单，也可以单击“生单”按钮，系统会弹出“选择采购订单和采购到货单”窗口，在此可参照采购管理系统的采购订单或采购到货单而生成采购入库单。

（3）选择“采购到货单”（也可以选择“采购订单”），然后输入过滤条件，单击“过滤”

按钮，系统将列出符合条件的单据。

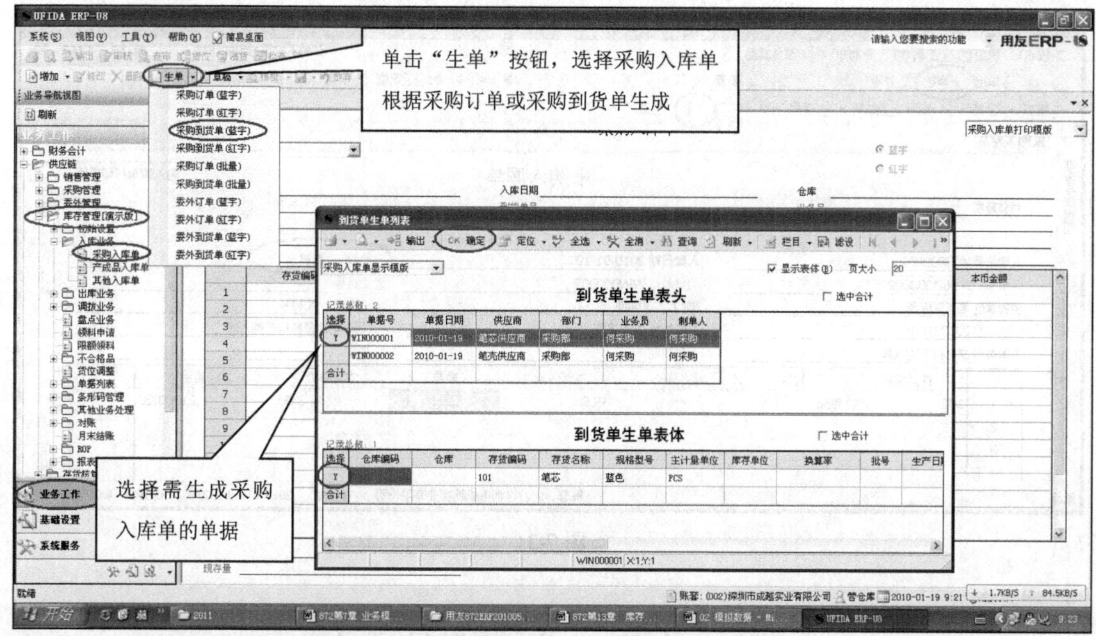

图 7-29

（4）双击采购管理系统中的采购入库单的“选择”栏，使其变为“Y”字样。

（5）单击“确定”系统选中的采购到货单复制入采购入库单中，如图 7-30 所示。

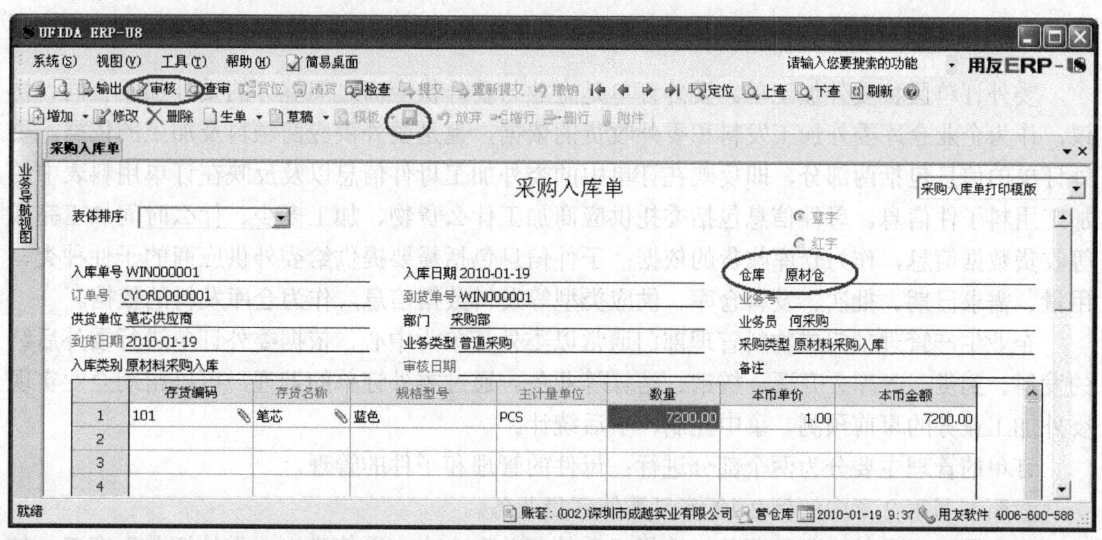

图 7-30

（6）在已生成的采购入库单中，可以修改此次入库数量、仓库等信息，单击“保存”保存单据内容，单击“审核”可审核该张采购入库单。该采购入库单也会分别传递到采购管理系统（请参阅本章中的采购入库）和存货核算系统。

（7）笔壳到货入库单如图 7-31 所示。

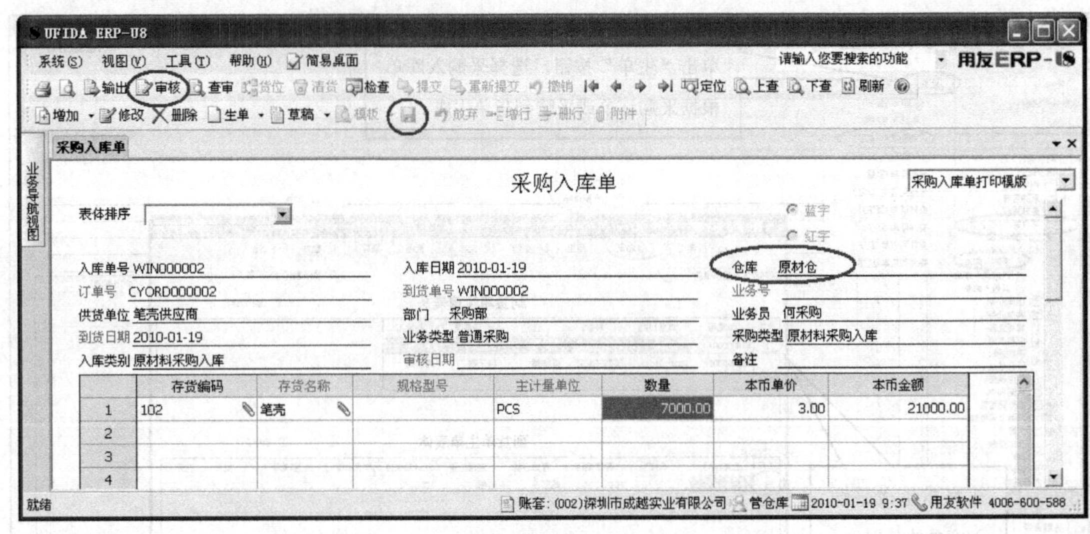

图 7-31

7.4　委外订货及发料业务

以操作员“何采购”的身份登录用友进行委外业务处理。

委外订货指企业向委外供应商下达委外加工单的过程。

7.4.1　委外订单

委外订单又称委外加工单。委外订单是企业与委外供应商之间签订的委外加工合同、协议，作为企业仓库委外加工发料和委外收货的依据，也是委外供应商领料及加工的依据。委外订单的信息包括两部分，即反映在订单中的委外加工母件信息以及反映在订单用料表中的加工用料子件信息。母件信息包括委托供应商加工什么货物、加工多少、什么时间加工完成等收货数据信息，作为仓库收货的依据；子件信息包括需要提供给委外供应商的子件种类、用量、需求日期、批次、发料仓库、供应类型等发料数据信息，作为仓库发料的依据。

企业生产管理部门或物料管理部门通常以委外订单为中心，依据委外订单进行委外后续的发料、到货、入库、开票、核销、结算等业务。通过委外订单的管理，可以帮助企业实现委外加工业务的事前预测、事中控制、事后统计。

订单的管理主要分为两个部分进行：母件的管理和子件的管理。

参照本书第 2 章中的例 2-12 练习委外订货业务。

（1）展开“委外订货”菜单，选择“委外订单”命令，系统弹出“委外订单”窗口，如图 7-32 所示。

（2）单击“增加”按钮新增委外订单，委外订单可以直接手工填制增加，也可以选择“生单”按钮下的“委外计划单”命令执行委外订单参照 MRP 计算出来的委外计划（MRP 生成的委外计划请参阅本章中的 MRP 计划维护）生成，也可以生产订单转委外生单，也可以根据委外请购单而生成委外订单。

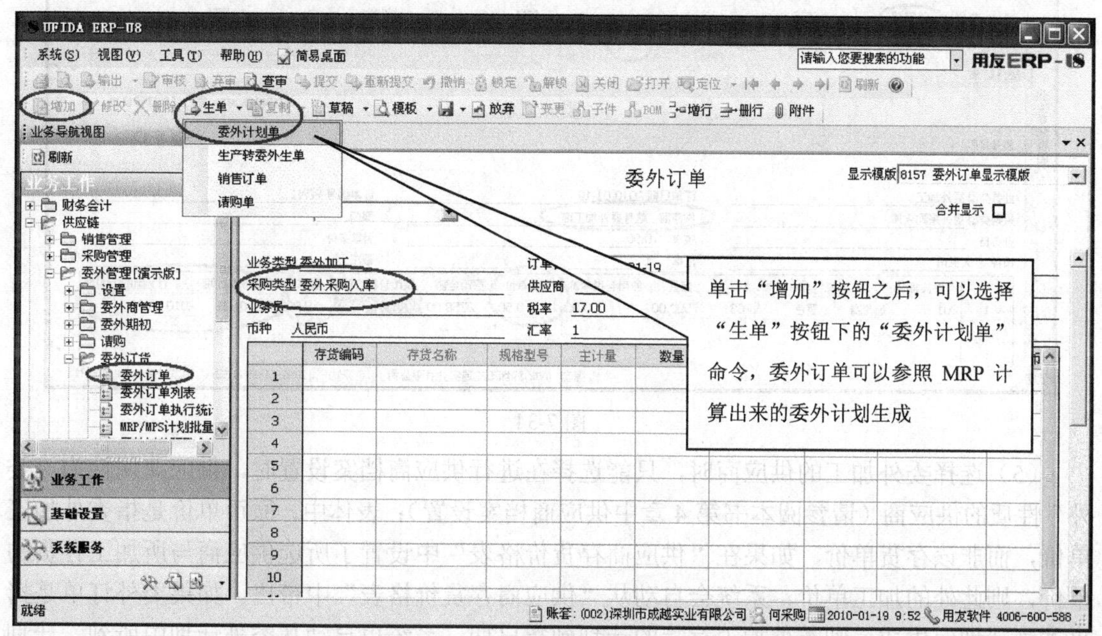

图 7-32

注意：将采购类型更改为“委外采购入库”。

生产转委外生单：将生产订单转成委外生单，该功能常用于当某种产品，本来已下达给生产车间执行生产订单后，但发现生产实在是无法完成（如生产订单太多、交期紧张等），所以考虑将部份生产订单转委外订单。

（3）选择“拷贝委外计划单”命令，系统要求输入“委外计划”过滤条件，过滤条件输入完毕后，单击“确认”按钮，系统列出符合条件的委外计划，如图 7-33 所示。

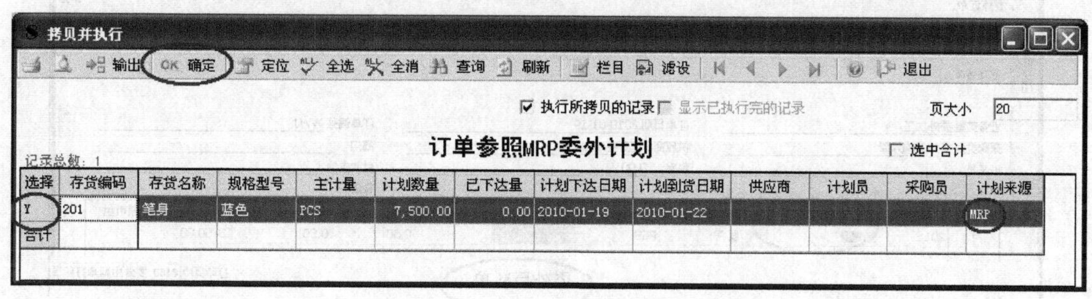

图 7-33

（4）在需要生成委外订单的委外计划单的“选择”项中，双击鼠标左键，使其为“Y”字样，然后单击“OK”按钮，系统将选定的委外计划单信息自动生成到委外订单中，如图 7-34 所示。

提示：委外计划单中的存货，是因为该存货在存货档案设置中的属性为“委外”。

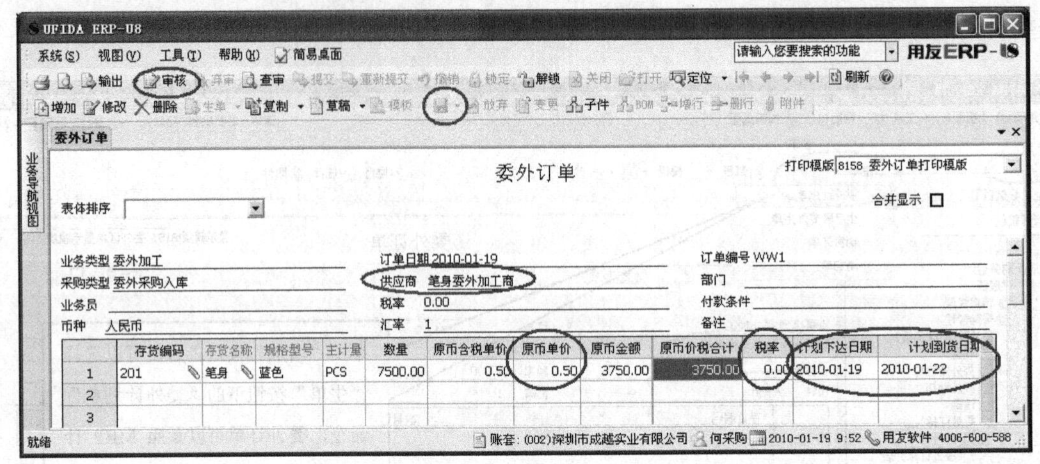

图 7-34

（5）选择委外加工的供应商时，只能选择在进行供应商档案设置时，供应商属性为“委外”性质的供应商（请参阅本书第 4 章中供应商档案设置）；表体中，原币单价是指委外加工单价，而非该存货单价，如果在“供应商存货价格表”中设置了所选供应商与所加工存货的单价，则此处的加工单价，系统会自动从“供应商存货价格表”中带出。如果委外订单是拷贝委外计划而生成，则委外加工存货的计划到货日期，系统也自动从委外计划中所到。计划下达日期和计划到货日期都是 MRP 计算出来的。

（6）单击“BOM”按钮可以查看委外订单表体中，每一加工存货的 BOM。

（7）单击“保存”按钮保存新增的委外订单，单击“子件”按钮，系统列出“委外用料单”用于显示所指定加工存货的子件（根据 BOM 所到），在委外订单未审核时可以修改本次委外加存货所耗用的子件，如图 7-35 所示。

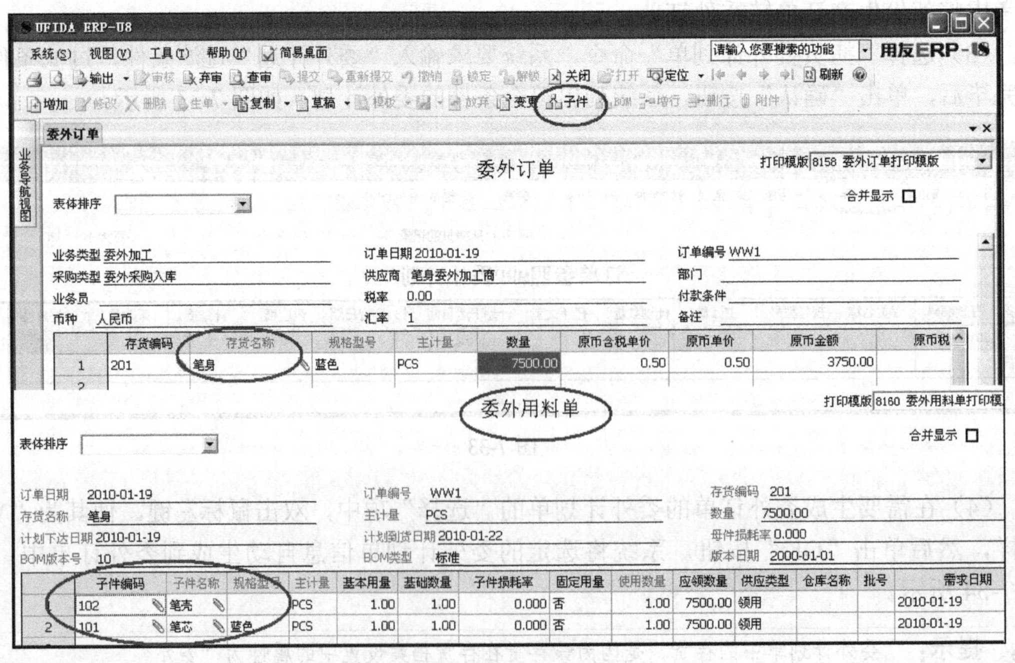

图 7-35

（8）在“委外用料单”中，单击“修改”按钮可以修改委外用料数据，单击“保存”按钮保存委外用料数据，并返回到委外订单中。

（9）在“委外订单”中，单击“审核”按钮审核该委外订单。

委外订单经过审核之后，就可以传送给委外供应商，然后委外供应商根据委外订单从企业的仓库领取加工原料（请参阅本章中的材料领用出库）进行委外加工了。

7.4.2　委外加工材料领用单

材料出库单是委外加工领用材料时所填制的出库单据，当从仓库中领用材料用于生产时（自制或委外），就需要填制材料出库单，只有工业企业才有材料出库单，商业企业没有此单据。

参照本书第 2 章中例 2-13 练习委外加工材料领用出库业务。

委外加工材料出库是在库存管理系统中进行处理的，所以要以操作员“管仓库”的身份登录用友进行业务处理。

（1）在库存管理系统中，展开“出库业务”菜单，单击“材料出库单”命令，系统打开“材料出库单”窗口，如图 7-36 所示。

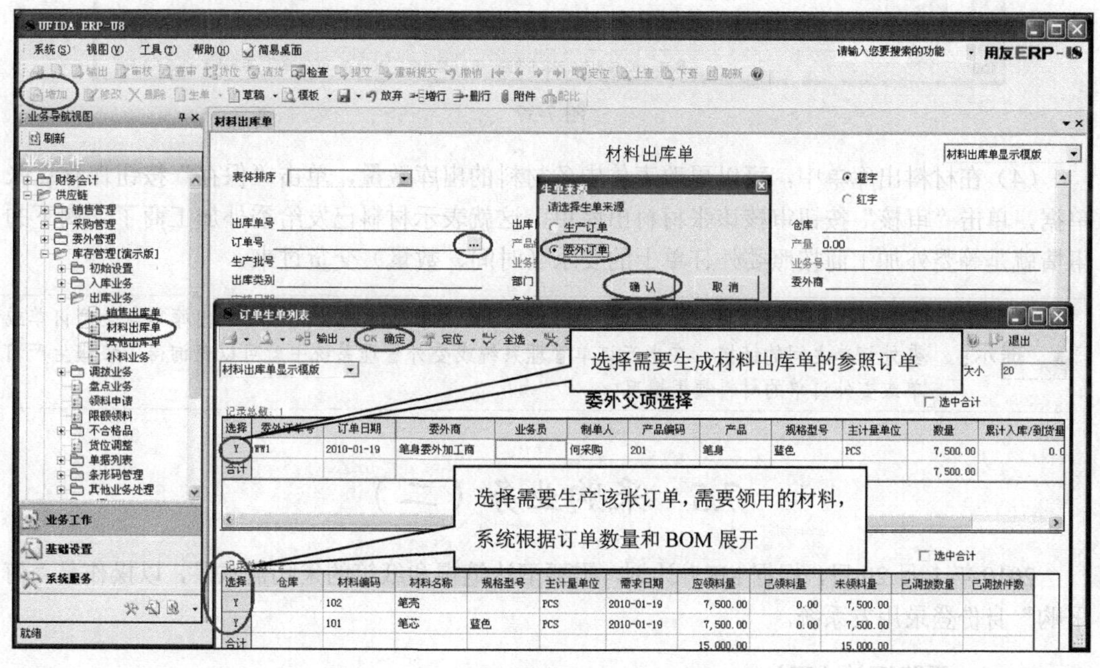

图 7-36

（2）单击“增加”按钮可新增一张材料出库单，在表头的“订单号”中，选择新增材料单参照“生产订单”或“委外订单”生成（在此选择“委外订单”），系统要求进行“生产订单”或“委外订单”过滤条件，录入过滤条件之后，单击“过滤”按钮，系统列出符合条件的订单生单列表记录。

（3）勾选“显示表体”项，单击需要生成材料出库单的订单记录的“选择”栏，使其为“Y”字样，在生产所属子项中，系统列出所选记录应领用的子件名称、数量等，然后选择此次需要领用的子件，单击“OK”按钮，系统将所选内容拷贝进入材料出库单中，如图 7-37 所示。

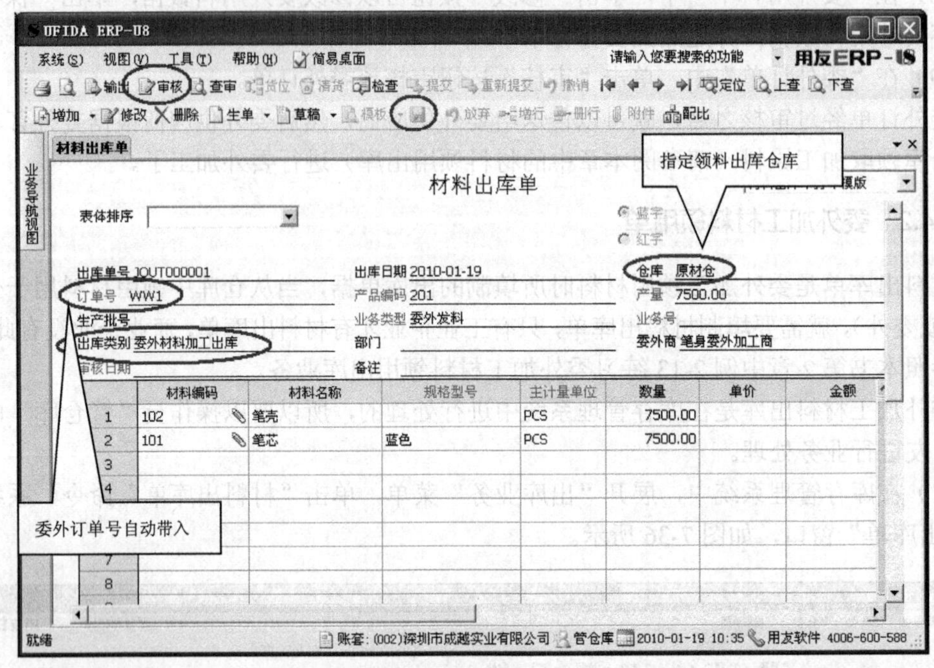

图 7-37

（4）在材料出库单中，可以更改表体中各材料的出库数量，单击“保存”按钮保存这张单据，单击“审核”按钮审核该张材料出库单，这就表示材料已发给委外加工商了，剩下的事情就是等委外加工商按照委外订单上的要求（时间、数量）交货过来。

提示：材料出库单可以参照生产订单或委外订单生成，由此也建立起了材料出库单与生产订单或委外订单之间的链接，在生产订单管理系统或委外管理系统中就可以查询得了该张生产订单或委外订单的材料领用情况。

7.5 采购业务（二）

2010 年 1 月 20 日，根据 MRP 计划，需要下达笔帽和纸箱的采购需求了，以操作员“何采购”身份登录用友系统。

7.5.1 采购订单（二）

参照本书第 2 章例 2-14 和例 2-15 练习采购订单业务。

（1）在采购管理系统中，展开“采购订货”菜单，单击“采购订单”命令，系统弹出“采购订单”处理窗口中。

（2）在采购订单中，单击“增加”按钮新增一张采购订单，选择“生单”按钮，采购订单参照 MRP 计划生成，具体操作步骤请参阅本章中的采购订单（一），生成的“笔帽”采购订单如图 7-38 所示，生成的“纸箱”采购订单如图 7-39 所示，保存并审核所生成的采购订单，然后分别向笔帽供应商和纸箱供应商下达采购订单任务。

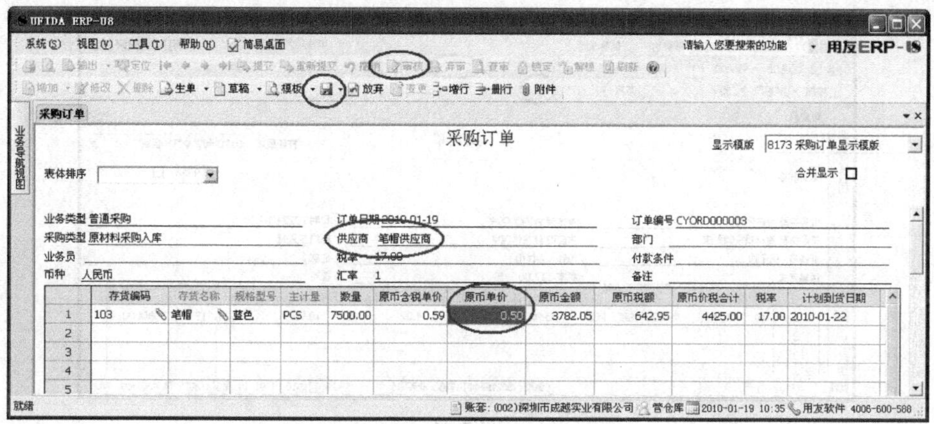

图 7-38

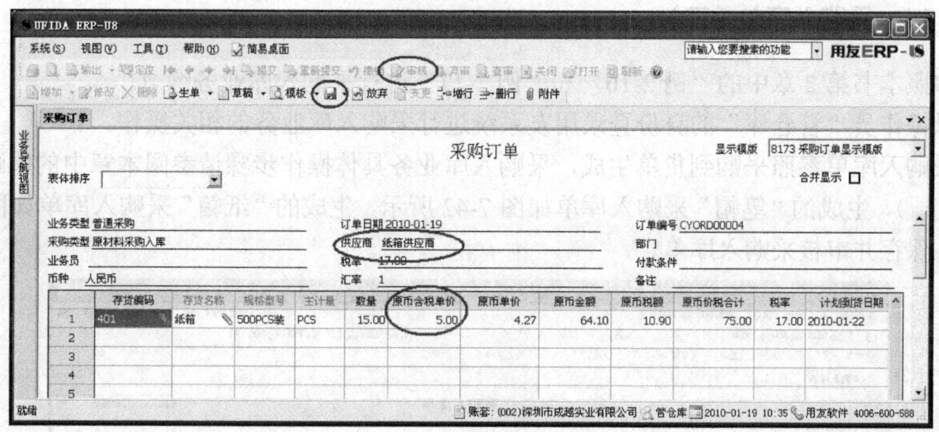

图 7-39

7.5.2　采购到货业务（二）

2010 年 1 月 22 日，采购的“笔帽”和“纸箱”都到货了，在采购管理系统中增加采购到货单。采购到货业务具体操作步骤请参阅本章中的采购到货业务（一），生成的“笔帽”采购到货单如图 7-40 所示，生成的“纸箱”采购到货单如图 7-41 所示，保存并审核采购到货单。

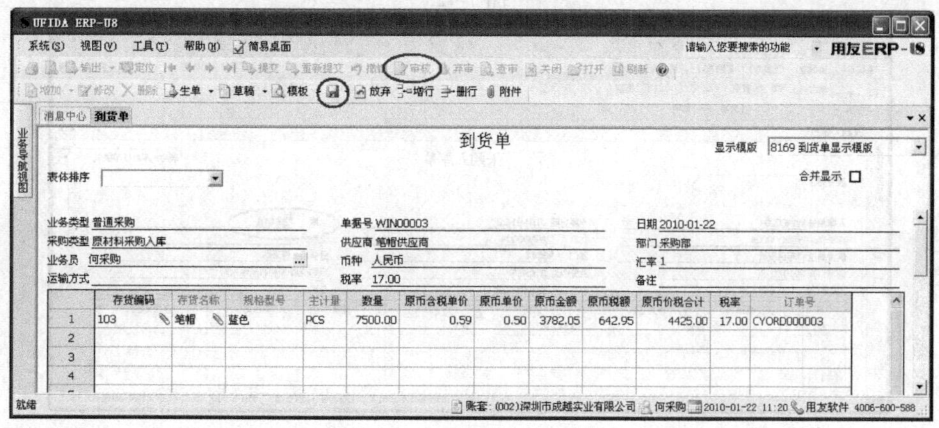

图 7-40

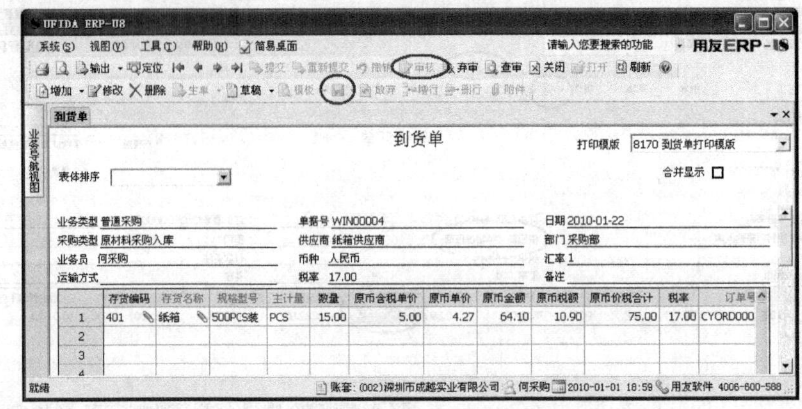

图 7-41

7.5.3 采购入库单（二）

参照本书第 2 章中的“例 2-16”和“例 2-17”进行采购入库业务练习。

以操作员“管仓库”的身份登录用友系统进行采购入库业务的相关操作。

采购入库单参照采购到货单生成，采购入库业务具体操作步骤请参阅本章中的采购入库业务（一），生成的“笔帽”采购入库单如图 7-42 所示，生成的“纸箱”采购入库单如图 7-43 所示，保存并审核采购入库单。

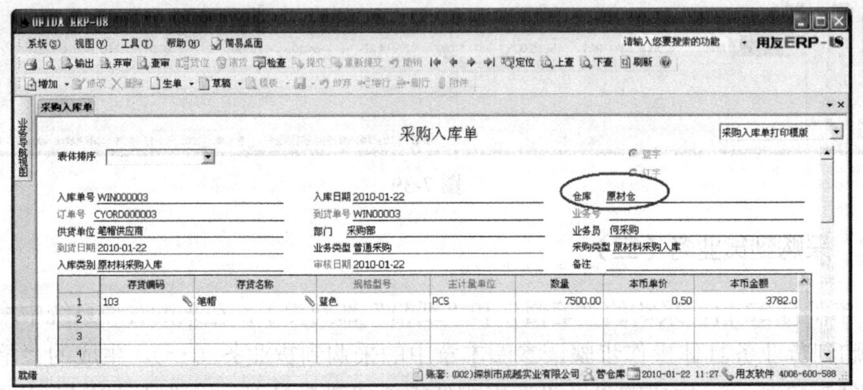

图 7-42

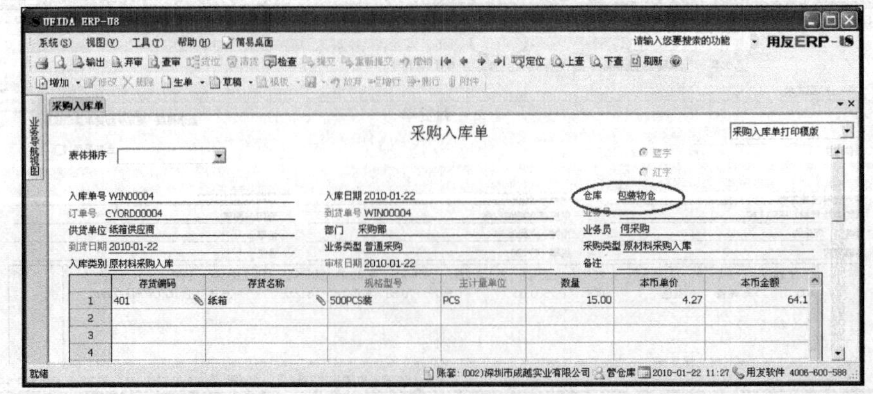

图 7-43

7.6 委外到货

以操作员“何采购”的身份登录用友系统进行委外到货业务的相关操作。

当委外供应商从企业领料进行委外加工完成之后（委外发料请参阅本章中的材料出库业务和调拨业务），则需要将委外加工后的成品送到企业，即委外到货处理，是委外订货和委外入库的中间环节，一般由委外业务员根据供方通知或送货单填写，确认对方所送的委外加工货物、数量、价格等信息，以到货通知单的形式传递到仓库作为保管员收货的依据。

委外到货单是可选单据，用户可以根据实际业务需要来决定是否使用委外到货单；但如果启用了“质量管理”，对于需要报检的委外存货，必须使用委外到货单。

委外到货单与采购管理系统中的采购到货单共用单据模板，即使未启用“采购管理”系统，委外到货单的单据设置仍然利用采购模块的该单据设置。

2010 年 1 月 22 日，委外供应商将委外加工的货物 7 000PCS 笔身送到企业，参照本书第 2 章中的例 2-18 进行委外到货入库业务处理。

7.6.1 委外到货单

（1）在委外管理系统中，展开“委外到货”菜单，选择“委外到货单”命令，系统弹出“委外到货单”窗口，如图 7-44 所示。

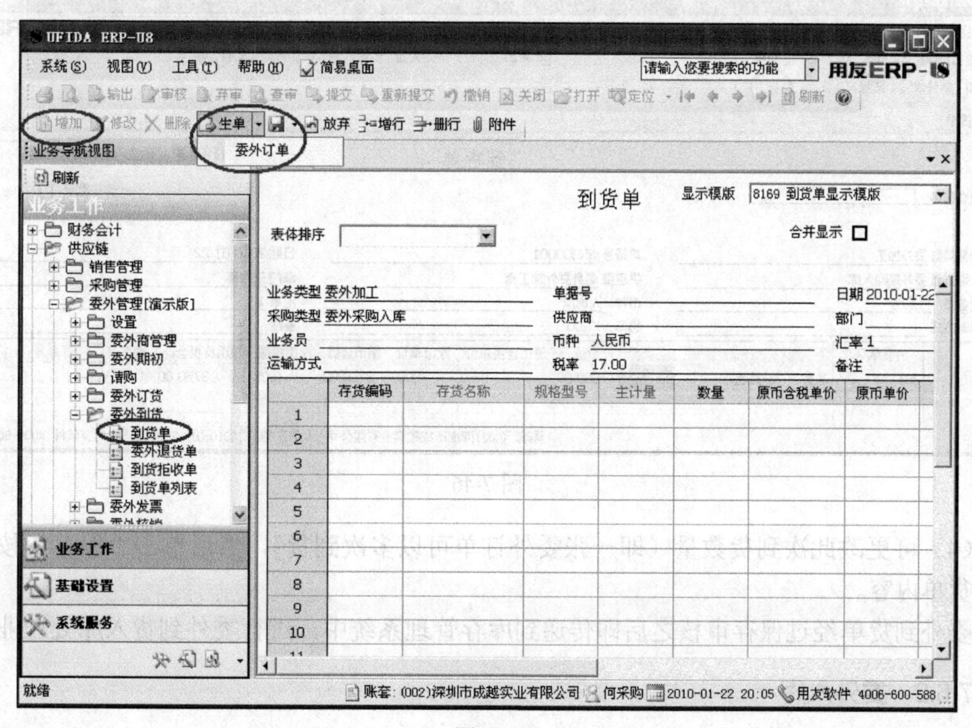

图 7-44

（2）单击“增加”按钮，可以新增一张委外到货单，也可以在到货单的表体中，单击鼠标右键，在系统弹出的菜单中选择“拷贝委外订单”命令，系统要求录入委外订单过滤条件，录入过滤条件之后，单击“过滤”按钮，系统列出符合条件的委外订单，如图 7-45 所示。

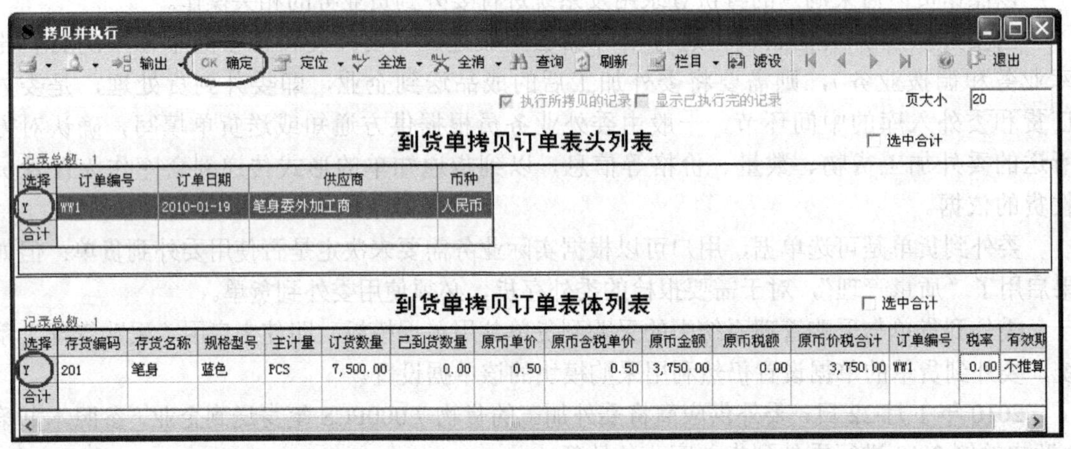

图 7-45

（3）单击需要生成委外到货单的委外订单“选择”项，使其为“Y”字样，然后单击“OK”按钮，系统将选择的委外订单内容拷贝回委外到货单中，如图 7-46 所示。

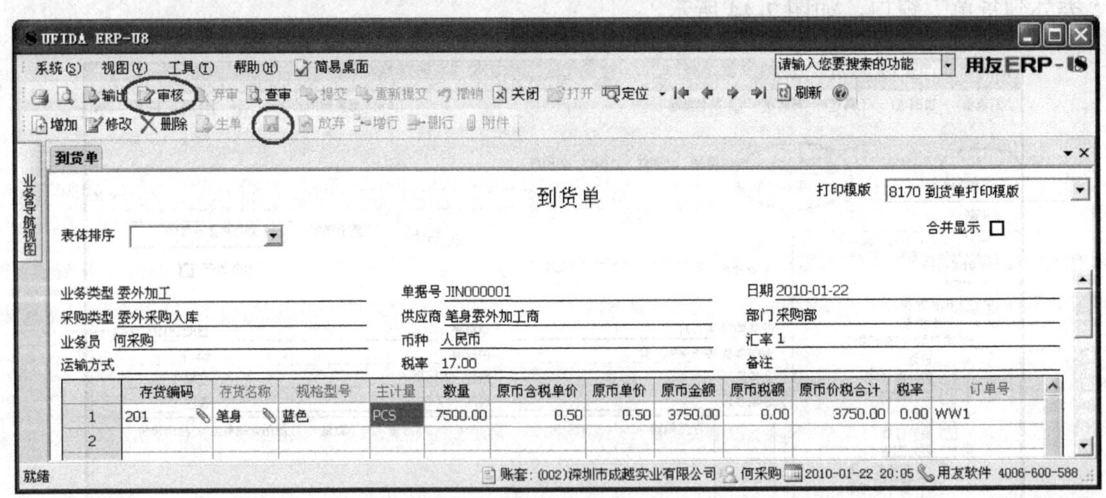

图 7-46

（4）可更改此次到货数量（即一张委外订单可以多次到货），然后单击“保存”按钮保存到货单内容。

委外到货单经过保存审核之后即传递到库存管理系统中，进行委外到货入库处理业务。

7.6.2 委外入库

以操作员“管仓库”的身份登录用友系统进行委外入库业务的相关操作。

委外到货入库业务是通过库存管理系统中的采购入库业务来进行处理的。

（1）在采购入库单上单击“增加”按钮，选择“生单”下的“委外到货单”命令，如图 7-47 所示。

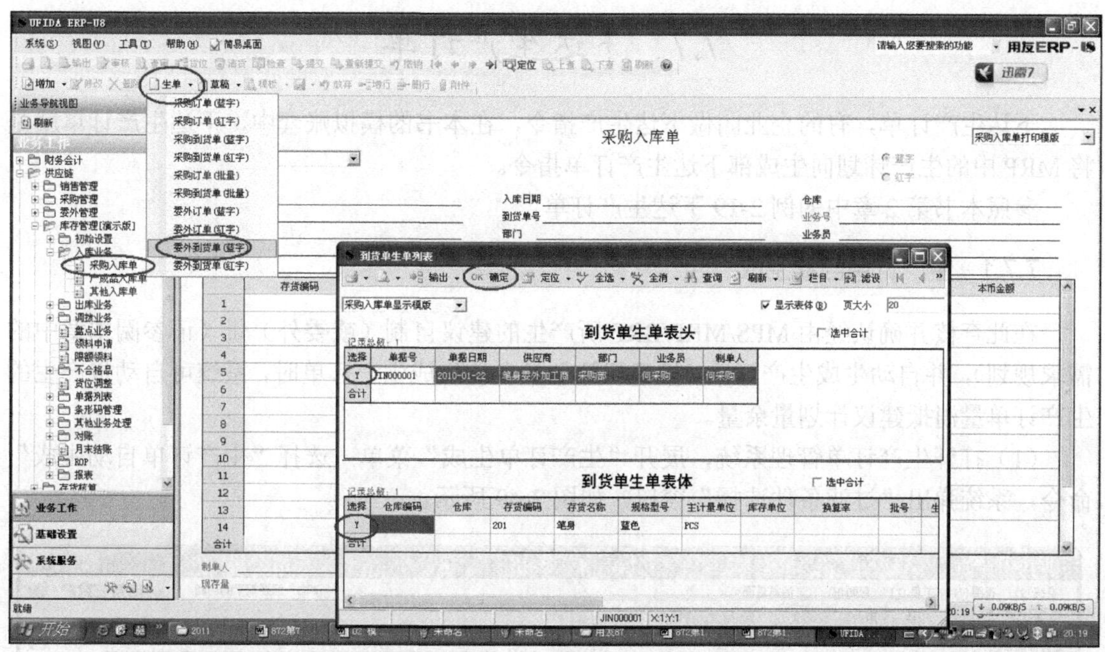

图 7-47

（2）系统提示录入“委外到货单”过滤条件窗口，录入过滤条件，然后单击“过滤”按钮，系统列出符合条件的委外到货单。

（3）单击需要生成采购入库单的到货单“选择”栏，使其为“Y”字样，然后单击“OK”按钮，系统将所选择的到货单内容拷贝到采购入库单中，如图 7-48 所示。

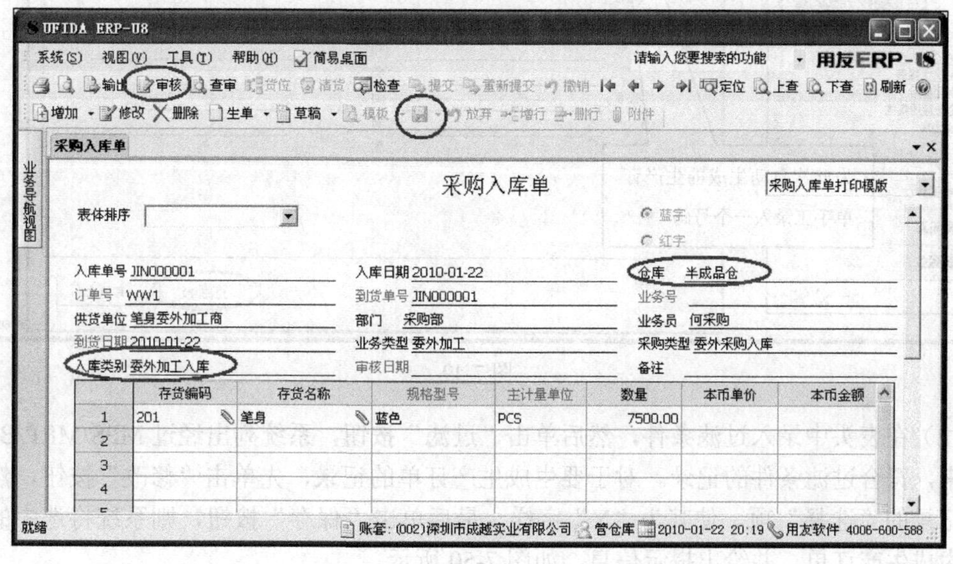

图 7-48

（4）在采购入库单中，可以更改入库数量（即一次到货，分次入库），单击“保存”按钮保存采购入库单数据，单击“审核”按钮审核当前入库单据。

7.7 下达生产订单

下达生产订单，有的企业叫做下达生产指令，在本书的模拟账套中，下达生产订单就是将 MRP 中的生产计划向生成部下达生产订单指令。

参照本书第 2 章中的例 2-19 下达生产订单。

7.7.1 生产订单自动生成

在此查核并确认经由 MPS/MRP/BRP 所产生的建议自制（或委外）量（请参阅本章中的需求规划），并自动生成生产订单。按建议计划量自动生成生产订单时，系统可自动按产生的生产订单量消抵建议计划量余量。

（1）打开生产订单管理系统，展开“生产订单生成”菜单，选择“生产订单自动生成”命令，系统弹出“过滤条件选择”窗口，如图 7-49 所示。

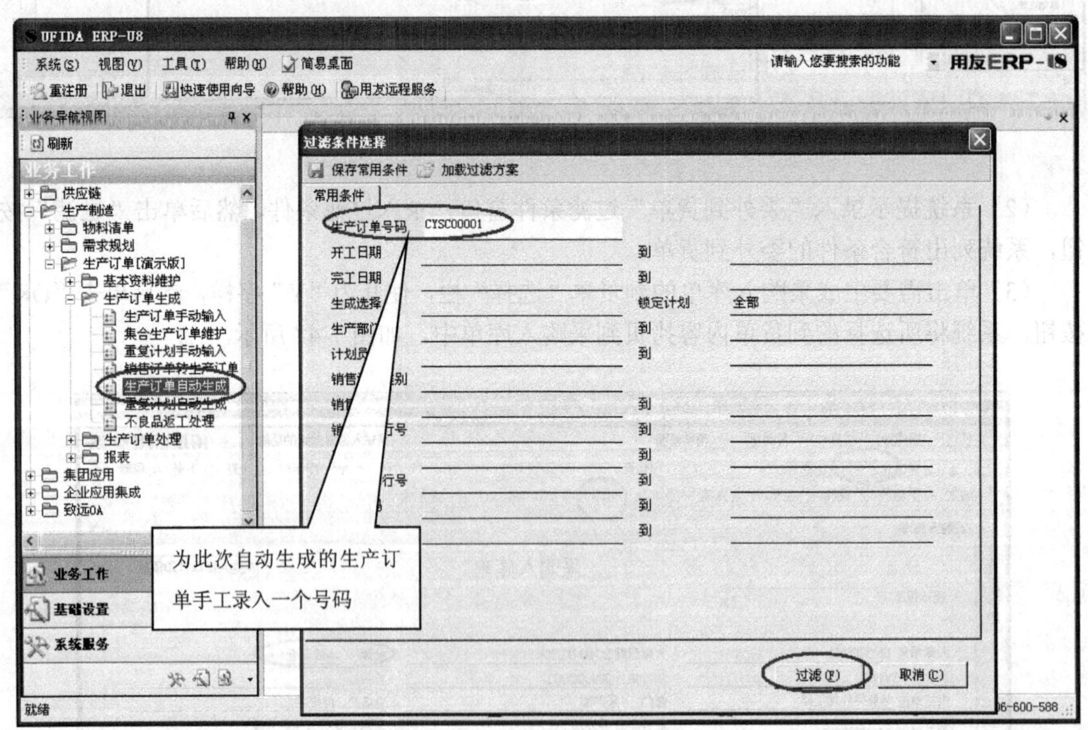

图 7-49

（2）在表头中录入过滤条件，然后单击“过滤”按钮，系统列出经过 MPS/MRP/BRP 计算出来，符合过滤条件的记录。对于要生成生产订单的记录，先单击“修改”按钮，然后单击该记录的“选择”项，使其为“Y”字样，最后单击“保存”按钮，则系统将选中的记录自动生成生产订单，并给出提示信息，如图 7-50 所示。

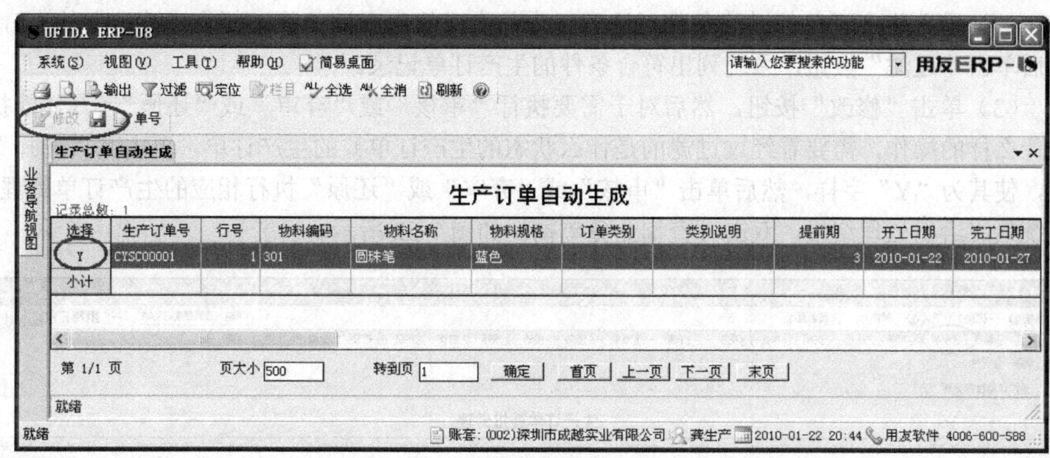

图 7-50

7.7.2　生产订单整批处理

已生成的生产订单需要审核才能生效。

以生产订单、销售订单、生产线、生产部门为角度，审核、弃审、关闭、还原生产订单，包括手动输入和自动生成的标准/重复计划/非标准的生产订单资料，并可执行产品入库报检作业。

（1）展开“生产订单处理”菜单，选择“生产订单整批处理”命令，系统弹出“生产订单整批处理”条件过滤窗口，如图 7-51 所示。

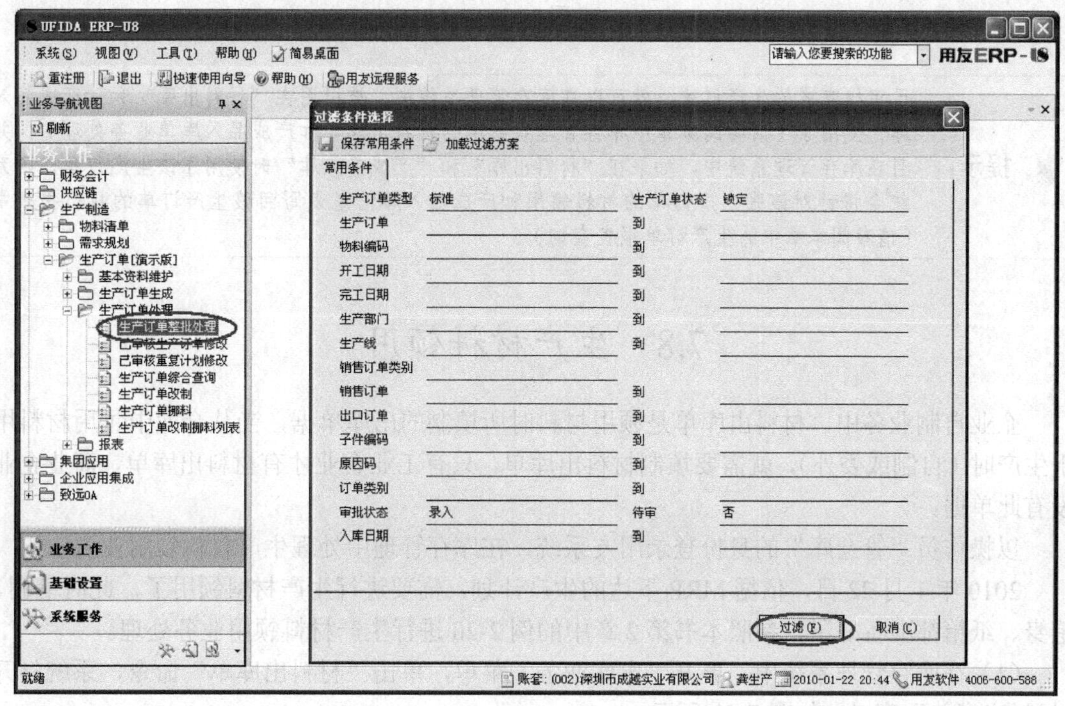

图 7-51

（2）录入生产订单的过滤条件（注意：先前生成的生产订单状态都为“锁定”状态），然后单击“过滤”按钮，系统列出符合条件的生产订单记录。

（3）单击“修改”按钮，然后对于需要执行“审核”或“弃审”或“还原”（具体能执行什么样的操作，需要看经过过滤的是什么状态的生产订单）的生产订单，单击其“选择”项，使其为“Y”字样，然后单击“审核”或“弃审”或“还原”执行相应的生产订单处理，系统最终给出处理结果，双击可查询业务单据。如图 7-52 所示。

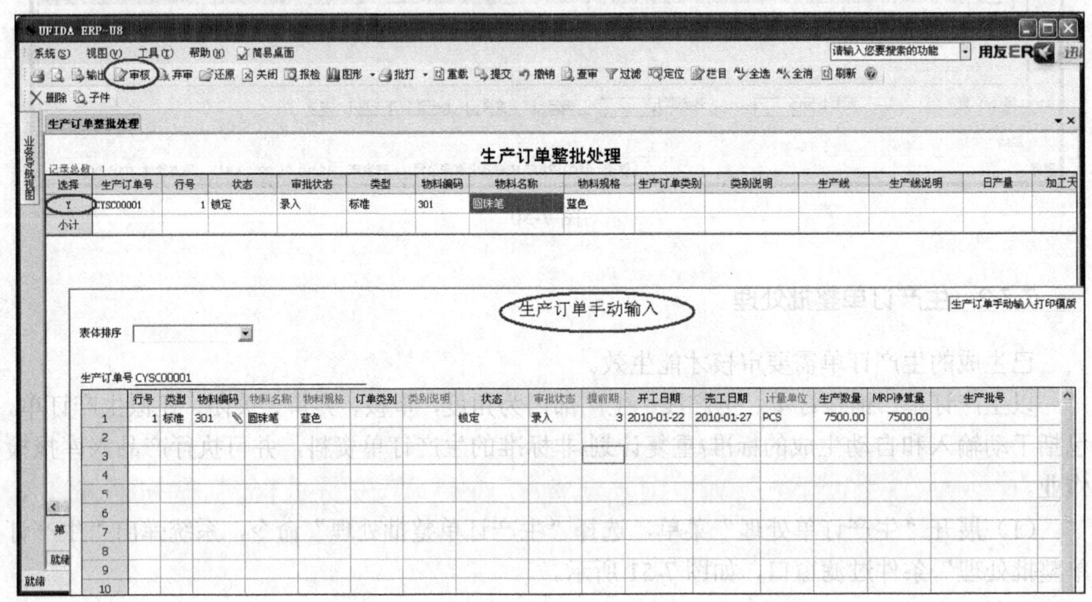

图 7-52

提示：已审核完成的生产订单，就可以在库存管理系统中，被引用在“材料出库”和“产成品入库”使用了（请参阅本章中库存管理系统中的材料出库单和产成品入库单业务处理），并且在库存管理系统中，如果在“材料出库”和“产成品入库”时使用了该生产订单，则系统会将针对该张生产订单的材料领用和产成品入库信息返写回该生产订单的执行报表中（请参阅本章中的生产订单报表查询）。

7.8 生产材料领用

企业自制业务中，材料出库单是领用材料时所填制的出库单据，当从仓库中领用材料用于生产时（自制或委外），就需要填制材料出库单，只有工业企业才有材料出库单，商业企业没有此单据。

以操作员“管仓库”的身份登录用友系统，在库存管理中处理生产材料领用业务。

2010 年 1 月 22 日，依据 MRP 下达的生产计划，需要进行生产材料领用了，此时笔帽、笔身、纸箱都准备好了，参照本书第 2 章中的例 2-20 进行生产材料领用业务处理。

（1）在库存管理系统中，展开“出库业务”菜单，单击“材料出库单”命令，系统打开“材料出库单”窗口，如图 7-53 所示。

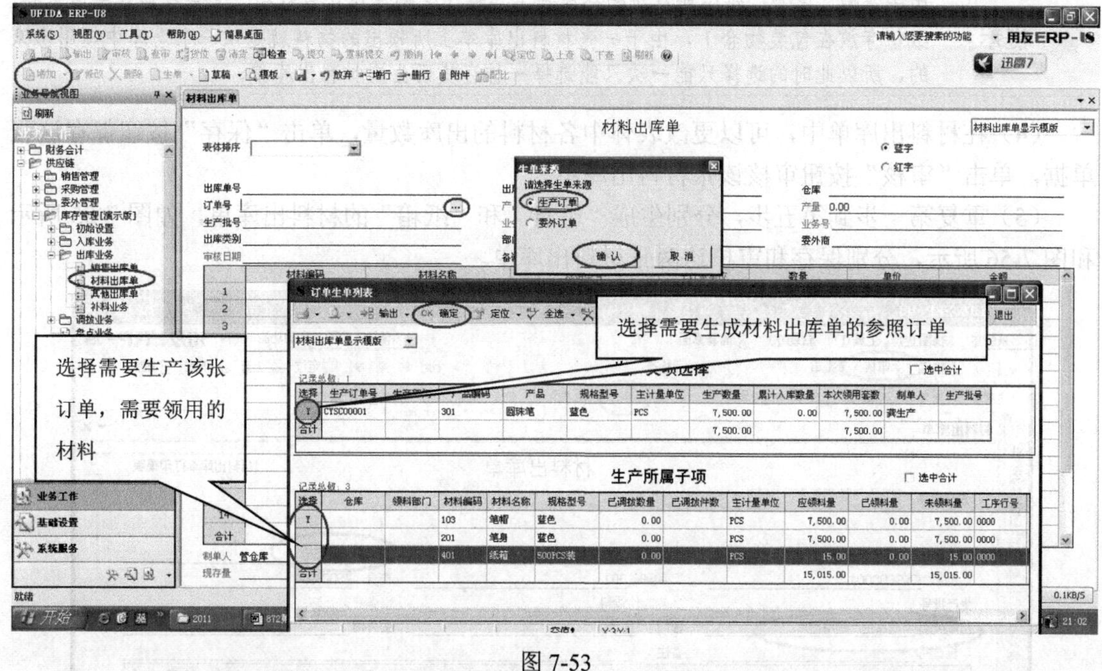

图 7-53

（2）单击“增加”按钮可新增一张材料出库单，在表头的“订单号”中，选择新增材料单参照“生产订单”或“委外订单”生成（在此选择“委外订单”），系统要求进行“生产订单”或“委外订单”过滤条件，录入过滤条件之后，单击“过滤”按钮，系统列出符合条件的订单生单列表记录。

（3）单击需要生成材料出库单的订单记录的“选择”栏，使其为“Y”字样，在生产所属子项中，系统列出所选记录应领用的子件名称、数量等，然后选择此次需要领用的子件，单击“OK”按钮，系统将所选内容拷贝进入材料出库单中，如图 7-54 所示。

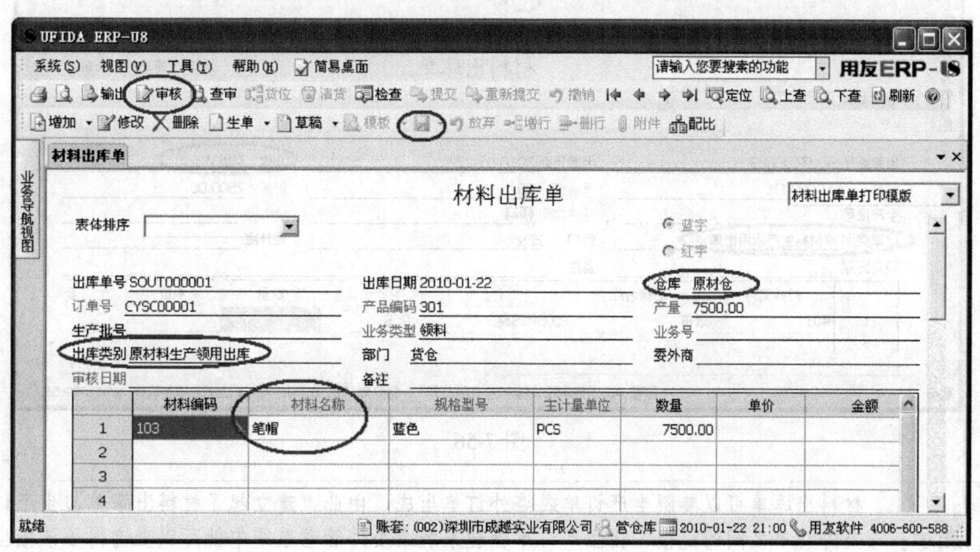

图 7-54

提示：由于笔帽、笔身、纸箱所存放的仓库都不一样（笔帽存放在原材仓，笔身存放在半成品仓、纸箱存放在包装物仓），由于一张材料出库单上所领出的物料就是从一个仓库中领用出来的，所以此时的选择只能一次只能选择一种存货而生成材料出库单。

（4）在材料出库单中，可以更改表体中各材料的出库数量，单击“保存”按钮保存这张单据，单击“审核”按钮审核该张材料出库单。

（5）重复第一步到第五步，分别生成“笔身”和“纸箱”的材料出库单，如图7-55所示和图7-56所示，分别保存和审核这两张材料出库单。

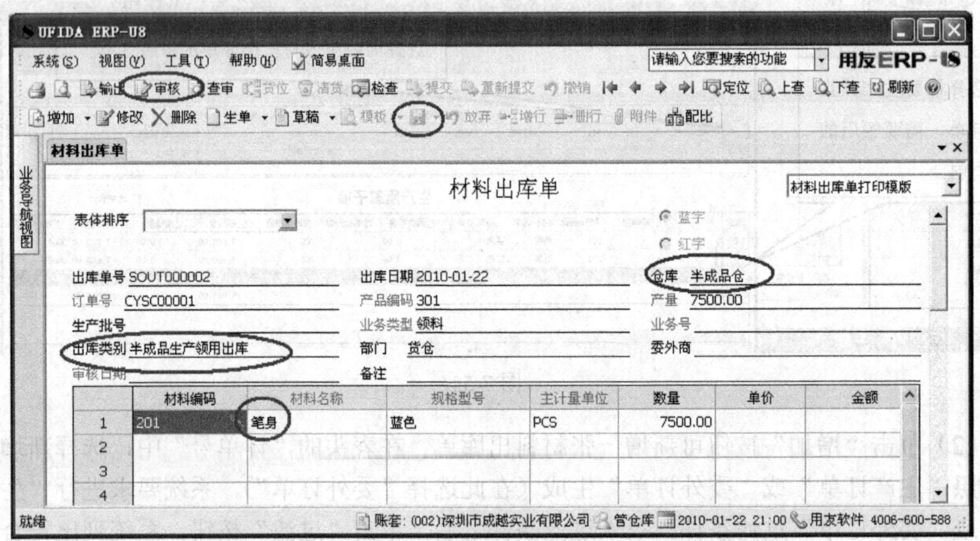

图 7-55

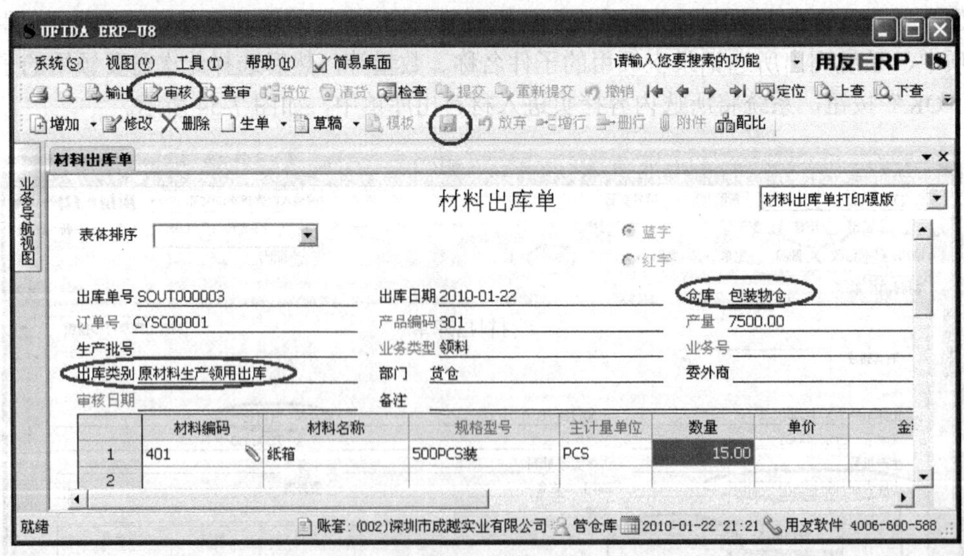

图 7-56

提示：材料出库单可以参照生产订单或委外订单生成，由此也建立起了材料出库单与生产订单或委外订单之间的链接，在生产订单管理系统或委外管理系统中就可以查询得了该张生产订单或委外订单的材料领用情况。

7.9 生产完工成品入库

产成品入库单是用来处理生产完工成品入库时所填制的入库单据，是工业企业入库单据的主要部分。只有工业企业才有产成品入库单，商业企业没有此单据。

产成品一般在入库时无法确定产品的总成本和单位成本，所以在填制产成品入库单时，一般只有数量，没有单价和金额。

以操作员“管仓库”的身份登录用友系统，在库存管理中处理生产完工成品入库业务。

2010年1月27日，生产完工成品入库了，参照本书第2章中的例2-21进行生产完工成品入库业务处理。

（1）在“库存管理”系统中，展开“日常业务”下的“入库”菜单，单击“产成品入库”命令，系统打开“产成品入库单”窗口，如图7-57所示。

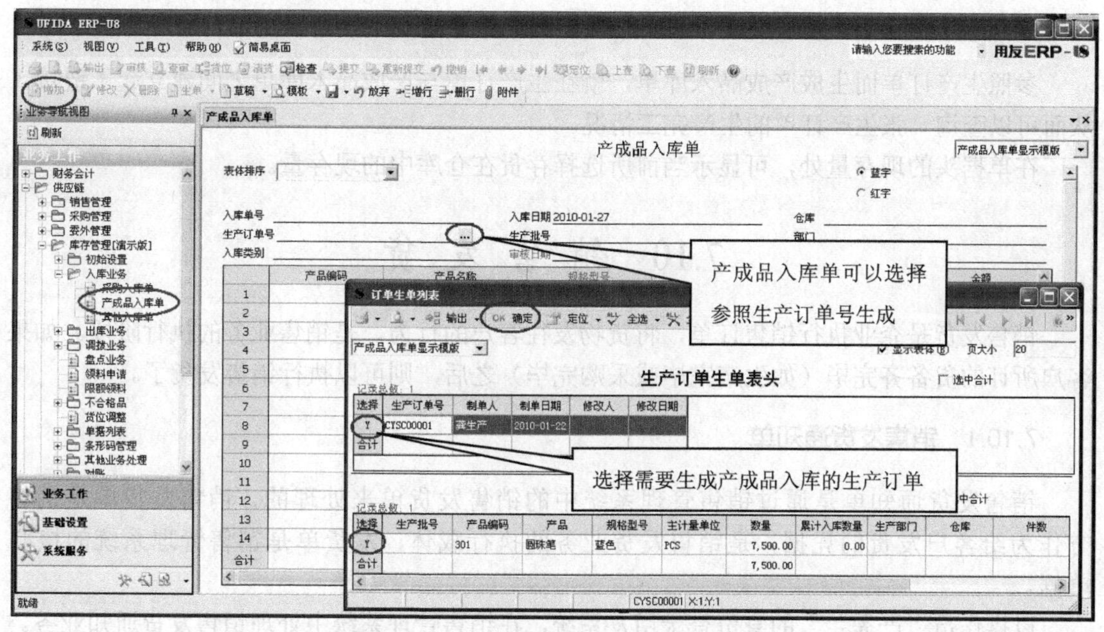

图 7-57

（2）单击“增加”按钮可新增一张产成品入库单。

（3）产成品入库单也可以参照生产订单系统中的生产订单生成（前提是该张生产订单已经从仓库领料进车间、并生产完成）。单击“增加”按钮后，首先选择入库仓库，然后在“生产订单号”处录入需要参照的生产订单，或者单击“放大镜”按钮，系统弹出“选择生产订单和生产的存货”窗口。

（4）勾选需要入库的生产订单，然后勾选需要入库的存货，最后单击“确定”按钮，系统会把所选择需要入库的存货拷贝入产成品入库单中（入库数量可以修改），单击“保存”按钮保存产成品入库单，单击“审核”按钮审核产成品入库单，如图7-58所示。

提示：是否可以超生产订单入库请参阅库存选项设置。

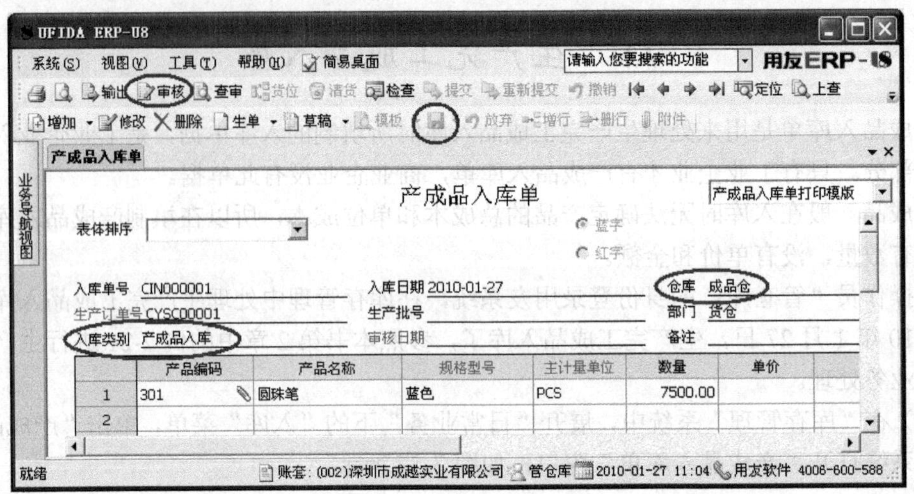

图 7-58

参照生产订单而生成产成品入库单，就在生产订单与产成品入库单之间建立起了链接，从而可以查询一张生产订单的生产完工情况。

在单据头的现存量处，可显示当前所选择存货在仓库中的现存量。

7.10 销 售 发 货

销售发货是企业执行销售订单，将货物发往客户的行为，是销售业务的执行阶段。如果客户所订的货备齐完毕（如生产完毕或采购完毕）之后，则可以执行销售发货了。

7.10.1 销售发货通知单

销售发货通知单是通过销售管理系统中的销售发货单来处理的，销售发货单是销售方作为给客户发货的凭据，是销售发货业务的执行载体，发货单是销售管理系统的核心单据。

以操作员“严秀兰”的身份登录用友系统，在销售管理系统中处理销售发货通知业务。

2010 年 1 月 27 日，产成品完工入库时后，可以通知销售发货了，参照本书第 2 章中的例 2-22 处理销售发货通知业务。

（1）在销售管理系统中，展开的“业务”下的“发货”菜单，单击“发货单”命令，系统弹出“发货单”窗口，如图 7-59 所示。

（2）单击“增加”按钮，新增一张销售发货单。

如果在销售选项的业务控制中勾选了“普通销售必有订单”，则销售发货单必须参照拷贝销售订单生成。

如果在“销售选项”的“其他控制”中设置了新增发货单默认参照订单生成（请参阅销售管理系统的选项设置），则在销售发货单中单击“增加”按钮后，系统将自动打开销售订单过滤窗口，如果没有设置，也可以在销售发货单中，单击“订单”按钮打开销售订单过滤窗口，在销售订单过滤窗口中输入过滤条件，然后单击“显示”，系统列出所有符合条件的销售订单，勾选此次需要发货的销售订单，单击“确认”按钮就可以将所选定的需要发货数据拷贝到销售发货单中，在销售发货单中可修改此次发货数量。

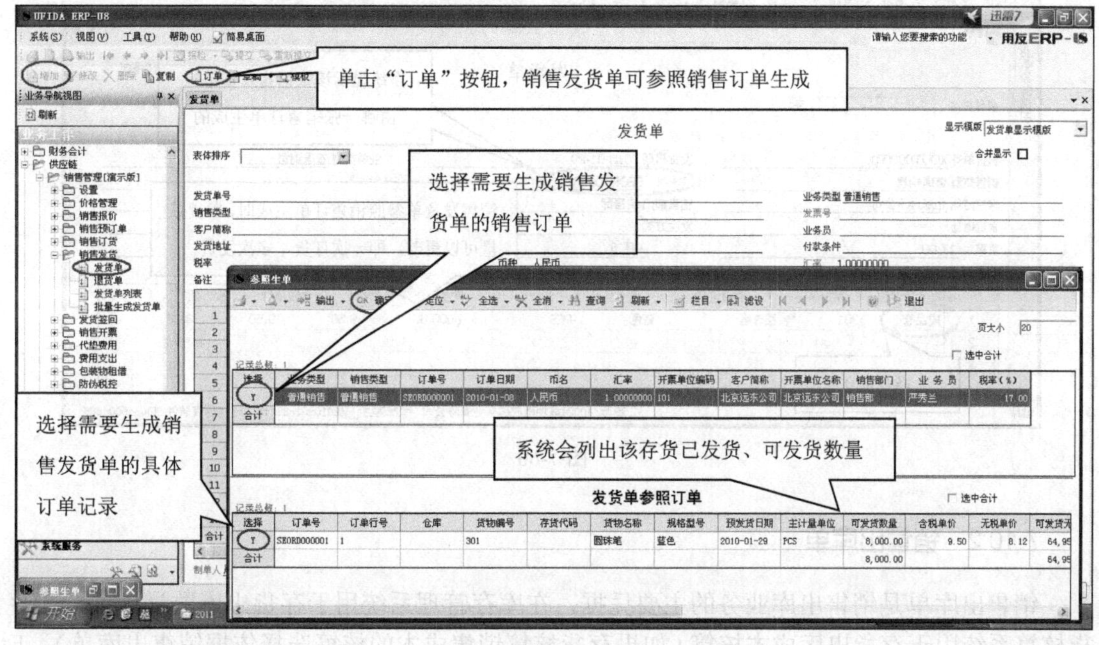

图 7-59

注意：只有使用了销售发货单参照拷贝销售订单生成的情况，才能建立起销售订单与销售发货单之间的联系，也才能在销售订单执行统计表中查询到该张订单的执行情况（请参阅本章销售订货）。在销售订单过滤窗口中，“可发货数”栏显示此次可发货的数量，发货数量可以修改，一张订单可以分次发货，系统会列出该张销售订单现在生成销售发货单时的可发货数量，如果在销售选项中勾选了“是否有超订单发货控制”项，则每次发货之后，系统都会倒扣可发货数量，避免了超出订单数量发货的情况。否则每次的可发货数量都与销售订单数量一致，不管以前该张销售订单是否有参照而生成过发货单。

（3）在销售发货单的表体中，单击鼠标右键，系统会弹出一组小菜单，在此可以查看现存量、查看当前发货单开票情况、查看当前发货单预估毛利、查看当前发货单对应发票、查看当前发货单对应出库单、关闭当前发货单。

（4）单击“保存”按钮保存数量。单击“审核”按钮可对该张发货单进行审核，如图 7-60 所示，销售发货单就被传递到库存管理系统中了。

提示：被审核之后的发货单，就被传递到库存管理系统中，系统自动生成销售出库单，由库管人员查询到该张单据，库存人员根据单据内容进行备货、办理货物出库手续，并审核该张销售出库单就可以完成存货出库业务，请参阅本章库存管理系统中的出库业务。

如果在销售选项中设置了可用量控制，则销售发货单中发货数量如果超过了仓库的可用数量，则系统将会提示超可用量出库，不能执行。读者如果依据本书所举例子顺序进行操作，因为库存中的期初数据我们还没有录入（录入方式请参阅本书第 5 章中的库存期初数据），所以在此不要进行可用量控制。

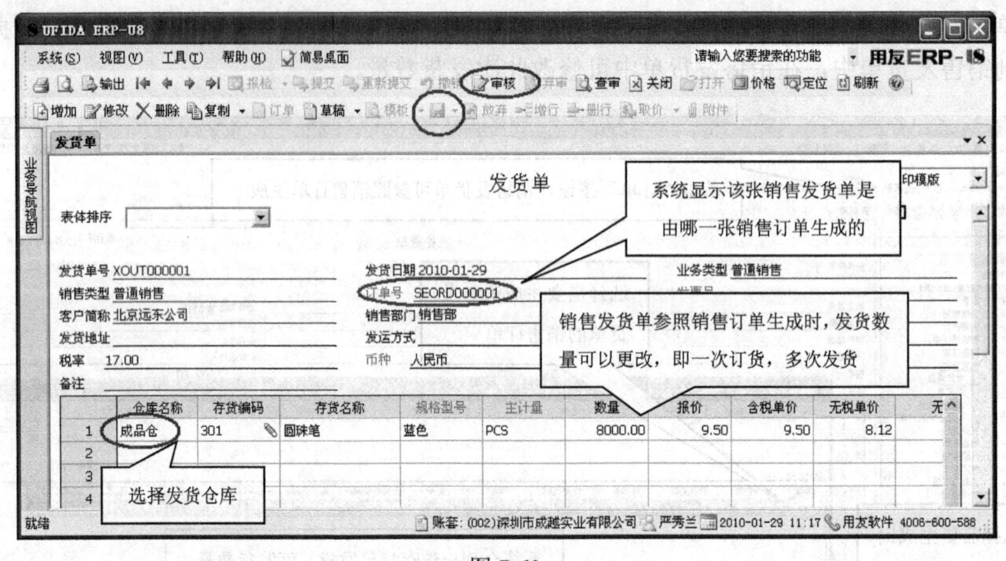

图 7-60

7.10.2 销售出库单

销售出库单是销售出库业务的主要凭据，在库存管理系统用于存货出库数量核算，在存货核算系统用于存货出库成本核算（如果存货核算销售成本的核算选择依据销售出库单）。工业企业的销售出库单一般指产成品销售出库时所填制的出库单据，商业企业的销售出库单一般指商品销售出库时所填制的出库单。

销售出库单按进出仓库方向分为蓝字销售出库单和红字销售出库单；按业务类型分为普通销售出库单、委托代销出库单和分期收款出库单。

如果销售管理系统未启用，则可直接在库存管理系统中填制销售出库单，否则不可手工填制，只能使用“生单”功能参照销售管理系统的业务单据生单，包括：

- 参照销售发货单生成。先发货后开票业务：根据销售管理的发货单生成销售出库单。
- 参照销售发票生成。开票直接发货业务：根据销售管理的销售发票生成销售出库单。
- 参照销售调拨单生成。根据销售管理的销售调拨单生成销售出库单。
- 参照零售日报生成。根据销售管理的销售日报生成销售出库单。

请参阅本书第 4 章中的销售管理系统业务参数设置。

提示：销售发票、销售调拨单、零售日报在销售管理复核时，同时生成发货单。在参照发货单窗口，以上三种单据都有发货单号、发票号，单据类型分别为对应的销售发票、销售调拨单、零售日报，所以也可统称为参照发货单。

注意：在销售管理指定的批次、生产日期、失效日期、入库单号等，在库存管理不可修改，建议用户由仓库管理部门指定以上内容，避免因发生错误而不能及时出库。

以操作员“管仓库”的身份登录用友系统，在库存管理中处理销售出库业务。

参照本书第 2 章中的例 2-23，在库存管理系统中处理销售出库业务。

（1）在库存管理系统中，展开“出库业务”菜单，单击“销售出库单”命令，系统打开

“销售出库单”窗口，如图 7-61 所示。

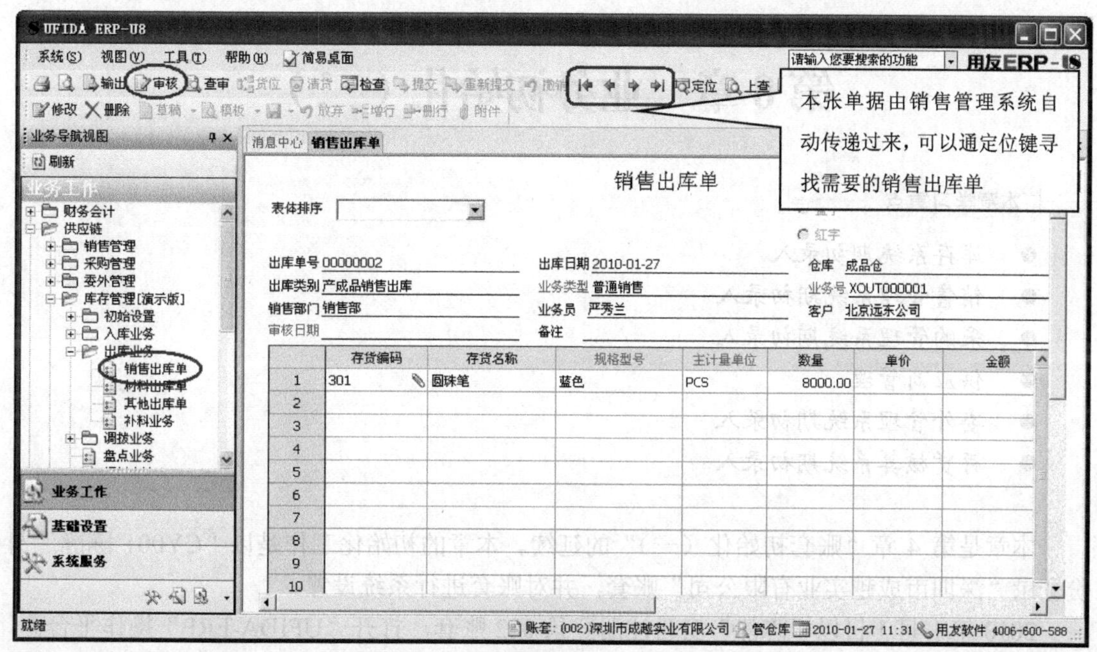

图 7-61

（2）如果没有启用销售管理系统，则可以直接单击“增加”按钮新增一张销售出库单。如果启用了销售管理系统，则销售出库单由销售管理系统传递过来，在此直接单击“审核”即可，审核之后的销售出库单则表示货物已出库。

注：此处的销售出库单数据是由销售管理系统中的销售发货单传递过来的。

第8章　业务初始化（二）

本章学习重点

- 库存系统期初录入
- 销售管理系统期初录入
- 采购管理系统期初录入
- 供应商管理
- 委外管理系统期初录入
- 存货核算系统期初录入

本章是第 4 章“账套初始化（一）”的延续。本章的初始化工作是以“CY001 陈静”身份登录“深圳市成越实业有限公司”账套，并对账套进行系统设置。

2010 年 1 月 1 日以“陈静”身份注册登录 002 账套，打开“UFIDA-ERP”操作平台。

8.1　应收款管理系统初始化设置

应收账款是客户为核算单位提供的信用担保，核算单位答应客户延期付款而产生的，也或者是核算单位为了自身的业务需求（如市场竞争），答应客户以应收账款的方式来处理业务等情况而产生的。

应收账款的存在，一方面提高了核算单位的经营风险，另一方面也必然增加了核算单位的经营成本，所以核算单位需要随时对自身的应收账款状况进行了解、分析，以便对一段时期之内的应收账款状况做出事先的应对。

单以记账凭证的方式无法明细的管理到核算单位与客户之间的这种往来关系，包括销售发票的记录明细、应收单的记录明细、收款单的记录明细及核销的业务明细等，也不能对各种应收账款业务提供事先报警等功能。

应收款业务对应着企业的销售业务，应收管理系统扩展了总账系统中对往来的管理，它使用户对往来账款的管理工作更加明细。在此系统中可录入销售发票（如果启用了销售管理系统，销售发票由销售管理系统传递过来）和应收单据，并对其进行审核；填制收款单据并进行审核；核销应收账款（自动核销或手工核销）；将这些原始凭证（单据）生成记账凭证传递到总账系统中；提供应收账龄分析、欠款分析和回款分析等统计分析；提供资金流入预测功能；根据客户信用度或信用天数的设置，提供自动报警和预警功能。

应收款管理系统设置是使用应收款管理系统的前提条件，直接关系到系统的日后使用和业务点控制，包括初始设置、期初余额设置和选项设置。

应收款管理系统选项设置请参阅本书第 4 章中的应收系统参数设置。

8.1.1　初始设置

初始设置包括会计科目设置、坏账准备设置、账期内账龄区间设置、逾期账龄区间设置、报警级别设置及单据类型的设置。初始设置的作用是建立应收款管理的基础数据，确定应使用哪些单据处理应收业务和需要进行账龄管理的账龄区间。有了这些功能，用户可以选择使用自己定义的单据类型，使应收业务管理更加符合用户的需要。

1．设置科目

在应收账款中设置业务对应科目的目的是：系统可以依据的不同业务类型，在业务制单时生成记账凭证，方便系统自动带出所对应的会计科目。

参照本书第 2 章中的表 2-22 和表 2-23 进行应收款管理系统业务与总账会计科目对应关系设置。

（1）打开“应收款管理”系统，展开“设置”目录下的“初始设置”选项，系统弹出“初始设置”窗口。

（2）在“初始设置”窗口中，单击“设置科目”下的“基本科目设置”选项，如图 8-1 所示。

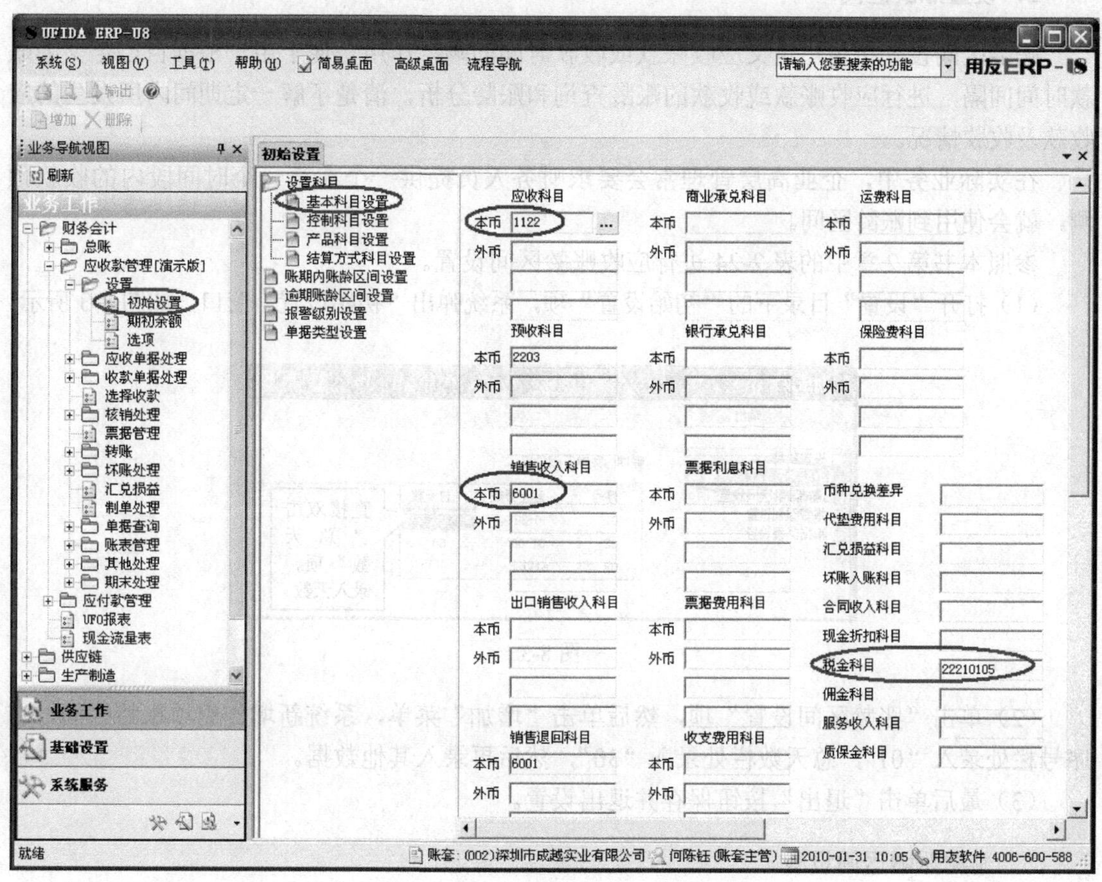

图 8-1

注：以上设置的科目是在科目设置中设置了的末级科目的科目；只有设置了“银行承兑科目”和“商业承兑科目”，才可以使用票据登记簿以及在期初余额中录入期初应收票据余额。

(3) 单击“结算方式科目设置”选项，在弹出的“结算方式科目设置”窗口中，进行结算方式、币种和科目的设置。对于现结的发票、收付款单，系统根据单据上的结算方式查找对应的结算科目，并在系统制单时自动带出，如图 8-2 所示。

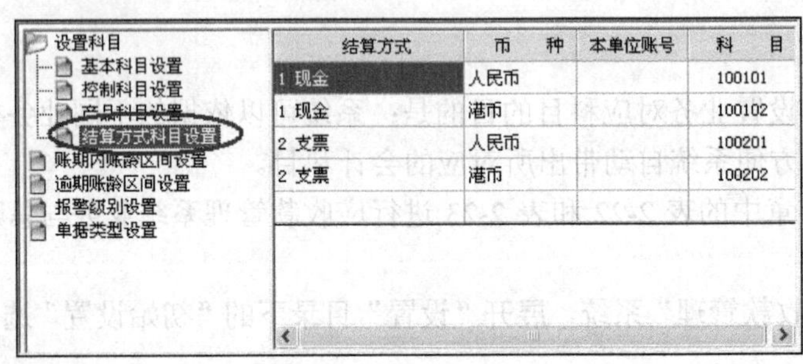

图 8-2

2．设置账龄区间

账龄区间设置指用户定义应收账款或收款时间间隔，作用是便于用户根据自己定义的账款时间间隔，进行应收账款或收款的账龄查询和账龄分析，清楚了解一定期间内所发生的应收款及收款情况。

在实际业务中，企业高层管理常会要求财务人员提供一个在某一个时间段内的收款预测，就会使用到账龄区间。

参照本书第 2 章中的表 2-24 进行应收账龄区间设置。

(1) 打开“设置”目录下的“初始设置”项，系统弹出“初始设置”窗口，如图 8-3 所示。

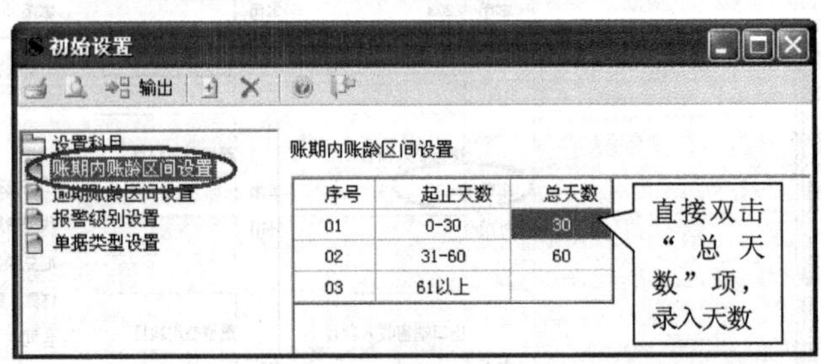

图 8-3

(2) 单击“账龄区间设置”项，然后单击“增加”菜单，系统新增一空项账龄区间，在序号栏处录入“01”，总天数栏处录入“30”，然后再录入其他数据。

(3) 最后单击“退出”按钮保存并退出设置。

3．逾期账龄区间设置

逾期账龄区间设置指用户定义逾期应收账款或收款时间间隔的功能，它的作用是便于用户根据自己定义的账款时间间隔，进行逾期应收账款或收款的账龄查询和账龄分析，清楚了解在一定期间内所发生的应收款及收款情况。逾期账龄区间设置与账龄期间设置一样。

设置应收账系统中的逾期账龄区间，设置方式与账龄区间设置一样，在此就不再详细讲解了。

4．报警级别设置

设置报警级别，可以根据欠款余额与信用额度的比例将客户分为不同的级别。

参照本书第 2 章中的表 2-25 进行应收款的报警级别设置。

（1）打开“设置”目录下的“初始设置”项，系统弹出“初始设置”窗口，如图 8-4 所示。

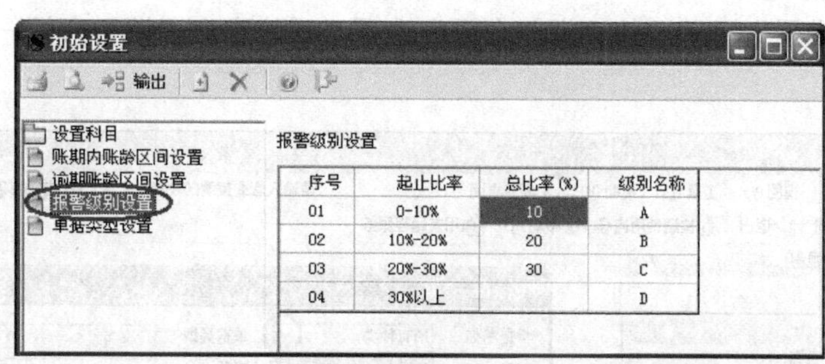

图 8-4

（2）选中“报警级别设置”项，然后单击“增加”菜单，系统新增一空项报警级别，在序号栏中录入“01”，在总比率栏中录入“10”，在级别栏中录入“A”，然后录入“表 2-25”中的其他数据。

（3）单击“退出”按钮保存并退出设置。

5．单据类型设置

单据类型设置指用户将自己的往来业务与单据类型建立对应关系，达到快速处理业务以及进行分类汇总、查询、分析的目的。在“单据类型设置”选项中可以设置单据的类型有“发票”和“应收单”两大类型。

在应收款系统中发票的类型包括增值税专用发票和普通发票。

可以根据应收单记录销售业务之外的应收款情况，将应收单分为应收代垫费用款、应收利息款、应收罚款和其他应收款等，应收单的对应科目可由操作员自己定义，如图 8-5 所示。

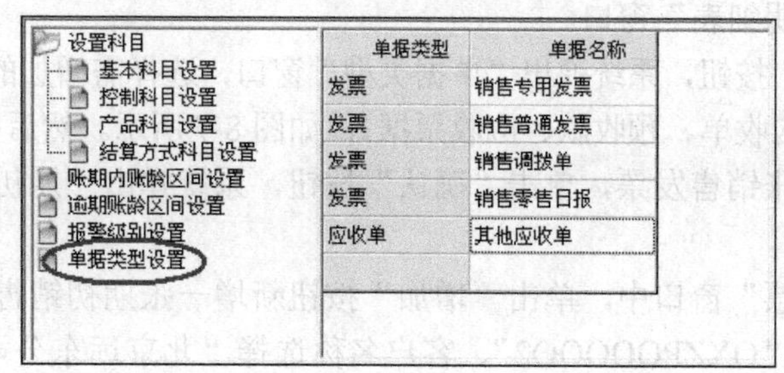

图 8-5

8.1.2 期初余额

在正式使用应收款管理系统之前，需要录入所有未处理完成的应收业务数据，这样既保证了后期数据的连续性，又保证了数据的完整性。

注：应收款管理系统的期初余额需与总账系统中的会计科目期初余额一致，比如在应收款管理系统中的应收款余额为10万元人民币，在总账系统中的应收款会计科目余额也应该是10万元人民币，否则会造成应收款管理系统与总账系统对账错误。如两个期初余额不一致，必须检查到底是哪一个系统的期初余额录入有误。会计科目的期初余额录入请参阅本章中的总账期初余额设置。

参照本书第2章表2-26录入应收款管理系统中的期初余额。

（1）展开“设置”目录下的“期初余额”选项，系统弹出“期初余额—查询”窗口，如图8-6所示。

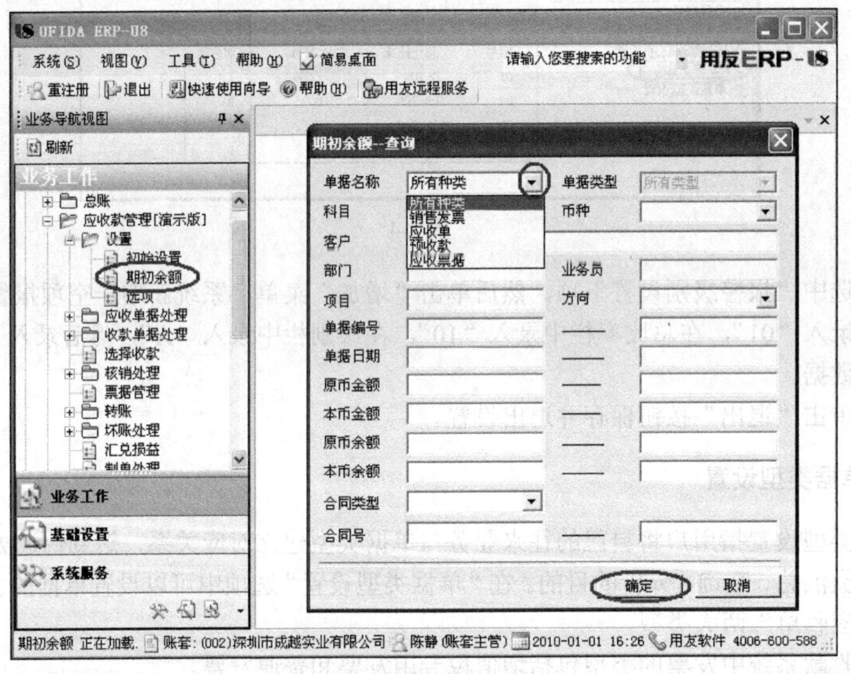

图 8-6

（2）选择需要查询的条件（如果不加入任何条件，即为所有记录），单击“确认”按钮，系统打开“期初余额明细表”窗口。

（3）单击“增加”按钮，系统弹出“单据类型”窗口，选择需增加的期初单据类型（单据名称分为销售发票、应收单、预收款、应收票据），如图8-7所示。然后单击“确定”按钮。

（4）选择增加一张销售发票，单击“确认”按钮，系统弹出“期初销售发票”界面，如图8-8所示。

在“销售专用发票”窗口中，单击“增加”按钮新增一张期初销售发票，在单据头中录入该张发票的发票号“OXZPOOOOO2”、客户名称选择“北京远东公司”，在单据中录入货物名称“圆珠笔”，数量1 000，价税合计1 0000元人民币，会计科目“1122”应收账款，最后单击“保存”按钮以保存该张新增期初单据，最后单击“退出”按钮。

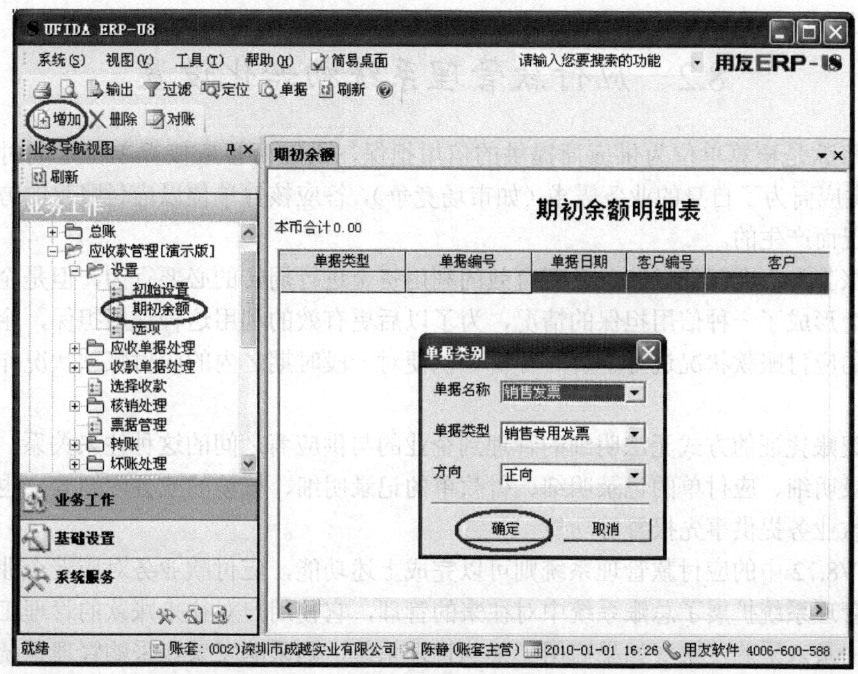

图 8-7

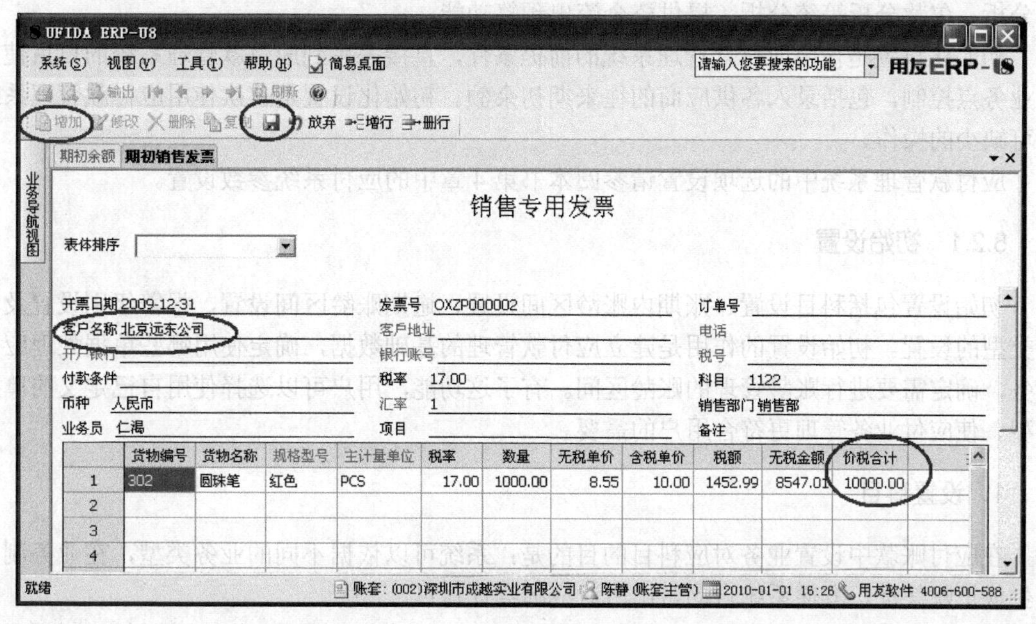

图 8-8

注：发票中的开票日期可以更改，但必须是在应收款系统的启用日期之前，因为只有这样才会是期初数据。

注：第一个会计期间已记账后，期初余额只能查看，不能修改。

8.2 应付款管理系统初始化设置

应付账款是核算单位为供应商提供的信用担保，供应商答应核算单位延期付款而产生的，或者供应商为了自身的业务需求（如市场竞争），答应核算单位以应付账款的方式来处理业务等情况而产生的。

应付账款是企业降低风险、合理有效的利用资金进行周转的必要行为，但是企业与供应商之间因为形成了一种信用担保的情况，为了以后更有效的利用这种信用担保，企业需要随时对自身的应付账款状况进行了解、分析，以便对一段时期之内的应付账款状况作出事先的应对。

单以记账凭证的方式无法明细的管理到企业的与供应商之间的这种往来关系，包括采购发票的记录明细、应付单的记录明细、付款单的记录明细、核销的业务明细等，也不能对各种应付账款业务提供事先报警等功能。

用友 V8.72 中的应付款管理系统则可以完成上述功能，应付款业务对应着企业的采购业务，应付管理系统扩展了总账系统中对往来的管理，它使用户对往来账款的管理工作更加明细。在其中录入采购发票（如果启用了采购管理系统，则采购发票在采购管理系统中填制之后，再传递到应付款管理系统中）和应付单据，并进行审核；填制付款单据，并进行审核；核销应付账款；将这些原始凭证（单据）生成记账凭证传递到总账管理中；提供应付款的账龄分析、欠款分析等统分析；提供资金流出预算功能。

初始化设置是使用应付款管理系统的前提条件，直接关系到应付款管理系统的日后使用和业务点控制，包括录入各供应商的往来期初余额。初始化设置是首次使用应付款管理系统不可缺少的操作。

应付款管理系统中的选项设置请参阅本书第 4 章中的应付系统参数设置。

8.2.1 初始设置

初始设置包括科目设置、账期内账龄区间设置、逾期账龄区间设置、报警级别设置及单据类型的设置。初始设置的作用是建立应付款管理的基础数据，确定使用哪些单据处理应付业务，确定需要进行账龄管理的账龄区间。有了这功能，用户可以选择使用自己定义的单据类型、使应付业务管理更符合用户的需要。

1. 设置科目

在应付账款中设置业务对应科目的目的是：系统可以依据不同的业务类型，在业务制单时生成记账凭证，方便系统自动带出所对应的会计科目。

参照本书第 2 章的表 2-27 和表 2-28 进行应付款管理系统业务与总账中会计科目对应设置。

（1）展开“设置”目录下的“初始设置”选项，系统弹出“初始设置”窗口。

（2）在“初始设置”窗口中，单击“设置科目”下的“基本科目设置”选项设置基本科目，如图 8-9 所示。

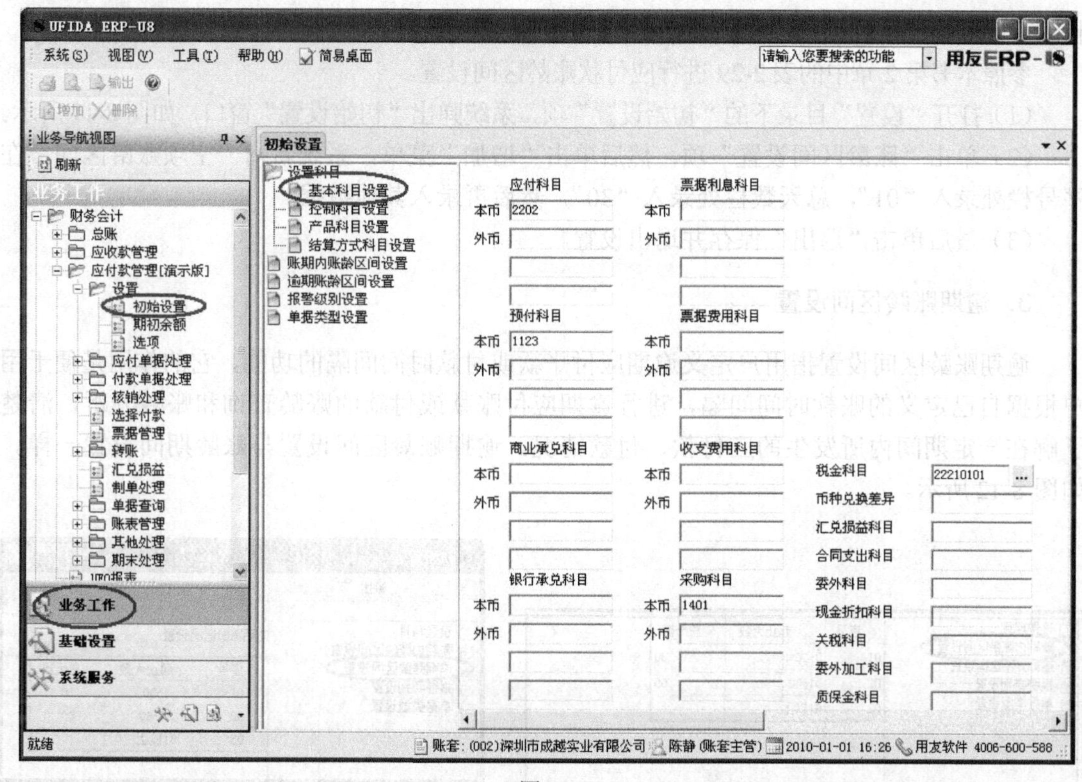

图 8-9

注：以上设置的科目是在总账系统中设置了的末级科目的科目；只有设置了“银行承兑科目”和“商业承兑科目”，才可以使用票据登记簿以及在期初余额中录入期初应付票据余额。

（3）基本科目设置完毕后，单击“控制科目设置”选项，录入各控制科目，进行应付科目、预付科目的设置。

（4）单击“结算方式科目设置”选项，在弹出的“结算方式科目设置”窗口中，进行结算方式、币种、科目的设置。对于现结的发票、收付款单，系统根据单据上的结算方式查找对应的结算科目，并在系统制单时自动带出，如图 8-10 所示。

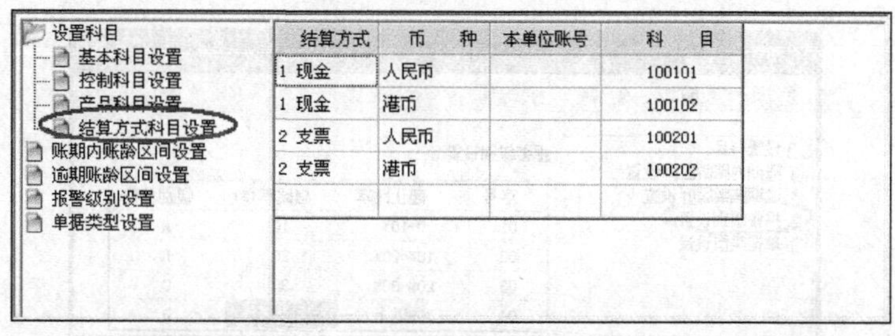

结算方式	币　种	本单位账号	科　目
1 现金	人民币		100101
1 现金	港币		100102
2 支票	人民币		100201
2 支票	港币		100202

图 8-10

2．是账期内账龄区间设置

账龄区间设置指用户定义应付账款或付款时间间隔，作用是便于用户根据自己定义的账款时间间隔，进行应付账款或付款的账龄查询和账龄分析，清楚了解一定期间内所发生的应收款、收款情况。

参照本书第 2 章中的表 2-29 进行应付款账龄区间设置。

（1）打开“设置”目录下的“初始设置”项，系统弹出“初始设置”窗口，如图 8-11 所示。

（2）单击“账龄区间设置”项，然后单击“增加”菜单，系统新增一空项账龄区间，在序号栏处录入“01”，总天数栏处录入“30”，然后再录入其他数据。

（3）最后单击“退出”保存并退出设置。

3．逾期账龄区间设置

逾期账龄区间设置指用户定义逾期应付账款或付款时间间隔的功能，它的作用是便于用户根据自己定义的账款时间间隔，进行逾期应付账款或付款的账龄查询和账龄分析，清楚了解在一定期间内所发生的应付款、付款情况。逾期账龄区间设置与账龄期间设置一样。如图 8-12 所示。

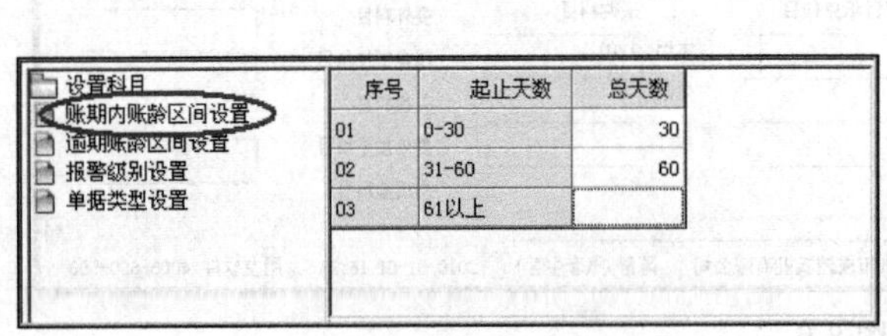

图 8-11

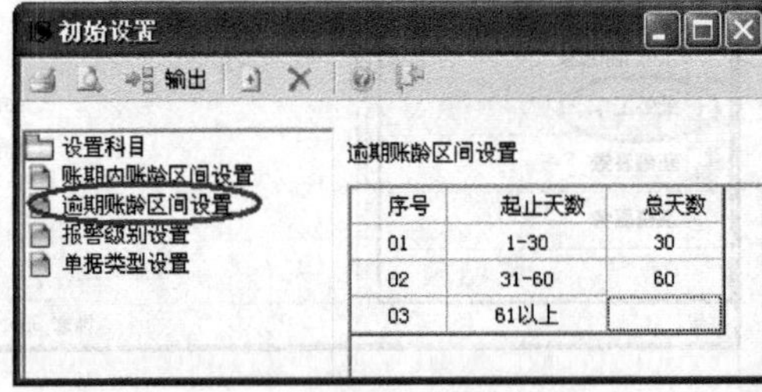

图 8-12

逾期账龄区间设置与应付账龄区设置设置一样，在此不再详细讲解。

4．报警级别设置

设置报警级别，可以根据应付款余额与信用额度的比例将供应商分为不同的级别。

参照本书第 2 章中的表 2-30 进行应付款的报警级别设置。

（1）打开“设置”目录下的“初始设置”项，系统将弹出“初始设置”窗口，如图 8-13 所示。

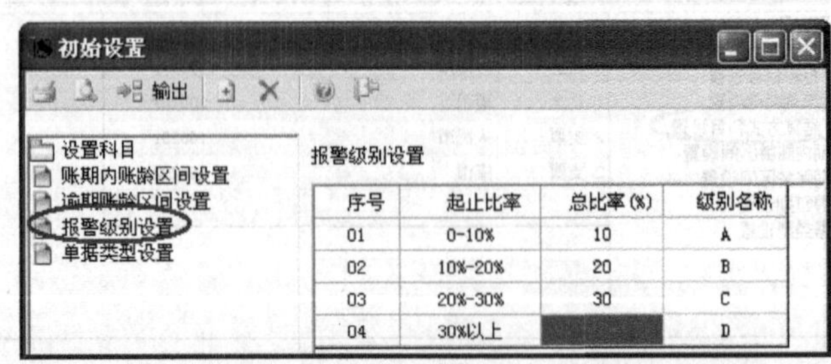

图 8-13

（2）选中“报警级别设置”项，然后单击“增加”菜单，系统新增一空项报警级别，在序号栏中录入“01”，在总比率栏中录入“10”，在级别栏中录入“A”，然后录入其他数据。

（3）单击“退出”按钮保存并退出设置。

5. 单据类型设置

单据类型设置指用户将自己的往来业务与单据类型建立对应关系，达到快速处理业务以及进行分类汇总、查询、分析的目的。在“单据类型设置”选项中可以设置单据的类型有“发票”和“应付单”两大类型，如图 8-14 所示。

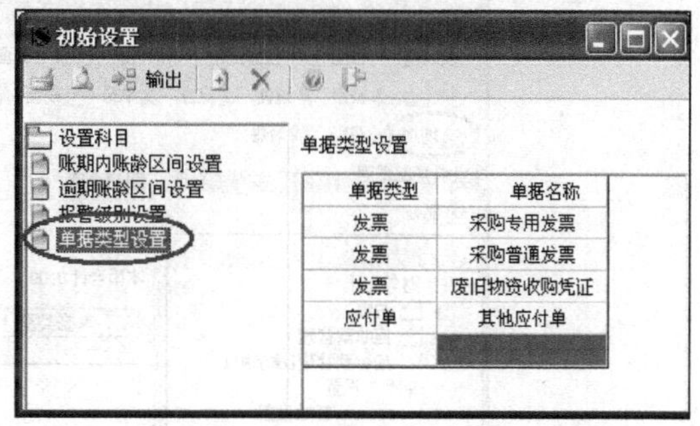

图 8-14

8.2.2　录入期初余额

用户在正式启用账套前将所有应付业务数据录入到系统中，作为期初建账的数据，以对其进行管理，这样既保证了数据的连续性，又保证了数据的完整性。

参照本书第 2 章中的表 2-31 录入应收款管理系统中的期初余额。

（1）单击“设置”下的“期初余额”选项，系统弹出“期初余额—查询”窗口，如图 8-15 所示。

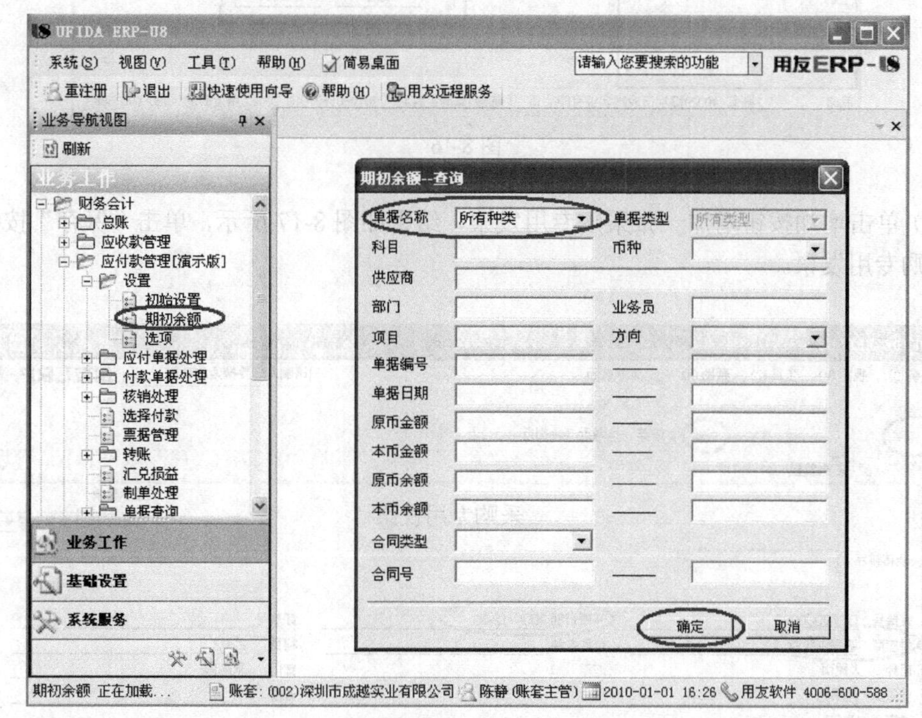

图 8-15

（2）选择需要查询的条件（如果不加入任何条件，则查询所有记录），单击“确认”按钮，系统打开“期初余额明细表”窗口。

（3）单击“增加”按钮，系统弹出“单据类型”窗口，选择增加的期初单据类型“采购专用发票”（可供选择的单据有采购发票应付单、预付款单和应付票据），然后单击“确认”按钮，系统弹出相应的期初录入单据，如图 8-16 所示。

注： 单据日期可以更改，但必须是在应收款系统的启用日期之前，因为只有这样才会是期初数据。

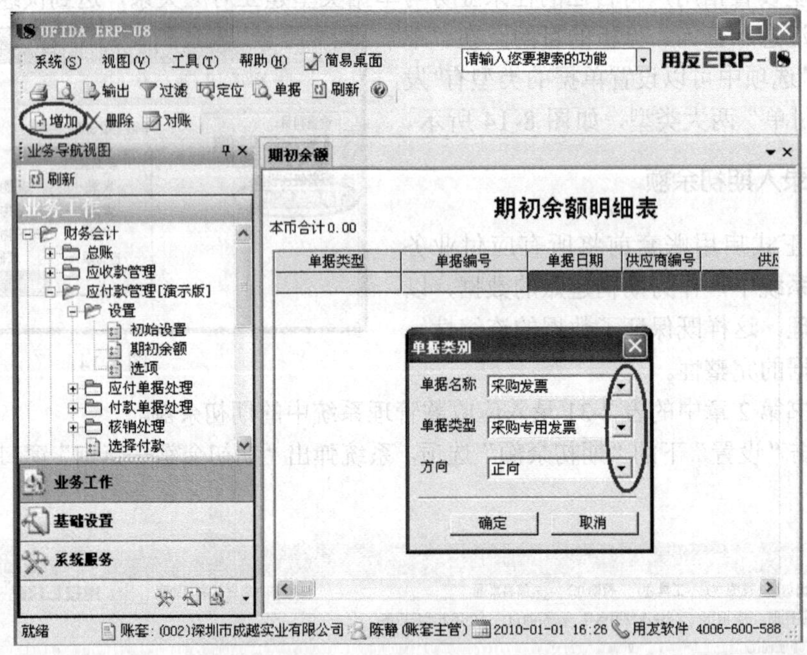

图 8-16

（4）单击增加按钮增加一张采购专用发票，结果如图 8-17 所示，单击"保存"按钮保存期初采购专用发票。

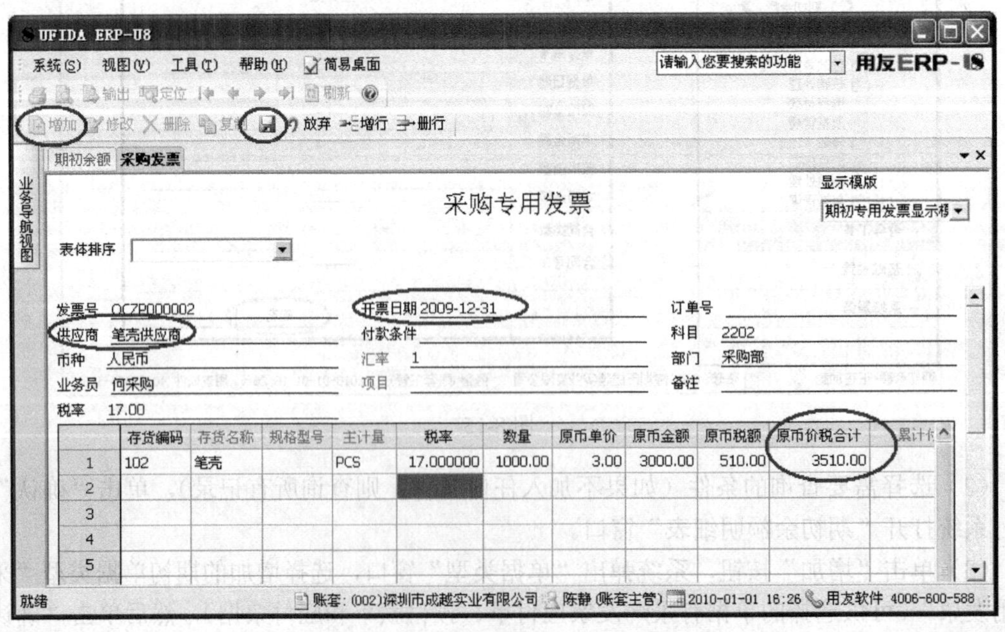

图 8-17

（5）在录入完成应付款的期初余额后，进行“期初对账”工作，在“期初余额明细表”中单击“对账”按钮，系统弹出“期初对账”窗口。

（6）查看应收款系统与总账系统的期初余额是否平衡。如果不平衡，需检查是否录入有误，之后修改直至平衡为止。

注：第一个会计期间已记账后，期初余额只能查看，不能修改。应付账款的期初余额录入与应收账款的期初余额录入一样。

8.3　存货核算系统初始设置

存货是指企业在生产经营过程中为销售或耗用而储存的各种资产，包括商品、产成品、半成品、在产品，以及各种材料、燃料、包装物、低值易耗品等。存货是保证企业生产经营顺利进行的必要条件，是企业一项重要的流动资产，其价值在企业流动资产中占有很大的比重。

总账系统中以记账凭证的方式对存货进行核算，但无法明细的管理到存货业务，因此用友 V8.72 提供了存货核算系统，可以录入各种出入库单据（采购入库单、成品入库单、销售出库单、材料领用单等），审核记账，根据预先定义好的成本结转方式（如先进先出、后进先出、移动平均等）自动结转出库成本，还可以调整存货的出入库成本，最后将这些原始凭证（单据）生成记账凭证并传递到总账中。

存货的核算是企业会计核算的一项重要内容。进行存货核算时，应该正确计算存货购入成本，促使企业努力降低存货成本，反映和监督存货的收发、领退、保管情况以及存货资金的占用情况，促进企业提高资金的使用效率。

初始化设置是使用存货核算系统的前提条件，直接关系到存货核算系统的日后使用和业务点控制便利与否。初始化时要建立基础档案，录入仓库盘点之后的存货数据。初始化设置是首次使用存货核算系统不可缺少的步骤。

存货核算系统选项设置请参阅本书第 4 章中的存货核算系统参数设置。

8.3.1　期初数据

存货核算系统的期初数据是指启用存货核算系统时的存货状态，包括存货存放仓库、存货名称、数量、成本单价等内容，录入期初数据可以保证数据的连贯性，在启用日期之后的存货业务处理都是在此期初数据的基础上进行的。

参照本书第 2 章中的表 2-21 录入存货核算系统中的期初数据。

（1）单击“初始设置”下“期初数据”中的“期初余额”选项，系统弹出“期初余额”窗口，如图 8-18 所示。

（2）在“仓库”下拉式列表中选择“成品仓”或“原材仓”，然后单击工具栏中的“增加”按钮增加成品库中的存货期初数据。

提示：如果库存管理系统管理已有期初数据，在此可以单击“取数”按钮将库存管理系统中的期初取过来了作为存货核算管理系统的期初数据。

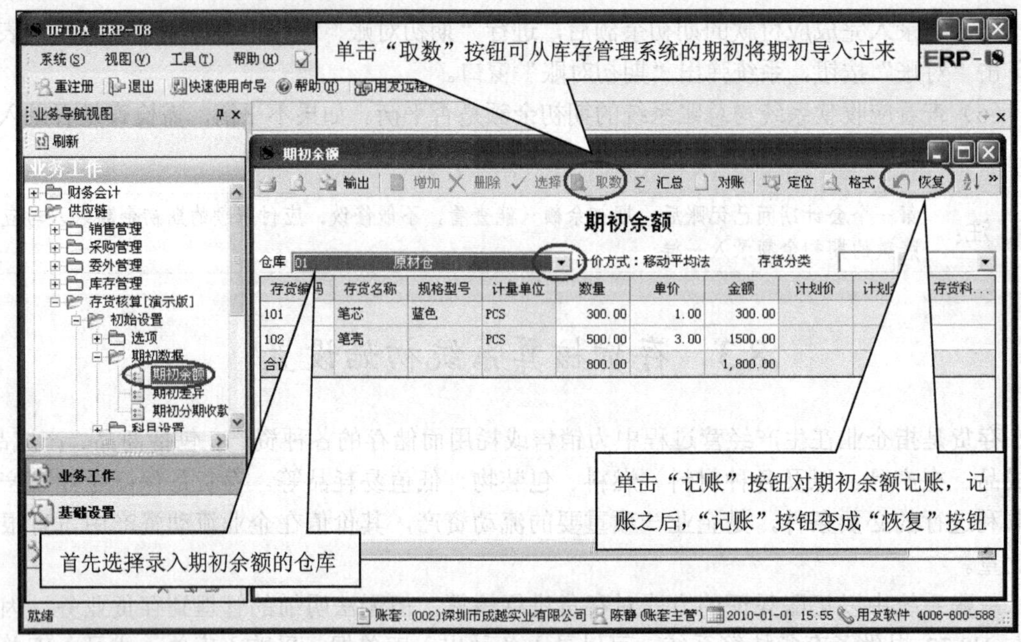

图 8-18

8.3.2 科目设置

在此设置系统生成凭证所需要的各种存货科目、差异科目、分期收款发出商品科目、委托代销科目、运费科目、税金科目、结算科目和对方科目等。

在存货核算系统中设置业务对应科目的目的是，系统可以依据的不同业务类型，在业务制单生成记账凭证，系统可以自动带出所对应的会计科目。

1．存货科目

存货科目包含生成凭证所需要的各种存货科目、差异科目、分期收款发出商品科目、委托代销科目，系统制单生成凭证时会自动带出相应的会计科目。

参照本书第 2 章的表 2-32 进行存货科目设置。

（1）单击“初始设置”下“科目设置”中的“存货科目”选项，系统弹出“存货科目”窗口，如图 8-19 所示。

（2）单击工具栏中的“增加”按钮，系统新增一项空白的存货科目记录。

（3）双击空白记录的项目栏，新增一个存货科目记录，输入存货分类编码“01”、存货科目编码“1211”，单击“保存”按钮保存设置。然后再录入其他存货科目数据。

2．对方科目

此功能用于设置生成凭证需要的存货对方科目（即收发类别）所对应的会计科目，即设置各种不同业务行为所对应的会计科目。

参照本书第 2 章中的表 3-32 设置存货业务的对应科目。

（1）单击“初始设置”下“科目设置”中的“对方科目”选项，系统弹出“对方科目设置”窗口，结果如图 8-20 所示。

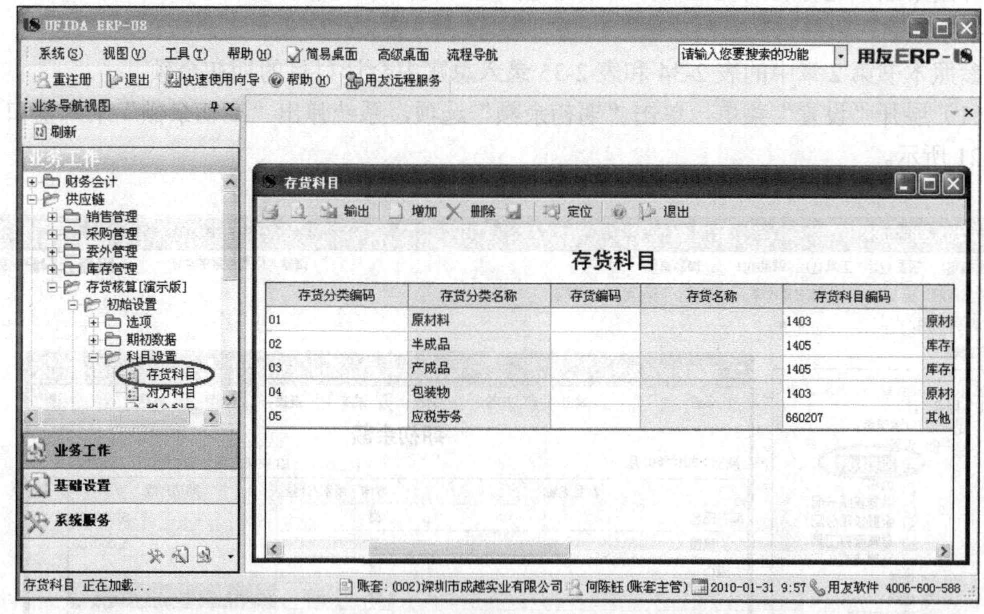

存货分类编码	存货分类名称	存货编码	存货名称	存货科目编码
01	原材料			1403
02	半成品			1405
03	产成品			1405
04	包装物			1403
05	应税劳务			660207

图 8-19

收发类别编码	收发类别名称	项目名称	对方科目编码	对方科目名称
11	原材料采购入库		1401	材料采购
12	半成品入库		50010104	转出完工产品
13	产成品入库		50010104	转出完工产品
16	盘盈入库		1901	待处理财产损溢
21	生产领料出库		50010101	直接材料
22	半成品出库		50010101	直接材料
26	盘亏出库		1901	待处理财产损溢
23	销售发货出库		6401	主营业务成本

图 8-20

（2）单击工具栏中的“增加”按钮新增空白记录，在收发类别编码中填入“01”，对方科目编码中填入“1201”。

（3）再次单击“增加”录入其他存货对方科目数据。

8.4　总账系统期初余额

总账系统选项设置请参阅本书第 4 章中的总账系统业务参数设置。

总账系统期初余额是总账系统启用前的期初数据状态，将该数据录入到总账中，以此数据为开始结点和进行后期发生业务的数据起始点。总账系统中的期初余额就是指各会计科目的期初余额。

参照本书第 2 章中的表 2-34 和表 2-35 录入总账中会计科目的期初余额。

（1）展开“设置”菜单，单击“期初余额”选项，系统弹出“期初余额”录入窗口，如图 8-21 所示。

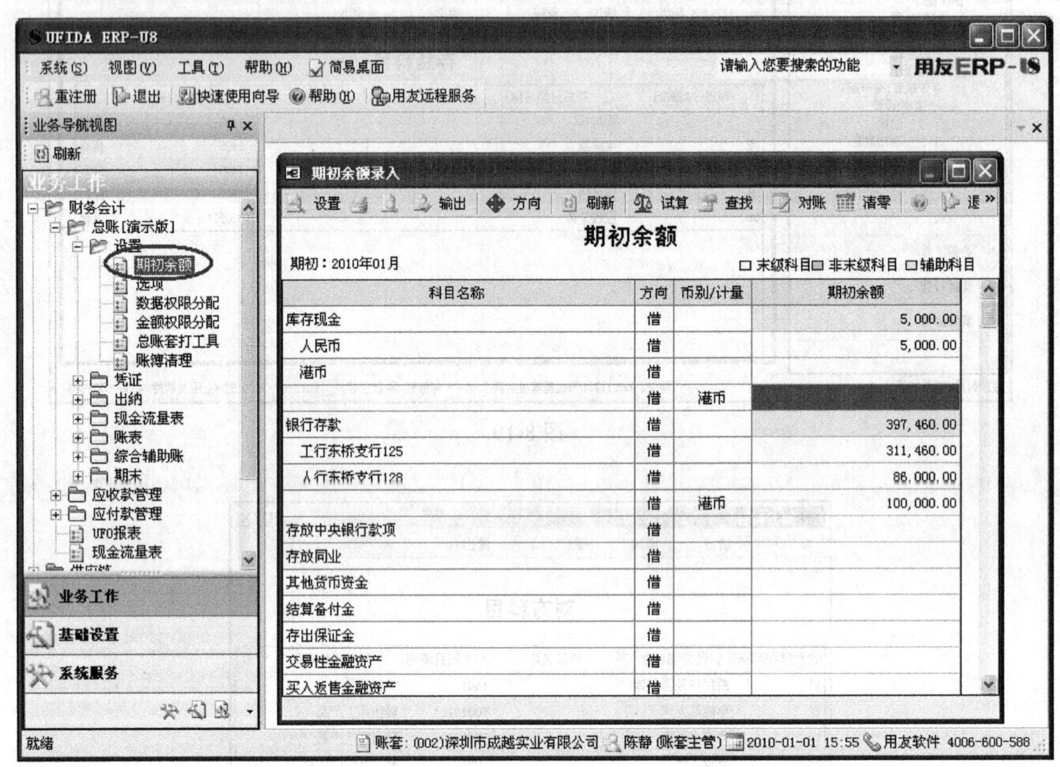

图 8-21

（2）双击“期初余额”栏以录入该科目的期初余额。如果该科目有下级明细科目，只录入末级明细科目的余额即可，上级科目的余额由系统自动汇总之后填入；有红字余额则先填入负号“-”，然后再输入余额；外币核算首先录入的是本币金额，然后录入外币金额。

科目设置中有 5 种辅助核算方式，当录入有辅助核算的会计科目的科目余额时，系统会自动弹出与辅助核算相对应的期初余额录入窗口，在该窗口中再录入明细的辅助核算的明细期初数据。

录入“应收账款”会计科目，该科目的辅助核算项为“部门客户核算”，系统打开“辅助期初余额”窗口，首先选择需要录入期初余额的科目名称“应收账款”，然后单击“往来明细”命令，打开“期初往来明细”录入窗口，如图 8-22 所示，单击“增加”菜单，系统增加一空白应收账款记录，录入客户部门往来期初数据，录入完毕，单击“汇总”命令将录入的期初往来明细汇总到会计科目的期初余额中。

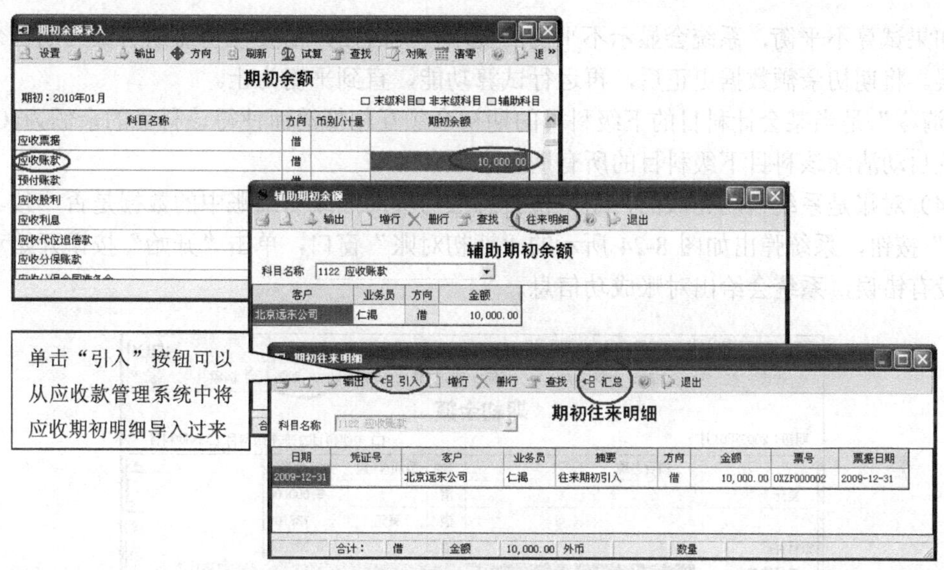

图 8-22

其他会计科目如果辅助核算，则录入期初期余额的方式与“应收账款”一样。

提示：会计科目的期初余额需与各功能子各功能子系统中的期初余额相对应，例如，总账系统中的应收款科目的期初余额需与应收款管理系统中期初余额相对应，总账系统中的原材料科目的期初余额需与存货核算系统中的原材料的期初余额相对应。

如果启用了应收应付系统，并且应收应付系统的启用日期与总账系统的启用日期一致，则可以先在应收应付系统中录入期初余额（请参阅本章中应收账款的期初余额设置），然后在“期初往来明细”窗口中，单击“引入”命令将应收应付系统的期初余额引入总账的对应科目余额中。

“期初往来明细”窗口中的往来明细的虽然是期初明细，但是其发生日期会参与到往来账龄分析中。

（3）科目余额录入完毕之后，进行试算平衡操作来检验数据的正确性，即检验借方余额是否等于贷方余额。单击“期初余额录入”窗口上的“试算”按钮，如果试算平衡，系统会显示“试算结果平衡”，如图 8-23 所示。

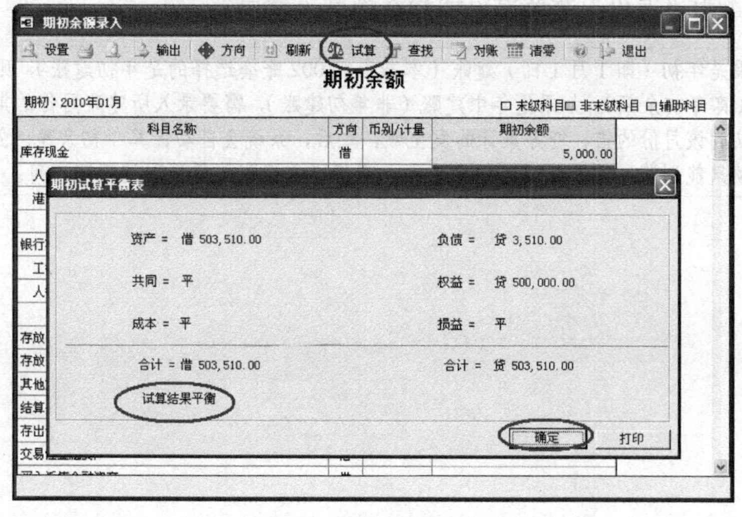

图 8-23

如果试算不平衡，系统会显示不平衡的提示，此时用户需要检查前期所做的期初余额是否有误。将期初余额数据更正后，再运行试算功能，直到平衡为止。

“清零”是当某会计科目的下级科目的期初余额互相抵消而使得该科目的余额为 0 时，则系统自动清除该科目下级科目的所有期初余额。

（4）对账是系统自动完成的，用来检查总账与辅助账或明细账中的数据是否一致。单击“对账”按钮，系统弹出如图 8-24 所示的“期初对账”窗口，单击“开始”按钮开始对账，如果没有错误，系统会给出对账成功信息。

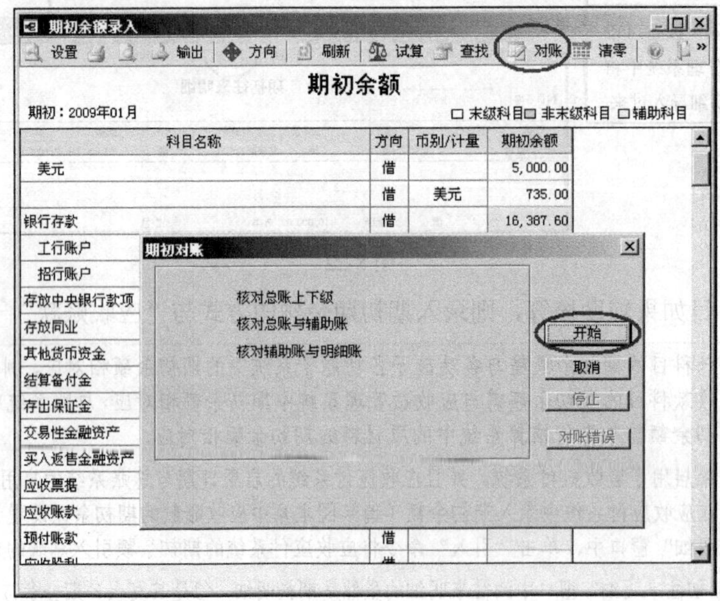

图 8-24

如果出现对账错误，系统会给出对账错误提示，可以单击“显示对账错误”按钮查看对账错误信息。

（5）最后单击“退出”菜单退出期初余额录入窗口。

注：如果是年初（即 1 月 1 日）建账（本书中的 002 账套选择的是年初建账），则直接录入期初余额（即年初余额）。如果是年中建账（非年初建账），需要录入所建账月份的期初余额和从该年年初到该月份的借、贷方累计的发生额，之后，系统会自动计算年初余额；凭证记账后，期初余额只能浏览，不能修改，如果修改，需将所有记账的凭证取消记账方可。

第 9 章　财务模拟实战（一）

本章学习重点

- 采购发票、付款单处理
- 委外发票、委外加工入库核算
- 销售发票、收款单处理
- 材料成本计算操作

本章实例与第 2 章中实例一一对应。

9.1　采购发票录入

采购发票是供应商开出销售货物的发票，用户根据采购发票确认采购成本，进行记账和付款核销。采购发票是供应商开出的销售货物的凭证，系统将根据采购发票确认采购成本，并据以登记应付账款。

采购发票按业务性质分为蓝字发票和红字发票。

采购发票按发票类型分为增值税专用发票、普通发票和运费发票。

增值税专用发票的单价为无税单价。

增值税普通发票包括普通发票、废旧物资收购凭证、农副产品收购凭证、其他收据，这些发票的单价、金额都是含税的。普通发票的默认税率为“0”，可修改。

运费发票的运费主要是指向供货单位或提供劳务单位支付的代垫款项、运输装卸费、手续费、违约金（延期付款利息）、包装费、包装物租金、储备费、进口关税等。运费发票的单价、金额都是含税的。运费发票的默认税率为“7”，可修改。

在收到供货单位的发票后，如果没有收到供货单位的货物，可以对发票压单处理，待货物到达后，再输入系统做报账结算处理；也可以先将发票输入系统，以便实时统计在途货物。

发票经过保存之后，就自动传递到应付系统中，在应付系统中可执行应付单审核，以确认该笔应付账款，并进行后期的付款核销等业务。

专用采购发票即增值税专用发票，单价是无税单价、金额是无税金额。

以本书第 2 章中的“例 2-24”为例，练习采购专用发票处理方法，操作步骤如下：

（1）修改计算机日期为 2010 年 1 月 31 日，以“何陈钰”身份登录本实例账套，在“采购管理”窗口中，展开的“业务”下的“发票”菜单，单击“专用采购发票”命令，系统打开“专用采购发票”录入窗口，如图 9-1 所示。

（2）单击“增加”按钮可新增一张专用采购发票。也可以在单据的表体中单击鼠标右键，执行“拷贝采购入库单”（也可以选择拷贝采购订单或拷贝采购发票）拷贝“YIN000001”的采购入库单而生成采购发票。

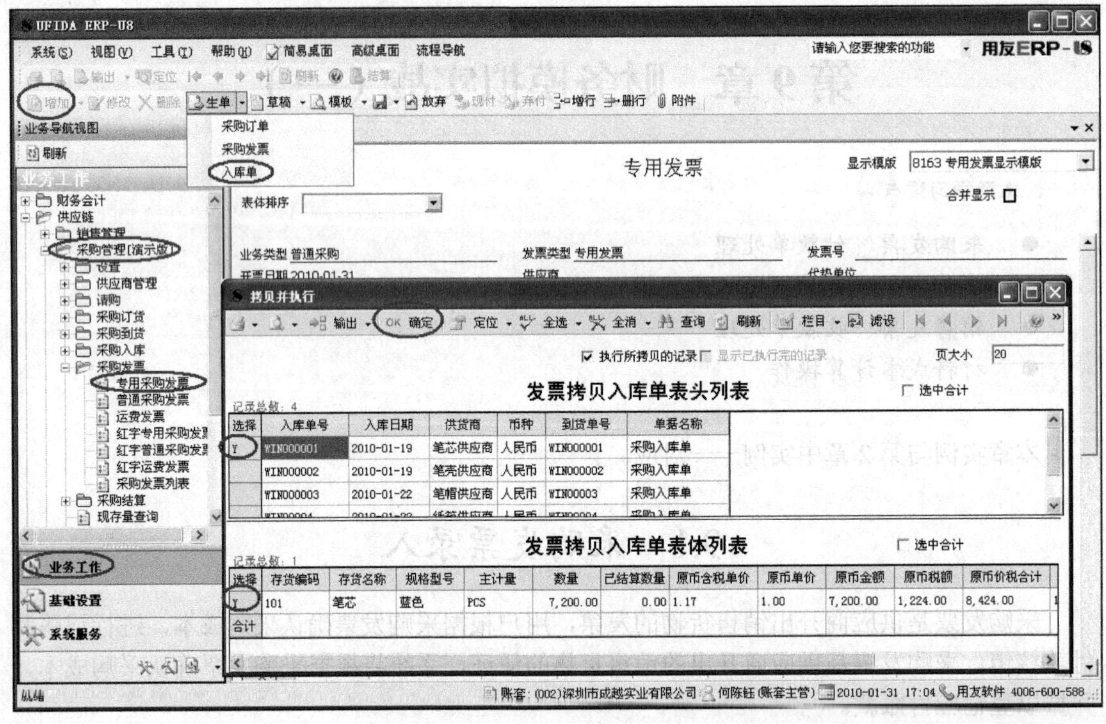

图 9-1

（3）将含税单价修改为“1.2”，然后单击“保存”按钮保存新增单据，结果如图 9-2 所示。

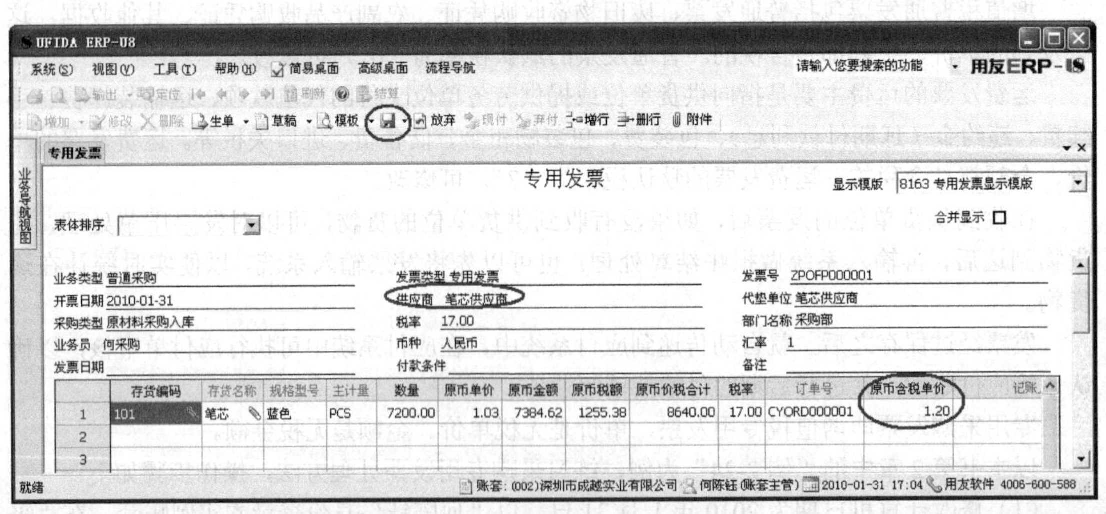

图 9-2

采购发票保存之后被传递到应付款管理系统中（请参阅本章中的应付单据处理），在应付款系统中对采购发票审核并登记应付明细账，并回填采购发票审核人，发票左上角会显示“已审核”字样。

9.2 采购结算

采购结算也称采购报账，是指采购核算人员根据采购入库单、采购发票核算采购入库成本；采购结算的结果是采购结算单，它是记载采购入库单记录与采购发票记录对应关系的结算对照表。

提示：采购结算后的存货入库成本单价会自动填写回库存管理系统中采购入库单的存货单价里面，如果原采购入库单中存货有单价，则将覆盖其原来的存货单价。比如原采购入库单中的存货采购单价是 50 元，但是此次结算时，可能将运费一起分摊进入库成本中，则有可能存货的入库成本单价会增加。经过结算后的入库成本会经库存管理系统中的采购入库单传递到存货核算系统中采购入库单中，为存货核算系统中核算其出库成本（即成本结转，如先进先出、后进后出等）做准备。

采购结算从操作处理上分为自动结算、手工结算两种方式；另外运费发票可以单独进行费用折扣结算。

我们以手工结算为例。

9.2.1 手工结算

溢余短缺处理：在企业的采购业务中，由于运输、装卸等原因，采购的货物会发生短缺毁损，应根据不同情况，进行相应的账务处理。

在采购结算时，如果入库数量与发票数量不一致，确定其是否为合理损耗，合理损耗直接记入成本，即相应提高入库货物的单位成本；非合理损耗则根据业务选择相应的非合理损耗类型，并由存货核算系统根据结算时记录的非合理损耗类型自动生成凭证。

费用折扣分摊：费用包括专用发票、普通发票上的应税劳务存货记录、折扣存货记录，以及运费发票上的应税劳务存货记录。费用可以在手工结算时进行费用分摊，运费发票记录也可以单独进行费用结算。手工结算时，可以将应税劳务存货、折扣存货的发票记录、运费发票记录分摊到入库单记录。

费用结算：运费发票记录可以单独进行结算，可以与采购入库单记录结算，也可以直接分摊到具体的存货。

手工结算时可拆单行记录，一行入库记录可以分次结算；可以同时对多张入库单和多张发票进行手工结算。

手工结算支持下级单位采购，付款给其上级主管单位的结算；支持三角债结算，即支持甲单位的发票可以结算乙单位的货物。

参照本书第 2 章中的“例 2-25”进行采购结算。

（1）展开“采购结算”菜单，单击“手工结算”命令，系统打开“手工结算”处理窗口，如图 9-3 所示。

说明：“相同供应商”，选择该项时，则结算时只结算一个供应商的记录。不选择，可以同时进行不同供应商的采购结算，采购结算单取其中一个供应商；不同供应商的入库记录和发票记录之间也可结算，采购结算单取发票的供应商。

费用分摊方式：如果涉及到费用分摊进入存货成本的情况，则在此选择按金额或按数量进行分摊。

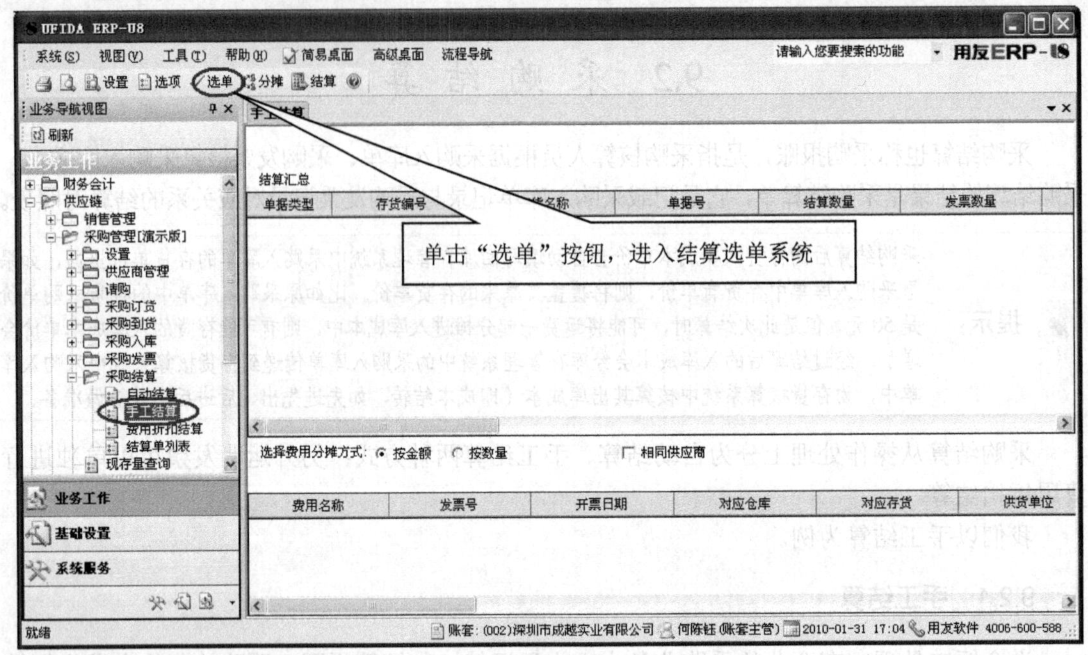

图 9-3

费用分摊：用户可以把某些运费、挑选整理费等费用按会计制度摊入采购成本，按“选单”时手工选择费用折扣存货的发票记录，或按“选单”时选择运费发票记录，所选记录显示在窗口下方的费用结算列表。

应用举例：采购存货 A，数量 1，价值 90 000 元；采购存货 B，数量也是 1，价值 10 000 元，共用去运输费 1 000 元。如果选择按数量分摊，则存货 A 的入库成本为 90 500 元，存货 B 的入库成本为 10 500 元。如果选择按金额分摊，则存货 A 的入库成本为 90 900 元，存货 B 的入库成本为 10 100 元。存货价值相差较大的情况，建议使用按金额分摊。

（2）单击“过滤”按钮，系统弹出“结算选单”窗口，然后再分别单击“刷入”和“刷票”过滤按钮进行入库单选择和采购发票选择。

（3）在选择出来的采购发票中，选择要结算的发票，单击“选择”栏使其变为“Y”字样。

（4）在选择出来的入库单中，选择需要结算的入库单，单击“选择”栏使其变为“Y”字样。如图 9-4 所示。

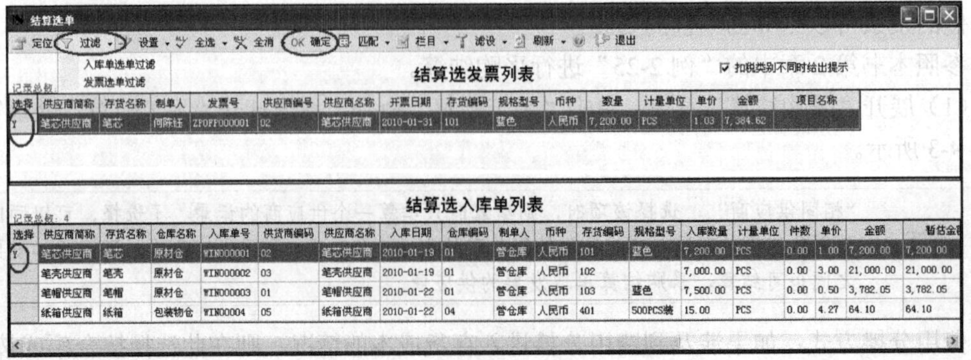

图 9-4

提示：选择了入库单记录，可单击“按入”（按入库单匹配发票）、系统自动寻找所选入库单记录的匹配发票记录，提示“可以匹配的发票共有×条”，并将匹配的记录打勾，未匹配的记录取消选择。

选择了发票记录，可单击“按票”（按发票匹配入库单），操作同上。

（5）单击“确定”按钮，系统返回“手工结算”窗口，如图 9-5 所示。

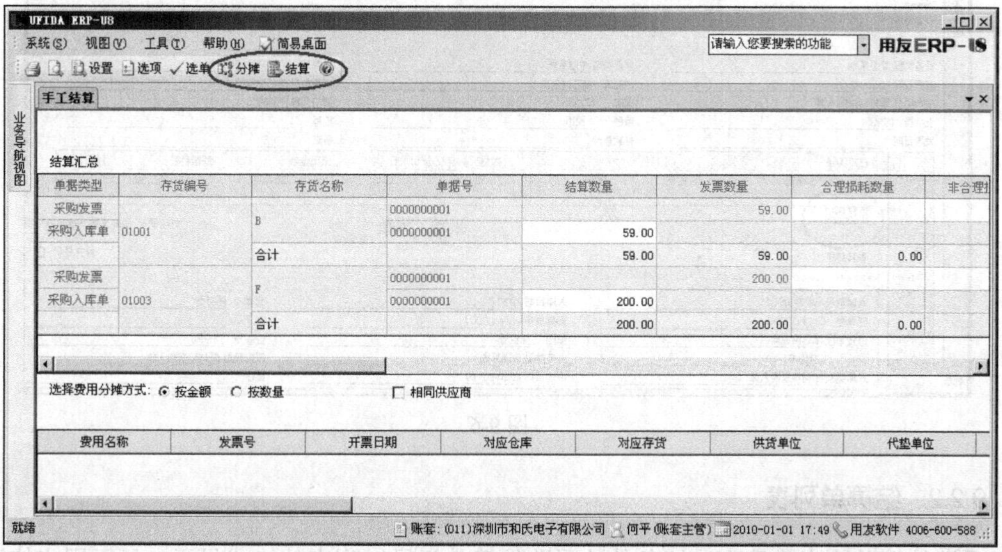

UFIDA ERP-U8

系统(S)　视图(V)　工具(T)　帮助(H)　简易桌面　请输入您要搜索的功能　用友ERP-U8

设置　选项　选单　分摊　结算

手工结算

结算汇总

单据类型	存货编号	存货名称	单据号	结算数量	发票数量	合理损耗数量	非合理
采购发票		B	0000000001		59.00		
采购入库单	01001		0000000001	59.00			
		合计		59.00	59.00	0.00	
采购发票		F	0000000001		200.00		
采购入库单	01003		0000000001	200.00			
		合计		200.00	200.00	0.00	

选择费用分摊方式：⊙ 按金额　○ 按数量　□ 相同供应商

费用名称	发票号	开票日期	对应仓库	对应存货	供货单位	代垫单位

就绪　账套：(011)深圳市和氏电子有限公司　何平(账套主管)　2010-01-01 17:49　用友软件 4006-600-588

图 9-5

（6）在此检查一下是否选单有误，如有误，可重新选单。

（7）如果有运费发票需要进行分摊（运费发票显示在窗口的下方），则单击“分摊”按钮，系统会根据所设置好的分摊方式进行分摊。

（8）然后单击“结算”按钮，系统开始结算，最后提示结算完毕。

注：经结算后的存货入库单价返填回采购入库单的单价中，如果有费用分摊进入库成本的情况，则可以查看到采购入库单上的单价与供应商开过来的采购发票是不同的，这是因为采购入库单上的单价在原来单价的基础上再加上了运费发票分摊进来的费用，合并一起记为该存货的入库成本，为将来在存货核算中，计算出库成本做准备，如图 9-6 所示。而供应商开过来的采购发票上的单价并没有变，该发票仍然是传递到应付款系统经过审核之后形成该供应商应付款的依据。

（9）经过结算后的单据，可以通过结算单列表进行查看，如果发现结算有误，可将结算单删除之后，重新进行结算。

存货、结算数量相等的入库和发票记录可以结算，如选择了“相同供应商”，则必须供应商、存货、结算数量相同才可结算。发票记录金额作为入库单记录的实际成本。记录结算到行。

红蓝入库单：存货相同、结算数量之和为 0 的入库单（退库单）记录可结算。如选择了“相同供应商”，则必须供应商、存货、结算数量相同才可结算。结算的成本即为各入库单记录的暂估金额。记录结算到行。

红蓝采购发票：存货相同、结算数量之和为 0 的红蓝采购发票记录对应结算，生成结算单。如选择了“相同供应商”，则必须供应商、存货、数量相同才可结算。金额不同的红蓝发票记录也可结算，此时业务含义为实物退回，购销双方各自承担一部分损失。结算的金额即为各发票记录的金额。记录结算到行。

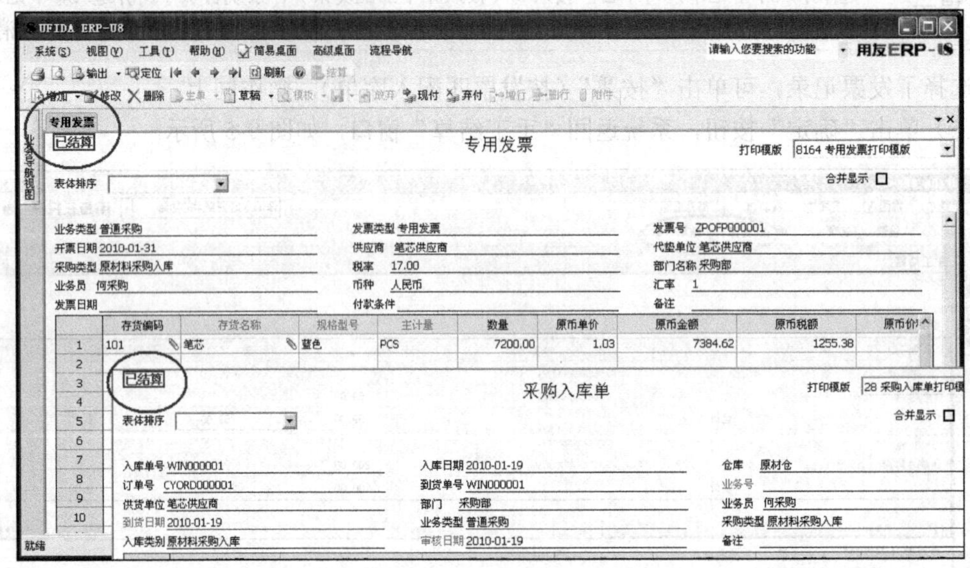

图 9-6

9.2.2 结算单列表

采购结算单列表将符合过滤条件的采购结算单记录以列表的格式显示，便于用户快速查询和操作单据。

（1）展开“采购结算”菜单，单击“结算单列表”命令，系统打开“现存量查询”条件过滤窗口。

（2）在此录入过滤条件，然后单击“过滤”按钮，系统列出所有符合条件的记录，如图 9-7 所示。

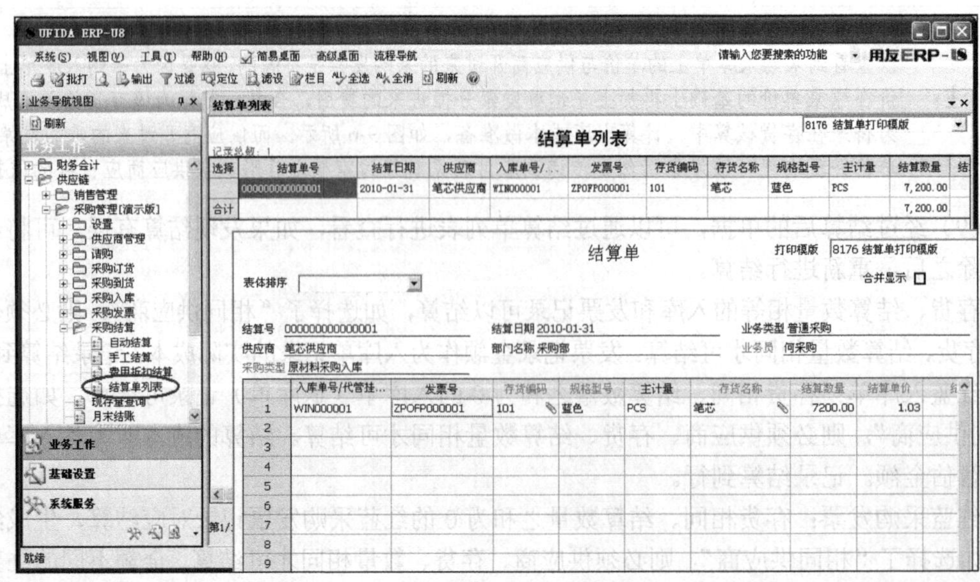

图 9-7

（3）双击具体的记录，可以打开该张结算单进行详细查询，如果结算有误，可以单击“删除”按钮删除该张结算单，然后重新进行采购结算。

9.3 采购发票录入（二）

参照前面小节的操作方法，录入本书第 2 章“例 2-26”的采购发票。

在采购管理系统中，新增一张“专用采购发票”，该采购发票参照“WIN000002”号入库单生成，不用修改数量和单价等内容；单击“保存”按钮保存发票，单击“审核”按钮审核当前发票，审核成功的发票如图 9-8 所示。

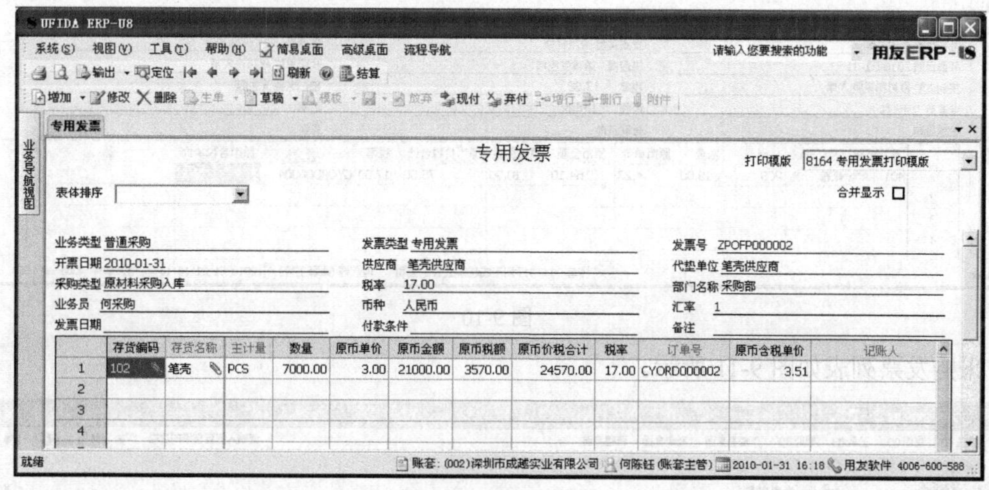

图 9-8

录入本书第 2 章“例 2-27”的采购发票。

在采购管理系统中，新增一张“专用采购发票”，该采购发票参照“WIN000003”号入库单生成，不用修改数量和单价等内容；单击“保存”按钮保存发票，单击“审核”按钮审核当前发票，审核成功的发票如图 9-9 所示。

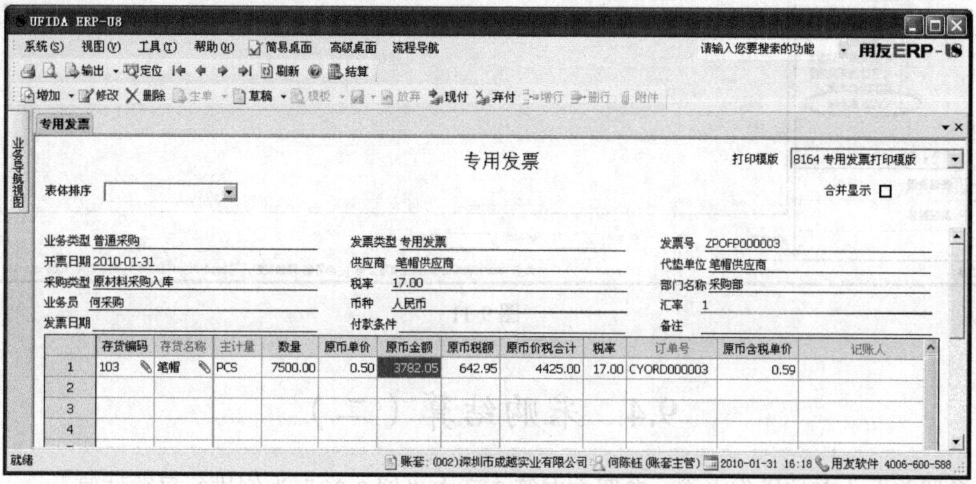

图 9-9

录入本书第 2 章“例 2-28”的采购发票。

在采购管理系统中，新增一张“专用采购发票”，该采购发票参照“WIN000004”号入库单生成，“含税单价”录入“5.00”，其他保持默认值；单击“保存”按钮保存发票，单击“审核”按钮审核当前发票，审核成功的发票如图 9-10 所示。

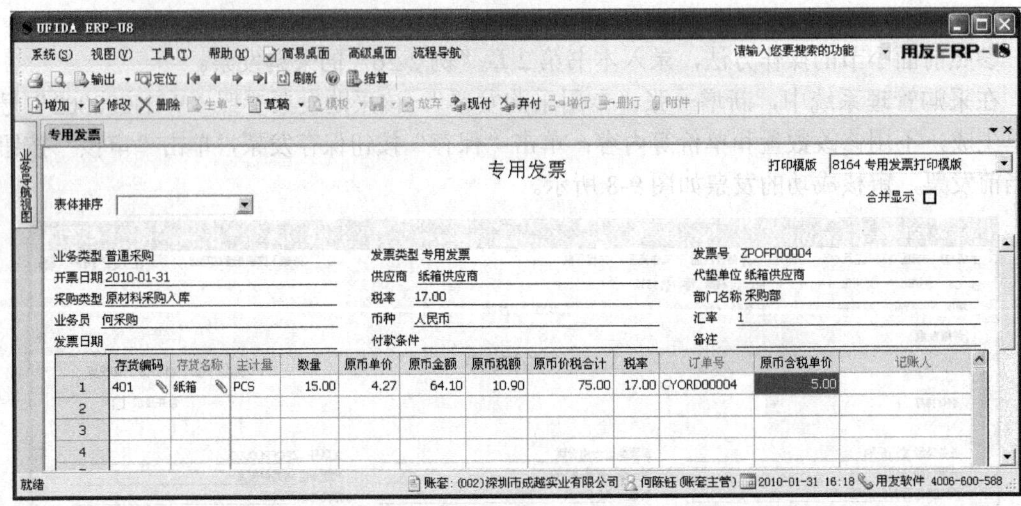

图 9-10

采购发票列表如图 9-11 所示。

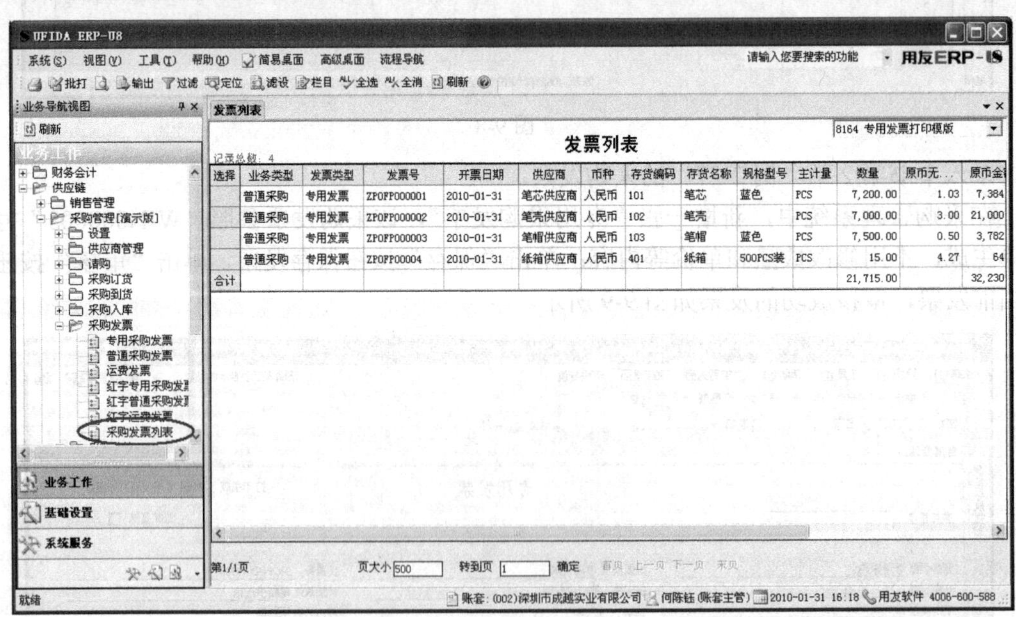

图 9-11

9.4 采购结算（二）

参照前面小节的操作方式，参照本书第 2 章中“例 2-29”为例进行采购结算。

（1）在“结算选单”窗口中，首先选择需要结算的采购发票，然后单击“匹配”按钮，系统将自动匹配每张采购发票所对应的采购入库单，如图 9-12 所示。

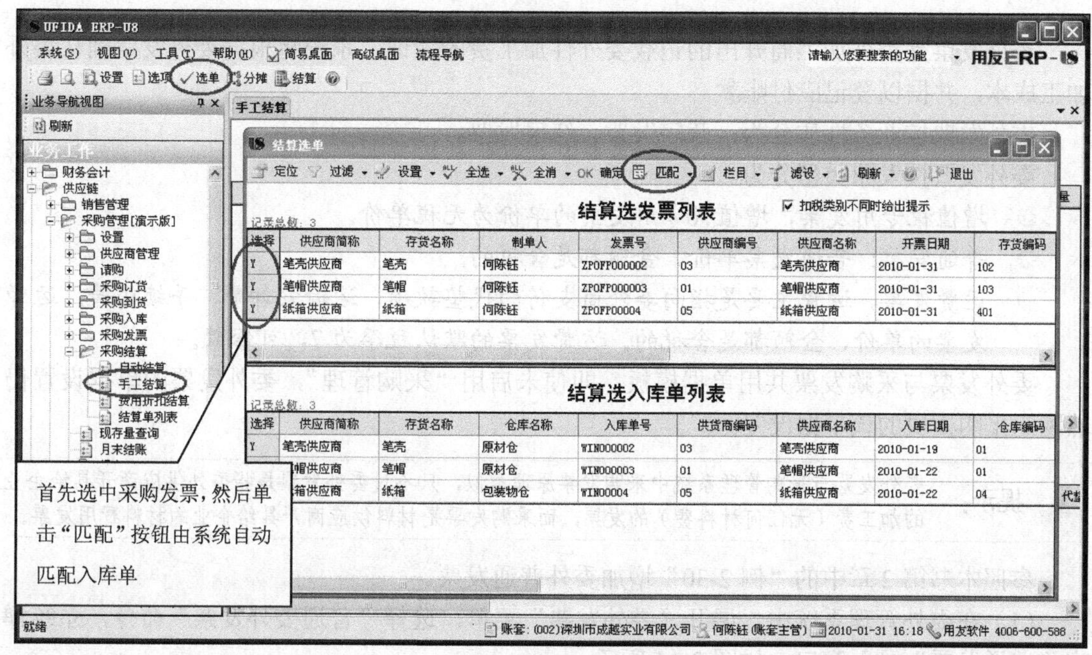

图 9-12

（2）单击“确定”按钮，系统回到“手工结算”窗口，如图 9-13 所示，单击“结算”按钮进行所选单据的结算，系统将结算单价返写到采购入库单中。

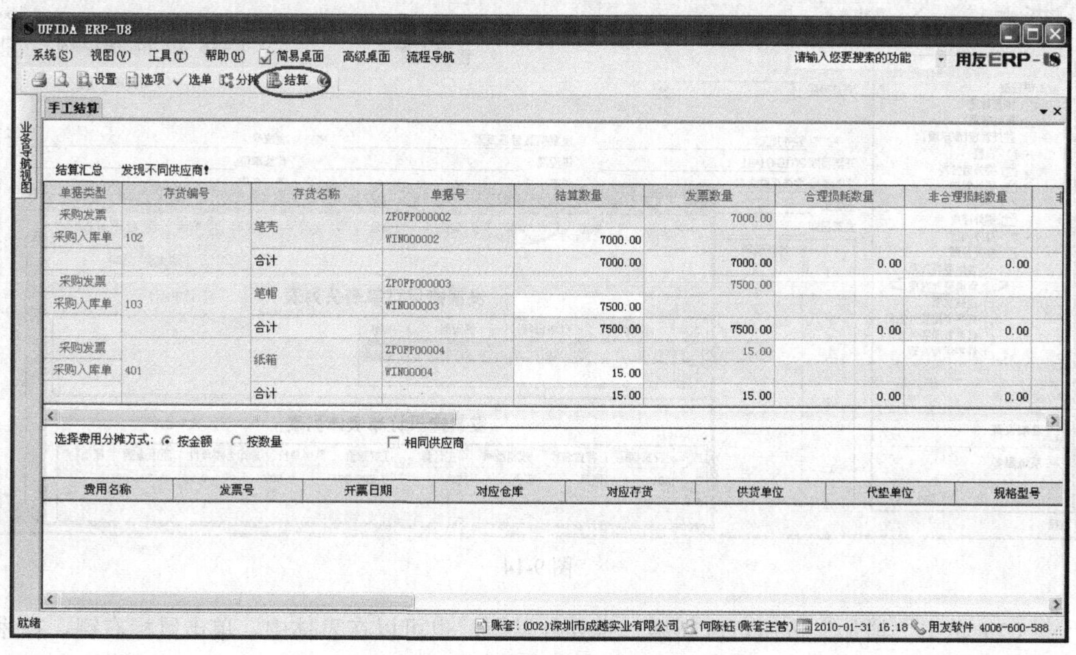

图 9-13

9.5 委外发票

委外发票是委外加工商开出的记载委外件加工费的凭证，系统将根据委外发票确认委外加工成本，并据以登记应付账款。

委外发票按业务性质分为：蓝字发票、红字发票。

委外发票按发票类型分为。

- 增值税专用发票，增值税专用发票的单价为无税单价。
- 普通发票：普通发票单价、金额都是含税的。
- 运费发票，运费主要是指向委外商支付的代垫款项、运输装卸费、手续费等。运费发票的单价、金额都是含税的。运费发票的默认税率为 7，可修改。

委外发票与采购发票共用单据模板，即使未启用“采购管理”，委外发票的单据设置仍然利用采购模块的该单据设置。

提示：委外发票与采购管理系统中采购发票原理类似，只不过委外发票是指委外供应商开具给企业的加工费（无任何材料费）的发票，而采购发票是材料供应商开具给企业的材料费用发票。

参照本书第 2 章中的“例 2-30”增加委外普通发票。

（1）在委外管理系统中，展开“委外发票”菜单，选择“普通委外发票”命令，系统弹出“普通发票”录入窗口，如图 9-14 所示。

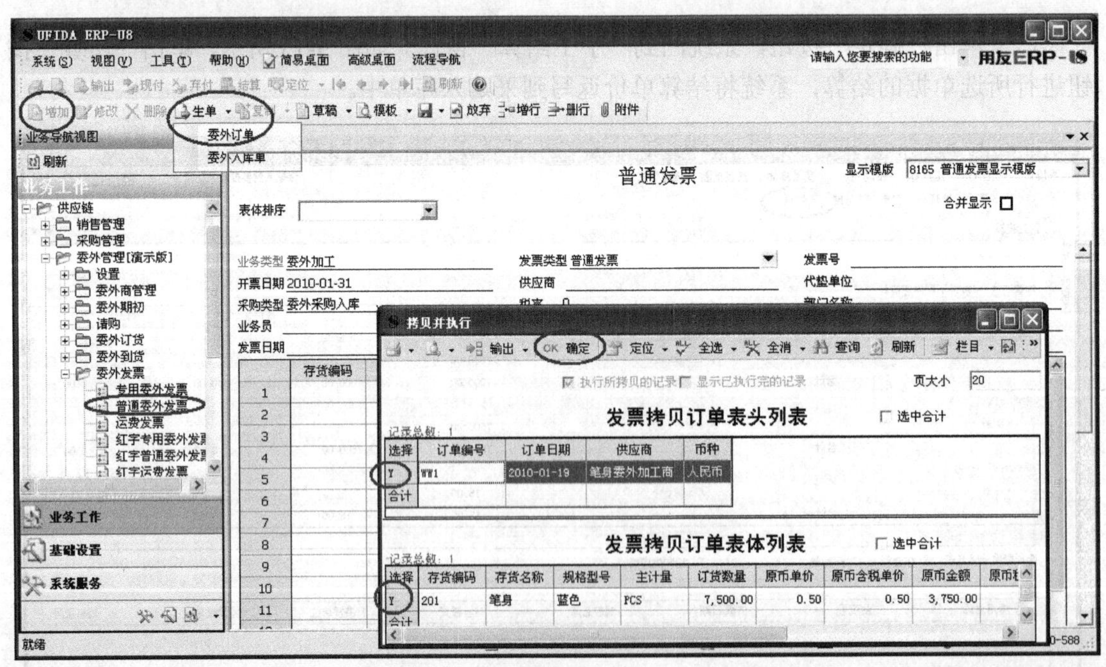

图 9-14

（2）单击“增加”按钮可以新增一张委外发票，也可以在表体中，单击鼠标右键，在系统弹出的窗口中选择此次新增的委外发票“拷贝委外订单”生成，系统提示“委外订单”过滤录入，录入过滤条件之后，单击“过滤”按钮，系统列出符合条件的委外订单，选择需要生成委外发票的订单，然后单击“OK”按钮，系统将该委外订单数据拷贝进入到委外发票中。如图 9-15 所示。

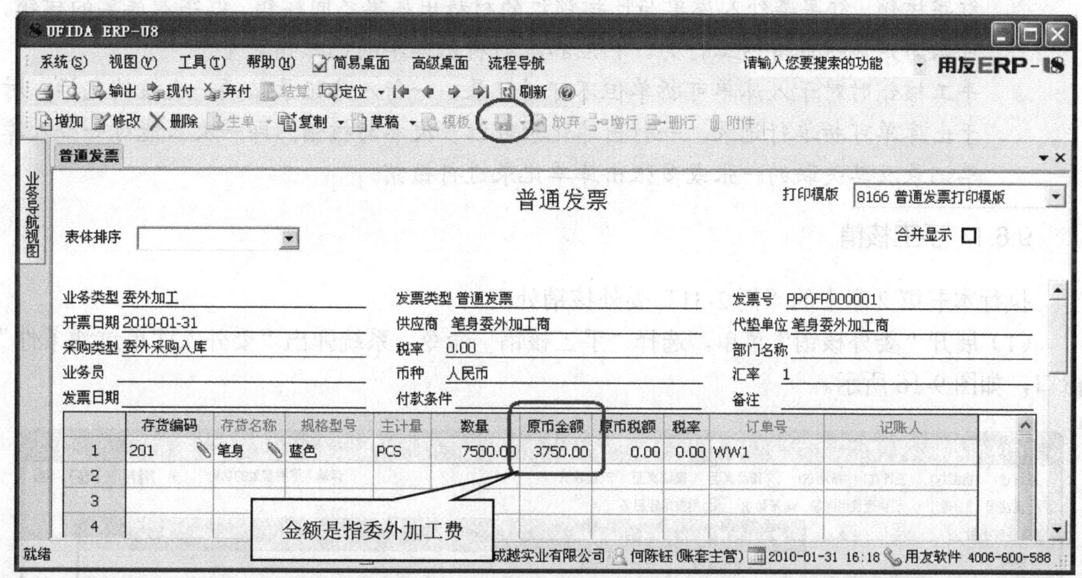

图 9-15

（3）可以更改委外发票的数量、单价，单击“保存”按钮保存该张委外发票。

提示： 委外发票保存之后，即传递到应付款管理系统中，在应付款管理系统中对该张发票进行审核，从而形成应付账款。

现付业务指在委外业务发生时，立即付款开发票。在实际业务中当委外业务人员在取得委外加工货物的同时将货款先行垫付，这时需将款项直接支付给本单位的委外业务人员。在委外发票保存后就可以进行现付款处理，已审核的发票不能再做现付处理。

- 无论是否已委外结算，都可以进行现付。
- 已审核记应付账的委外发票不能进行现付；已现付的委外发票记账后不能取消现付。
- 支持外币现付，现付汇率以发票上的汇率为准。
- 应付金额 > 0 时，结算金额必须 > 0；应付金额 < 0 时，结算金额必须 < 0。
- 支持全额现付和部分现付，结算金额不得大于应付金额。

9.6 委外核销

委外核销是对委外入库单（业务类型为委外加工的采购入库单）所耗用的材料数量及材料成本进行计算确认的过程。用户在确定了所有的委外材料出库业务之后，系统针对每一笔委外入库单的明细记录提供核销其耗用的委外加工材料功能。

委外核销的目的是建立已收回的委外加工品与其耗用材料之间的比例关系，其加工品的材料成本归集在其耗用的子件材料成本得以确认后，即可按此比例关系自动进行，通过委外加工件与材料的核销，确定委外件的材料成本。

用户可以使用手工核销功能进行委外入库单的材料核销处理，内容包括：

- 蓝字核销：蓝字委外入库单与未核销完毕的材料出库单之间核销。
- 红字核销：红字委外入库单与已核销过的材料出库单之间核销。红字入库单的核销，可认为是调帐或者返工行为，相应扣减材料出库单的已核销数量。
- 手工核销时对于入库单可拆单但不可拆记录，一行入库记录必须一次核销完毕；对于出库单可拆单行记录，一行出库记录可以多次参与核销。即一次只能对一条入库单记录及其关联的一张或多张出库单记录进行核销。

9.6.1 手工核销

执行本书第2章中的“例2-31”委外核销处理。

（1）展开“委外核销”菜单，选择“手工核销”命令，系统弹出“委外入库单过滤条件”窗口，如图9-16所示。

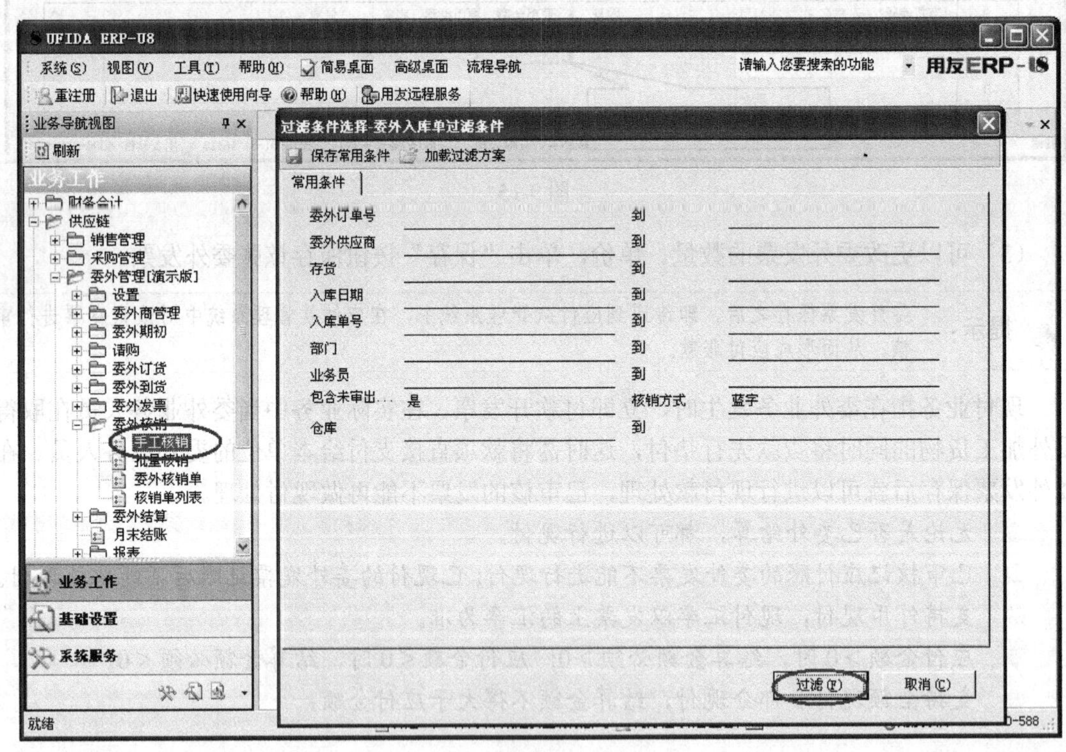

图 9-16

（2）录入过滤条件，然后单击“过滤”按钮，系统列出符合条件的委外入库单记录，如图9-17所示。

（3）用鼠标右键单击选定一条委外入库单记录，系统列出相关的委外发料单，单击“选项”按钮可以设置委外核销方式。

核销方式分为：额定用料信息来源和材料归集方式两种。

- 额定用料信息来源：委外用料表、物料清单、手工指定，只能选择一种，用以明确核销时材料匹配的基准。

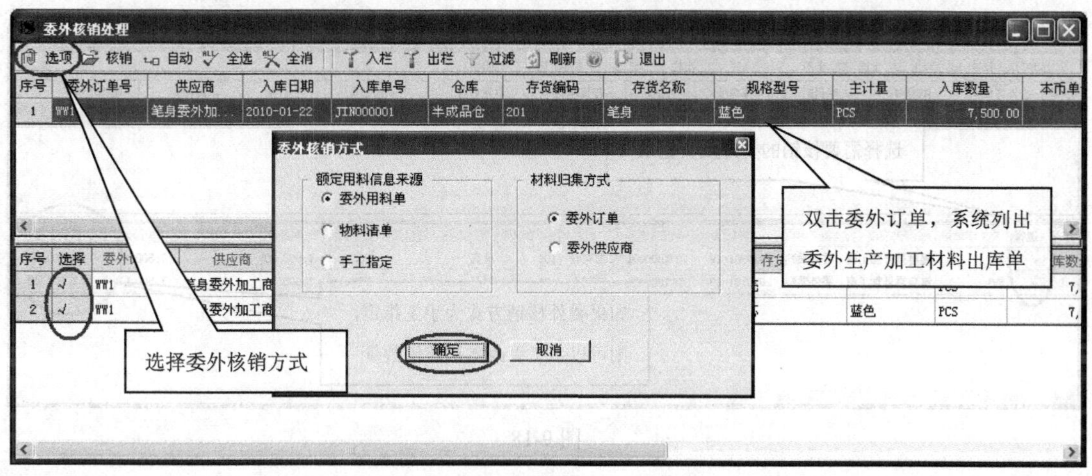

图 9-17

委外用料表：以委外订单用料表所涉及的用料明细（子件存货+结构性自由项）的应领数量作为核销基准，计算本次核销数量=入库单行母件的数量*应领数量/订单母件数量。

物料清单：1、核销标准以入库单单据日期+母件物料所对应的 BOM 版本获取子件信息，并以子件物料（子件存货+结构性自由项）为核销基准去匹配出库单核销的记录。2、对于 BOM 中为变动的子件本次核销数量=基本用量（分子）/基本用量（分母）/（1−母件损耗率）*（1+子件损耗率）*入库单母件数量，可修改，但不可超出未核销数量。3、对于 BOM 中为固定的子件本次核销数量=基本用量（分子）/基本用量（分母）*（1+子件损耗率），可修改，但不可超出未核销数量，一旦固定料核销完毕，下次参与核销量将为 0，因而用户需要每次手工分配调整固定料参与核销的数量。

- 材料归集方式：委外订单、委外供应商，只能选择一种，用以核销时界定参与核销的材料出库单范围。

委外订单：入库单关联的订单所对应的业务类型为委外发料、委外盘点补差以及委外倒冲的未核销完毕的材料出库单列表。

委外供应商：入库单关联的供应商所对应的业务类型为委外发料、委外盘点补差以及委外倒冲的未核销完毕的材料出库单列表，含期初。

系统保存上次核销时的核销方式选择结果，下次核销默认带出。（用户手工控制同一出库单前后参与核销时核销方式选择的一致性。）

（4）鼠标单击需要核销委外发料单记录的“选择”项，使其为“√”，如果委外核销方式中“额定用料信息来源”设置的是“手工”，则可以双击需要核销委外发料单的“本次核销数量”栏填入本次核销数量，如图 9-18 所示。

（5）单击“核销”按钮，系统根据所设置的核销方式进行委外核销，并提示核销完成和生成的核销单号。

委外核销规则如下。

- 核销时未核销完毕的出库单记录均可参与，可先核销材料的用量，此时系统如果能获取材料成本，则记载核销金额。否则，先记载核销的数量，暂不记载核销金额，待存货系统对出库单赋予成本后，再记载相应核销金额。

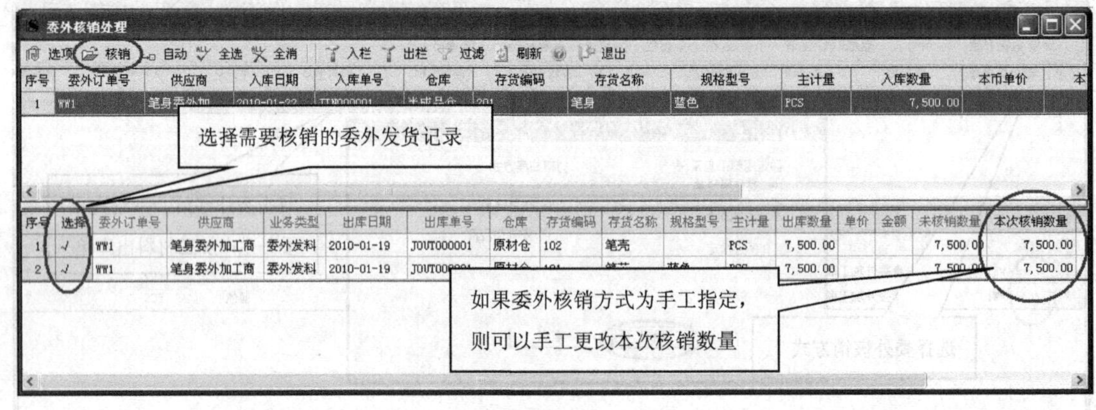

图 9-18

- 如果委外材料出库单已记账且单价不为空，核销时核销单中记载参与核销的数量及其相应的核销单价及核销金额；否则，只记载参与核销的数量。
- 当存货核算系统对委外材料出库单记账并能获取单价时，系统自动寻找这些出库单所关联的委外核销单，并回写核销单中出库单行的单价及核销金额=核销数量*单价。
- 当存货核算系统期末处理时，系统将全月平均和计划价的实际成本回写委外材料出库单记录的同时，系统根据这些已记账的委外材料出库单记录，寻找关联的委外核销单，并回写核销单中出库单行的单价及本次核销金额=本次核销数量*单价。
- 如果核销单中对应的所有参与核销的出库单均已记载了核销金额，则系统自动汇总所有的核销金额，并回写到入库单材料费中。此时，入库单材料费用归集完毕，可进行委外结算，归集加工费用。
- 存货核算系统对委外材料出库单恢复记账的前提条件是对应的核销单所关联的入库单均未参与过委外结算。
- 存货核算系统恢复期末处理时，对以全月平均或计划价核算的委外材料出库单记录，如果对应的核销单所关联的入库单已参与过结算，则不将此出库单的单价、金额清空，并要对此记录打上自填标志，对这些出库单所关联的核销单不做改动。
- 已参与核销的入库单不能修改存货及数量，已参与核销的出库单不能修改存货，可以修改数量（但蓝字必须大于等于已核销数量，红字必须小于等于已核销数量）。
- 核销完毕的入库单（材料费非空），才能参与结算，此时该入库单对应的参与核销的出库单不能恢复记账。
- 参与核销的入库单为：本期或以前期间未核销的委外入库单。不支持以后期间的入库单参与核销。
- 蓝字核销过程。

① 材料出库单核销顺序：委外材料出库单行按出库日期以及未核销数量大小从小到大排列。红字出库单排列在同种材料的最前面。

② 判断是否存在未核销红字材料出库单，进行红字出库单和蓝字出库单的核销运算，将红字出库单的未核销数量全部核销完毕，同时记录蓝字出库单上的已核销数量，蓝字出库

单与红字出库单核销的未核销余数进行核销。

③ 进行出库单核销数量的计算：按照入库单数量计算出本次核销数量，可手工修改。如果存在多次出库，需要按照每个出库单行的未核销数量累计进行抵减计算每个出库单行所分摊的核销数量。核销匹配之后的数量总和不能小于 0。

- 红字核销过程：红字核销是针对红字委外入库单与已核销过的材料出库单之间的核销，可认为进行调账或者返工行为，扣减已核销的材料出库单的核销数量。

9.6.2　委外核销单

用于查询经过委外核销之后的单据，并可以对该单据进行删除、查询、打印等操作。

（1）展开“委外核销”菜单，选择“委外核销单”命令，系统弹出“委外核销单”窗口，如图 9-19 所示。

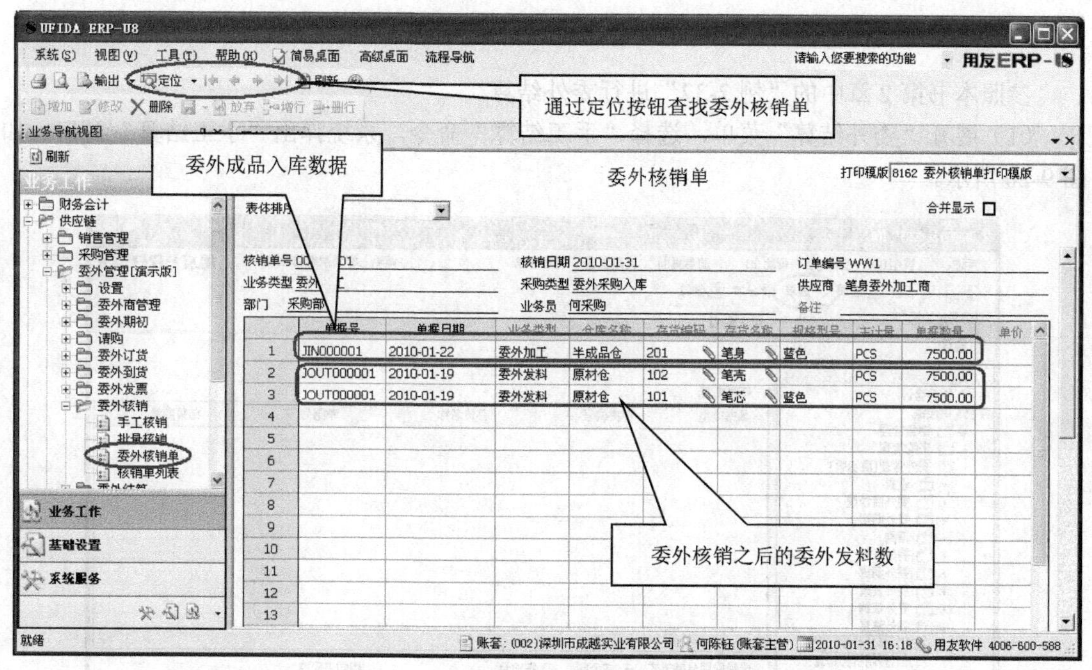

图 9-19

（2）如果核销有误，则可以在此删除当前委外核销单，再重新核销即可。

9.7　委外结算

委外结算，是指核算人员根据已核销且材料费已被归集的委外入库单（业务类型为委外加工的采购入库单）与委外发票结算委外件的加工成本；结算的结果是委外结算单，它是记载入库单记录与发票记录对应关系的结算对照表。

委外结算通过手工结算方式进行；另外运费发票可以单独进行费用折扣结算。

用户可以使用手工结算功能进行委外结算，内容包括。

- 入库单与发票结算。

- 蓝字入库单与红字入库单结算。
- 蓝字发票与红字发票结算。
- 费用折扣分摊。(参见本章9.2节中费用折扣分摊)

手工结算时入库单可拆单行记录，一行入库记录可以分次结算；可以同时对多张入库单和多张发票进行手工结算。发票可拆单但不能拆记录参与结算。

手工结算支持下级单位委外、付款给其上级主管单位的结算；支持三角债结算，即甲单位的发票可以结算乙单位的货物。

通过手工结算方式进行委外结算的前提条件是相应的委外入库单必须已进行过委外核销处理。

委外结算单与采购结算单共用单据模板，即使未启用“采购管理”，委外结算单的单据设置仍然利用采购模块的该单据设置。

9.7.1 手工结算

参照本书第2章中的“例2-32”进行委外结算。

(1) 展开“委外结算”菜单，选择“手工结算”命令，系统弹出“手工结算”窗口，如图9-20所示。

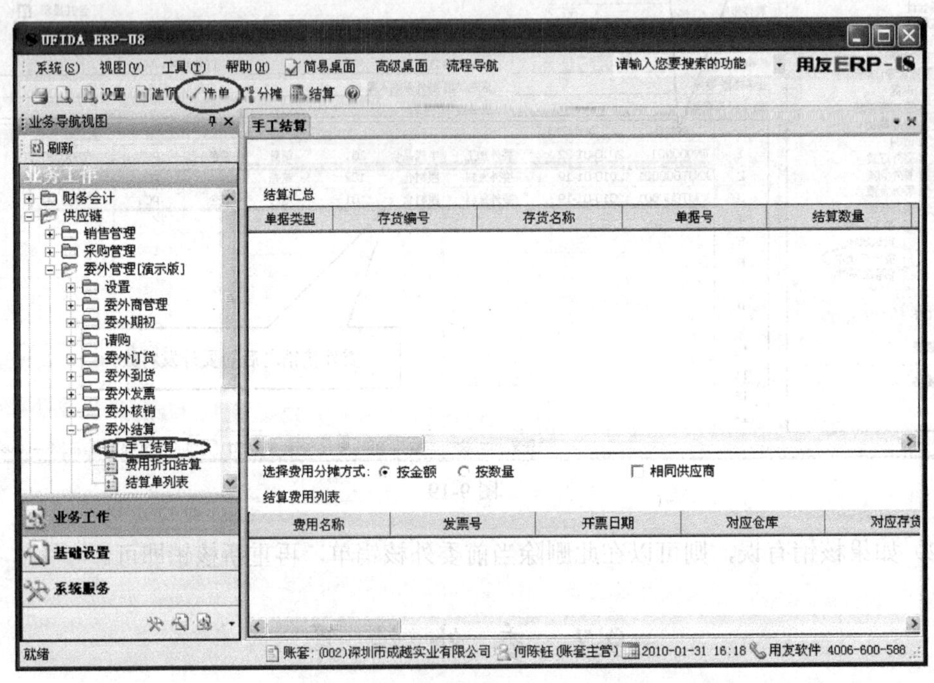

图 9-20

(2) 在“手工结算”窗口中，单击“过滤”按钮，系统弹出“结算选单”窗口，在窗口中分别单击“刷入”和“刷票”按钮选择委外结算的委外入库单和委外发票。

提示：单击“刷入”后，没有委外入库单出现，有可能是该委外入库单的材料费还没有被归集出来，需要在委外管理系统中执行委外核销之后，再到存货核算系统中将材料费计算出来（请参阅本章中的关于出库成本处理）。

（3）在“结算选单”窗口中，上面部份显示的是“委外发票”，下面部份显示的是“委外入库单”，如图 9-21 所示。

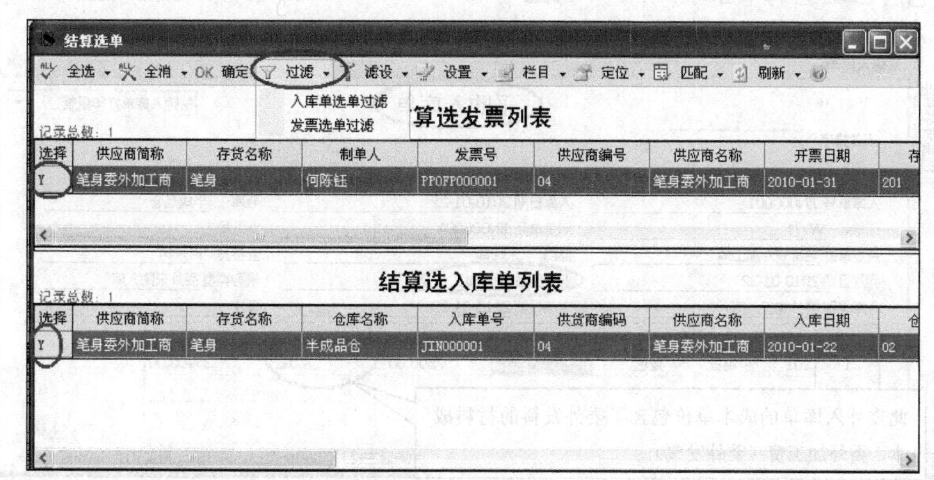

图 9-21

（4）单击需要进行结算的发票的入库单的“选择”栏，使其为“Y”字样，然后单击“确定”按钮，系统将所选定的委外发票和委外入库单放入到“手工结算”窗口中，如图 9-22 所示。

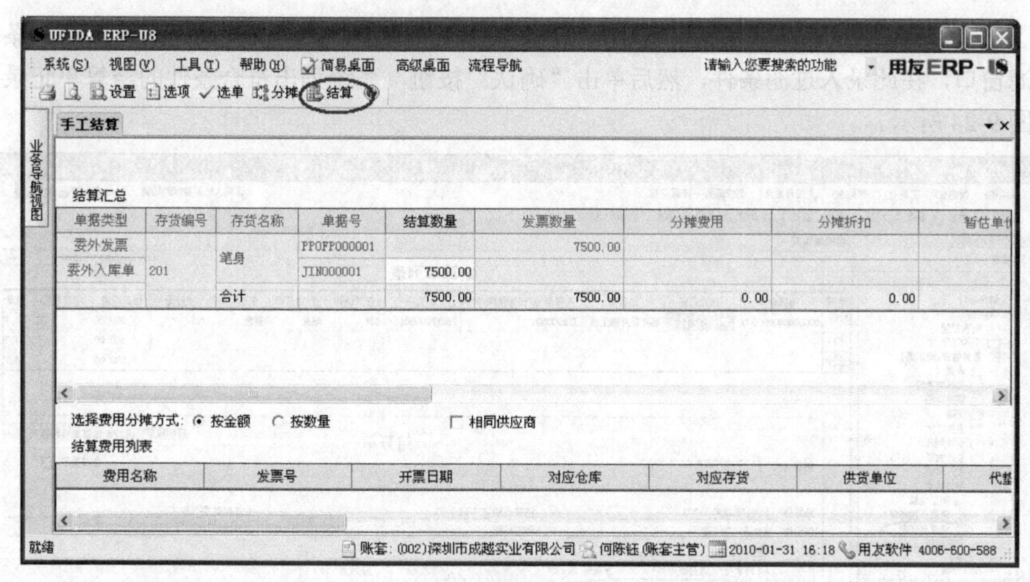

图 9-22

（5）单击“结算”按钮，系统完成结算。

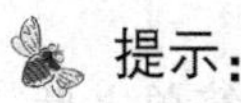
提示：

完成结算后的委外入库单成本为委外发票金额加上委外发货单经过核销后的材料成本金额，也就是指委外入库单上的存货成本，不仅包括了耗用的材料成本，而且包括了委外加工费用（前提是委外加工材料出库单已记账）。委外入库单成本可以在库存管理系统的采购入库单中查询到，如图 9-23 所示。

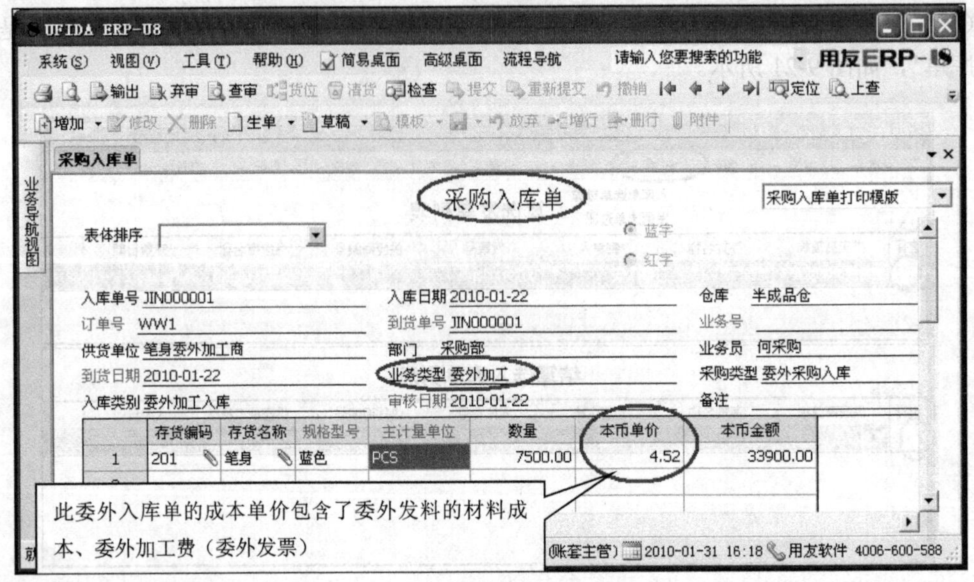

图 9-23

提示：在委外结算中，如果有费用发票则需要一起结算进入到委外入库单的入库成本中。

9.7.2 结算单列表

（1）展开“委外结算”菜单，选择“结算单列表”命令，系统弹出“结算单列表”条件过滤窗口，在此录入过滤条件，然后单击“确认”按钮，系统列出符合条件的结算单记录，如图 9-24 所示。

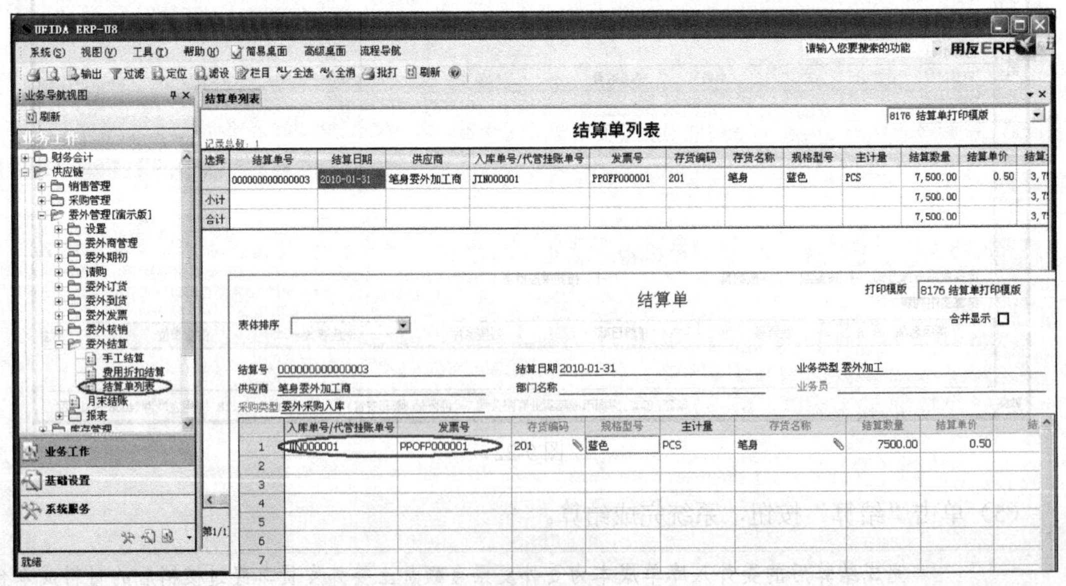

图 9-24

（2）双击记录可以打开结算单据，可以对结算单据进行打印、删除（删除结算单之后，可以重新进行委外结算）。

9.8 销 售 开 票

销售开票是在销售过程中，由企业向客户开具销售发票及其所附清单的过程，它是销售收入确认、销售成本计算、应交销售税金确认和应收账款确认的依据，是销售业务的重要环节。

销售发票是在销售开票过程中用户所开据的原始销售单据，包括增值税专用发票、普通发票及其所附清单。

销售发票在销售管理系统中填制，经过销售管理系统复核之后，自动传递到“应收款管理”系统中，经过“应收款管理”系统中再次复核，则正式形成该客户的应收账款，并在该系统中完成应收款核销、制单生成凭证传递到总账系统等操作。请参阅本章中的应收款处理。

发票分为专用发票和普通发票两种，销售专用发票即增值税专用发票，销售普通发票即普通发票。

修改计算机日期为 2010 年 1 月 31 日，以“何陈钰”身份登录本实例账套。

参照本书第 2 章中的“例 2-33”进行销售开票处理。

（1）展开“销售开票”菜单，单击“销售专用发票”命令，系统弹出“销售专用发票”窗口，如图 9-25 所示。

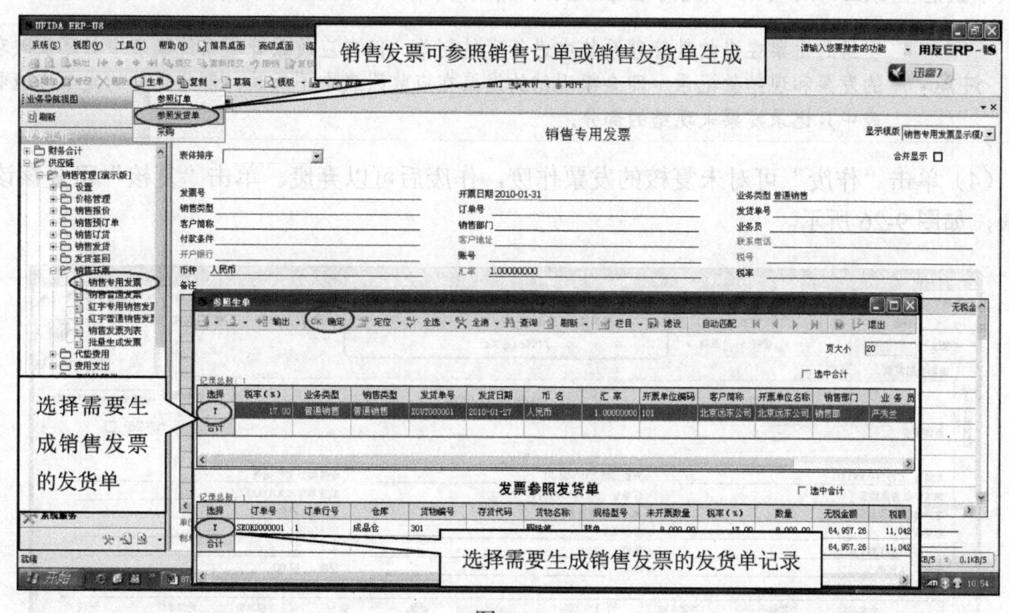

图 9-25

（2）单击“增加”按钮，可新增一张销售发票。也可以单击“订单”参照销售订单生成发票，在此选择参照本书第 2 章中的“例 2-22”销售发货单而生成销售发票；单击“发货”可参照销售发货单生成发票；单击“采购”可参照采购发票生成销售发票。

注意： 只有使用了销售发票参照销售订单或销售发货单参照生成，才能建立起销售发票与销售订单或销售发货单之间的连接，便于查询。只有在销售选项中设置了直运业务才能参照采购发票生成销售发票。

（3）单击“保存”按钮保存该张发票。

单击发票上的“代垫”按钮则新增代垫费用单，表头记录根据当前发票带入，表体记录由用户录入。代垫费用指随货物销售所发生的，不通过发票处理而形成的暂时代垫将来需向客户收取的费用项目，如运杂费、保险费等。代垫费用实际上形成了用户对客户的应收款，代垫费用的收款核销由应收款管理系统处理。

单击发票上的“支出”按钮则新增销售支出单，表头记录根据当前发票带入，表体记录由用户录入。销售支出指在销售业务中，随货物销售所发生的为客户支付的业务执行费、现金折扣让利等费用，货物赠送也可按其成本价进行登记。销售支出处理的目的在于让企业掌握用于某客户费用支出的情况，以及承担这些费用的销售部门或业务员的情况，作为对销售部门或业务员的销售费用和经营业绩的考核依据。销售支出单在销售管理系统中仅作为销售费用的统计单据，与其他产品没有传递或关联关系。

未复核的发票可单击“现结”进行现结，现结后可以弃结。现结是在款货两讫的情况下，在销售结算的同时向客户收取货币资金。在销售发票、销售调拨单、零售日报等单据收到货款后可以随时对其单据进行现结处理，现结操作必须在单据复核操作之前进行。一张销售单据可以全额现结，也可以部分现结。在销售发票复核前进行现结/弃结，已复核的发票不能再进行现结/弃结；现结处理后在“应收款管理“中做收款核销处理。支持外币现结，现结汇率以发票上的汇率为准。应收总额大于0时，结款单的总金额必须大于0；应收总额小于0时，结款单的总金额必须小于0。支持全额现结和部分现结，结算金额不得大于应收金额。

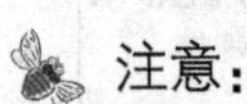

注意： 现结的发票在应收款管理系统中进行现结制单，但在应收款管理系统账表中并不反映现结的发票和现结款记录。即全额现结的发票在应收账表中不反映，部分现结的发票在应收账表中只记录发票未现结的部分。

（4）单击“作废”可对未复核的发票作废，作废后可以弃废。单击“复核”可复核该张发票，如图9-26所示。

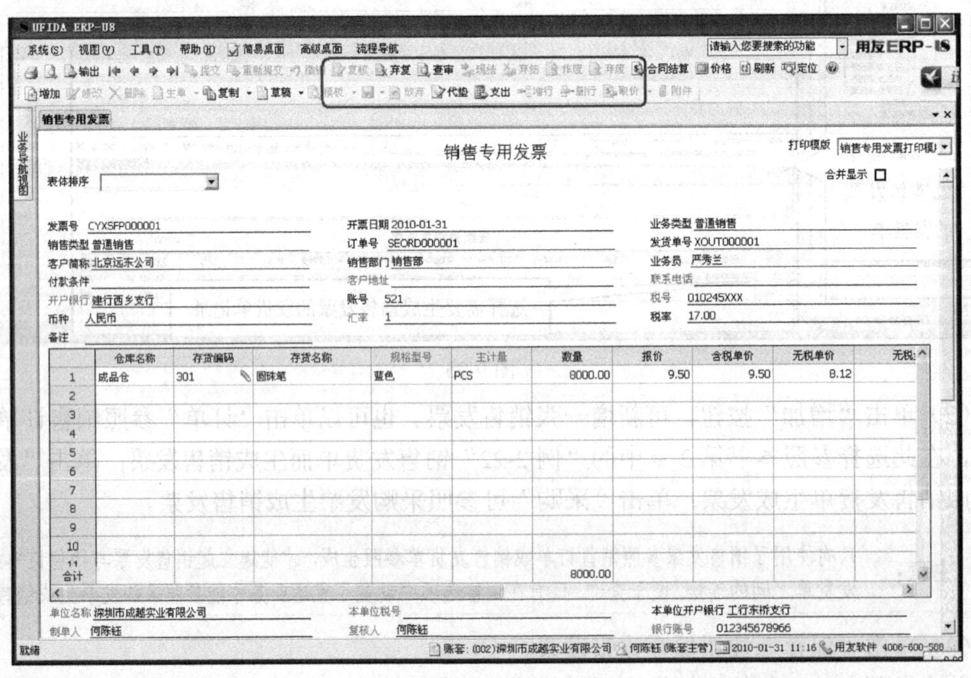

图 9-26

提示：在销售发票的表体中，单击鼠标右键，系统会弹出一个小菜单，在此可以查看现存量、当前发票收款结算情况、当前发票预估毛利、当前发票对应发货单、当前发票对应出库单、当前发票对应的采购发票（如果是参照采购发票生成的情况才方可）、关闭当前发票对应发货单。

9.9　应付业务处理

应付日常业务主要包括应付/付款业务录入、应付/付款业务核销、应付并账和汇兑损益等，可以及时记录应付、付款业务的发生，为查询和分析往来业务提供完整、正确的资料，加强对往来款项的监督管理，提高工作效率。

9.9.1　应付单据处理

当新增一笔采购业务或其他应付款业务时，就需要填制相应的应付单据。如果启用了采购管理系统，则采购系统中填制的采购发票传递到应付款管理系统中，经过财务人员对采购发票审核就形成了对该供应商的应付账款。

参照本书第 2 章中的“例 2-34”对采购发票进行审核。

（1）单击“应付单据处理”项中的“应付单据审核”选项，在系统弹出的“单据过滤条件”窗口中录入过滤条件，如图 9-27 所示。

图 9-27

（2）录入过滤条件，单击“确定”按钮，系统列出符合条件的应付单据。双击需要进行审核记录的“选择”栏，当“选择”栏为“Y”时单击“审核”按钮进行审核，如图 9-28所示。

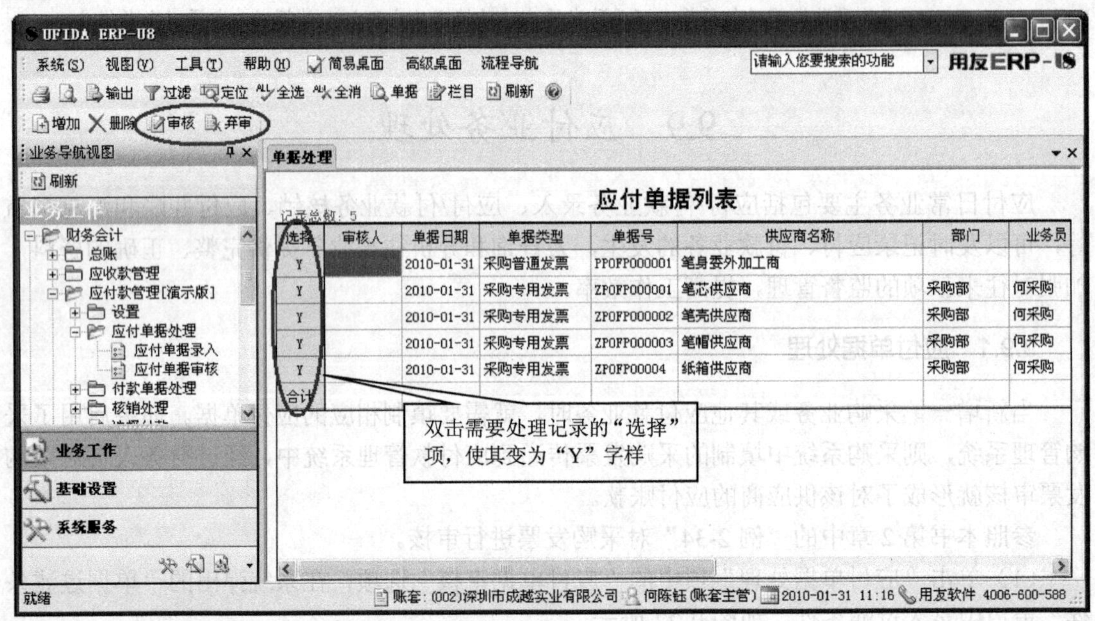

图 9-28

（3）如果需要查看该记录的原始单据，则首先用鼠标选定该记录，然后单击“单据”菜单。如需取消已审核的记录，则选定该记录，单击“弃审”菜单即可。

注：不能修改单据的名称和类型，只能删除该张单据，然后再增加一张新的单据；对于已经审核或已生成了凭证的单据不能修改和删除，只能删除该张凭证、取消单据审核之后才再进行修改；单据删除后不能恢复。

9.9.2 付款和核销处理

付款单据处理主要是对结算单据（付款单、收款单即红字付款单）进行管理，包括付款单、收款单的录入、审核。应付款管理系统的付款单用来记录企业所支付的款项。

应付款管理系统的收款单用来记录发生采购退货时，企业所收到的供应商退款。

参照本书第 2 章中的“例 2-35”进行付款和核销处理。

（1）单击“付款单据处理”项中的“付款单据录入”选项，系统弹出“付款单录入”界面，单击“增加”按钮新增一张付款单，如图 9-29 所示。

（2）录入供应商和付款金额，单击“保存”按钮保存新增数据，然后单击“审核”按钮审核该张单据，如图 9-30 所示，系统此时提示“是否立即制单？”（生成记账凭证），单击“否”暂不立即制单，可以后再制单。

注：只有经过审核后的应付款和付款单据，才能被系统确认并进入核销处理中。

核销处理是指用户日常进行的付款核销应付款的工作。单据核销的作用是处理付款核销应付款，建立付款与应付款的核销记录，监督应付款及时核销，加强往来款项的管理。

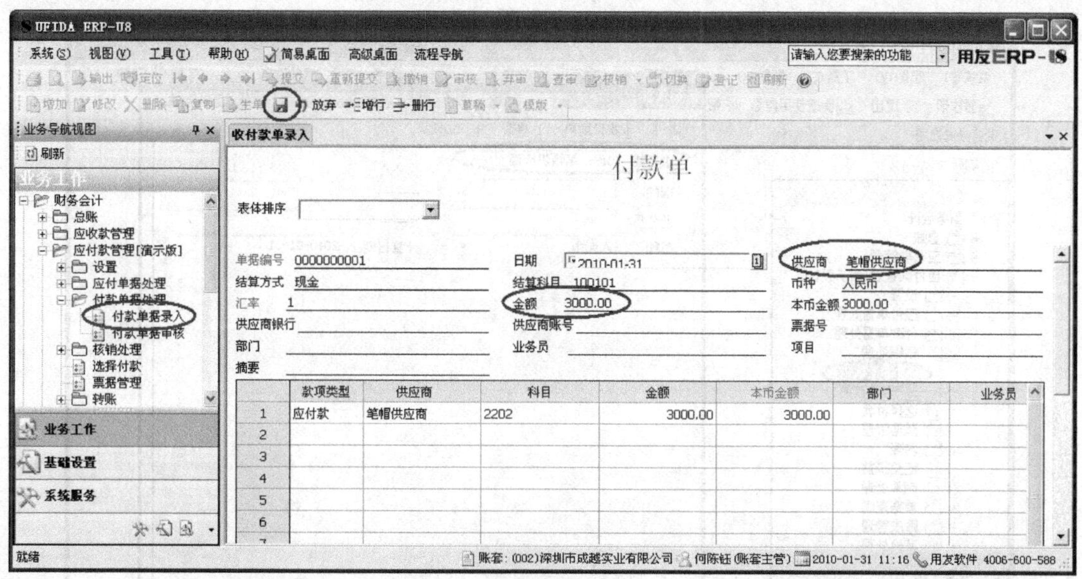

图 9-29

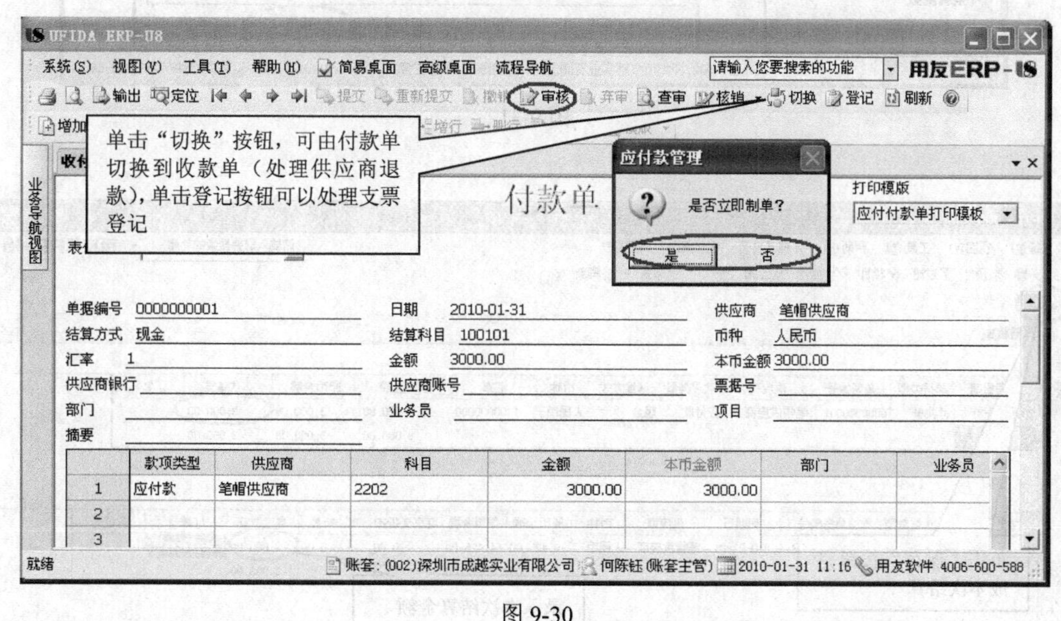

图 9-30

用友系统提供两种核销方式：一是手工核销，指用户手工确定系统内付款与应付款的对应关系，选择进行核销。二是自动核销，指系统自动确定系统内付款与应付款的对应关系，选择进行核销。

（3）展开“核销处理”目录，单击“手工核销”选项，系统弹出“核销条件”窗口，如图 9-31 所示。

（4）录入过滤条件（供应商“笔帽供应商”），然后单击“确定”按钮，系统列出笔帽供应商的应付款记录和付款记录，如图 9-32 所示。

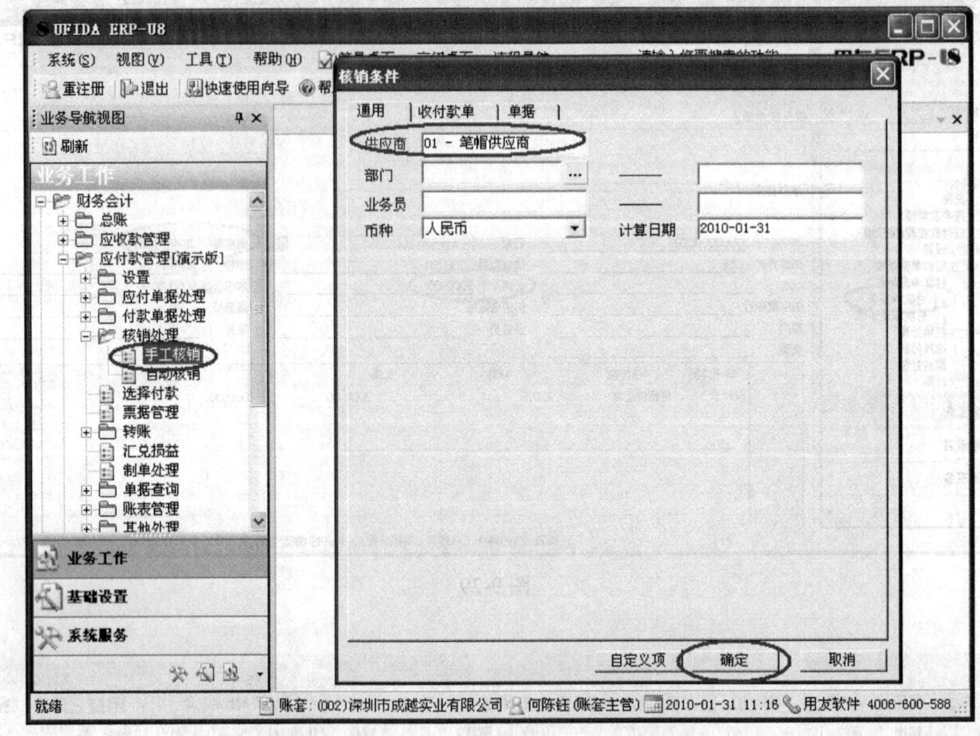

图 9-31

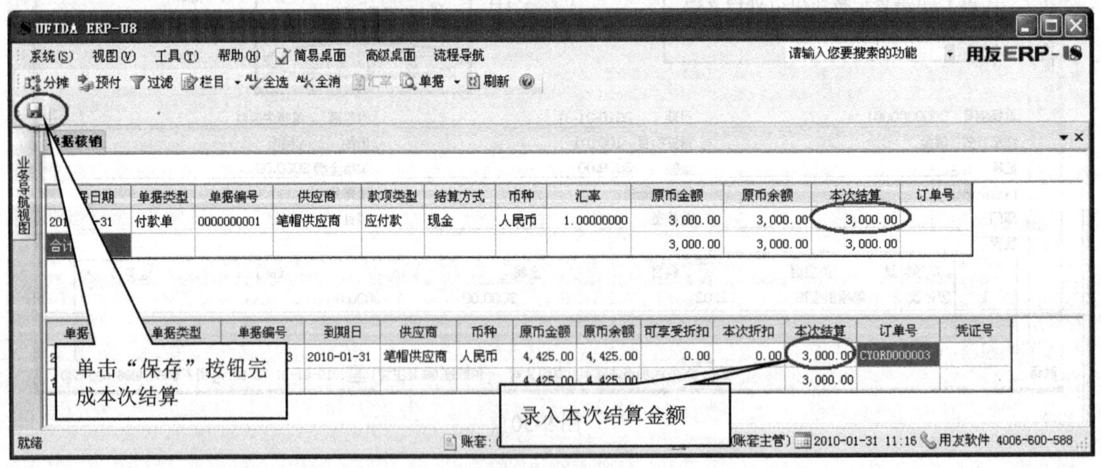

图 9-32

（5）窗口上面的记录是指付款单记录，窗口下面是指应付款记录，分别双击"本次结算"栏并录入 3 000，最后单击"保存"按钮以完成本次结算。

根据前面的操作方法，参照本书第 2 章中的"例 2-36"和"例 2-37"进行付款和核销处理。

付款单分别如图 9-33 和图 9-34 所示。

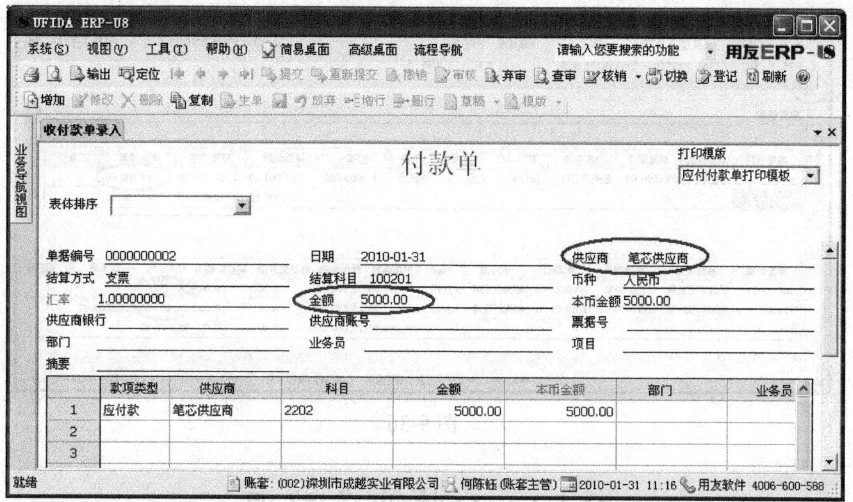

图 9-33

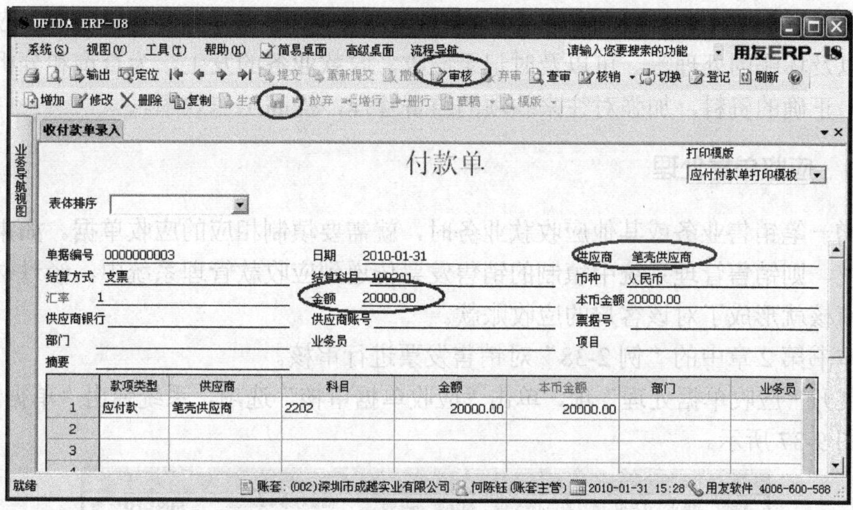

图 9-34

核销业务分别如图 9-35 和图 9-36 所示。

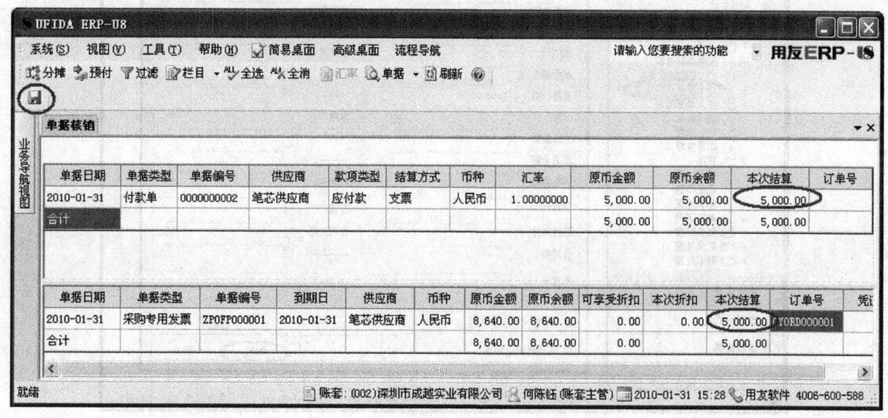

图 9-35

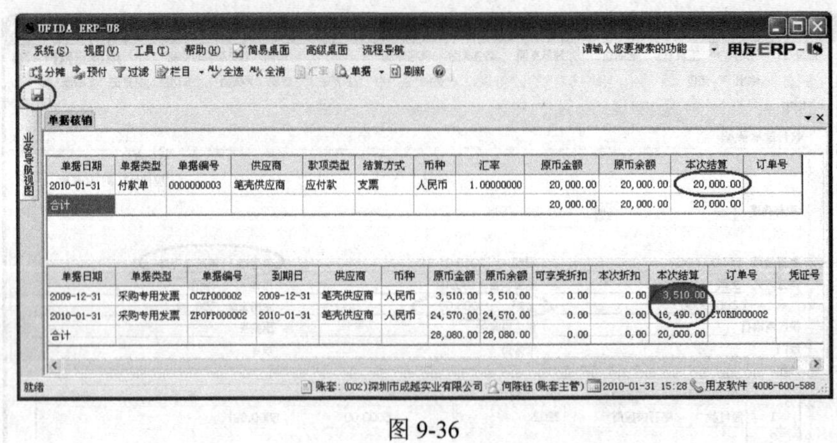

图 9-36

9.10 应收业务处理

应收日常业务主要指企业日常的应收/收款业务录入、应收/收款业务核销、应收并账、汇兑损益以及坏账的处理等。可以及时记录应收、收款业务的发生，为查询和分析往来业务提供完整、正确的资料，加强对往来款项的监督管理，提高工作效率。

9.10.1 应收单据处理

当新增一笔销售业务或其他应收款业务时，就需要填制相应的应收单据。如果启用了销售管理系统，则销售管理系统中填制的销售发票传递到应收款管理系统中，经过财务人员对销售发票审核就形成了对该客户的应收账款。

参照本书第 2 章中的“例 2-38”对销售发票进行审核。

（1）展开“应收单据处理”项，单击“应收单据审核”选项，系统弹出“单据过滤条件”窗口，如图 9-37 所示。

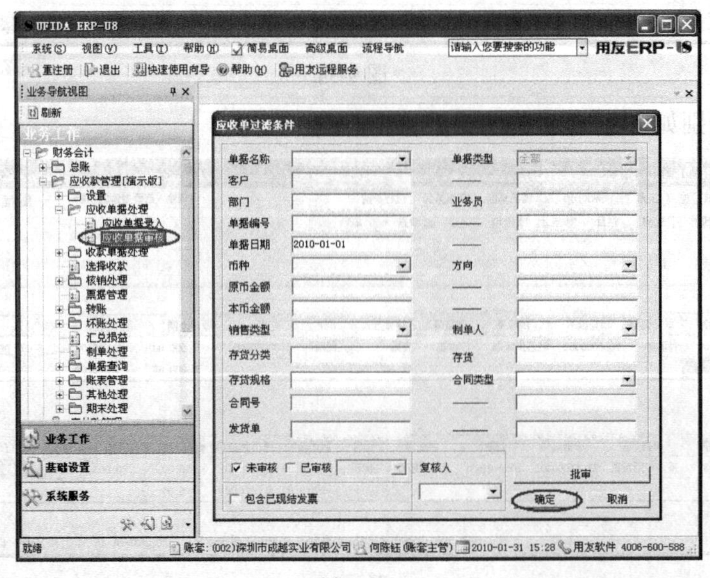

图 9-37

（2）录入过滤条件，然后单击“确定”按钮，系统列出所有符合条件的记录。选定需要审核的记录（勾选该记录的“选择”栏），然后单击“审核”按钮，如图 9-38 所示。

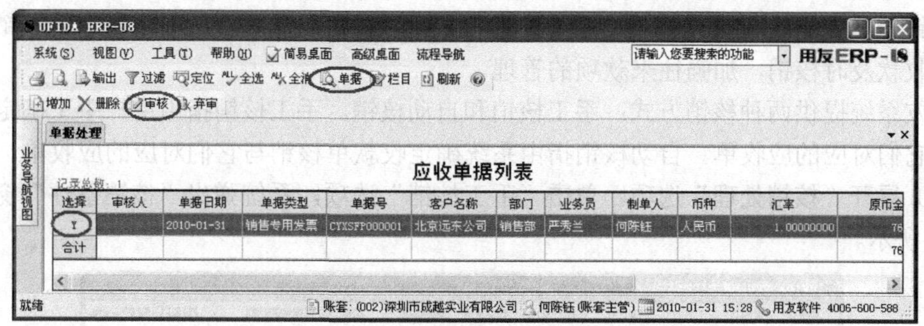

图 9-38

（3）对于已审核的单据，在没有生成凭证前，如需取消审核，可以在单据明细表中直接单击“弃审”按钮。

9.10.2　收款和核销处理

收款业务是客户往来处理中常遇到的，主要是对结算单据（收款单、付款单即红字收款单）进行管理，包括收款单、付款单的录入、审核。

应收系统的收款单用来记录企业所收到的客户款项，款项性质包括应收款、预收款和其他费用等。其中，应收款、预收款性质的收款单要与发票、应收单和付款单进行核销勾对。

应收系统中的付款单用来记录发生销售退货时，企业退付给客户的款项。该付款单可与应收、预收性质的收款单、红字应收单和红字发票进行核销。

参照本书第 2 章中的“例 2-39”进行收款和核销处理。

（1）展开“收款单据处理”选项，单击“收款单据录入”选项，系统弹出“收款单录入”窗口，如图 9-39 所示。

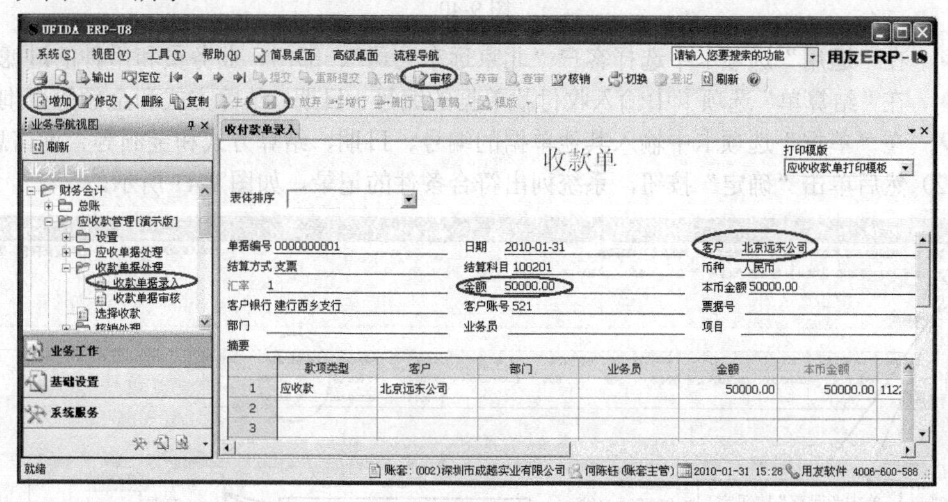

图 9-39

（2）单击“增加”按钮增加一张新的收款单，录入收款单，最后单击“保存”按钮保存新增数据。

（3）单击“审核”按钮审核该张收款单，系统弹出“是否立即制单”窗口，单击“否”按钮不立即制单，以后统一制单。

核销处理是指收回客户款项，核销该客户应收款，可以建立收款与应收款的核销记录，监督应收款及时核销，加强往来款项的管理。

用友系统提供两种核销方式：手工核销和自动核销。手工核销指由用户手工确定收款单核销与它们对应的应收单。自动核销指由系统确定收款单核销与它们对应的应收单。

（1）展开“核销处理”选项，单击“手工核销”选项，系统弹出“核销条件”窗口，如图 9-40 所示。

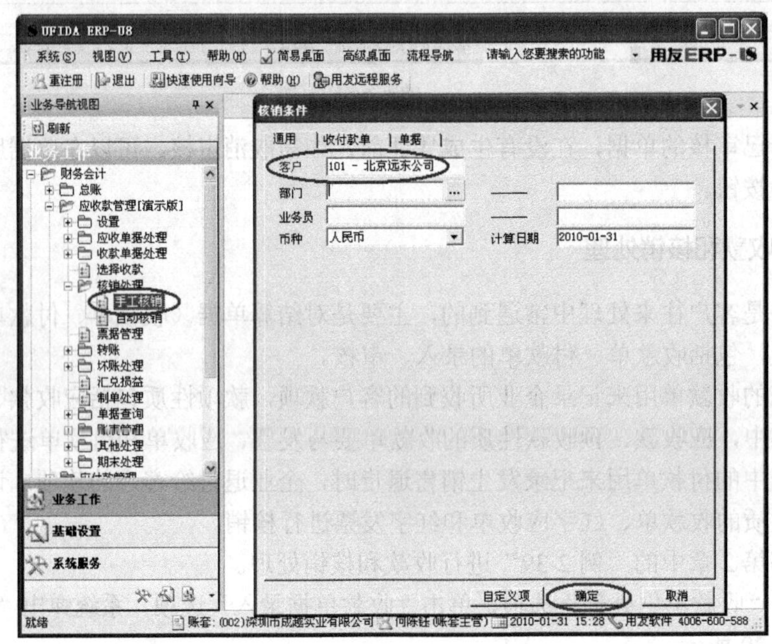

图 9-40

- 在“通用”选项卡中选择客户“北京远东公司”、部门、业务员和币种的过滤条件。
- 在“结算单”选项卡中输入收付款单据的编号、日期、结算方式和金额等查询信息。
- 在“单据”选项卡中输入其他单据的编号、日期、结算方式和金额等查询信息。

（2）然后单击“确定”按钮，系统列出符合条件的记录，如图 9-41 所示。

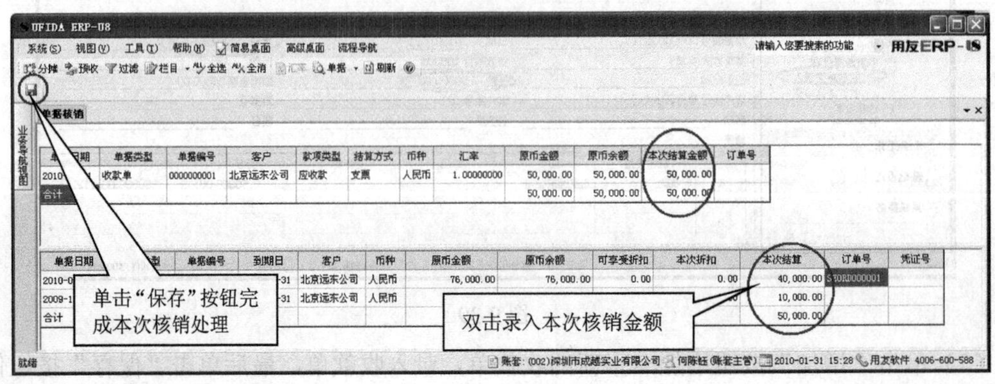

图 9-41

（3）上面的记录是收款单记录，下面是应收款记录，双击“本次结算金额”、“本次结算”项目栏，分别结算期初销售发票“OXZP000001”10 000 元，结算销售发票号“ZSEFP000001”40 000 元，本次共计结算 50 000 元，最后单击“保存”按钮完成本次结算。

9.11　材料成本核算

材料成本核算功能由“存货核算”模块完成。操作流程是：先核算材料入库成本，然后再核算材料出库成本。

入库成本通常包括以下几类。

- 采购材料入库核算：是核算“采购”行为的入库单据，并且是在已经收到“采购发票”的情况下，然后进行钩稽，是可以正确计算材料入库成本的核算。操作方法参见前面章节。
- 存货估价入账：是处理“外购入库”行为的入库单，但是对应“采购发票”未送到的情况，因不能正确计算材料的入库成本，而采用估价入账的行为。
- 自制入库核算：是处理“产品入库”单据的材料成本核算，在未使用“成本系统”的情况下，该入库单价由手工录入。
- 其他入库核算：是处理“其他入库”单据的材料成本核算，入库单价可以通过手工录入和更新无单价单据。
- 委外加工入库核算：是处理“委外加工入库”单据的材料入库成本，它主要由材料费用和加工费用组成，处理方法可参见前面章节。

出库成本是必须在已经有入库成本的情况下，系统自动根据“仓库档案”中的“计价方式”（在存货核算系统的选项中设置“按仓库核算”，请参阅本书第 4 章中的存货核算系统业务参数设置），如先进先出、移动平均等，计算出该张出库单据上的单价，从而核算正确的出库成本。材料出库成本核算主要包括以下几类。

- 材料出库成本核算：核算材料（物料属性为外购类的物料）的出库成本。
- 产成品出库核算：该模块主要用来核算产品出库成本。（产品是指物料属性为非外购类的物料。）
- 特殊出库单据核算：核算不确定单价的单据。

材料成本核算的流程通常是：原材料采购入库核算→委外加工原材料出库材料核算→委外加工成品入库核算→生产材料领用出库核算→自制成品入库核算→产成品出库核算。

以操作员“何陈钰”身份登录用友，打开存货核算系统。

9.11.1　采购入库、委外领料出库、委外加工入库成本核算

（1）单击“业务核算”菜单下的“正常单据记账”选项，系统弹出“正常单据记账条件选择”窗口，如图 9-42 所示。

（2）在过滤条件窗口中选择“仓库”、“单据类型”等，然后单击“确定”按钮，系统列出符合条件的记录，如图 9-43 所示。

（3）先对 2010-1-19 的原材料采购入库单据进行记账，双击选择 2010-1-19 采购入库单单据（“选择”项变为“Y”字样），然后单击“记账”命令。

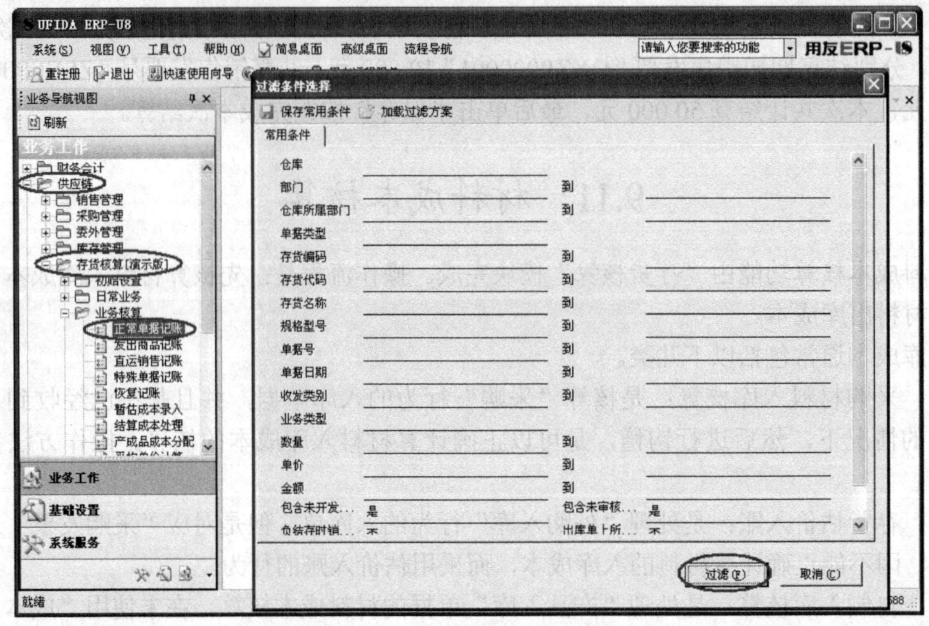

图 9-42

正常单据记账列表

记录总数：12

选择	日期	单据号	存货编码	存货名称	规格型号	存货代码	单据类型	仓库名称	收发类别	数量	单价	金额
Y	2010-01-19	WIN000001	101	笔芯	蓝色		采购入库单	原材仓	原材料采购入库	7,200.00	1.03	7,384.62
Y	2010-01-19	WIN000002	102	笔壳			采购入库单	原材仓	原材料采购入库	7,000.00	3.00	21,000.00
	2010-01-19	JOUT000001	102	笔壳			材料出库单	原材仓	委外材料加工出库	7,500.00		
	2010-01-19	JOUT000001	101	笔芯	蓝色		材料出库单	原材仓	委外材料加工出库	7,500.00		
	2010-01-22	WIN000003	103	笔帽	蓝色		采购入库单	原材仓	原材料采购入库	7,500.00	0.50	3,782.05
	2010-01-22	WIN00004	401	纸箱	500PCS装		采购入库单	包装物仓	原材料采购入库	15.00	4.27	64.10
	2010-01-22	JIN000001	201	笔身	蓝色		采购入库单	半成品仓	委外加工入库	7,500.00	4.52	33,900.00
	2010-01-22	SOUT000001	103	笔帽	蓝色		材料出库单	原材仓	原材料生产领用出库	7,500.00		
	2010-01-22	SOUT000002	201	笔身	蓝色		材料出库单	半成品仓	半成品生产领用出库	7,500.00		
	2010-01-22	SOUT000003	401	纸箱	500PCS装		材料出库单	包装物仓	原材料生产领用出库	15.00		
	2010-01-27	CIN000001	301	圆珠笔	蓝色		产成品入库单	成品仓	产成品入库	7,500.00		
	2010-01-31	CYXSFP000001	301	圆珠笔	蓝色		专用发票	成品仓	产成品销售出库	8,000.00		
小计										74,730.00		66,130.77

图 9-43

（4）对 2010-1-19 委外材料领用出库的单据进行记账，如图 9-44 所示。

（5）对 2010-1-22 原材料采购入库业务单据进行记账，如图 9-45 所示。

（6）对 2010-1-22 委外加工入库业务单据进行记账，如图 9-46 所示。

注意： 如果在查询条件处勾选“出库单上系统已填写的金额记账时重新计算”，则单据记账时要将销售出库单、材料出库单、其他出库单、调拨形成的其他出库单、组装单形成的其他出库单上已有的出库单价和出库金额全部清空后再记账，即当做用户未填成本的状态下记账，不勾选该项，则单据记账时直接按销售出库单、材料出库单、其他出库单、调拨形成的其他出库单、组装单形成的其他出库单上已有的出库单价和出库金额记账，不再由系统重新计算出库成本。

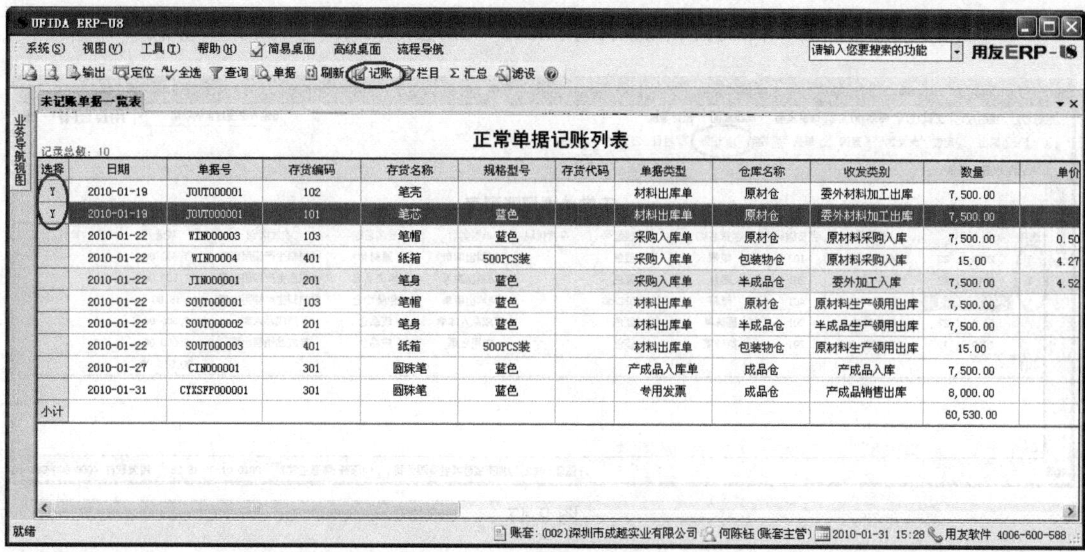

正常单据记账列表

记录总数：10

选择	日期	单据号	存货编码	存货名称	规格型号	存货代码	单据类型	仓库名称	收发类别	数量	单价
Y	2010-01-19	JOUT000001	102	笔壳			材料出库单	原材仓	委外材料加工出库	7,500.00	
Y	2010-01-19	JOUT000001	101	笔芯	蓝色		材料出库单	原材仓	委外材料加工出库	7,500.00	
	2010-01-22	WIN000003	103	笔帽	蓝色		采购入库单	原材仓	原材料采购入库	7,500.00	0.50
	2010-01-22	WIN00004	401	纸箱	500PCS装		采购入库单	包装物仓	原材料采购入库	15.00	4.27
	2010-01-22	JIN000001	201	笔身	蓝色		采购入库单	半成品仓	委外加工入库	7,500.00	4.52
	2010-01-22	SOUT000001	103	笔帽	蓝色		材料出库单	原材仓	原材料生产领用出库	7,500.00	
	2010-01-22	SOUT000002	201	笔身	蓝色		材料出库单	半成品仓	半成品生产领用出库	7,500.00	
	2010-01-22	SOUT000003	401	纸箱	500PCS装		材料出库单	包装物仓	原材料生产领用出库	15.00	
	2010-01-27	CIN000001	301	圆珠笔	蓝色		产成品入库单	成品仓	产成品入库	7,500.00	
	2010-01-31	CYXSFP000001	301	圆珠笔	蓝色		专用发票	成品仓	产成品销售出库	8,000.00	
小计										60,530.00	

图 9-44

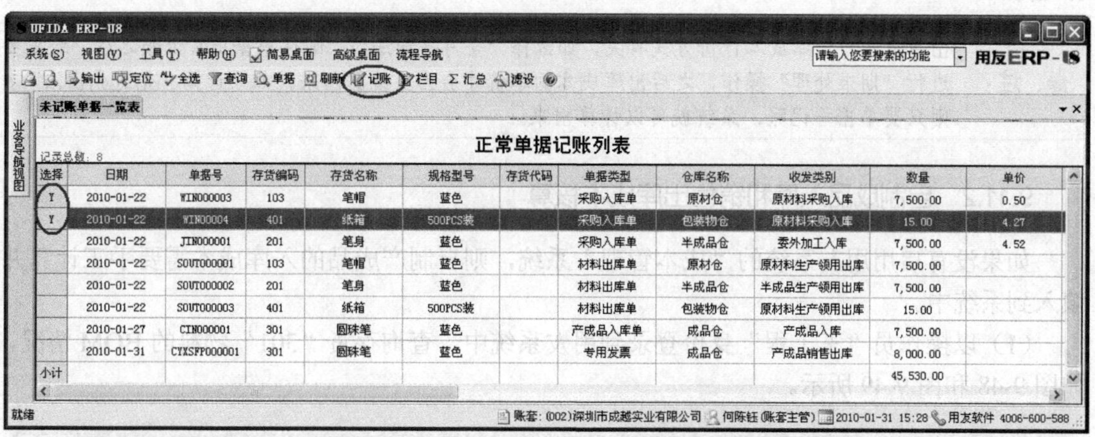

正常单据记账列表

记录总数：8

选择	日期	单据号	存货编码	存货名称	规格型号	存货代码	单据类型	仓库名称	收发类别	数量	单价
Y	2010-01-22	WIN000003	103	笔帽	蓝色		采购入库单	原材仓	原材料采购入库	7,500.00	0.50
Y	2010-01-22	WIN00004	401	纸箱	500PCS装		采购入库单	包装物仓	原材料采购入库	15.00	4.27
	2010-01-22	JIN000001	201	笔身	蓝色		采购入库单	半成品仓	委外加工入库	7,500.00	4.52
	2010-01-22	SOUT000001	103	笔帽	蓝色		材料出库单	原材仓	原材料生产领用出库	7,500.00	
	2010-01-22	SOUT000002	201	笔身	蓝色		材料出库单	半成品仓	半成品生产领用出库	7,500.00	
	2010-01-22	SOUT000003	401	纸箱	500PCS装		材料出库单	包装物仓	原材料生产领用出库	15.00	
	2010-01-27	CIN000001	301	圆珠笔	蓝色		产成品入库单	成品仓	产成品入库	7,500.00	
	2010-01-31	CYXSFP000001	301	圆珠笔	蓝色		专用发票	成品仓	产成品销售出库	8,000.00	
小计										45,530.00	

图 9-45

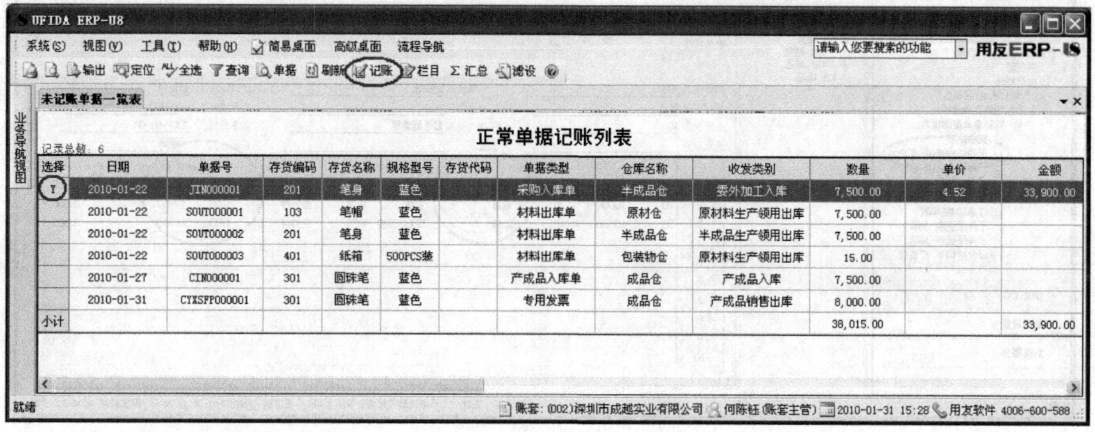

正常单据记账列表

记录总数：6

选择	日期	单据号	存货编码	存货名称	规格型号	存货代码	单据类型	仓库名称	收发类别	数量	单价	金额
Y	2010-01-22	JIN000001	201	笔身	蓝色		采购入库单	半成品仓	委外加工入库	7,500.00	4.52	33,900.00
	2010-01-22	SOUT000001	103	笔帽	蓝色		材料出库单	原材仓	原材料生产领用出库	7,500.00		
	2010-01-22	SOUT000002	201	笔身	蓝色		材料出库单	半成品仓	半成品生产领用出库	7,500.00		
	2010-01-22	SOUT000003	401	纸箱	500PCS装		材料出库单	包装物仓	原材料生产领用出库	15.00		
	2010-01-27	CIN000001	301	圆珠笔	蓝色		产成品入库单	成品仓	产成品入库	7,500.00		
	2010-01-31	CYXSFP000001	301	圆珠笔	蓝色		专用发票	成品仓	产成品销售出库	8,000.00		
小计										38,015.00		33,900.00

图 9-46

（7）对 2010-2-22 生产自制材料领用出库业务单据进行记账，如图 9-47 所示。

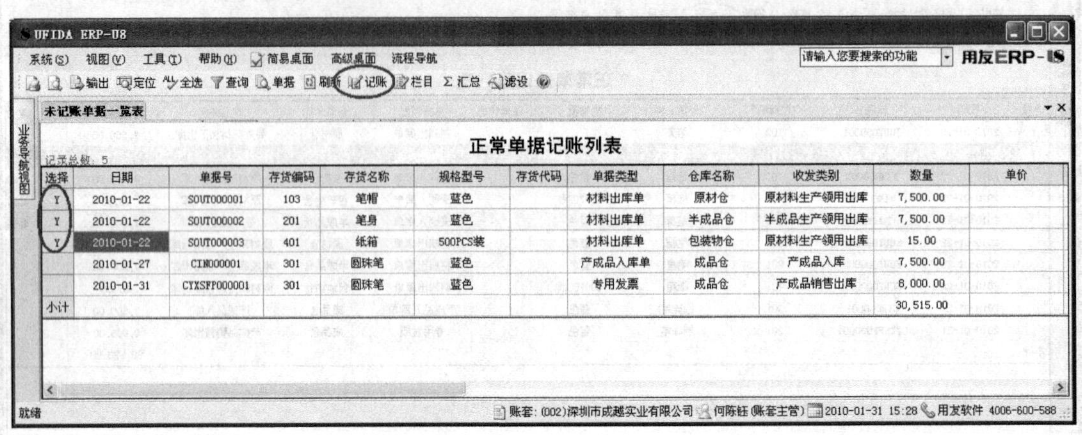

图 9-47

（8）勾选需要记账的单据，然后单击工具栏中的“记账”按钮，即可对所勾选的单据进行记账。

注：出库成本与出库成本计价方式有关，如选择“全月平均法”，则在单据正常记账之后，还需要进行“期末处理”操作，之后出库成本的单价才会由系统算出来。如果选择“先进先出法”，则只要单据一记账，系统就可以计算出来。

9.11.2 自制成品入库和销售出库成本核算

如果没有启用用友系统的“成本管理”系统，则自制产成品的入库成本需要手工计算并填入到系统中。

（1）以操作员“王工程”身份登录到用友系统中，查询存货“301”物料的 BOM 情况，如图 9-48 和图 9-49 所示。

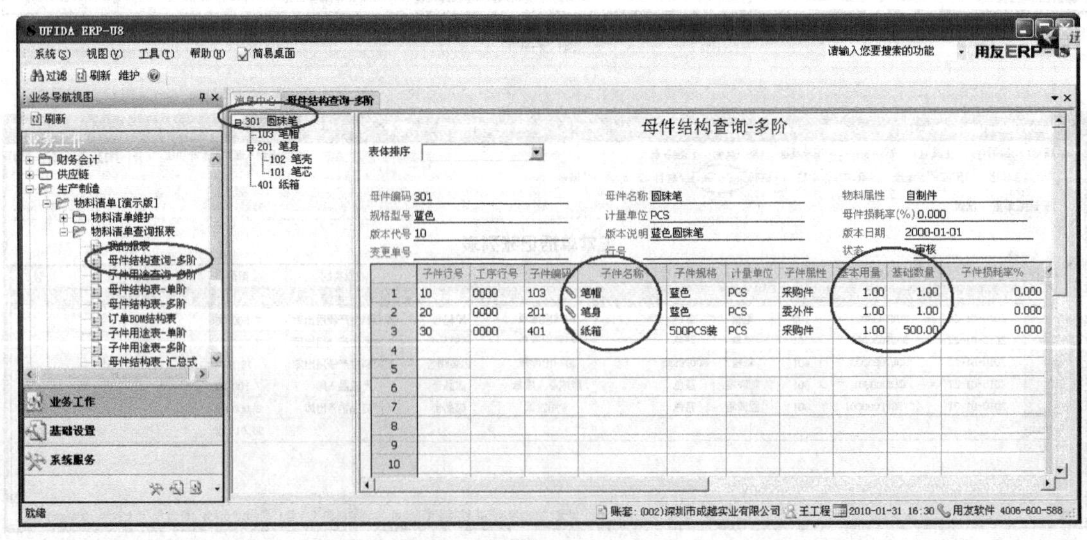

图 9-48

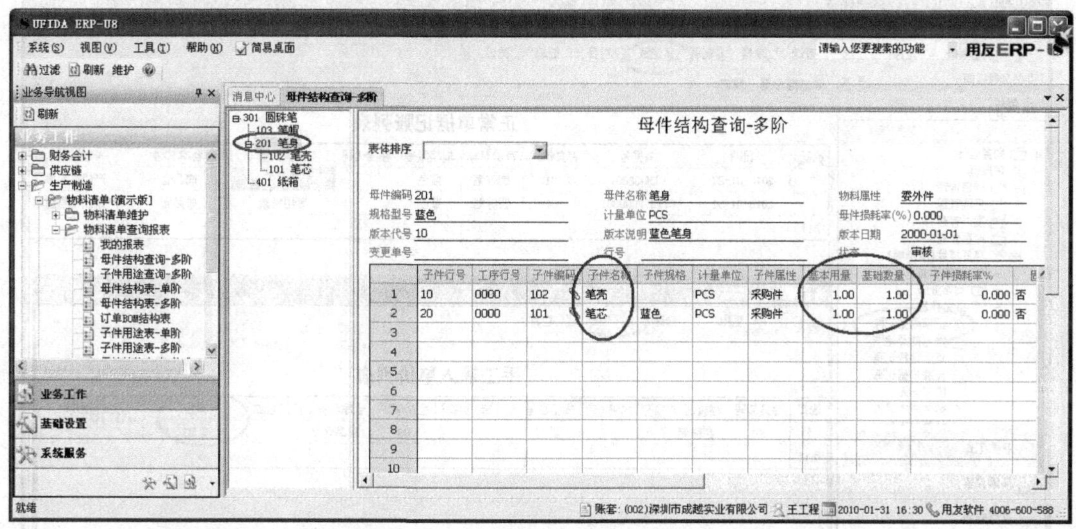

图 9-49

（2）工程部将该档案信息打印或引出后，告知成越公司的材料会计。

（3）财务人员接到工程部的 BOM 档案，查询 BOM 结构中各子件的成本，然后汇总得出该产品的入库成本。以“何陈钰”身份重新登录账套，在存货档案设置的“成本”页签中可以查看到各存货的最新成本，如图 9-50 所示。

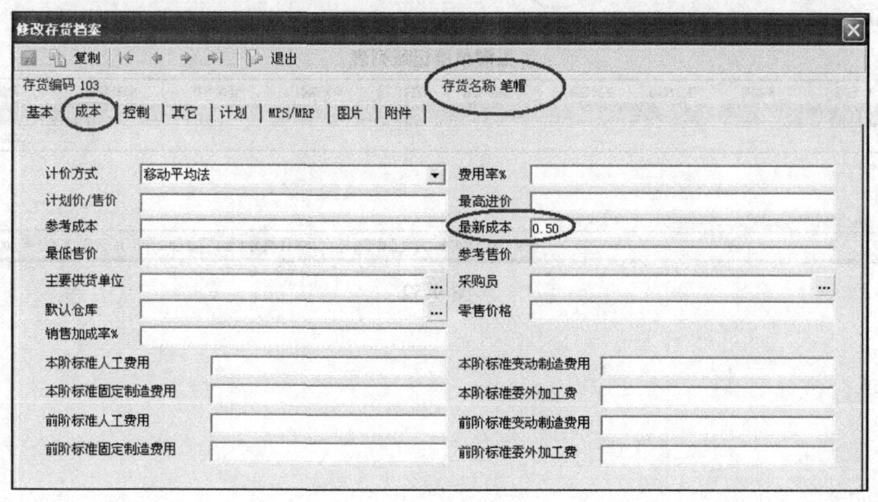

图 9-50

（4）由此分别查询可以得知存货“103”的最新成本为 0.50 元；存货“401”的最新成本是 4.27 元；存货“201”的最新成本是 4.52 元。

根据 BOM 档案计算入库成本如下：0.50×1+4.52×1+4.27×0.002=5.03 元。

（5）对产成品进行记账，系统要求手工录入产成品单价，如图 9-51 所示。

（6）单击“确定”按钮，系统将入库单价写入到产成品入库单中。

（7）对销售出库单进行记账，如图 9-52 所示。

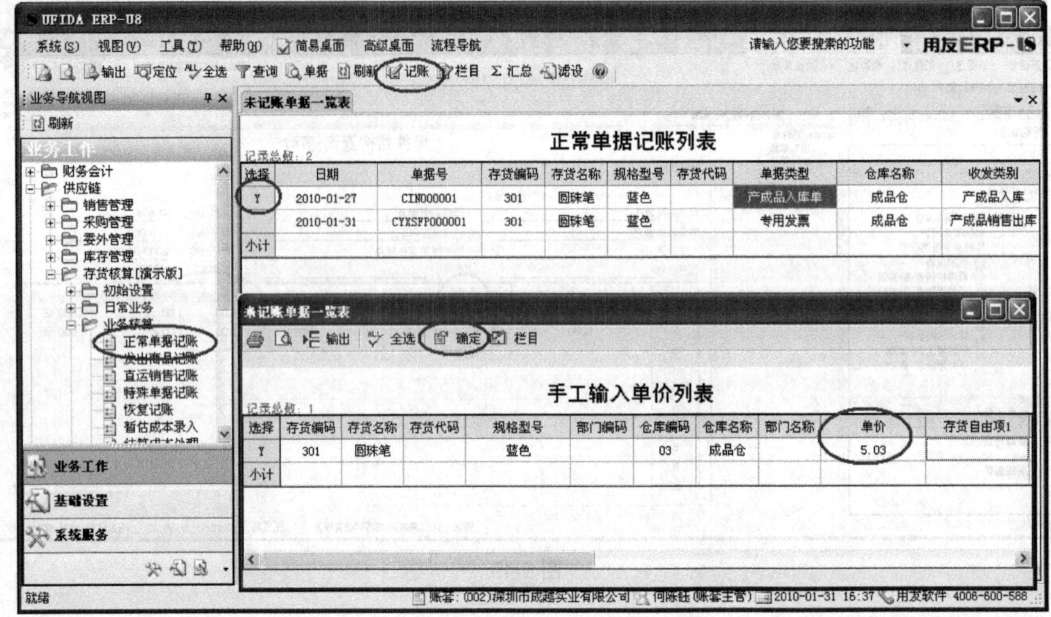
UFIDA ERP-U8
系统(S) 视图(V) 工具(T) 帮助(H) 简易桌面 高级桌面 流程导航
请输入您要搜索的功能
用友ERP-U8
输出 定位 全选 查询 单据 刷新 记账 栏目 汇总 滤设
业务导航视图
刷新
业务工作
财务会计
供应链
销售管理
采购管理
委外管理
库存管理
存货核算[演示版]
初始设置
日常业务
业务核算
正常单据记账
发出商品记账
直运销售记账
特殊单据记账
恢复记账
暂估成本录入
业务工作
基础设置
系统服务
未记账单据一览表
正常单据记账列表
记录总数：2
选择 日期 单据号 存货编码 存货名称 规格型号 存货代码 单据类型 仓库名称 收发类别
Y 2010-01-27 CIN000001 301 圆珠笔 蓝色 产成品入库单 成品仓 产成品入库
2010-01-31 CYXSFP000001 301 圆珠笔 蓝色 专用发票 成品仓 产成品销售出库
小计
未记账单据一览表
输出 全选 确定 栏目
手工输入单价列表
记录总数：1
选择 存货编码 存货名称 存货代码 规格型号 部门编码 仓库编码 仓库名称 部门名称 单价 存货自由项1
Y 301 圆珠笔 蓝色 03 成品仓 5.03
小计
就绪
账套：(002)深圳市成越实业有限公司 何陈钰(账套主管) 2010-01-31 16:37 用友软件 4006-600-588

图 9-51

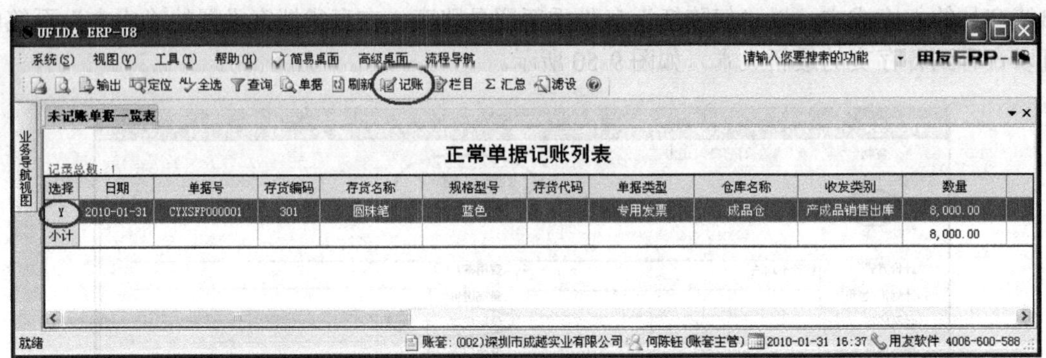
UFIDA ERP-U8
系统(S) 视图(V) 工具(T) 帮助(H) 简易桌面 高级桌面 流程导航
请输入您要搜索的功能
输出 定位 全选 查询 单据 刷新 记账 栏目 汇总 滤设
业务导航视图
未记账单据一览表
正常单据记账列表
记录总数：1
选择 日期 单据号 存货编码 存货名称 规格型号 存货代码 单据类型 仓库名称 收发类别 数量
Y 2010-01-31 CYXSFP000001 301 圆珠笔 蓝色 专用发票 成品仓 产成品销售出库 8,000.00
小计 8,000.00
就绪
账套：(002)深圳市成越实业有限公司 何陈钰(账套主管) 2010-01-31 16:37 用友软件 4006-600-588

图 9-52

第 10 章　财务模块实战（二）

本章学习重点

- 各种供应链单据生成凭证
- 凭证模板
- 财务单据生成凭证
- 总账处理
- 账簿查询

各业务发生完成之后，都将生成记账凭证传递到总账系统中，本章实例与第 2 章的一一对应。

10.1　应收业务生成凭证

应收业务生成凭证是指销售发票和应收单生成凭证、收款单生成凭证、核销业务生成凭证。

以操作员“何陈钰”2010-1-31 身份登录到用友系统中，打开应收款管理系统。

10.1.1　销售发票生成凭证

参照本书第 2 章中的“例 2-46”生成凭证。

（1）单击“制单处理”选项，系统弹出“制单查询”窗口，如图 10-1 所示。

（2）勾选“发票制单”项，录入其他过滤条件，然后单击“确定”按钮，系统列出所有符合条件的记录，如图 10-2 所示。

注：如果不能勾选此处的“核销制单”项，是因为在应收系统选项中没有勾选“核销生成凭证”项，所以不管核销双方单据的入账科目是否相同均不需要对这些记录进行制单。

（3）在“选择标志”中输入任一序号。如果需要几张单据合并制单，则在选择标志栏中输入相同的序号；单击“全选”则所有单据都分别制单，单击“合并”则全部单据合并生成一张凭证。

注：系统默认制单日期为当前业务日期。制单日期应大于等于所选单据的最大日期，小于等于当前业务日期。如同时使用了总账系统，则所输入的制单日期应该满足总账制单日期要求，如制单序时控制，则需大于等于同月同类别凭证的日期；原始单据制单后，将不能再次制单。

（4）单击“制单”按钮，系统给出制单信息。检查无误后单击“保存”按钮，该张凭证会出现“已生成”字样，并直接传递到总账系统。在总账系统中用查询凭证功能就可以查到。

如果生成的是多张凭证，则可以单击凭证窗口中的上张下张按钮进行浏览查询。

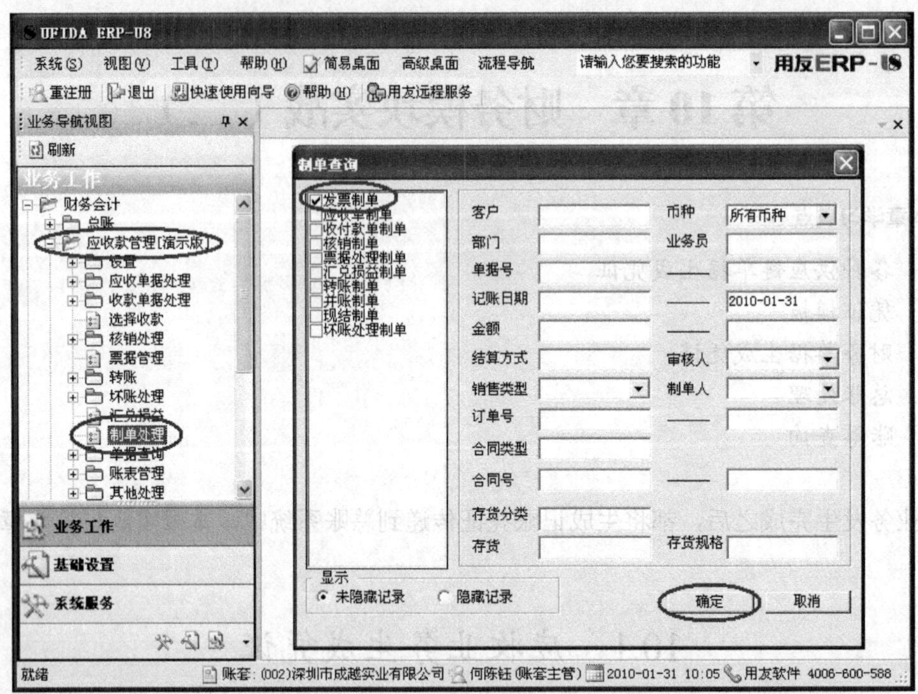

图 10-1

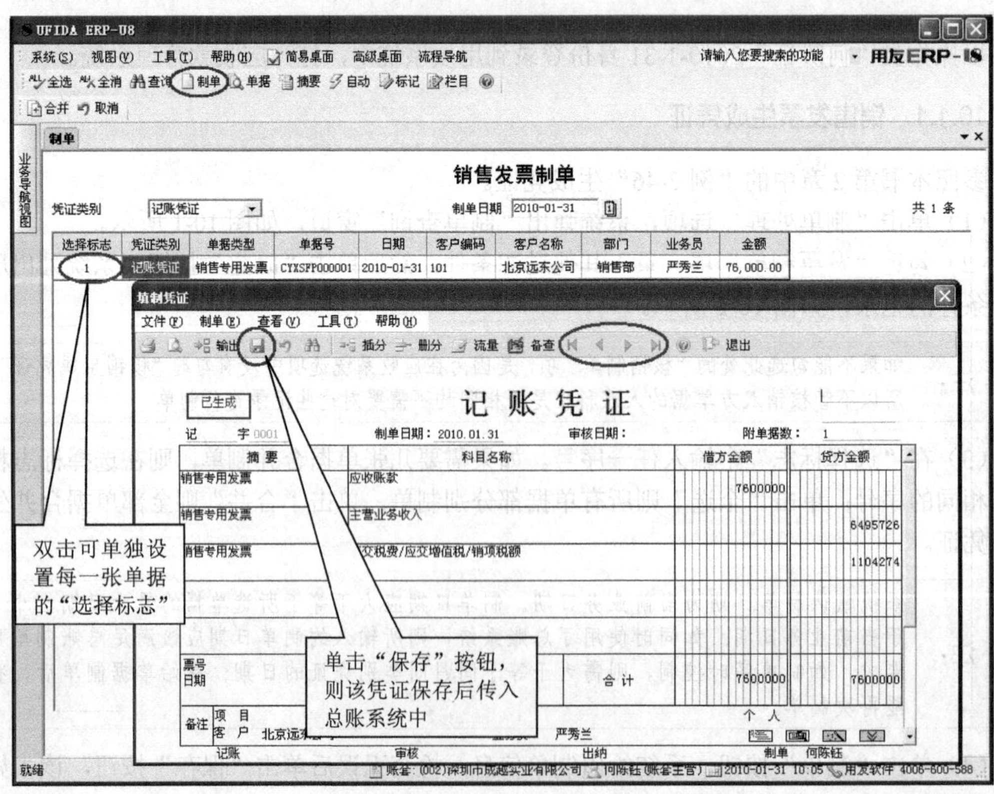

图 10-2

如果制单错误，或需要重新修改原始单据，则需要删除制单，操作方法如下：

（1）单击“单据查询”下的“凭证查询”选项，系统弹出“凭证查询条件”窗口，如图 10-3 所示。

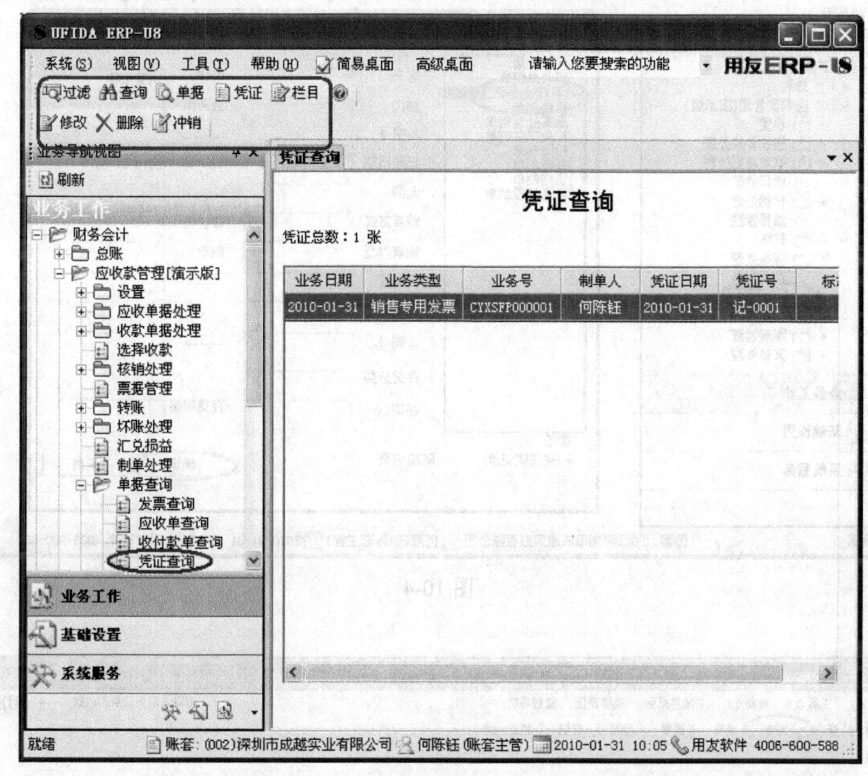

图 10-3

（2）输入查询条件，然后单击“确定”按钮，系统列出所有符合条件的记录。

（3）选定需要删除的凭证，然后单击“删除”按钮，系统提示“确实要删除此张凭证吗”，单击“是”按钮删除该张凭证，单击“单据”、“凭证”按钮可对选定的单据联查其原始单据或凭证。

注： 只有在总账中未审核、未经出纳签字和未经主管签字的凭证才能删除。

10.1.2　收款单生成凭证

参照本书第 2 章中的“例 2-47”生成凭证。

（1）在“制单查询”窗口中，勾选“收付款制单”项，如图 10-4 所示。

（2）单击“确定”按钮，系统列出所有符合条件的记录，如图 10-5 所示，选择需要生成凭证的收付款单记录，然后单击“制单”按钮，系统生成记账凭证，单击“保存”按钮保存凭证，具体操作请参阅销售发票生成凭证业务。

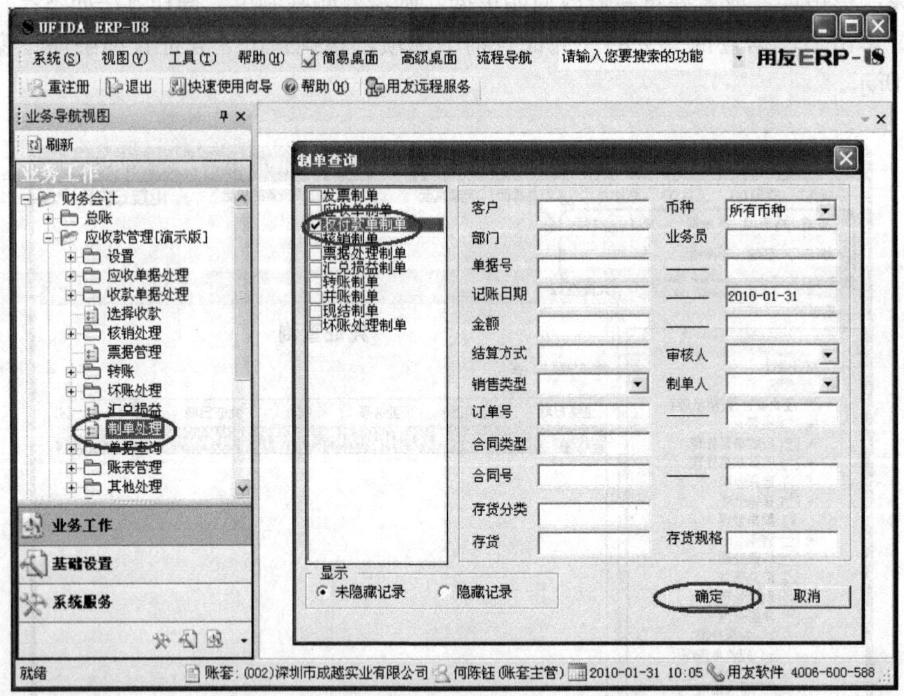

图 10-4

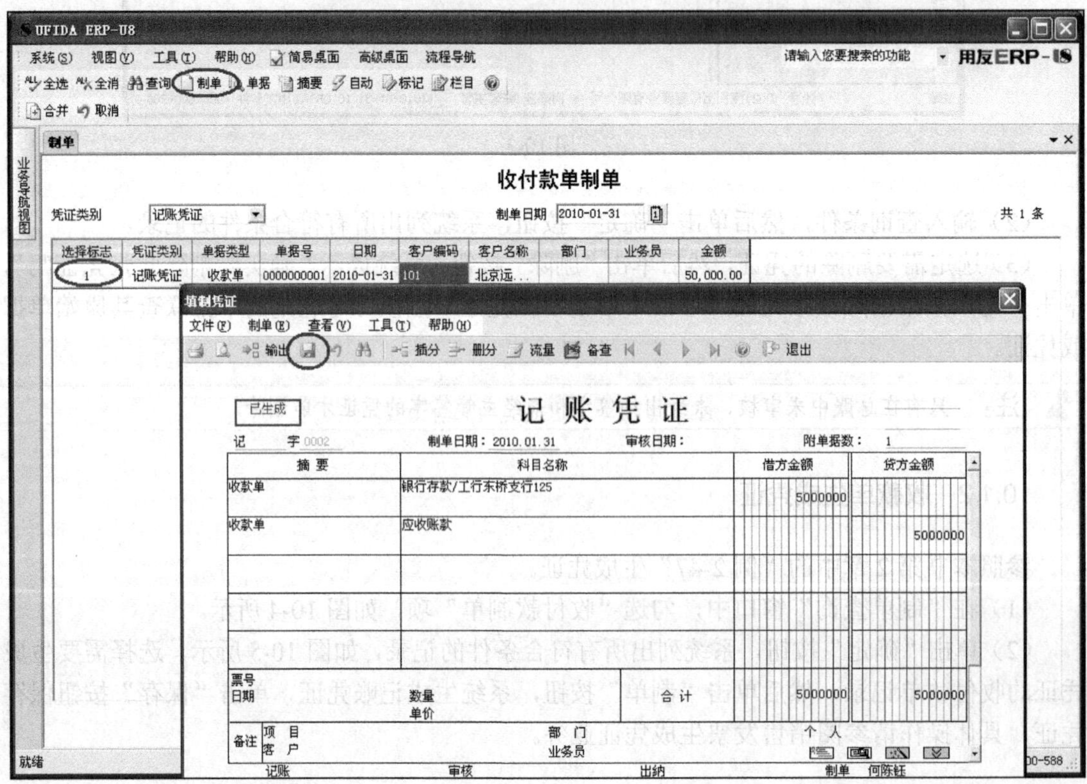

图 10-5

10.2　应付业务生成凭证

应付业务生成凭证是指采购发票和应付单生成凭证、付款单生成凭证、核销业务生成凭证。以操作员“何陈钰”2010-1-31 身份登录到用友系统中，打开应付款管理系统。

10.2.1　采购发票生成凭证

参照本书第 2 章中的“例 2-48”进行采购发票凭证生成。

（1）单击“制单处理”选项，系统弹出“制单查询”窗口，如图 10-6 所示。

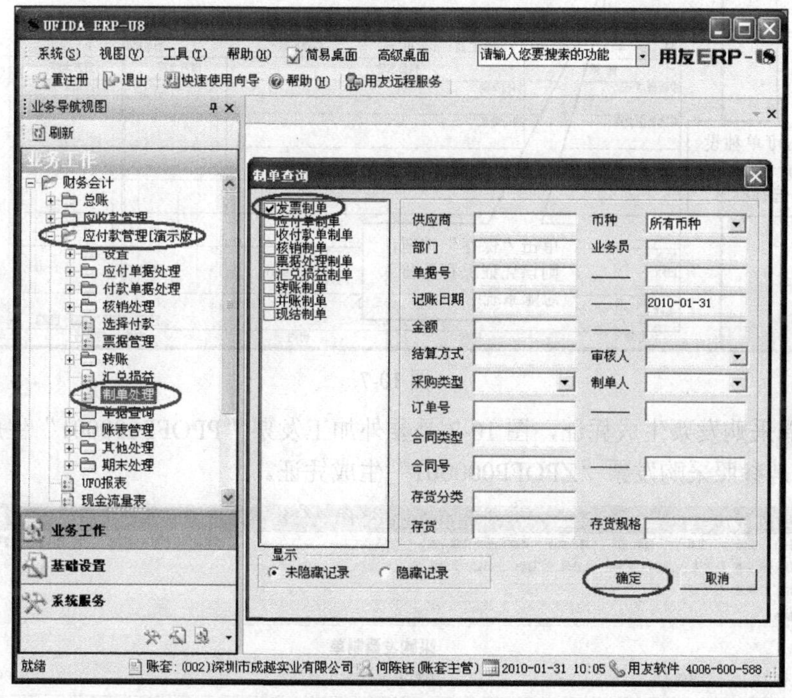

图 10-6

（2）勾选“发票制单”项，录入其他过滤条件，然后单击“确定”按钮，系统列出所有符合条件的记录，如图 10-7 所示。

注：如果不能勾选此处的“核销制单”项，是因为在应收系统选项中没有勾选“核销生成凭证”项，所以不管核销双方单据的入账科目是否相同均不需要对这些记录进行制单。

（3）在“选择标志”中输入任一序号。如果需要几张单据合并制单，则在选择标志栏中输入相同的序号；单击“全选”则所有单据都分别制单，单击“合并”则全部单据合并生成一张凭证。

注：系统默认制单日期为当前业务日期。制单日期应大于等于所选单据的最大日期，小于等于当前业务日期。如同时使用了总账系统，则所输入的制单日期应该满足总账制单日期要求，如制单序时控制，则需大于等于同月同类别凭证的日期；原始单据制单后，将不能再次制单。

（4）单击“制单”按钮，系统给出制单信息。检查无误后单击“保存”按钮，该张凭证会出现“已生成”字样，并直接传递到总账系统。在总账系统中用查询凭证功能就可以查到。如果生成的是多张凭证，则可以单击凭证窗口中的上张下张按钮进行浏览查询。

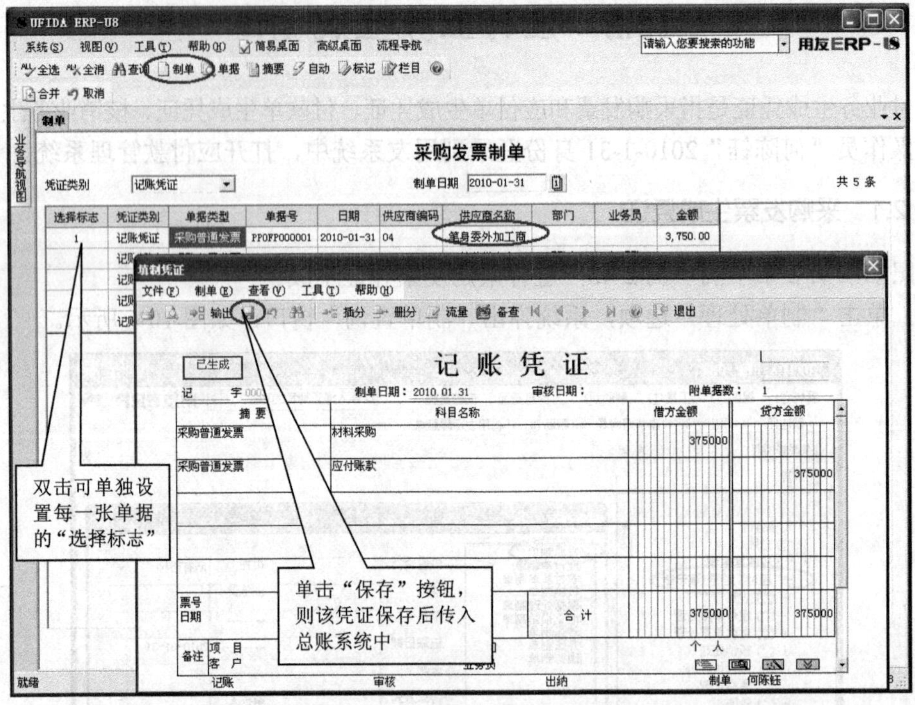

图 10-7

逐一选择采购发票生成凭证，图 10-7 是委外加工发票“PPOFP000001”生成的凭证。图 10-8 是参照采购发票“ZPOFP000001”生成凭证。

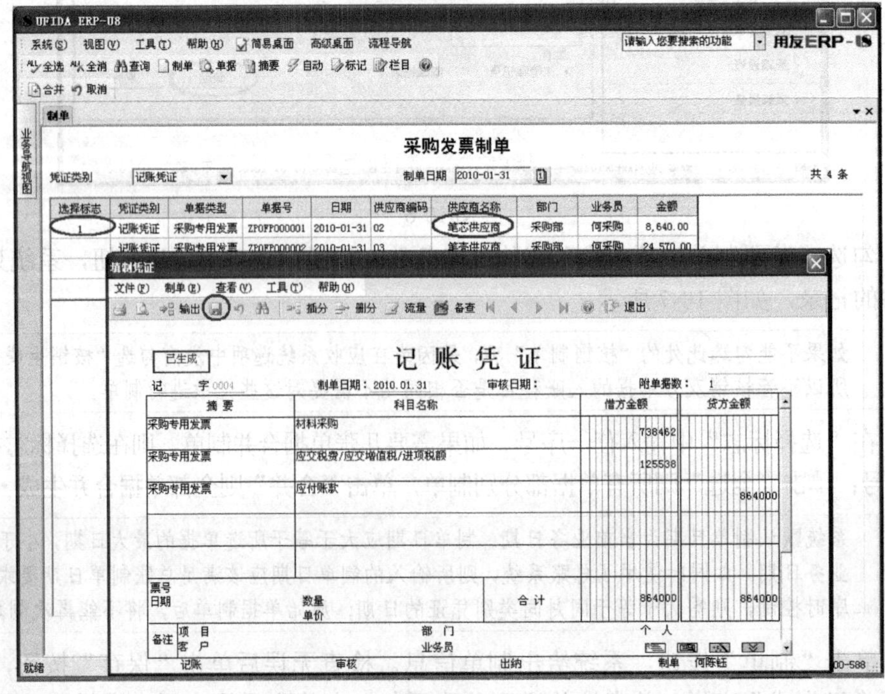

图 10-8

图 10-9 是参照采购发票“ZPOFP000002”生成凭证。

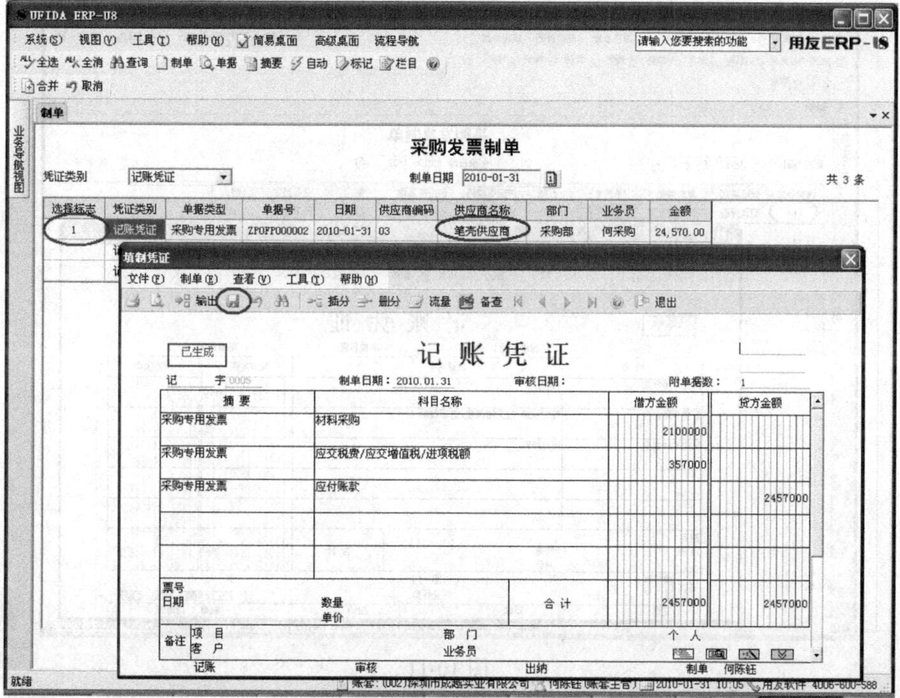

图 10-9

图 10-10 是参照采购发票“ZPOFP000003”生成凭证。

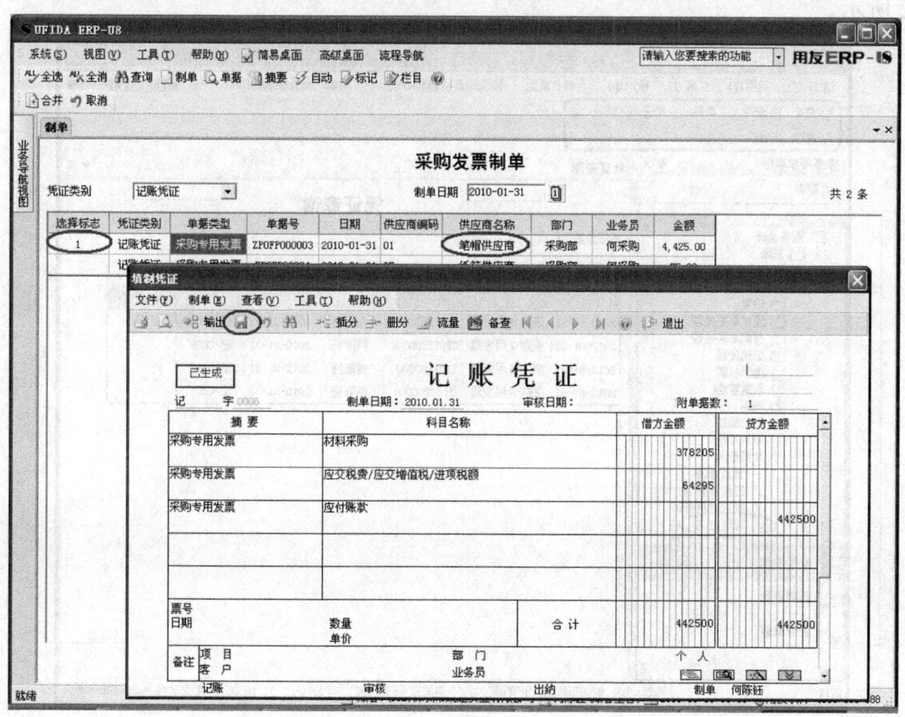

图 10-10

图 10-11 是参照采购发票“ZPOFP000004”生成凭证。

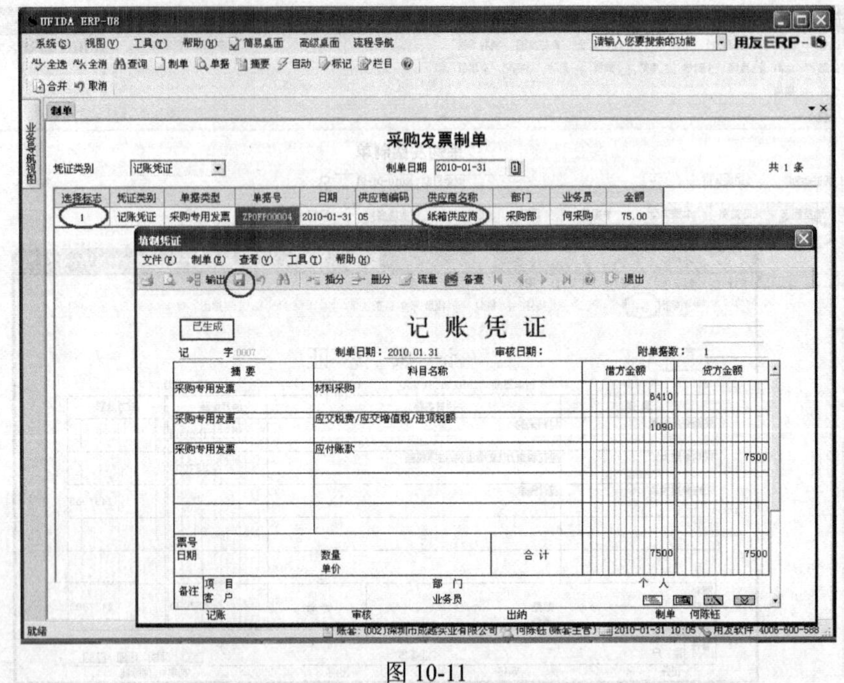

图 10-11

如果制单错误，或需要重新修改原始单据，则需要删除制单，操作方法如下：

（1）单击“单据查询”下的“凭证查询”选项，系统弹出“凭证查询条件”窗口，如图 10-12 所示。

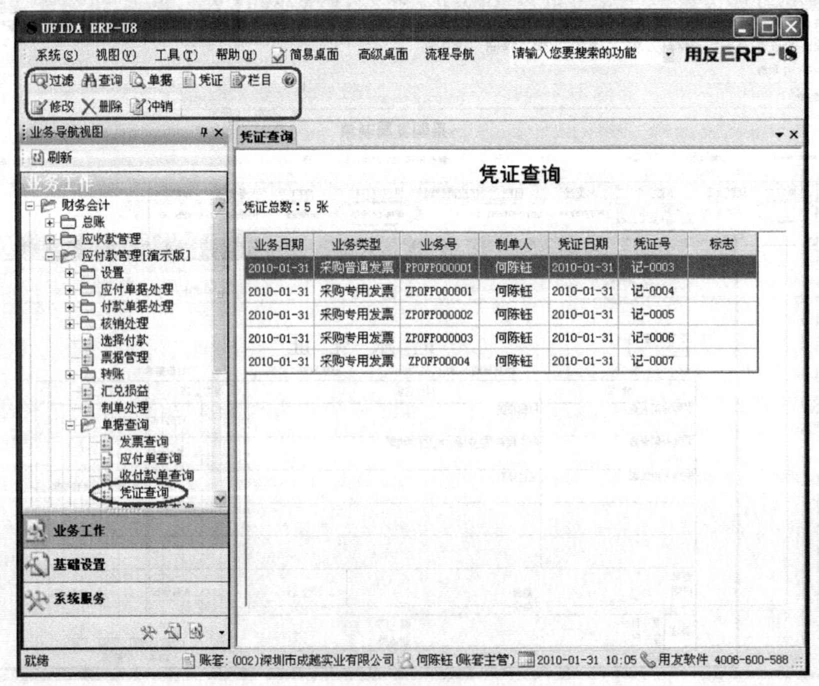

图 10-12

（2）输入查询条件，然后单击“确定”按钮，系统列出所有符合条件的记录。

（3）选定需要删除的凭证，然后单击“删除”按钮，系统提示“确实要删除此张凭证吗”，单击“是”按钮删除该张凭证，单击“单据”、“凭证”按钮可对选定的单据联查其原始单据或凭证。

 注：只有在总账中未审核、未经出纳签字和未经主管签字的凭证才能删除。

10.2.2　付款单生成凭证

参照本书第 2 章中的“例 2-49”进行付款业务凭证生成。

（1）单击“制单处理”命令，系统弹出“制单查询”条件录入窗口中，如图 10-13 所示。

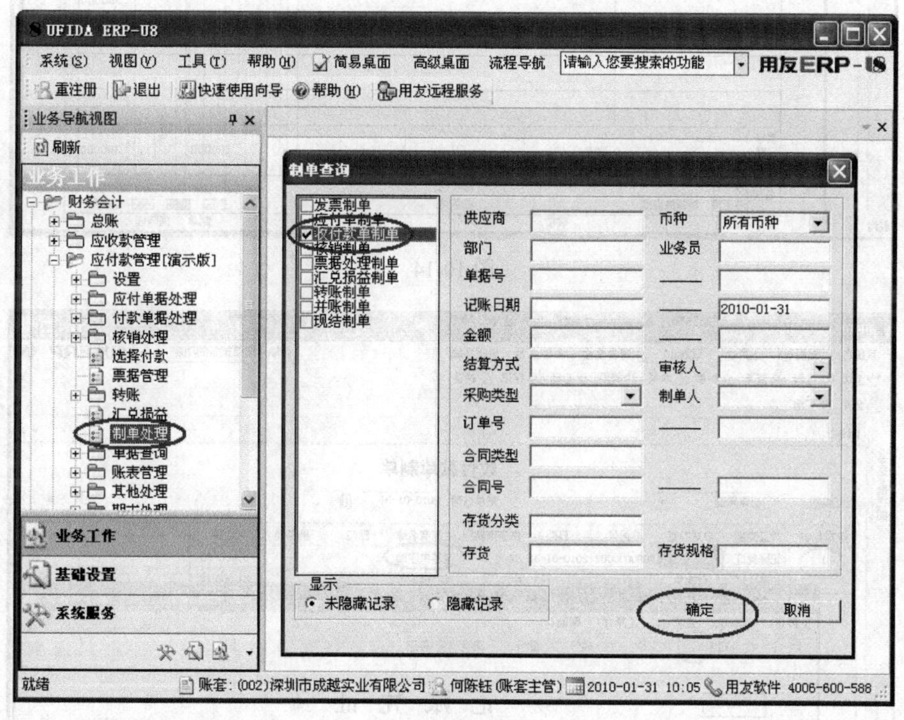

图 10-13

（2）勾选“收付款单制单”项，然后单击“确定”按钮，系统弹出符合条件的记录，如图 10-14 所示。

（3）逐一选择需制单的付款单记录，然后单击“制单”命令，系统生成凭证，在“填制凭证”窗口中，单击“保存”按钮保存所生成的凭证，经过保存的凭证既被传递到总账系统中。

图 10-14 是参照付款单“0000000001”生成凭证。

图 10-15 是参照付款单“0000000002”生成凭证。

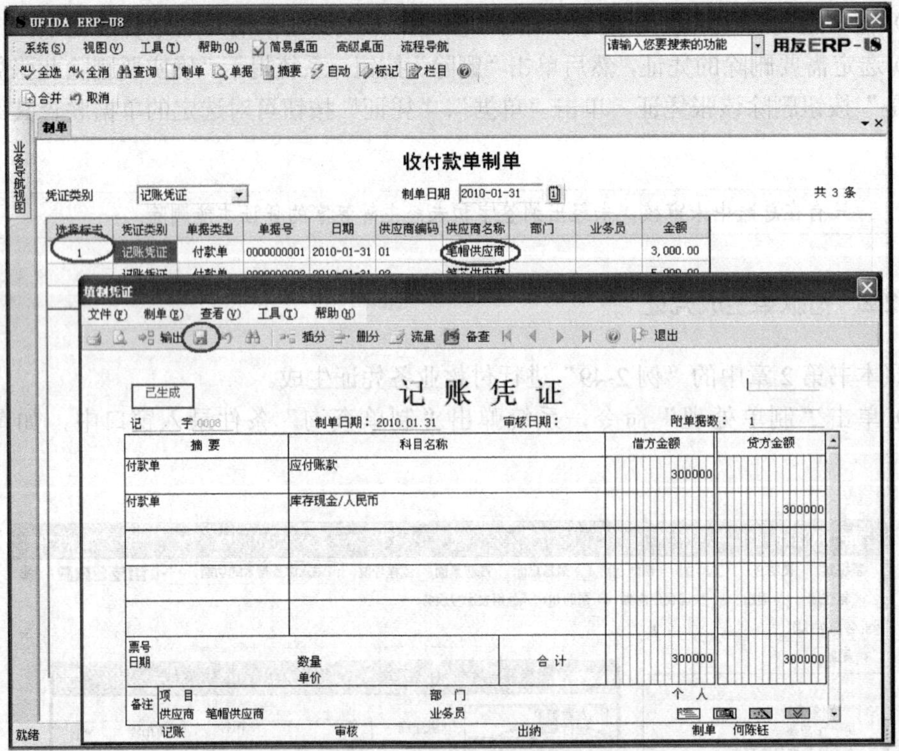
UFIDA ERP-U8
收付款单制单
凭证类别 记账凭证
制单日期 2010-01-31
共 3 条
选择标志 凭证类别 单据类型 单据号 日期 供应商编码 供应商名称 部门 业务员 金额
1 记账凭证 付款单 0000000001 2010-01-31 01 笔帽供应商 3,000.00
填制凭证
已生成
记 账 凭 证
记 字 0008 制单日期：2010.01.31 审核日期： 附单据数： 1
摘要 科目名称 借方金额 贷方金额
付款单 应付账款 300000
付款单 库存现金/人民币 300000
合 计 300000 300000
备注 供应商 笔帽供应商
制单 何陈钰

图 10-14

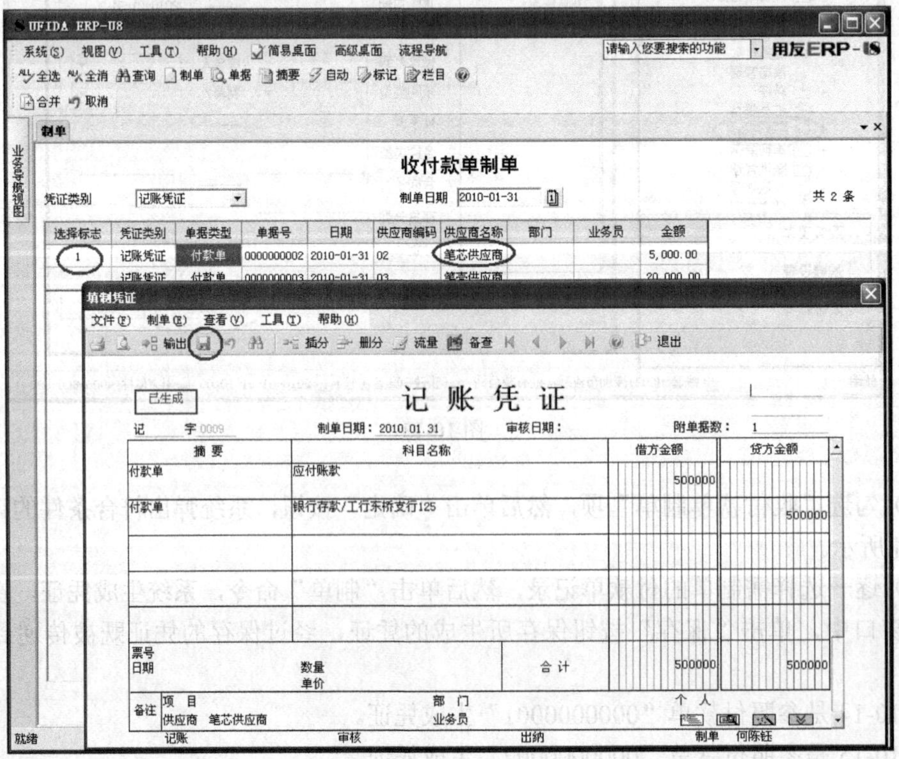
UFIDA ERP-U8
收付款单制单
凭证类别 记账凭证
制单日期 2010-01-31
共 2 条
选择标志 凭证类别 单据类型 单据号 日期 供应商编码 供应商名称 部门 业务员 金额
1 记账凭证 付款单 0000000002 2010-01-31 02 笔芯供应商 5,000.00
填制凭证
已生成
记 账 凭 证
记 字 0009 制单日期：2010.01.31 审核日期： 附单据数： 1
摘要 科目名称 借方金额 贷方金额
付款单 应付账款 500000
付款单 银行存款/工行东桥支行125 500000
合 计 500000 500000
备注 供应商 笔芯供应商
制单 何陈钰

图 10-15

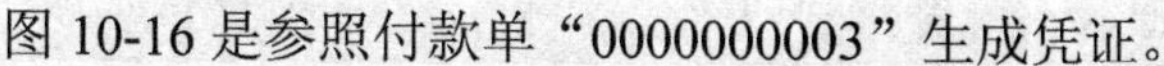

图 10-16 是参照付款单"0000000003"生成凭证。

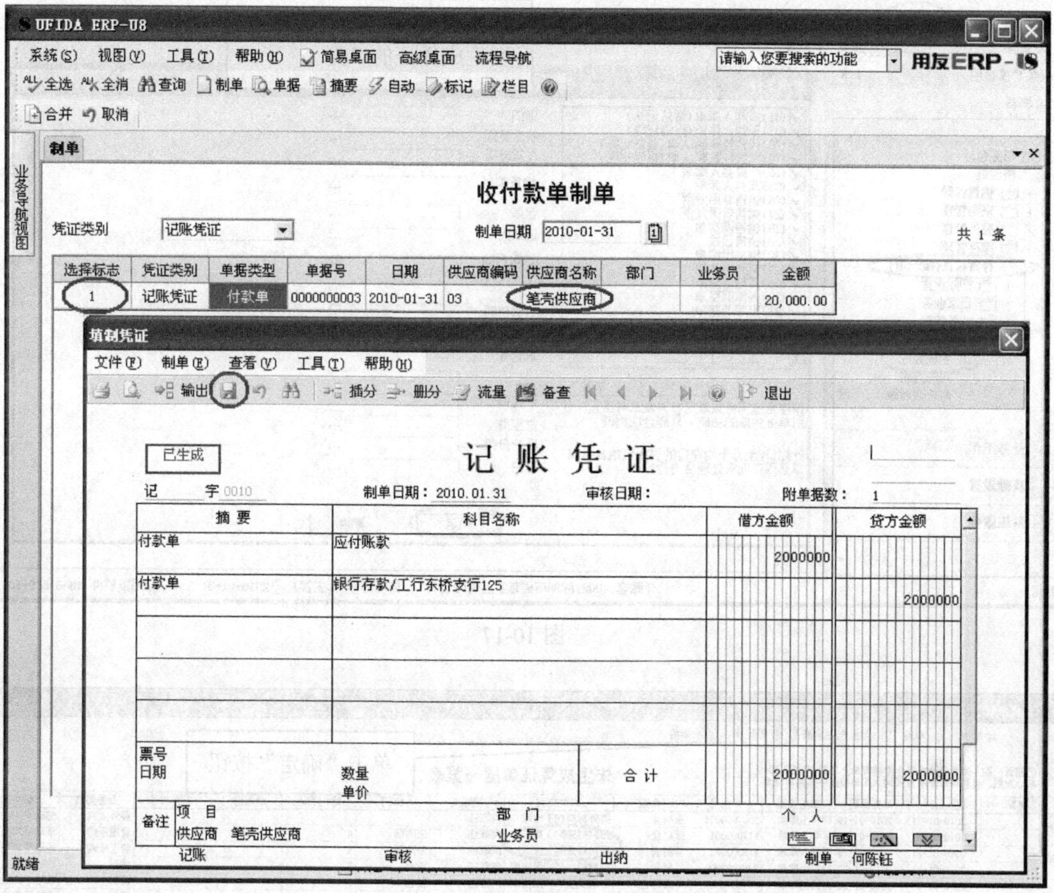

图 10-16

10.3　存货核算业务生成凭证

存货核算系统中需要将各种出入库业务单据生成记账凭证，生成凭证用于对本会计月已记账单据生成凭证，然后传递到总账系统中，所生成的凭证可在账务系统中显示并生成科目总账。

以操作员"何陈钰"身份登录用友系统，打开存货核算系统。

参照本书第 2 章中的"例 2-50"进行各类出入库单据凭证生成。

（1）单击"财务核算"菜单下的"生成凭证"选项，系统弹出"生成凭证"窗口，如图 10-17 所示。

（2）单击工具栏中的"选择"按钮，系统弹出"查询条件"窗口。

（3）在此输入查询条件，单击"确定"按钮，系统在"选择单据"窗口中列出所有符合条件的记录。

（4）单击选择需要生成凭证的记录，如图 10-18 所示。

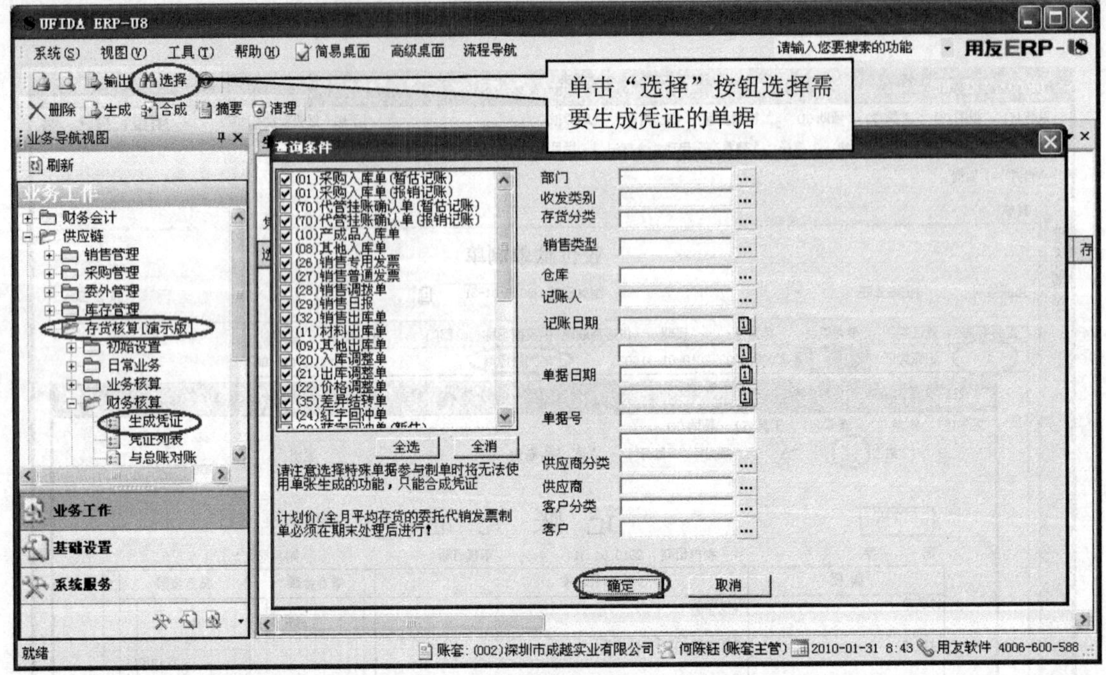

图 10-17

选择单据

输出 单据 全选 全消 确定 取消

单击“确定”按钮

已结算采购入库单自动选择全部结算单上单据(包括入库单、发票、付款单),非本月采购入库单按蓝字报销单制单

未生成凭证单据一览表

选择	记账日期	单据日期	单据类型	单据号	仓库	收发类别	记账人	部门	部门编码	所属部门	业务单号	业务类型	计价方式
	2010-01-31	2010-01-19	材料出库单	JOUT000001	原材仓	委外材料加工出库	何陈钰					委外发料	移动平均法
1	2010-01-31	2010-01-19	采购入库单	WIN000001	原材仓	原材料采购入库	何陈钰	采购部	4			普通采购	移动平均法
1	2010-01-31	2010-01-19	采购入库单	WIN000002	原材仓	原材料采购入库	何陈钰	采购部	4			普通采购	移动平均法
	2010-01-31	2010-01-22	材料出库单	SOUT000001	原材仓	原材料生产领用出库	何陈钰	货仓	7			领料	移动平均法
	2010-01-31	2010-01-22	材料出库单	SOUT000002	半成品仓	半成品生产领用出库	何陈钰	货仓	7			领料	移动平均法
	2010-01-31	2010-01-22	材料出库单	SOUT000003	包装物仓	原材料生产领用出库	何陈钰	货仓	7			领料	移动平均法
	2010-01-31	2010-01-22	采购入库单	JIN000001	半成品仓	委外加工入库	何陈钰	采购部	4			委外加工	移动平均法
1	2010-01-31	2010-01-22	采购入库单	WIN000003	原材仓	原材料采购入库	何陈钰	采购部	4			普通采购	移动平均法
1	2010-01-31	2010-01-22	采购入库单	WIN00004	包装物仓	原材料采购入库	何陈钰	采购部	4			普通采购	移动平均法
	2010-01-31	[illegible]	产成品入库单	CIN000001	成品仓	产成品入库	何陈钰	货仓	7			成品入库	移动平均法
	2010-01-31	[illegible]	[illegible]	[illegible]	[illegible]	[illegible]出库	何陈钰	销售部	3			普通销售	移动平均法

选择需要生成凭证的单据

共11条单据

图 10-18

（5）在此首先选择原材料采购入库单据（如果几张采购入库单据需要合并生成凭证，则在“选择”项中录入相同的数字既可），然后单击“确定”按钮，系统再次弹出所选单据的“生成凭证”窗口，如图 10-19 所示。

（6）在“生成凭证”窗口中，系统给出所生成凭证的相关业务信息（如摘要、科目等，可双击修改），选择需要生成凭证的凭证类别，单击工具栏中的“生成”按钮（如果单击“合成”则可以合并生成一张凭证），系统显示生成的凭证。用户在生成凭证之前可以修改凭证类别、凭证摘要、借方科目、贷方科目以及金额，也可以增加或删除借贷方记录，但应保证借贷方金额相平，并等于所选记录的金额。凭证生成后，直接传递到总账系统中，单击“保存”按钮保存该张凭证，然后单击定位按钮，找到其他生成的凭证并保存。

（7）参照第（4）步，现在选择委外材料加工出库单据，并生成凭证，如图 10-20 和图 10-21 所示。

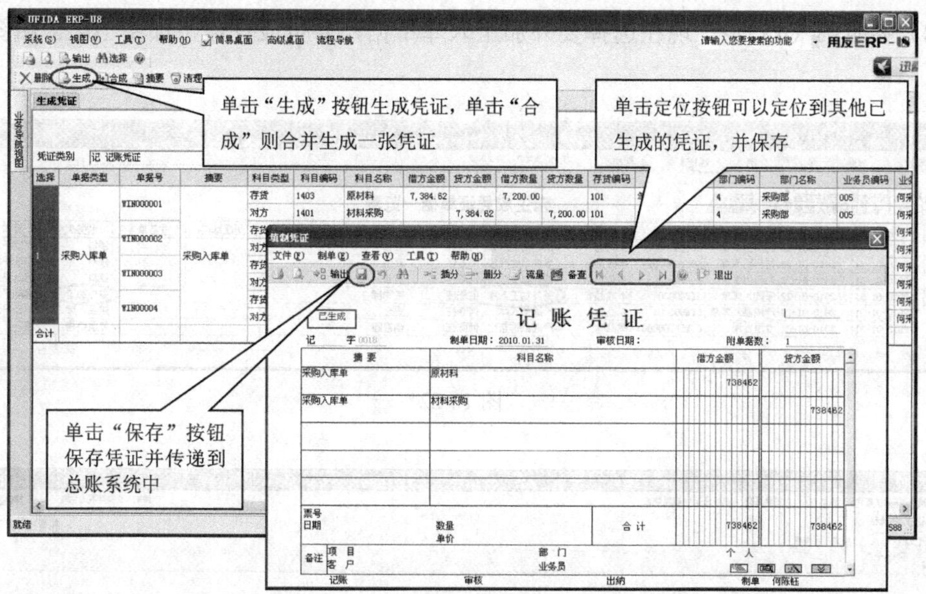

图 10-19

选择单据

已结算采购入库单自动选择全部结算单上单据（包括入库单、发票、付款单），非本月采购入库单按蓝字报销单制单

未生成凭证单据一览表

选择	记账日期	单据日期	单据类型	单据号	仓库	收发类别	记账人	部门	部门编码	所属部门	业务单号	业务类型	计价方式
1	2010-01-31	2010-01-19	材料出库单	JOUT000001	原材仓	委外材料加工出库	何陈钰					委外发料	移动平均法
	2010-01-31	2010-01-22	材料出库单	SOUT000001	原材仓	原材料生产领用出库	何陈钰	货仓	7			领料	移动平均法
	2010-01-31	2010-01-22	材料出库单	SOUT000002	半成品仓	半成品生产领用出库	何陈钰	货仓	7			领料	移动平均法
	2010-01-31	2010-01-22	材料出库单	SOUT000003	包装物仓	原材料生产领用出库	何陈钰	货仓	7			领料	移动平均法
	2010-01-31	2010-01-22	采购入库单	JIN000001	半成品仓	委外加工入库	何陈钰	采购部	4			委外加工	移动平均法
	2010-01-31	2010-01-27	产成品入库单	CIN000001	成品仓	产成品入库	何陈钰	货仓	7			成品入库	移动平均法
	2010-01-31	2010-01-31	专用发票	CYXSFP000001	成品仓	产成品销售出库	何陈钰	销售部	3			普通销售	移动平均法

共7条单据

图 10-20

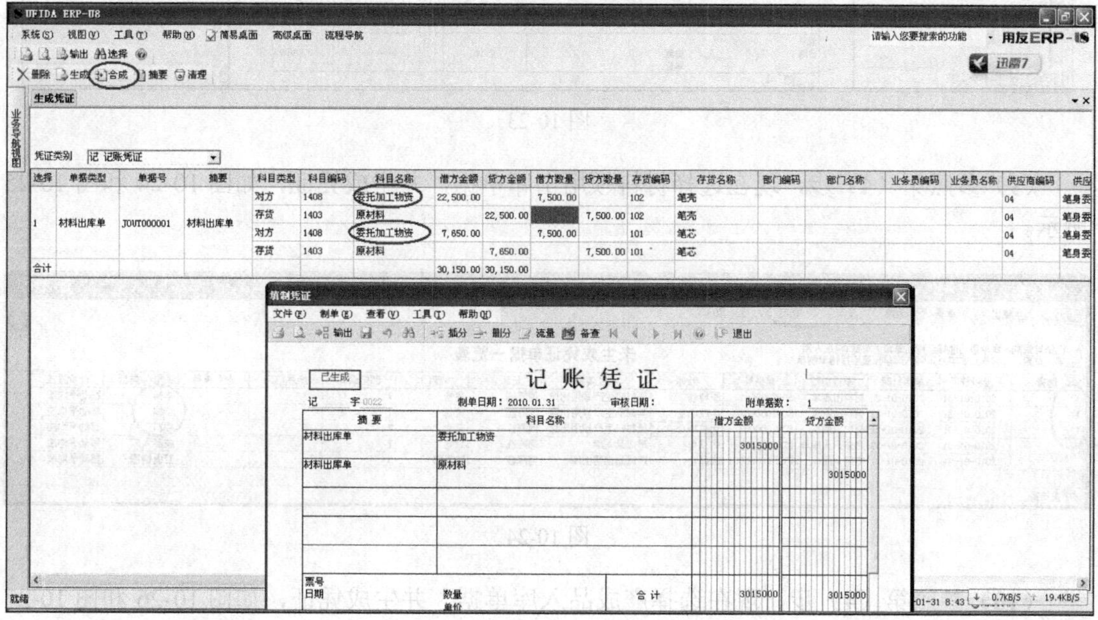

图 10-21

（8）参照第（4）步，现在选择委外加工入库单据，并生成凭证，如图 10-22 和图 10-23 所示。

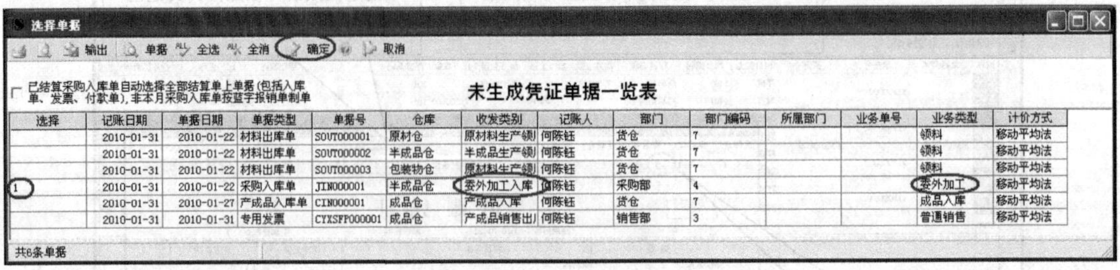

选择单据

输出　单据　全选　全消　确定　取消

已结算采购入库单自动选择全部结算单上单据(包括入库单、发票、付款单)，非本月采购入库单按蓝字报销单制单

未生成凭证单据一览表

选择	记账日期	单据日期	单据类型	单据号	仓库	收发类别	记账人	部门	部门编码	所属部门	业务单号	业务类型	计价方式
	2010-01-31	2010-01-22	材料出库单	SOUT000001	原材仓	原材料生产领	何陈钰	货仓	7			领料	移动平均法
	2010-01-31	2010-01-22	材料出库单	SOUT000002	半成品仓	半成品生产领	何陈钰	货仓	7			领料	移动平均法
	2010-01-31	2010-01-22	材料出库单	SOUT000003	包装物仓	原材料生产领	何陈钰	货仓	7			领料	移动平均法
1	2010-01-31	2010-01-22	采购入库单	JIN000001	半成品仓	委外加工入库	何陈钰	采购部	4			委外加工	移动平均法
	2010-01-31	2010-01-27	产成品入库单	CIN000001	成品仓	产成品入库	何陈钰	货仓	7			成品入库	移动平均法
	2010-01-31	2010-01-31	专用发票	CYXSFP000001	成品仓	产成品销售出	何陈钰	销售部	3			普通销售	移动平均法

共6条单据

图 10-22

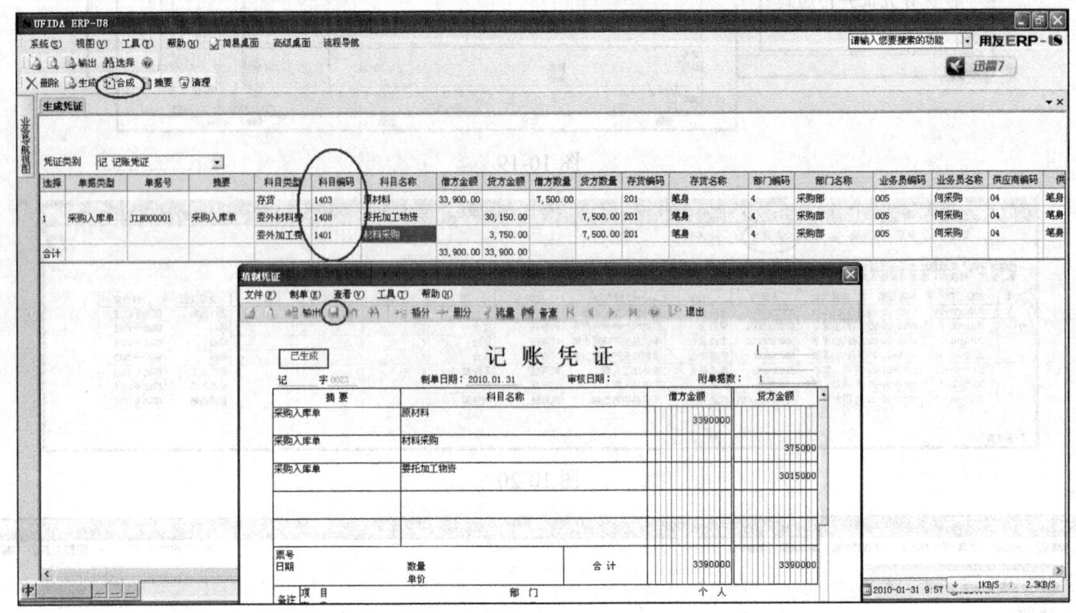

图 10-23

（9）参照第（4）步，现在选择材料领用出库单据，并生成凭证，如图 10-24 和图 10-25 所示。

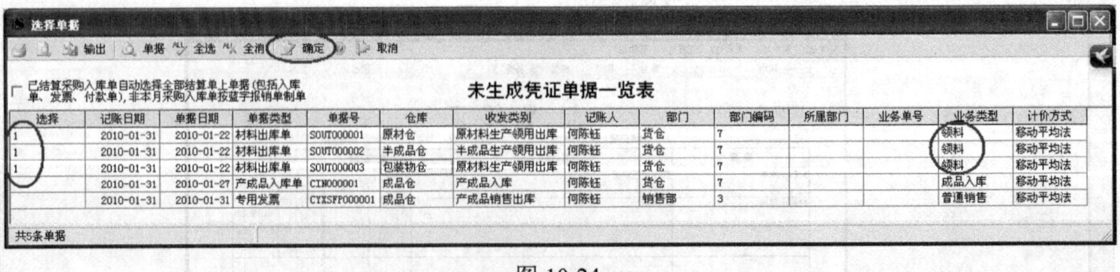

选择单据

输出　单据　全选　全消　确定　取消

已结算采购入库单自动选择全部结算单上单据(包括入库单、发票、付款单)，非本月采购入库单按蓝字报销单制单

未生成凭证单据一览表

选择	记账日期	单据日期	单据类型	单据号	仓库	收发类别	记账人	部门	部门编码	所属部门	业务单号	业务类型	计价方式
1	2010-01-31	2010-01-22	材料出库单	SOUT000001	原材仓	原材料生产领用出库	何陈钰	货仓	7			领料	移动平均法
1	2010-01-31	2010-01-22	材料出库单	SOUT000002	半成品仓	半成品生产领用出库	何陈钰	货仓	7			领料	移动平均法
1	2010-01-31	2010-01-22	材料出库单	SOUT000003	包装物仓	原材料生产领用出库	何陈钰	货仓	7			领料	移动平均法
	2010-01-31	2010-01-27	产成品入库单	CIN000001	成品仓	产成品入库	何陈钰	货仓	7			成品入库	移动平均法
	2010-01-31	2010-01-31	专用发票	CYXSFP000001	成品仓	产成品销售出库	何陈钰	销售部	3			普通销售	移动平均法

共5条单据

图 10-24

（10）参照第（4）步，现在选择产成品入库单据，并生成凭证，如图 10-26 和图 10-27 所示。

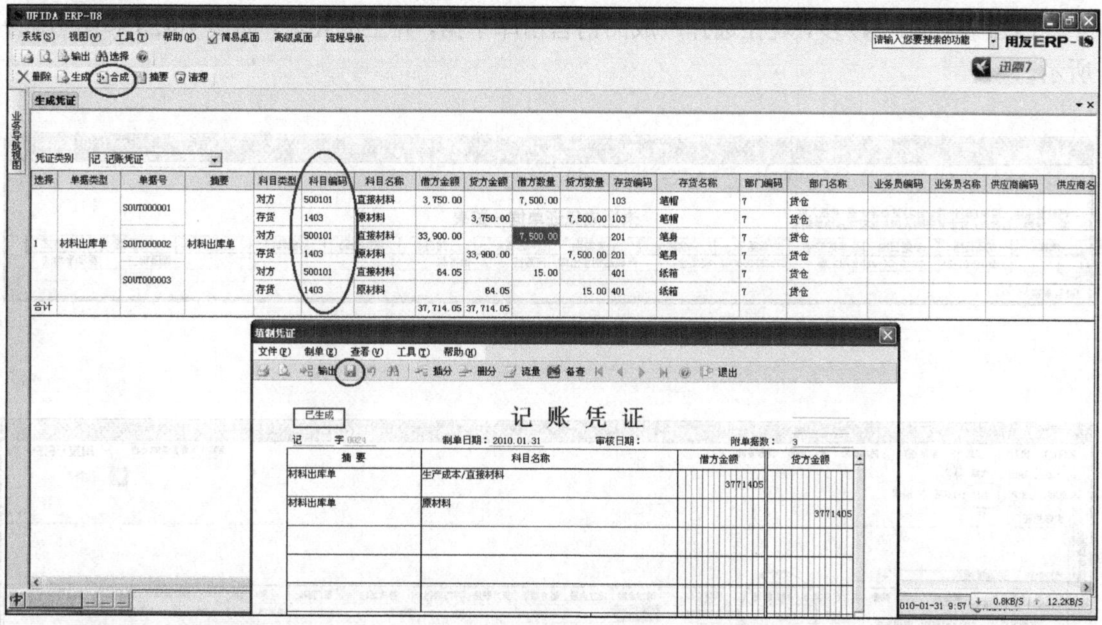

图 10-25

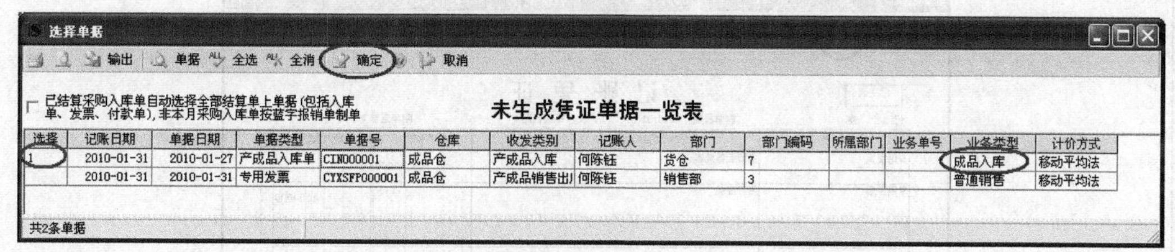

图 10-26

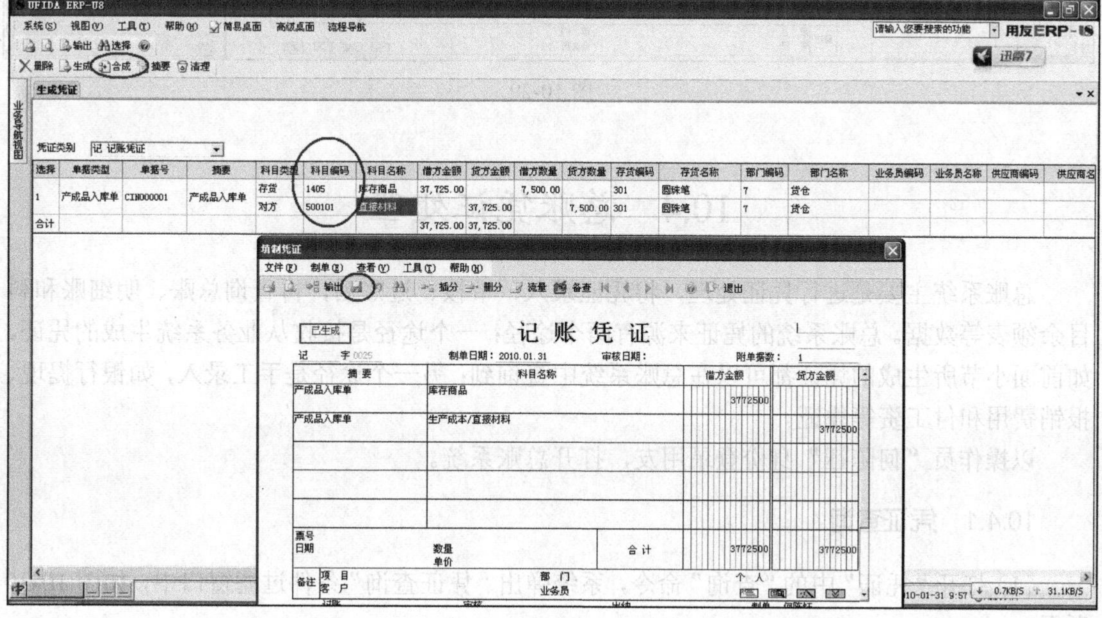

图 10-27

（11）参照第（4）步，现在选择产成品销售出库单据，并生成凭证，如图 10-28 和图 10-29 所示。

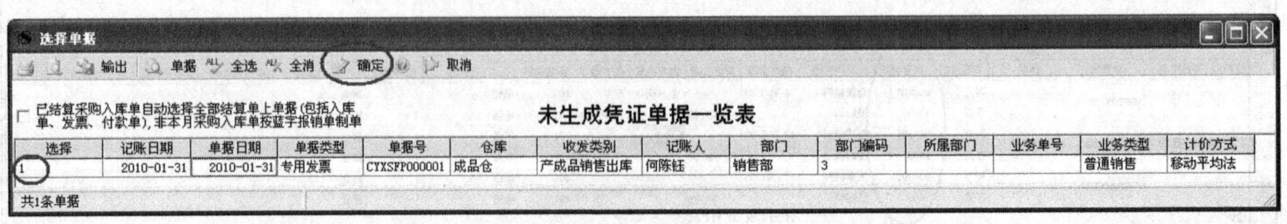

图 10-28

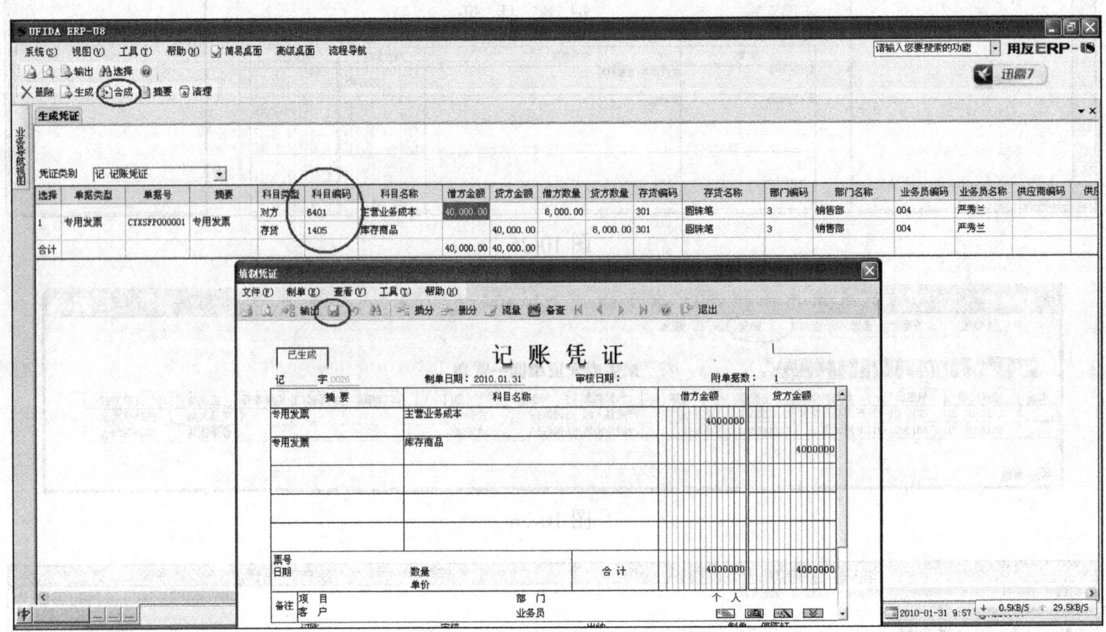

图 10-29

10.4 总账凭证处理

总账系统主要是进行凭证处理，将凭证录入、审核、过账后，再查询总账、明细账和科目余额表等数据。总账系统的凭证来源有两个途径：一个途径是接收从业务系统生成的凭证，如前面小节所生成的凭证都可以在总账系统中查询到；另一个途径是手工录入，如银行提现、报销费用和付工资等凭证。

以操作员“何陈钰”身份登录用友，打开总账系统。

10.4.1 凭证查询

（1）打开“凭证”中的“查询”命令，系统弹出“凭证查询”条件过滤窗口中，如图 10-30 所示。

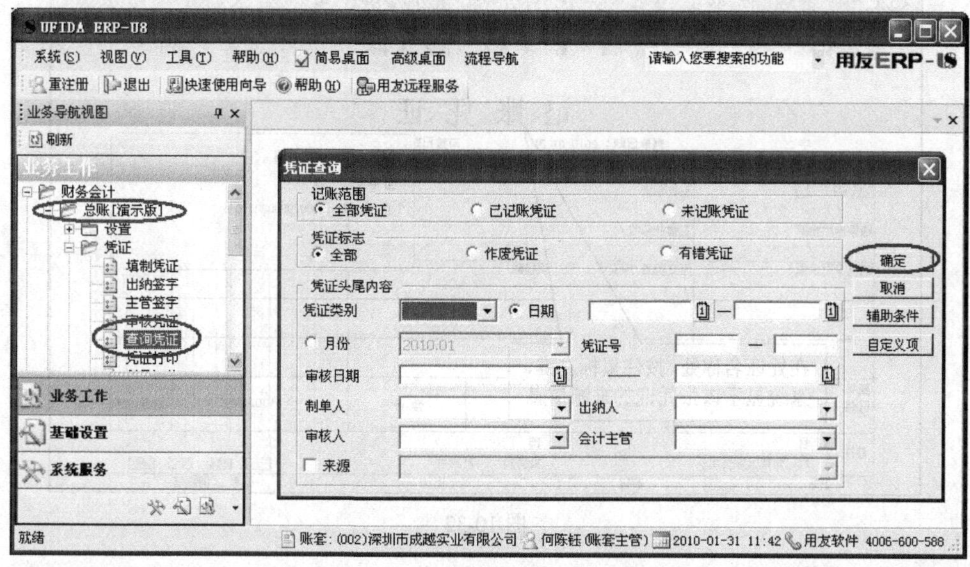

图 10-30

（2）录入查询条件，然后单击“确定”按钮，系统列出符合条件的凭证，在“查询凭证”窗口中，对于由其他系统生成的并传递过来的凭证，首先用鼠标先单击会计科目，然后打开“查看”菜单，可以查看与当前分录中会计科目相关的“联查明细账”、“联查原始单据”等，如图 10-31 所示。

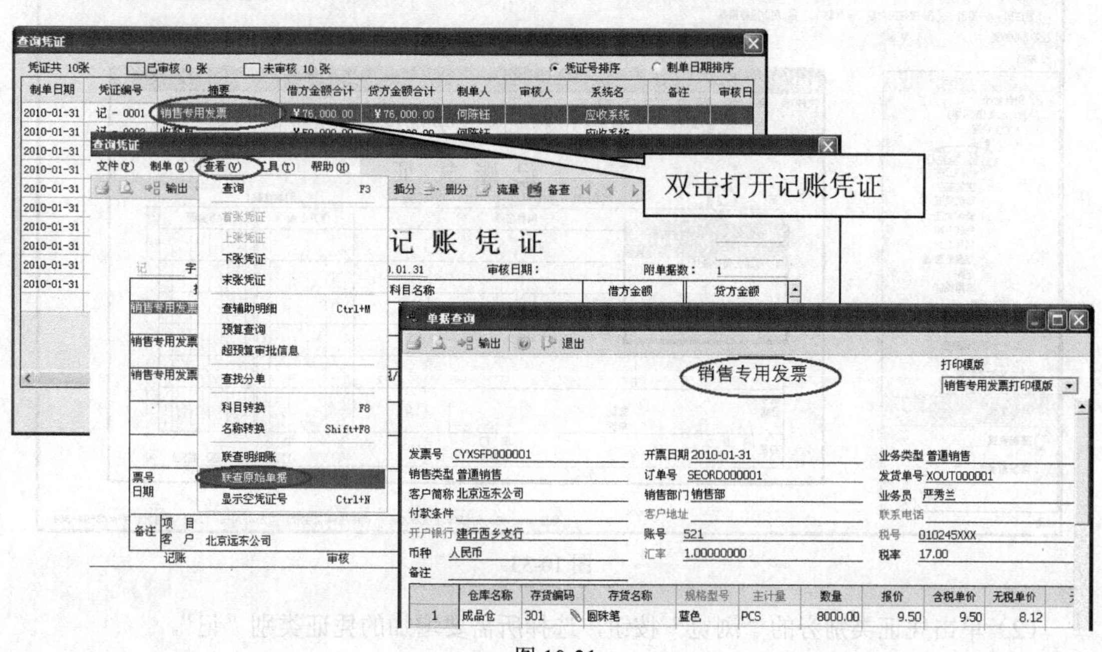

图 10-31

（3）单击凭证名称，可以看到该张凭证的来源信息，即本张凭证是由哪个系统生成传递过来的，如图 10-32 所示。

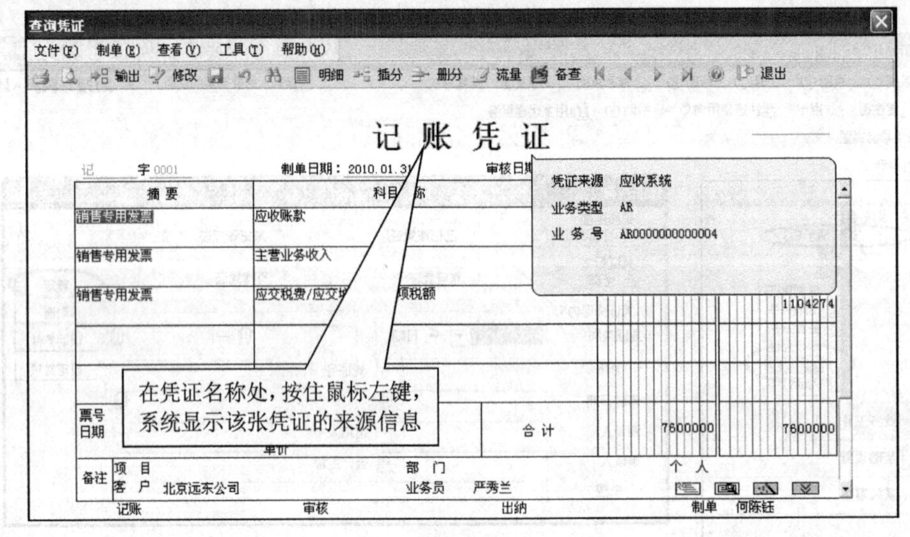

图 10-32

10.4.2 凭证录入

参照本书第 2 章中的“例 2-51”进行新增凭证生成。

（1）单击“凭证”菜单下的“填制凭证”选项，系统弹出“填制凭证”窗口，单击“增加”按钮，结果如图 10-33 所示。

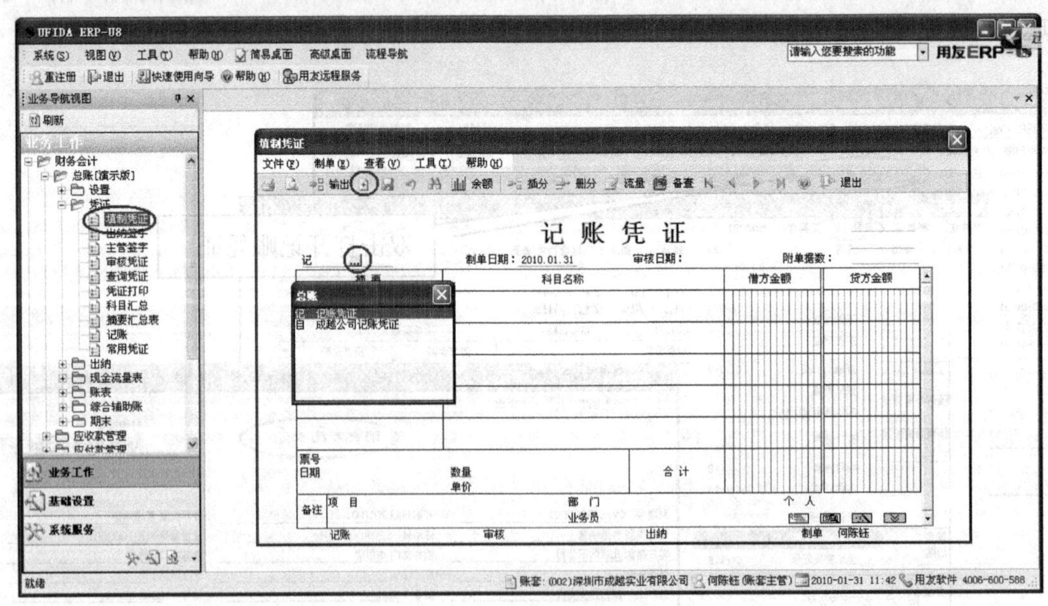

图 10-33

（2）单击凭证类别旁的“浏览”按钮，选择所需要增加的凭证类别“记”。

（3）在本书的第 4 章总账选项中已设置凭证编号由系统自动编号（不同的凭证类别，在每月初都重置号码为 1）。若未设置也可以手工录入凭证编号。

会计知识：记账凭证应连续编号，每月从第 1 号开始。

（4）系统自动提取该账套本年度该类凭证的最后一张凭证的日期作为制单日期，用户可以修改（如果设置制单序时控制功能，则在此不能往前更改日期。如果系统提示“制单日期不能置于系统日期之后”，则需要检查计算机的系统日期是否比制单日期小，若小则要更正过来）。“附单据数”输入该张凭证所附的单据数量。

（5）在摘要栏中输入信息“付生产部员工工资”（或单击摘要栏中的“浏览”按钮，选择预先设置好的常用摘要信息，常用摘要设置请参阅本书第 3 章中的常用摘要设置），如图 10-34 所示。

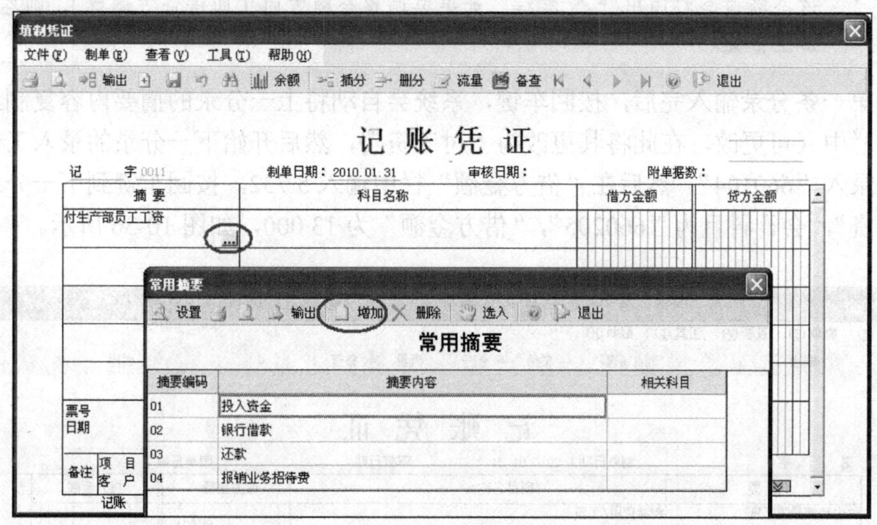

图 10-34

（6）在科目名称栏中，输入科目编码“510105（制造费用/工资）”，或单击其科目栏的“浏览”按钮进入“科目参照”窗口中选择科目，如图 10-35 所示。

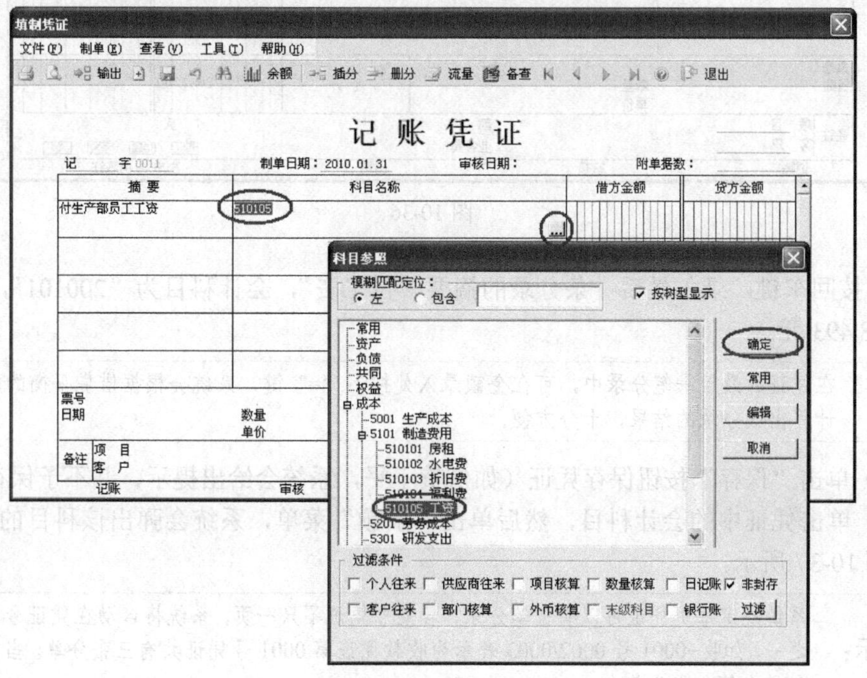

图 10-35

注：在“科目参照”窗口中，如果没有所需科目，可以直接在“科目参照”窗口中单击“编辑”按钮，进入新增科目设置窗口进行科目设置。

（7）在“借方金额”栏中输入 9 761。

提示：输入金额处，红线后为小数位，红线前为整数位。金额不能为 0。如果所录入的金额是负数（即红字）则在金额处按“–”，系统会显示金额为红字，但是打印该张凭证时，该金额前会打印出“-”字样。如果要调整金额方向（即借贷方调整），则在金额处单击空格键。

（8）第一条分录输入完后，按回车键，系统会自动将上一分录的摘要内容复制到下一分录的摘要栏中（可更改，在此将其更改为“付工资”），然后开始下一分录的录入工作，在会计科目处录入“660104”，然后在“借方金额”栏中输入 5 732，按回车键到下一分录，摘要为“付工资”，会计科目为“660205”，“借方金额”为 13 000，如图 10-36 所示。

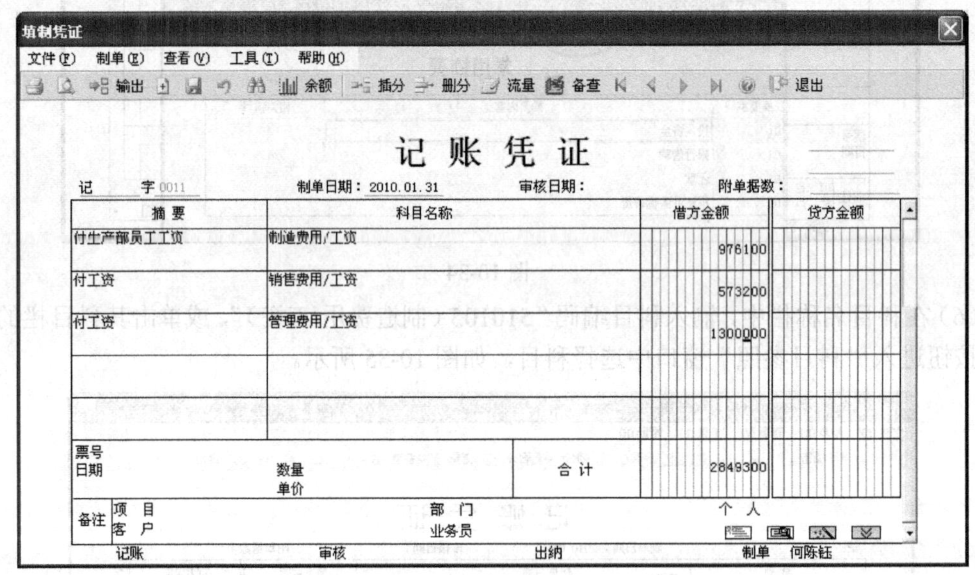

图 10-36

（9）按回车键，录入最后一条分录的摘要“付工资”，会计科目为“200101”，“贷方金额”为 28 493 元。

注：在凭证的最后一笔分录中，可在金额录入处按下“=”键，系统会根据借贷平衡的原则，自动计算出该分录的结果，十分方便。

（10）单击“保存”按钮保存凭证（如借贷不平，系统会给出提示，并不予保存）。

（11）单击凭证中的会计科目，然后单击“余额”菜单，系统会弹出该科目的余额一览表，如图 10-37 所示。

提示：系统规定每页凭证可以有五笔分录，若某号凭证不只一页，系统将自动在凭证号后标上几分之一，如收-0001 号 0002/0003 表示为收款凭证第 0001 号凭证共有三张分单，当前光标所在分录在第二张分单上。

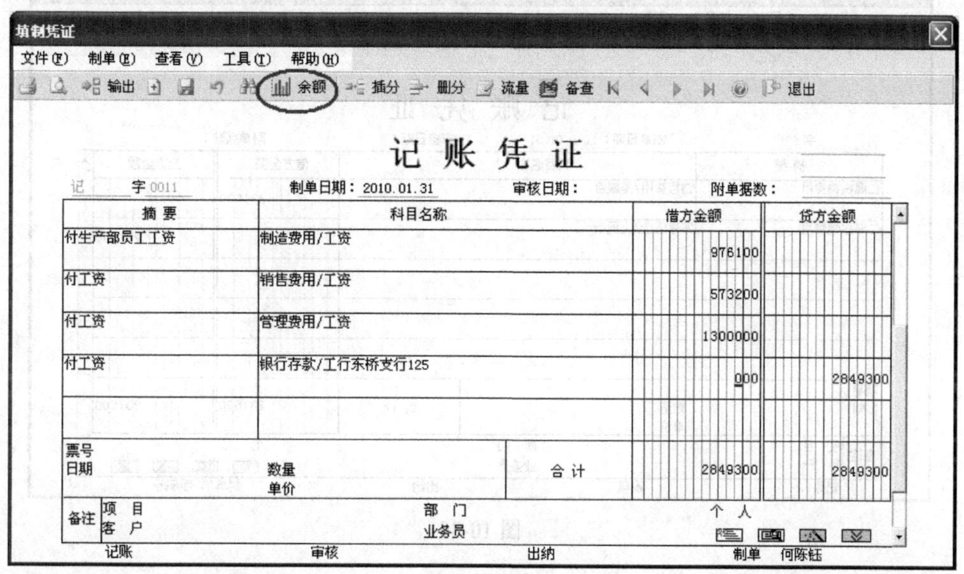

图 10-37

填制凭证时，会计科目如果是外币核算，系统会自动将凭证格式调整为外币核算的格式，如图 10-38 所示，可以手工修改外币汇率（在此次记账汇率修改为 0.861），系统会自动计算出本币金额，参照本书第 2 章中的“例 2-52”进行新增凭证生成。

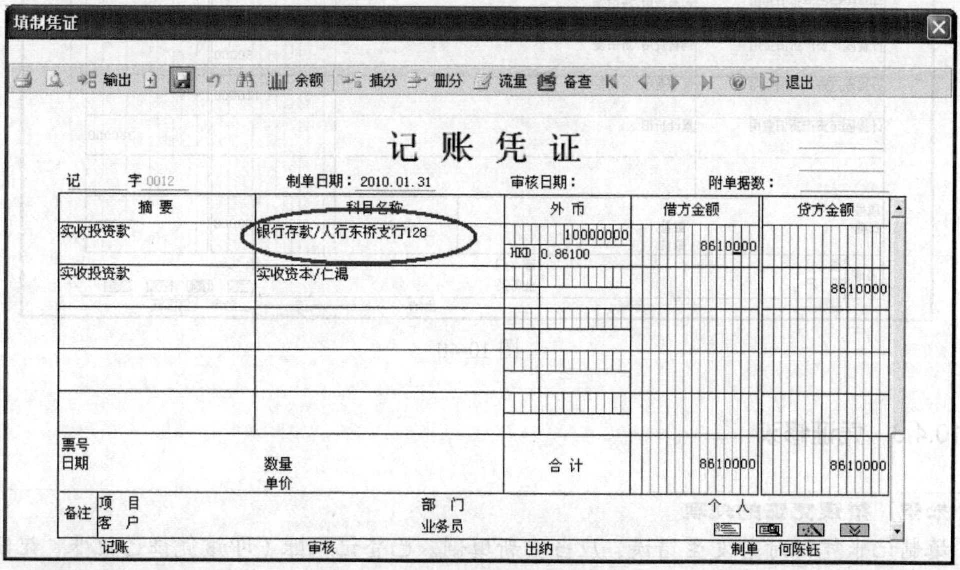

填制凭证

输出 余额 插分 删分 流量 备查 退出

记账凭证

记 字 0012 制单日期：2010.01.31 审核日期： 附单据数：

摘要	科目名称	外币	借方金额	贷方金额
实收投资款	银行存款/人行东桥支行128	10000000 HKD 0.86100	8610000	
实收投资款	实收资本/仁渴			8610000
票号 日期	数量 单价	合 计	8610000	8610000

备注 项 目 客 户 部 门 业务员 个 人

记账 审核 出纳 制单 何陈钰

图 10-38

参照本书第 2 章中的“例 2-53”进行新增凭证生成，如图 10-39 所示。

参照本书第 2 章中的“例 2-54”进行新增凭证生成，如图 10-40 所示。

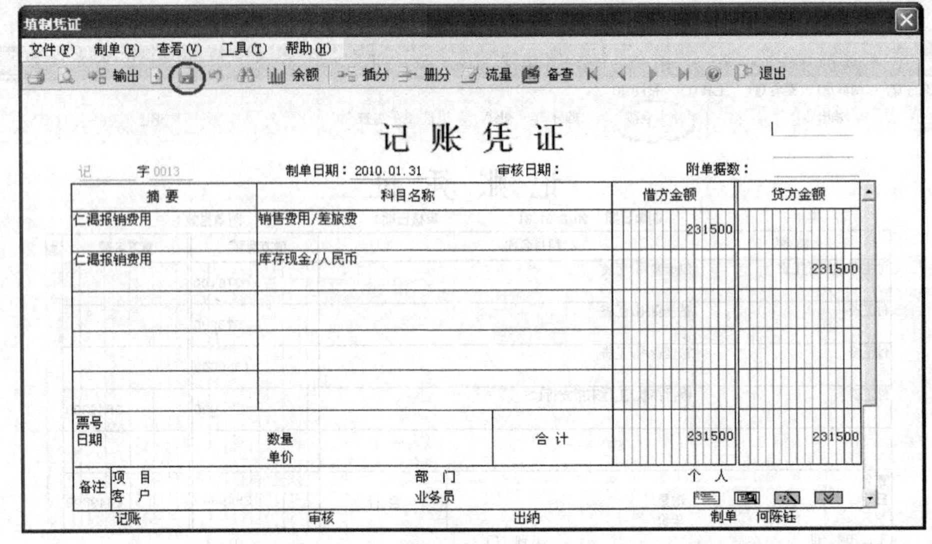

填制凭证

文件(F) 制单(E) 查看(V) 工具(T) 帮助(H)

输出 余额 插分 删分 流量 备查 退出

记 账 凭 证

记 字 0013 制单日期：2010.01.31 审核日期： 附单据数：

摘要	科目名称	借方金额	贷方金额
仁渴报销费用	销售费用/差旅费	231500	
仁渴报销费用	库存现金/人民币		231500
票号 日期	数量 单价 合 计	231500	231500

备注 项目 部门 个人 客户 业务员

记账 审核 出纳 制单 何陈钰

图 10-39

填制凭证

文件(F) 制单(E) 查看(V) 工具(T) 帮助(H)

输出 余额 插分 删分 流量 备查 退出

记 账 凭 证

记 字 0014 制单日期：2010.01.31 审核日期： 附单据数：

摘要	科目名称	借方金额	贷方金额
计提固定资产折旧费用	制造费用/折旧费	220000	
计提固定资产折旧费用	销售费用/折旧费	50000	
计提固定资产折旧费用	管理费用/折旧费	110000	
计提固定资产折旧费用	累计折旧		380000
票号 日期	数量 单价 合 计	380000	380000

备注 项目 部门 个人 客户 业务员

记账 审核 出纳 制单 何陈钰

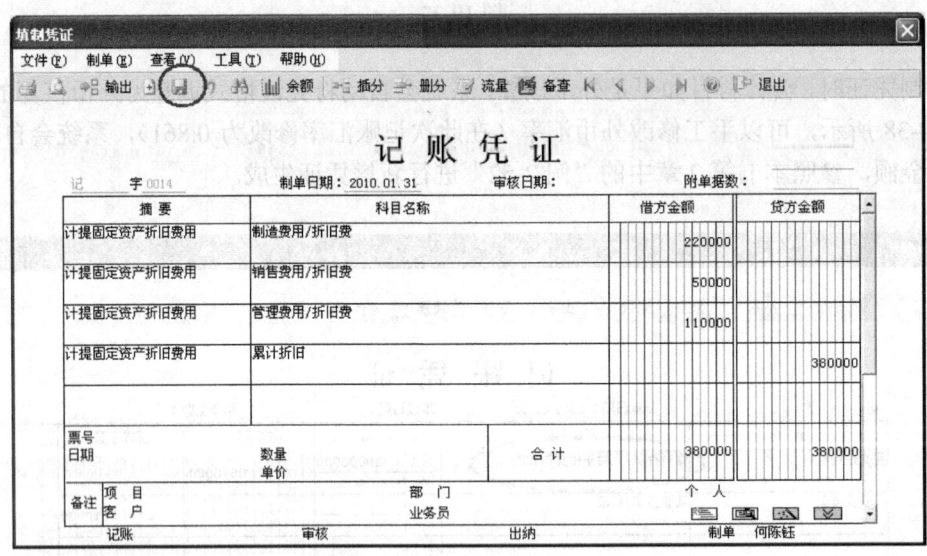

图 10-40

10.4.3 凭证修改

会计知识：错误凭证的处理

填制记账凭证时若发生错误，应当重新填制。已登记入账（即该凭证已记账，记账请参阅本章中的凭证记账）的记账凭证在当年内发现填写错误时，可以用红字填写一张与原内容相同的记账凭证，在摘要栏注明“注销某月某日某号凭证”字样，同时再用蓝字重新填制一张正确的记账凭证，注明“订正某月某日某号凭证”字样。如果会计科目没有错误，只是金额错误，也可以将正确数字与错误数字之间的差额另编一张调整的记账凭证。如果发现是以前年度记账凭证有错误，应当用蓝字填制一张正确的记账凭证。

提示：以上会计知识中所讲的是对填制记账凭证时发生错误的处理方法，更多用于手工填制凭证时，现在可以完全借助用友软件进行凭证修改，如当年的凭证已记账、月末结账，均可以使用反结账、反记账，然后再取消凭证审核，对凭证进行修改。如果填制错误的凭证已经打印并装订起来了，则最好使用冲销凭证进行处理。

（1）展开“凭证”菜单，单击“填制凭证”选项，在“填制凭证”窗口中单击“上张”或“下张”按钮，找到所需要修改的凭证，单击“修改”执行修改工作。另外也可以打开“填制凭证”窗口中的“查询”功能，录入查询条件，如图10-41所示。录完查询条件后，单击“确定”按钮，系统列出所有符合条件的凭证记录，双击需要修改的凭证记录，之后进行修改。

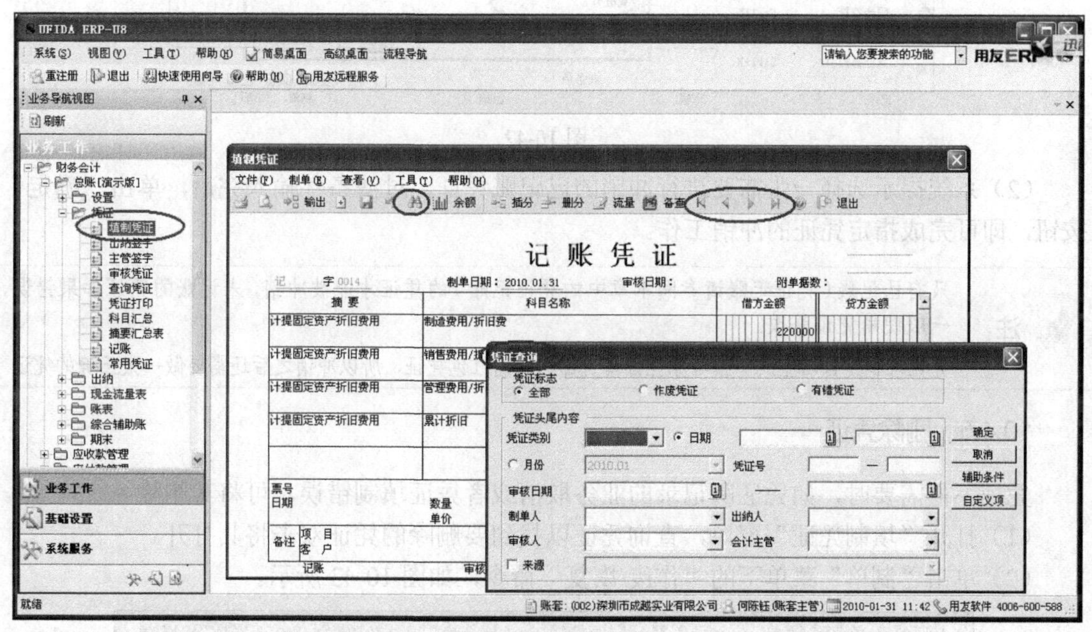

图 10-41

（2）如果科目有辅助项，则需要双击“填制凭证”窗口下边的“备注”栏打开“辅助项”录入窗口。

（3）要增加分录，将光标放在需要增加的分录前，单击“增行”按钮。单击“放弃”按钮可放弃刚才所做的修改操作，单击“保存”按钮可以保存修改后的分录。

注：已审核的凭证不能进行修改，取消审核之后方可进行修改。外部系统传过来的凭证不能在总账系统中修改，只能在生成该凭证的系统中进行修改，然后再传递到总账系统中。

10.4.4 冲销凭证

如果凭证填制错误，为了保留该记录，而不对其进行修改或删除（凭证已记账或会计月度已结账，就可能出现这种情况），则可使用冲销凭证，即做一张与该张凭证一模一样的红字凭证。

（1）打开“填制凭证”窗口中“制单”菜单，选择“冲销凭证”命令，系统弹出“冲销凭证”窗口，如图10-42所示。

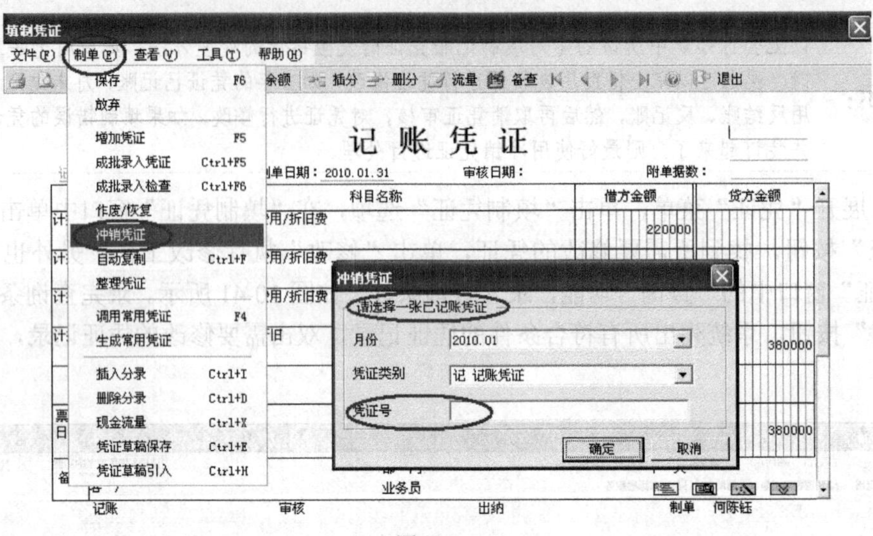

图 10-42

（2）系统提示选择一张需要进行冲销的已记账凭证，过滤条件输入完后，单击“确定”按钮，即可完成指定凭证的冲销工作。

注：只有已记账（凭证记账请参阅本章中的凭证记账）的凭证才能被冲销，未记账的凭证如果错误，一般使用凭证修改。

凭证冲销是自动生成一张与原凭证借贷都相同的红色凭证，所以冲销之后还需要做一张正确的凭证。

10.4.5 删除凭证

凭证不再需要时，如凭证所记录的业务取消或者凭证填制错误，可将其删除。

（1）打开“填制凭证”窗口，查询凭证以找到要删除的凭证双击将其打开。

（2）单击“制单”菜单下的“作废/恢复”命令，如图 10-43 所示。

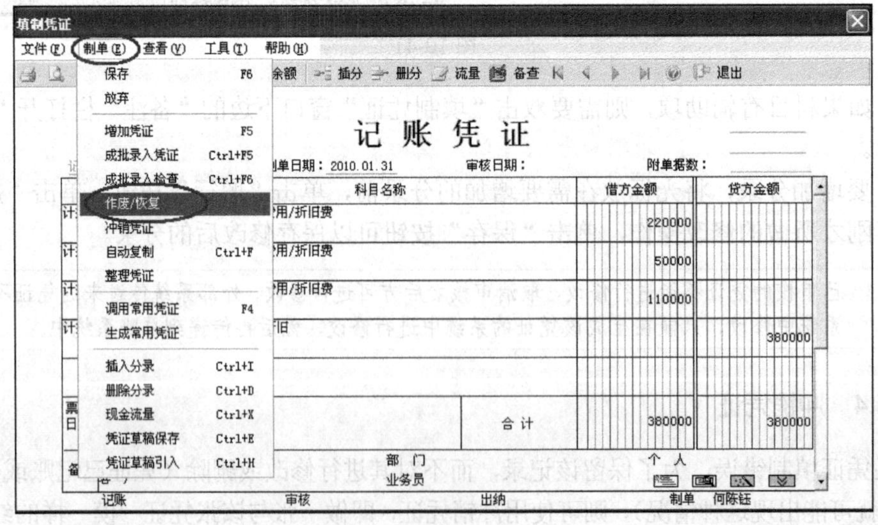

图 10-43

该凭证被标上“作废”字样，原凭证中的数据内容不变，但不能修改，不能审核。

注：作废凭证需参与记账，否则无法结账。作废凭证不做数据处理，相当于空白凭证，在做账簿查询时，不显示该张凭证的数据，但仍然占有该张凭证号。

（3）在已有“作废”字样的凭证上，再次单击“作废/恢复”命令，可以取消对该张凭证的作废操作，使其回到正常凭证状态，这类似于从 Windows 操作系统的回收站中将删除的文件还原。

（4）单击“制单”菜单下的“整理凭证”命令，系统提示选择需整理凭证的期间（以月份为选择），如图 10-44 所示。

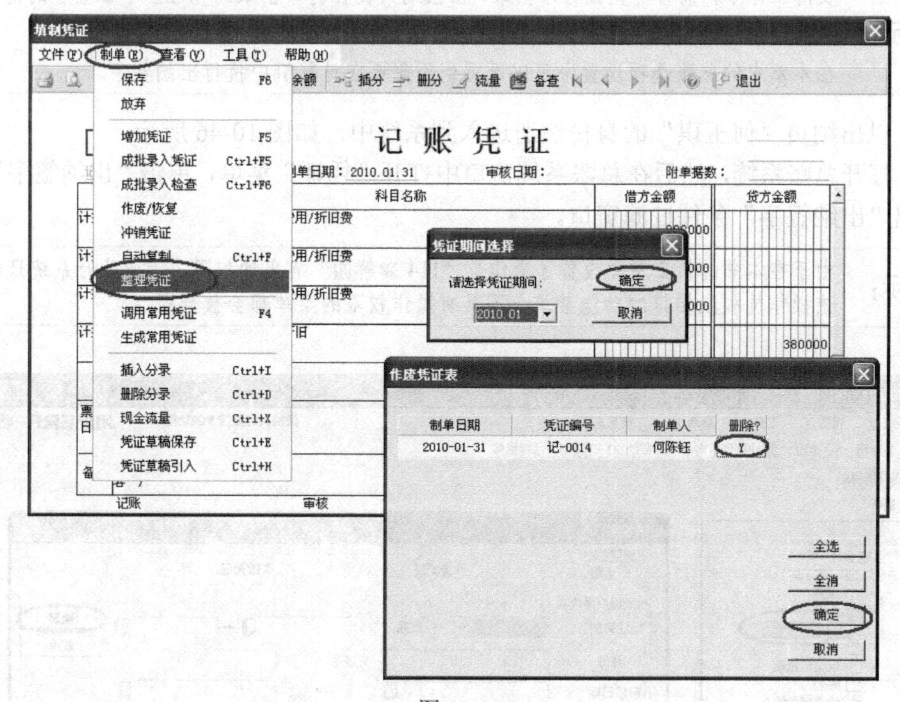

图 10-44

（5）选择好凭证期间后，单击“确定”按钮，系统弹出“作废凭证列表”，该表中列出来在该凭证期间中有“作废”字样的凭证，在此可选择需要删除的作废凭证，然后单击“确定”按钮，系统提示对未记账凭证是否重新编号？并且可以选择重新编号时的方式，如图 10-45 所示，单击“是”按钮则整理，单击“否”按钮则不整理。

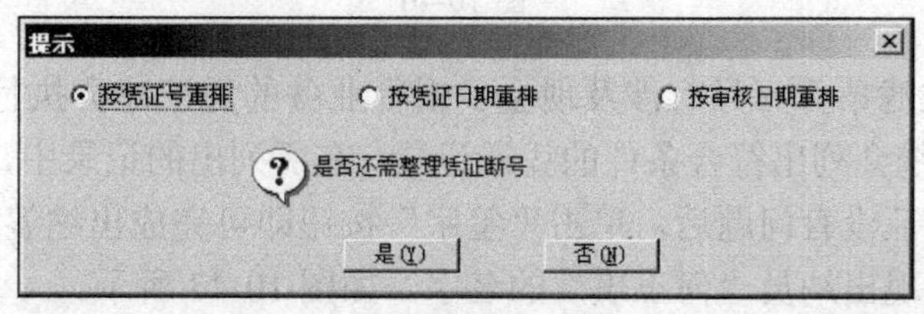

图 10-45

提示：凭证整理时，如有凭证（如 003 号凭证）被删除，则该凭证号（003）会自动为断号，如果选择了重新整理断号，则系统将后面的凭证号全部往前移动（将 004 号凭证的凭证号更改为 003 号凭证）。如果在整理凭证之前，凭证已经打印出来，最好就不要再整理断号了，因为这样会造成系统中的凭证编号和已打印出来的凭证编号错位。

10.4.6 出纳签字

出纳人员管理着企业现金的收入与支出，为了加强对出纳凭证的管理，出纳人员可以通过出纳签字功能，对制单员填制的带有现金银行科目的凭证进行检查核对。核对的主要内容是出纳科目金额，对有错误或异议的凭证，应交填制人员修改，之后要再次核对。如果设置了出纳凭证必须由出纳签字，则未经过出纳签字的凭证不能进行审核。

提示：实际工作中，也有将凭证打印出来，由出纳人员在打印出来的凭证上手工签字的情况，是手工签字还是在计算机中签字可根据实际情况而定。

在本章中的总账选项设置中可以设置是否需要在计算机中执行出纳签字。

（1）以出纳员“何玉琪”的身份注册进入到系统中，如图10-46所示。

（2）打开总账系统，然后在总账系统窗口中打开“凭证”菜单，单击“出纳签字”选项，系统弹出“出纳签字”条件过滤窗口。

提示：由于在本书的第2章中设置了操作员“114 龚解园”有出纳权限，因此此时系统只会显示与该操作员权限相符的功能菜单，不具有操作权限的菜单都会被屏蔽。

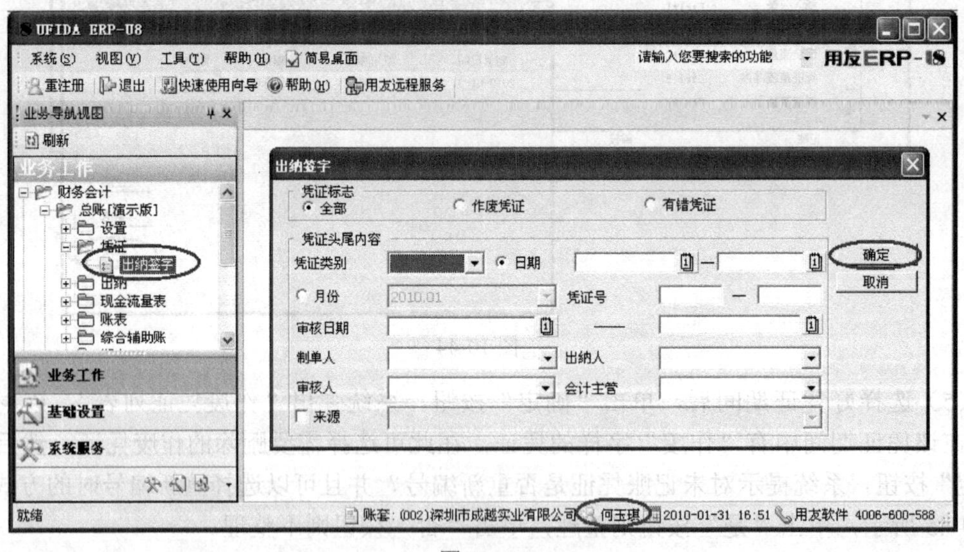

图 10-46

（3）输入凭证过滤条件（只有涉及现金、银行业务的凭证才会执行出纳签字操作），单击“确定”按钮，系统会列出符合条件的凭证记录，在所列出的记录中，双击打开该张凭证，出纳人员确认该张凭证没有问题后，单击“签字”按钮即可完成出纳签字操作，在该张凭证的出纳签字栏中会出现出纳员“何玉琪”的名字，如图10-47所示。

注：要对已签字的凭证取消签字，可单击“取消”按钮。凭证一经签字，就不能被修改、删除，只有取消签字后才可以进行修改或删除，取消签字只能由签字的出纳人员完成。

（4）对于大批的凭证需要出纳签字的情况，可在“出纳签字”窗口中打开“出纳”菜单，选择其下面的“成批出纳签字”功能。反之，也可以选择“成批取消签字”功能成批取消已完成出纳签字的凭证，如图 10-48 所示。

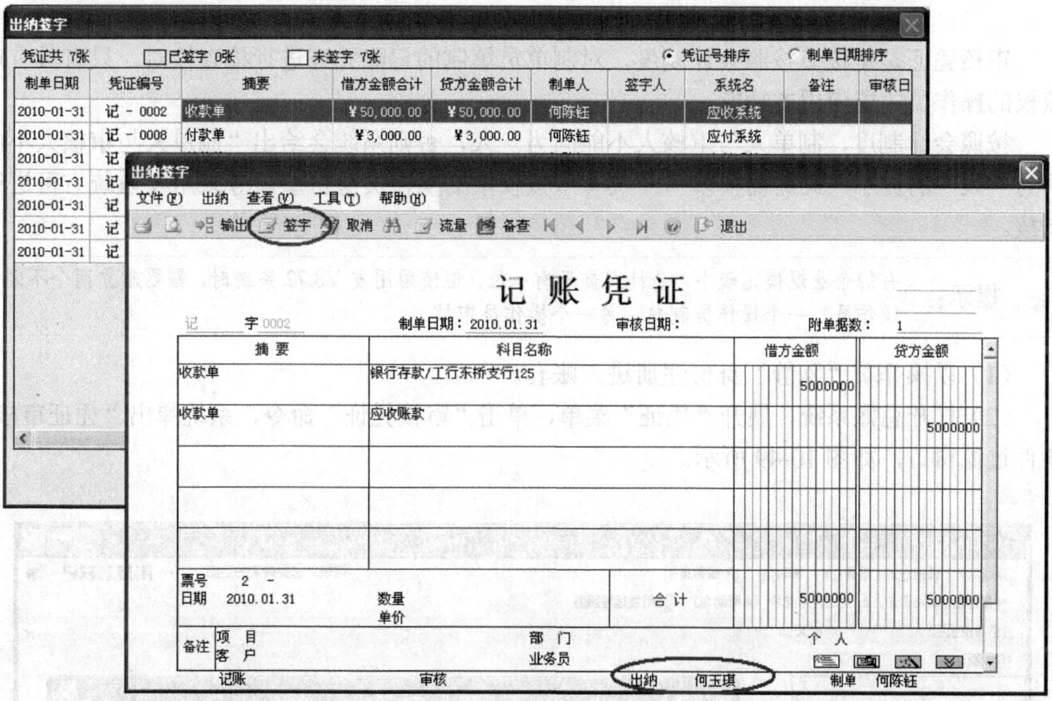

图 10-47

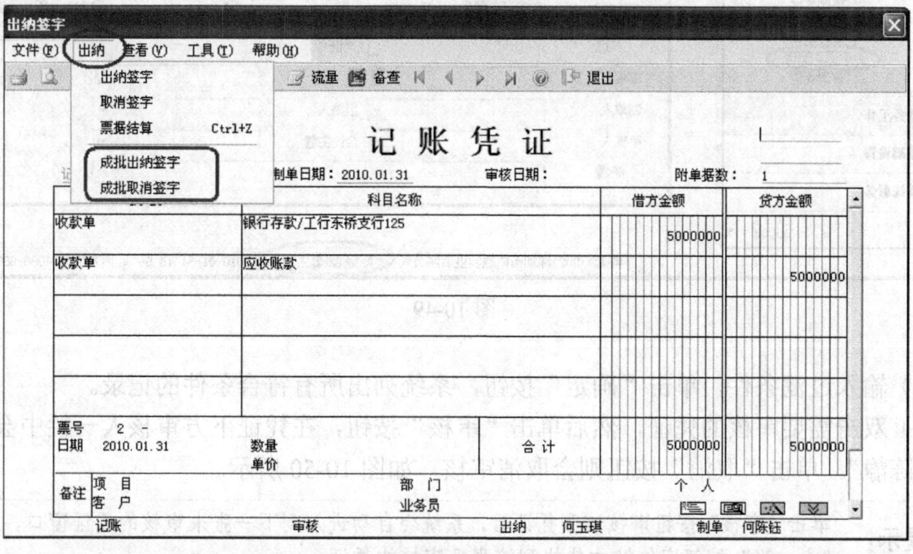

图 10-48

 提示：在许多企业中为加强对会计人员制单的管理，常采用主管会计签字后凭证才有效的管理模式，因此用友 V8.72 系统中提供“主管签字”这种核算方式，即其他会计人员制作的凭证必须经主管签字后才能记账。主管签字方式与出纳签字方式操作一样，在此不作详细说明。

10.4.7 凭证审核

审核凭证是审核员按照会计制度，对制单员填制的记账凭证进行检查核对。只有具有审核权的操作员才能使用本功能。

按照会计制度，制单人与审核人不能同为一人，否则系统会给出“制单人与审核人不能同为一人”的提示，此时需要以另一具有审核权限的操作员身份重新登录用友系统方可进行审核。

提示：有的企业规模比较小，会计人员只有一位，但使用用友 V8.72 系统时，需要建立两个不同的操作员，一个操作员制单，另一个操作员审核。

（1）以操作员“陈静”身份注册进入账套。

（2）打开总账系统，展开“凭证”菜单，单击“审核凭证”命令，系统弹出“凭证审核”条件过滤窗口，如图 10-49 所示。

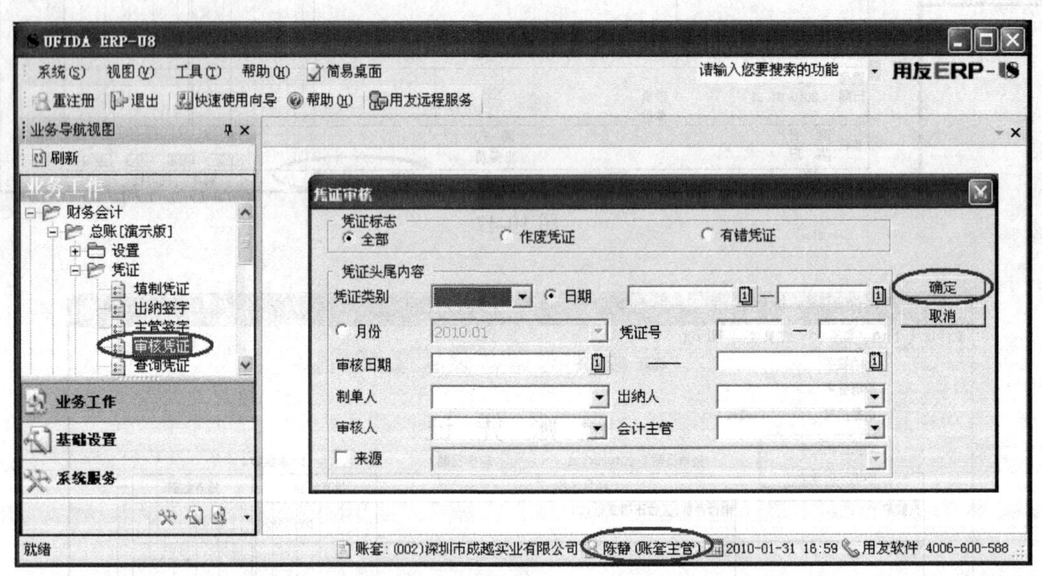

图 10-49

（3）输入过滤条件，单击“确定”按钮，系统列出所有符合条件的记录。

（4）双击需要审核的凭证，然后单击“审核”按钮，在凭证下方审核人一栏中会出现操作员“陈静”。单击“取消”按钮则会取消审核，如图 10-50 所示。

提示：单击“审核”按钮审核该张凭证后，系统会自动进入到下一张未审核的凭证窗口，所以单击“上一张”按钮定位键才能找到该张已审核的凭证。

（5）在“审核凭证”窗口中，也可以选择“审核”菜单中的“成批审核凭证”选项，进行成批凭证审核，如图 10-51 所示。

（6）如果审核时发现凭证有错，可单击“标错”按钮，先进行标错，然后再修改，再次单击“标错”按钮则取消该张凭证的标错。

凭证审核后不能修改与删除，只有取消审核后才可以。

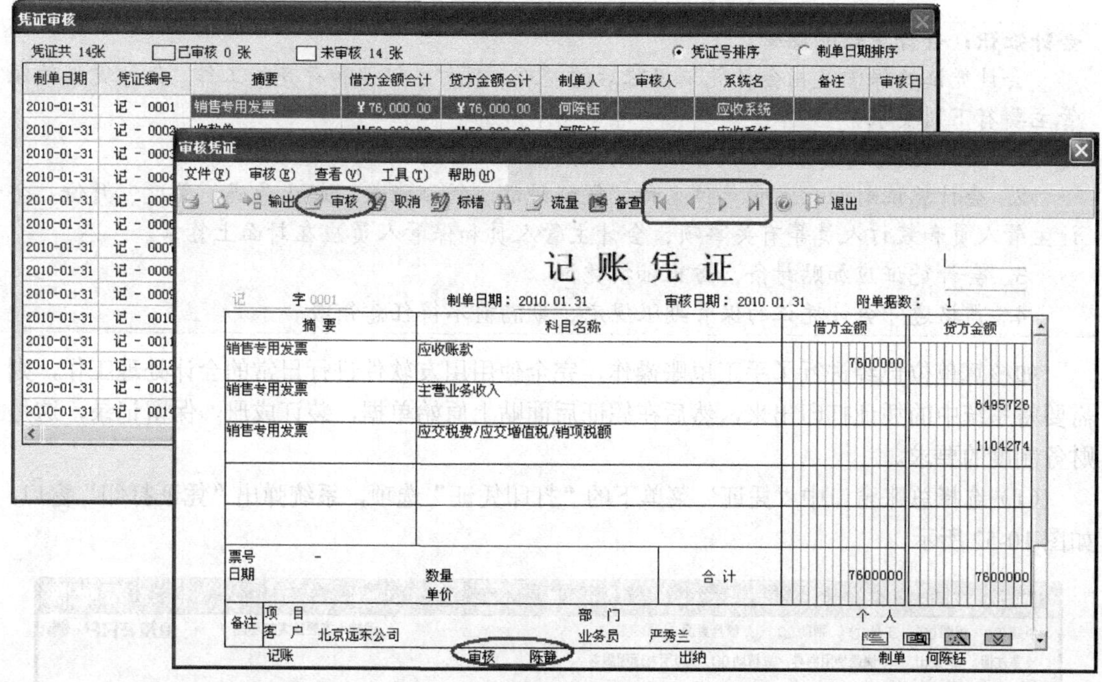

图 10-50

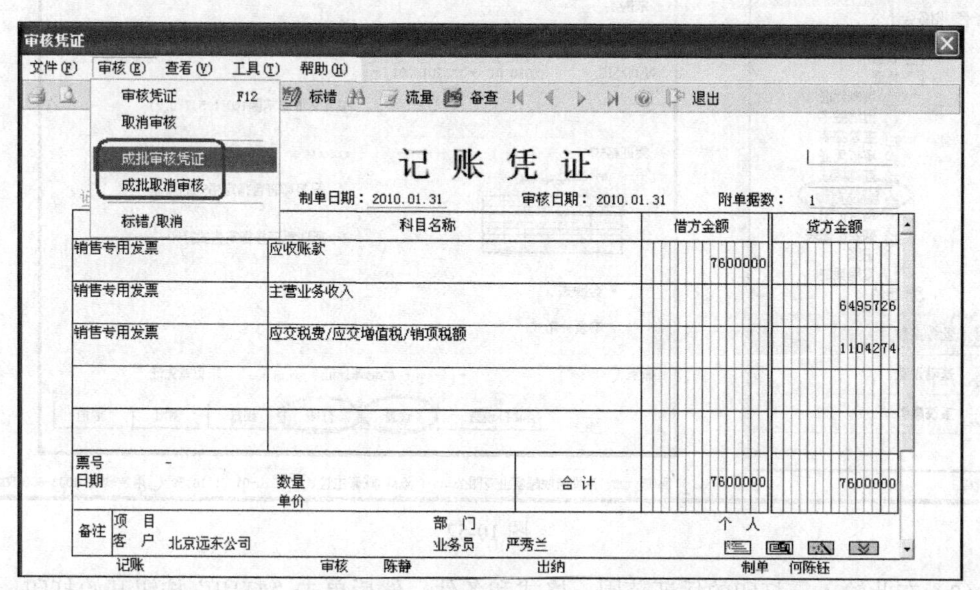

图 10-51

注：如果在总账选项中设置了出纳凭证须由出纳签字，则出纳凭证必须由具有出纳签字权限的操作员签字后才能进行审核。

10.4.8 凭证打印

会计知识：会计凭证的保管

会计凭证的保管是指会计凭证记账后的整理、装订、归档和存查等工作。会计凭证的保管主要有下列要求：

1. 会计凭证应定期装订成册，防止散失。
2. 会计凭证封面应注明单位名称、凭证种类、凭证张数、起止号码、年度、月份、会计主管人员和装订人员等有关事项，会计主管人员和保管人员应在封面上签章。
3. 会计凭证应加贴封条，防止抽换凭证。
4. 严格遵守会计凭证的保管期限规定，期满前不得任意销毁。

如核算单位已经进行了手工甩账操作，完全使用用友软件进行日常的会计处理工作，则需要将系统中的凭证打印出来，然后在凭证后面贴上原始单据，装订成册，保留记录，这是财务制度的要求。

（1）选择总账窗口中“凭证”菜单下的“打印凭证”选项，系统弹出“凭证打印”窗口，如图 10-52 所示。

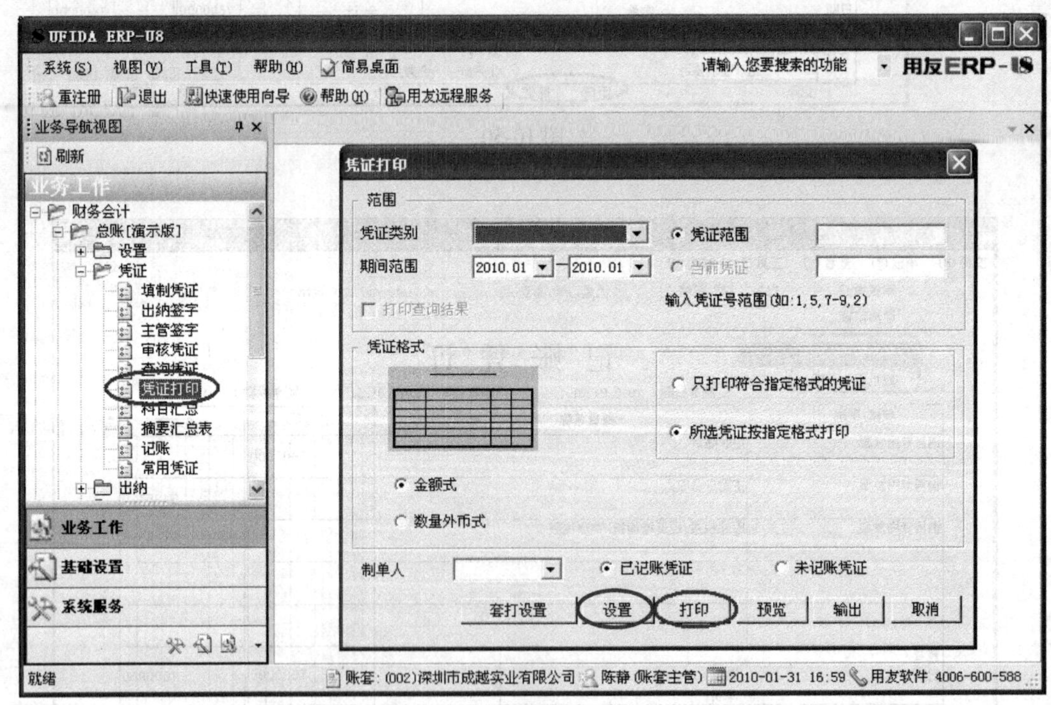

图 10-52

（2）在此输入需打印的凭证范围、格式和条件，然后单击“打印”按钮开始打印。也可以单击“设置”按钮进行打印方面的设置，如纸张大小、类型等。

10.4.9 凭证记账

记账是将已审核之后的凭证记录到具有账户基本结构的账簿中去，也称为登账或过账，是财务业务中重要的一环。记账凭证审核签字后，即可用来登记总账、明细账、日记账、部门账、往来账、项目账以及备查账等。记账采用向导方式，记账过程更加明确。

会计知识：会计账簿

通过填制和审核记账凭证，可以核算和监督企业每天经济业务的发生和完成情况，但是随着凭证的增加，资料众多，不能对某一时期内发生的相同类别的经济业务进行集中的记载和反映，所以就需要使用记账处理。

会计账簿是指由一定格式账页组成的，依据经过审核的记账凭证，全面、系统和连续地记录各项经济业务的簿籍。

1. 记账

（1）以操作员“陈静”的身份登录用友，选择“凭证”菜单下的“记账”选项，系统弹出“记账”窗口，如图 10-53 所示。

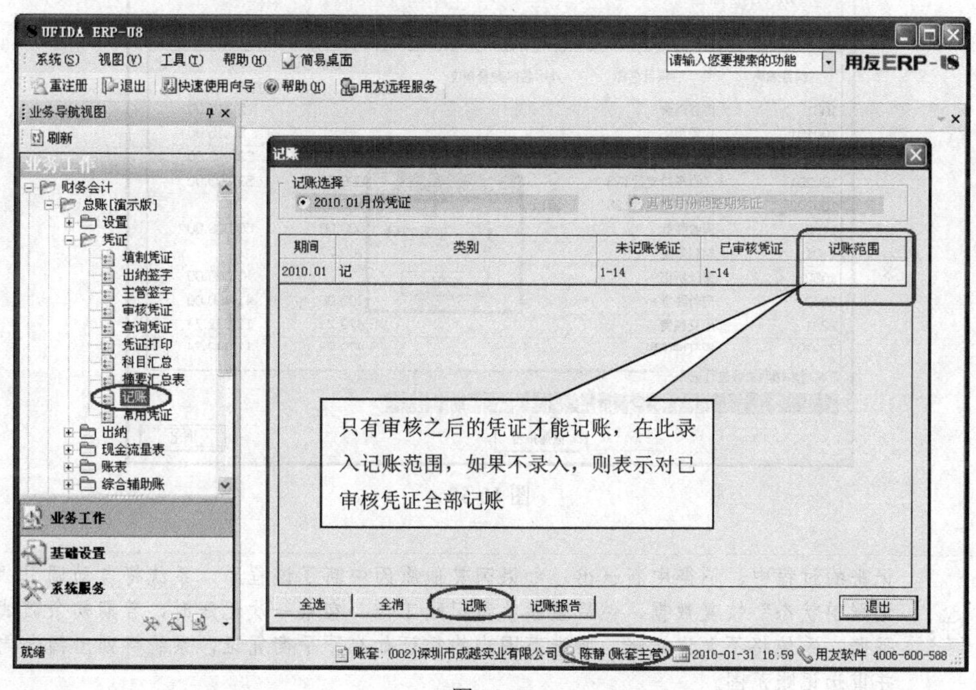

图 10-53

系统默认进入“1.选择本次记账范围”处理，在“选择本次记账范围”栏中输入记账的凭证范围，范围之间可用“–”或“,”隔开。

提示： 绿色表示上月未结账凭证，白色表示已审核凭证，只有白色的才是可以输入的记账范围。没有填制期初余额、填制了期初余额而试算不平衡，或者上月的凭证有未记账等情况时，本月的凭证都不可记账，系统提示为“无可记账凭证”；作废凭证不需要审核，可以直接记账。

（2）单击“记账”按钮，系统给出“期初试算平衡表”，如图 10-54 所示。

（3）单击“确定”按钮，系统开始记账，如图 10-55 所示，最后系统显示“记账完毕”。

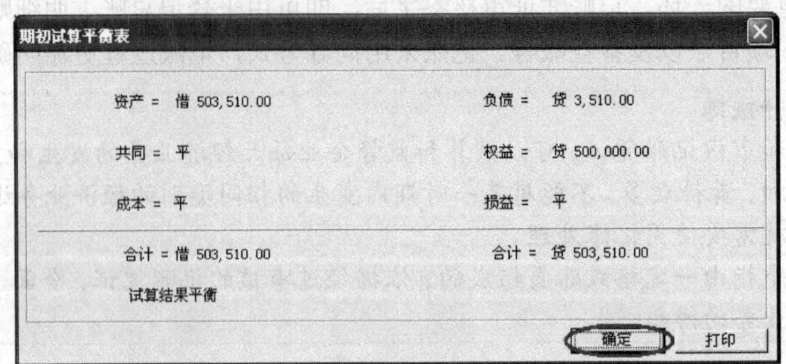

图 10-54

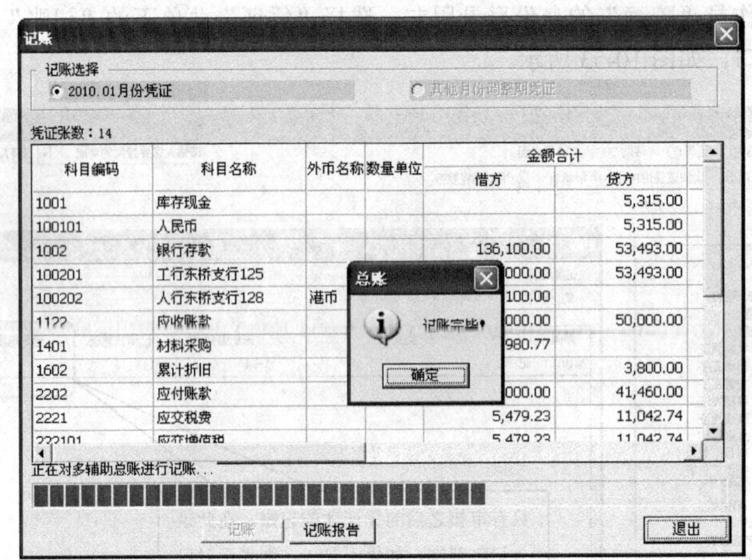

图 10-55

注：记账的过程中，不得中断退出，如果因其他原因中断了该程序，系统将自动调用“恢复记账前状态”恢复数据，然后重新执行记账工作。在第一次记账时，若期初余额试算不平衡，系统将不允许记账。所选范围内的凭证如有不平衡凭证，系统将列出错误凭证，并重选记账范围。

2．恢复记账前状态

如果因为某种需要，需要取消记账，比如要修改凭证，由于经过记账的凭证不能取消审核（凭证不能取消审核，自然也不能对其进行删除和修改），所以在实际工作中，有可能会遇到取消记账的情况（即恢复记账前状态），用友软件提供“恢复记账前状态”选项。

（1）展开“期末”菜单，单击“对账”选项，系统弹出“对账”窗口，在此按“Ctrl+H”组合键，系统弹出“恢复记账前状态功能已被激活”提示信息，单击“确定”按钮，此时在“凭证”菜单下也同时出现了一个新的菜单“恢复记账前状态”（在对账状态下，如果再按“Ctrl+H”组合键，或者退出用友系统后再进入，该菜单都会隐藏），如图 10-56 所示。

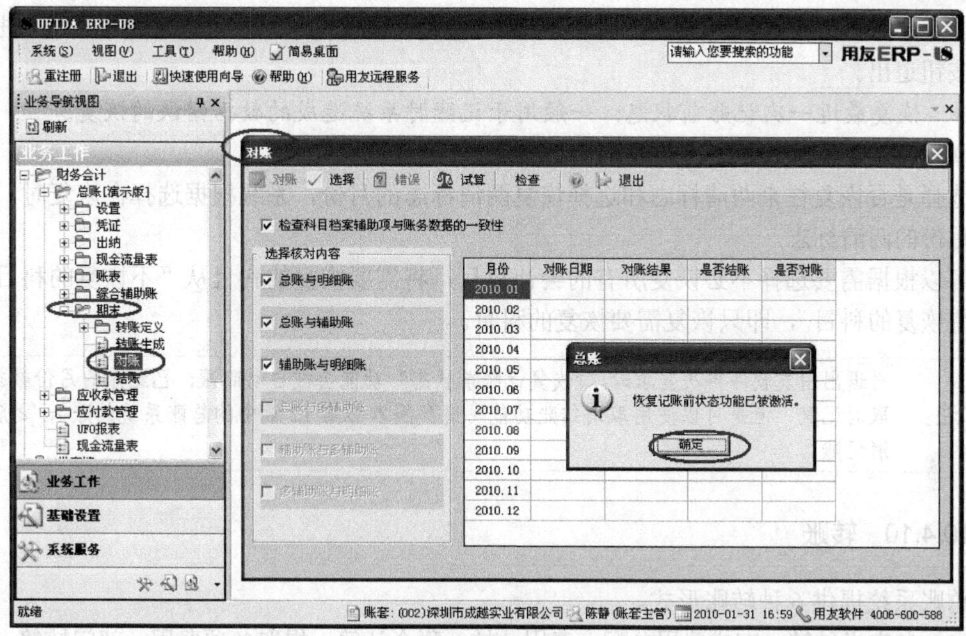

图 10-56

（2）打开“凭证”菜单，单击“恢复记账前状态”选项，系统弹出“恢复记账前状态”窗口，如图 10-57 所示。

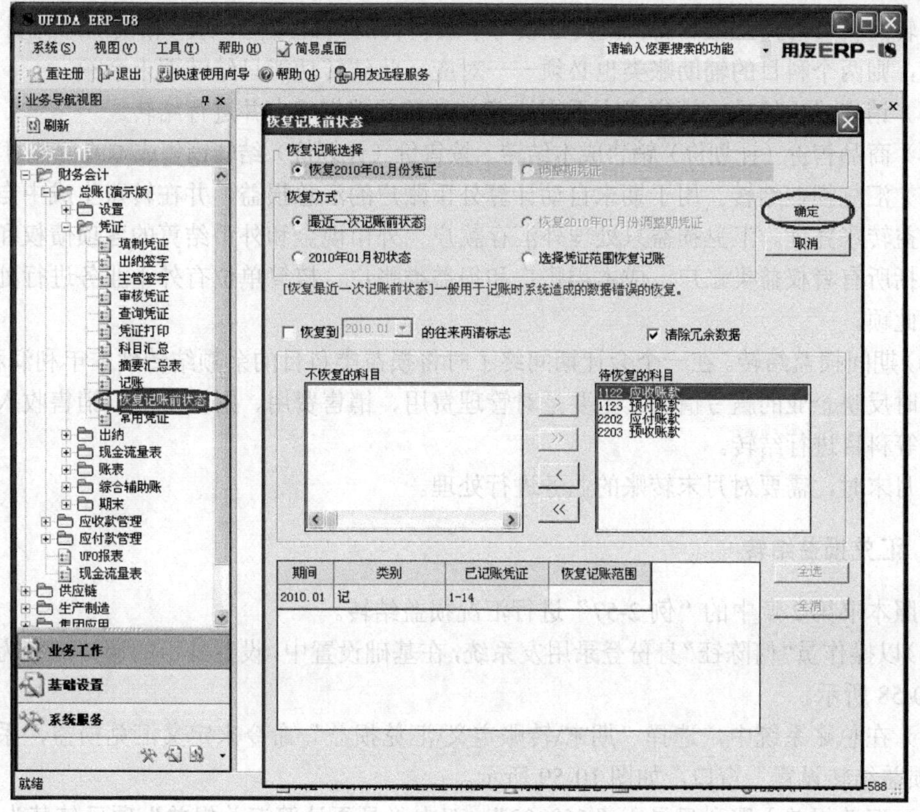

图 10-57

（3）选择所需要的恢复方式，单击“确定”按钮，出现提示“恢复记账完毕！”，单击“确定”按钮退出。

- 恢复最近一次记账前状态：一般用于记账时系统造成的数据错误的恢复。
- 恢复上个月初状态：恢复到上个月初未记账时的状态。

选择是否恢复往来两清标志和选择恢复两清标志的月份，系统根据选择在恢复时，清除恢复月份的两清标志。

可以根据需要选择不必恢复所有的会计科目，将需要恢复的科目从“不恢复的科目”选入“待恢复的科目”，即只恢复需要恢复的科目。

注：当退出用友软件再次登录时，“恢复记账前状态”功能会被自动隐藏；已结账的月份数据不能取消记账，但是可以使用取消结账功能（请参阅本书第 12 章中的总账系统结账），之后再取消记账。

10.4.10 转账

总账系统提供 6 种转账形式。

（1）自定义结转。完成费用分配、费用分摊、税金计算、提取各项费用、部门核算、项目核算、个人核算、客户核算和供应商核算的结转。如果往来业务是在应收、应付系统中处理的，那么，在总账系统中不能按客户、供应商辅助项进行结转，只能按科目总数进行结转。

（2）对应结转。系统可以进行两个科目的一对一结转，也可以进行科目的一对多结转。对应结转的科目可为上级科目，但其必须与下级科目的科目结构一致（相同明细科目），如辅助核算，则两个科目的辅助账类也必须一一对应。此结转功能只结转期末余额。

（3）销售成本结转。销售成本系统计算各类商品销售成本并进行结转。

（4）商品售价（计划价）销售成本结转。按售价（计划价）结转销售成本或调整月末成本。

（5）汇兑损益结转。用于期末自动计算外币账户的汇总损益，并在转账生成中自动生成汇总损益转账凭证。汇兑损益只处理外汇存款户、外币现金和外币结算的各项债权和债务，而不包括所有者权益类账户、成本类账户和损益类账户。核算单位有外币业务进行处理时方能使用此项。

（6）期间损益结转。在一个会计期间终了时将损益类科目的余额结转到本年利润科目中，从而及时反映企业的赢亏情况。主要是对管理费用、销售费用、财务费用、销售收入和营业外收支等科目进行结转。

在月末时，需要对月末转账的业务进行处理。

1. 汇兑损益结转

参照本书第 2 章中的“例 2-57”进行汇况损益结转。

（1）以操作员“何陈钰”身份登录用友系统，在基础设置中，设置外币的调整汇率为 0.863，如图 10-58 所示。

（2）在总账系统中，选择“期末\转账定义\汇兑损益”命令来定义汇兑损益，系统弹出“汇兑损益结转设置”窗口，如图 10-59 所示。

（3）汇兑损益入账科目录入“660303”，双击“是否计算汇兑损益”项目使其为“Y”，单击“确定”按钮完成汇兑损益转账定义。

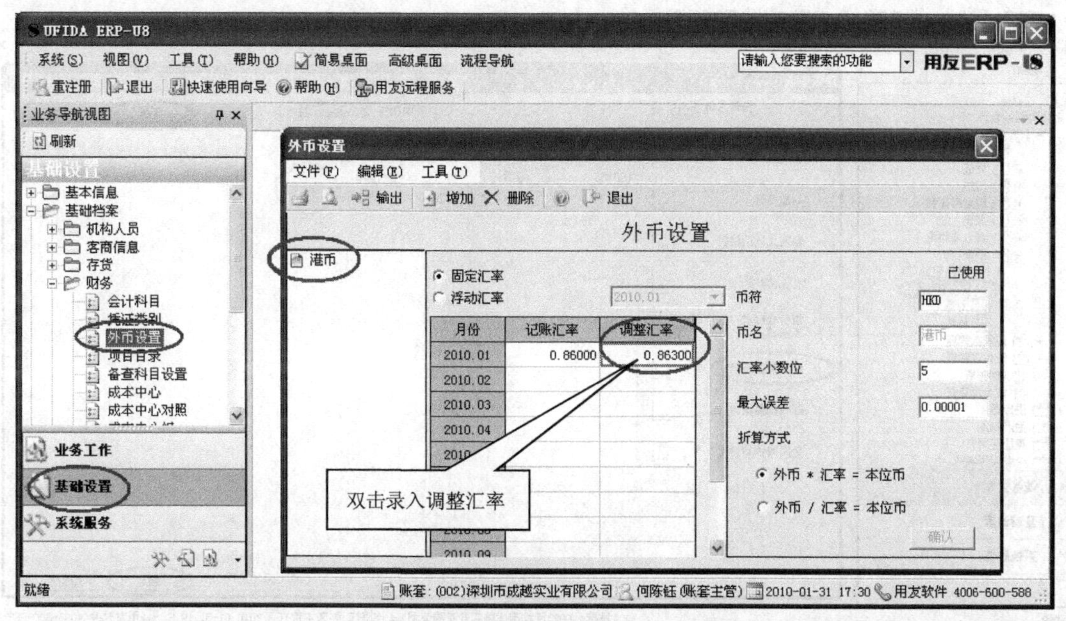

图 10-58

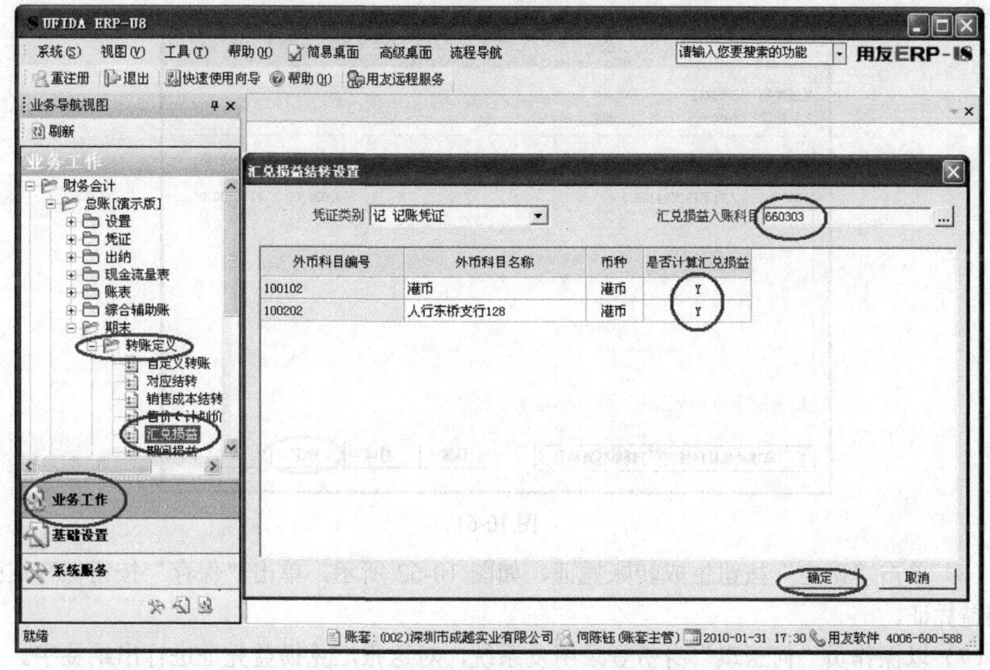

图 10-59

（4）在总账系统中，选择“期末\转账生成”命令，系统弹出“转账生成”窗口，如图 10-60 所示。

（5）选择“汇兑损益结转”命令，单击“全选”按钮，单击“确定”命令，系统生成“汇兑损益试算表”，如图 10-61 所示。

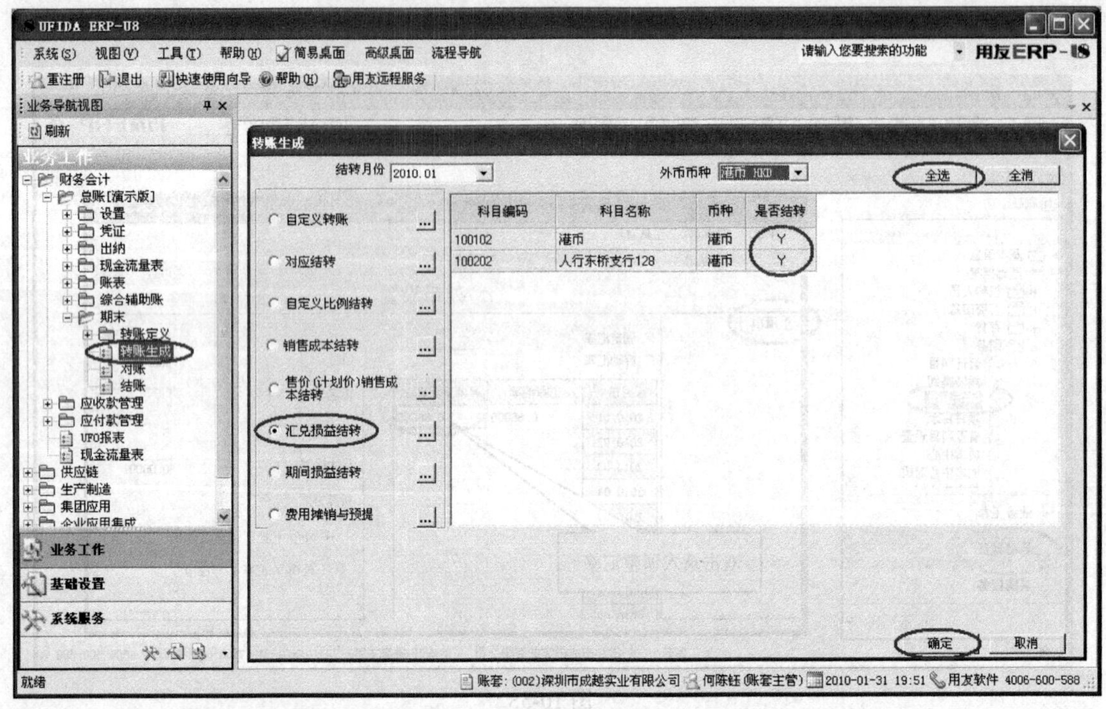

图 10-60

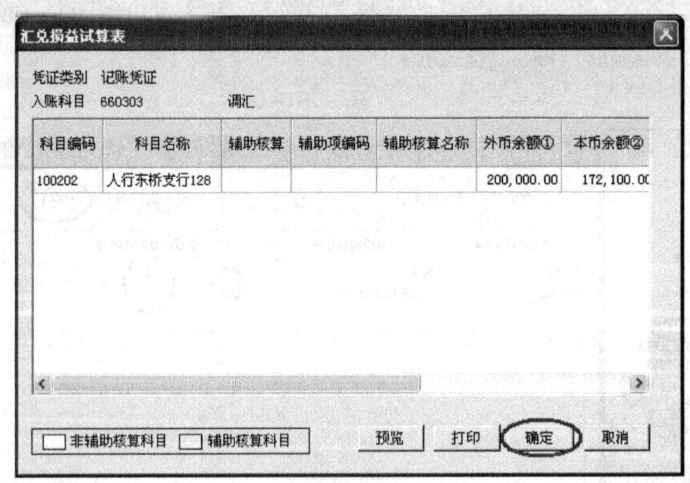

图 10-61

（6）单击“确定”按钮生成转账凭证，如图 10-62 所示，单击“保存”按钮保存这张汇兑损益凭证。

（7）以操作员“何玉琪”身份登录用友系统，对这张汇兑损益凭证进行出纳签字。

（8）以操作员“陈静”身份登录用友系统，对这张汇兑凭证进行审核和记账。

2．期间损益结转

（1）以操作员“何陈钰”身份登录用友系统，选择“期末\转账定义\期间损益”命令来定义期间损益结转方式，系统弹出“期间损益结转设置”窗口，如图 10-63 所示。

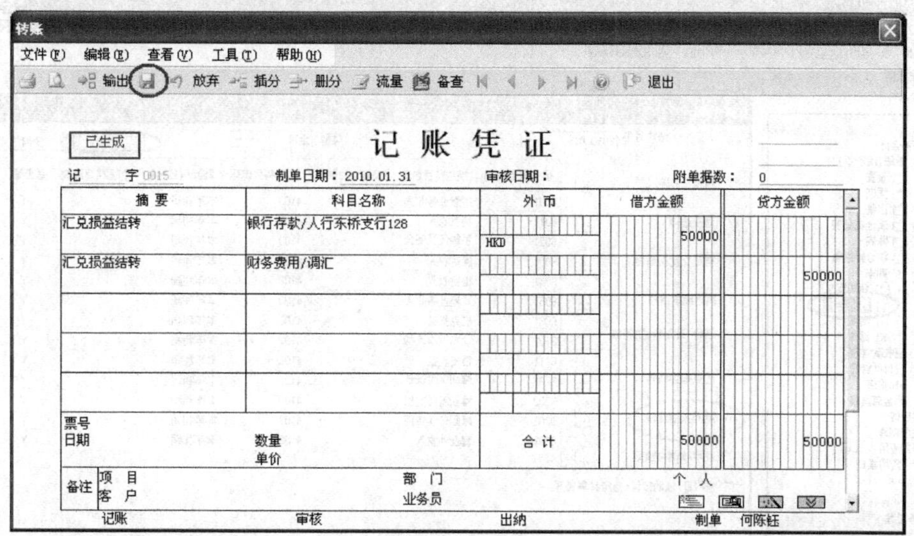

图 10-62

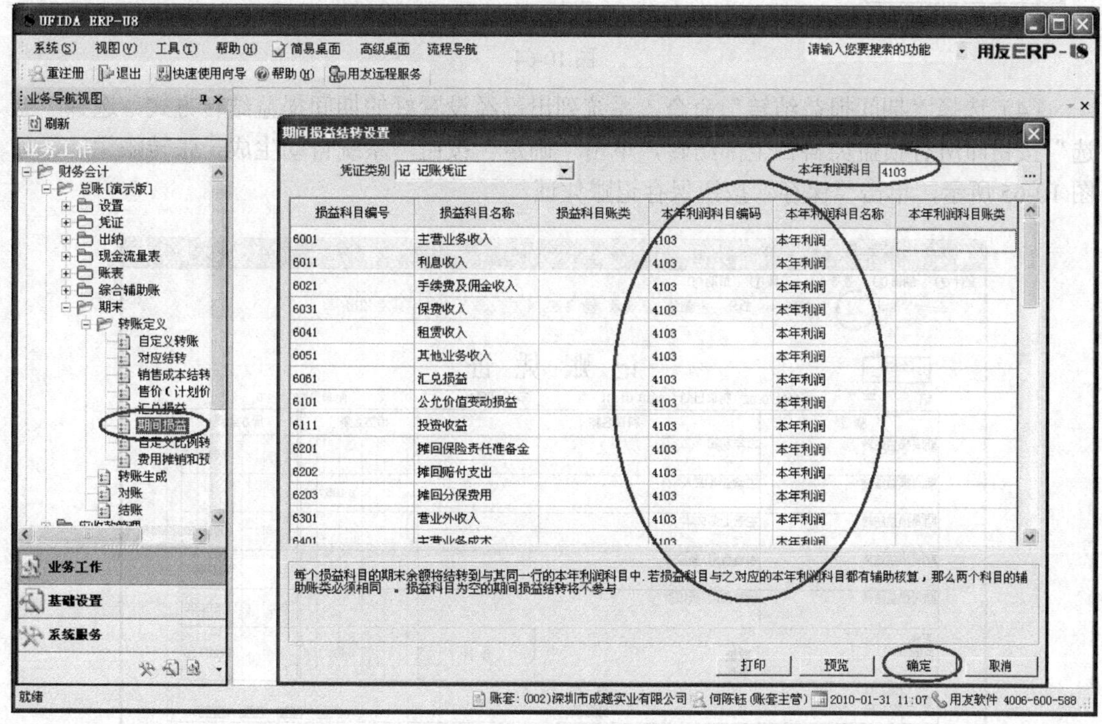

图 10-63

（2）选择本年利润科目（4103 本年利润），单击“确定”按钮完成设置。

提示：如果后期新增加了损益科目，需要再到这里（期间损益结转设置）重新设置，这样新增加损益科目的数据才能结转到本年利润科目里。

（3）选择“期末\转账生成”命令，系统弹出“转账生成”窗口，如图 10-64 所示。

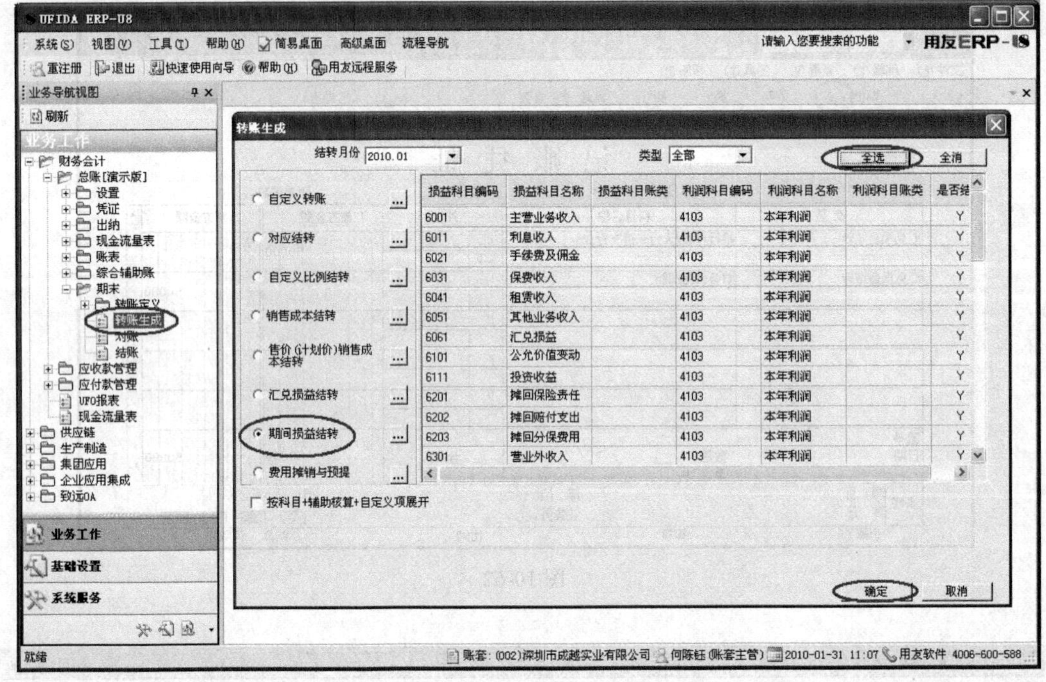

图 10-64

（4）选择“期间损益结转”命令，系统列出已经设置好的期间损益结转方式，选择“全选”按钮即所有损益类科目全部结转，单击“确定”按钮，系统自动生成一张转账凭证，如图 10-65 所示，单击“保存”按钮保存记账凭证。

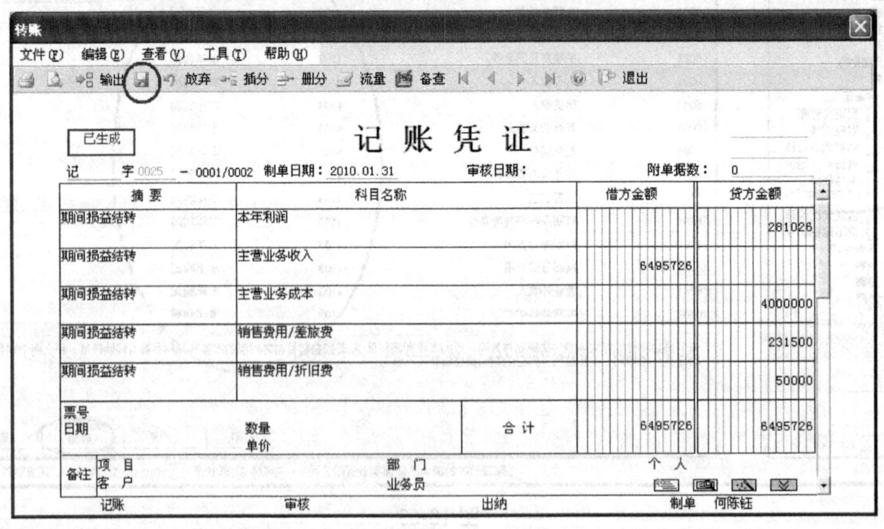

图 10-65

提示：由于转账凭证只能对已经审核并记账的科目进行结转，如果涉及到损益类科目的凭证还没有审核和记账，则需要先审核和记账之后才能转账。

（5）以操作员“陈静”的身份登录用友系统，对所生成的转账凭证进行审核、记账。

第 11 章　财务账簿和报表

本章学习重点

- 录入会计科目的期初余额
- 填制、审核、记账凭证
- 现金、银行账管理
- 账簿查询

财务账簿在总账系统中查询，以操作员“何陈钰”身份登录用友系统，打开总账系统进行操作。

11.1　总账系统账表查询

制单、审核和记账（如果在查询或打印时选择未记账功能也可）之后，系统就可以生成正式的会计账簿，可以进行查询、统计和打印等操作。

11.1.1　科目汇总表

（1）打开“凭证”下的“科目汇总”命令，系统弹出“科目汇总”条件录入窗口，如图 11-1 所示。

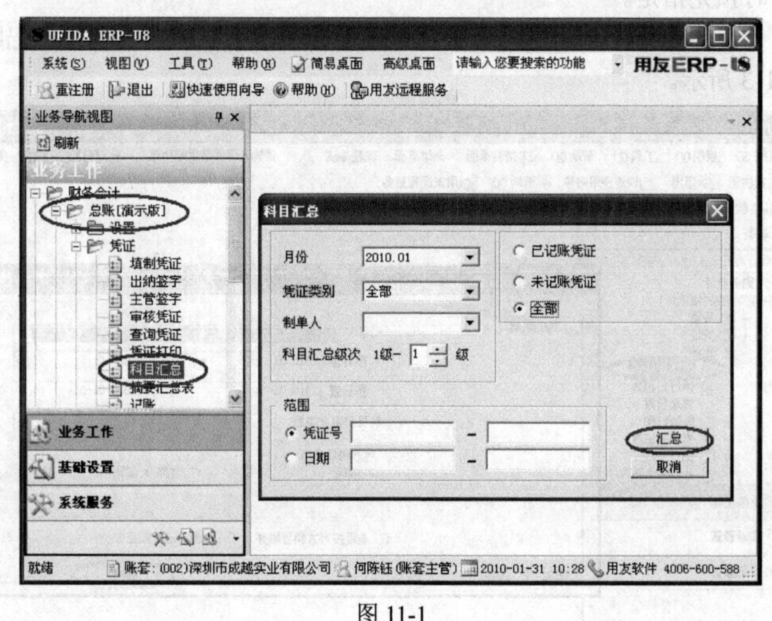

图 11-1

（2）录入科目汇总条件，然后单击“汇总”按钮，系统列出汇总结果，如图 11-2 所示。

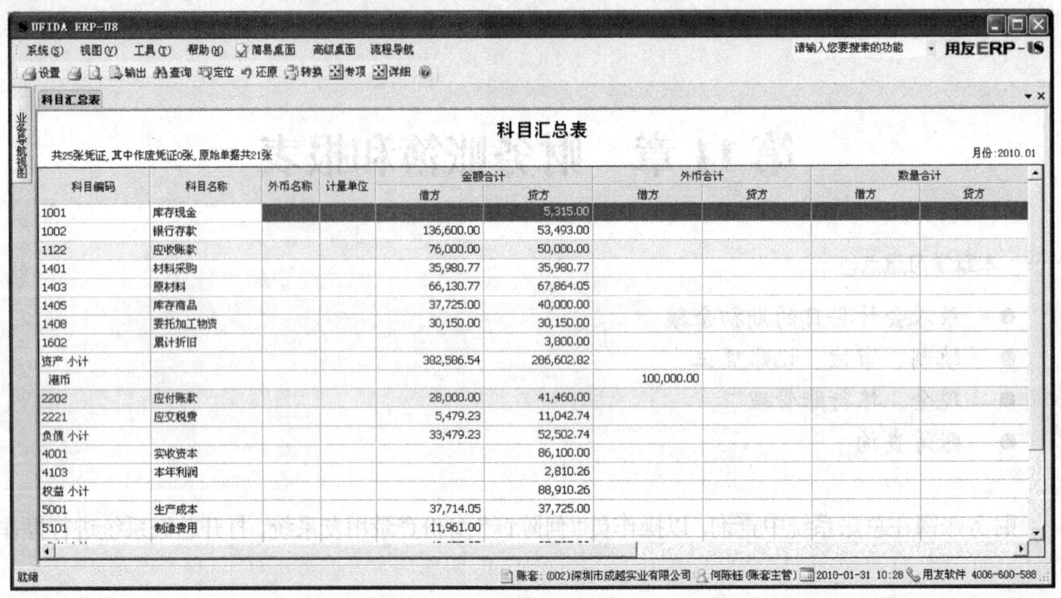

图 11-2

11.1.2 出纳账查询

出纳账查询包括日记账、银行日记账和资金日报的查询，以此来对现金、银行业务进行了解、分析，为企业负责人提供及时准确的信息。

1. 现金日记账

本功能用于查询现金日记账（即查询指定日所发生的现金业务），现金科目必须在进行会计科目设置时预先指定。

（1）打开“出纳”菜单，单击“现金日记账”选项，系统弹出“现金日记账查询条件”窗口，如图 11-3 所示。

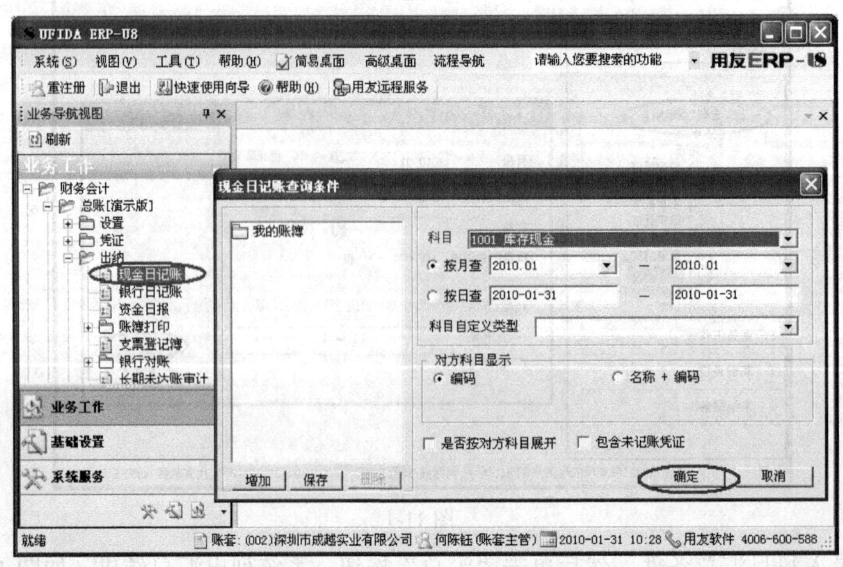

图 11-3

说明：科目处包含的是在科目设置时被指定为现金科目的科目，勾选“包含未记账凭证”项，则查询结果包含了所有符合条件的未记账的现金凭证记录。

（2）输入查询条件，然后单击“确定”按钮，系统会列出所有符合条件的记录，如图 11-4 所示。双击具体的记录或选定好记录后单击“凭证”菜单，就可以打开产生该记录的来源凭证。

注：日记账分为金额式日记账和外币日记账，可以改变设置以账页格式显示，也可直接双击某一条记录，联查该记录的原始凭证，银行日记账的查看方式与现金日记账的查看方式是一致的。

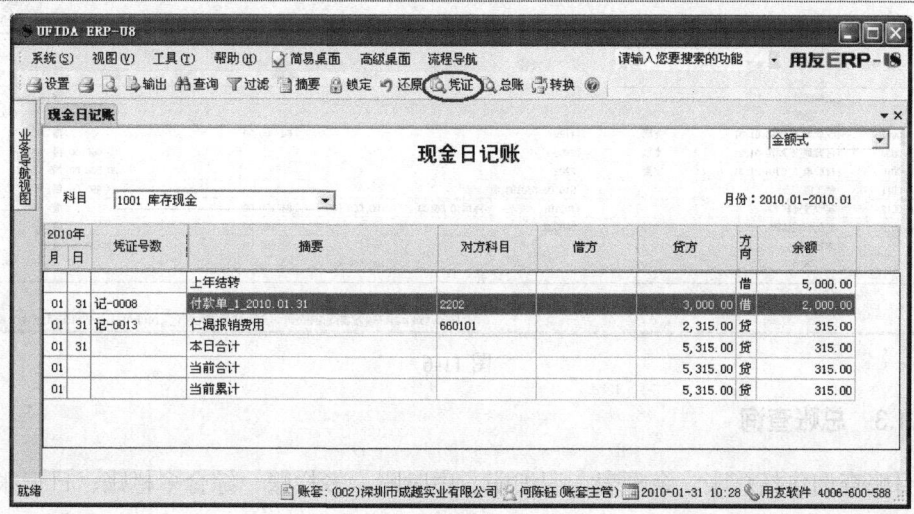

现金日记账

科目 1001 库存现金　　月份：2010.01-2010.01

2010年 月	日	凭证号数	摘要	对方科目	借方	贷方	方向	余额
			上年结转				借	5,000.00
01	31	记-0008	付款单_1_2010.01.31	2202		3,000.00	借	2,000.00
01	31	记-0013	仁渴报销费用	660101		2,315.00	贷	315.00
01	31		本日合计			5,315.00	贷	315.00
01			当前合计			5,315.00	贷	315.00
01			当前累计			5,315.00	贷	315.00

图 11-4

2．银行日记账

本功能用于查询银行日记账（即查询指定日所发生的银行存款业务），银行科目必须在进行会计科目设置时被预先指定。

（1）展开“出纳”菜单，单击“银行日记账”选项，系统弹出“银行日记账查询条件”窗口，如图 11-5 所示。

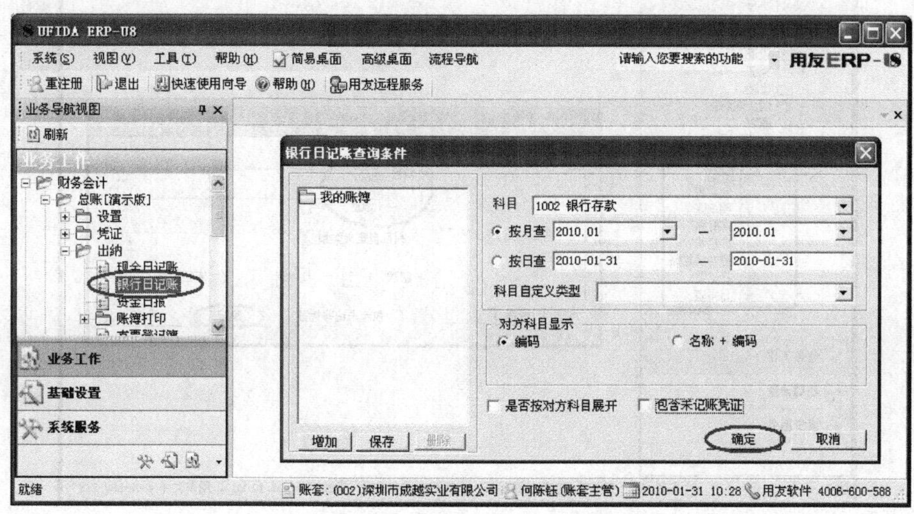

图 11-5

说明： 可以查询在进行科目设置时将科目设置为需要记入银行日记账的科目。

（2）输入查询条件，然后单击“确定”按钮，系统列出所有符合条件的记录，如图11-6所示。

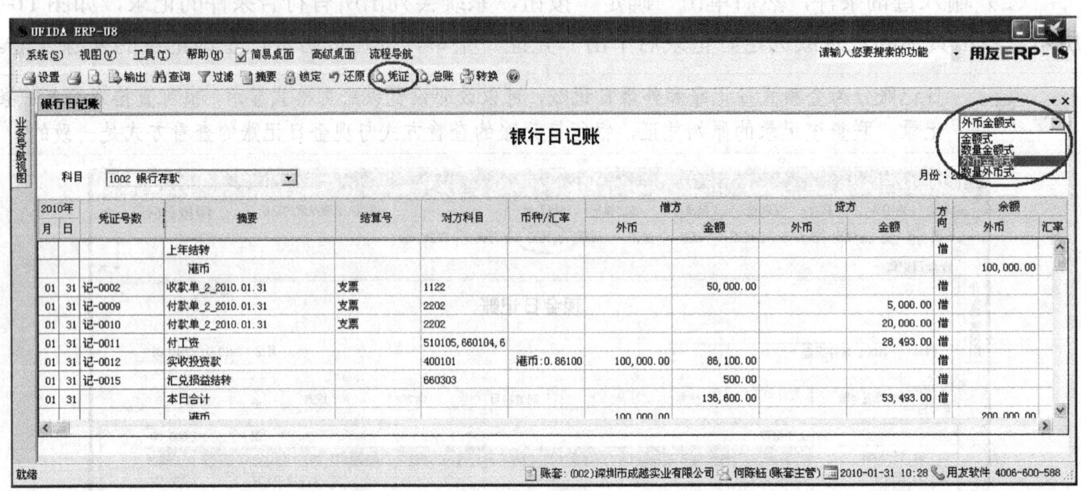

图 11-6

11.1.3 总账查询

科目账查询包括总账、余额表、明细账、序时账、多栏账、综合多栏账、日记账和日报表的查询。

（1）打开“账表”下的“科目账”项，任选科目账进行查询，下面以科目总账查询为例。

（2）单击“总账”选项，系统弹出“总账查询条件”窗口，如图11-7所示。

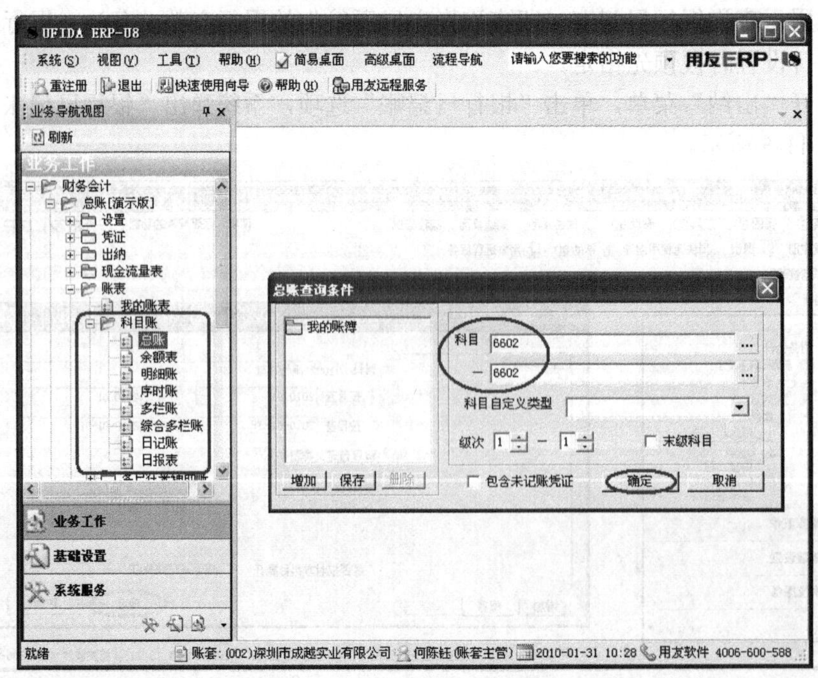

图 11-7

（3）在科目一栏中输入所需要查询的科目，也可单击“浏览”按钮在科目浏览窗口中进行选择，勾选“包含未记账凭证”选项。

提示：如果经常需要查询一个固定的科目，而且包含相同的查询条件，那么每次进行查询时都需要输入相同的内容，会很烦琐，这种情况下，可单击“保存”按钮，系统弹出“我的账簿”窗口，给需要查询的内容取一个标识名，然后单击“确定”按钮，系统会将刚才输入的条件保存起来，以后打开“总账查询”功能，单击所查询内容的标识名，系统会将标识名所代表的条件内容自动带入。

（4）查询条件输入完成后，单击“确定”按钮，系统会将符合条件的记录列出来。

（5）双击总账查询窗口的记录，系统会直接联查到该记录的明细账，在明细账窗口直接双击指定记录，可联查到该记录的原始凭证，如图 11-8 所示。

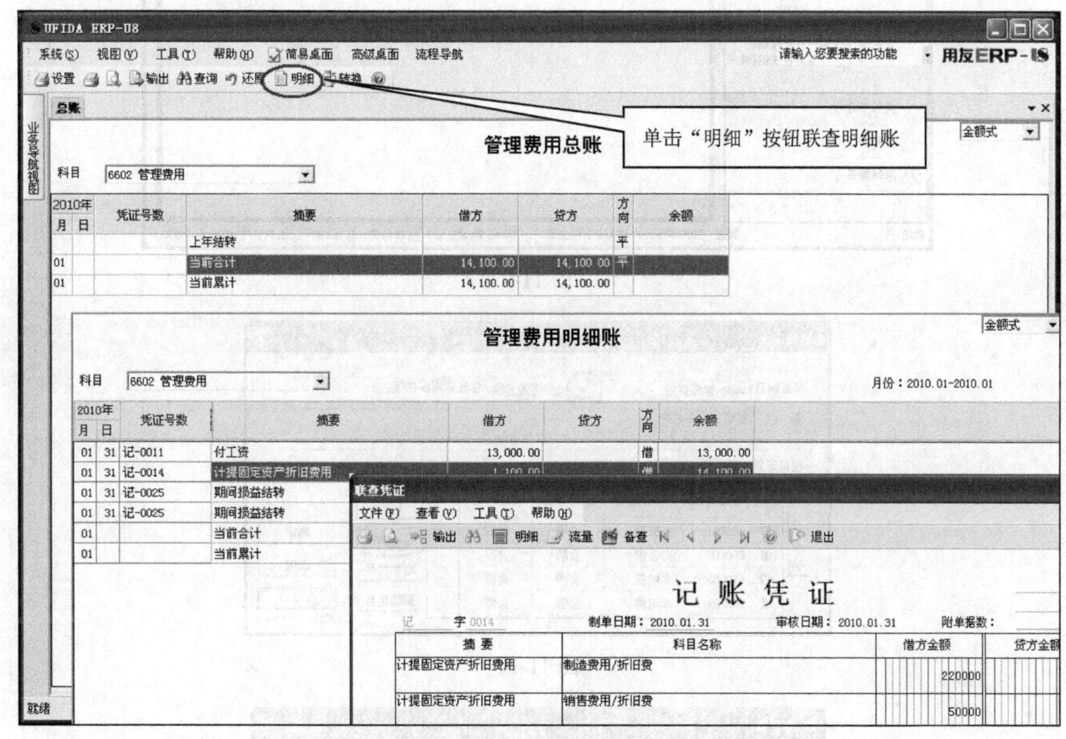

图 11-8

11.1.4 多栏账查询

多栏账是总账系统中一个很重要的功能，用户可以使用本功能设计自己企业需要的多栏明细账，按明细科目保存为不同的多栏账名称，在以后的查询中只需要选择多栏明细账直接查询即可。方便快捷，自由灵活，可按明细科目自由设置不同样式的多栏账。

（1）单击“多栏账”选项，系统弹出“多栏账”选择查询窗口，如图 11-9 所示。

（2）由于是第一次进行多栏账查询，所以需要定义多栏账查询格式，单击“增加”按钮，系统弹出多栏账定义窗口，如图 11-10 所示。

（3）选择核算科目、栏目定义（建议先进行自动编制再进行手动调整，可提高录入效率），然后单击“确定”按钮返回到多栏账查询窗口，如图 11-11 所示。

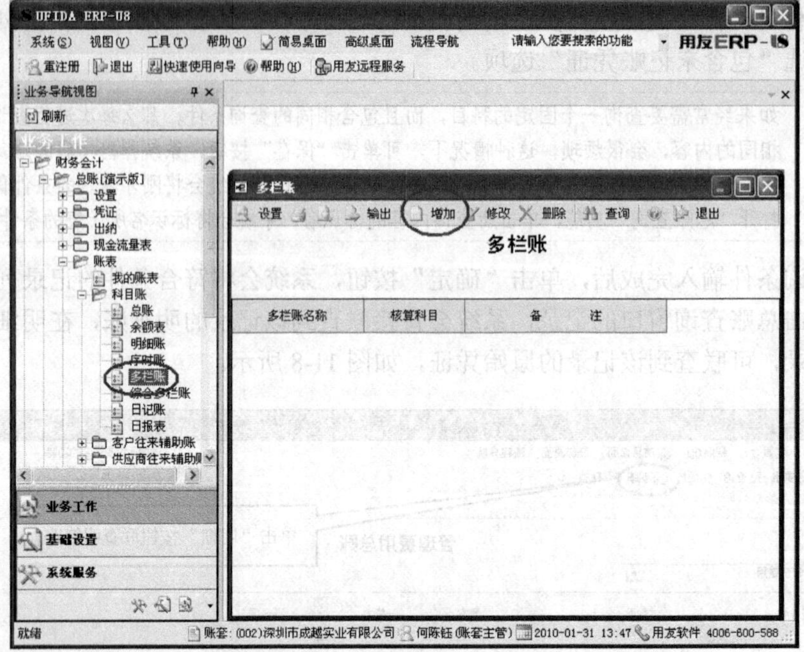

图 11-9

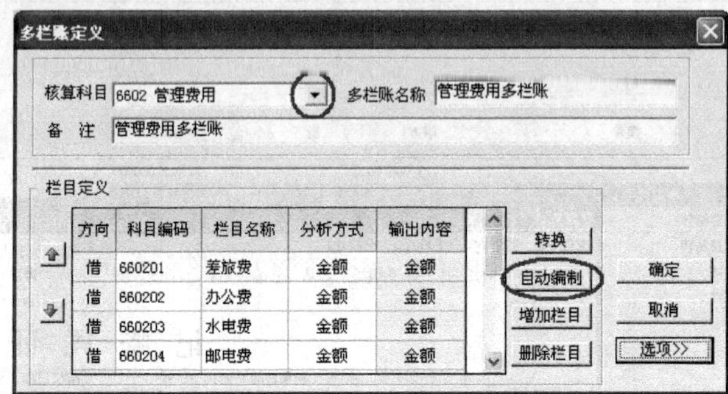

图 11-10

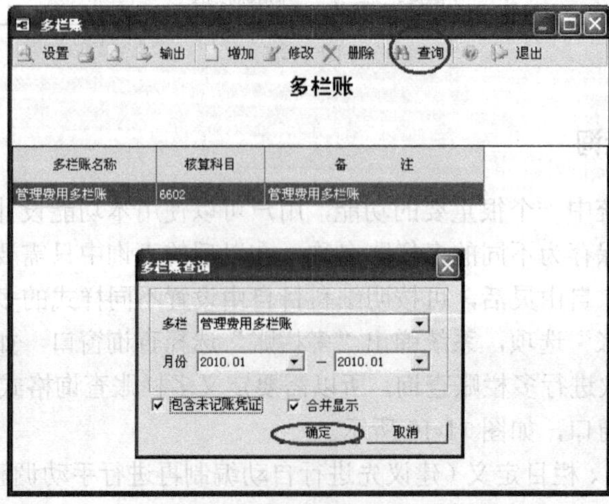

图 11-11

（4）双击需要查询的多栏账，系统弹出多栏账查询窗口，录入查询条件，单击“确定”按钮，系统列出查询结果，如图 11-12 所示。

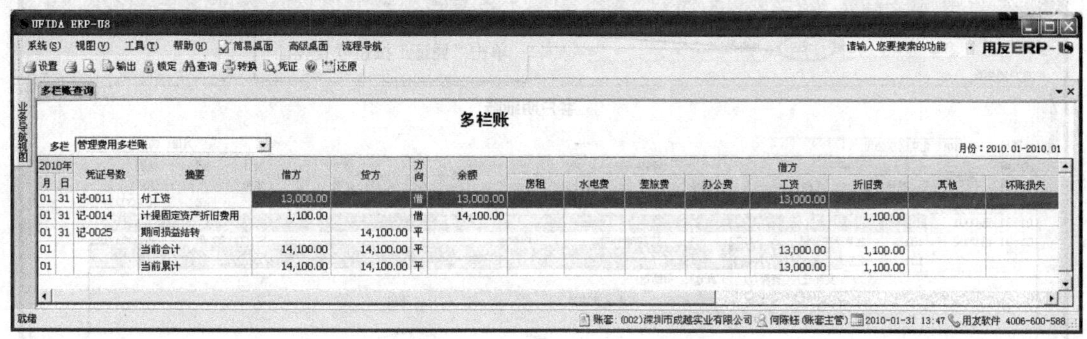

2010年 月	日	凭证号数	摘要	借方	贷方	方向	余额	借方 房租	水电费	差旅费	办公费	工资	折旧费	其他	坏账损失
01	31	记-0011	付工资	13,000.00		借	13,000.00					13,000.00			
01	31	记-0014	计提固定资产折旧费用	1,100.00		借	14,100.00						1,100.00		
01	31	记-0025	期间损益结转		14,100.00	平									
01			当前合计	14,100.00	14,100.00	平						13,000.00	1,100.00		
01			当前累计	14,100.00	14,100.00	平						13,000.00	1,100.00		

图 11-12

11.1.5 往来账管理

往来账管理是一个公司重要的业务组成部分，总账模块提供了往来账管理的功能，包括客户往来、供应商往来和个人往来的管理。

以客户往来为例，客户往来账包括客户往来余额表、客户往来明细账和客户往来两清等。

1. 客户往来明细账

（1）打开“账表”下的“客户辅助账”菜单，然后再选择“客户往来明细账”下的“客户明细账”选项，系统弹出“客户明细账”查询条件录入窗口，如图 11-13 所示。

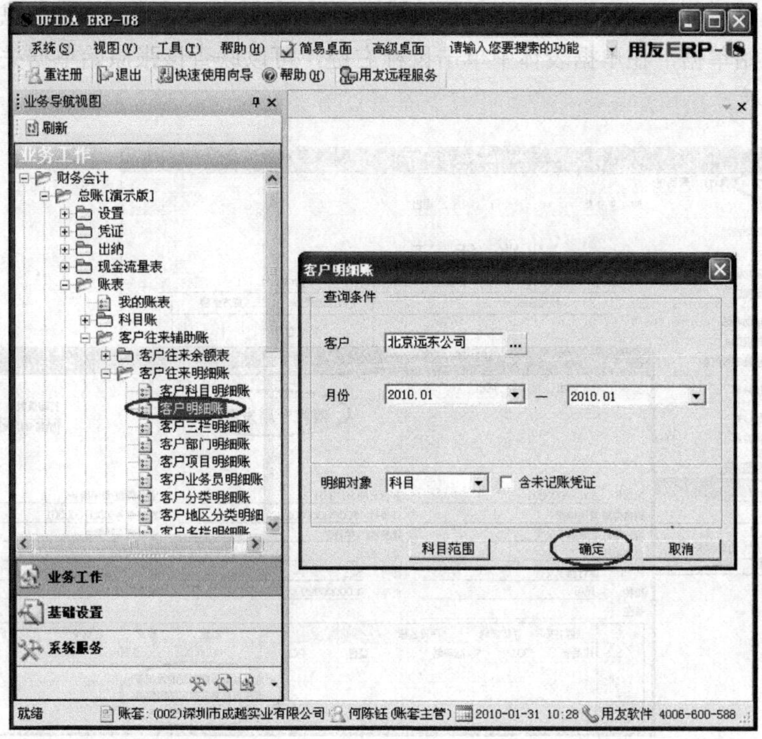

图 11-13

（2）录入查询条件，然后单击“确定”按钮，系统列出查询结果，如图 11-14 所示。

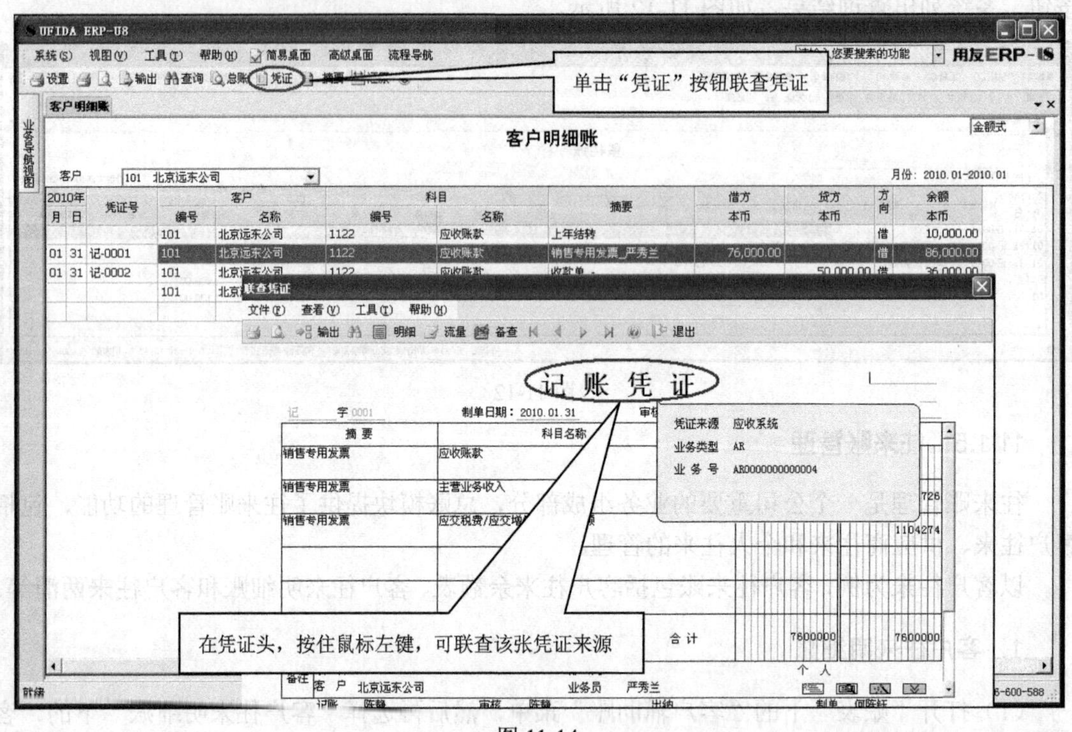

图 11-14

（3）在记账凭证窗口中，选择“查询”下的“联查原始单据”命令，可以联查生成这张记账凭证的原始单据，在单据表体中单击鼠标右键，可以联查该张原始单据关联业务单据，如图 11-15 所示。

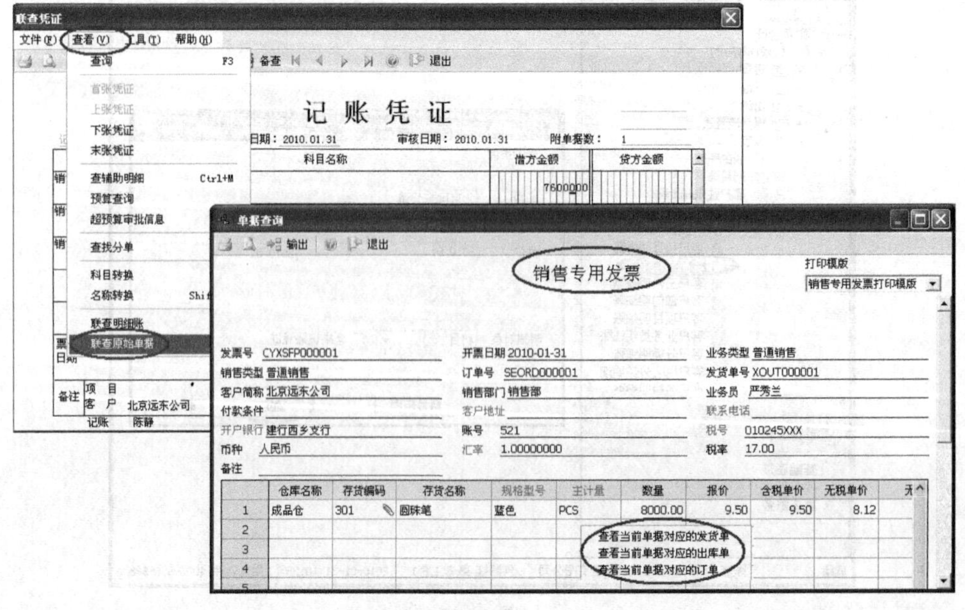

图 11-15

注：

用户在使用用友软件时，往往凭借自己多年的经验，将原来手工做账的一套做法照搬过来，将一些本应设置为往来辅助核算的科目设置为该科目下的明细科目。如应收账款科目本应设置为客户往来辅助核算，但却在应收账款科目下再设明细科目，用来指定第一个具体的客户名称。这样其实违背了用友软件在科目设置中包含辅助核算选项的实质意义，最终导致在此无法使用客户往来管理。因此，初学者在进行科目设置时一定要注意。

当录入凭证时，如果在录入该客户往来科目的辅助项时，没有录入该笔业务的业务员，那么，如果选择两清依据是业务员，则进入之后，是没有数据可显示的。在所进行的客户往来两清工作中，其凭证是经过审核、记账处理的。

2．往来催款单

企业会定期对往来进行整理，并为每一个往来的客户整理出一张对账单，称之为“催款单”。

（1）打开“账表”目录下的“客户往来辅助账”项，单击“客户往来催款单”选项，系统弹出“客户往来催款”条件窗口，如图 11-16 所示。

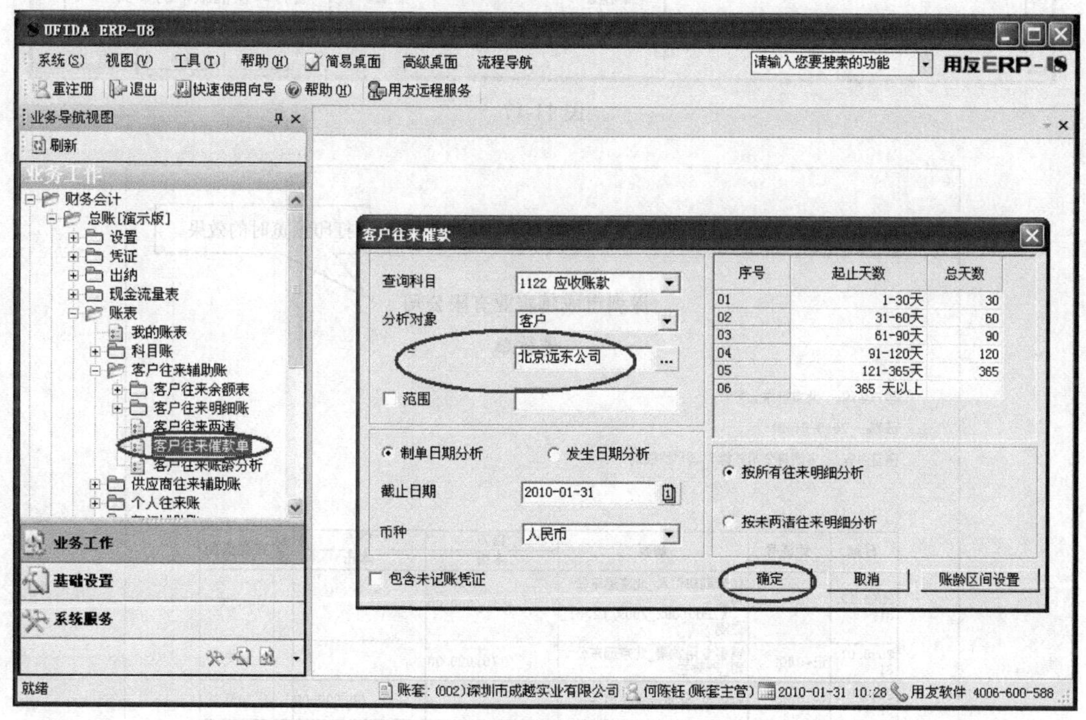

图 11-16

（2）输入各项条件，最后单击“确定”按钮，系统列出执行结果，如图 11-17 所示。

（3）单击“设置”按钮设置客户催款单，单击“预览”可以查看打印效果，单击“打印”按钮，可将查询结果打印出来，如图 11-18 所示。

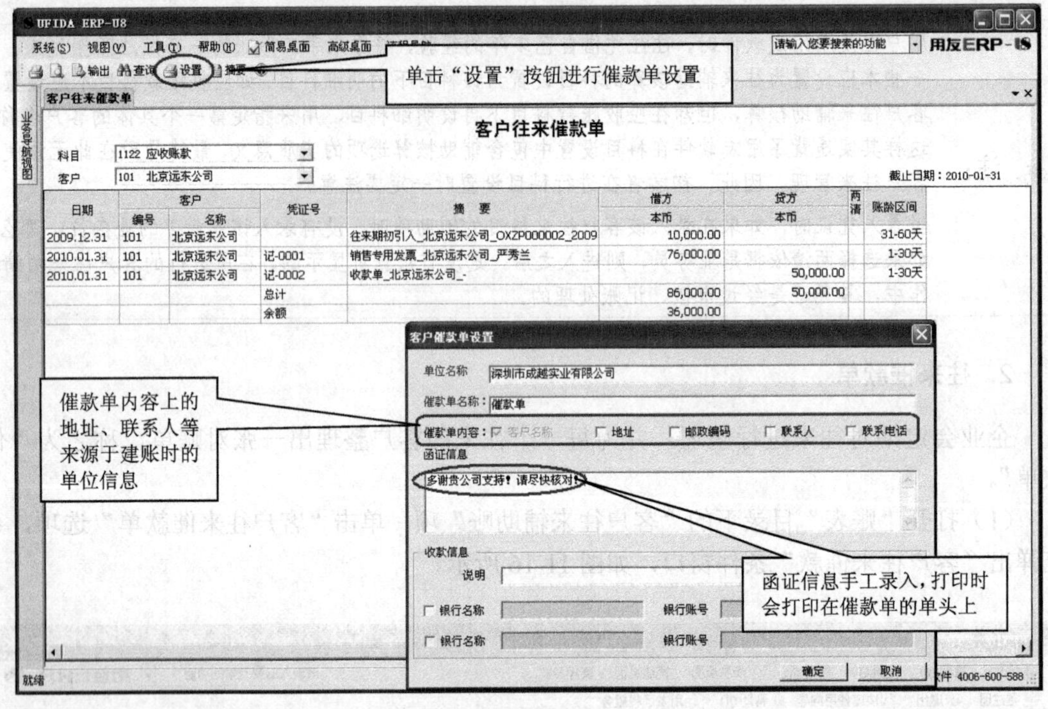

图 11-17

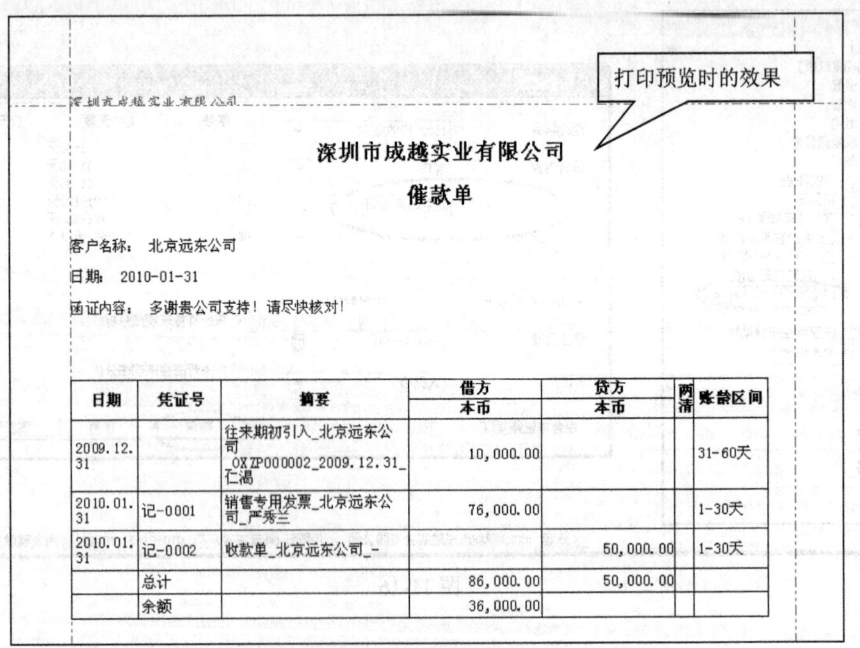

深圳市成越实业有限公司

催款单

客户名称： 北京远东公司

日期： 2010-01-31

函证内容： 多谢贵公司支持！请尽快核对！

日期	凭证号	摘要	借方	贷方	两清	账龄区间
			本币	本币		
2009.12.31		往来期初引入_北京远东公司_OXZP000002_2009.12.31_仁渴	10,000.00			31-60天
2010.01.31	记-0001	销售专用发票_北京远东公司_严秀兰	76,000.00			1-30天
2010.01.31	记-0002	收款单_北京远东公司_-		50,000.00		1-30天
	总计		86,000.00	50,000.00		
	余额		36,000.00			

图 11-18

11.2 UFO 报表

用友 UFO 报表是一个开放式的报表编制系统，可以在报表数据的基础上生成其他相关图表，以满足需求。另外，UFO 报表中还有已编制好的报表模板，核算单位可以利用这些模板快速生成资产负债表、损益表等。

UFO 报表与其他模块都有着相应的数据接口，可以通过公式取数。UFO 报表是在各模块的基础上提取数据进行操作的，所以把 UFO 报表放在本章来讲解。

由于资产负债表和损益表是财务管理中很重要的两个报表，因此建议用户购买 UFO 报表系统。UFO 报表可直接使用，而不必先启用其他功能系统（如总账）。

UFO 报表主要功能如下。

- 报表格式设计（表尺寸、单元格属性和关键字设置等）。
- 报表公式编辑和数据处理。
- 报表管理（追加表页、表页排序和表页查找等）。
- 图表功能（即将报表数据转化为图表形式）。
- 报表模板应用。

11.2.1　报表设计

设计报表指对报表的外观格式进行设计，包括调整单元格的大小、线条属性和单元格的显示属性，如何组合单元格以及设置关键字等。

在用友系统中，展开“业务”选项卡，单击“财务会计”选项，然后双击“UFO 报表”命令，如图 11-19 所示，就打开了 UFO 报表系统。

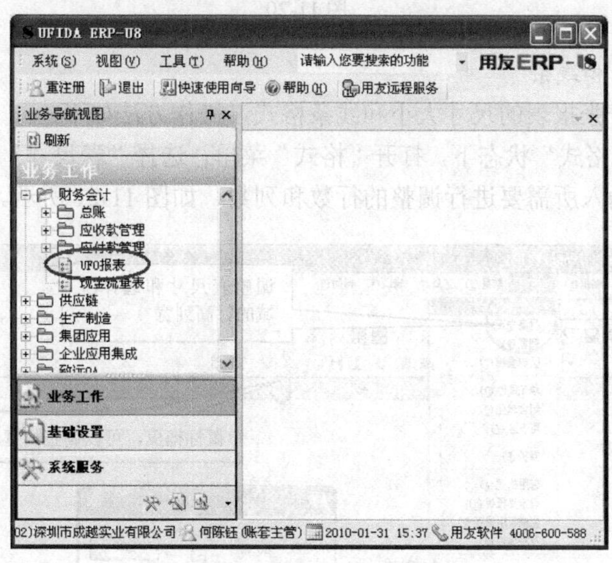

图 11-19

在报表窗口中，打开“文件”菜单，单击“新建”命令建一张空白表，如图 11-20 所示。也可以选择“打开”命令打开一张已设计好的报表。

> 注：空表外观类似于 Excel 文件格式，其操作方式也与 Excel 类似，“演示数据”字样表明现在使用的是用友演示版。

一张 UFO 报表具有“格式”和“数据”两种状态，表的左下角有标识，单击状态标识可以进行“格式/数据”状态互换。在“格式”状态下，可以设计报表的格式和取数公式，但不能进行数据的录入或计算等操作；“数据”状态下可以看到报表的全部内容，包括格式和数据，但此时不能修改格式和取数公式。

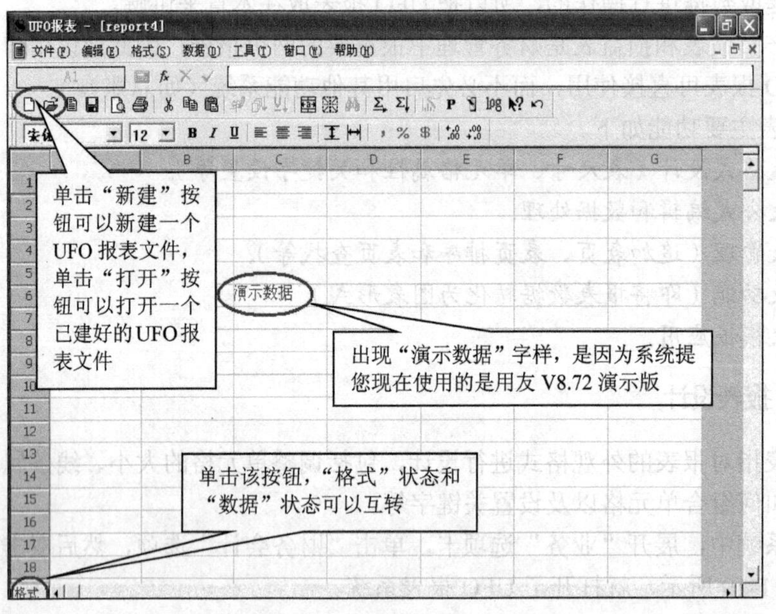

图 11-20

● 调整表尺寸和线条

可以随意调整一张报表的尺寸大小和线条格式，操作方法如下：

(1) 在报表的“格式”状态下，打开“格式”菜单，选择“表尺寸”命令，系统弹出“表尺寸”窗口，在此输入所需要进行调整的行数和列数，如图 11-21 所示。

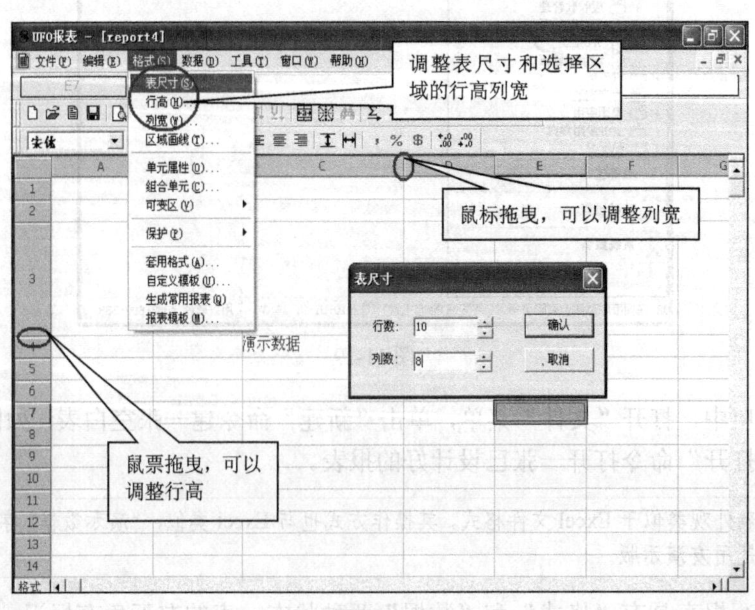

图 11-21

（2）设置完成后单击“确定”按钮。也可以通过“编辑”菜单下的“插入”或“追加”功能来增加行数、列数。

（3）打开“格式”菜单，选择“行高”或“列宽”命令调整所设置表格的整体行高或列宽（单位：mm）。也可将先标放在行或列的分隔线上，光标呈“十”字型时，按住鼠标左键拖拽来调整行高或列宽。

（4）用鼠标选定（按住鼠标左键不放，拖动鼠标）需要实线的表格区域，然后选择“格式”菜单下的“区域画线”命令，系统会弹出“区域画线”窗口，如图 11-22 所示。

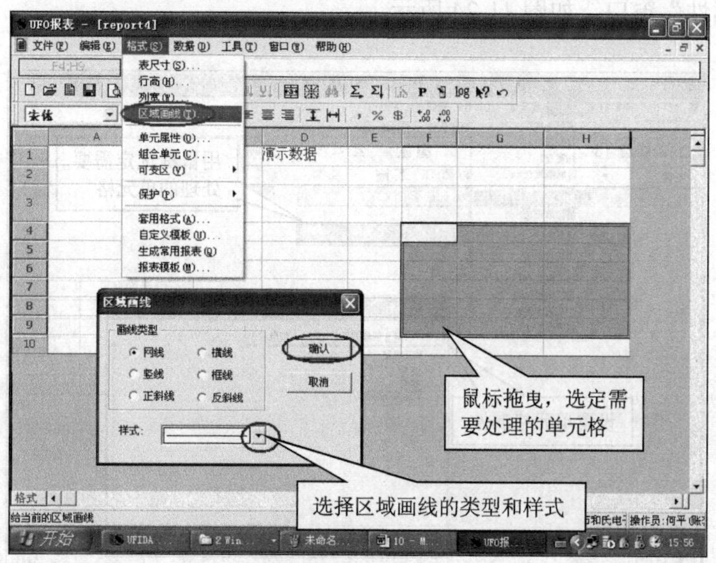

图 11-22

（5）选择画线类型、线条样式，然后单击“确定”按钮，就可以看到区域画线的结果。如图 11-23 所示。单击“打印预览”功能按钮可以看到打印出来的预览效果。

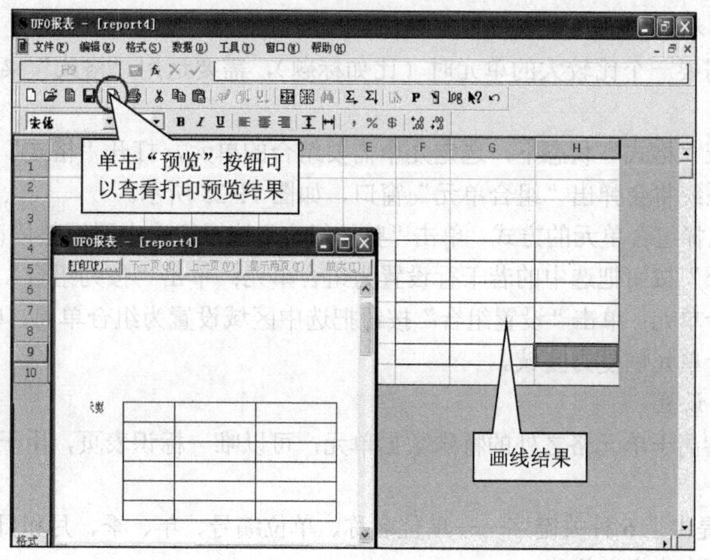

图 11-23

注：线条需要取消时，也可以使用以上方法，只是在“格式”状态下拉列表框中，选择线型为空，单击“确定”按钮即可取消原先的画线。

◎ 单元格属性

单元格属性用于设置每一单元格的类型、数字格式和边框线。

（1）在报表“格式”状态下选定单元格，然后打开“格式”菜单，单击“单元属性”命令（或者在选定的单元格上单击鼠标右键，在弹出的菜单上单击“单元格属性”命令），系统弹出“单元格属性”窗口，如图 11-24 所示。

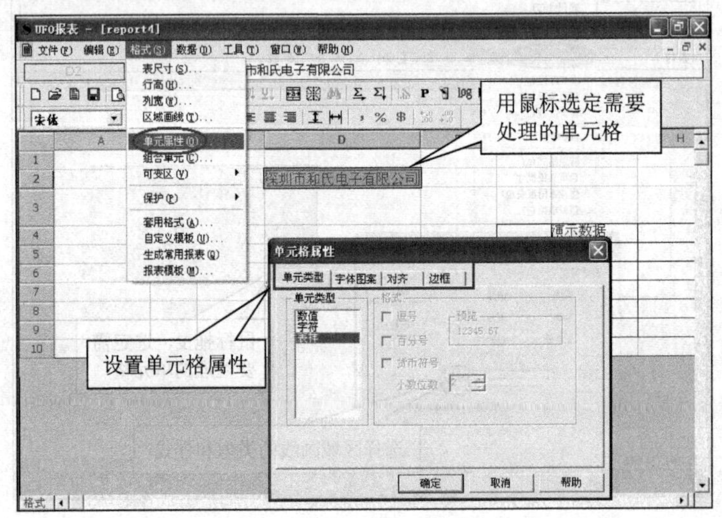

图 11-24

（2）在此窗口中，可以根据需要来对所选定单元格的“单元类型”（系统默认为是“数值型”）、“字体图案”、“对齐”和“边框”进行设置，最后单击“确定”按钮完成该设置。

◎ 组合单元

如果数据需要一个比较大的单元时（比如标题），需要运用“格式”菜单下的“组合单元”命令。

（1）在报表“格式”状态下，选定几个需要组合的单元，打开“格式”菜单选择“组合单元”命令，系统将会弹出“组合单元”窗口，如图 11-25 所示。

（2）在此选择组合单元的方式。单击“整体组合”按钮把选中区域整体设置为组合单元；单击“按行组合”按钮把选中的若干行设置为组合单元；单击“按列组合”按钮把选中的若干列设置为组合单元；单击“设置组合”按钮把选中区域设置为组合单元；单击“取消组合”按钮把选中组合单元恢复为区域。

◎ 关键字设置

关键字是游离于单元格之外的特殊数据单元，可以唯一标识表页，用于在大量表页中快速选择。

UFO 报表提供了 6 种关键字——单位名称、单位编号、年、季、月和日，另外为了满足需要，用户也可自定义关键字。

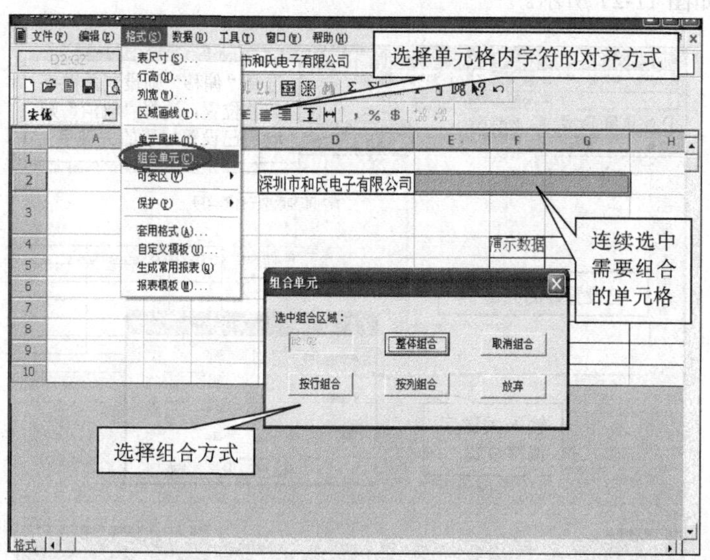

图 11-25

在“格式”状态下设置关键字的显示位置，在“数据”状态下录入关键字的值，每个报表可以定义多个关键字，但不能重复。

（1）选中需要输入关键字的单元格，单击“数据”菜单下的“关键字”选项，选择“设置”命令，弹出“设置关键字”窗口，如图 11-26 所示。

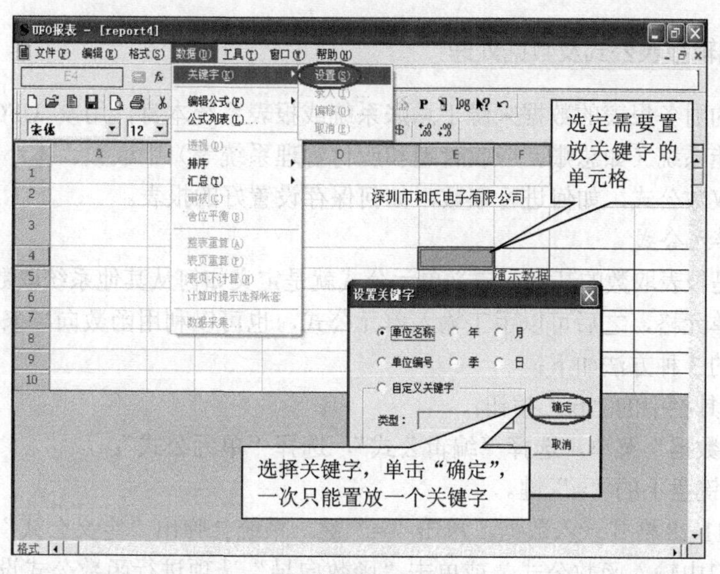

图 11-26

（2）选择关键字，然后单击“确定”按钮即可。

（3）如要取消所设置的关键字，则选择“数据”菜单下的“关键字”选项，选择“取消”按钮即可。

（4）如果需要重新设置关键字的位置，则选择“数据”菜单下的“关键字”选项，单击

“偏移”命令，如图 11-27 所示。

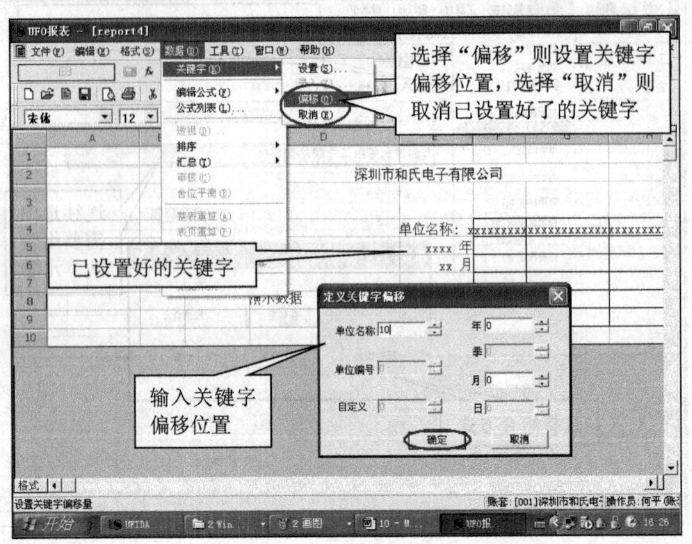

图 11-27

提示：如只将“单位编号”作为关键字进行输入，那么只有“单位编号”选项是可编辑的，其他关键字不会出现在报表中。在此录入该关键字偏移的位置，正数或负数都可以，然后单击“确定”按钮即可进行调整。

关键字的位置只能左右偏移，不能上下偏移。

11.2.2　编辑报表公式及数据处理

企业常用的财务报表的数据来源于总账系统或报表系统本身，用友 UFO 报表中的公式可以从其他功能系统（如总账、应收管理和应付管理系统等）中取数。本小节将学习如何定义单元格内的取数公式，如何进行取数，如何保存设置好的报表。

- 定义单元公式

单元公式是报表取数的基础，定义单元公式就是定义如何从其他系统取数并计算的方式。

（1）选定单元格，之后可以手工输入单元公式，也可以利用函数向导来定义单元公式。

录入公式的 3 种方法如下：

① 单击工具栏中的“fx”按钮；

② 单击“数据”菜单，选择“编辑公式”，选择“单元公式”；

③ 直接按键盘上的“=”键。

（2）按图 11-28 格式录入数据，单击“=”键，系统会弹出“定义公式”窗口。

（3）在窗口中输入函数公式，或单击“函数向导”选项进行函数公式设置，如图 11-29 所示。

（4）选定“函数分类”中所需的函数类别，则右边的函数名会依所选择的函数类别而显示出相应的函数名，在此选定需要使用的函数名，如图 11-30 所示。

（5）然后单击“下一步”按钮，系统会提示所选择函数的格式，可在“函数录入”栏中直接依据所提示的内容进行录入，如图 11-31 所示。

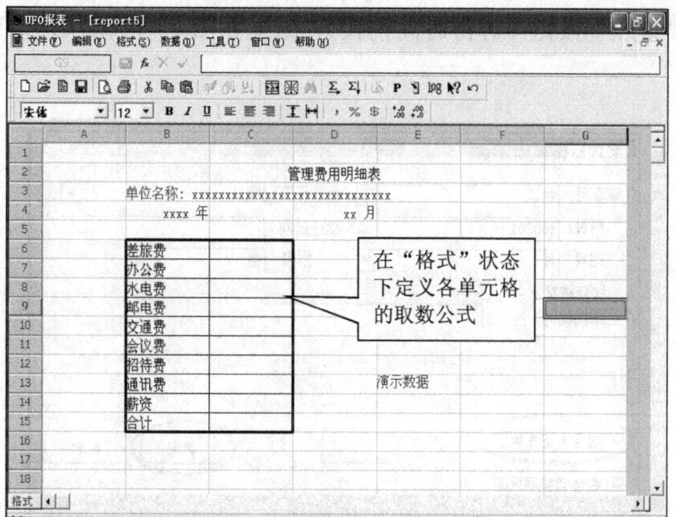

图 11-28

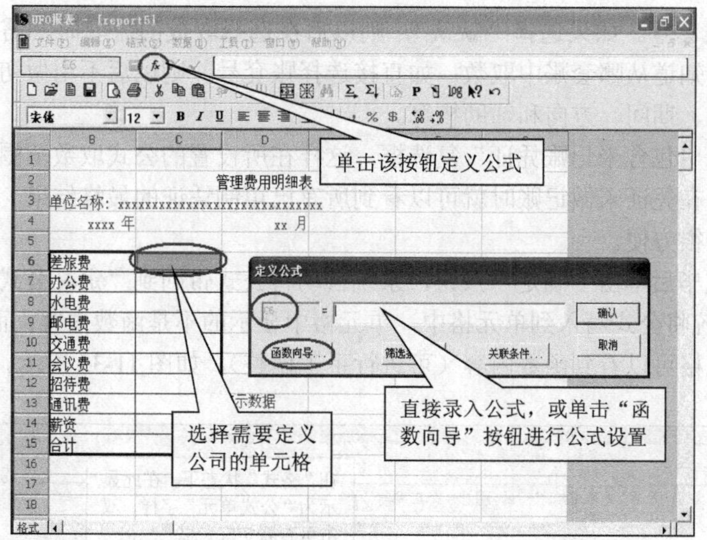

图 11-29

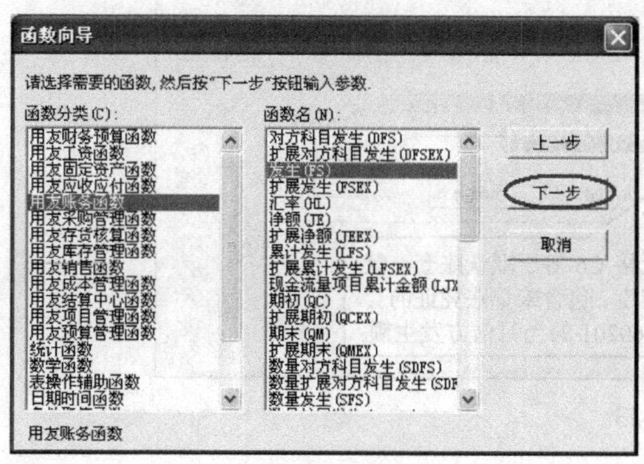

图 11-30

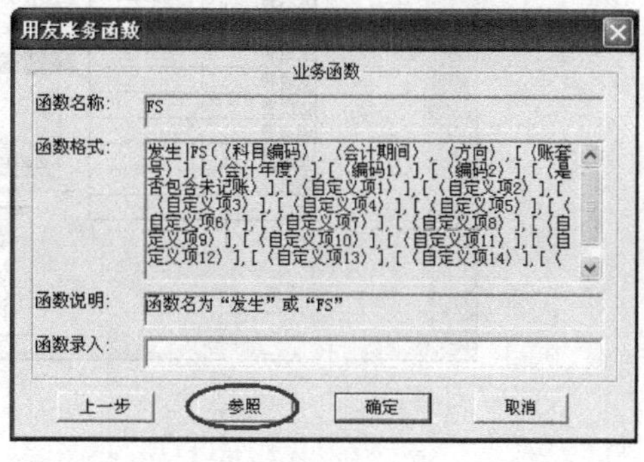

图 11-31

(6) 可单击“参照”按钮（等待时间稍长），结果如图 11-32 所示，在系统提示下完成函数建立工作。

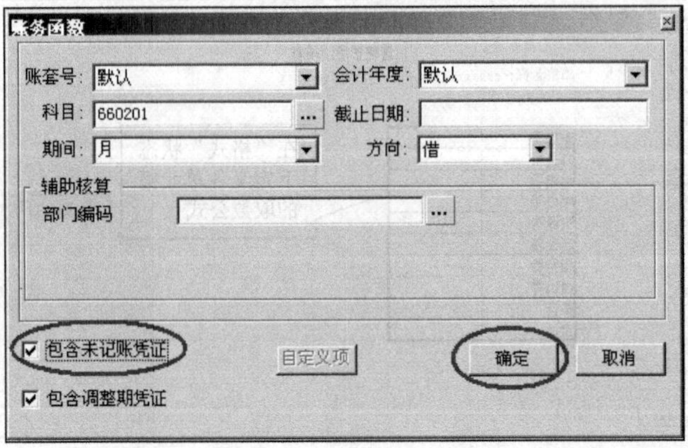

账务函数
账套号: 默认 会计年度: 默认
科目: 660201 截止日期:
期间: 月 方向: 借
辅助核算
部门编码
包含未记账凭证 自定义项 确定 取消
包含调整期凭证

图 11-32

(7) 输入账套号。如果选择“默认”，则以后在选择取数的账套时，需做账套初始化工作，否则系统不知道从哪套账中取数；如直接选择账套号，则以后不用做初始化工作。选择会计年度、科目、期间、方向和辅助核算。

在此可勾选“包含未记账凭证”复选框，这样在所设置的公式取数范围中就包含了未记账凭证。操作员在凭证未做记账时就可以看到所有已填制凭证的最终结果，这样，在做报表数据调整时就会很方便。

(8) 设置完毕后单击“确定”按钮，系统自动将公式带回到“定义公式”窗口中。单击“确认”按钮系统将公式写入到单元格中，单元格中显示的不是函数内容，而是“公式单元”字样。双击单元格可以看到函数内容（可进行手工调整），如图 11-33 所示。

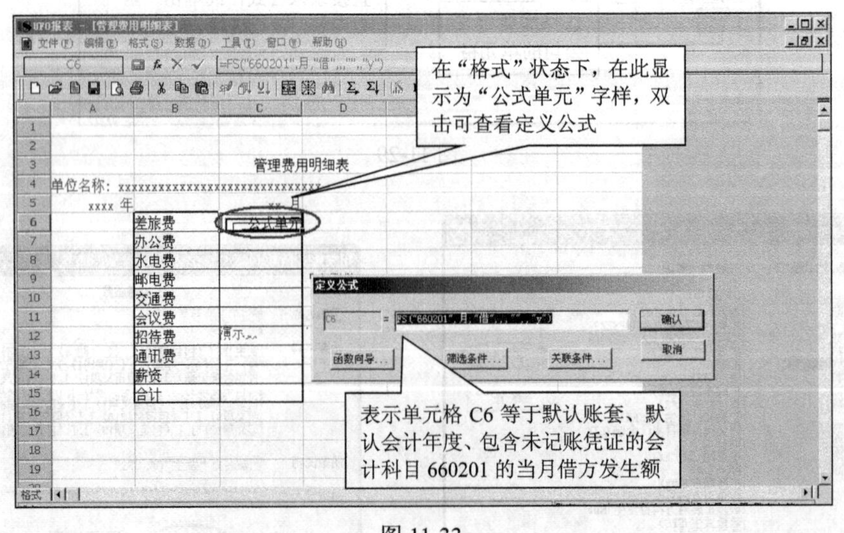

图 11-33

在此只设置了单元格 C6 的函数取数公式，用同样的原理可以设置其他单元格的取数公式（可以复制单元格 C6 的公式，然后修改 C7 到 C14 单元格公式内取数的会计科目。利用向导进行函数设置，只能做出一个函数，如果有一个单元格等于两个不同的函数取数值相加（减）得到，则需要手工更改单元格内的公式。单元格 C15 等于单元格 C6 到 C14 之和，公式设置为：PTOTAL（C6:C14）或 C6+C7+C8+C9+C10+C11+C12+C13+C14 都可以。

● 保存报表格式

定义完公式之后，需将报表的格式保存起来，以在日后的工作中随时调用，而不必重新设置。

（1）单击“文件”菜单下的“保存”命令（或直接按 F6 键），系统弹出“另存为”窗口，如图 11-34 所示。

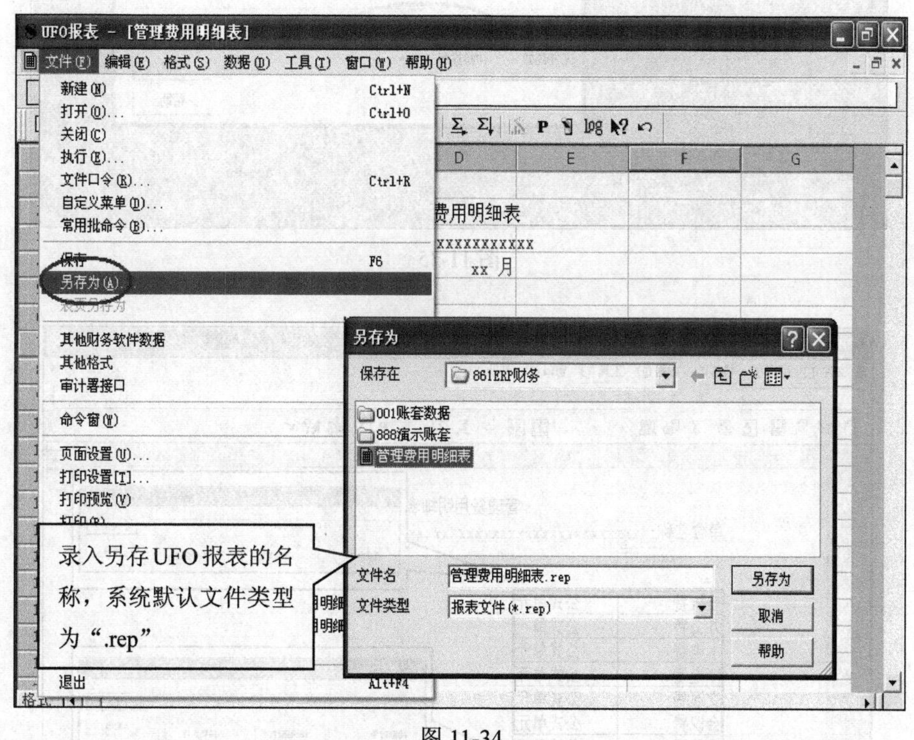

图 11-34

（2）选择目的文件夹，输入保存后的文件名称，后缀为 rep，单击“保存”按钮完成保存工作。

● 报表数据处理

报表的数据处理是指将已设置格式的报表文件，在“数据”状态下生成报表数据、审核报表数据和舍位平衡等操作。

（1）打开“文件”菜单下的“打开”命令，打开一个已设置好格式的报表文件，如图 11-35 所示。

（2）单击左下角的“格式”按钮，如图 11-36 所示。

（3）将报表转换为“数据”状态，如图 11-37 所示。

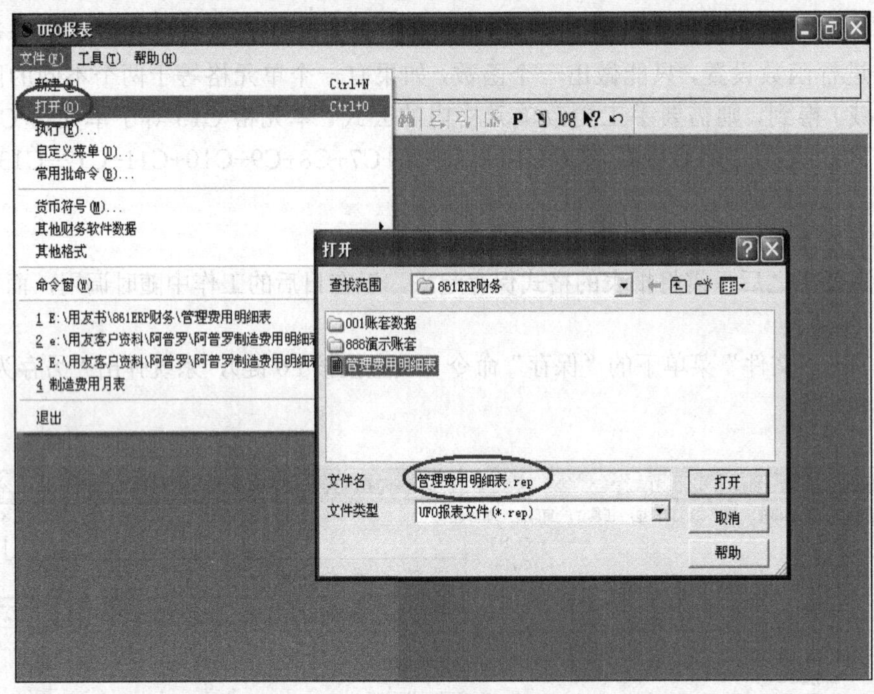

图 11-35

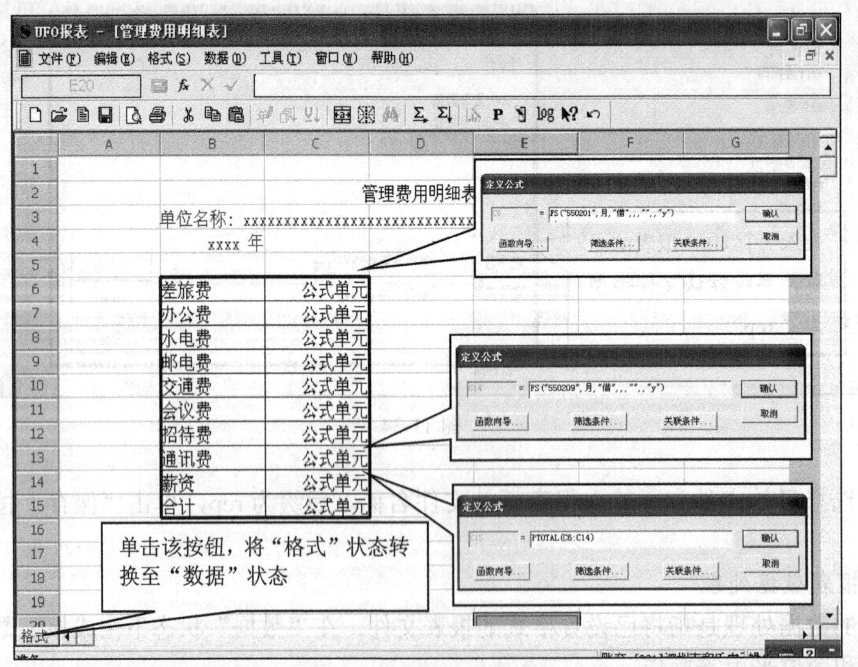

图 11-36

说明： 系统自动将当前表页设为第 1 页，可以单击“编辑”菜单下的“追加”子菜单，选择“表页”命令，系统弹出“追加表页”窗口，在此窗口中填入所需要追加的表页数，单击“确认”按钮完成表页追加操作，每一张表页可根据关键字的数值单独取数。

（4）单击“数据”菜单下的“关键字”子菜单，选择“录入”命令，系统弹出“录入关键字”窗口，如图 11-38 所示。

（5）在此录入第 1 页（因为现在所处位置为第 1 页）的关键字数据，如在关键字设置时没有将月、季和日自定义设为关键字，则这几个窗口都处在不可编辑状态。录入完毕单击“确认”按钮，系统提示“重算第一页”，单击“是”按钮，则系统以关键字的录入数据为依据开始计算，最终结果（响应时间略长）如图 11-39 所示。

提示：关键字的录入只能在“数据”状态下进行。

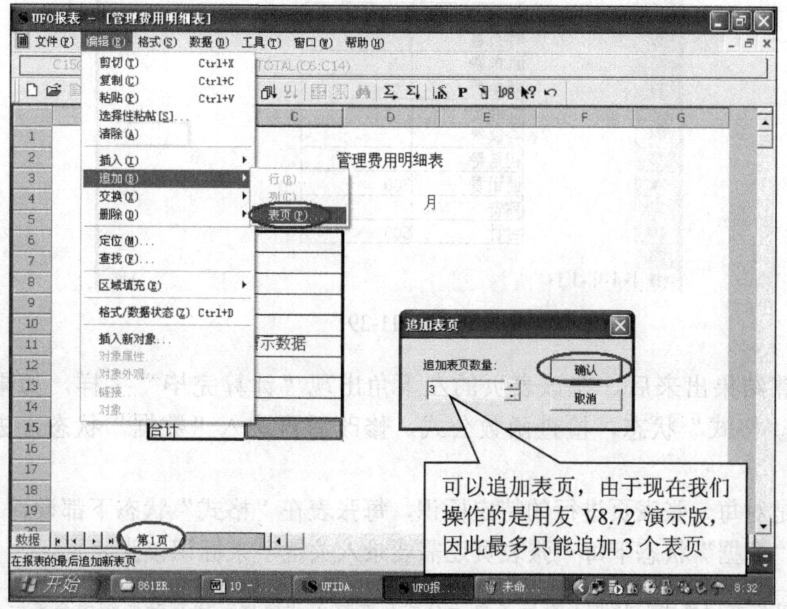

图 11-37

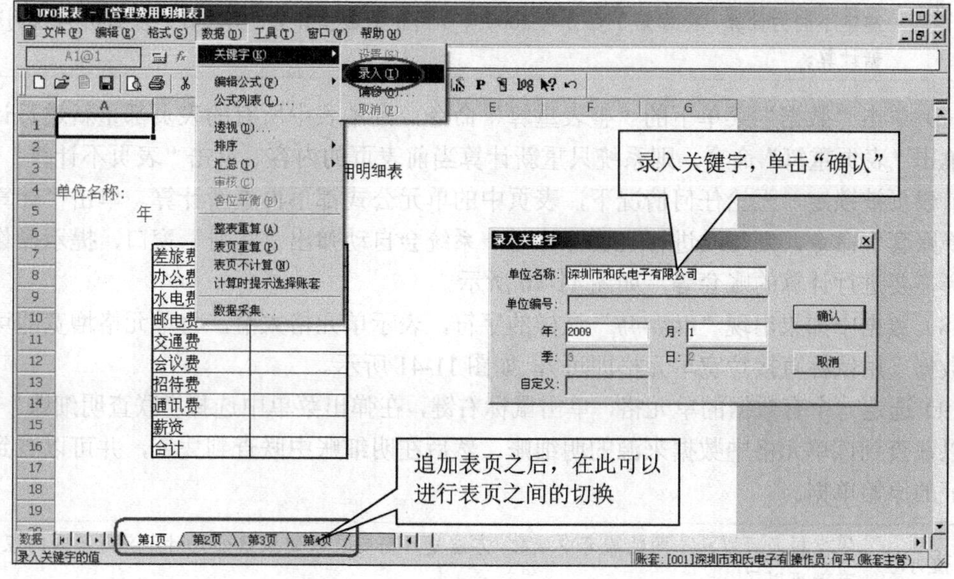

图 11-38

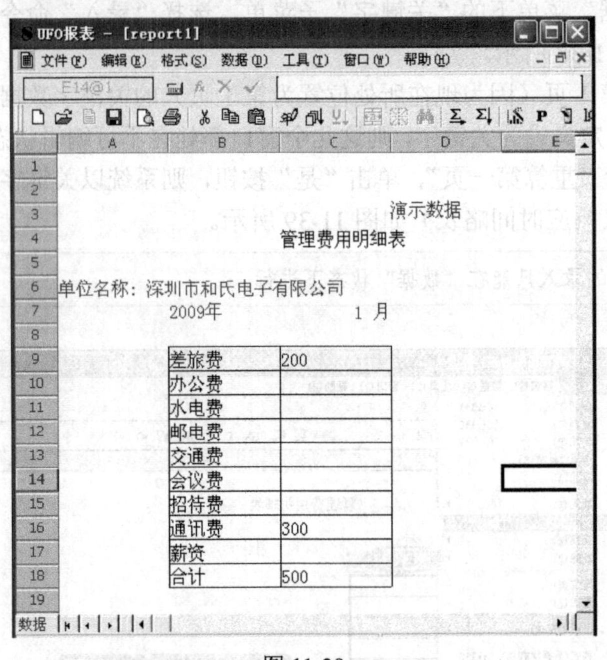

图 11-39

（6）计算结果出来后，在该表页的左下角出现“计算完毕”字样，如果发现数据有误，可回到“格式”状态，检查函数公式，修改后再进入“数据”状态，进行整表重算工作。

关键字是对每一张表页进行的特定标识，每张表在“格式”状态下都设置了关键字的位置，但是在“数据”状态下每一张表页还需要录入关键字来标识该张表页。

注：只有在“格式”状态下变动了单元公式，在进入“数据”状态时系统才会提示是否整表进行重算；选择不同的表页，然后在不同的表页中录入不同的关键字，系统将进行与第 1 页一样而关键字不同的计算，比如第 1 页进行 2009 年 1 月份的数据计算，第 2 页进行 2009 年 2 月份的数据计算。

（7）单击“数据”菜单下的“整表重算”命令，则本表中所有的表页都重新进行计算。如果单击“表页重算”命令，则系统只重新计算当前表页的内容。单击“表页不计算”命令，则当前表页被锁定，无论任何情况下，表页中的单元公式都不再重新计算。单击“计算时提示选择账套”命令，则每次进行表页计算时，系统会自动弹出“注册”窗口，提示操作员重新选择需要进行计算的账套等，如图 11-40 所示。

（8）数据中如果出现“######”这样的字符，表示单元格太窄，将单元格增宽即可显示正常数据（用鼠标直接拉宽单元格即可），如图 11-41 所示。

（9）选定一个有数据的单元格，单击鼠标右键，在弹出菜单中选择“联查明细账”命令，就可以联查到该单元格中数据来源的明细账，然后在明细账中联查到凭证，并可以查到生成该凭证的原始单据。

提示：用友报表可以从不同的账套中取数，方法是只需要在设置取数公式时定义好不同的取数的账套就可以了。

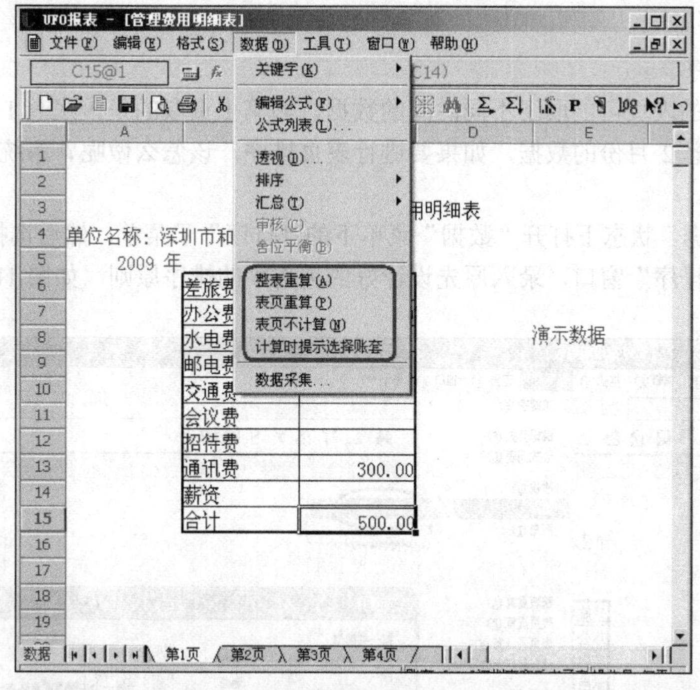

图 11-40

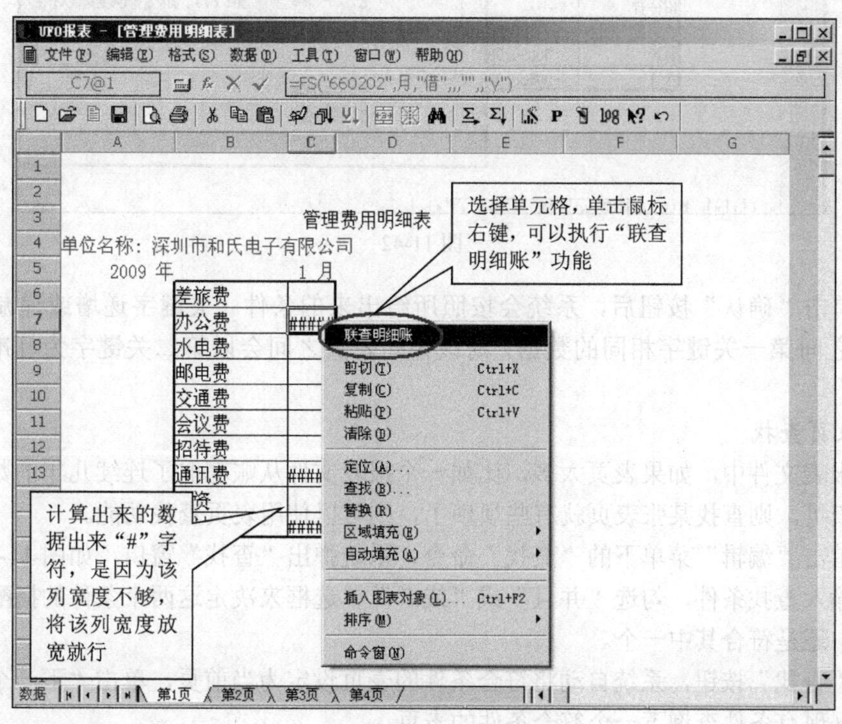

图 11-41

11.2.3　报表管理

报表管理包括表页排序、表页查找、表页透视、报表的显示比例、定义显示风格和设置打印分页等。

● 表页排序

报表中不同的表页可能取了不同时间的数据，如第 1 页取的是该账套 1 月份的数据，第 2 页取的是该账套 2 月份的数据，如果要进行表页排序，该怎么做呢？系统是根据关键字的数值进行排序的。

（1）在“数据”状态下打开“数据”菜单下的“排序”子菜单，然后选择“表页”命令，系统弹出“表页排序”窗口，录入原先设计好的关键字的排序原则，如图 11-42 所示。

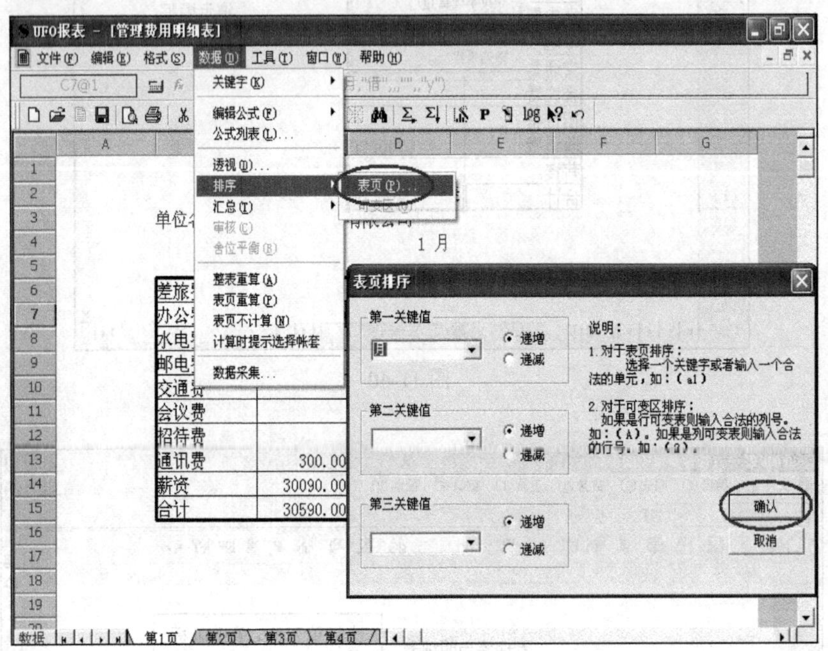

图 11-42

（2）单击“确认”按钮后，系统会按照所给出来的条件（关键字递增或递减，如有表页与表页之间第一关键字相同的数据，则该相同表页之间会以第二关键字为标准）进行表页排序。

● 表页查找

一个报表文件中，如果表页太多，比如一个报表文件从账套取了连续几年的数据，一个月为一张表页，则查找某张表页就有些烦琐了，则可以使用表页查找功能。

（1）单击“编辑”菜单下的“查找”命令，系统弹出“查找”窗口，如图 11-43 所示。

（2）输入查找条件，勾选“并且”或“或者”单选框来决定这两个条件的搭配关系是都需要符合，还是符合其中一个。

单击“查找”按钮，系统自动将符合条件的表页设定为当前页，单击“下一个”按钮，可自动依据现有条件查询下一个符合条件的表页。

● 表页透视

使用表页透视功能可以将多张表页指定的区域同时显示在一个平面上，这样不需要一张一张地翻动不同的表页，这个功能一般用做将不同表页同一单元格的内容放在一起进行比较分析。

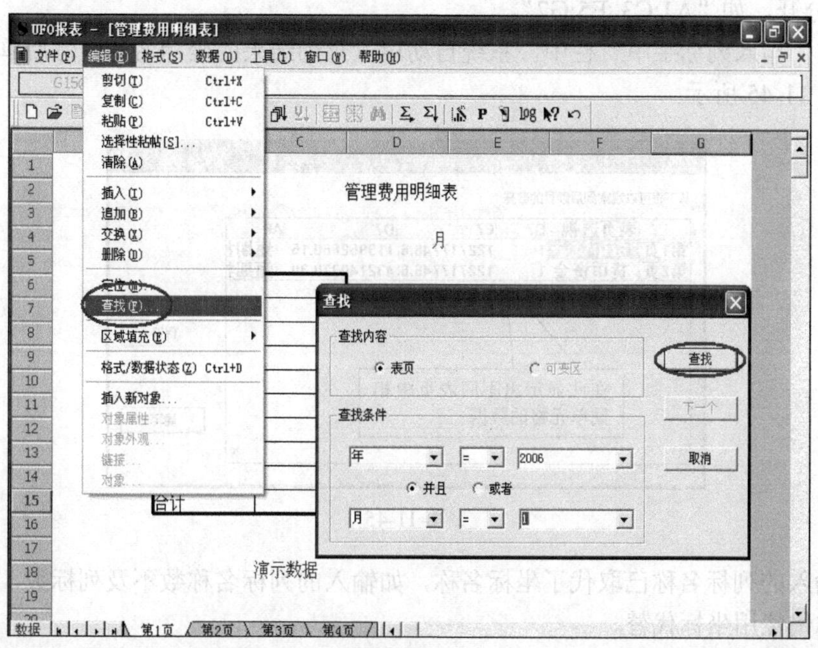

图 11-43

（1）首先选择要开始透视的第一张表页的页标，将其作为当前页，系统从该页开始向其后的表页透视。

（2）单击“数据”菜单下的“透视”命令，系统弹出“多区域透视”窗口，如图 11-44 所示。

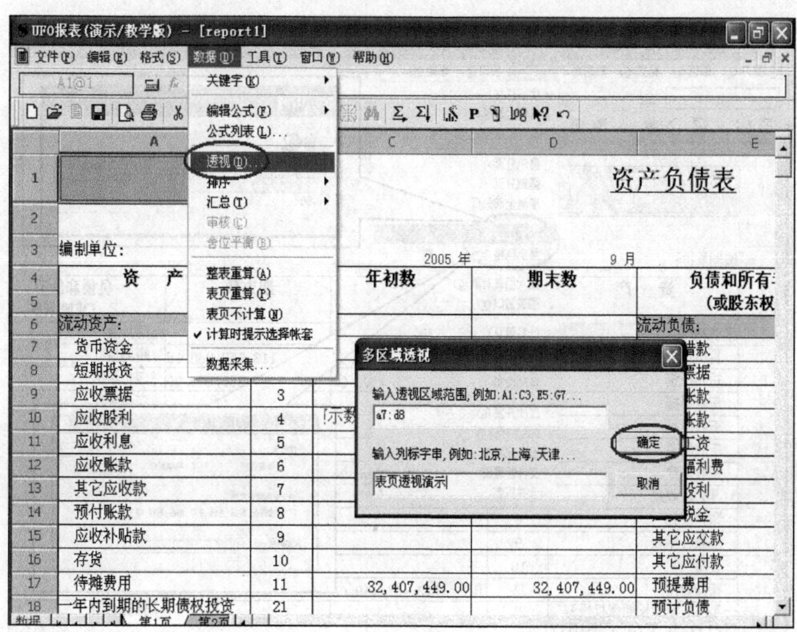

图 11-44

（3）在区域范围内输入需要透视的区域，如果两个区域不是连续的，则在区域与区域之间用“,”分开，如“A1:C3, E5:G7”。

（4）在“输入列标字串”栏中，系统自动填入查询结果的坐标名称，然后单击“确定”按钮，如图 11-45 所示。

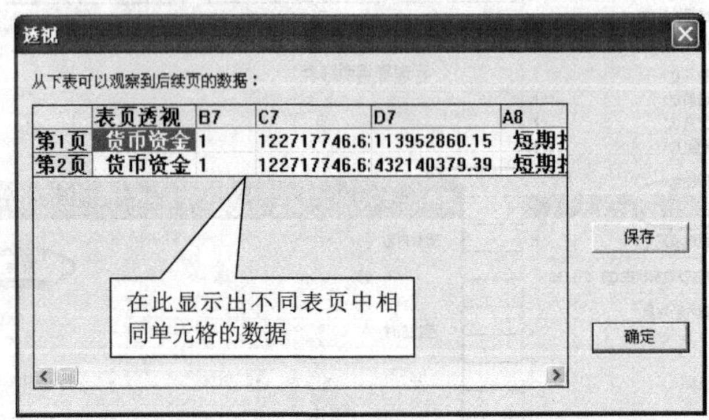

图 11-45

（5）输入的列标名称已取代了坐标名称，如输入的列标名称数不及列标数，则系统后面的列标名称仍然用坐标代替。

（6）最后单击“保存”按钮，将该结果保存起来，单击“确定”按钮直接退出该结果窗口。

显示比例和显示风格

打开“工具”菜单，单击“显示比例”命令，系统弹出“显示比例”窗口，如图 11-46 所示。输入显示比例（范围限制 30%～900%），单击“确认”按钮即可。选择“显示风格”可以设置是否显示行、列表，是否定义单元类型、颜色和网格颜色。

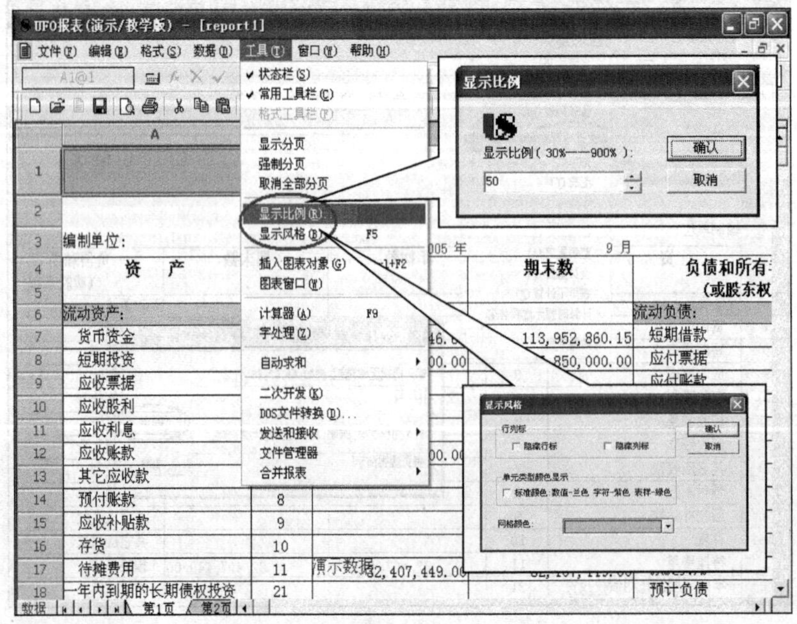

图 11-46

提示：显示比例指在计算机屏幕上的显示比例，对打印结果没有影响。

- 设置打印分页

可在需要打印分页的地方设置强制分页。

（1）单击需要分页的单元格，然后单击“工具”菜单下的“强制分页”命令，系统在所选单元格处显示强制分页标记，如图 11-47 所示。

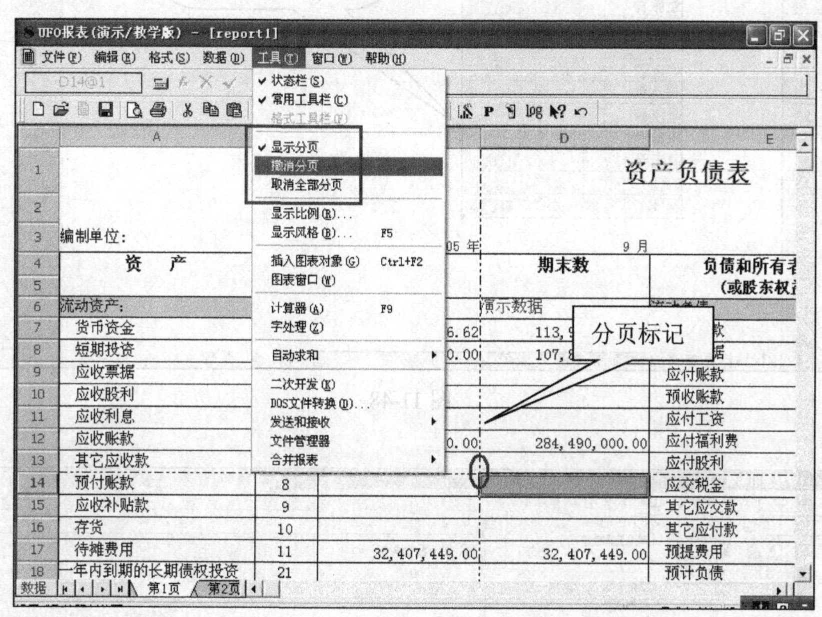

图 11-47

（2）如果要取消分页，则将光标定位在该分页单元格，然后单击“工具”菜单下的“取消分页”命令即可。单击“取消全部分页”功能也可以取消所有分页设置。

11.2.4 图表功能

图表功能可对已经取得数据的报表进行图形化，包括生成直方图、圆饼图、折线图和面积图。

（1）打开一个已设计好的表页，如果表页处于“格式”状态，将其转换到“数据”状态。

（2）选定需要进行图表显示的单元格，如图 11-48 所示。

（3）单击“工具”菜单下的“插入图表对象”命令，系统弹出“区域作图”窗口，如图 11-49 所示。

（4）在“数据组”中选择“行”，则原先数据组区域中的行则为图表的斜轴（x 轴），“列”为 y 轴。

- 操作范围：选择“当前表页”表示利用当前表页中的数据作图，“整个报表”表示利用所有表页中的数据作图。
- 标识：当选“当前表页”作图时，“标识”变灰不能编辑。
- 图表名称：输入图表名后不能修改。

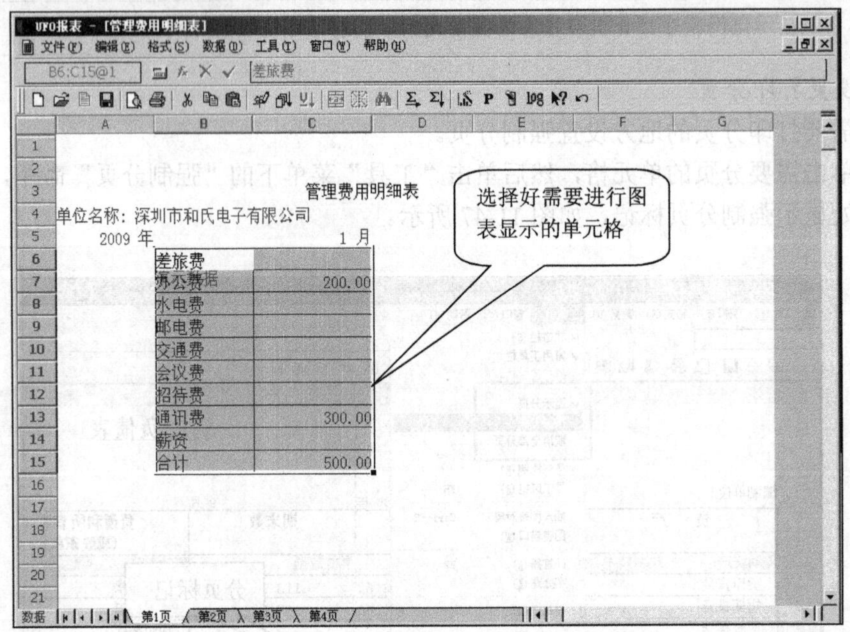

图 11-48

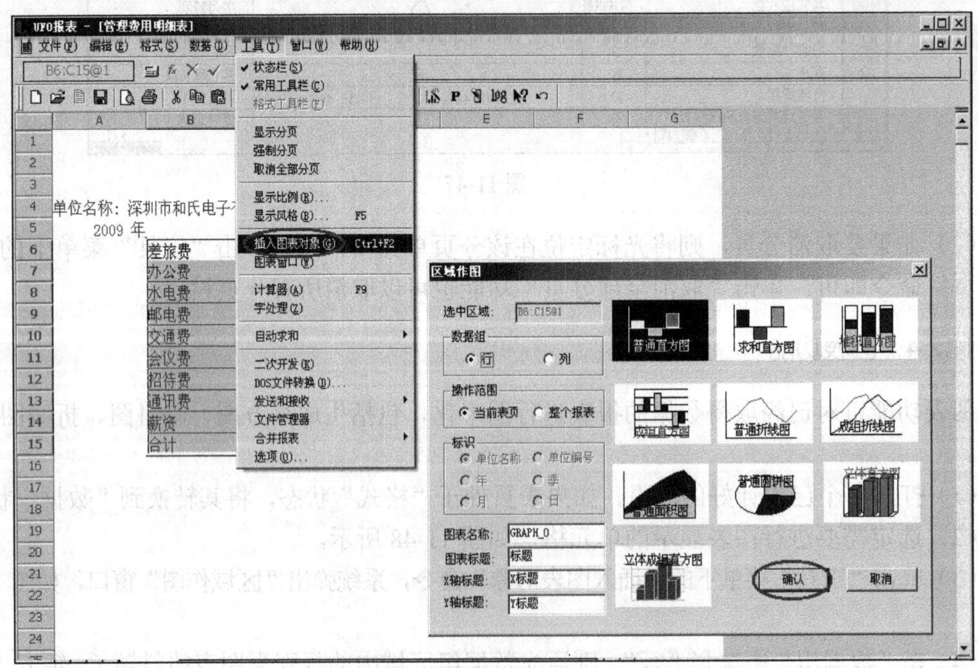

图 11-49

- 图表格式：系统提供10种图表格式，可任选一种。

（5）最后单击“确认”按钮，结果如图 11-50 所示。

（6）可以用鼠标拉动图表的边框线对图表的大小和位置进行调整。可以双击选定该图表，然后单击鼠标右键，在弹出的快捷菜单中重新选择该图表的格式。双击 x 轴或者 y 轴，系统会出现“编辑标题”窗口，在此可修改标题。直接单击表页上面的“图表格式”进行当前图表格式的更改。

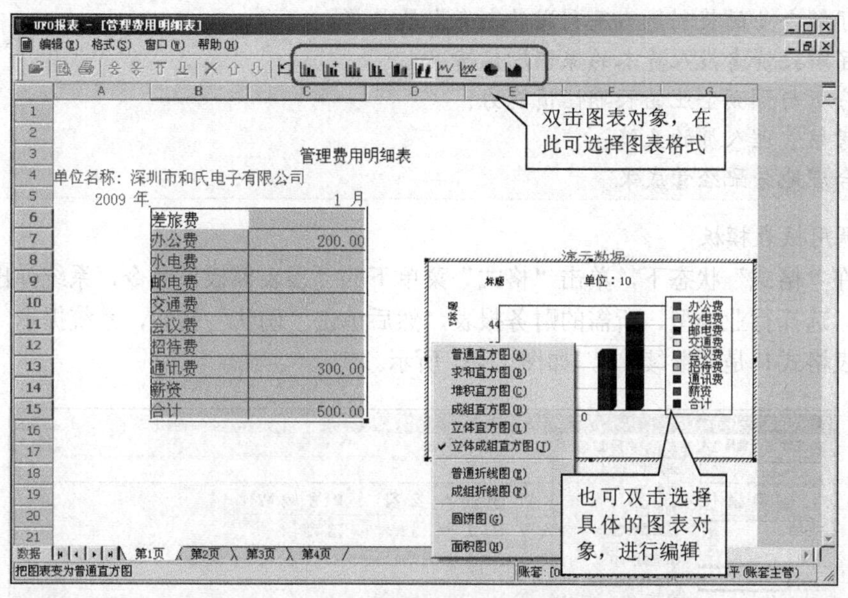

图 11-50

提示： 当单元格内的数据变动后，图表的内容也会相应地作出变动。

（7）可在同一个报表内插入不同的图表对象，这些图表对象有时可能会相互重叠，除了拉动改变其位置之外，还可以决定图表前后位置。选定需操作的图表，单击鼠标右键，选择“对象置前”命令或是“对象置后”命令，也可选择“对象打印”命令单独打印选定的图表，单击“清除”命令删除选定的图表。

11.2.5　报表模板

UFO 报表为用户提供了不同行业的各种标准财务报表模板，用户也可以自己编制报表模板，如资产负债表、损益表（利润表或收益表）等。用户一般不用自己编制相关的报表，只需对所需的报表模板进行修改即可。

会计知识：资产负债表、损益表

资产负债表是反映企业在某一特定日期（如月末、季末和年末等）财务状况的会计报表，亦称财务状况表，该表按月编制，对外报送，年度结束还应编报年度资产负债表，内容包括：企业所拥有或控制的资产、企业所负担的债务及偿债能力、所有者在该企业持有的权益和企业未来的财务形势和趋向。

资产=负债+所有者权益，这是资产负债表的理论依据。

通过资产负债表，可以了解企业的财务状况，分析企业的债务偿还能力，从而为未来的经济决策提供参考。

利润表又称为收益表或损益表，它是反映企业在一定会计期间（月份、季度和年度）经营成果的会计报表。利润是收入减费用的结果，结果为正，则表示赢利，结果为负，则表示亏损。

利润表有以下几个作用。

1. 了解企业的获利能力及利润的未来发展趋势；
2. 了解投资者投入资本的保值增值情况；
3. 分析与预测企业的长期偿债能力；
4. 考核管理人员的业绩；
5. 合理地分配经营成果。

● 调用报表模板

（1）在“格式”状态下，单击“格式”菜单下的“报表模板”命令，系统弹出“报表模板”窗口，选择行业类型、所需的财务报表，然后单击“确认”按钮，系统提示“模板格式将覆盖本表格式！是否继续？”，如图 11-51 所示。

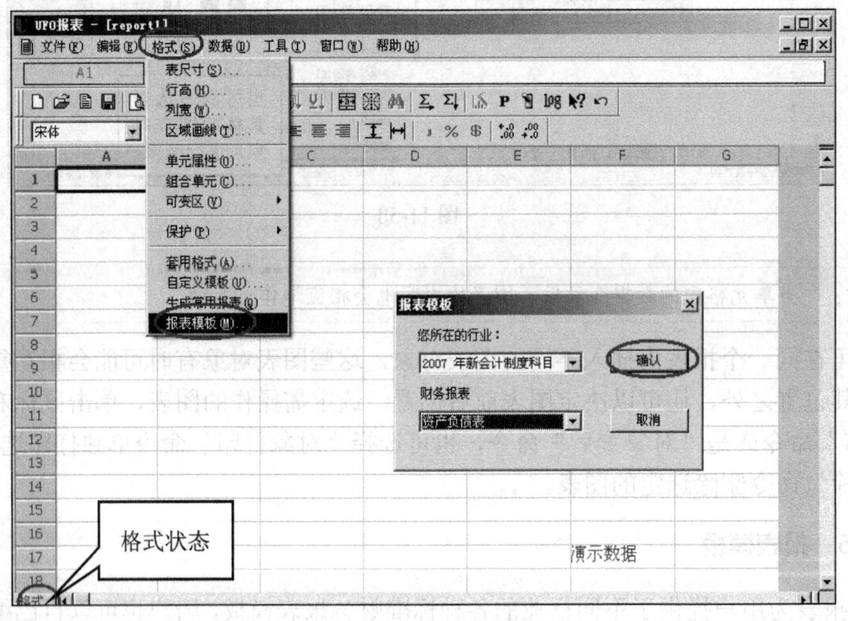

图 11-51

（2）单击“是”按钮，原来表页的内容将全部丢失（此操作需慎重），表格式被新的财务报表所覆盖，如图 11-52 所示。

注：如果在建账时所选择的是“2007 年新会计制度科目”，则在此应选择“2007 年新会计制度科目”，否则取数会不正确，修改模板内的取数公式之后才能正确取数。

（3）修改完成之后，单击窗口左下角的“格式”按钮处，将表页转换到“数据”状态。

（4）录入关键字。

（5）关键字录入完成后，单击“确认”按钮，系统提示“是否重复第 1 页？”，单击“是”按钮，系统开始重算该表页，最后列出重算结果，如图 11-53 所示，最后保存结果。

提示：用友系统报表模板还提供利润表等模板供用户使用，具体调用方式与资产负债表模板调用方式相同，在此不作详细讲解。

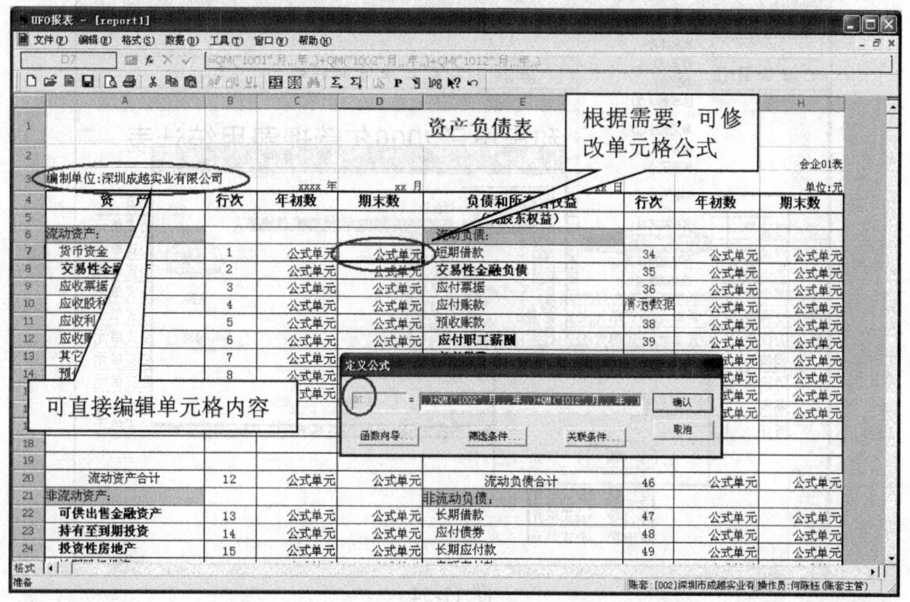

图 11-52

资产负债表

会企01表

编制单位:深圳成越实业有限公司 2010 年 1 月 31 日 单位:元

资产	行次	年初数	期末数	负债和所有者权益（或股东权益）	行次	年初数	期末数
流动资产:				流动负债:			
货币资金	1	402,460.00	480,252.00	短期借款	34		
交易性金融资产	2			交易性金融负债	35	演示数据	
应收票据	3			应付票据	36		
应收股利	4			应付账款	37	3,510.00	16,970.00
应收利息	5			预收账款	38		
应收账款	6	10,000.00	36,000.00	应付职工薪酬	39		
其它应收款	7			应交税费	40		5,563.51
预付账款	8			应付利息	41		
存货	9	4,050.00	41.72	应付股利	42		
一年内到期的非流动资产	10			其他应付款	43		
其它流动资产	11			一年内到期的非流动负债	44		
				其他流动负债	45		
流动资产合计	12	416,510.00	516,293.72	流动负债合计	46	3,510.00	22,533.51
非流动资产:							
可供出售金融资产					47		
持有至到期投资					48		
投资性房地产	15			长期应付款	49		

在“数据”状态下进行表页重算

图 11-53

自定义模板

用户可以根据自己需要自定义模板。首先打开一个已经设置好的报表格式，然后开始自定义模板。

（1）在“格式”状态下，单击“格式”菜单下的“自定义模板”命令，系统弹出“自定义模板”窗口，如图 11-54 所示。

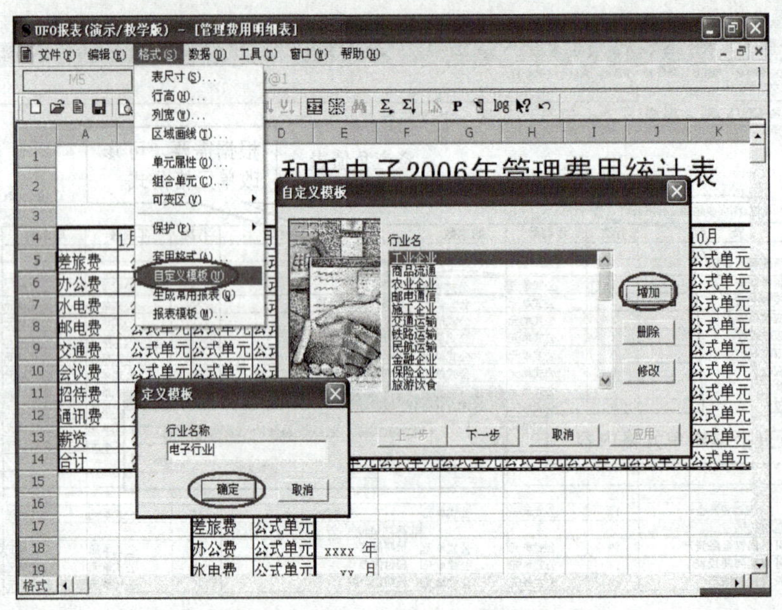

图 11-54

（2）在“自定义模板”窗口中，选择行业名称。也可单击“增加”按钮，以增加新的行业名称。

（3）单击“下一步”按钮，进入到“模板名称”设置中，选择其中一个名称，如果单击“增加”按钮，则增加新的模板名，如图 11-55 所示。

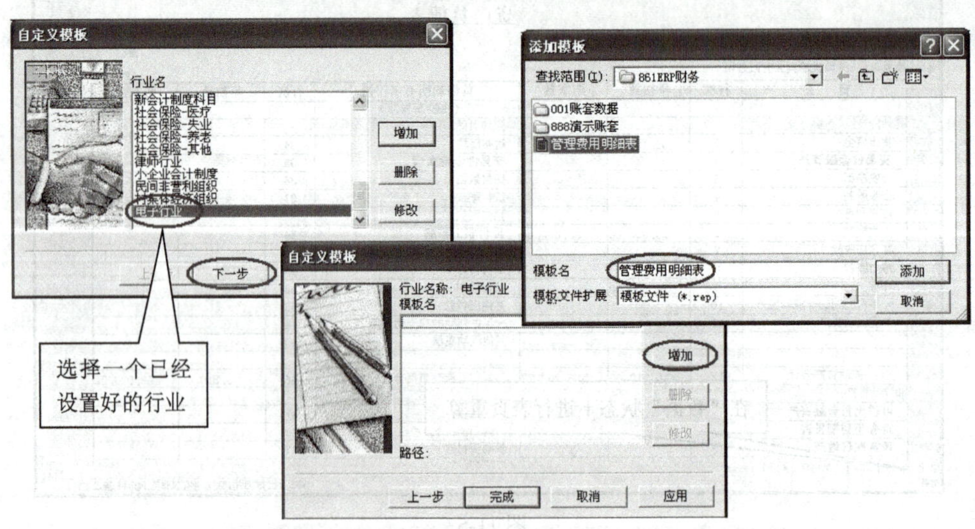

图 11-55

（4）系统要求选择一个原来设置好的报表（后缀名为 rep），单击“添加”按钮，系统退回到“自定义模板”窗口。单击“完成”按钮，则刚才自定义的模板会被保存起来。以后要使用该模板，则可单击“格式”菜单下的“报表模板”命令，然后选定自定义的模板即可。

第12章 结 账

本章学习重点

- 结账
- 反结账

期末结账是当前会计期间的业务已经处理完毕，即所有业务单据录入完毕，并且正确无误，不再两有审核和过账等处理，可以结束当前期间的业务操作，将本期余额结转为下一期间的期初额，以便进行下一会计期间的业务操作。结账只能每月进行一次。结账后本月不能再填制单据。

本书中使用到的用友模块如图 12-1 所示。

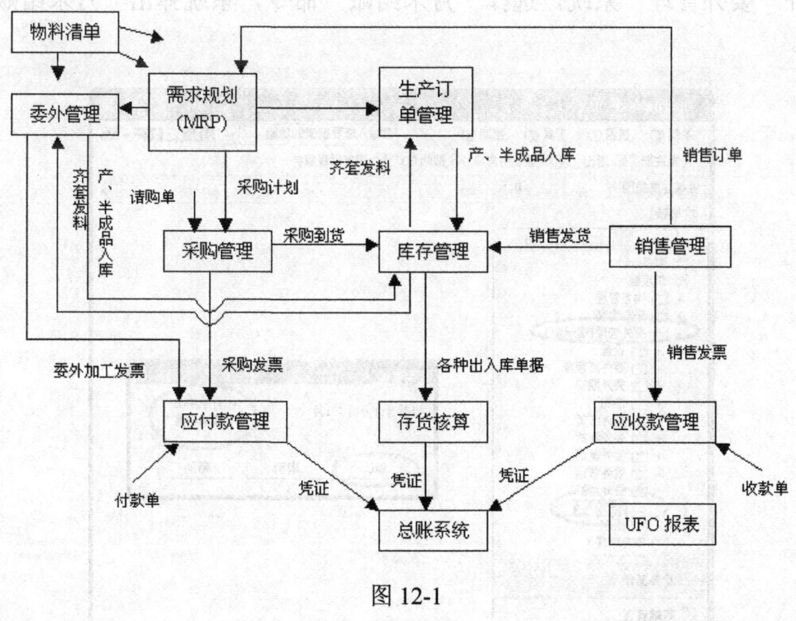

图 12-1

模块“物料清单”、“需求规划”、“生产订单管理”、“UFO”报表不需要做月末结账，其他模块都需要做月末结账，结账顺序为先业务后财务，委外管理系统、采购管理系统、销售管理系统结账之后，库存管理系统才能结账，库存管理系统结账之后存货核算系统才能结账；委外管理系统和采购管理系统结账之后，应付款管理系统才能结账；销售管理系统结账之后，应收款管理系统才能结账；存货核算系统、应收款管理系统、应付款管理系统结账之后，总账系统才能结账，总账系统是所有模块中最后一个结账的系统。

如果反结账，则也是需要逐一反结，比如当所有模块都结账之后，此时需要修改销售管理系统中的业务数据，则需要首先取消总账系统的结账，然后取消应收款管理系统的结账，取消存货核算系统结账，取消库存管理系统结账，最后才能取消销售管理系统结账。

月末结账后将不能再做当前会计月的业务，只能做下个会计月的日常业务。

本功能为独享功能，与系统中所有功能的操作互斥，即在操作本功能前，应确定其他功能均已退出；在网络环境下，要确定本系统所有的网络用户退出了所有的功能。

结账前用户应检查本会计月工作是否已全部完成，只有在当前会计月所有工作全部完成的前提下，才能进行月末结账，否则会遗漏某些业务。

不允许跳月结账，只能从未结账的第一个月逐月结账；不允许跳月取消月末结账。只能从最后一个已结账月逐月取消。

上月末结账，本月单据可以正常操作，不影响日常业务的处理，但本月不能结账。

月末结账后将不能再做已结账月份的业务，只能做未结账月的日常业务。

月末结账之前一定要进行数据备份，否则数据一旦发生错误，将造成无法挽回的后果。

2010-1-31，以操作员“CY001 陈静”登录用友系统进行各业务模块的月末结账处理。

12.1 委外管理月末结账

（1）打开“委外管理”系统，选择“月末结账”命令，系统弹出“月末结账”窗口，如图 12-2 所示。

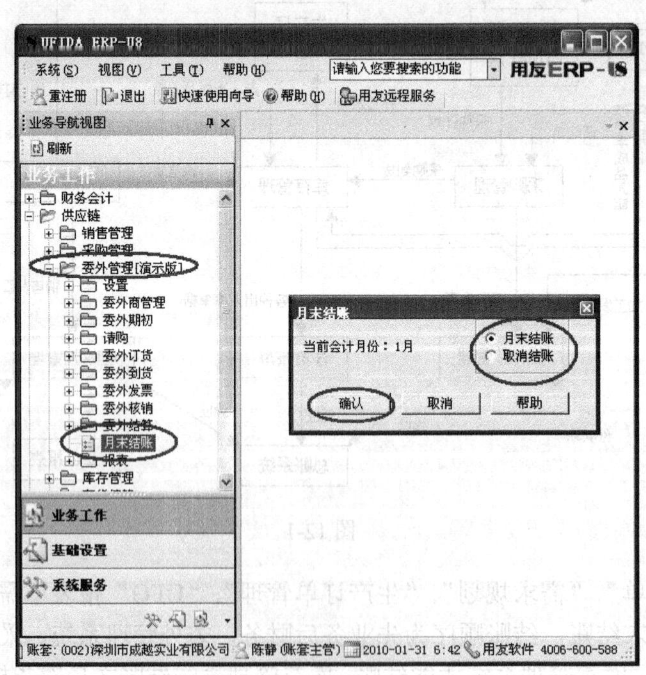

图 12-2

（2）系统显示当前月份，如果当月未结账，可以选择进行月末结账，单击“确认”按钮对 1 月结账。

（3）如果要取消 1 月份的委外管理系统的结账，需要以 2 月份的身份登录用友系统，打开委外管理系统，然后选择“月末结账”命令，如图 12-3 所示。

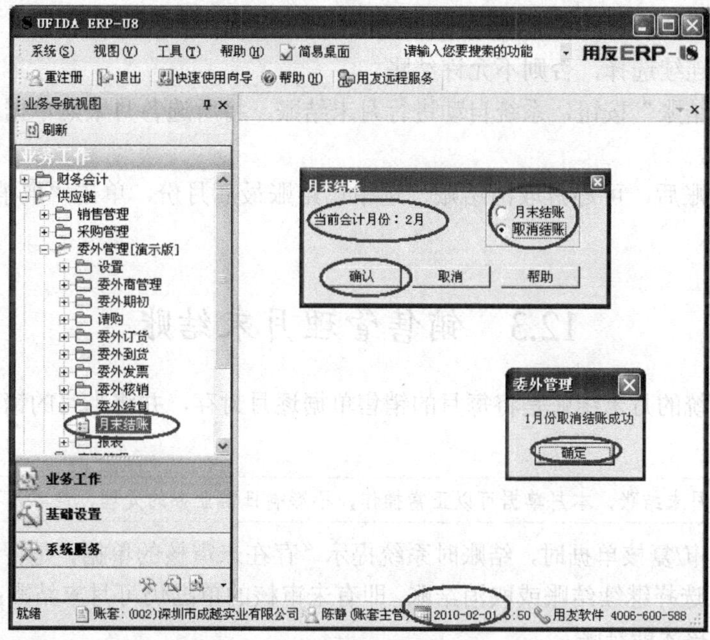

图 12-3

（4）在此选择“取消结账”命令，然后单击“确认”按钮对 1 月份取消结账。

12.2　采购管理月末结账

（1）打开“采购管理”系统，单击“月末结账”命令，系统打开“月末结账”处理窗口，如图 12-4 所示。

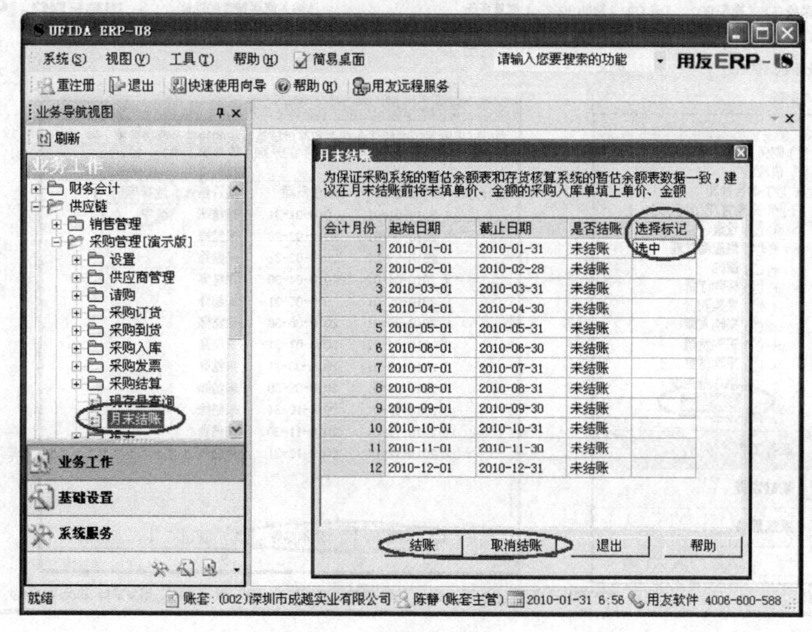

图 12-4

（2）系统显示该会计月份是否结账，双击需要结账的月份“选择标记”栏，使其为“选中”字样，必须连续选择，否则不允许结账。

（3）单击“结账”按钮，系统自动进行月末结账，将所选各月采购单据按会计期间分月记入有关账表中。

（4）月末结账后，可逐月取消结账，选中已结账最后月份，单击“取消结账”，则取消该月的月末结账。

12.3 销售管理月末结账

销售管理系统的月末结账是将每月的销售单据逐月封存，并将当月的销售库数据记入有关账表中。

注意： 上月未结账，本月单据可以正常操作，不影响日常业务的处理，但本月不能结账。

本月还有未审/复核单据时，结账时系统提示“存在未审核的单据，是否继续进行月末结账？”，用户可以选择继续结账或取消结账，即有未审核的单据仍可月末结账；但年底结账时，所有单据必须审核才能结帐。

如果应收款管理系统按照单据日期记账（此设置请参阅本书第 4 章的中应收款管理系统业务参数设置），销售管理系统如果本月有未复核的发票，月末结账后，这些未复核的发票在应收款管理系统就不能按照单据日期记账了，除非在应收款管理系统改成按业务日期记账。

（1）打开“销售管理”系统，单击“销售月末结账”命令，系统弹出“销售月末结账”处理窗口，如图 12-5 所示。

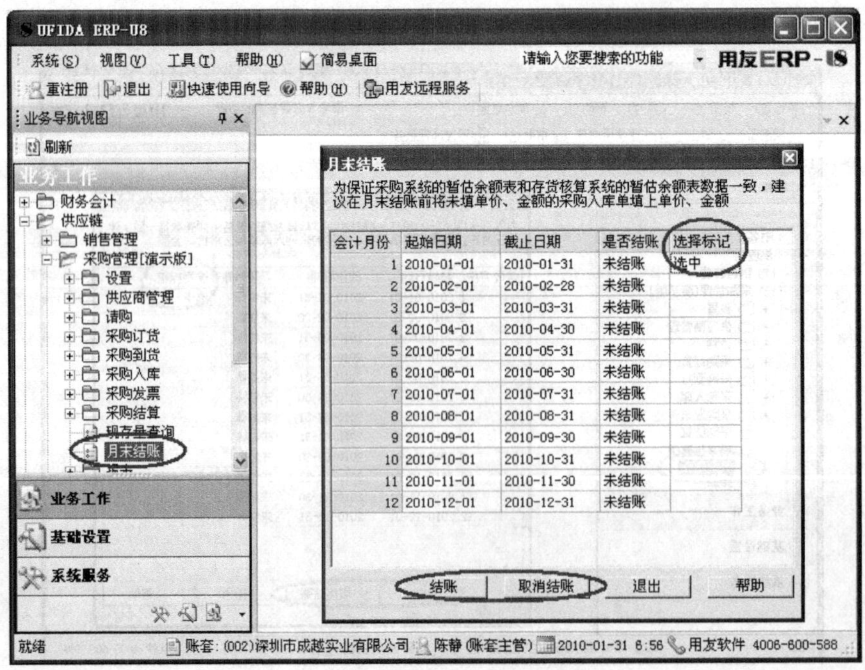

图 12-5

(2)单击“月末结账”按钮，系统开始进行合法性检查，如果检查通过，系统立即进行结账操作，结账后结账月份的是否已经结账显示为“是”；如果检查未通过，系统会提示您不能结账的原因。当某月结账发生错误时，可以按“取消结账”功能恢复到结账前，正确处理后再结账。不允许跳月取消月末结账。只能从最后一个已结账月逐月取消。

12.4 库存管理月末结账

(1)打开“库存管理”系统，选择“月末结账”命令，系统弹出“结账处理”窗口，如图12-6所示。

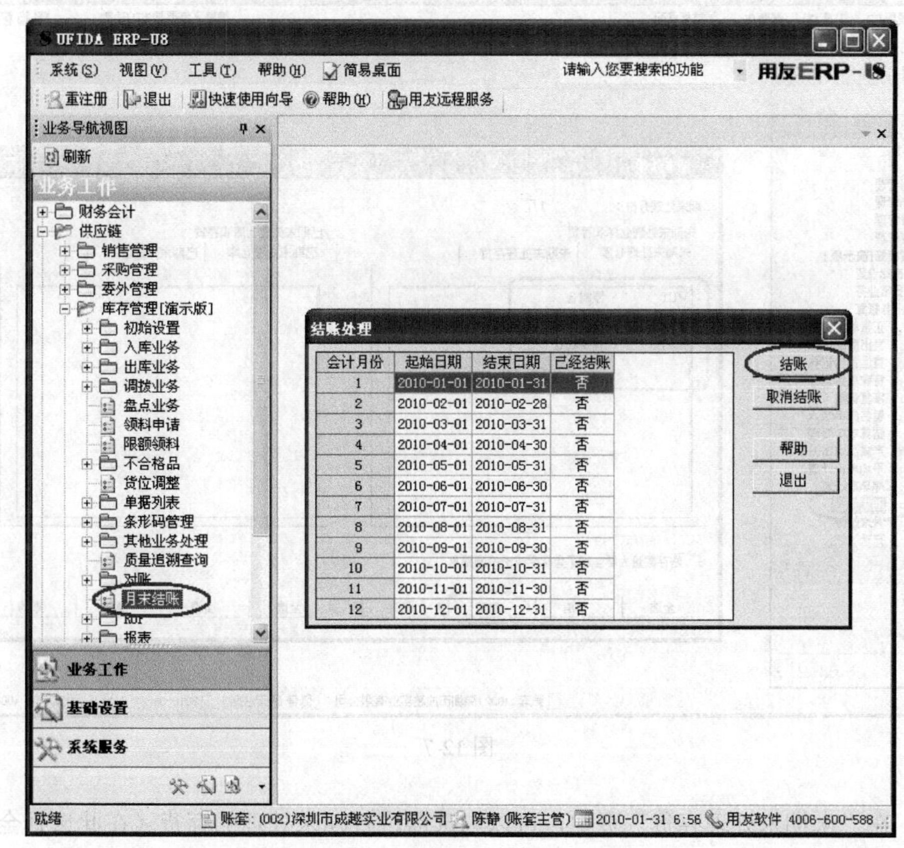

图12-6

(2)进入月末结账界面，屏幕出现结账窗口，光标位于未结账的第一个月。单击“结账”按钮则对该月进行结账；单击“取消结账”按钮则对当前月的上月取消结账，即已结账的最后一个月才能取消结账。

如果用户认为目前的现存量与单据不一致，可通过“整理现存量”功能将现存量调整正确。

12.5 存货核算月末结账

存货核算系统月末结账前，需要进行期末处理，期末处理用来计算按全月平均方式核算的存货的全月平均单价及其本会计月出库成本；计算按计划价/售价方式核算的存货的差异率/差价率及其本会计月的分摊差异/差价；对已完成日常业务的仓库/部门/存货做处理标志。

（1）打开存货核算系统，展开“业务核算”，单击“期末处理”命令，系统弹出“期末处理”对话框，如图 12-7 所示。

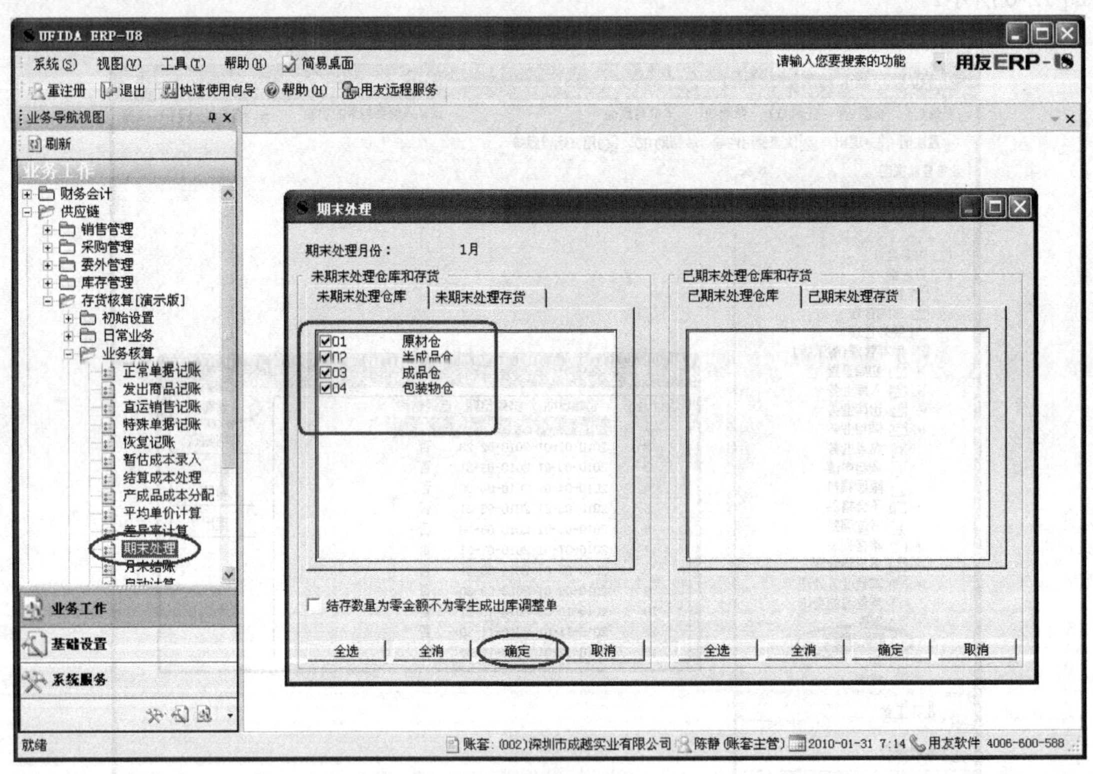

图 12-7

（2）在“未期末处理存货”页中，可以勾选需进行期末处理的存货（在此选择全部仓库和存货），然后，单击“确认”按钮，系统提示是否处理所选仓库？单击“是”开始进行期末处理工作。

提示： 此处显示与存货核算系统选项中设置的核算方式有关，既按仓库、按存货、按部门核算，分别作出不同的显示。

注： 在进行期末处理时，采购管理、库存管理、销售管理必须结账方可。

（3）展开“业务核算”菜单，单击“月末结账”命令，系统弹出“月末结账”对话框，如图 12-8 所示。

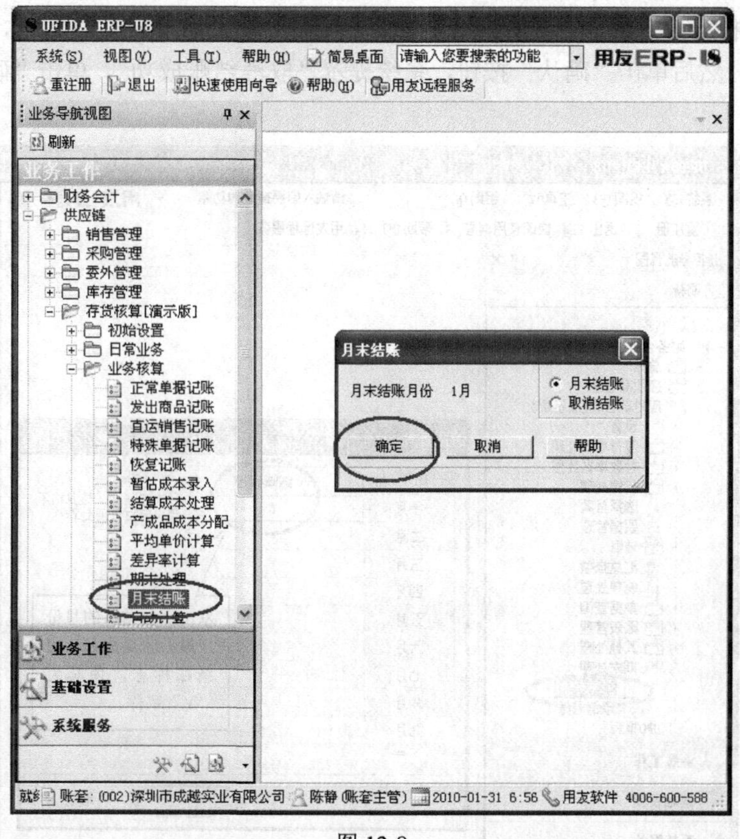

图 12-8

（4）系统提示此次的月末结账月份（只能对当前会计月进行结账），选择“月末结账”项，然后单击“确认”完成月末结账。

月末结账后对本月账簿做结账标志，如果与采购管理系统集成并用，并且暂估处理方式选择“月初回冲”时，将同时生成下月红字回冲单等。月末结账后将不能再进行当前会计月的工作，只能做下个会计月的日常工作。

（5）对于已结账的月份，如果还需要处理已结账月份的内容，也可以在“月末结账”窗口中，勾选“取消结账”项，然后单击“确认”按钮，取消结账。

12.6　应付款管理系统月末结账

（1）打开应付款管理系统，展开“期末处理”菜单，选择“月末结账”命令，系统弹出“月末处理”窗口，如图 12-9 所示。

（2）双击需要结账月份的“结账标志”栏，出现“Y”字，然后单击“下一步”按钮，系统会根据实际情况进行提示。

①　“结账成功”，则单击“确定”按钮完成结账。

② “需完成其操作后方可重新进行结账”，则表示尚有单据未审核或制单。

如果已结账的月份还有数据需要处理，则需要取消月结。

展开“期末处理”中的“取消月结”选项，系统弹出“取消结账”窗口，选择最后一个已结账的月份，然后单击“确认”按钮，系统提示“取消结账成功”，单击“确定”按钮取消结账。

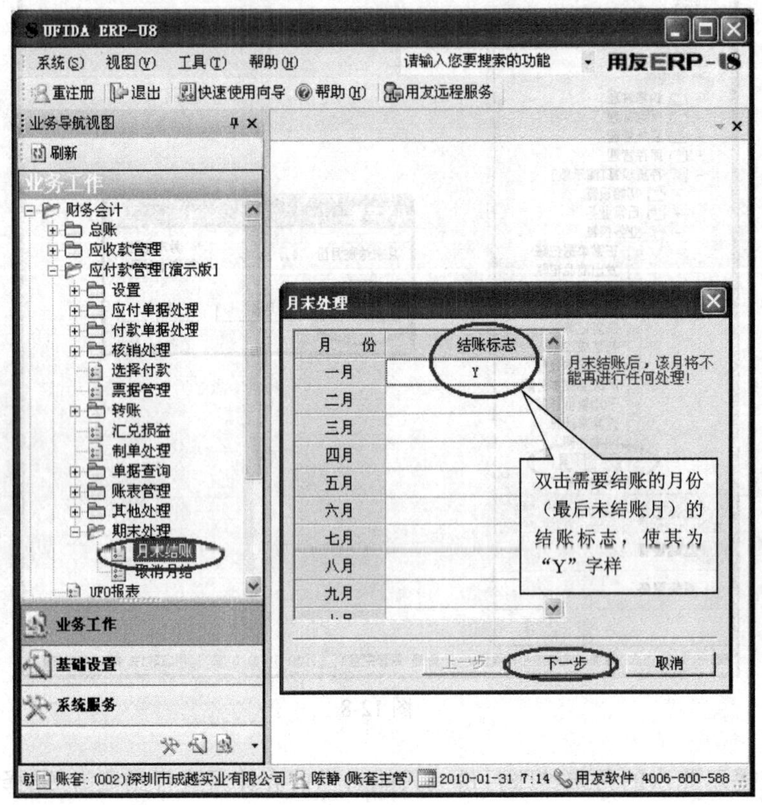

图 12-9

12.7 应收款管理系统月末结账

（1）打开应收款管理系统，展开“期末处理”菜单，选择“月末结账”命令，系统弹出“月末处理”窗口，如图 12-10 所示。

（2）双击需要结账月份的“结账标志”栏，出现“Y”字，然后单击“下一步”按钮，系统会根据实际情况进行提示。

① “结账成功”，则单击“确定”按钮完成结账。

②“需完成其操作后方可重新进行结账”，则表示尚有单据未审核或制单。

如果已结账的月份还有数据需要处理，则需要取消月结。

展开“期末处理”中的“取消月结”选项，系统弹出“取消结账”窗口，选择最后一个已结账的月份，然后单击“确认”按钮，系统提示“取消结账成功”，单击“确定”按钮取消结账。

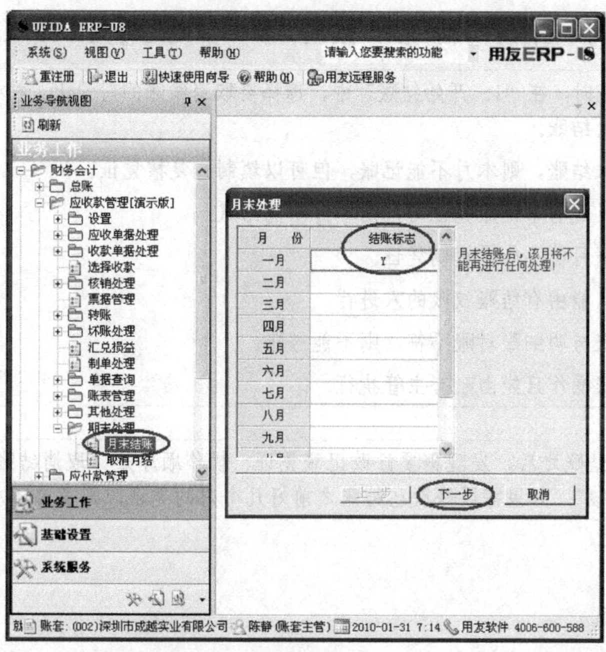

图 12-10

12.8 总账系统月末结账

总账系统的月末结账是指在本期内所发生的经济业务全部登记入账的基础上，按照规定的方法结算出本期发生额合计和余额，并将其余额结转下期或者转入新账。

（1）打开总账系统，展开“期末”目录下的“结账”选项，系统弹出“结账”窗口，如图 12-11 所示。

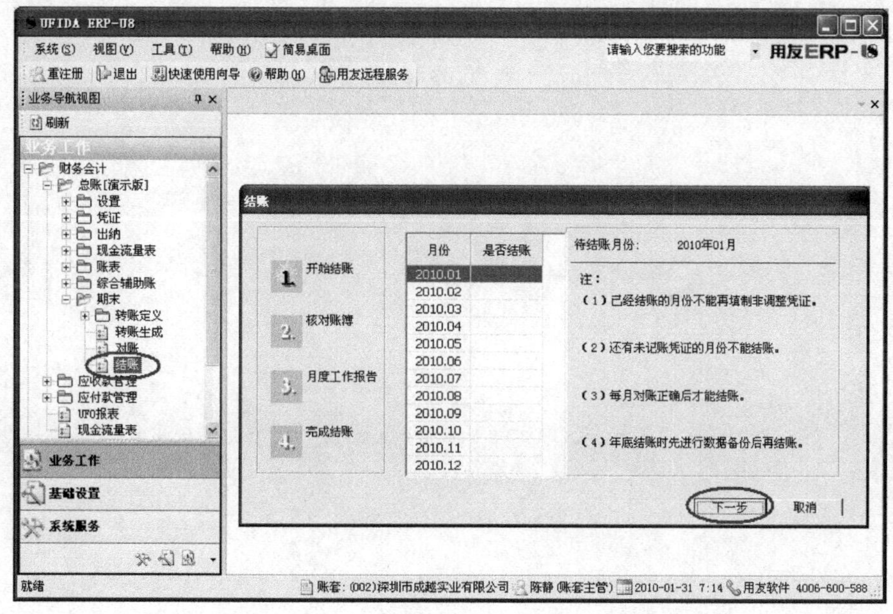

图 12-11

（2）依据系统提示，单击“下一步”按钮一步一步地进行月末结账工作。

注：

（1）在结账时，在“1: 开始结账”中，选择要取消结账的月份上，按“Ctrl+Shift+F6”组合键即可进行反结账。

（2）上月未结账，则本月不能记账，但可以填制、复核凭证。

（3）如本月还有未记账凭证时，则本月不能结账。

（4）已结账月份不能再填制凭证。

（5）结账只能由有结账权限的人进行。

（6）若总账与明细账对账不符，则不能结账。

（7）反结账操作只能由账套主管执行。

提示：

如果在结账之后，发现需要修改记账凭证，操作顺序是“取消结账”、“取消记账”、“取消凭证审核”。如果需要修改已结账之前好几个月的凭证，则需要逐次按月取消结账。